Administración
del Estado

Temario Vol. 3. Ingreso Libre

Cuerpo General Administrativo

Administración del Estado

eRodio
ediciones

Autores

Tomás Jesús Robledo de Dios

Licenciado en Derecho.
ICADE, Cuerpo de Interventores-Tesoreros Administración Local categoría Superior,
Cuerpo de Secretarios-Interventores Administración Local-Excedente

Ángel Gutiérrez Pérez

Primera edición, febrero 2018
2ª Reimpresión, marzo 2018 (574 páginas)
Diseño de portada: Ediciones Rodio, Soc. Coop. And.
Edita: Ediciones Rodio, Soc. Coop. And.
C/ José Jesús García Díaz, 2. Edificio Henares I, módulo 6. 41020-Sevilla
Teléfono: 955 28 74 84
Fax: 955 09 38 48
www.edicionesrodio.com
info@edicionesrodio.com
ISBN: 978-84-17287-83-2.
ISBN (Obra completa): 978-84-17287-22-1

Índice

IV. Gestión de personal (II)

V. Gestión Financiera

Gracias por confiarnos tu preparación

Ediciones RODIO Sociedad Cooperativa, es una joven empresa constituida por un grupo de profesionales que atesoran más de veinte años de experiencia en el sector editorial.

El libro que tienes entre tus manos ha sido cuidadosamente elaborado por un equipo de autores, de reconocida competencia en el ámbito normativo.

Este tercer volumen desarrolla diez temas del Programa oficial: los tres últimos temas del bloque "Gestión del Personal" y los siete temas que corresponden al bloque "Gestión Financiera", convenientemente desarrollados y actualizados, del Programa para el acceso al Cuerpo General Administrativo de la Administración del Estado, acceso libre, tal y como aparecen publicados en la Resolución de 25 de enero de 2018, de la Secretaría de Estado de Función Pública, por la que se convoca el proceso selectivo para el ingreso en este Cuerpo. El resto de temas del programa aparecen recogidos en los volúmenes 1 y 2, publicados por Ediciones Rodio.

Ediciones Rodio ofrece los siguientes manuales para la preparación de este Cuerpo de la Administración del Estado:

- Cuerpo General Administrativo de la Administración del Estado. Acceso libre. Temario. Vol 1.
- Cuerpo General Administrativo de la Administración del Estado. Acceso libre. Temario. Vol 2.
- Cuerpo General Administrativo de la Administración del Estado. Acceso libre. Temario. Vol 3.
- Cuerpo General Administrativo de la Administración del Estado. Acceso libre. Test.

Ahora que ya dispones del mejor material que puedes encontrar en el mercado para afrontar los exámenes, estamos convencidos que, sumado a tu determinación y constancia, alcanzarás con éxito los objetivos de empleo propuestos.

Gracias por elegir RODIO.

El aval de tu confianza es nuestra mayor garantía.

Queremos felicitarte por el paso que has dado. Sabemos que afrontar unas oposiciones es una decisión importante, una tarea que precisa, entre otras cualidades, de grandes dosis de constancia y determinación. Pero no solo eso, también es importante poder contar con ayuda.

La colaboración es nuestra piedra angular, porque la razón de ser del cooperativismo está en la persecución de un beneficio común, aunando voluntades, afianzando recursos y mejorando la situación de quienes forman parte de un mismo proyecto.

Fieles a nuestros principios fundacionales, las cooperativas mantenemos un compromiso ético en aras de una sociedad más justa, a través de valores como la democracia, la transparencia, la responsabilidad social, la equidad o la solidaridad. Así como la Igualdad de género, y la sostenibilidad empresarial y medioambiental, que tienen carácter transversal al resto de principios.

Porque nosotros mismos hemos adoptado la fórmula del emprendimiento cooperativista, apreciamos el valor de contar con el apoyo de quienes confían en un mismo proyecto. Por eso, en nuestro compromiso con el empleo, queremos decirte que no estás solo en tu propósito. Desde este momento formamos contigo un equipo, y estamos convencidos que, con los recursos que ponemos a tu disposición, podrás obtener el máximo provecho al esfuerzo invertido y alcanzar con éxito tus objetivos de empleo.

IV. Gestión de personal (II)

Rodio ediciones

Tema 8

El personal laboral al servicio de las Administraciones públicas. Selección. Derechos, deberes e incompatibilidades. El contrato de trabajo: contenido, duración y suspensión. Negociación laboral, conflictos y convenios colectivos. El III Convenio Único para el personal laboral de la Administración General del Estado

eRodio ediciones

Índice esquemático

1. El personal laboral al servicio de las Administraciones Públicas

Como vimos en el tema 1, una de las principales novedades del EBEP, (y su texto refundido) es la inclusión del concepto de **Empleado Público**, como término genérico que se emplea para todos aquellos que prestamos nuestros servicios profesionales para las Administraciones públicas, y que incluye tanto a los Funcionarios, tanto de carrera como interinos o eventuales , y al personal laboral, que en consecuencia se regulan hoy también por el el propio Texto Refundido del Estatuto Básico del Empleado Público, además de por su normativa específica y así el artículo 11 establece:

1. Es personal laboral el que en virtud de contrato de trabajo formalizado por escrito, en cualquiera de las modalidades de contratación de personal previstas en la legislación laboral, presta servicios retribuidos por las Administraciones Públicas. En función de la duración del contrato éste podrá ser fijo, por tiempo indefinido o temporal.

2. Las leyes de Función Pública que se dicten en desarrollo de este Estatuto establecerán los criterios para la determinación de los puestos de trabajo que pueden ser desempeñados por personal laboral, respetando en todo caso lo establecido en el artículo 9.2.

Que es tanto como decir que los puestos de trabajo que se reserven para personal laboral, no pueden ocupar puestos de trabajo, que *"impliquen la participación directa o indirecta en el ejercicio de las potestades públicas o en la salvaguardia de los intereses generales del Estado y de las Administraciones Públicas corresponden exclusivamente a los funcionarios públicos, en los términos que en la ley de desarrollo de cada Administración Pública se establezca"*, que están reservados a funcionarios de carrera.

En consecuencia podemos afirmar que el personal laboral se rige:

1. Por El Texto Refundido del Estatuto Básico del Empleado Público aprobado por Real Decreto Legislativo 5/2015, de 30 de octubre.
2. Por el Texto Refundido del Estatuto de los Trabajadores aprobado por el Real decreto legislativo 2/2015 de 23 de octubre.
3. Por la normativa laboral general.
4. Por su Convenio Colectivo, contenido en el III Convenio único para el personal laboral de la AGE.
5. Por lo que determine su contrato de trabajo.

Además de lo anterior y por su pertenencia a las Administraciones se ven afectados por otras normas administrativas, tal y como por ejemplo en materia de retribuciones, las leyes anuales de Presupuestos Generales del Estado.

2. Selección del personal laboral

Con carácter General el TREBEP, establece en su artículo 55 que:

Las Administraciones Públicas, entidades y organismos a que se refiere el artículo 2 del presente Estatuto seleccionarán a su personal funcionario y laboral mediante procedimientos en los que se garanticen los principios constitucionales antes expresados, así como los establecidos a continuación:

a) Publicidad de las convocatorias y de sus bases.

b) Transparencia.

c) Imparcialidad y profesionalidad de los miembros de los órganos de selección.

d) Independencia y discrecionalidad técnica en la actuación de los órganos de selección.

e) Adecuación entre el contenido de los procesos selectivos y las funciones o tareas a desarrollar.

f) Agilidad, sin perjuicio de la objetividad, en los procesos de selección.

Artículo 56. Requisitos generales

1. Para poder participar en los procesos selectivos será necesario reunir los siguientes requisitos:

a) Tener la nacionalidad española, sin perjuicio de lo dispuesto en el artículo siguiente.

b) Poseer la capacidad funcional para el desempeño de las tareas.

c) Tener cumplidos dieciséis años y no exceder, en su caso, de la edad máxima de jubilación forzosa. Sólo por ley podrá establecerse otra edad máxima, distinta de la edad de jubilación forzosa, para el acceso al empleo público.

d) No haber sido separado mediante expediente disciplinario del servicio de cualquiera de las Administraciones Públicas o de los órganos constitucionales o estatutarios de las Comunidades Autónomas, ni hallarse en inhabilitación absoluta o especial para empleos o cargos públicos por resolución judicial, para el acceso al cuerpo o escala de funcionario, o para ejercer funciones similares a las que desempeñaban en el caso del personal laboral, en el que hubiese sido separado o inhabilitado. En el caso de ser nacional de otro Estado, no hallarse inhabilitado o en situación equivalente ni haber sido sometido a sanción disciplinaria o equivalente que impida, en su Estado, en los mismos términos el acceso al empleo público.

e) Poseer la titulación exigida.

2. Las Administraciones Públicas, en el ámbito de sus competencias, deberán prever la selección de empleados públicos debidamente capacitados para cubrir los puestos de trabajo en las Comunidades Autónomas que gocen de dos lenguas oficiales.

3. Podrá exigirse el cumplimiento de otros requisitos específicos que guarden relación objetiva y proporcionada con las funciones asumidas y las tareas a desempeñar. En todo caso, habrán de establecerse de manera abstracta y general.

Artículo 57. Acceso al empleo público de nacionales de otros Estados

1. Los nacionales de los Estados miembros de la Unión Europea podrán acceder, como personal funcionario, en igualdad de condiciones que los españoles a los empleos públicos, con excepción de aquellos que directa o indirectamente impliquen una participación en el ejercicio del poder público o en las funciones que tienen por objeto la salvaguardia de los intereses del Estado o de las Administraciones Públicas.

A tal efecto, los órganos de gobierno de las Administraciones Públicas determinarán las agrupaciones de funcionarios contempladas en el artículo 76 a las que no puedan acceder los nacionales de otros Estados.

2. Las previsiones del apartado anterior serán de aplicación, cualquiera que sea su nacionalidad, al cónyuge de los españoles y de los nacionales de otros Estados miembros de la Unión Europea, siempre que no estén separados de derecho y a sus descendientes y a los de su cónyuge siempre que no estén separados de derecho, sean menores de veintiún años o mayores de dicha edad dependientes.

3. El acceso al empleo público como personal funcionario, se extenderá igualmente a las personas incluidas en el ámbito de aplicación de los Tratados Internacionales celebrados por la Unión Europea y ratificados por España en los que sea de aplicación la libre circulación de trabajadores, en los términos establecidos en el apartado 1 de este artículo.

4. Los extranjeros a los que se refieren los apartados anteriores, así como los extranjeros con residencia legal en España podrán acceder a las Administraciones Públicas, como personal laboral, en igualdad de condiciones que los españoles.

5. Sólo por ley de las Cortes Generales o de las asambleas legislativas de las comunidades autónomas podrá eximirse del requisito de la nacionalidad por razones de interés general para el acceso a la condición de personal funcionario.

Artículo 59. Personas con discapacidad

1. En las ofertas de empleo público se reservará un cupo no inferior al siete por ciento de las vacantes para ser cubiertas entre personas con discapacidad, considerando como tales las definidas en el apartado 2 del artículo 4 del texto

refundido de la Ley General de derechos de las personas con discapacidad y de su inclusión social, aprobado por el Real Decreto Legislativo 1/2013, de 29 de noviembre, siempre que superen los procesos selectivos y acrediten su discapacidad y la compatibilidad con el desempeño de las tareas, de modo que progresivamente se alcance el dos por ciento de los efectivos totales en cada Administración Pública.

La reserva del mínimo del siete por ciento se realizará de manera que, al menos, el dos por ciento de las plazas ofertadas lo sea para ser cubiertas por personas que acrediten discapacidad intelectual y el resto de las plazas ofertadas lo sea para personas que acrediten cualquier otro tipo de discapacidad.

2. Cada Administración Pública adoptará las medidas precisas para establecer las adaptaciones y ajustes razonables de tiempos y medios en el proceso selectivo y, una vez superado dicho proceso, las adaptaciones en el puesto de trabajo a las necesidades de las personas con discapacidad.

Artículo 60. Órganos de selección

1. Los órganos de selección serán colegiados y su composición deberá ajustarse a los principios de imparcialidad y profesionalidad de sus miembros, y se tenderá, asimismo, a la paridad entre mujer y hombre.

2. El personal de elección o de designación política, los funcionarios interinos y el personal eventual no podrán formar parte de los órganos de selección.

3. La pertenencia a los órganos de selección será siempre a título individual, no pudiendo ostentarse ésta en representación o por cuenta de nadie.

Artículo 61. Sistemas selectivos

1. Los procesos selectivos tendrán **carácter abierto y garantizarán la libre concurrencia**, sin perjuicio de lo establecido para la promoción interna y de las medidas de discriminación positiva previstas en este Estatuto.

Los órganos de selección velarán por el cumplimiento del **principio de igualdad** de oportunidades entre sexos.

2. Los procedimientos de selección cuidarán especialmente la conexión entre el tipo de pruebas a superar y la adecuación al desempeño de las tareas de los puestos de trabajo convocados, incluyendo, en su caso, las pruebas prácticas que sean precisas.

Las pruebas podrán consistir en la comprobación de los conocimientos y la capacidad analítica de los aspirantes, expresados de forma oral o escrita, en la realización de ejercicios que demuestren la posesión de habilidades y destrezas, en la comprobación del dominio de lenguas extranjeras y, en su caso, en la superación de pruebas físicas.

3. Los procesos selectivos que incluyan, además de las preceptivas pruebas de capacidad, la valoración de méritos de los aspirantes sólo podrán otorgar a dicha valoración una puntuación proporcionada que no determinará, en ningún caso, por sí misma el resultado del proceso selectivo.

4. Las Administraciones Públicas podrán crear órganos especializados y permanentes para la organización de procesos selectivos, pudiéndose encomendar estas funciones a los Institutos o Escuelas de Administración Pública.

5. Para asegurar la objetividad y la racionalidad de los procesos selectivos, las pruebas podrán completarse con la superación de cursos, de periodos de prácticas, con la exposición curricular por los candidatos, con pruebas psicotécnicas o con la realización de entrevistas. Igualmente podrán exigirse reconocimientos médicos.

6. Los sistemas selectivos de funcionarios de carrera serán los de oposición y concurso-oposición que deberán incluir, en todo caso, una o varias pruebas para determinar la capacidad de los aspirantes y establecer el orden de prelación.

Sólo en virtud de ley podrá aplicarse, con carácter excepcional, el sistema de concurso que consistirá únicamente en la valoración de méritos.

7. Los sistemas selectivos de personal laboral fijo serán los de oposición, concurso-oposición, con las características establecidas en el apartado anterior, o concurso de valoración de méritos.

Las Administraciones Públicas podrán negociar las formas de colaboración que en el marco de los convenios colectivos fijen la actuación de las organizaciones sindicales en el desarrollo de los procesos selectivos.

3. Derechos, deberes e incompatibilidades

3.1. Derechos y deberes

El Estatuto de los Trabajadores los denomina derechos y deberes laborales básicos de la relación laboral y se contienen en los artículos 4° y 5° del ET, que establece:

Artículo 4. Derechos laborales

1. Los trabajadores tienen como derechos básicos, con el contenido y alcance que para cada uno de los mismos disponga su específica normativa, los de:

a) Trabajo y libre elección de profesión u oficio.

b) Libre sindicación.

c) Negociación colectiva.

d) Adopción de medidas de conflicto colectivo.

e) Huelga.

f) Reunión.

g) Información, consulta y participación en la empresa.

2. En la relación de trabajo, los trabajadores tienen derecho:

a) A la ocupación efectiva.

b) A la promoción y formación profesional en el trabajo, incluida la dirigida a su adaptación a las modificaciones operadas en el puesto de trabajo, así como al desarrollo de planes y acciones formativas tendentes a favorecer su mayor empleabilidad.

c) A no ser discriminados directa o indirectamente para el empleo, o una vez empleados, por razones de sexo, estado civil, edad dentro de los límites marcados por esta ley, origen racial o étnico, condición social, religión o convicciones, ideas políticas, orientación sexual, afiliación o no a un sindicato, así como por razón de lengua, dentro del Estado español.

   Tampoco podrán ser discriminados por razón de discapacidad, siempre que se hallasen en condiciones de aptitud para desempeñar el trabajo o empleo de que se trate.

d) A su integridad física y a una adecuada política de prevención de riesgos laborales.

e) Al respeto de su intimidad y a la consideración debida a su dignidad, comprendida la protección frente al acoso por razón de origen racial o étnico, religión o convicciones, discapacidad, edad u orientación sexual, y frente al acoso sexual y al acoso por razón de sexo.

f) A la percepción puntual de la remuneración pactada o legalmente establecida.

g) Al ejercicio individual de las acciones derivadas de su contrato de trabajo.

h) A cuantos otros se deriven específicamente del contrato de trabajo.

Y en cuanto a los deberes el artículo 5º establece:

Artículo 5. Deberes laborales

Los trabajadores tienen como deberes básicos:

a) Cumplir con las obligaciones concretas de su puesto de trabajo, de conformidad con las reglas de la buena fe y diligencia.

b) Observar las medidas de prevención de riesgos laborales que se adopten.

c) Cumplir las órdenes e instrucciones del empresario en el ejercicio regular de sus facultades directivas.

d) No concurrir con la actividad de la empresa, en los términos fijados en esta ley.

e) Contribuir a la mejora de la productividad.

f) Cuantos se deriven, en su caso, de los respectivos contratos de trabajo.

Además de lo anterior la sección 2ª del Capitulo 2º del ET, establece los derechos y deberes derivados del contrato de trabajo entre los que se encuentran:

Artículo 17. No discriminación en las relaciones laborales

1. Se entenderán nulos y sin efecto los preceptos reglamentarios, las cláusulas de los convenios colectivos, los pactos individuales y las decisiones unilaterales del empresario que den lugar en el empleo, así como en materia de retribuciones, jornada y demás condiciones de trabajo, a situaciones de discriminación directa o indirecta desfavorables por razón de edad o discapacidad o a situaciones de discriminación directa o indirecta por razón de sexo, origen, incluido el racial o étnico, estado civil, condición social, religión o convicciones, ideas políticas, orientación o condición sexual, adhesión o no a sindicatos y a sus acuerdos, vínculos de parentesco con personas pertenecientes a o relacionadas con la empresa y lengua dentro del Estado español.

Serán igualmente nulas las órdenes de discriminar y las decisiones del empresario que supongan un trato desfavorable de los trabajadores como reacción ante una reclamación efectuada en la empresa o ante una acción administrativa o judicial destinada a exigir el cumplimiento del principio de igualdad de trato y no discriminación.

2. Podrán establecerse por ley las exclusiones, reservas y preferencias para ser contratado libremente.

3. No obstante lo dispuesto en el apartado anterior, el Gobierno podrá regular medidas de reserva, duración o preferencia en el empleo que tengan por objeto facilitar la colocación de trabajadores demandantes de empleo.

Asimismo, el Gobierno podrá otorgar subvenciones, desgravaciones y otras medidas para fomentar el empleo de grupos específicos de trabajadores que encuentren dificultades especiales para acceder al empleo. La regulación de las mismas se hará previa consulta a las organizaciones sindicales y asociaciones empresariales más representativas.

Las medidas a las que se refieren los párrafos anteriores se orientarán prioritariamente a fomentar el empleo estable de los trabajadores desempleados y la conversión de contratos temporales en contratos por tiempo indefinido.

4. Sin perjuicio de lo dispuesto en los apartados anteriores, la negociación colectiva podrá establecer medidas de acción positiva para favorecer el acceso de las mujeres a todas las profesiones. A tal efecto podrá establecer reservas y preferencias en las condiciones de contratación de modo que, en igualdad de condiciones de idoneidad, tengan preferencia para ser contratadas las personas del sexo menos representado en el grupo profesional de que se trate.

Asimismo, la negociación colectiva podrá establecer este tipo de medidas en las condiciones de clasificación profesional, promoción y formación, de modo que, en igualdad de condiciones de idoneidad, tengan preferencia las personas del sexo menos representado para favorecer su acceso al grupo profesional o puesto de trabajo de que se trate.

5. El establecimiento de planes de igualdad en las empresas se ajustará a lo dispuesto en esta ley y en la Ley Orgánica 3/2007, de 22 de marzo, para la igualdad efectiva de mujeres y hombres.

Artículo 18. Inviolabilidad de la persona del trabajador

Solo podrán realizarse registros sobre la persona del trabajador, en sus taquillas y efectos particulares, cuando sean necesarios para la protección del patrimonio empresarial y del de los demás trabajadores de la empresa, dentro del centro de trabajo y en horas de trabajo. En su realización se respetará al máximo la dignidad e intimidad del trabajador y se contará con la asistencia de un representante legal de los trabajadores o, en su ausencia del centro de trabajo, de otro trabajador de la empresa, siempre que ello fuera posible.

Artículo 19. Seguridad y salud en el trabajo

1. El trabajador, en la prestación de sus servicios, tendrá derecho a una protección eficaz en materia de seguridad y salud en el trabajo.

2. El trabajador está obligado a observar en su trabajo las medidas legales y reglamentarias de seguridad y salud en el trabajo.

3. En la inspección y control de dichas medidas que sean de observancia obligada por el empresario, el trabajador tiene derecho a participar por medio de sus representantes legales en el centro de trabajo, si no se cuenta con órganos o centros especializados competentes en la materia a tenor de la legislación vigente.

4. El empresario está obligado a garantizar que cada trabajador reciba una formación teórica y práctica, suficiente y adecuada, en materia preventiva tanto en el momento de su contratación, cualquiera que sea la modalidad o duración de esta, como cuando se produzcan cambios en las funciones que desempeñe

o se introduzcan nuevas tecnologías o cambios en los equipos de trabajo. El trabajador está obligado a seguir la formación y a realizar las prácticas. Todo ello en los términos señalados en la Ley 31/1995, de 8 de noviembre, de Prevención de Riesgos Laborales, y en sus normas de desarrollo, en cuanto les sean de aplicación.

5. Los delegados de prevención y, en su defecto, los representantes legales de los trabajadores en el centro de trabajo, que aprecien una probabilidad seria y grave de accidente por la inobservancia de la legislación aplicable en la materia, requerirán al empresario por escrito para que adopte las medidas oportunas que hagan desaparecer el estado de riesgo; si la petición no fuese atendida en un plazo de cuatro días, se dirigirán a la autoridad competente; esta, si apreciase las circunstancias alegadas, mediante resolución fundada, requerirá al empresario para que adopte las medidas de seguridad apropiadas o que suspenda sus actividades en la zona o local de trabajo o con el material en peligro. También podrá ordenar, con los informes técnicos precisos, la paralización inmediata del trabajo si se estima un riesgo grave de accidente.

Si el riesgo de accidente fuera inminente, la paralización de las actividades podrá ser acordada por los representantes de los trabajadores, por mayoría de sus miembros. Tal acuerdo podrá ser adoptado por decisión mayoritaria de los delegados de prevención cuando no resulte posible reunir con la urgencia requerida al órgano de representación del personal. El acuerdo será comunicado de inmediato a la empresa y a la autoridad laboral, la cual, en veinticuatro horas, anulará o ratificará la paralización acordada.

Artículo 20. Dirección y control de la actividad laboral

1. El trabajador estará obligado a realizar el trabajo convenido bajo la dirección del empresario o persona en quien este delegue.

2. En el cumplimiento de la obligación de trabajar asumida en el contrato, el trabajador debe al empresario la diligencia y la colaboración en el trabajo que marquen las disposiciones legales, los convenios colectivos y las órdenes o instrucciones adoptadas por aquel en el ejercicio regular de sus facultades de dirección y, en su defecto, por los usos y costumbres. En cualquier caso, el trabajador y el empresario se someterán en sus prestaciones recíprocas a las exigencias de la buena fe.

3. El empresario podrá adoptar las medidas que estime más oportunas de vigilancia y control para verificar el cumplimiento por el trabajador de sus obligaciones y deberes laborales, guardando en su adopción y aplicación la consideración debida a su dignidad y teniendo en cuenta, en su caso, la capacidad real de los trabajadores con discapacidad.

4. El empresario podrá verificar el estado de salud del trabajador que sea alegado por este para justificar sus faltas de asistencia al trabajo, mediante reconocimiento a cargo de personal médico. La negativa del trabajador a dichos reconocimientos podrá determinar la suspensión de los derechos económicos que pudieran existir a cargo del empresario por dichas situaciones.

Artículo 21. Pacto de no concurrencia y de permanencia en la empresa

1. No podrá efectuarse la prestación laboral de un trabajador para diversos empresarios cuando se estime concurrencia desleal o cuando se pacte la plena dedicación mediante compensación económica expresa, en los términos que al efecto se convengan.

2. El pacto de no competencia para después de extinguido el contrato de trabajo, que no podrá tener una duración superior a dos años para los técnicos y de seis meses para los demás trabajadores, solo será válido si concurren los requisitos siguientes:

a) Que el empresario tenga un efectivo interés industrial o comercial en ello.

b) Que se satisfaga al trabajador una compensación económica adecuada.

3. En el supuesto de compensación económica por la plena dedicación, el trabajador podrá rescindir el acuerdo y recuperar su libertad de trabajo en otro empleo, comunicándolo por escrito al empresario con un preaviso de treinta días, perdiéndose en este caso la compensación económica u otros derechos vinculados a la plena dedicación.

4. Cuando el trabajador haya recibido una especialización profesional con cargo al empresario para poner en marcha proyectos determinados o realizar un trabajo específico, podrá pactarse entre ambos la permanencia en dicha empresa durante cierto tiempo. El acuerdo no será de duración superior a dos años y se formalizará siempre por escrito. Si el trabajador abandona el trabajo antes del plazo, el empresario tendrá derecho a una indemnización de daños y perjuicios.

3.2. Incompatibilidades del personal laboral

En el tema 4º en su primera pregunta hemos estudiado el régimen de incompatibilidades del personal al servicio de las administraciones públicas, pregunta a la que nos remitimos, ya que dicho régimen de incompatibilidades es el aplicable también al personal laboral al servicio de las administraciones públicas, tal y como concreta el ámbito de aplicación de la Ley de Incompatibilidades.

4. El contrato de trabajo: contenido, duración y suspensión

El elemento esencial de la relación laboral es el contrato de trabajo que une al empresario o empleador y al trabajador o empleado, dedicando el Estatuto de los Trabajadores gran parte de su texto a concretar todos los extremos sobre el Contrato de Trabajo, que en el ámbito de lo público tiene únicamente como matiz, que el empleador es siempre una Administración Pública.

4.1. Elementos y eficacia del contrato de trabajo

Artículo 6. Trabajo de los menores

1. Se prohíbe la admisión al trabajo a los menores de **dieciséis años.**

2. Los trabajadores menores de dieciocho años no podrán realizar trabajos nocturnos ni aquellas actividades o puestos de trabajo respecto a los que se establezcan limitaciones a su contratación conforme a lo dispuesto en la Ley 31/1995, de 8 de noviembre, de Prevención de Riesgos Laborales, y en las normas reglamentarias aplicables.

3. Se prohíbe realizar horas extraordinarias a los menores de dieciocho años.

4. La intervención de los menores de dieciséis años en espectáculos públicos solo se autorizará en casos excepcionales por la autoridad laboral, siempre que no suponga peligro para su salud ni para su formación profesional y humana. El permiso deberá constar por escrito y para actos determinados.

Artículo 7. Capacidad para contratar

Podrán contratar la prestación de su trabajo:

a) Quienes **tengan plena capacidad de obrar conforme a lo dispuesto en el Código Civil**.

b) Los menores de dieciocho y mayores de dieciséis años, que vivan de forma independiente, con consentimiento de sus padres o tutores, o con autorización de la persona o institución que les tenga a su cargo.

   Si el representante legal de una persona de capacidad limitada la autoriza expresa o tácitamente para realizar un trabajo, queda esta también autorizada para ejercitar los derechos y cumplir los deberes que se derivan de su contrato y para su cesación.

c) Los extranjeros, de acuerdo con lo dispuesto en la legislación específica sobre la materia.

Artículo 8. Forma del contrato

1. El contrato de trabajo se podrá celebrar **por escrito o de palabra**. Se presumirá existente entre todo el que presta un servicio por cuenta y dentro del ámbito de organización y dirección de otro y el que lo recibe a cambio de una retribución a aquel.

2. Deberán constar por escrito los contratos de trabajo cuando así lo exija una disposición legal y, en todo caso, los de prácticas y para la formación y el aprendizaje, los contratos a tiempo parcial, fijos-discontinuos y de relevo, los contratos para la realización de una obra o servicio determinado, los de los trabajadores que trabajen a distancia y los contratados en España al servicio de empresas españolas en el extranjero. **Igualmente constarán por escrito los contratos por tiempo determinado cuya duración sea superior a cuatro semanas**. De no observarse tal exigencia, el contrato se presumirá celebrado por tiempo indefinido y a jornada completa, salvo prueba en contrario que acredite su naturaleza temporal o el carácter a tiempo parcial de los servicios.

Cualquiera de las partes podrá exigir que el contrato se formalice por escrito, incluso durante el transcurso de la relación laboral.

3. El empresario está obligado a comunicar a la oficina pública de empleo, en el plazo de los diez días siguientes a su concertación y en los términos que reglamentariamente se determinen, el contenido de los contratos de trabajo que celebre o las prórrogas de los mismos, deban o no formalizarse por escrito.

4. El empresario entregará a la representación legal de los trabajadores una copia básica de todos los contratos que deban celebrarse por escrito, a excepción de los contratos de relación laboral especial de alta dirección sobre los que se establece el deber de notificación a la representación legal de los trabajadores.

Con el fin de comprobar la adecuación del contenido del contrato a la legalidad vigente, esta copia básica contendrá todos los datos del contrato a excepción del número del documento nacional de identidad o del número de identidad de extranjero, el domicilio, el estado civil, y cualquier otro que, de acuerdo con la Ley Orgánica 1/1982, de 5 de mayo, de protección civil del derecho al honor, a la intimidad personal y familiar y a la propia imagen, pudiera afectar a la intimidad personal. El tratamiento de la información facilitada estará sometido a los principios y garantías previstos en la normativa aplicable en materia de protección de datos.

La copia básica se entregará por el empresario, en plazo no superior a diez días desde la formalización del contrato, a los representantes legales de los trabajadores, quienes la firmarán a efectos de acreditar que se ha producido la entrega.

Posteriormente, dicha copia básica se enviará a la oficina de empleo. Cuando no exista representación legal de los trabajadores también deberá formalizarse copia básica y remitirse a la oficina de empleo.

Los representantes de la Administración, así como los de las organizaciones sindicales y de las asociaciones empresariales, que tengan acceso a la copia básica de los contratos en virtud de su pertenencia a los órganos de participación institucional que reglamentariamente tengan tales facultades, observarán sigilo profesional, no pudiendo utilizar dicha documentación para fines distintos de los que motivaron su conocimiento.

5. Cuando la relación laboral sea de duración superior a cuatro semanas, el empresario deberá informar por escrito al trabajador, en los términos y plazos que se establezcan reglamentariamente, sobre los elementos esenciales del contrato y las principales condiciones de ejecución de la prestación laboral, siempre que tales elementos y condiciones no figuren en el contrato de trabajo formalizado por escrito.

Artículo 9. Validez del contrato

1. Si resultase nula solo una parte del contrato de trabajo, este permanecerá válido en lo restante, y se entenderá completado con los preceptos jurídicos adecuados conforme a lo dispuesto en el artículo 3.1.

Si el trabajador tuviera asignadas condiciones o retribuciones especiales en virtud de contraprestaciones establecidas en la parte no válida del contrato, el órgano de la jurisdicción social que a instancia de parte declare la nulidad hará el debido pronunciamiento sobre la subsistencia o supresión en todo o en parte de dichas condiciones o retribuciones.

2. En caso de que el contrato resultase nulo, el trabajador podrá exigir, por el trabajo que ya hubiese prestado, la remuneración consiguiente a un contrato válido.

4.2. Modalidades del contrato de trabajo

Artículo 10. Trabajo en común y contrato de grupo

1. Si el empresario diera un trabajo en común a un grupo de sus trabajadores, conservará respecto de cada uno, individualmente, sus derechos y deberes.

2. Si el empresario hubiese celebrado un contrato con un grupo de trabajadores considerado en su totalidad, no tendrá frente a cada uno de sus miembros los derechos y deberes que como tal le competen. El jefe del grupo ostentará la representación de los que lo integren, respondiendo de las obligaciones inherentes a dicha representación.

3. Si el trabajador, conforme a lo pactado por escrito, asociare a su trabajo un auxiliar o ayudante, el empresario de aquel lo será también de este.

Artículo 11. Contratos formativos

1. El contrato de trabajo en prácticas podrá concertarse con quienes estuvieren en posesión de título universitario o de formación profesional de grado medio o superior o títulos oficialmente reconocidos como equivalentes, de acuerdo con las leyes reguladoras del sistema educativo vigente, o de certificado de profesionalidad de acuerdo con lo previsto en la Ley Orgánica 5/2002, de 19 de junio, de las Cualificaciones y de la Formación Profesional, que habiliten para el ejercicio profesional, dentro de los cinco años, o de siete años cuando el contrato se concierte con un trabajador con discapacidad, siguientes a la terminación de los correspondientes estudios, de acuerdo con las siguientes reglas:

a) El puesto de trabajo deberá permitir la obtención de la práctica profesional adecuada al nivel de estudios o de formación cursados. Mediante convenio colectivo de ámbito sectorial estatal o, en su defecto, en los convenios colectivos sectoriales de ámbito inferior, se podrán determinar los puestos de trabajo o grupos profesionales objeto de este contrato.

b) La duración del contrato no podrá ser inferior a seis meses ni exceder de dos años, dentro de cuyos límites los convenios colectivos de ámbito sectorial estatal o, en su defecto, los convenios colectivos sectoriales de ámbito inferior podrán determinar la duración del contrato, atendiendo a las características del sector y de las prácticas a realizar.

   Las situaciones de incapacidad temporal, riesgo durante el embarazo, maternidad, adopción, guarda con fines de adopción, acogimiento, riesgo durante la lactancia y paternidad interrumpirán el cómputo de la duración del contrato.

c) Ningún trabajador podrá estar contratado en prácticas en la misma o distinta empresa por tiempo superior a dos años en virtud de la misma titulación o certificado de profesionalidad.

   Tampoco se podrá estar contratado en prácticas en la misma empresa para el mismo puesto de trabajo por tiempo superior a dos años, aunque se trate de distinta titulación o distinto certificado de profesionalidad.

   A los efectos de este artículo, los títulos de grado, máster y, en su caso, doctorado, correspondientes a los estudios universitarios no se considerarán la misma titulación, salvo que al ser contratado por primera vez mediante un contrato en prácticas el trabajador estuviera ya en posesión del título superior de que se trate.

d) Salvo lo dispuesto en convenio colectivo, el periodo de prueba no podrá ser superior a un mes para los contratos en prácticas celebrados con trabajadores que estén en posesión de título de grado medio o de certificado de profesionalidad de nivel 1 o 2, ni a dos meses para los contratos en prácticas celebrados con trabajadores que estén en posesión de título de grado superior o de certificado de profesionalidad de nivel 3.

e) La retribución del trabajador será la fijada en convenio colectivo para los trabajadores en prácticas, sin que, en su defecto, pueda ser inferior al sesenta o al setenta y cinco por ciento durante el primero o el segundo año de vigencia del contrato, respectivamente, del salario fijado en convenio para un trabajador que desempeñe el mismo o equivalente puesto de trabajo.

f) Si al término del contrato el trabajador continuase en la empresa no podrá concertarse un nuevo periodo de prueba, computándose la duración de las prácticas a efecto de antigüedad en la empresa.

2. El contrato para la formación y el aprendizaje tendrá por objeto la cualificación profesional de los trabajadores en un régimen de alternancia de actividad laboral retribuida en una empresa con actividad formativa recibida en el marco del sistema de formación profesional para el empleo o del sistema educativo.

El contrato para la formación y el aprendizaje se regirá por las siguientes reglas:

a) Se podrá celebrar con trabajadores mayores de dieciséis y menores de veinticinco años que carezcan de la cualificación profesional reconocida por el sistema de formación profesional para el empleo o del sistema educativo requerida para concertar un contrato en prácticas. Se podrán acoger a esta modalidad contractual los trabajadores que cursen formación profesional del sistema educativo.

   El límite máximo de edad no será de aplicación cuando el contrato se concierte con personas con discapacidad ni con los colectivos en situación de exclusión social previstos en la Ley 44/2007, de 13 de diciembre, para la regulación del régimen de las empresas de inserción, en los casos en que sean contratados por parte de empresas de inserción que estén cualificadas y activas en el registro administrativo correspondiente.

b) La duración mínima del contrato será de un año y la máxima de tres. No obstante, mediante convenio colectivo podrán establecerse distintas duraciones del contrato, en función de las necesidades organizativas o productivas de las empresas, sin que la duración mínima pueda ser inferior a seis meses ni la máxima superior a tres años.

   En caso de que el contrato se hubiera concertado por una duración inferior a la máxima legal o convencionalmente establecida, podrá prorrogarse mediante acuerdo de las partes, hasta por dos veces, sin que la duración de cada prórroga pueda ser inferior a seis meses y sin que la duración total del contrato pueda exceder de dicha duración máxima.

Las situaciones de incapacidad temporal, riesgo durante el embarazo, maternidad, adopción, guarda con fines de adopción, acogimiento, riesgo durante la lactancia y paternidad interrumpirán el cómputo de la duración del contrato.

c) Expirada la duración del contrato para la formación y el aprendizaje, el trabajador no podrá ser contratado bajo esta modalidad por la misma o distinta empresa, salvo que la formación inherente al nuevo contrato tenga por objeto la obtención de distinta cualificación profesional.

No se podrán celebrar contratos para la formación y el aprendizaje cuando el puesto de trabajo correspondiente al contrato haya sido desempeñado con anterioridad por el trabajador en la misma empresa por tiempo superior a doce meses.

d) El trabajador deberá recibir la formación inherente al contrato para la formación y el aprendizaje directamente en un centro formativo de la red a que se refiere la disposición adicional quinta de la Ley Orgánica 5/2002, de 19 de junio, de las Cualificaciones y de la Formación Profesional, previamente reconocido para ello por el Sistema Nacional de Empleo. No obstante, también podrá recibir dicha formación en la propia empresa cuando la misma dispusiera de las instalaciones y el personal adecuados a los efectos de la acreditación de la competencia o cualificación profesional a que se refiere la letra e), sin perjuicio de la necesidad, en su caso, de la realización de periodos de formación complementarios en los centros de la red mencionada.

La actividad laboral desempeñada por el trabajador en la empresa deberá estar relacionada con las actividades formativas. La impartición de esta formación deberá justificarse a la finalización del contrato.

Reglamentariamente se desarrollará el sistema de impartición y las características de la formación de los trabajadores en los centros formativos y en las empresas, así como su reconocimiento, en un régimen de alternancia con el trabajo efectivo para favorecer una mayor relación entre este y la formación y el aprendizaje del trabajador. Las actividades formativas podrán incluir formación complementaria no referida al Catálogo Nacional de Cualificaciones Profesionales para adaptarse tanto a las necesidades de los trabajadores como de las empresas.

Asimismo serán objeto de desarrollo reglamentario los aspectos relacionados con la financiación de la actividad formativa.

e) La cualificación o competencia profesional adquirida a través del contrato para la formación y el aprendizaje será objeto de acreditación en los términos previstos en la Ley Orgánica 5/2002, de 19 de junio, de las Cualificaciones y de la Formación Profesional, y en su normativa de desarrollo. Conforme a lo establecido en dicha regulación, el trabajador podrá solicitar de la Administración pública competente la expedición del correspondiente certificado de profesionalidad, título de formación profesional o, en su caso, acreditación parcial acumulable.

f) El tiempo de trabajo efectivo, que habrá de ser compatible con el tiempo dedicado a las actividades formativas, no podrá ser superior al setenta y cinco por ciento, durante el primer año, o al ochenta y cinco por ciento, durante el segundo y tercer año, de la jornada máxima prevista en el convenio colectivo o, en su defecto, a la jornada máxima legal. Los trabajadores no podrán realizar horas extraordinarias, salvo en el supuesto previsto en el artículo 35.3. Tampoco podrán realizar trabajos nocturnos ni trabajo a turnos.

g) La retribución del trabajador contratado para la formación y el aprendizaje se fijará en proporción al tiempo de trabajo efectivo, de acuerdo con lo establecido en convenio colectivo.

   En ningún caso, la retribución podrá ser inferior al salario mínimo interprofesional en proporción al tiempo de trabajo efectivo.

h) La acción protectora de la Seguridad Social del trabajador contratado para la formación y el aprendizaje comprenderá todas las contingencias protegibles y prestaciones, incluido el desempleo. Asimismo, se tendrá derecho a la cobertura del Fondo de Garantía Salarial.

i) En el supuesto de que el trabajador continuase en la empresa al término del contrato se estará a lo establecido en el apartado 1.f).

3. En la negociación colectiva se fijarán criterios y procedimientos tendentes a conseguir una presencia equilibrada de hombres y mujeres vinculados a la empresa mediante contratos formativos. Asimismo, podrán establecerse compromisos de conversión de los contratos formativos en contratos por tiempo indefinido.

Artículo 12. Contrato a tiempo parcial y contrato de relevo

1. El contrato de trabajo se entenderá celebrado a tiempo parcial cuando se haya acordado la prestación de servicios durante un número de horas al día, a la semana, al mes o al año, inferior a la jornada de trabajo de un trabajador a tiempo completo comparable.

A efectos de lo dispuesto en el párrafo anterior, se entenderá por «trabajador a tiempo completo comparable» a un trabajador a tiempo completo de la misma empresa y centro de trabajo, con el mismo tipo de contrato de trabajo y que realice un trabajo idéntico o similar. Si en la empresa no hubiera ningún trabajador comparable a tiempo completo, se considerará la jornada a tiempo completo prevista en el convenio colectivo de aplicación o, en su defecto, la jornada máxima legal.

2. El contrato a tiempo parcial podrá concertarse por tiempo indefinido o por duración determinada en los supuestos en los que legalmente se permita la utilización de esta modalidad de contratación, excepto en el contrato para la formación y el aprendizaje.

3. Sin perjuicio de lo señalado en el apartado anterior, el contrato a tiempo parcial se entenderá celebrado por tiempo indefinido cuando se concierte para realizar trabajos fijos y periódicos dentro del volumen normal de actividad de la empresa.

4. El contrato a tiempo parcial se regirá por las siguientes reglas:

a) El contrato, conforme a lo dispuesto en el artículo 8.2, se deberá formalizar necesariamente por escrito. En el contrato deberá figurar el número de horas ordinarias de trabajo al día, a la semana, al mes o al año contratadas, así como el modo de su distribución según lo previsto en convenio colectivo.

   De no observarse estas exigencias, el contrato se presumirá celebrado a jornada completa, salvo prueba en contrario que acredite el carácter parcial de los servicios.

b) Cuando el contrato a tiempo parcial conlleve la ejecución de una jornada diaria inferior a la de los trabajadores a tiempo completo y esta se realice de forma partida, solo será posible efectuar una única interrupción en dicha jornada diaria, salvo que se disponga otra cosa mediante convenio colectivo.

c) Los trabajadores a tiempo parcial no podrán realizar horas extraordinarias, salvo en los supuestos a los que se refiere el artículo 35.3.

   La realización de horas complementarias se regirá por lo dispuesto en el apartado 5.

   En todo caso, la suma de las horas ordinarias y complementarias, incluidas las previamente pactadas y las voluntarias, no podrá exceder del límite legal del trabajo a tiempo parcial definido en el apartado 1.

   A estos efectos, la jornada de los trabajadores a tiempo parcial se registrará día a día y se totalizará mensualmente, entregando copia al trabajador, junto con el recibo de salarios, del resumen de todas las horas realizadas en cada mes, tanto las ordinarias como las complementarias a que se refiere el apartado 5.

   El empresario deberá conservar los resúmenes mensuales de los registros de jornada durante un periodo mínimo de cuatro años.

   En caso de incumplimiento de las referidas obligaciones de registro, el contrato se presumirá celebrado a jornada completa, salvo prueba en contrario que acredite el carácter parcial de los servicios.

d) Los trabajadores a tiempo parcial tendrán los mismos derechos que los trabajadores a tiempo completo. Cuando corresponda en atención a su naturaleza, tales derechos serán reconocidos en las disposiciones legales y reglamentarias y en los convenios colectivos de manera proporcional, en función del tiempo trabajado.

e) La conversión de un trabajo a tiempo completo en un trabajo parcial y viceversa tendrá siempre carácter voluntario para el trabajador y no se podrá imponer de forma unilateral o como consecuencia de una modificación sustancial de condiciones de trabajo al amparo de lo dispuesto en el artículo 41.1.a). El trabajador no podrá ser despedido ni sufrir ningún otro tipo de sanción o efecto perjudicial por el hecho de rechazar esta conversión, sin perjuicio de las medidas que, de conformidad con lo dispuesto en los artículos 51 y 52.c), puedan adoptarse por causas económicas, técnicas, organizativas o de producción.

A fin de posibilitar la movilidad voluntaria en el trabajo a tiempo parcial, el empresario deberá informar a los trabajadores de la empresa sobre la existencia de puestos de trabajo vacantes, de manera que aquellos puedan formular solicitudes de conversión voluntaria de un trabajo a tiempo completo en un trabajo a tiempo parcial y viceversa, o para el incremento del tiempo de trabajo de los trabajadores a tiempo parcial, todo ello de conformidad con los procedimientos que se establezcan en convenio colectivo.

Con carácter general, las solicitudes a que se refiere el párrafo anterior deberán ser tomadas en consideración, en la medida de lo posible, por el empresario. La denegación de la solicitud deberá ser notificada por el empresario al trabajador por escrito y de manera motivada.

f) Los convenios colectivos establecerán medidas para facilitar el acceso efectivo de los trabajadores a tiempo parcial a la formación profesional continua, a fin de favorecer su progresión y movilidad profesionales.

5. Se consideran horas complementarias las realizadas como adición a las horas ordinarias pactadas en el contrato a tiempo parcial, conforme a las siguientes reglas:

a) El empresario solo podrá exigir la realización de horas complementarias cuando así lo hubiera pactado expresamente con el trabajador. El pacto sobre horas complementarias podrá acordarse en el momento de la celebración del contrato a tiempo parcial o con posterioridad al mismo, pero constituirá, en todo caso, un pacto específico respecto al contrato. El pacto se formalizará necesariamente por escrito.

b) Solo se podrá formalizar un pacto de horas complementarias en el caso de contratos a tiempo parcial con una jornada de trabajo no inferior a diez horas semanales en cómputo anual.

c) El pacto de horas complementarias deberá recoger el número de horas complementarias cuya realización podrá ser requerida por el empresario.

El número de horas complementarias pactadas no podrá exceder del treinta por ciento de las horas ordinarias de trabajo objeto del contrato. Los convenios colectivos podrán establecer otro porcentaje máximo, que, en ningún caso, podrá ser inferior al citado treinta por ciento ni exceder del sesenta por ciento de las horas ordinarias contratadas.

d) El trabajador deberá conocer el día y la hora de realización de las horas complementarias pactadas con un preaviso mínimo de tres días, salvo que el convenio establezca un plazo de preaviso inferior.

e) El pacto de horas complementarias podrá quedar sin efecto por renuncia del trabajador, mediante un preaviso de quince días, una vez cumplido un año desde su celebración, cuando concurra alguna de las siguientes circunstancias:

1. La atención de las responsabilidades familiares enunciadas en el artículo 37.6.
2. Necesidades formativas, siempre que se acredite la incompatibilidad horaria.
3. Incompatibilidad con otro contrato a tiempo parcial.

f) El pacto de horas complementarias y las condiciones de realización de las mismas estarán sujetos a las reglas previstas en las letras anteriores. En caso de incumplimiento de tales reglas, la negativa del trabajador a la realización de las horas complementarias, pese a haber sido pactadas, no constituirá conducta laboral sancionable.

g) Sin perjuicio del pacto de horas complementarias, en los contratos a tiempo parcial de duración indefinida con una jornada de trabajo no inferior a diez horas semanales en cómputo anual, el empresario podrá, en cualquier momento, ofrecer al trabajador la realización de horas complementarias de aceptación voluntaria, cuyo número no podrá superar el quince por ciento, ampliables al treinta por ciento por convenio colectivo, de las horas ordinarias objeto del contrato. La negativa del trabajador a la realización de estas horas no constituirá conducta laboral sancionable.

Estas horas complementarias no se computarán a efectos de los porcentajes de horas complementarias pactadas que se establecen en la letra c).

h) La realización de horas complementarias habrá de respetar, en todo caso, los límites en materia de jornada y descansos establecidos en los artículos 34.3 y 4; 36.1 y 37.1.

i) Las horas complementarias efectivamente realizadas se retribuirán como ordinarias, computándose a efectos de bases de cotización a la Seguridad

Social y periodos de carencia y bases reguladoras de las prestaciones. A tal efecto, el número y retribución de las horas complementarias realizadas se deberá recoger en el recibo individual de salarios y en los documentos de cotización a la Seguridad Social.

6. Para que el trabajador pueda acceder a la jubilación parcial, en los términos establecidos en el texto refundido de la Ley General de la Seguridad Social y demás disposiciones concordantes, deberá acordar con su empresa una reducción de jornada y de salario de entre un mínimo del veinticinco por ciento y un máximo del cincuenta por ciento y la empresa deberá concertar simultáneamente un contrato de relevo, de acuerdo con lo establecido en el apartado siguiente, con objeto de sustituir la jornada de trabajo dejada vacante por el trabajador que se jubila parcialmente. También se podrá concertar el contrato de relevo para sustituir a los trabajadores que se jubilen parcialmente después de haber cumplido la edad de jubilación ordinaria que corresponda conforme a lo establecido en el texto refundido de la Ley General de la Seguridad Social.

La reducción de jornada y de salario podrá alcanzar el setenta y cinco por ciento cuando el contrato de relevo se concierte a jornada completa y con duración indefinida, siempre que el trabajador cumpla los requisitos establecidos en el texto refundido de la Ley General de la Seguridad Social.

La ejecución de este contrato de trabajo a tiempo parcial y su retribución serán compatibles con la pensión que la Seguridad Social reconozca al trabajador en concepto de jubilación parcial.

La relación laboral se extinguirá al producirse la jubilación total del trabajador.

7. El contrato de relevo se ajustará a las siguientes reglas:

a) Se celebrará con un trabajador en situación de desempleo o que tuviese concertado con la empresa un contrato de duración determinada.

b) Salvo lo establecido en los dos párrafos siguientes, la duración del contrato de relevo que se celebre como consecuencia de una jubilación parcial tendrá que ser indefinida o, como mínimo, igual al tiempo que falte al trabajador sustituido para alcanzar la edad de jubilación ordinaria que corresponda conforme a lo establecido en el texto refundido de la Ley General de la Seguridad Social. Si, al cumplir dicha edad, el trabajador jubilado parcialmente continuase en la empresa, el contrato de relevo que se hubiera celebrado por duración determinada podrá prorrogarse mediante acuerdo con las partes por periodos anuales, extinguiéndose en todo caso al finalizar el periodo correspondiente al año en el que se produzca la jubilación total del trabajador relevado.

En el supuesto previsto en el párrafo segundo del apartado 6, el contrato de relevo deberá alcanzar al menos una duración igual al resultado de sumar dos años al tiempo que le falte al trabajador sustituido para alcanzar la edad de jubilación ordinaria que corresponda conforme al texto refundido de la Ley General de la Seguridad Social. En el supuesto de que el contrato se extinga antes de alcanzar la duración mínima indicada, el empresario estará obligado a celebrar un nuevo contrato en los mismos términos del extinguido, por el tiempo restante.

En el caso del trabajador jubilado parcialmente después de haber cumplido la edad de jubilación ordinaria prevista en el texto refundido de la Ley General de la Seguridad Social, la duración del contrato de relevo que podrá celebrar la empresa para sustituir la parte de jornada dejada vacante por el mismo podrá ser indefinida o anual. En este segundo supuesto, el contrato se prorrogará automáticamente por periodos anuales, extinguiéndose en todo caso al finalizar el periodo correspondiente al año en que se produzca la jubilación total del trabajador relevado.

c) Salvo en el supuesto previsto en el párrafo segundo del apartado 6, el contrato de relevo podrá celebrarse a jornada completa o a tiempo parcial. En todo caso, la duración de la jornada deberá ser, como mínimo, igual a la reducción de jornada acordada por el trabajador sustituido. El horario de trabajo del trabajador relevista podrá completar el del trabajador sustituido o simultanearse con él.

d) El puesto de trabajo del trabajador relevista podrá ser el mismo del trabajador sustituido. En todo caso, deberá existir una correspondencia entre las bases de cotización de ambos, en los términos previstos en el texto refundido de la Ley General de la Seguridad Social.

e) En la negociación colectiva se podrán establecer medidas para impulsar la celebración de contratos de relevo.

Artículo 13. Trabajo a distancia

1. Tendrá la consideración de trabajo a distancia aquel en que la prestación de la actividad laboral se realice de manera preponderante en el domicilio del trabajador o en el lugar libremente elegido por este, de modo alternativo a su desarrollo presencial en el centro de trabajo de la empresa.

2. El acuerdo por el que se establezca el trabajo a distancia se formalizará por escrito. Tanto si el acuerdo se estableciera en el contrato inicial como si fuera posterior, le serán de aplicación las reglas contenidas en el artículo 8.4 para la copia básica del contrato de trabajo.

3. Los trabajadores a distancia tendrán los mismos derechos que los que prestan sus servicios en el centro de trabajo de la empresa, salvo aquellos que sean inherentes a la realización de la prestación laboral en el mismo de manera presen-

cial. En especial, el trabajador a distancia tendrá derecho a percibir, como mínimo, la retribución total establecida conforme a su grupo profesional y funciones.

El empresario deberá establecer los medios necesarios para asegurar el acceso efectivo de estos trabajadores a la formación profesional para el empleo, a fin de favorecer su promoción profesional. Asimismo, a fin de posibilitar la movilidad y promoción, deberá informar a los trabajadores a distancia de la existencia de puestos de trabajo vacantes para su desarrollo presencial en sus centros de trabajo.

4. Los trabajadores a distancia tienen derecho a una adecuada protección en materia de seguridad y salud resultando de aplicación, en todo caso, lo establecido en la Ley 31/1995, de 8 de noviembre, de Prevención de Riesgos Laborales, y su normativa de desarrollo.

5. Los trabajadores a distancia podrán ejercer los derechos de representación colectiva conforme a lo previsto en esta ley. A estos efectos dichos trabajadores deberán estar adscritos a un centro de trabajo concreto de la empresa.

4.3. Contenido del contrato de trabajo

Artículo 14. Periodo de prueba

1. Podrá concertarse por escrito un periodo de prueba, con sujeción a los límites de duración que, en su caso, se establezcan en los convenios colectivos. En defecto de pacto en convenio, la duración del periodo de prueba no podrá exceder de seis meses para los técnicos titulados, ni de dos meses para los demás trabajadores. En las empresas de menos de veinticinco trabajadores el periodo de prueba no podrá exceder de tres meses para los trabajadores que no sean técnicos titulados.

En el supuesto de los contratos temporales de duración determinada del artículo 15 concertados por tiempo no superior a seis meses, el periodo de prueba no podrá exceder de un mes, salvo que se disponga otra cosa en convenio colectivo.

El empresario y el trabajador están, respectivamente, obligados a realizar las experiencias que constituyan el objeto de la prueba.

Será nulo el pacto que establezca un periodo de prueba cuando el trabajador haya ya desempeñado las mismas funciones con anterioridad en la empresa, bajo cualquier modalidad de contratación.

2. Durante el periodo de prueba, el trabajador tendrá los derechos y obligaciones correspondientes al puesto de trabajo que desempeñe como si fuera de plantilla, excepto los derivados de la resolución de la relación laboral, que podrá producirse a instancia de cualquiera de las partes durante su transcurso.

3. Transcurrido el periodo de prueba sin que se haya producido el desistimiento, el contrato producirá plenos efectos, computándose el tiempo de los servicios prestados en la antigüedad del trabajador en la empresa.

Las situaciones de incapacidad temporal, riesgo durante el embarazo, maternidad, adopción, guarda con fines de adopción, acogimiento, riesgo durante la lactancia y paternidad, que afecten al trabajador durante el periodo de prueba, interrumpen el cómputo del mismo siempre que se produzca acuerdo entre ambas partes.

Artículo 15. Duración del contrato

1. El contrato de trabajo podrá concertarse **por tiempo indefinido o por una duración determinada.**

Podrán celebrarse contratos de duración determinada en los siguientes supuestos:

a) Cuando se contrate al trabajador para la realización de una obra o servicio determinados, con autonomía y sustantividad propia dentro de la actividad de la empresa y cuya ejecución, aunque limitada en el tiempo, sea en principio de duración incierta. Estos contratos no podrán tener una duración superior a tres años ampliable hasta doce meses más por convenio colectivo de ámbito sectorial estatal o, en su defecto, por convenio colectivo sectorial de ámbito inferior. Transcurridos estos plazos, los trabajadores adquirirán la condición de trabajadores fijos de la empresa.

   Los convenios colectivos sectoriales estatales y de ámbito inferior, incluidos los convenios de empresa, podrán identificar aquellos trabajos o tareas con sustantividad propia dentro de la actividad normal de la empresa que puedan cubrirse con contratos de esta naturaleza.

b) Cuando las circunstancias del mercado, acumulación de tareas o exceso de pedidos así lo exigieran, aun tratándose de la actividad normal de la empresa. En tales casos, los contratos podrán tener una duración máxima de seis meses, dentro de un periodo de doce meses, contados a partir del momento en que se produzcan dichas causas. Por convenio colectivo de ámbito sectorial estatal o, en su defecto, por convenio colectivo sectorial de ámbito inferior, podrá modificarse la duración máxima de estos contratos y el periodo dentro del cual se puedan realizar en atención al carácter estacional de la actividad en que dichas circunstancias se puedan producir. En tal supuesto, el periodo máximo dentro del cual se podrán realizar será de dieciocho meses, no pudiendo superar la duración del contrato las tres cuartas partes del periodo de referencia establecido ni, como máximo, doce meses.

En caso de que el contrato se hubiera concertado por una duración inferior a la máxima legal o convencionalmente establecida, podrá prorrogarse mediante acuerdo de las partes, por una única vez, sin que la duración total del contrato pueda exceder de dicha duración máxima.

Por convenio colectivo se podrán determinar las actividades en las que puedan contratarse trabajadores eventuales, así como fijar criterios generales relativos a la adecuada relación entre el volumen de esta modalidad contractual y la plantilla total de la empresa.

c) Cuando se trate de sustituir a trabajadores con derecho a reserva del puesto de trabajo, siempre que en el contrato de trabajo se especifique el nombre del sustituido y la causa de sustitución.

2. Adquirirán la condición de trabajadores fijos, cualquiera que haya sido la modalidad de su contratación, los que no hubieran sido dados de alta en la Seguridad Social, una vez transcurrido un plazo igual al que legalmente se hubiera podido fijar para el periodo de prueba, salvo que de la propia naturaleza de las actividades o de los servicios contratados se deduzca claramente la duración temporal de los mismos, todo ello sin perjuicio de las demás responsabilidades a que hubiere lugar en derecho.

3. Se presumirán por tiempo indefinido los contratos temporales celebrados en fraude de ley.

4. Los empresarios habrán de notificar a la representación legal de los trabajadores en las empresas los contratos realizados de acuerdo con las modalidades de contratación por tiempo determinado previstas en este artículo cuando no exista obligación legal de entregar copia básica de los mismos.

5. Sin perjuicio de lo dispuesto en los apartados 1.a), 2 y 3, los trabajadores que en un periodo de treinta meses hubieran estado contratados durante un plazo superior a veinticuatro meses, con o sin solución de continuidad, para el mismo o diferente puesto de trabajo con la misma empresa o grupo de empresas, mediante dos o más contratos temporales, sea directamente o a través de su puesta a disposición por empresas de trabajo temporal, con las mismas o diferentes modalidades contractuales de duración determinada, adquirirán la condición de trabajadores fijos.

Lo establecido en el párrafo anterior también será de aplicación cuando se produzcan supuestos de sucesión o subrogación empresarial conforme a lo dispuesto legal o convencionalmente.

Atendiendo a las peculiaridades de cada actividad y a las características del puesto de trabajo, la negociación colectiva establecerá requisitos dirigidos a prevenir la utilización abusiva de contratos de duración determinada con distintos trabajadores para desempeñar el mismo puesto de trabajo cubierto anteriormente con contratos de ese carácter, con o sin solución de continuidad, incluidos los contratos de puesta a disposición realizados con empresas de trabajo temporal.

Lo dispuesto en este apartado no será de aplicación a la utilización de los contratos formativos, de relevo e interinidad, a los contratos temporales celebrados en el marco de programas públicos de empleo-formación, así como a los contratos temporales que sean utilizados por empresas de inserción debidamente registradas y el objeto de dichos contratos sea considerado como parte esencial de un itinerario de inserción personalizado.

6. Los trabajadores con contratos temporales y de duración determinada tendrán los mismos derechos que los trabajadores con contratos de duración indefinida, sin perjuicio de las particularidades específicas de cada una de las modalidades contractuales en materia de extinción del contrato y de aquellas expresamente previstas en la ley en relación con los contratos formativos. Cuando corresponda en atención a su naturaleza, tales derechos serán reconocidos en las disposiciones legales y reglamentarias y en los convenios colectivos de manera proporcional, en función del tiempo trabajado.

Cuando un determinado derecho o condición de trabajo esté atribuido en las disposiciones legales o reglamentarias y en los convenios colectivos en función de una previa antigüedad del trabajador, esta deberá computarse según los mismos criterios para todos los trabajadores, cualquiera que sea su modalidad de contratación.

7. El empresario deberá informar a los trabajadores de la empresa con contratos de duración determinada o temporales, incluidos los contratos formativos, sobre la existencia de puestos de trabajo vacantes, a fin de garantizarles las mismas oportunidades de acceder a puestos permanentes que los demás trabajadores. Esta información podrá facilitarse mediante un anuncio público en un lugar adecuado de la empresa o centro de trabajo, o mediante otros medios previstos en la negociación colectiva, que aseguren la transmisión de la información.

Los convenios podrán establecer criterios objetivos y compromisos de conversión de los contratos de duración determinada o temporales en indefinidos.

Los convenios colectivos establecerán medidas para facilitar el acceso efectivo de estos trabajadores a las acciones incluidas en el sistema de formación profesional para el empleo en el ámbito laboral, a fin de mejorar su cualificación y favorecer su progresión y movilidad profesionales.

8. En los supuestos previstos en los apartados 1.a) y 5, el empresario deberá facilitar por escrito al trabajador, en los diez días siguientes al cumplimiento de los plazos indicados, un documento justificativo sobre su nueva condición de trabajador fijo de la empresa. En todo caso, el trabajador podrá solicitar, por escrito, al Servicio Público de Empleo correspondiente un certificado de los contratos de

duración determinada o temporales celebrados, a los efectos de poder acreditar su condición de trabajador fijo en la empresa. El Servicio Público de Empleo emitirá dicho documento y lo pondrá en conocimiento de la empresa en la que el trabajador preste sus servicios.

Artículo 16. Contrato fijo-discontinuo

1. El contrato por tiempo indefinido fijo-discontinuo se concertará para realizar trabajos que tengan el carácter de fijos-discontinuos y no se repitan en fechas ciertas, dentro del volumen normal de actividad de la empresa.

A los supuestos de trabajos discontinuos que se repitan en fechas ciertas les será de aplicación la regulación del contrato a tiempo parcial celebrado por tiempo indefinido.

2. Los trabajadores fijos-discontinuos serán llamados en el orden y la forma que se determine en los respectivos convenios colectivos, pudiendo el trabajador, en caso de incumplimiento, reclamar en procedimiento de despido ante la jurisdicción social, iniciándose el plazo para ello desde el momento en que tuviese conocimiento de la falta de convocatoria.

3. Este contrato se deberá formalizar necesariamente por escrito en el modelo que se establezca y en él deberá figurar una indicación sobre la duración estimada de la actividad, así como sobre la forma y orden de llamamiento que establezca el convenio colectivo aplicable, haciendo constar igualmente, de manera orientativa, la jornada laboral estimada y su distribución horaria.

4. Los convenios colectivos de ámbito sectorial podrán acordar, cuando las peculiaridades de la actividad del sector así lo justifiquen, la celebración a tiempo parcial de los contratos fijos-discontinuos, así como los requisitos y especialidades para la conversión de contratos temporales en contratos fijos-discontinuos.

4.4. Clasificación profesional y promoción en el trabajo

Artículo 22. Sistema de clasificación profesional

1. Mediante la negociación colectiva o, en su defecto, acuerdo entre la empresa y los representantes de los trabajadores, se establecerá el sistema de clasificación profesional de los trabajadores por medio de grupos profesionales.

2. Se entenderá por grupo profesional el que agrupe unitariamente las aptitudes profesionales, titulaciones y contenido general de la prestación, y podrá incluir distintas tareas, funciones, especialidades profesionales o responsabilidades asignadas al trabajador.

3. La definición de los grupos profesionales se ajustará a criterios y sistemas que tengan como objeto garantizar la ausencia de discriminación, tanto directa como indirecta, entre mujeres y hombres.

4. Por acuerdo entre el trabajador y el empresario se asignará al trabajador un grupo profesional y se establecerá como contenido de la prestación laboral objeto del contrato de trabajo la realización de todas las funciones correspondientes al grupo profesional asignado o solamente de alguna de ellas. Cuando se acuerde la polivalencia funcional o la realización de funciones propias de más de un grupo, la equiparación se realizará en virtud de las funciones que se desempeñen durante mayor tiempo.

Artículo 23. Promoción y formación profesional en el trabajo

1. El trabajador tendrá derecho:

a) Al disfrute de los permisos necesarios para concurrir a exámenes, así como a una preferencia a elegir turno de trabajo, si tal es el régimen instaurado en la empresa, cuando curse con regularidad estudios para la obtención de un título académico o profesional.

b) A la adaptación de la jornada ordinaria de trabajo para la asistencia a cursos de formación profesional.

c) A la concesión de los permisos oportunos de formación o perfeccionamiento profesional con reserva del puesto de trabajo.

d) A la formación necesaria para su adaptación a las modificaciones operadas en el puesto de trabajo. La misma correrá a cargo de la empresa, sin perjuicio de la posibilidad de obtener a tal efecto los créditos destinados a la formación. El tiempo destinado a la formación se considerará en todo caso tiempo de trabajo efectivo.

2. En la negociación colectiva se pactarán los términos del ejercicio de estos derechos, que se acomodarán a criterios y sistemas que garanticen la ausencia de discriminación, tanto directa como indirecta, entre trabajadores de uno y otro sexo.

3. Los trabajadores con al menos un año de antigüedad en la empresa tienen derecho a un permiso retribuido de veinte horas anuales de formación profesional para el empleo, vinculada a la actividad de la empresa, acumulables por un periodo de hasta cinco años. El derecho se entenderá cumplido en todo caso cuando el trabajador pueda realizar las acciones formativas dirigidas a la obtención de la formación profesional para el empleo en el marco de un plan de formación desarrollado por iniciativa empresarial o comprometido por la negociación colectiva. Sin perjuicio de lo anterior, no podrá comprenderse en el derecho a que se refiere este apartado la formación que deba obligatoriamente

impartir la empresa a su cargo conforme a lo previsto en otras leyes. En defecto de lo previsto en convenio colectivo, la concreción del modo de disfrute del permiso se fijará de mutuo acuerdo entre trabajador y empresario.

Artículo 24. Ascensos

1. Los ascensos dentro del sistema de clasificación profesional se producirán conforme a lo que se establezca en convenio o, en su defecto, en acuerdo colectivo entre la empresa y los representantes de los trabajadores.

En todo caso los ascensos se producirán teniendo en cuenta la formación, méritos, antigüedad del trabajador, así como las facultades organizativas del empresario.

2. Los ascensos y la promoción profesional en la empresa se ajustarán a criterios y sistemas que tengan como objetivo garantizar la ausencia de discriminación, tanto directa como indirecta, entre mujeres y hombres, pudiendo establecerse medidas de acción positiva dirigidas a eliminar o compensar situaciones de discriminación.

Artículo 25. Promoción económica

1. El trabajador, en función del trabajo desarrollado, podrá tener derecho a una promoción económica en los términos fijados en convenio colectivo o contrato individual.

2. Lo dispuesto en el apartado anterior se entiende sin perjuicio de los derechos adquiridos o en curso de adquisición en el tramo temporal correspondiente.

4.5. Salarios y garantías salariales

Artículo 26. Del salario

1. Se **considerará salario la totalidad de las percepciones económicas de los trabajadores, en dinero o en especie, por la prestación profesional de los servicios laborales por cuenta ajena, ya retribuyan el trabajo efectivo, cualquiera que sea la forma de remuneración, o los periodos de descanso computables como de trabajo.**

En ningún caso, incluidas las relaciones laborales de carácter especial a que se refiere el artículo 2, el salario en especie podrá superar el treinta por ciento de las percepciones salariales del trabajador, ni dar lugar a la minoración de la cuantía íntegra en dinero del salario mínimo interprofesional.

2. No tendrán la consideración de salario las cantidades percibidas por el trabajador en concepto de indemnizaciones o suplidos por los gastos realizados como consecuencia de su actividad laboral, las prestaciones e indemnizaciones de la Seguridad Social y las indemnizaciones correspondientes a traslados, suspensiones o despidos.

3. Mediante la negociación colectiva o, en su defecto, el contrato individual, se determinará la estructura del salario, que deberá comprender el salario base, como retribución fijada por unidad de tiempo o de obra y, en su caso, complementos salariales fijados en función de circunstancias relativas a las condiciones personales del trabajador, al trabajo realizado o a la situación y resultados de la empresa, que se calcularán conforme a los criterios que a tal efecto se pacten. Igualmente se pactará el carácter consolidable o no de dichos complementos salariales, no teniendo el carácter de consolidables, salvo acuerdo en contrario, los que estén vinculados al puesto de trabajo o a la situación y resultados de la empresa.

4. Todas las cargas fiscales y de Seguridad Social a cargo del trabajador serán satisfechas por el mismo, siendo nulo todo pacto en contrario.

5. Operará la compensación y absorción cuando los salarios realmente abonados, en su conjunto y cómputo anual, sean más favorables para los trabajadores que los fijados en el orden normativo o convencional de referencia.

Artículo 27. Salario mínimo interprofesional

1. El Gobierno fijará, previa consulta con las organizaciones sindicales y asociaciones empresariales más representativas, anualmente, el salario mínimo interprofesional, teniendo en cuenta:

a) El índice de precios de consumo.

b) La productividad media nacional alcanzada.

c) El incremento de la participación del trabajo en la renta nacional.

d) La coyuntura económica general.

Igualmente se fijará una revisión semestral para el caso de que no se cumplan las previsiones sobre el índice de precios citado.

La revisión del salario mínimo interprofesional no afectará a la estructura ni a la cuantía de los salarios profesionales cuando estos, en su conjunto y cómputo anual, fueran superiores a aquel.

2. **El salario mínimo interprofesional, en su cuantía, es inembargable.**

Artículo 28. Igualdad de remuneración por razón de sexo

El empresario está obligado a pagar por la prestación de un trabajo de igual valor la misma retribución, satisfecha directa o indirectamente, y cualquiera que sea la naturaleza de la misma, salarial o extrasalarial, sin que pueda producirse discriminación alguna por razón de sexo en ninguno de los elementos o condiciones de aquella.

Artículo 29. Liquidación y pago

1. La liquidación y el pago del salario se harán puntual y documentalmente en la fecha y lugar convenidos o conforme a los usos y costumbres. El periodo de tiempo a que se refiere el abono de las retribuciones periódicas y regulares no podrá exceder de un mes.

El trabajador y, con su autorización, sus representantes legales, tendrán derecho a percibir, sin que llegue el día señalado para el pago, anticipos a cuenta del trabajo ya realizado.

La documentación del salario se realizará mediante la entrega al trabajador de un recibo individual y justificativo del pago del mismo. El recibo de salarios se ajustará al modelo que apruebe el Ministerio de Empleo y Seguridad Social, salvo que por convenio colectivo o, en su defecto, por acuerdo entre la empresa y los representantes de los trabajadores, se establezca otro modelo que contenga con la debida claridad y separación las diferentes percepciones del trabajador, así como las deducciones que legalmente procedan.

La liquidación de los salarios que correspondan a quienes presten servicios en trabajos que tengan el carácter de fijos-discontinuos, en los supuestos de conclusión de cada periodo de actividad, se llevará a cabo con sujeción a los trámites y garantías establecidos en el artículo 49.2.

2. El derecho al salario a comisión nacerá en el momento de realizarse y pagarse el negocio, la colocación o venta en que hubiera intervenido el trabajador, liquidándose y pagándose, salvo que se hubiese pactado otra cosa, al finalizar el año.

El trabajador y sus representantes legales pueden pedir en cualquier momento comunicaciones de la parte de los libros referentes a tales devengos.

3. El interés por mora en el pago del salario será el diez por ciento de lo adeudado.

4. El salario, así como el pago delegado de las prestaciones de la Seguridad Social, podrá efectuarlo el empresario en moneda de curso legal o mediante cheque u otra modalidad de pago similar a través de entidades de crédito, previo informe al comité de empresa o delegados de personal.

Artículo 30. Imposibilidad de la prestación

Si el trabajador no pudiera prestar sus servicios una vez vigente el contrato porque el empresario se retrasare en darle trabajo por impedimentos imputables al mismo y no al trabajador, este conservará el derecho a su salario, sin que pueda hacérsele compensar el que perdió con otro trabajo realizado en otro tiempo.

Artículo 31. Gratificaciones extraordinaria

El trabajador tiene derecho a dos gratificaciones extraordinarias al año, una de ellas con ocasión de las fiestas de Navidad y la otra en el mes que se fije por convenio colectivo o por acuerdo entre el empresario y los representantes legales de los trabajadores. Igualmente se fijará por convenio colectivo la cuantía de tales gratificaciones.

No obstante, podrá acordarse en convenio colectivo que las gratificaciones extraordinarias se prorrateen en las doce mensualidades.

Artículo 32. Garantías del salario

1. Los créditos salariales por los últimos treinta días de trabajo y en cuantía que no supere el doble del salario mínimo interprofesional gozarán de preferencia sobre cualquier otro crédito, aunque este se encuentre garantizado por prenda o hipoteca.

2. Los créditos salariales gozarán de preferencia sobre cualquier otro crédito respecto de los objetos elaborados por los trabajadores mientras sean propiedad o estén en posesión del empresario.

3. Los créditos por salarios no protegidos en los apartados anteriores tendrán la condición de singularmente privilegiados en la cuantía que resulte de multiplicar el triple del salario mínimo interprofesional por el número de días del salario pendientes de pago, gozando de preferencia sobre cualquier otro crédito, excepto los créditos con derecho real, en los supuestos en los que estos, con arreglo a la ley, sean preferentes. La misma consideración tendrán las indemnizaciones por despido en la cuantía correspondiente al mínimo legal calculada sobre una base que no supere el triple del salario mínimo.

4. El plazo para ejercitar los derechos de preferencia del crédito salarial es de un año, a contar desde el momento en que debió percibirse el salario, transcurrido el cual prescribirán tales derechos.

5. Las preferencias reconocidas en los apartados precedentes serán de aplicación en todos los supuestos en los que, no hallándose el empresario declarado en concurso, los correspondientes créditos concurran con otro u otros sobre bienes de aquel. En caso de concurso, serán de aplicación las disposiciones de la Ley 22/2003, de 9 de julio, Concursal, relativas a la clasificación de los créditos y a las ejecuciones y apremios.

Artículo 33. El Fondo de Garantía Salarial

1. El Fondo de Garantía Salarial, organismo autónomo adscrito al Ministerio de Empleo y Seguridad Social, con personalidad jurídica y capacidad de obrar para el cumplimiento de sus fines, abonará a los trabajadores el importe de los salarios pendientes de pago a causa de insolvencia o concurso del empresario.

A los anteriores efectos, se considerará salario la cantidad reconocida como tal en acto de conciliación o en resolución judicial por todos los conceptos a que se refiere el artículo 26.1, así como los salarios de tramitación en los supuestos en que legalmente procedan, sin que pueda el Fondo abonar, por uno u otro concepto, conjunta o separadamente, un importe superior a la cantidad resultante de multiplicar el doble del salario mínimo interprofesional diario, incluyendo la parte proporcional de las pagas extraordinarias, por el número de días de salario pendiente de pago, con un máximo de ciento veinte días.

2. El Fondo de Garantía Salarial, en los casos del apartado anterior, abonará indemnizaciones reconocidas como consecuencia de sentencia, auto, acto de conciliación judicial o resolución administrativa a favor de los trabajadores a causa de despido o extinción de los contratos conforme a los artículos 50, 51 y 52 de esta ley, y de extinción de contratos conforme al artículo 64 de la Ley 22/2003, de 9 de julio, Concursal, así como las indemnizaciones por extinción de contratos temporales o de duración determinada en los casos que legalmente procedan. En todos los casos con el límite máximo de una anualidad, sin que el salario diario, base del cálculo, pueda exceder del doble del salario mínimo interprofesional, incluyendo la parte proporcional de las pagas extraordinarias.

El importe de la indemnización, a los solos efectos de abono por el Fondo de Garantía Salarial para los casos de despido o extinción de los contratos conforme al artículo 50 de esta ley, se calculará sobre la base de treinta días por año de servicio, con el límite fijado en el párrafo anterior.

3. En caso de procedimientos concursales, desde el momento en que se tenga conocimiento de la existencia de créditos laborales o se presuma la posibilidad de su existencia, el juez, de oficio o a instancia de parte, citará al Fondo de Garantía Salarial, sin cuyo requisito no asumirá este las obligaciones señaladas en los apartados anteriores. El Fondo se personará en el expediente como responsable legal subsidiario del pago de los citados créditos, pudiendo instar lo que a su derecho convenga y sin perjuicio de que, una vez realizado, continúe como acreedor en el expediente. A los efectos del abono por el Fondo de las cantidades que resulten reconocidas a favor de los trabajadores, se tendrán en cuenta las reglas siguientes:

- Primera. Sin perjuicio de los supuestos de responsabilidad directa del organismo en los casos legalmente establecidos, el reconocimiento del derecho a la prestación exigirá que los créditos de los trabajadores aparezcan incluidos en la lista de acreedores o, en su caso, reconocidos como deudas de la masa por el órgano del concurso competente para ello en cuantía igual o superior a la que se solicita del Fondo, sin perjuicio de la obligación de aquellos de reducir su solicitud o de reembolsar al Fondo la cantidad que corresponda cuando la cuantía reconocida en la lista definitiva fuese inferior a la solicitada o a la ya percibida.

- Segunda. Las indemnizaciones a abonar a cargo del Fondo, con independencia de lo que se pueda pactar en el proceso concursal, se calcularán sobre la base de veinte días por año de servicio, con el límite máximo de una anualidad, sin que el salario diario, base del cálculo, pueda exceder del doble del salario mínimo interprofesional, incluyendo la parte proporcional de las pagas extraordinarias.
- Tercera. En el supuesto de que los trabajadores perceptores de estas indemnizaciones solicitaran del Fondo el abono de la parte de indemnización no satisfecha por el empresario, el límite de la prestación indemnizatoria a cargo del Fondo se reducirá en la cantidad ya percibida por aquellos.

4. El Fondo asumirá las obligaciones especificadas en los apartados anteriores, previa instrucción de expediente para la comprobación de su procedencia.

Para el reembolso de las cantidades satisfechas, el Fondo de Garantía Salarial se subrogará obligatoriamente en los derechos y acciones de los trabajadores, conservando el carácter de créditos privilegiados que les confiere el artículo 32 de esta ley. Si dichos créditos concurriesen con los que puedan conservar los trabajadores por la parte no satisfecha por el Fondo, unos y otros se abonarán a prorrata de sus respectivos importes.

5. El Fondo de Garantía Salarial se financiará con las aportaciones efectuadas por todos los empresarios a que se refiere el artículo 1.2 de esta ley, tanto si son públicos como privados.

El tipo de cotización se fijará por el Gobierno sobre los salarios que sirvan de base para el cálculo de la cotización para atender las contingencias derivadas de accidentes de trabajo, enfermedad profesional y desempleo en el sistema de la Seguridad Social.

6. A los efectos de este artículo se entiende que existe insolvencia del empresario cuando, instada la ejecución en la forma establecida por la Ley 36/2011, de 10 de octubre, Reguladora de la Jurisdicción Social, no se consiga satisfacción de los créditos laborales. La resolución en que conste la declaración de insolvencia será dictada previa audiencia del Fondo de Garantía Salarial.

7. El derecho a solicitar del Fondo de Garantía Salarial el pago de las prestaciones que resultan de los apartados anteriores prescribirá al año de la fecha del

acto de conciliación, sentencia, auto o resolución de la autoridad laboral en que se reconozca la deuda por salarios o se fijen las indemnizaciones.

Tal plazo se interrumpirá por el ejercicio de las acciones ejecutivas o de reconocimiento del crédito en procedimiento concursal y por las demás formas legales de interrupción de la prescripción.

8. El Fondo de Garantía Salarial tendrá la consideración de parte en la tramitación de los procedimientos arbitrales, a efectos de asumir las obligaciones previstas en este artículo.

9. El Fondo de Garantía Salarial dispensará la protección regulada en este artículo en relación con los créditos impagados de los trabajadores que ejerzan o hayan ejercido habitualmente su trabajo en España cuando pertenezcan a una empresa con actividad en el territorio de al menos dos Estados miembros de la Unión Europea, uno de los cuales sea España, cuando concurran, conjuntamente, las siguientes circunstancias:

a) Que se haya solicitado la apertura de un procedimiento colectivo basado en la insolvencia del empresario en un Estado miembro distinto de España, previsto por sus disposiciones legales y administrativas, que implique el desapoderamiento parcial o total del empresario y el nombramiento de un síndico o persona que ejerza una función similar.

b) Que se acredite que la autoridad competente, en virtud de dichas disposiciones, ha decidido la apertura del procedimiento; o bien que ha comprobado el cierre definitivo de la empresa o el centro de trabajo del empresario, así como la insuficiencia del activo disponible para justificar la apertura del procedimiento.

Cuando, de acuerdo con los términos establecidos en este apartado, la protección de los créditos impagados corresponda al Fondo de Garantía Salarial, este solicitará información de la institución de garantía del Estado miembro en el que se tramite el procedimiento colectivo de insolvencia sobre los créditos pendientes de pago de los trabajadores y sobre los satisfechos por dicha institución de garantía y pedirá su colaboración para garantizar que las cantidades abonadas a los trabajadores sean tenidas en cuenta en el procedimiento, así como para conseguir el reembolso de dichas cantidades.

10. En el supuesto de procedimiento concursal solicitado en España en relación con una empresa con actividad en el territorio de al menos otro Estado miembro de la Unión Europea, además de España, el Fondo de Garantía Salarial estará obligado a proporcionar información a la institución de garantía del Estado en cuyo territorio los trabajadores de la empresa en estado de insolvencia hayan ejercido o ejerzan habitualmente su trabajo, en particular, poniendo en su

conocimiento los créditos pendientes de pago de los trabajadores, así como los satisfechos por el propio Fondo de Garantía Salarial.

Asimismo, el Fondo de Garantía Salarial prestará a la institución de garantía competente la colaboración que le sea requerida en relación con su intervención en el procedimiento y con el reembolso de las cantidades abonadas a los trabajadores.

4.6. Tiempo de jornada

Artículo 34. Jornada

1. La duración de la jornada de trabajo **será la pactada en los convenios colectivos o contratos de trabajo.**

La duración máxima de la jornada ordinaria de trabajo será de **cuarenta horas semanales** de trabajo efectivo de promedio en cómputo anual.

2. Mediante convenio colectivo o, en su defecto, por acuerdo entre la empresa y los representantes de los trabajadores, se podrá establecer la distribución irregular de la jornada a lo largo del año. En defecto de pacto, la empresa podrá distribuir de manera irregular a lo largo del año el diez por ciento de la jornada de trabajo.

Dicha distribución deberá respetar en todo caso los periodos mínimos de descanso diario y semanal previstos en la ley y el trabajador deberá conocer con un preaviso mínimo de cinco días el día y la hora de la prestación de trabajo resultante de aquella.

La compensación de las diferencias, por exceso o por defecto, entre la jornada realizada y la duración máxima de la jornada ordinaria de trabajo legal o pactada será exigible según lo acordado en convenio colectivo o, a falta de previsión al respecto, por acuerdo entre la empresa y los representantes de los trabajadores. En defecto de pacto, las diferencias derivadas de la distribución irregular de la jornada deberán quedar compensadas en el plazo de doce meses desde que se produzcan.

3. Entre el final de una jornada y el comienzo de la siguiente mediarán, como mínimo, doce horas.

El número de horas ordinarias de trabajo efectivo no podrá ser superior a nueve diarias, salvo que por convenio colectivo o, en su defecto, acuerdo entre la empresa y los representantes de los trabajadores, se establezca otra distribución del tiempo de trabajo diario, respetando en todo caso el descanso entre jornadas.

Los trabajadores menores de dieciocho años no podrán realizar más de ocho horas diarias de trabajo efectivo, incluyendo, en su caso, el tiempo dedicado a la formación y, si trabajasen para varios empleadores, las horas realizadas con cada uno de ellos.

4. Siempre que la duración de la jornada diaria continuada exceda de seis horas, deberá establecerse un periodo de descanso durante la misma de duración no inferior a quince minutos. Este periodo de descanso se considerará tiempo de trabajo efectivo cuando así esté establecido o se establezca por convenio colectivo o contrato de trabajo.

En el caso de los trabajadores menores de dieciocho años, el periodo de descanso tendrá una duración mínima de treinta minutos, y deberá establecerse siempre que la duración de la jornada diaria continuada exceda de cuatro horas y media.

5. El tiempo de trabajo se computará de modo que tanto al comienzo como al final de la jornada diaria el trabajador se encuentre en su puesto de trabajo.

6. Anualmente se elaborará por la empresa el calendario laboral, debiendo exponerse un ejemplar del mismo en un lugar visible de cada centro de trabajo.

7. El Gobierno, a propuesta del titular del Ministerio de Empleo y Seguridad Social y previa consulta a las organizaciones sindicales y empresariales más representativas, podrá establecer ampliaciones o limitaciones en la ordenación y duración de la jornada de trabajo y de los descansos, para aquellos sectores y trabajos que por sus peculiaridades así lo requieran.

8. El trabajador tendrá derecho a adaptar la duración y distribución de la jornada de trabajo para hacer efectivo su derecho a la conciliación de la vida personal, familiar y laboral en los términos que se establezcan en la negociación colectiva o en el acuerdo a que llegue con el empresario respetando, en su caso, lo previsto en aquella.

A tal fin, se promoverá la utilización de la jornada continuada, el horario flexible u otros modos de organización del tiempo de trabajo y de los descansos que permitan la mayor compatibilidad entre el derecho a la conciliación de la vida personal, familiar y laboral de los trabajadores y la mejora de la productividad en las empresas.

Artículo 35. Horas extraordinarias

1. Tendrán la consideración de horas extraordinarias aquellas horas de trabajo que se realicen sobre la duración máxima de la jornada ordinaria de trabajo, fijada de acuerdo con el artículo anterior. Mediante convenio colectivo o, en su defecto, contrato individual, se optará entre abonar las horas extraordinarias en la cuantía que se fije, que en ningún caso podrá ser inferior al valor de la hora ordinaria, o compensarlas por tiempos equivalentes de descanso retribuido. En

ausencia de pacto al respecto, se entenderá que las horas extraordinarias realizadas deberán ser compensadas mediante descanso dentro de los cuatro meses siguientes a su realización.

2. El número de horas extraordinarias no podrá ser superior a ochenta al año, salvo lo previsto en el apartado 3. Para los trabajadores que por la modalidad o duración de su contrato realizasen una jornada en cómputo anual inferior a la jornada general en la empresa, el número máximo anual de horas extraordinarias se reducirá en la misma proporción que exista entre tales jornadas.

A los efectos de lo dispuesto en el párrafo anterior, no se computarán las horas extraordinarias que hayan sido compensadas mediante descanso dentro de los cuatro meses siguientes a su realización.

El Gobierno podrá suprimir o reducir el número máximo de horas extraordinarias por tiempo determinado, con carácter general o para ciertas ramas de actividad o ámbitos territoriales, para incrementar las oportunidades de colocación de los trabajadores en situación de desempleo.

3. No se tendrá en cuenta, a efectos de la duración máxima de la jornada ordinaria laboral, ni para el cómputo del número máximo de las horas extraordinarias autorizadas, el exceso de las trabajadas para prevenir o reparar siniestros y otros daños extraordinarios y urgentes, sin perjuicio de su compensación como horas extraordinarias.

4. La prestación de trabajo en horas extraordinarias será voluntaria, salvo que su realización se haya pactado en convenio colectivo o contrato individual de trabajo, dentro de los límites del apartado 2.

5. A efectos del cómputo de horas extraordinarias, la jornada de cada trabajador se registrará día a día y se totalizará en el periodo fijado para el abono de las retribuciones, entregando copia del resumen al trabajador en el recibo correspondiente.

Artículo 36. Trabajo nocturno, trabajo a turnos y ritmo de trabajo

1. A los efectos de lo dispuesto en esta ley, se considera trabajo nocturno el realizado entre las diez de la noche y las seis de la mañana. El empresario que recurra regularmente a la realización de trabajo nocturno deberá informar de ello a la autoridad laboral.

La jornada de trabajo de los trabajadores nocturnos no podrá exceder de ocho horas diarias de promedio, en un periodo de referencia de quince días. Dichos trabajadores no podrán realizar horas extraordinarias.

Para la aplicación de lo dispuesto en el párrafo anterior, se considerará trabajador nocturno a aquel que realice normalmente en periodo nocturno una parte no inferior a tres horas de su jornada diaria de trabajo, así como a aquel que se prevea que puede realizar en tal periodo una parte no inferior a un tercio de su jornada de trabajo anual.

Resultará de aplicación a lo establecido en el párrafo segundo lo dispuesto en el artículo 34.7 Igualmente, el Gobierno podrá establecer limitaciones y garantías adicionales a las previstas en el presente artículo para la realización de trabajo nocturno en ciertas actividades o por determinada categoría de trabajadores, en función de los riesgos que comporten para su salud y seguridad.

2. El trabajo nocturno tendrá una retribución específica que se determinará en la negociación colectiva, salvo que el salario se haya establecido atendiendo a que el trabajo sea nocturno por su propia naturaleza o se haya acordado la compensación de este trabajo por descansos.

3. Se considera trabajo a turnos toda forma de organización del trabajo en equipo según la cual los trabajadores ocupan sucesivamente los mismos puestos de trabajo, según un cierto ritmo, continuo o discontinuo, implicando para el trabajador la necesidad de prestar sus servicios en horas diferentes en un periodo determinado de días o de semanas.

En las empresas con procesos productivos continuos durante las veinticuatro horas del día, en la organización del trabajo de los turnos se tendrá en cuenta la rotación de los mismos y que ningún trabajador esté en el de noche más de dos semanas consecutivas, salvo adscripción voluntaria.

Las empresas que por la naturaleza de su actividad realicen el trabajo en régimen de turnos, incluidos los domingos y días festivos, podrán efectuarlo bien por equipos de trabajadores que desarrollen su actividad por semanas completas, o contratando personal para completar los equipos necesarios durante uno o más días a la semana.

4. Los trabajadores nocturnos y quienes trabajen a turnos deberán gozar en todo momento de un nivel de protección en materia de salud y seguridad adaptado a la naturaleza de su trabajo, y equivalente al de los restantes trabajadores de la empresa.

El empresario deberá garantizar que los trabajadores nocturnos que ocupe dispongan de una evaluación gratuita de su estado de salud, antes de su afectación a un trabajo nocturno y, posteriormente, a intervalos regulares, en los términos establecidos en la Ley 31/1995, de 8 de noviembre, de Prevención de Riesgos Laborales, y en sus normas de desarrollo. Los trabajadores nocturnos a los que se reconozcan problemas de salud ligados al hecho de su trabajo nocturno tendrán derecho a ser destinados a un puesto de trabajo diurno que exista en la empresa y para el que sean profesionalmente aptos. El cambio de puesto de trabajo se llevará a cabo de conformidad con lo dispuesto en los artículos 39 y 41, en su caso, de la presente ley.

5. El empresario que organice el trabajo en la empresa según un cierto ritmo deberá tener en cuenta el principio general de adaptación del trabajo a la persona, especialmente de cara a atenuar el trabajo monótono y repetitivo en función del tipo de actividad y de las exigencias en materia de seguridad y salud de los trabajadores. Dichas exigencias deberán ser tenidas particularmente en cuenta a la hora de determinar los periodos de descanso durante la jornada de trabajo.

Artículo 37. Descanso semanal, fiestas y permisos

1. Los trabajadores tendrán derecho a un descanso mínimo semanal, acumulable por periodos de hasta catorce días, de día y medio ininterrumpido que, como regla general, comprenderá la tarde del sábado o, en su caso, la mañana del lunes y el día completo del domingo. La duración del descanso semanal de los menores de dieciocho años será, como mínimo, de dos días ininterrumpidos.

Resultará de aplicación al descanso semanal lo dispuesto en el artículo 34.7 en cuanto a ampliaciones y reducciones, así como para la fijación de regímenes de descanso alternativos para actividades concretas.

2. Las fiestas laborales, que tendrán carácter retribuido y no recuperable, no podrán exceder de catorce al año, de las cuales dos serán locales. En cualquier caso se respetarán como fiestas de ámbito nacional las de la Natividad del Señor, Año Nuevo, 1 de mayo, como Fiesta del Trabajo, y 12 de octubre, como Fiesta Nacional de España.

Respetando las expresadas en el párrafo anterior, el Gobierno podrá trasladar a los lunes todas las fiestas de ámbito nacional que tengan lugar entre semana, siendo, en todo caso, objeto de traslado al lunes inmediatamente posterior el descanso laboral correspondiente a las fiestas que coincidan con domingo.

Las comunidades autónomas, dentro del límite anual de catorce días festivos, podrán señalar aquellas fiestas que por tradición les sean propias, sustituyendo para ello las de ámbito nacional que se determinen reglamentariamente y, en todo caso, las que se trasladen a lunes. Asimismo, podrán hacer uso de la facultad de traslado a lunes prevista en el párrafo anterior.

Si alguna comunidad autónoma no pudiera establecer una de sus fiestas tradicionales por no coincidir con domingo un suficiente número de fiestas nacionales podrá, en el año que así ocurra, añadir una fiesta más, con carácter de recuperable, al máximo de catorce.

3. El trabajador, previo aviso y justificación, podrá ausentarse del trabajo, con derecho a remuneración, por alguno de los motivos y por el tiempo siguiente:

a) Quince días naturales en caso de matrimonio.

b) Dos días por el nacimiento de hijo y por el fallecimiento, accidente o enfermedad graves, hospitalización o intervención quirúrgica sin hospitalización que precise reposo domiciliario, de parientes hasta el segundo grado de consanguinidad o afinidad. Cuando con tal motivo el trabajador necesite hacer un desplazamiento al efecto, el plazo será de cuatro días.

c) Un día por traslado del domicilio habitual.

d) Por el tiempo indispensable, para el cumplimiento de un deber inexcusable de carácter público y personal, comprendido el ejercicio del sufragio activo. Cuando conste en una norma legal o convencional un periodo determinado, se estará a lo que esta disponga en cuanto a duración de la ausencia y a su compensación económica.

   Cuando el cumplimiento del deber antes referido suponga la imposibilidad de la prestación del trabajo debido en más del veinte por ciento de las horas laborables en un periodo de tres meses, podrá la empresa pasar al trabajador afectado a la situación de excedencia regulada en el artículo 46.1.

   En el supuesto de que el trabajador, por cumplimiento del deber o desempeño del cargo, perciba una indemnización, se descontará el importe de la misma del salario a que tuviera derecho en la empresa.

e) Para realizar funciones sindicales o de representación del personal en los términos establecidos legal o convencionalmente.

f) Por el tiempo indispensable para la realización de exámenes prenatales y técnicas de preparación al parto y, en los casos de adopción, guarda con fines de adopción o acogimiento, para la asistencia a las preceptivas sesiones de información y preparación y para la realización de los preceptivos informes psicológicos y sociales previos a la declaración de idoneidad, siempre, en todos los casos, que deban tener lugar dentro de la jornada de trabajo.

4. En los supuestos de nacimiento de hijo, adopción, guarda con fines de adopción o acogimiento, de acuerdo con el artículo 45.1.d), para la lactancia del menor hasta que este cumpla nueve meses, los trabajadores tendrán derecho a una hora de ausencia del trabajo, que podrán dividir en dos fracciones. La duración del permiso se incrementará proporcionalmente en los casos de parto, adopción, guarda con fines de adopción o acogimiento múltiples.

Quien ejerza este derecho, por su voluntad, podrá sustituirlo por una reducción de su jornada en media hora con la misma finalidad o acumularlo en jornadas completas en los términos previstos en la negociación colectiva o en el acuerdo a que llegue con el empresario respetando, en su caso, lo establecido en aquella.

Este permiso constituye un derecho individual de los trabajadores, hombres o mujeres, pero solo podrá ser ejercido por uno de los progenitores en caso de que ambos trabajen.

5. En el caso de nacimiento de hijos prematuros o que, por cualquier causa, deban permanecer hospitalizados a continuación del parto, la madre o el padre tendrán derecho a ausentarse del trabajo durante una hora. Asimismo, tendrán derecho a reducir su jornada de trabajo hasta un máximo de dos horas, con la disminución proporcional del salario. Para el disfrute de este permiso se estará a lo previsto en el apartado 7.

6. Quien por razones de guarda legal tenga a su cuidado directo algún menor de doce años o una persona con discapacidad que no desempeñe una actividad retribuida tendrá derecho a una reducción de la jornada de trabajo diaria, con la disminución proporcional del salario entre, al menos, un octavo y un máximo de la mitad de la duración de aquella.

Tendrá el mismo derecho quien precise encargarse del cuidado directo de un familiar, hasta el segundo grado de consanguinidad o afinidad, que por razones de edad, accidente o enfermedad no pueda valerse por sí mismo, y que no desempeñe actividad retribuida.

El progenitor, adoptante, guardador con fines de adopción o acogedor permanente tendrá derecho a una reducción de la jornada de trabajo, con la disminución proporcional del salario de, al menos, la mitad de la duración de aquella, para el cuidado, durante la hospitalización y tratamiento continuado, del menor a su cargo afectado por cáncer (tumores malignos, melanomas y carcinomas), o por cualquier otra enfermedad grave, que implique un ingreso hospitalario de larga duración y requiera la necesidad de su cuidado directo, continuo y permanente, acreditado por el informe del servicio público de salud u órgano administrativo sanitario de la comunidad autónoma correspondiente y, como máximo, hasta que el menor cumpla los dieciocho años. Por convenio colectivo, se podrán establecer las condiciones y supuestos en los que esta reducción de jornada se podrá acumular en jornadas completas.

Las reducciones de jornada contempladas en este apartado constituyen un derecho individual de los trabajadores, hombres o mujeres. No obstante, si dos o más trabajadores de la misma empresa generasen este derecho por el mismo sujeto causante, el empresario podrá limitar su ejercicio simultáneo por razones justificadas de funcionamiento de la empresa.

7. La concreción horaria y la determinación del periodo de disfrute del permiso de lactancia y de la reducción de jornada, previstos en los apartados 4 y 6, corresponderán al trabajador, dentro de su jornada ordinaria. No obstante, los convenios colectivos podrán establecer criterios para la concreción horaria de la

reducción de jornada a que se refiere el apartado 6, en atención a los derechos de conciliación de la vida personal, familiar y laboral del trabajador y las necesidades productivas y organizativas de las empresas. El trabajador, salvo fuerza mayor, deberá preavisar al empresario con una antelación de quince días o la que se determine en el convenio colectivo aplicable, precisando la fecha en que iniciará y finalizará el permiso de lactancia o la reducción de jornada.

Las discrepancias surgidas entre empresario y trabajador sobre la concreción horaria y la determinación de los periodos de disfrute previstos en los apartados 4, 5 y 6 serán resueltas por la jurisdicción social a través del procedimiento establecido en el artículo 139 de la Ley 36/2011, de 10 de octubre, Reguladora de la Jurisdicción Social.

8. Los trabajadores que tengan la consideración de víctimas de violencia de género o de víctimas del terrorismo tendrán derecho, para hacer efectiva su protección o su derecho a la asistencia social integral, a la reducción de la jornada de trabajo con disminución proporcional del salario o a la reordenación del tiempo de trabajo, a través de la adaptación del horario, de la aplicación del horario flexible o de otras formas de ordenación del tiempo de trabajo que se utilicen en la empresa.

Estos derechos se podrán ejercitar en los términos que para estos supuestos concretos se establezcan en los convenios colectivos o en los acuerdos entre la empresa y los representantes de los trabajadores, o conforme al acuerdo entre la empresa y los trabajadores afectados. En su defecto, la concreción de estos derechos corresponderá a estos, siendo de aplicación las reglas establecidas en el apartado anterior, incluidas las relativas a la resolución de discrepancias.

Artículo 38. Vacaciones anuales

1. El periodo de vacaciones anuales retribuidas, no sustituible por compensación económica, será el pactado en convenio colectivo o contrato individual. En ningún caso la duración **será inferior a treinta días naturales.**

2. El periodo o periodos de su disfrute se fijará de común acuerdo entre el empresario y el trabajador, de conformidad con lo establecido en su caso en los convenios colectivos sobre planificación anual de las vacaciones.

En caso de desacuerdo entre las partes, la jurisdicción social fijará la fecha que para el disfrute corresponda y su decisión será irrecurrible. El procedimiento será sumario y preferente.

3. El calendario de vacaciones se fijará en cada empresa. El trabajador conocerá las fechas que le correspondan dos meses antes, al menos, del comienzo del disfrute.

Cuando el periodo de vacaciones fijado en el calendario de vacaciones de la empresa al que se refiere el párrafo anterior coincida en el tiempo con una incapacidad temporal derivada del embarazo, el parto o la lactancia natural o con el periodo de suspensión del contrato de trabajo previsto en los apartados 4, 5 y 7 del artículo 48, se tendrá derecho a disfrutar las vacaciones en fecha distinta a la de la incapacidad temporal o a la del disfrute del permiso que por aplicación de dicho precepto le correspondiera, al finalizar el periodo de suspensión, aunque haya terminado el año natural a que correspondan.

En el supuesto de que el periodo de vacaciones coincida con una incapacidad temporal por contingencias distintas a las señaladas en el párrafo anterior que imposibilite al trabajador disfrutarlas, total o parcialmente, durante el año natural a que corresponden, el trabajador podrá hacerlo una vez finalice su incapacidad y siempre que no hayan transcurrido más de dieciocho meses a partir del final del año en que se hayan originado.

4.7. Movilidad y modificación del contrato de trabajo

Artículo 39. Movilidad funcional

1. **La movilidad funcional en la empresa se efectuará de acuerdo a las titulaciones académicas o profesionales precisas para ejercer la prestación laboral y con respeto a la dignidad del trabajador.**

2. La movilidad funcional para la realización de funciones, tanto superiores como inferiores, no correspondientes al grupo profesional solo será posible si existen, además, razones técnicas u organizativas que la justifiquen y por el tiempo imprescindible para su atención. El empresario deberá comunicar su decisión y las razones de esta a los representantes de los trabajadores.

En el caso de encomienda de funciones superiores a las del grupo profesional por un periodo superior a seis meses durante un año u ocho durante dos años, el trabajador podrá reclamar el ascenso, si a ello no obsta lo dispuesto en convenio colectivo o, en todo caso, la cobertura de la vacante correspondiente a las funciones por él realizadas conforme a las reglas en materia de ascensos aplicables en la empresa, sin perjuicio de reclamar la diferencia salarial correspondiente. Estas acciones serán acumulables. Contra la negativa de la empresa, y previo informe del comité o, en su caso, de los delegados de personal, el trabajador podrá reclamar ante la jurisdicción social. Mediante la negociación colectiva se podrán establecer periodos distintos de los expresados en este artículo a efectos de reclamar la cobertura de vacantes.

3. El trabajador tendrá derecho a la retribución correspondiente a las funciones que efectivamente realice, salvo en los casos de encomienda de funciones inferiores, en los que mantendrá la retribución de origen. No cabrá invocar como causa de despido objetivo la ineptitud sobrevenida o la falta de adaptación en los supuestos de realización de funciones distintas de las habituales como consecuencia de la movilidad funcional.

4. El cambio de funciones distintas de las pactadas no incluido en los supuestos previstos en este artículo requerirá el acuerdo de las partes o, en su defecto, el sometimiento a las reglas previstas para las modificaciones sustanciales de condiciones de trabajo o a las que a tal fin se hubieran establecido en convenio colectivo.

Artículo 40. Movilidad geográfica

1. **El traslado de trabajadores que no hayan sido contratados específicamente para prestar sus servicios en empresas con centros de trabajo móviles o itinerantes a un centro de trabajo distinto de la misma empresa que exija cambios de residencia requerirá la existencia de razones económicas, técnicas, organizativas o de producción que lo justifiquen.** Se consideraran tales las que estén relacionadas con la competitividad, productividad u organización técnica o del trabajo en la empresa, así como las contrataciones referidas a la actividad empresarial.

La decisión de traslado deberá ser notificada por el empresario al trabajador, así como a sus representantes legales, con una antelación mínima de treinta días a la fecha de su efectividad.

Notificada la decisión de traslado, el trabajador tendrá derecho a optar entre el traslado, percibiendo una compensación por gastos, o la extinción de su contrato, percibiendo una indemnización de veinte días de salario por año de servicio, prorrateándose por meses los periodos de tiempo inferiores a un año y con un máximo de doce mensualidades. La compensación a que se refiere el primer supuesto comprenderá tanto los gastos propios como los de los familiares a su cargo, en los términos que se convengan entre las partes, y nunca será inferior a los límites mínimos establecidos en los convenios colectivos.

Sin perjuicio de la ejecutividad del traslado en el plazo de incorporación citado, el trabajador que, no habiendo optado por la extinción de su contrato, se muestre disconforme con la decisión empresarial podrá impugnarla ante la jurisdicción social. La sentencia declarará el traslado justificado o injustificado y, en este último caso, reconocerá el derecho del trabajador a ser reincorporado al centro de trabajo de origen.

Cuando, con objeto de eludir las previsiones contenidas en el apartado siguiente, la empresa realice traslados en periodos sucesivos de noventa días en número inferior a los umbrales allí señalados, sin que concurran causas nuevas que justifiquen tal actuación, dichos nuevos traslados se considerarán efectuados en fraude de ley y serán declarados nulos y sin efecto.

2. El traslado a que se refiere el apartado anterior deberá ir precedido de un periodo de consultas con los representantes legales de los trabajadores de una duración no superior a quince días, cuando afecte a la totalidad del centro de trabajo, siempre que este ocupe a más de cinco trabajadores, o cuando, sin afectar a la totalidad del centro de trabajo, en un periodo de noventa días comprenda a un número de trabajadores de, al menos:

a) Diez trabajadores, en las empresas que ocupen menos de cien trabajadores.

b) El diez por ciento del número de trabajadores de la empresa en aquellas que ocupen entre cien y trescientos trabajadores.

c) Treinta trabajadores en las empresas que ocupen más de trescientos trabajadores.

Dicho periodo de consultas deberá versar sobre las causas motivadoras de la decisión empresarial y la posibilidad de evitar o reducir sus efectos, así como sobre las medidas necesarias para atenuar sus consecuencias para los trabajadores afectados. La consulta se llevará a cabo en una única comisión negociadora, si bien, de existir varios centros de trabajo, quedará circunscrita a los centros afectados por el procedimiento. La comisión negociadora estará integrada por un máximo de trece miembros en representación de cada una de las partes.

La intervención como interlocutores ante la dirección de la empresa en el procedimiento de consultas corresponderá a los sujetos indicados en el artículo 41.4, en el orden y condiciones señalados en el mismo.

La comisión representativa de los trabajadores deberá quedar constituida con carácter previo a la comunicación empresarial de inicio del procedimiento de consultas. A estos efectos, la dirección de la empresa deberá comunicar de manera fehaciente a los trabajadores o a sus representantes su intención de iniciar el procedimiento. El plazo máximo para la constitución de la comisión representativa será de siete días desde la fecha de la referida comunicación, salvo que alguno de los centros de trabajo que vaya a estar afectado por el procedimiento no cuente con representantes legales de los trabajadores, en cuyo caso el plazo será de quince días.

Transcurrido el plazo máximo para la constitución de la comisión representativa, la dirección de la empresa podrá comunicar el inicio del periodo de consultas a los representantes de los trabajadores. La falta de constitución de la comisión representativa no impedirá el inicio y transcurso del periodo de consultas, y su constitución con posterioridad al inicio del mismo no comportará, en ningún caso, la ampliación de su duración.

La apertura del periodo de consultas y las posiciones de las partes tras su conclusión deberán ser notificadas a la autoridad laboral para su conocimiento.

Durante el periodo de consultas, las partes deberán negociar de buena fe, con vistas a la consecución de un acuerdo. Dicho acuerdo requerirá la conformidad de la mayoría de los representantes legales de los trabajadores o, en su caso, de la mayoría de los miembros de la comisión representativa de los trabajadores siempre que, en ambos casos, representen a la mayoría de los trabajadores del centro o centros de trabajo afectados.

Tras la finalización del periodo de consultas el empresario notificará a los trabajadores su decisión sobre el traslado, que se regirá a todos los efectos por lo dispuesto en el apartado 1.

Contra las decisiones a que se refiere el presente apartado se podrá reclamar en conflicto colectivo, sin perjuicio de la acción individual prevista en el apartado 1. La interposición del conflicto paralizará la tramitación de las acciones individuales iniciadas, hasta su resolución.

El acuerdo con los representantes de los trabajadores en el periodo de consultas se entenderá sin perjuicio del derecho de los trabajadores afectados al ejercicio de la opción prevista en el párrafo tercero del apartado 1.

El empresario y la representación de los trabajadores podrán acordar en cualquier momento la sustitución del periodo de consultas a que se refiere este apartado por la aplicación del procedimiento de mediación o arbitraje que sea de aplicación en el ámbito de la empresa, que deberá desarrollarse dentro del plazo máximo señalado para dicho periodo.

3. Si por traslado uno de los cónyuges cambia de residencia, el otro, si fuera trabajador de la misma empresa, tendrá derecho al traslado a la misma localidad, si hubiera puesto de trabajo.

4. Los trabajadores que tengan la consideración de víctimas de violencia de género o de víctimas del terrorismo que se vean obligados a abandonar el puesto de trabajo en la localidad donde venían prestando sus servicios, para hacer efectiva su protección o su derecho a la asistencia social integral, tendrán derecho preferente a ocupar otro puesto de trabajo, del mismo grupo profesional o categoría equivalente, que la empresa tenga vacante en cualquier otro de sus centros de trabajo.

En tales supuestos, la empresa estará obligada a comunicar a los trabajadores las vacantes existentes en dicho momento o las que se pudieran producir en el futuro.

El traslado o el cambio de centro de trabajo tendrá una duración inicial de seis meses, durante los cuales la empresa tendrá la obligación de reservar el puesto de trabajo que anteriormente ocupaban los trabajadores.

Terminado este periodo, los trabajadores podrán optar entre el regreso a su puesto de trabajo anterior o la continuidad en el nuevo. En este último caso, decaerá la mencionada obligación de reserva.

5. Para hacer efectivo su derecho de protección a la salud, los trabajadores con discapacidad que acrediten la necesidad de recibir fuera de su localidad un tratamiento de habilitación o rehabilitación médico-funcional o atención, tratamiento u orientación psicológica relacionado con su discapacidad, tendrán derecho preferente a ocupar otro puesto de trabajo, del mismo grupo profesional, que la empresa tuviera vacante en otro de sus centros de trabajo en una localidad en que sea más accesible dicho tratamiento, en los términos y condiciones establecidos en el apartado anterior para las trabajadoras víctimas de violencia de género y para las víctimas del terrorismo.

6. Por razones económicas, técnicas, organizativas o de producción, o bien por contrataciones referidas a la actividad empresarial, la empresa podrá efectuar desplazamientos temporales de sus trabajadores que exijan que estos residan en población distinta de la de su domicilio habitual, abonando, además de los salarios, los gastos de viaje y las dietas.

El trabajador deberá ser informado del desplazamiento con una antelación suficiente a la fecha de su efectividad, que no podrá ser inferior a cinco días laborables en el caso de desplazamientos de duración superior a tres meses; en este último supuesto, el trabajador tendrá derecho a un permiso de cuatro días laborables en su domicilio de origen por cada tres meses de desplazamiento, sin computar como tales los de viaje, cuyos gastos correrán a cargo del empresario.

Contra la orden de desplazamiento, sin perjuicio de su ejecutividad, podrá recurrir el trabajador en los mismos términos previstos en el apartado 1 para los traslados.

Los desplazamientos cuya duración en un periodo de tres años exceda de doce meses tendrán, a todos los efectos, el tratamiento previsto en esta ley para los traslados.

7. Los representantes legales de los trabajadores tendrán prioridad de permanencia en los puestos de trabajo a que se refiere este artículo. Mediante convenio colectivo o acuerdo alcanzado durante el periodo de consultas se podrán establecer prioridades de permanencia a favor de trabajadores de otros colectivos, tales como trabajadores con cargas familiares, mayores de determinada edad o personas con discapacidad.

Artículo 41. Modificaciones sustanciales de condiciones de trabajo

1. La dirección de la empresa podrá acordar modificaciones sustanciales de las condiciones de trabajo cuando existan probadas razones económicas, técnicas, organizativas o de producción. Se considerarán tales las que estén relacionadas con la competitividad, productividad u organización técnica o del trabajo en la empresa.

Tendrán la consideración de modificaciones sustanciales de las condiciones de trabajo, entre otras, las que afecten a las siguientes materias:

a) Jornada de trabajo.
b) Horario y distribución del tiempo de trabajo.
c) Régimen de trabajo a turnos.
d) Sistema de remuneración y cuantía salarial.
e) Sistema de trabajo y rendimiento.
f) Funciones, cuando excedan de los límites que para la movilidad funcional prevé el artículo 39.

2. Las modificaciones sustanciales de las condiciones de trabajo podrán afectar a las condiciones reconocidas a los trabajadores en el contrato de trabajo, en acuerdos o pactos colectivos o disfrutadas por estos en virtud de una decisión unilateral del empresario de efectos colectivos.

Se considera de carácter colectivo la modificación que, en un periodo de noventa días, afecte al menos a:

a) Diez trabajadores, en las empresas que ocupen menos de cien trabajadores.
b) El diez por ciento del número de trabajadores de la empresa en aquellas que ocupen entre cien y trescientos trabajadores.
c) Treinta trabajadores, en las empresas que ocupen más de trescientos trabajadores.

Se considera de carácter individual la modificación que, en el periodo de referencia establecido, no alcance los umbrales señalados para las modificaciones colectivas.

3. La decisión de modificación sustancial de condiciones de trabajo de carácter individual deberá ser notificada por el empresario al trabajador afectado y a sus representantes legales con una antelación mínima de quince días a la fecha de su efectividad.

En los supuestos previstos en las letras a), b), c), d) y f) del apartado 1, si el trabajador resultase perjudicado por la modificación sustancial tendrá derecho a rescindir su contrato y percibir una indemnización de veinte días de salario por año de servicio prorrateándose por meses los periodos inferiores a un año y con un máximo de nueve meses.

Sin perjuicio de la ejecutividad de la modificación en el plazo de efectividad anteriormente citado, el trabajador que, no habiendo optado por la rescisión de su contrato, se muestre disconforme con la decisión empresarial podrá impugnarla ante la jurisdicción social. La sentencia declarará la modificación justificada o injustificada y, en este último caso, reconocerá el derecho del trabajador a ser repuesto en sus anteriores condiciones.

Cuando con objeto de eludir las previsiones contenidas en el apartado siguiente, la empresa realice modificaciones sustanciales de las condiciones de trabajo en periodos sucesivos de noventa días en número inferior a los umbrales que establece el apartado 2 para las modificaciones colectivas, sin que concurran causas nuevas que justifiquen tal actuación, dichas nuevas modificaciones se considerarán efectuadas en fraude de ley y serán declaradas nulas y sin efecto.

4. Sin perjuicio de los procedimientos específicos que puedan establecerse en la negociación colectiva, la decisión de modificación sustancial de condiciones de trabajo de carácter colectivo deberá ir precedida de un periodo de consultas con los representantes legales de los trabajadores, de duración no superior a quince días, que versará sobre las causas motivadoras de la decisión empresarial y la posibilidad de evitar o reducir sus efectos, así como sobre las medidas necesarias para atenuar sus consecuencias para los trabajadores afectados. La consulta se llevará a cabo en una única comisión negociadora, si bien, de existir varios centros de trabajo, quedará circunscrita a los centros afectados por el procedimiento. La comisión negociadora estará integrada por un máximo de trece miembros en representación de cada una de las partes.

La intervención como interlocutores ante la dirección de la empresa en el procedimiento de consultas corresponderá a las secciones sindicales cuando estas así lo acuerden, siempre que tengan la representación mayoritaria en los comités de empresa o entre los delegados de personal de los centros de trabajo afectados, en cuyo caso representarán a todos los trabajadores de los centros afectados.

En defecto de lo previsto en el párrafo anterior, la intervención como interlocutores se regirá por las siguientes reglas:

a) Si el procedimiento afecta a un único centro de trabajo, corresponderá al comité de empresa o a los delegados de personal. En el supuesto de que en el centro de trabajo no exista representación legal de los trabajadores, estos podrán optar por atribuir su representación para la negociación del acuerdo, a su elección, a una comisión de un máximo de tres miembros integrada por trabajadores de la propia empresa y elegida por estos democráticamente o a una comisión de igual número de componentes designados, según su representatividad, por los sindicatos más representativos y representativos del sector al que pertenezca la empresa y que estuvieran legitimados para formar parte de la comisión negociadora del convenio colectivo de aplicación a la misma.

En el supuesto de que la negociación se realice con la comisión cuyos miembros sean designados por los sindicatos, el empresario podrá atribuir su representación a las organizaciones empresariales en las que estuviera integrado, pudiendo ser las mismas más representativas a nivel autonómico, y con independencia de que la organización en la que esté integrado tenga carácter intersectorial o sectorial.

b) Si el procedimiento afecta a más de un centro de trabajo, la intervención como interlocutores corresponderá:

En primer lugar, al comité intercentros, siempre que tenga atribuida esa función en el convenio colectivo en que se hubiera acordado su creación.

En otro caso, a una comisión representativa que se constituirá de acuerdo con las siguientes reglas:

1. Si todos los centros de trabajo afectados por el procedimiento cuentan con representantes legales de los trabajadores, la comisión estará integrada por estos.
2. Si alguno de los centros de trabajo afectados cuenta con representantes legales de los trabajadores y otros no, la comisión estará integrada únicamente por representantes legales de los trabajadores de los centros que cuenten con dichos representantes. Y ello salvo que los trabajadores de los centros que no cuenten con representantes legales opten por designar la comisión a que se refiere la letra a), en cuyo caso la comisión representativa estará integrada conjuntamente por representantes legales de los trabajadores y por miembros de las comisiones previstas en dicho párrafo, en proporción al número de trabajadores que representen.

   En el supuesto de que uno o varios centros de trabajo afectados por el procedimiento que no cuenten con representantes legales de los trabajadores opten por no designar la comisión de la letra a), se asignará su representación a los representantes legales de los trabajadores de los centros de trabajo afectados que cuenten con ellos, en proporción al número de trabajadores que representen.
3. Si ninguno de los centros de trabajo afectados por el procedimiento cuenta con representantes legales de los trabajadores, la comisión representativa estará integrada por quienes sean elegidos por y entre los miembros de las comisiones designadas en los centros de trabajo afectados conforme a lo dispuesto en la letra a), en proporción al número de trabajadores que representen.

En todos los supuestos contemplados en este apartado, si como resultado de la aplicación de las reglas indicadas anteriormente el número inicial de representantes fuese superior a trece, estos elegirán por y entre ellos a un máximo de trece, en proporción al número de trabajadores que representen.

La comisión representativa de los trabajadores deberá quedar constituida con carácter previo a la comunicación empresarial de inicio del procedimiento de consultas. A estos efectos, la dirección de la empresa deberá comunicar de manera fehaciente a los trabajadores o a sus representantes su intención de iniciar el procedimiento de modificación sustancial de condiciones de trabajo. El plazo máximo para la constitución de la comisión representativa será de siete días desde la fecha de la referida comunicación, salvo que alguno de los centros de trabajo que vaya a estar afectado por el procedimiento no cuente con representantes legales de los trabajadores, en cuyo caso el plazo será de quince días.

Transcurrido el plazo máximo para la constitución de la comisión representativa, la dirección de la empresa podrá comunicar el inicio del periodo de consultas a los representantes de los trabajadores. La falta de constitución de la comisión representativa no impedirá el inicio y transcurso del periodo de consultas, y su constitución con posterioridad al inicio del mismo no comportará, en ningún caso, la ampliación de su duración.

Durante el periodo de consultas, las partes deberán negociar de buena fe, con vistas a la consecución de un acuerdo. Dicho acuerdo requerirá la conformidad de la mayoría de los representantes legales de los trabajadores o, en su caso, de la mayoría de los miembros de la comisión representativa de los trabajadores siempre que, en ambos casos, representen a la mayoría de los trabajadores del centro o centros de trabajo afectados.

El empresario y la representación de los trabajadores podrán acordar en cualquier momento la sustitución del periodo de consultas por el procedimiento de mediación o arbitraje que sea de aplicación en el ámbito de la empresa, que deberá desarrollarse dentro del plazo máximo señalado para dicho periodo.

Cuando el periodo de consultas finalice con acuerdo se presumirá que concurren las causas justificativas a que alude el apartado 1 y solo podrá ser impugnado ante la jurisdicción social por la existencia de fraude, dolo, coacción o abuso de derecho en su conclusión. Ello sin perjuicio del derecho de los trabajadores afectados a ejercitar la opción prevista en el párrafo segundo del apartado 3.

5. La decisión sobre la modificación colectiva de las condiciones de trabajo será notificada por el empresario a los trabajadores una vez finalizado el periodo de consultas sin acuerdo y surtirá efectos en el plazo de los siete días siguientes a su notificación.

Contra las decisiones a que se refiere el presente apartado se podrá reclamar en conflicto colectivo, sin perjuicio de la acción individual prevista en el apartado 3. La interposición del conflicto paralizará la tramitación de las acciones individuales iniciadas hasta su resolución.

6. La modificación de las condiciones de trabajo establecidas en los convenios colectivos regulados en el título III deberá realizarse conforme a lo establecido en el artículo 82.3.

7. En materia de traslados se estará a lo dispuesto en las normas específicas establecidas en el artículo 40.

Artículo 42. Subcontratación de obras y servicios

1. **Los empresarios que contraten o subcontraten con otros la realización de obras o servicios correspondientes a la propia actividad de aquellos deberán comprobar que dichos contratistas están al corriente en el pago de las cuotas de la Seguridad Social**. Al efecto, recabarán por escrito, con identificación de la empresa afectada, certificación negativa por descubiertos en la Tesorería General de la Seguridad Social, que deberá librar inexcusablemente dicha certificación en el término de treinta días improrrogables y en los términos que reglamentariamente se establezcan. Transcurrido este plazo, quedará exonerado de responsabilidad el empresario solicitante.

2. El empresario principal, salvo el transcurso del plazo antes señalado respecto a la Seguridad Social, y durante los tres años siguientes a la terminación de su encargo, responderá solidariamente de las obligaciones referidas a la Seguridad Social contraídas por los contratistas y subcontratistas durante el periodo de vigencia de la contrata.

De las obligaciones de naturaleza salarial contraídas por los contratistas y subcontratistas con sus trabajadores responderá solidariamente durante el año siguiente a la finalización del encargo.

No habrá responsabilidad por los actos del contratista cuando la actividad contratada se refiera exclusivamente a la construcción o reparación que pueda contratar un cabeza de familia respecto de su vivienda, así como cuando el propietario de la obra o industria no contrate su realización por razón de una actividad empresarial.

3. Los trabajadores del contratista o subcontratista deberán ser informados por escrito por su empresario de la identidad de la empresa principal para la cual estén prestando servicios en cada momento. Dicha información deberá facilitarse antes del inicio de la respectiva prestación de servicios e incluirá el nombre o razón social del empresario principal, su domicilio social y su número de identificación fiscal. Asimismo, el contratista o subcontratista deberán informar de la identidad de la empresa principal a la Tesorería General de la Seguridad Social en los términos que reglamentariamente se determinen.

4. Sin perjuicio de la información sobre previsiones en materia de subcontratación a la que se refiere el artículo 64 cuando la empresa concierte un contrato de prestación de obras o servicios con una empresa contratista o subcontratista, deberá informar a los representantes legales de sus trabajadores sobre los siguientes extremos:

a) Nombre o razón social, domicilio y número de identificación fiscal de la empresa contratista o subcontratista.
b) Objeto y duración de la contrata.
c) Lugar de ejecución de la contrata.
d) En su caso, número de trabajadores que serán ocupados por la contrata o subcontrata en el centro de trabajo de la empresa principal.
e) Medidas previstas para la coordinación de actividades desde el punto de vista de la prevención de riesgos laborales.

Cuando las empresas principal, contratista o subcontratista compartan de forma continuada un mismo centro de trabajo, la primera deberá disponer de un libro registro en el que se refleje la información anterior respecto de todas las empresas citadas. Dicho libro estará a disposición de los representantes legales de los trabajadores.

5. La empresa contratista o subcontratista deberá informar igualmente a los representantes legales de sus trabajadores, antes del inicio de la ejecución de la contrata, sobre los mismos extremos a que se refieren el apartado 3 anterior y las letras b) a e) del apartado 4.

6. Los trabajadores de las empresas contratistas y subcontratistas, cuando no tengan representación legal, tendrán derecho a formular a los representantes de los trabajadores de la empresa principal cuestiones relativas a las condiciones de ejecución de la actividad laboral, mientras compartan centro de trabajo y carezcan de representación.

Lo dispuesto en el párrafo anterior no será de aplicación a las reclamaciones del trabajador respecto de la empresa de la que depende.

7. Los representantes legales de los trabajadores de la empresa principal y de las empresas contratistas y subcontratistas, cuando compartan de forma continuada centro de trabajo, podrán reunirse a efectos de coordinación entre ellos y en relación con las condiciones de ejecución de la actividad laboral en los términos previstos en el artículo 81.

La capacidad de representación y ámbito de actuación de los representantes de los trabajadores, así como su crédito horario, vendrán determinados por la legislación vigente y, en su caso, por los convenios colectivos de aplicación.

Artículo 43. Cesión de trabajadores

1. La contratación de trabajadores para cederlos temporalmente a otra empresa solo podrá efectuarse a través de empresas de trabajo temporal debidamente autorizadas en los términos que legalmente se establezcan.

2. En todo caso, se entiende que se incurre en la cesión ilegal de trabajadores contemplada en este artículo cuando se produzca alguna de las siguientes circunstancias: que el objeto de los contratos de servicios entre las empresas se limite a una mera puesta a disposición de los trabajadores de la empresa cedente a la empresa cesionaria, o que la empresa cedente carezca de una actividad o de una organización propia y estable, o no cuente con los medios necesarios para el desarrollo de su actividad, o no ejerza las funciones inherentes a su condición de empresario.

3. Los empresarios, cedente y cesionario, que infrinjan lo señalado en los apartados anteriores responderán solidariamente de las obligaciones contraídas con los trabajadores y con la Seguridad Social, sin perjuicio de las demás responsabilidades, incluso penales, que procedan por dichos actos.

4. Los trabajadores sometidos al tráfico prohibido tendrán derecho a adquirir la condición de fijos, a su elección, en la empresa cedente o cesionaria. Los derechos y obligaciones del trabajador en la empresa cesionaria serán los que correspondan en condiciones ordinarias a un trabajador que preste servicios en el mismo o equivalente puesto de trabajo, si bien la antigüedad se computará desde el inicio de la cesión ilegal.

Artículo 44. La sucesión de empresa

1. El cambio de titularidad de una empresa, de un centro de trabajo o de una unidad productiva autónoma no extinguirá por sí mismo la relación laboral, quedando el nuevo empresario subrogado en los derechos y obligaciones laborales y de Seguridad Social del anterior, incluyendo los compromisos de pensiones, en los términos previstos en su normativa específica, y, en general, cuantas obligaciones en materia de protección social complementaria hubiere adquirido el cedente.

2. A los efectos de lo previsto en este artículo, se considerará que existe sucesión de empresa cuando la transmisión afecte a una entidad económica que mantenga su identidad, entendida como un conjunto de medios organizados a fin de llevar a cabo una actividad económica, esencial o accesoria.

3. Sin perjuicio de lo establecido en la legislación de Seguridad Social, el cedente y el cesionario, en las transmisiones que tengan lugar por actos inter vivos, responderán solidariamente durante tres años de las obligaciones laborales nacidas con anterioridad a la transmisión y que no hubieran sido satisfechas.

El cedente y el cesionario también responderán solidariamente de las obligaciones nacidas con posterioridad a la transmisión, cuando la cesión fuese declarada delito.

4. Salvo pacto en contrario, establecido mediante acuerdo de empresa entre el cesionario y los representantes de los trabajadores una vez consumada la sucesión, las relaciones laborales de los trabajadores afectados por la sucesión seguirán rigiéndose por el convenio colectivo que en el momento de la transmisión fuere de aplicación en la empresa, centro de trabajo o unidad productiva autónoma transferida.

Esta aplicación se mantendrá hasta la fecha de expiración del convenio colectivo de origen o hasta la entrada en vigor de otro convenio colectivo nuevo que resulte aplicable a la entidad económica transmitida.

5. Cuando la empresa, el centro de trabajo o la unidad productiva objeto de la transmisión conserve su autonomía, el cambio de titularidad del empresario no extinguirá por sí mismo el mandato de los representantes legales de los trabajadores, que seguirán ejerciendo sus funciones en los mismos términos y bajo las mismas condiciones que regían con anterioridad.

6. El cedente y el cesionario deberán informar a los representantes legales de sus trabajadores respectivos afectados por el cambio de titularidad, de los siguientes extremos:

a) Fecha prevista de la transmisión.
b) Motivos de la transmisión.
c) Consecuencias jurídicas, económicas y sociales, para los trabajadores, de la transmisión.
d) Medidas previstas respecto de los trabajadores.

7. De no haber representantes legales de los trabajadores, el cedente y el cesionario deberán facilitar la información mencionada en el apartado anterior a los trabajadores que pudieren resultar afectados por la transmisión.

8. El cedente vendrá obligado a facilitar la información mencionada en los apartados anteriores con la suficiente antelación, antes de la realización de la transmisión. El cesionario estará obligado a comunicar estas informaciones con la suficiente antelación y, en todo caso, antes de que sus trabajadores se vean afectados en sus condiciones de empleo y de trabajo por la transmisión.

En los supuestos de fusión y escisión de sociedades, el cedente y el cesionario habrán de proporcionar la indicada información, en todo caso, al tiempo de publicarse la convocatoria de las juntas generales que han de adoptar los respectivos acuerdos.

9. El cedente o el cesionario que previere adoptar, con motivo de la transmisión, medidas laborales en relación con sus trabajadores vendrá obligado a iniciar un periodo de consultas con los representantes legales de los trabajadores sobre las medidas previstas y sus consecuencias para los trabajadores. Dicho periodo de consultas habrá de celebrarse con la suficiente antelación, antes de que las medidas se lleven a efecto. Durante el periodo de consultas, las partes deberán negociar de buena fe, con vistas a la consecución de un acuerdo. Cuando las medidas previstas consistieren en traslados colectivos o en modificaciones sustanciales de las condiciones de trabajo de carácter colectivo, el procedimiento del periodo de consultas al que se refiere el párrafo anterior se ajustará a lo establecido en los artículos 40.2 y 41.4.

10. Las obligaciones de información y consulta establecidas en este artículo se aplicarán con independencia de que la decisión relativa a la transmisión haya sido adoptada por los empresarios cedente y cesionario o por las empresas que ejerzan el control sobre ellos. Cualquier justificación de aquellos basada en el hecho de que la empresa que tomó la decisión no les ha facilitado la información necesaria no podrá ser tomada en consideración a tal efecto.

4.8. Suspensión del contrato de trabajo

Artículo 45. Causas y efectos de la suspensión

1. El contrato de trabajo podrá suspenderse por las siguientes causas:

a) Mutuo acuerdo de las partes.

b) Las consignadas válidamente en el contrato.

c) Incapacidad temporal de los trabajadores.

d) Maternidad, paternidad, adopción, guarda con fines de adopción o acogimiento, de conformidad con el Código Civil o las leyes civiles de las Comunidades Autónomas que lo regulen, siempre que su duración no sea inferior a un año, de menores de seis años o de menores de edad que sean mayores de seis años cuando se trate de menores con discapacidad o que por sus circunstancias y experiencias personales o por provenir del extranjero, tengan especiales dificultades de inserción social y familiar debidamente acreditadas por los servicios sociales competentes.

e) Riesgo durante el embarazo y riesgo durante la lactancia natural de un menor de nueve meses.

f) Ejercicio de cargo público representativo.

g) Privación de libertad del trabajador, mientras no exista sentencia condenatoria.

h) Suspensión de empleo y sueldo, por razones disciplinarias.

i) Fuerza mayor temporal.

j) Causas económicas, técnicas, organizativas o de producción.

k) Excedencia forzosa.

l) Ejercicio del derecho de huelga.

m) Cierre legal de la empresa.

n) Decisión de la trabajadora que se vea obligada a abandonar su puesto de trabajo como consecuencia de ser víctima de violencia de género.

2. La suspensión exonera de las obligaciones recíprocas de trabajar y remunerar el trabajo.

Artículo 46. Excedencias

1. La excedencia podrá ser voluntaria o forzosa. La forzosa, que dará derecho a la conservación del puesto y al cómputo de la antigüedad de su vigencia, se concederá por la designación o elección para un cargo público que imposibilite la asistencia al trabajo. El reingreso deberá ser solicitado dentro del mes siguiente al cese en el cargo público.

2. El trabajador con al menos una antigüedad en la empresa de un año tiene derecho a que se le reconozca la posibilidad de situarse en excedencia voluntaria por un plazo no **menor a cuatro meses y no mayor a cinco años.** Este derecho solo podrá ser ejercitado otra vez por el mismo trabajador si han transcurrido cuatro años desde el final de la anterior excedencia voluntaria.

3. L**os trabajadores tendrán derecho a un periodo de excedencia de duración no superior a tres años para atender al cuidado de cada hijo**, tanto cuando lo sea por naturaleza, como por adopción, o en los supuestos de guarda con fines de adopción o acogimiento permanente, a contar desde la fecha de nacimiento o, en su caso, de la resolución judicial o administrativa.

También tendrán derecho a un periodo de excedencia, de duración no superior a dos años, salvo que se establezca una duración mayor por negociación colectiva, los trabajadores para atender al cuidado de un familiar hasta el segundo grado de consanguinidad o afinidad, que por razones de edad, accidente, enfermedad o discapacidad no pueda valerse por sí mismo, y no desempeñe actividad retribuida.

La excedencia contemplada en el presente apartado, cuyo periodo de duración podrá disfrutarse de forma fraccionada, constituye un derecho individual de los trabajadores, hombres o mujeres. No obstante, si dos o más trabajadores de la misma empresa generasen este derecho por el mismo sujeto causante, el empresario podrá limitar su ejercicio simultáneo por razones justificadas de funcionamiento de la empresa.

Cuando un nuevo sujeto causante diera derecho a un nuevo periodo de excedencia, el inicio de la misma dará fin al que, en su caso, se viniera disfrutando.

El periodo en que el trabajador permanezca en situación de excedencia conforme a lo establecido en este artículo será computable a efectos de antigüedad y el trabajador tendrá derecho a la asistencia a cursos de formación profesional, a cuya participación deberá ser convocado por el empresario, especialmente con ocasión de su reincorporación. Durante el primer año tendrá derecho a la reserva de su puesto de trabajo. Transcurrido dicho plazo, la reserva quedará referida a un puesto de trabajo del mismo grupo profesional o categoría equivalente.

No obstante, cuando el trabajador forme parte de una familia que tenga reconocida oficialmente la condición de familia numerosa, la reserva de su puesto de trabajo se extenderá hasta un máximo de quince meses cuando se trate de una familia numerosa de categoría general, y hasta un máximo de dieciocho meses si se trata de categoría especial.

4. Asimismo podrán solicitar su paso a la situación de excedencia en la empresa los trabajadores que ejerzan funciones sindicales de ámbito provincial o superior mientras dure el ejercicio de su cargo representativo.

5. El trabajador en excedencia voluntaria conserva solo un derecho preferente al reingreso en las vacantes de igual o similar categoría a la suya que hubiera o se produjeran en la empresa.

6. La situación de excedencia podrá extenderse a otros supuestos colectivamente acordados, con el régimen y los efectos que allí se prevean.

Artículo 47. Suspensión del contrato o reducción de jornada por causas económicas, técnicas, organizativas o de producción o derivadas de fuerza mayor

1. El empresario podrá suspender el contrato de trabajo por causas económicas, técnicas, organizativas o de producción, con arreglo a lo previsto en este artículo y al procedimiento que se determine reglamentariamente.

Se entiende que concurren causas económicas cuando de los resultados de la empresa se desprenda una situación económica negativa, en casos tales como la existencia de pérdidas actuales o previstas, o la disminución persistente de su nivel de ingresos ordinarios o ventas. En todo caso, se entenderá que la disminución es persistente si durante dos trimestres consecutivos el nivel de ingresos ordinarios o ventas de cada trimestre es inferior al registrado en el mismo trimestre del año anterior.

Se entiende que concurren causas técnicas cuando se produzcan cambios, entre otros, en el ámbito de los medios o instrumentos de producción; causas organizativas cuando se produzcan cambios, entre otros, en el ámbito de los sistemas y métodos de trabajo del personal o en el modo de organizar la producción y causas productivas cuando se produzcan cambios, entre otros, en la demanda de los productos o servicios que la empresa pretende colocar en el mercado.

El procedimiento, que será aplicable cualquiera que sea el número de trabajadores de la empresa y del número de afectados por la suspensión, se iniciará mediante comunicación a la autoridad laboral competente y la apertura simultánea de un periodo de consultas con los representantes legales de los trabajadores de duración no superior a quince días.

La consulta se llevará a cabo en una única comisión negociadora, si bien, de existir varios centros de trabajo, quedará circunscrita a los centros afectados por el procedimiento. La comisión negociadora estará integrada por un máximo de trece miembros en representación de cada una de las partes.

La intervención como interlocutores ante la dirección de la empresa en el procedimiento de consultas corresponderá a los sujetos indicados en el artículo 41.4, en el orden y condiciones señalados en el mismo.

La comisión representativa de los trabajadores deberá quedar constituida con carácter previo a la comunicación empresarial de apertura del periodo de consultas. A estos efectos, la dirección de la empresa deberá comunicar de manera fehaciente a los trabajadores o a sus representantes su intención de iniciar el procedimiento. El plazo máximo para la constitución de la comisión representativa será de siete días desde la fecha de la referida comunicación, salvo que alguno de los centros de trabajo que vaya a estar afectado por el procedimiento no cuente con representantes legales de los trabajadores, en cuyo caso el plazo será de quince días.

Transcurrido el plazo máximo para la constitución de la comisión representativa, la dirección de la empresa podrá comunicar formalmente a los representantes de los trabajadores y a la autoridad laboral el inicio del periodo de consultas. La falta de constitución de la comisión representativa no impedirá el inicio y transcurso del periodo de consultas, y su constitución con posterioridad al inicio del mismo no comportará, en ningún caso, la ampliación de su duración.

La autoridad laboral dará traslado de la comunicación empresarial a la entidad gestora de las prestaciones por desempleo y recabará informe preceptivo de la Inspección de Trabajo y Seguridad Social sobre los extremos de dicha comunicación y sobre el desarrollo del periodo de consultas. El informe deberá ser evacuado en el improrrogable plazo de quince días desde la notificación a la autoridad laboral de la finalización del periodo de consultas y quedará incorporado al procedimiento.

Cuando el periodo de consultas finalice con acuerdo se presumirá que concurren las causas justificativas a que alude el párrafo primero y solo podrá ser impugnado ante la jurisdicción social por la existencia de fraude, dolo, coacción o abuso de derecho en su conclusión.

Durante el periodo de consultas, las partes deberán negociar de buena fe, con vistas a la consecución de un acuerdo. Dicho acuerdo requerirá la conformidad de la mayoría de los representantes legales de los trabajadores o, en su caso, de la mayoría de los miembros de la comisión representativa de los trabajadores siempre que, en ambos casos, representen a la mayoría de los trabajadores del centro o centros de trabajo afectados.

El empresario y la representación de los trabajadores podrán acordar en cualquier momento la sustitución del periodo de consultas por el procedimiento de mediación o arbitraje que sea de aplicación en el ámbito de la empresa, que deberá desarrollarse dentro del plazo máximo señalado para dicho periodo.

Tras la finalización del periodo de consultas el empresario notificará a los trabajadores y a la autoridad laboral su decisión sobre la suspensión de contratos, que surtirá efectos a partir de la fecha de su comunicación a la autoridad laboral, salvo que en ella se contemple una posterior. La autoridad laboral comunicará la decisión empresarial a la entidad gestora de la prestación por desempleo.

Si en el plazo de quince días desde la fecha de la última reunión celebrada en el periodo de consultas, el empresario no hubiera comunicado a los representantes de los trabajadores y a la autoridad laboral su decisión sobre la suspensión de contratos, se producirá la caducidad del procedimiento en los términos que reglamentariamente se establezcan.

La decisión empresarial podrá ser impugnada por la autoridad laboral a petición de la entidad gestora de la prestación por desempleo cuando aquella pudiera tener por objeto la obtención indebida de las prestaciones por parte de los trabajadores afectados por inexistencia de la causa motivadora de la situación legal de desempleo.

Contra las decisiones a que se refiere el presente apartado podrá reclamar el trabajador ante la jurisdicción social que declarará la medida justificada o injustificada. En este último caso, la sentencia declarará la inmediata reanudación del contrato de trabajo y condenará al empresario al pago de los salarios dejados de percibir por el trabajador hasta la fecha de la reanudación del contrato o, en su caso, al abono de las diferencias que procedan respecto del importe recibido en concepto de prestaciones por desempleo durante el periodo de suspensión, sin perjuicio del reintegro que proceda realizar por el empresario del importe de dichas prestaciones a la entidad gestora del pago de las mismas. Cuando la decisión empresarial afecte a un número de trabajadores igual o superior a los umbrales previstos en el artículo 51.1 se podrá reclamar en conflicto colectivo, sin perjuicio de la acción individual. La interposición del conflicto colectivo paralizará la tramitación de las acciones individuales iniciadas, hasta su resolución.

2. La jornada de trabajo podrá reducirse por causas económicas, técnicas, organizativas o de producción con arreglo al procedimiento previsto en el apartado anterior. A estos efectos, se entenderá por reducción de jornada la disminución temporal de entre un diez y un setenta por ciento de la jornada de trabajo computada sobre la base de una jornada diaria, semanal, mensual o anual. Durante el periodo de reducción de jornada no podrán realizarse horas extraordinarias salvo fuerza mayor.

3. Igualmente, el contrato de trabajo podrá ser suspendido por causa derivada de fuerza mayor con arreglo al procedimiento establecido en el artículo 51.7 y normas reglamentarias de desarrollo.

4. Durante las suspensiones de contratos o las reducciones de jornada se promoverá el desarrollo de acciones formativas vinculadas a la actividad profesional de los trabajadores afectados cuyo objeto sea aumentar su polivalencia o incrementar su empleabilidad.

Artículo 48. Suspensión con reserva de puesto de trabajo

1. Al cesar las causas legales de suspensión, el trabajador tendrá derecho a la reincorporación al puesto de trabajo reservado, en todos los supuestos a que se refiere el artículo 45.1 excepto en los señalados en las letras a) y b), en que se estará a lo pactado.

2. En el supuesto de **incapacidad temporal,** producida la extinción de esta situación con declaración de incapacidad permanente en los grados de incapacidad permanente total para la profesión habitual, absoluta para todo trabajo o gran invalidez, cuando, a juicio del órgano de calificación, la situación de incapacidad del trabajador vaya a ser previsiblemente objeto de revisión por mejoría que permita su reincorporación al puesto de trabajo, subsistirá la suspensión de la relación laboral, con reserva del puesto de trabajo, durante un periodo de dos años a contar desde la fecha de la resolución por la que se declare la incapacidad permanente.

3. En los supuestos de **suspensión por ejercicio de cargo público representativo** o funciones sindicales de ámbito provincial o superior, el trabajador deberá reincorporarse en el plazo máximo de treinta días naturales a partir de la cesación en el cargo o función.

4. En el **supuesto de parto,** la suspensión tendrá una duración de dieciséis semanas ininterrumpidas, ampliables en el supuesto de parto múltiple en dos semanas más por cada hijo a partir del segundo. El periodo de suspensión se distribuirá a opción de la interesada siempre que seis semanas sean inmediatamente posteriores

al parto. En caso de fallecimiento de la madre, con independencia de que esta realizara o no algún trabajo, el otro progenitor podrá hacer uso de la totalidad o, en su caso, de la parte que reste del periodo de suspensión, computado desde la fecha del parto, y sin que se descuente del mismo la parte que la madre hubiera podido disfrutar con anterioridad al parto. En el supuesto de fallecimiento del hijo, el periodo de suspensión no se verá reducido, salvo que, una vez finalizadas las seis semanas de descanso obligatorio, la madre solicitara reincorporarse a su puesto de trabajo.

No obstante lo anterior, y sin perjuicio de las seis semanas inmediatamente posteriores al parto de descanso obligatorio para la madre, en el caso de que ambos progenitores trabajen, la madre, al iniciarse el periodo de descanso por maternidad, podrá optar por que el otro progenitor disfrute de una parte determinada e ininterrumpida del periodo de descanso posterior al parto bien de forma simultánea o sucesiva con el de la madre. El otro progenitor podrá seguir haciendo uso del periodo de suspensión por maternidad inicialmente cedido aunque, en el momento previsto para la reincorporación de la madre al trabajo, esta se encuentre en situación de incapacidad temporal.

En el caso de que la madre no tuviese derecho a suspender su actividad profesional con derecho a prestaciones de acuerdo con las normas que regulen dicha actividad, el otro progenitor tendrá derecho a suspender su contrato de trabajo por el periodo que hubiera correspondido a la madre, lo que será compatible con el ejercicio del derecho reconocido en el apartado 7.

En los casos de parto prematuro y en aquellos en que, por cualquier otra causa, el neonato deba permanecer hospitalizado a continuación del parto, el periodo de suspensión podrá computarse, a instancia de la madre, o en su defecto, del otro progenitor, a partir de la fecha del alta hospitalaria. Se excluyen de dicho cómputo las seis semanas posteriores al parto, de suspensión obligatoria del contrato de la madre.

En los casos de parto prematuro con falta de peso y aquellos otros en que el neonato precise, por alguna condición clínica, hospitalización a continuación del parto, por un periodo superior a siete días, el periodo de suspensión se ampliará en tantos días como el nacido se encuentre hospitalizado, con un máximo de trece semanas adicionales, y en los términos en que reglamentariamente se desarrolle.

5. **En los supuestos de adopción, de guarda con fines de adopción y de acogimiento**, de acuerdo con el artículo 45.1.d), la suspensión tendrá una duración de dieciséis semanas ininterrumpidas, ampliable en los supuestos de adopción, guarda con fines de adopción o acogimiento múltiples en dos semanas por cada menor a partir del segundo. Dicha suspensión producirá sus efectos, a elección del trabajador, bien a partir de la resolución judicial por la que se constituye la adopción, bien a partir de la decisión administrativa de guarda con fines de adopción o de acogimiento, sin que en ningún caso un mismo menor pueda dar derecho a varios periodos de suspensión.

En los supuestos de **adopción internacional**, cuando sea necesario el desplazamiento previo de los progenitores al país de origen del adoptado, el periodo de suspensión, previsto para cada caso en este apartado, podrá iniciarse hasta cuatro semanas antes de la resolución por la que se constituye la adopción.

En caso de que ambos progenitores trabajen, el periodo de suspensión se distribuirá a opción de los interesados, que podrán disfrutarlo de forma simultánea o sucesiva, siempre con periodos ininterrumpidos y con los límites señalados.

6. En los casos de disfrute simultáneo de periodos de descanso, la suma de los mismos no podrá exceder de las dieciséis semanas previstas en los apartados 4 y 5 o de las que correspondan en los casos de parto, adopción, guarda con fines de adopción o acogimiento múltiples.

En el supuesto de discapacidad del hijo o del menor adoptado, en situación de guarda con fines de adopción o acogido, la suspensión del contrato a que se refieren los citados apartados tendrá una duración adicional de dos semanas. En caso de que ambos progenitores trabajen, este periodo adicional se distribuirá a opción de los interesados, que podrán disfrutarlo de forma simultánea o sucesiva y siempre de forma ininterrumpida.

Los periodos a los que se refieren dichos apartados podrán disfrutarse en régimen de jornada completa o a tiempo parcial, previo acuerdo entre los empresarios y los trabajadores afectados, en los términos que reglamentariamente se determinen.

7. En los supuestos de **nacimiento de hijo, adopción, guarda con fines de adopción** o acogimiento de acuerdo con el artículo 45.1.d), el trabajador tendrá derecho a la suspensión del contrato por paternidad durante cuatro semanas ininterrumpidas, ampliables en los supuestos de parto, adopción, guarda con fines de adopción o acogimiento múltiples en dos días más por cada hijo a partir del segundo. Esta suspensión es independiente del disfrute compartido de los periodos de descanso regulados en los apartados 4 y 5.

En el supuesto de parto, la suspensión corresponde en exclusiva al otro progenitor. En los supuestos de adopción, guarda con fines de adopción o acogimiento, este derecho corresponderá solo a uno de los progenitores, a elección de los interesados; no obstante, cuando el periodo de descanso regulado en el apartado 5 sea disfrutado en su totalidad por uno de los progenitores, el derecho a la suspensión por paternidad únicamente podrá ser ejercido por el otro.

El trabajador que ejerza este derecho podrá hacerlo durante el periodo comprendido desde la finalización del permiso por nacimiento de hijo, previsto legal o convencionalmente, o desde la resolución judicial por la que se constituye la adopción o a partir de la decisión administrativa de guarda con fines de adopción o de acogimiento, hasta que finalice la suspensión del contrato por dichas causas o inmediatamente después de la finalización de dicha suspensión.

La suspensión del contrato a que se refiere este apartado podrá disfrutarse en régimen de jornada completa o en régimen de jornada parcial de un mínimo del cincuenta por ciento, previo acuerdo entre el empresario y el trabajador, y conforme se determine reglamentariamente.

El trabajador deberá comunicar al empresario, con la debida antelación, el ejercicio de este derecho en los términos establecidos, en su caso, en los convenios colectivos.

8. En el supuesto de **riesgo durante el embarazo o de riesgo durante la lactancia** natural, en los términos previstos en el artículo 26 de la Ley 31/1995, de 8 de noviembre, de Prevención de Riesgos Laborales, la suspensión del contrato finalizará el día en que se inicie la suspensión del contrato por maternidad biológica o el lactante cumpla nueve meses, respectivamente, o, en ambos casos, cuando desaparezca la imposibilidad de la trabajadora de reincorporarse a su puesto anterior o a otro compatible con su estado.

9. Los trabajadores se beneficiarán de cualquier mejora en las condiciones de trabajo a la que hubieran podido tener derecho durante la suspensión del contrato en los supuestos a que se refieren los apartados 4 a 8.

10. En el supuesto previsto en el artículo 45.1.n), el periodo de suspensión tendrá una duración inicial que no podrá exceder de seis meses, salvo que de las actuaciones de tutela judicial resultase que la efectividad del derecho de protección de la víctima requiriese la continuidad de la suspensión. En este caso, el juez podrá prorrogar la suspensión por periodos de tres meses, con un máximo de dieciocho meses.

4.9. Extinción del contrato de trabajo

Artículo 49. Extinción del contrato

1. El contrato de trabajo se extinguirá:

a) **Por mutuo acuerdo de las partes.**

b) **Por las causas consignadas válidamente en el contrato salvo que las mismas constituyan abuso de derecho manifiesto por parte del empresario.**

c) **Por expiración del tiempo convenido o realización de la obra o servicio objeto del contrato.** A la finalización del contrato, excepto en los casos del contrato de interinidad y de los contratos formativos, el trabajador tendrá derecho a recibir una indemnización de cuantía equivalente a la parte proporcional de la cantidad que resultaría de abonar doce días de salario por cada año de servicio, o la establecida, en su caso, en la normativa específica que sea de aplicación.

Los contratos de duración determinada que tengan establecido plazo máximo de duración, incluidos los contratos en prácticas y para la formación y el aprendizaje, concertados por una duración inferior a la máxima legalmente establecida, se entenderán prorrogados automáticamente hasta dicho plazo cuando no medie denuncia o prórroga expresa y el trabajador continúe prestando servicios.

Expirada dicha duración máxima o realizada la obra o servicio objeto del contrato, si no hubiera denuncia y se continuara en la prestación laboral, el contrato se considerará prorrogado tácitamente por tiempo indefinido, salvo prueba en contrario que acredite la naturaleza temporal de la prestación.

Si el contrato de trabajo de duración determinada es superior a un año, la parte del contrato que formule la denuncia está obligada a notificar a la otra la terminación del mismo con una antelación mínima de quince días.

d) Por dimisión del trabajador, debiendo mediar el preaviso que señalen los convenios colectivos o la costumbre del lugar.

e) Por muerte, gran invalidez o incapacidad permanente total o absoluta del trabajador, sin perjuicio de lo dispuesto en el artículo 48.2.

f) Por jubilación del trabajador.

g) Por muerte, jubilación en los casos previstos en el régimen correspondiente de la Seguridad Social, o incapacidad del empresario, sin perjuicio de lo dispuesto en el artículo 44, o por extinción de la personalidad jurídica del contratante.

En los casos de muerte, jubilación o incapacidad del empresario, el trabajador tendrá derecho al abono de una cantidad equivalente a un mes de salario.

En los casos de extinción de la personalidad jurídica del contratante deberán seguirse los trámites del artículo 51.

h) Por fuerza mayor que imposibilite definitivamente la prestación de trabajo, siempre que su existencia haya sido debidamente constatada conforme a lo dispuesto en el artículo 51.7.

i) Por despido colectivo fundado en causas económicas, técnicas, organizativas o de producción.

j) Por voluntad del trabajador, fundamentada en un incumplimiento contractual del empresario.

k) Por despido del trabajador.

l) Por causas objetivas legalmente procedentes.

m) Por decisión de la trabajadora que se vea obligada a abandonar definitivamente su puesto de trabajo como consecuencia de ser víctima de violencia de género.

2. El empresario, con ocasión de la extinción del contrato, al comunicar a los trabajadores la denuncia, o, en su caso, el preaviso de la extinción del mismo, deberá acompañar una propuesta del documento de liquidación de las cantidades adeudadas.

El trabajador podrá solicitar la presencia de un representante legal de los trabajadores en el momento de proceder a la firma del recibo del finiquito, haciéndose constar en el mismo el hecho de su firma en presencia de un representante legal de los trabajadores, o bien que el trabajador no ha hecho uso de esta posibilidad. Si el empresario impidiese la presencia del representante en el momento de la firma, el trabajador podrá hacerlo constar en el propio recibo, a los efectos oportunos.

Artículo 50. Extinción por voluntad del trabajador

1. Serán causas justas para que el trabajador pueda solicitar la extinción del contrato:

a) Las modificaciones sustanciales en las condiciones de trabajo llevadas a cabo sin respetar lo previsto en el artículo 41 y que redunden en menoscabo de la dignidad del trabajador.

b) La falta de pago o retrasos continuados en el abono del salario pactado.

c) Cualquier otro incumplimiento grave de sus obligaciones por parte del empresario, salvo los supuestos de fuerza mayor, así como la negativa del mismo a reintegrar al trabajador en sus anteriores condiciones de trabajo en los supuestos previstos en los artículos 40 y 41, cuando una sentencia judicial haya declarado los mismos injustificados.

2. En tales casos, el trabajador tendrá derecho a las indemnizaciones señaladas para el despido improcedente.

Artículo 51. Despido colectivo

1. A efectos de lo dispuesto en esta ley se entenderá por despido colectivo la extinción de contratos de trabajo fundada en causas económicas, técnicas, organizativas o de producción cuando, en un periodo de noventa días, la extinción afecte al menos a:

a) Diez trabajadores, en las empresas que ocupen menos de cien trabajadores.

b) El diez por ciento del número de trabajadores de la empresa en aquellas que ocupen entre cien y trescientos trabajadores.

c) Treinta trabajadores en las empresas que ocupen más de trescientos trabajadores.

Se entiende que concurren **causas económicas** cuando de los resultados de la empresa se desprenda una situación económica negativa, en casos tales como la existencia de pérdidas actuales o previstas, o la disminución persistente de su nivel de ingresos ordinarios o ventas. En todo caso, se entenderá que la disminución es persistente si durante tres trimestres consecutivos el nivel de ingresos ordinarios o ventas de cada trimestre es inferior al registrado en el mismo trimestre del año anterior.

Se entiende que concurren **causas técnicas** cuando se produzcan cambios, entre otros, en el ámbito de los medios o instrumentos de producción; causas organizativas cuando se produzcan cambios, entre otros, en el ámbito de los sistemas y métodos de trabajo del personal o en el modo de organizar la producción y causas productivas cuando se produzcan cambios, entre otros, en la demanda de los productos o servicios que la empresa pretende colocar en el mercado.

Se entenderá igualmente como despido colectivo la extinción de los contratos de trabajo que afecten a la totalidad de la plantilla de la empresa, siempre que el número de trabajadores afectados sea superior a cinco, cuando aquel se produzca como consecuencia de la cesación total de su actividad empresarial fundada en las mismas causas anteriormente señaladas.

Para el cómputo del número de extinciones de contratos a que se refiere el párrafo primero de este apartado, se tendrán en cuenta asimismo cualesquiera otras producidas en el periodo de referencia por iniciativa del empresario en virtud de otros motivos no inherentes a la persona del trabajador distintos de los previstos en el artículo 49.1.c), siempre que su número sea, al menos, de cinco.

Cuando en periodos sucesivos de noventa días y con el objeto de eludir las previsiones contenidas en este artículo, la empresa realice extinciones de contratos al amparo de lo dispuesto en el artículo 52.c) en un número inferior a los umbrales señalados, y sin que concurran causas nuevas que justifiquen tal actuación, dichas nuevas extinciones se considerarán efectuadas en fraude de ley, y serán declaradas nulas y sin efecto.

2. El despido colectivo deberá ir precedido de un periodo de consultas con los representantes legales de los trabajadores de una duración no superior a treinta días naturales, o de quince en el caso de empresas de menos de cincuenta trabajadores. La consulta con los representantes legales de los trabajadores deberá versar, como mínimo, sobre las posibilidades de evitar o reducir los despidos colectivos y de atenuar sus consecuencias mediante el recurso a medidas sociales de acompañamiento, tales como medidas de recolocación o acciones de formación o reciclaje profesional para la mejora de la empleabilidad. La consulta se llevará a cabo en una única comisión negociadora, si bien, de existir varios centros de trabajo, quedará circunscrita a los centros afectados por el procedimiento. La comisión negociadora estará integrada por un máximo de trece miembros en representación de cada una de las partes.

La intervención como interlocutores ante la dirección de la empresa en el procedimiento de consultas corresponderá a los sujetos indicados en el artículo 41.4, en el orden y condiciones señalados en el mismo.

La comisión representativa de los trabajadores deberá quedar constituida con carácter previo a la comunicación empresarial de apertura del periodo de consultas. A estos efectos, la dirección de la empresa deberá comunicar de manera fehaciente a los trabajadores o a sus representantes su intención de iniciar el procedimiento de despido colectivo. El plazo máximo para la constitución de la comisión representativa será de siete días desde la fecha de la referida comunicación, salvo que alguno de los centros de trabajo que vaya a estar afectado por el procedimiento no cuente con representantes legales de los trabajadores, en cuyo caso el plazo será de quince días.

Transcurrido el plazo máximo para la constitución de la comisión representativa, la dirección de la empresa podrá comunicar formalmente a los representantes de los trabajadores y a la autoridad laboral el inicio del periodo de consultas. La falta de constitución de la comisión representativa no impedirá el inicio y transcurso del periodo de consultas, y su constitución con posterioridad al inicio del mismo no comportará, en ningún caso, la ampliación de su duración.

La comunicación de la apertura del periodo de consultas se realizará mediante escrito dirigido por el empresario a los representantes legales de los trabajadores, una copia del cual se hará llegar a la autoridad laboral. En dicho escrito se consignarán los siguientes extremos:

a) La especificación de las causas del despido colectivo conforme a lo establecido en el apartado 1.
b) Número y clasificación profesional de los trabajadores afectados por el despido.
c) Número y clasificación profesional de los trabajadores empleados habitualmente en el último año.
d) Periodo previsto para la realización de los despidos.
e) Criterios tenidos en cuenta para la designación de los trabajadores afectados por los despidos.
f) Copia de la comunicación dirigida a los trabajadores o a sus representantes por la dirección de la empresa de su intención de iniciar el procedimiento de despido colectivo.
g) Representantes de los trabajadores que integrarán la comisión negociadora o, en su caso, indicación de la falta de constitución de esta en los plazos legales.

La comunicación a los representantes legales de los trabajadores y a la autoridad laboral deberá ir acompañada de una memoria explicativa de las causas del despido colectivo y de los restantes aspectos señalados en el párrafo anterior, así como de la documentación contable y fiscal y los informes técnicos, todo ello en los términos que reglamentariamente se establezcan.

Recibida la comunicación, la autoridad laboral dará traslado de la misma a la entidad gestora de las prestaciones por desempleo y recabará, con carácter preceptivo, informe de la Inspección de Trabajo y Seguridad Social sobre los extremos de la comunicación a que se refieren los párrafos anteriores y sobre el desarrollo del periodo de consultas. El informe deberá ser evacuado en el improrrogable plazo de quince días desde la notificación a la autoridad laboral de la finalización del periodo de consultas y quedará incorporado al procedimiento.

Durante el periodo de consultas, las partes deberán negociar de buena fe, con vistas a la consecución de un acuerdo.

Dicho acuerdo requerirá la conformidad de la mayoría de los representantes legales de los trabajadores o, en su caso, de la mayoría de los miembros de la comisión representativa de los trabajadores siempre que, en ambos casos, representen a la mayoría de los trabajadores del centro o centros de trabajo afectados.

El empresario y la representación de los trabajadores podrán acordar en cualquier momento la sustitución del periodo de consultas por el procedimiento de mediación o arbitraje que sea de aplicación en el ámbito de la empresa, que deberá desarrollarse dentro del plazo máximo señalado para dicho periodo.

La autoridad laboral velará por la efectividad del periodo de consultas pudiendo remitir, en su caso, advertencias y recomendaciones a las partes que no supondrán, en ningún caso, la paralización ni la suspensión del procedimiento. Igualmente y sin perjuicio de lo establecido en el párrafo anterior, la autoridad laboral podrá realizar durante el periodo de consultas, a petición conjunta de las partes, las actuaciones de mediación que resulten convenientes con el fin de buscar soluciones a los problemas planteados por el despido colectivo. Con la misma finalidad también podrá realizar funciones de asistencia a petición de cualquiera de las partes o por propia iniciativa.

Transcurrido el periodo de consultas el empresario comunicará a la autoridad laboral el resultado del mismo. Si se hubiera alcanzado acuerdo, trasladará copia íntegra del mismo. En caso contrario, remitirá a los representantes de los trabajadores y a la autoridad laboral la decisión final de despido colectivo que haya adoptado y las condiciones del mismo.

Si en el plazo de quince días desde la fecha de la última reunión celebrada en el periodo de consultas, el empresario no hubiera comunicado a los representantes de los trabajadores y a la autoridad laboral su decisión sobre el despido colectivo, se producirá la caducidad del procedimiento de despido colectivo en los términos que reglamentariamente se establezcan.

3. Cuando la extinción afectase a más del cincuenta por ciento de los trabajadores, se dará cuenta por el empresario de la venta de los bienes de la empresa, excepto de aquellos que constituyen el tráfico normal de la misma, a los representantes legales de los trabajadores y, asimismo, a la autoridad competente.

4. Alcanzado el acuerdo o comunicada la decisión a los representantes de los trabajadores, el empresario podrá notificar los despidos individualmente a los trabajadores afectados, lo que deberá realizar conforme a lo establecido en el artículo 53.1. En todo caso, deberán haber transcurrido como mínimo treinta días entre la fecha de la comunicación de la apertura del periodo de consultas a la autoridad laboral y la fecha de efectos del despido.

5. Los representantes legales de los trabajadores tendrán prioridad de permanencia en la empresa en los supuestos a que se refiere este artículo. Mediante convenio colectivo o acuerdo alcanzado durante el periodo de consultas se podrán establecer prioridades de permanencia a favor de otros colectivos, tales como trabajadores con cargas familiares, mayores de determinada edad o personas con discapacidad.

6. La decisión empresarial podrá impugnarse a través de las acciones previstas para este despido. La interposición de la demanda por los representantes de los trabajadores paralizará la tramitación de las acciones individuales iniciadas, hasta la resolución de aquella.

La autoridad laboral podrá impugnar los acuerdos adoptados en el periodo de consultas cuando estime que estos se han alcanzado mediante fraude, dolo, coacción o abuso de derecho a efectos de su posible declaración de nulidad, así como cuando la entidad gestora de las prestaciones por desempleo hubiese informado de que la decisión extintiva empresarial pudiera tener por objeto la obtención indebida de las prestaciones por parte de los trabajadores afectados por inexistencia de la causa motivadora de la situación legal de desempleo.

7. La existencia de fuerza mayor, como causa motivadora de la extinción de los contratos de trabajo, deberá ser constatada por la autoridad laboral, cualquiera que sea el número de los trabajadores afectados, previo procedimiento tramitado conforme a lo dispuesto en este apartado y en sus disposiciones de desarrollo reglamentario.

El procedimiento se iniciará mediante solicitud de la empresa, acompañada de los medios de prueba que estime necesarios y simultánea comunicación a los representantes legales de los trabajadores, quienes ostentarán la condición de parte interesada en la totalidad de la tramitación del procedimiento.

La resolución de la autoridad laboral se dictará, previas las actuaciones e informes indispensables, en el plazo de cinco días desde la solicitud y deberá limitarse, en su caso, a constatar la existencia de la fuerza mayor alegada por la empresa, correspondiendo a esta la decisión sobre la extinción de los contratos, que surtirá efectos desde la fecha del hecho causante de la fuerza mayor. La empresa deberá dar traslado de dicha decisión a los representantes de los trabajadores y a la autoridad laboral.

La autoridad laboral que constate la fuerza mayor podrá acordar que la totalidad o una parte de la indemnización que corresponda a los trabajadores afectados por la extinción de sus contratos sea satisfecha por el Fondo de Garantía Salarial, sin perjuicio del derecho de este a resarcirse del empresario.

8. Las obligaciones de información y documentación previstas en este artículo se aplicarán con independencia de que la decisión relativa a los despidos colectivos haya sido tomada por el empresario o por la empresa que ejerza el control sobre él. Cualquier justificación del empresario basada en el hecho de que la empresa que tomó la decisión no le ha facilitado la información necesaria no podrá ser tomada en consideración a tal efecto.

9. Cuando se trate de procedimientos de despidos colectivos de empresas no incursas en procedimiento concursal, que incluyan trabajadores con cincuenta y cinco o más años de edad que no tuvieren la condición de mutualistas el 1 de enero de 1967, existirá la obligación de abonar las cuotas destinadas a la financiación de un convenio especial respecto de los trabajadores anteriormente señalados en los términos previstos en el texto refundido de la Ley General de la Seguridad Social.

10. La empresa que lleve a cabo un despido colectivo que afecte a más de cincuenta trabajadores deberá ofrecer a los trabajadores afectados un plan de recolocación externa a través de empresas de recolocación autorizadas. Dicho plan, diseñado para un periodo mínimo de seis meses, deberá incluir medidas de formación y orientación profesional, atención personalizada al trabajador afectado y búsqueda activa de empleo. En todo caso, lo anterior no será de aplicación en las empresas que se hubieran sometido a un procedimiento concursal. El coste de la elaboración e implantación de dicho plan no recaerá en ningún caso sobre los trabajadores.

La autoridad laboral, a través del servicio público de empleo competente, verificará la acreditación del cumplimiento de esta obligación y, en su caso, requerirá a la empresa para que proceda a su cumplimiento.

Sin perjuicio de lo establecido en el párrafo anterior y de las responsabilidades administrativas correspondientes, el incumplimiento de la obligación establecida en este apartado o de las medidas sociales de acompañamiento asumidas por el empresario, podrá dar lugar a la reclamación de su cumplimiento por parte de los trabajadores.

11. Las empresas que realicen despidos colectivos de acuerdo con lo establecido en este artículo, y que incluyan a trabajadores de cincuenta o más años de edad, deberán efectuar una aportación económica al Tesoro Público de acuerdo con lo establecido legalmente.

Artículo 52. Extinción del contrato por causas objetivas

El contrato podrá extinguirse:

a) **Por ineptitud del trabajador conocida o sobrevenida con posterioridad a su colocación efectiva en la empresa. La ineptitud existente con anterioridad al cumplimiento de un periodo de prueba no podrá alegarse con posterioridad a dicho cumplimiento.**

b) **Por falta de adaptación del trabajador a las modificaciones técnicas operadas en su puesto de trabajo, cuando dichos cambios sean razonables. Previamente el empresario deberá ofrecer al trabajador un curso dirigido a facilitar la adaptación a las modificaciones operadas.** El tiempo destinado a la formación se considerará en todo caso tiempo de trabajo efectivo y el empresario abonará al trabajador el salario medio que viniera percibiendo. La extinción no podrá ser acordada por el empresario hasta que hayan transcurrido, como mínimo, dos meses desde que se introdujo la modificación o desde que finalizó la formación dirigida a la adaptación.

c) **Cuando concurra alguna de las causas previstas en el artículo 51.1 y la extinción afecte a un número inferior al establecido en el mismo.**

Los representantes de los trabajadores tendrán prioridad de permanencia en la empresa en el supuesto al que se refiere este apartado.

d) **Por faltas de asistencia al trabajo, aun justificadas pero intermitentes, que alcancen el veinte por ciento de las jornadas hábiles en dos meses consecutivos** siempre que el total de faltas de asistencia en los doce meses anteriores alcance el cinco por ciento de las jornadas hábiles, o el veinticinco por ciento en cuatro meses discontinuos dentro de un periodo de doce meses.

No se computarán como faltas de asistencia, a los efectos del párrafo anterior, las ausencias debidas a huelga legal por el tiempo de duración de la misma, el ejercicio de actividades de representación legal de los trabajadores, accidente de trabajo, maternidad, riesgo durante el embarazo y la lactancia, enfermedades causadas por embarazo, parto o lactancia, paternidad, licencias y vacaciones, enfermedad o accidente no laboral cuando la baja haya sido acordada por los servicios sanitarios oficiales y tenga una duración de más de veinte días consecutivos, ni las motivadas por la situación física o psicológica derivada de violencia de género, acreditada por los servicios sociales de atención o servicios de Salud, según proceda.

Tampoco se computarán las ausencias que obedezcan a un tratamiento médico de cáncer o enfermedad grave.

e) En el caso de contratos por tiempo indefinido concertados directamente por entidades sin ánimo de lucro para la ejecución de planes y programas públicos determinados, sin dotación económica estable y financiados por las Administraciones Públicas mediante consignaciones presupuestarias o extrapresupuestarias anuales consecuencia de ingresos externos de carácter finalista, por la insuficiencia de la correspondiente consignación para el mantenimiento del contrato de trabajo de que se trate.

Cuando la extinción afecte a un número de trabajadores igual o superior al establecido en el artículo 51.1 se deberá seguir el procedimiento previsto en dicho artículo.

Artículo 53. Forma y efectos de la extinción por causas objetivas

1. **La adopción del acuerdo de extinción al amparo de lo prevenido en el artículo anterior exige la observancia de los requisitos siguientes**:

a) Comunicación escrita al trabajador expresando la causa.

b) Poner a disposición del trabajador, simultáneamente a la entrega de la comunicación escrita, la indemnización de veinte días por año de servicio, prorrateándose por meses los periodos de tiempo inferiores a un año y con un máximo de doce mensualidades.

Cuando la decisión extintiva se fundase en el artículo 52.c), con alegación de causa económica, y como consecuencia de tal situación económica no se pudiera poner a disposición del trabajador la indemnización a que se refiere el párrafo anterior, el empresario, haciéndolo constar en la comunicación escrita, podrá dejar de hacerlo, sin perjuicio del derecho del trabajador de exigir de aquel su abono cuando tenga efectividad la decisión extintiva.

c) Concesión de un plazo de preaviso de quince días, computado desde la entrega de la comunicación personal al trabajador hasta la extinción del contrato de trabajo. En el supuesto contemplado en el artículo 52.c), del escrito de preaviso se dará copia a la representación legal de los trabajadores para su conocimiento.

2. Durante el periodo de preaviso el trabajador, o su representante legal si se trata de una persona con discapacidad que lo tuviera, tendrá derecho, sin pérdida de su retribución, a una licencia de seis horas semanales con el fin de buscar nuevo empleo.

3. Contra la decisión extintiva podrá recurrir como si se tratase de despido disciplinario.

4. Cuando la decisión extintiva del empresario tuviera como móvil algunas de las causas de discriminación prohibidas en la Constitución o en la ley o bien se

hubiera producido con violación de derechos fundamentales y libertades públicas del trabajador, la decisión extintiva será nula, debiendo la autoridad judicial hacer tal declaración de oficio.

Será también nula la decisión extintiva en los siguientes supuestos:

a) La de los trabajadores durante los periodos de suspensión del contrato de trabajo por maternidad, adopción, guarda con fines de adopción, acogimiento, paternidad, riesgo durante el embarazo o riesgo durante la lactancia natural a que se refieren los artículos 45.1.d) y e) o por enfermedades causadas por embarazo, parto o lactancia natural, o la notificada en una fecha tal que el plazo de preaviso concedido finalice dentro de dichos periodos.

b) La de las trabajadoras embarazadas, desde la fecha de inicio del embarazo hasta el comienzo del periodo de suspensión a que se refiere la letra a); la de los trabajadores que hayan solicitado uno de los permisos a los que se refieren los artículos 37.4, 5 y 6, o estén disfrutando de ellos, o hayan solicitado o estén disfrutando la excedencia prevista en el artículo 46.3; y la de las trabajadoras víctimas de violencia de género por el ejercicio de los derechos de reducción o reordenación de su tiempo de trabajo, de movilidad geográfica, de cambio de centro de trabajo o de suspensión de la relación laboral en los términos y condiciones reconocidos en esta ley.

c) La de los trabajadores después de haberse reintegrado al trabajo al finalizar los periodos de suspensión del contrato por maternidad, adopción, guarda con fines de adopción, acogimiento o paternidad a que se refiere el artículo 45.1.d), siempre que no hubieran transcurrido más de nueve meses desde la fecha de nacimiento, adopción, delegación de guarda con fines de adopción o acogimiento del hijo o del menor.

Lo establecido en las letras anteriores será de aplicación, salvo que, en esos casos, se declare la procedencia de la decisión extintiva por motivos no relacionados con el embarazo o con el ejercicio del derecho a los permisos y excedencia señalados.

La decisión extintiva se considerará procedente siempre que se acredite la concurrencia de la causa en que se fundamentó la decisión extintiva y se hubiesen cumplido los requisitos establecidos en el apartado 1 de este artículo. En otro caso se considerará improcedente.

No obstante, la no concesión del preaviso o el error excusable en el cálculo de la indemnización no determinará la improcedencia del despido, sin perjuicio de la obligación del empresario de abonar los salarios correspondientes a dicho periodo o al pago de la indemnización en la cuantía correcta, con independencia de los demás efectos que procedan.

5. La calificación por la autoridad judicial de la nulidad, procedencia o improcedencia de la decisión extintiva producirá iguales efectos que los indicados para el despido disciplinario, con las siguientes modificaciones:

a) En caso de procedencia, el trabajador tendrá derecho a la indemnización prevista en el apartado 1, consolidándola de haberla recibido, y se entenderá en situación de desempleo por causa a él no imputable.

b) Si la extinción se declara improcedente y el empresario procede a la readmisión, el trabajador habrá de reintegrarle la indemnización percibida. En caso de sustitución de la readmisión por compensación económica, se deducirá de esta el importe de dicha indemnización.

Artículo 54. Despido disciplinario

1. El contrato de trabajo podrá extinguirse por decisión del empresario, mediante despido basado en un incumplimiento grave y culpable del trabajador.

2. **Se considerarán incumplimientos contractuales:**

a) Las faltas repetidas e injustificadas de asistencia o puntualidad al trabajo.

b) La indisciplina o desobediencia en el trabajo.

c) Las ofensas verbales o físicas al empresario o a las personas que trabajan en la empresa o a los familiares que convivan con ellos.

d) La transgresión de la buena fe contractual, así como el abuso de confianza en el desempeño del trabajo.

e) La disminución continuada y voluntaria en el rendimiento de trabajo normal o pactado.

f) La embriaguez habitual o toxicomanía si repercuten negativamente en el trabajo.

g) El acoso por razón de origen racial o étnico, religión o convicciones, discapacidad, edad u orientación sexual y el acoso sexual o por razón de sexo al empresario o a las personas que trabajan en la empresa.

Artículo 55. Forma y efectos del despido disciplinario

1. El despido deberá ser notificado por escrito al trabajador, haciendo figurar los hechos que lo motivan y la fecha en que tendrá efectos.

Por convenio colectivo podrán establecerse otras exigencias formales para el despido.

Cuando el trabajador fuera representante legal de los trabajadores o delegado sindical procederá la apertura de expediente contradictorio, en el que serán oídos, además del interesado, los restantes miembros de la representación a que perteneciere, si los hubiese.

Si el trabajador estuviera afiliado a un sindicato y al empresario le constase, deberá dar audiencia previa a los delegados sindicales de la sección sindical correspondiente a dicho sindicato.

2. Si el despido se realizara inobservando lo establecido en el apartado anterior, el empresario podrá realizar un nuevo despido en el que cumpla los requisitos omitidos en el precedente. Dicho nuevo despido, que solo surtirá efectos desde su fecha, solo cabrá efectuarlo en el plazo de veinte días, a contar desde el siguiente al del primer despido. Al realizarlo, el empresario pondrá a disposición del trabajador los salarios devengados en los días intermedios, manteniéndole durante los mismos en alta en la Seguridad Social.

3. **El despido será calificado como procedente, improcedente o nulo.**

4. **El despido se considerará procedente cuando quede acreditado el incumplimiento alegado por el empresario en su escrito de comunicación. Será improcedente en caso contrario o cuando en su forma no se ajustara a lo establecido en el apartado 1.**

5. Será nulo el despido que tenga por móvil alguna de las causas de discriminación prohibidas en la Constitución o en la ley, o bien se produzca con violación de derechos fundamentales y libertades públicas del trabajador.

Será también nulo el despido en los siguientes supuestos:

a) El de los trabajadores durante los periodos de suspensión del contrato de trabajo por maternidad, adopción, guarda con fines de adopción, acogimiento, paternidad, riesgo durante el embarazo o riesgo durante la lactancia natural a que se refieren los artículos 45.1.d) y e) o por enfermedades causadas por embarazo, parto o lactancia natural, o el notificado en una fecha tal que el plazo de preaviso concedido finalice dentro de dichos periodos.

b) El de las trabajadoras embarazadas, desde la fecha de inicio del embarazo hasta el comienzo del periodo de suspensión a que se refiere la letra a); el de los trabajadores que hayan solicitado uno de los permisos a los que se refieren los artículos 37.4, 5 y 6, o estén disfrutando de ellos, o hayan solicitado o estén disfrutando la excedencia prevista en el artículo 46.3; y el de las trabajadoras víctimas de violencia de género por el ejercicio de los derechos de reducción o reordenación de su tiempo de trabajo, de movilidad geográfica, de cambio de centro de trabajo o de suspensión de la relación laboral en los términos y condiciones reconocidos en esta ley.

c) El de los trabajadores después de haberse reintegrado al trabajo al finalizar los periodos de suspensión del contrato por maternidad, adopción, delegación de guarda, acogimiento, o paternidad a que se refiere el artículo 45.1.d), siempre que no hubieran transcurrido más de nueve meses desde la fecha de nacimiento, adopción, delegación de guarda o acogimiento del hijo o del menor.

Lo establecido en las letras anteriores será de aplicación, salvo que, en esos casos, se declare la procedencia del despido por motivos no relacionados con el embarazo o con el ejercicio del derecho a los permisos y excedencia señalados.

6. El despido nulo tendrá el efecto de la readmisión inmediata del trabajador, con abono de los salarios dejados de percibir.

7. El despido procedente convalidará la extinción del contrato de trabajo que con aquel se produjo, sin derecho a indemnización ni a salarios de tramitación.

Artículo 56. Despido improcedente

1. **Cuando el despido sea declarado improcedente, el empresario, en el plazo de cinco días desde la notificación de la sentencia, podrá optar entre la readmisión del trabajador o el abono de una indemnización equivalente a treinta y tres días de salario por año de servicio, prorrateándose por meses los periodos de tiempo inferiores a un año, hasta un máximo de veinticuatro mensualidades. La opción por la indemnización determinará la extinción del contrato de trabajo, que se entenderá producida en la fecha del cese efectivo en el trabajo.**

2. En caso de que se opte por la readmisión, el trabajador tendrá derecho a los salarios de tramitación. Estos equivaldrán a una cantidad igual a la suma de los salarios dejados de percibir desde la fecha de despido hasta la notificación de la sentencia que declarase la improcedencia o hasta que hubiera encontrado otro empleo, si tal colocación fuera anterior a dicha sentencia y se probase por el empresario lo percibido, para su descuento de los salarios de tramitación.

3. En el supuesto de no optar el empresario por la readmisión o la indemnización, se entiende que procede la primera.

4. Si el despedido fuera un representante legal de los trabajadores o un delegado sindical, la opción corresponderá siempre a este. De no efectuar la opción, se entenderá que lo hace por la readmisión. Cuando la opción, expresa o presunta, sea en favor de la readmisión, esta será obligada. Tanto si opta por la indemnización como si lo hace por la readmisión, tendrá derecho a los salarios de tramitación a los que se refiere el apartado 2.

5. Cuando la sentencia que declare la improcedencia del despido se dicte transcurridos más de noventa días hábiles desde la fecha en que se presentó la demanda, el empresario podrá reclamar del Estado el abono de la percepción económica a la que se refiere el apartado 2, correspondiente al tiempo que exceda de dichos noventa días hábiles.

En los casos de despido en que, con arreglo a este apartado, sean por cuenta del Estado los salarios de tramitación, serán con cargo al mismo las cuotas de la Seguridad Social correspondientes a dichos salarios.

5. El III Convenio Único para el personal laboral de la Administración General del Estado

Se publicó mediante Resolución de 3 de noviembre de 2009, de la Dirección General de Trabajo, por la que se registra y publica el III Convenio colectivo único para el personal laboral de la Administración General del Estado. «BOE» núm. 273, de 12/11/2009.

III Convenio Único para el personal laboral de la Administración General del Estado

Capítulo I. Ámbito de aplicación y vigencia

Artículo 1. Ámbito de aplicación

1. El presente Convenio será de aplicación general al personal laboral de la Administración General del Estado y de sus organismos autónomos, al que presta servicios en la Administración de Justicia, al de la Administración de la Seguridad Social, incluido, en el caso del Instituto de Gestión Sanitaria (INGESA), al personal laboral que presta servicios en las dependencias de los Servicios Centrales y de las Direcciones Territoriales y/o Provinciales de la entidad y percibe sus retribuciones con cargo a los créditos presupuestarios asignados a dichos centros para esta finalidad.

También será de aplicación al personal laboral del Consejo de Seguridad Nuclear al de la Agencia de Protección de Datos.

2. Quedan excluidos del ámbito de aplicación del presente Convenio:

1. El personal laboral que presta servicios en el exterior.
2. Personal incluido en el ámbito de aplicación de los Convenios del Boletín Oficial del Estado, Agencia Estatal de Administración Tributaria, Consejo

de Administración del Patrimonio Nacional, Universidad Internacional Menéndez Pelayo, Buque Cornide Saavedra, Buque García del Cid, Buque Esperanza del Mar, Buque Juan de la Cosa, Instituto Astrofísico de Canarias, el personal local que presta servicios a las Fuerzas de los Estados Unidos, y el de los Institutos de Gestión Sanitaria (INGESA) y Social de la Marina, respecto del personal de los mismos que presta servicios en sus Instituciones Sanitarias.

3. El personal de alta dirección de acuerdo con el artículo 2.1.a) del Estatuto de los Trabajadores y demás normas legales de aplicación.
4. El personal cuya relación de servicios se derive de un contrato regulado por la normativa de contratación administrativa o aquél incluido en los instrumentos excluidos por el artículo 3.1.d) del Real Decreto Legislativo 2/2000, de 16 de junio, por el que se aprueba el texto refundido de la Ley de Contratos de las Administraciones Públicas.
5. Los profesionales cuya relación con la Administración del Estado se derive de una minuta o presupuesto para la realización de una obra o servicio concreto.
6. El personal cuya relación se haya formalizado o formalice expresamente fuera de Convenio.

Artículo 2. Vigencia y denuncia del Convenio

1. El Convenio entrará en vigor el día siguiente al de su publicación en el «Boletín Oficial del Estado», salvo las excepciones que expresamente se establecen, y su duración se extenderá hasta el 31 diciembre del 2009.

2. Sus efectos económicos regirán desde el 1 de enero de 2009, sin perjuicio de lo establecido en cada caso en el articulado de este Convenio.

3. El Convenio podrá ser denunciado por cualquiera de las partes dentro de los dos meses inmediatos anteriores a la terminación de su vigencia. Agotada su vigencia sin que se hubiera producido denuncia expresa, se considerará tácitamente prorrogado por períodos anuales sucesivos, pudiendo cualquiera de las partes proceder a la denuncia del mismo en el plazo indicado anteriormente.

4. Una vez denunciado, permanecerá vigente la totalidad de su contenido normativo hasta tanto sea sustituido por el nuevo Convenio.

5. En el supuesto de que la jurisdicción laboral declarase la nulidad de alguna de las cláusulas pactadas, ambas partes se comprometen a iniciar en el plazo de un mes desde la notificación la nueva negociación de dichas cláusulas y aquellas que se vean afectadas, bajo el principio de que la nulidad de alguna o algunas de ellas no supone la nulidad de todo el Convenio.

6. Sin perjuicio de las previsiones de actualización salarial previstas en el presente Convenio, el resto de condiciones económicas serán negociadas por las partes firmantes del mismo, dentro de las previsiones presupuestarias de cada año.

Capítulo II. Interpretación, vigilancia, estudio y aplicación del convenio

Artículo 3. Comisión de Interpretación, Vigilancia, Estudio y Aplicación (CIVEA)

1. Dentro de los quince días siguientes a la fecha de la firma de este Convenio, se constituirá la Comisión Paritaria de Interpretación, Vigilancia, Estudio y Aplicación del mismo.

Esta Comisión estará compuesta por quince miembros de cada una de las partes.

Los miembros de la parte social, que tendrán la condición de empleados públicos, serán designados por los sindicatos firmantes en función de la representación obtenida en las elecciones sindicales a representantes del personal laboral en el ámbito del Convenio, garantizándose a los mismos, en todo caso, un representante.

2. Los representantes de la parte social en la CIVEA dispondrán de una credencial en la que expresamente se les reconocerá el derecho de acceso a todos los centros de trabajo afectados por el Convenio, con las condiciones establecidas por la normativa vigente, y tendrán derecho desde su designación a la dispensa total de asistencia al trabajo sin merma de sus derechos económicos y condiciones de trabajo.

A los indicados efectos, los miembros de la parte social de la CIVEA tendrán derecho al mantenimiento de los complementos de puesto de trabajo que tengan carácter variable en el valor medio de las cuantías percibidas en los doce meses anteriores a la designación, con la correspondiente actualización, así como, cuando se establezcan nuevos sistemas de retribución variable, al valor medio del importe percibido por el resto de los trabajadores de igual grupo profesional y área funcional del centro o unidad donde estuvieran destinados con anterioridad a su designación.

3. Serán funciones de la CIVEA las siguientes:

a) Interpretar la totalidad de los artículos y cláusulas del Convenio.
b) Vigilar el cumplimiento de lo pactado.
c) Estudiar, proponer y, cuando proceda, decidir las cuestiones que, derivadas de la aplicación del presente Convenio, se planteen por la Adminis-

tración, los sindicatos firmantes, u otros órganos de composición paritaria reconocidos en este Convenio.

d) Hacer el seguimiento y, en su caso, desarrollo de la aplicación del Convenio.

e) Intervenir en la solución de conflictos colectivos, que se susciten en el ámbito del Convenio, en los términos que se establecen en el mismo.

f) Crear cuantas Comisiones Delegadas de la CIVEA considere necesarias, determinar su composición y funciones y coordinar su actuación.

   Estas funciones se extenderán también a las comisiones que se crean en el Convenio, en lo no previsto en el mismo.

g) Emitir informes y propuestas a las partes en negociaciones de ámbito superior que afecten al personal incluido en el ámbito de aplicación del presente Convenio.

h) Recibir información periódica sobre la evolución del empleo en el ámbito del Convenio.

i) Participar en la elaboración de los criterios generales de todos los procedimientos que afecten a las modificaciones de las condiciones de trabajo, sistemas de provisión de vacantes y de promoción, consolidación del empleo de carácter estructural y permanente.

j) Aprobar la incorporación o exclusión del personal de la Administración General del Estado y de los organismos y Entes Públicos dependientes o vinculados a la misma del ámbito de aplicación de este Convenio.

k) Actualizar el contenido del presente Convenio para adaptarlo a las modificaciones que puedan derivarse de cambios normativos o de acuerdos o pactos suscritos entre la Administración y los sindicatos.

l) Servir de cauce de información sobre evolución de programas y proyectos que tenga previstos realizar la Administración y que puedan modificar las condiciones de trabajo.

m) Aprobar las modificaciones que se precisen en el sistema de clasificación profesional del Convenio respecto a los grupos profesionales, áreas funcionales, categorías profesionales y especialidades, así como el encuadramiento profesional del personal que pudiera incorporarse.

n) Emitir informe sobre las propuestas de modificación sustancial de las relaciones de puestos de trabajo que signifiquen aumento del gasto, así como recibir información semestral de los cambios propuestos por las respectivas Subcomisiones Delegadas cuando los mismos se produzcan sin variación del gasto.

o) Cualquier otra función que expresamente se le atribuya en el Convenio.

4. La CIVEA funcionará en Pleno y Permanente y en el plazo de dos meses desde su constitución elaborará su propio Reglamento de funcionamiento que, como otros acuerdos, se incorporará al Convenio.

El indicado Reglamento tendrá, como mínimo, el siguiente contenido:

Finalidad, composición, sede, reconocimiento y aceptación, funcionamiento, régimen de sus sesiones ordinarias y extraordinarias, formas de validación de los acuerdos y plazos para su adopción, mecanismos para solventar las discrepancias que surjan en su seno, relación de medios técnicos y materiales a utilizar por los representantes sindicales y facultades de éstos.

En todo caso, la Comisión se reunirá con carácter ordinario al menos una vez al mes y, con carácter extraordinario, cuando lo solicite al menos siete de los componentes de la parte social o la Administración.

Por otra parte, en cuanto a los acuerdos de la CIVEA deberán tenerse en cuenta las siguientes previsiones:

a) Los acuerdos deberán adoptarse por más del 50% de cada una de las dos representaciones de la Comisión, siendo de carácter obligatorio y vinculantes para ambas partes, teniendo el mismo valor que el Convenio Colectivo y pasarán a integrarse en su articulado con la naturaleza obligacional o normativa según corresponda, siendo objeto de inscripción en el Registro Central de Convenios y publicándose, si así se acuerda, en el «Boletín Oficial del Estado». Los plazos para alcanzar los acuerdos deberán adaptarse a los criterios de celeridad, simplificación, sumariedad y objetividad. Los acuerdos se recogerán en actas y se les dará la debida publicidad en los correspondientes centros de trabajo.
b) Los acuerdos de carácter o contenido económico requerirán la preceptiva aprobación de la Comisión Ejecutiva de la Comisión Interministerial de Retribuciones.

5. La Administración facilitará a la CIVEA los locales y medios técnicos y materiales precisos para su funcionamiento y asumirá los gastos correspondientes a la misma.

6. Denunciado el Convenio, hasta tanto sea sustituido por otro, la CIVEA seguirá ejerciendo sus funciones.

Artículo 4. Comisiones y Subcomisiones de la CIVEA

1. La CIVEA podrá crear, para estudiar aspectos concretos del Convenio, las comisiones que estime necesarias, con la composición y funciones que acuerde. Estas comisiones se disolverán una vez elevadas a la CIVEA las propuestas correspondientes.

2. Dentro de estas comisiones, tendrá carácter permanente, la Comisión de Análisis para la Profesionalidad del Personal Laboral del Convenio Único, que con independencia de las funciones que expresamente le atribuya la CIVEA o el presente Convenio, le corresponderá:

a) Estudio de la Ley Orgánica 5/2002, de 19 de junio, de las Cualificaciones y de la Formación Profesional, con la finalidad de su aplicación al sistema de clasificación profesional de este Convenio, fundamentalmente en lo que se refiere a la evaluación y acreditación de las competencias profesionales adquiridas a través de la experiencia profesional o de vías no formales de formación para aquellos trabajadores que ocupen puestos que no tengan asignada especialidad.
b) Análisis de las modificaciones que precisen en el sistema de clasificación profesional del Convenio respecto a los grupos profesionales, áreas funcionales, categorías profesionales y especialidades.
c) Estudio, propuesta y modificaciones de las actividades principales que serán sometidas a la CIVEA para su aprobación.

3. Se creará, con carácter permanente, y con la composición y funciones que se establecen, las siguientes comisiones de la CIVEA:

a) Una Comisión para la Igualdad.
b) Una Subcomisión Delegada por Departamento y, en su caso, organismo público.

Artículo 5. Comisión para la Igualdad

1. Se constituirá, dependiente de la CIVEA una Comisión para la Igualdad que velará en el ámbito del presente Convenio por el desarrollo y cumplimiento de la legislación para la igualdad y por evitar la discriminación por razón de nacimiento, raza, sexo, religión, opinión o cualquier otra condición o circunstancia personal o social. Dicha Comisión controlará, vigilará y podrá elevar, en su caso, propuestas de modificación de las circunstancias discriminatorias al órgano pertinente para la corrección de las mismas.

La Comisión podrá ser consultada y emitir informes acerca de las cuestiones que pudieran suscitarse con relación a los distintos procedimientos de gestión y aplicación del presente Convenio que afecten a sus competencias.

Los trabajadores acogidos a este Convenio podrán dirigirse a esta Comisión directamente o a través de sus representantes, cuando estimen que se ha producido o se pueda producir una situación discriminatoria.

2. La Comisión para la Igualdad será paritaria y estará integrada por once representantes de cada una de las partes firmantes del Convenio.

Artículo 6. Subcomisiones Delegadas de la CIVEA

1. Dependiente de la CIVEA, y como órgano delegado de la misma, en el ámbito de cada Departamento y en el del Consejo de Seguridad Nuclear, CSIC, CIEMAT, Entidades Gestoras de la Seguridad Social, Administración de Justicia, Instituciones Penitenciarias, existirá una Subcomisión paritaria integrada por representantes de las partes firmantes del Convenio, encargada de la vigilancia, estudio y aplicación del mismo en el respectivo ámbito. Por acuerdo de la CIVEA podrán crearse otras Subcomisiones Delegadas cuando concurran circunstancias especiales que así lo aconsejen.

Las Subcomisiones Delegadas tendrán en su ámbito las funciones que les delegue la CIVEA, y específicamente las siguientes:

a) De carácter general:

Aplicar y hacer cumplir los acuerdos de la CIVEA.

b) En materia de formación:

Recibir información y consultas sobre los criterios generales de formación, la planificación, el calendario y los requisitos de los aspirantes.

c) En materia de calendario laboral:

Recibir comunicación y ser consultada sobre la distribución anual de la jornada y la fijación diaria y semanal de los horarios y turnos de trabajo.

d) En materia de movilidad:

Recibir comunicación previa en lo relativo a movilidad funcional y geográfica.

e) En materia de ropa de trabajo y uniformidad:

La determinación concreta de la ropa de trabajo y/o uniformidad se negociará en el seno de las Subcomisiones Delegadas.

La Administración facilitará a los trabajadores, cuando fuere necesario, la ropa de trabajo y/o la uniformidad. Los trabajadores estarán obligados a utilizarla.

f) En materia de Relación de Puestos de Trabajo:

Recibir, previo trámite ante los órganos competentes para su aprobación, información de la modificación de las relaciones de puestos de trabajo.

g) Cualquier otra función que expresamente se le atribuya en el Convenio.

2. Las Subcomisiones Delegadas estarán integradas por los miembros que determine la CIVEA en representación de cada una de las partes firmantes del Convenio, cuyo número no podrá ser superior a trece.

Los representantes de la parte social serán designados de la misma forma que los de la CIVEA, de acuerdo con el ámbito territorial.

3. La constitución de las Subcomisiones Delegadas no afectará a las competencias que tienen atribuidas en su ámbito los órganos unitarios de representación del personal.

Artículo 7. Derechos y garantías de los miembros de la CIVEA y de las Subcomisiones Delegadas de la misma

1. Los representantes de los trabajadores de la CIVEA y de las Subcomisiones Delegadas de la misma tendrán los derechos y garantías que se reconocen a los representantes de los trabajadores en el artículo 68 del Estatuto de los Trabajadores con las siguientes peculiaridades:

a) Los miembros de la CIVEA tendrán derecho a la dispensa total de asistencia al trabajo en los términos y con las condiciones establecidas en el artículo 3.2. Así mismo, las Centrales Sindicales tendrán un número igual de representantes sindicales con que cuentan en la CIVEA que tendrán derecho a la dispensa total de asistencia al trabajo.

b) Los miembros de las Subcomisiones Delegadas tendrán derecho al crédito de horas mensuales retribuidas de acuerdo con el número de dotaciones de personal laboral incluido en las relaciones de puestos de trabajo adscritas a la correspondiente Subcomisión.

La CIVEA, en el plazo de vigencia del convenio, determinará el número de horas mensuales retribuidas que le corresponden a cada Subcomisión Delegada.

2. El crédito de horas que, de acuerdo con lo previsto en el número anterior, se reconoce a los miembros de las Subcomisiones Delegadas de la CIVEA podrá ser acumulado globalmente por los sindicatos en uno o varios de sus miembros.

En el indicado crédito horario no se computará el tiempo empleado en las reuniones de las respectivas Comisiones o Subcomisiones y en actuaciones llevadas a cabo por iniciativa de la Administración.

Capítulo III
Organización del trabajo

Artículo 8. Competencia y criterios relativos a la organización del trabajo

1. La organización del trabajo es facultad exclusiva de la Administración, sin perjuicio de los derechos y facultades de audiencia, consulta, información y negociación reconocidos a los representantes de los trabajadores.

Cuando las decisiones que la Administración tome en uso de sus facultades de organización de trabajo afecten a las condiciones de trabajo del personal laboral incluido en el ámbito del presente Convenio, se negociarán dichas condiciones, de acuerdo con la legislación vigente, en el ámbito correspondiente.

Corresponde su aplicación práctica a los órganos directivos de las diferentes unidades orgánicas de los ámbitos afectados por este Convenio.

2. El objetivo de la organización del trabajo es alcanzar un nivel adecuado de eficacia de los servicios, basado en la óptima utilización de los recursos humanos y materiales adscritos a los mismos.

Serán criterios inspiradores de la organización del trabajo:

a) La planificación y ordenación de los recursos humanos.
b) La adecuación y suficiencia de las plantillas a las necesidades del servicio.
c) La adecuada y eficaz adscripción profesional de los trabajadores.
d) La profesionalización y promoción de los trabajadores.
e) La identificación y valoración de los puestos de trabajo.
f) La racionalización, simplificación y mejora de los procesos y métodos de trabajo.

Artículo 9. Relaciones de puestos de trabajo

1. Definición y estructura.–Las relaciones de puestos de trabajo correspondientes a los distintos centros directivos contemplarán la totalidad de los puestos, su ubicación, los grupos profesionales, áreas funcionales de pertenencia, categorías, en su caso especialidad y complementos de puesto, así como las características específicas del mismo, cuando proceda, y, en su caso, los requisitos de carácter profesional necesarios para su desempeño, según el modelo aprobado al efecto.

Los puestos de trabajo que no tengan asignada especialidad o exijan requisito profesional para su desempeño recogerán en su caso, una indicación en el apartado de observaciones de la Relación de Puestos de Trabajo relativa a las actividades principales que deba figurar en las convocatorias de provisión de puestos de trabajo.

2. Procedimiento de elaboración y modificación.–Las propuestas de relaciones de puestos de trabajo y de las modificaciones a las mismas serán elaboradas por los órganos competentes que las presentarán a la correspondiente Subcomisión Delegada para que en el plazo de diez días hábiles formule las observaciones que estime pertinentes. Transcurrido el plazo anterior, se remitirá si procede, a la CIVEA para su informe según lo previsto en el artículo 3.3.n)

Los Departamentos y Organismos, a través del órgano competente, tramitarán las propuestas ante la CECIR conforme a los procedimientos establecidos acompañados de las alegaciones que, en su caso, emitan las Subcomisiones Delegadas y del informe de la CIVEA.

3. Publicidad.–Antes del 31 de mayo de cada año, la Administración hará entrega a los miembros de la CIVEA de las correspondientes relaciones de puestos de trabajo aprobadas, con expresión de los puestos que se encuentren vacantes el día primero del mes anterior a la citada fecha.

En el plazo de un mes, a partir de la entrega indicada en el párrafo anterior, cada Departamento Ministerial u Organismo, dará publicidad a las relaciones de puestos de trabajo de su ámbito y al listado de ocupación de los puestos que figuran en la misma. Previamente a la citada publicidad, los Departamentos u Organismos harán entrega de la misma información a la correspondiente Subcomisión Delegada.

En el plazo de quince días, a partir de la publicidad, los trabajadores podrán solicitar ante el responsable de personal correspondiente la subsanación de los errores que puedan existir respecto de los datos publicados. Los errores existentes serán objeto de corrección por los procedimientos administrativos establecidos.

Artículo 10. Certificados de servicios

Los órganos de la Administración, dentro de sus respectivas competencias, están obligados a entregar al trabajador, y a su instancia, certificado acreditativo del tiempo de servicio prestado y datos que consten en la RPT, emolumentos percibidos, así como cualquier otra circunstancia que venga exigida por las convocatorias de concursos.

Artículo 11. Documento de identificación

Por el departamento se expedirá al personal laboral el oportuno documento de identificación. Dicho

Artículo 12. Reestructuraciones administrativas

Si durante la vigencia de este Convenio se produjera, por reestructuración administrativa, algún cambio en la dependencia orgánica de los actuales centros de trabajo, dicha modificación garantizará las relaciones jurídico-laborales con respeto a las diferentes condiciones individuales expresamente reconocidas al personal afectado, todo ello sin perjuicio de lo dispuesto en la disposición transitoria tercera del presente Convenio.

Artículo 13. Planes de ordenación de recursos humanos

1. Cuando la situación o características particulares de un área o ámbito de los incluidos en este Convenio así lo exija, la Administración, previa negociación en la Subcomisión Delegada, podrá aprobar planes para la adecuación de los recursos humanos que prevean la articulación coordinada de diversas medidas para un ámbito determinado.

Los planes serán objeto de la debida publicidad y estarán basados en causas objetivas recogidas en la correspondiente memoria justificativa.

2. Estos planes podrán contener las siguientes previsiones y medidas, sin perjuicio de lo establecido con carácter general en los capítulos V y VI del presente Convenio:

a) Previsiones de modificación de estructuras organizativas y de puestos de trabajo.
b) Suspensión de incorporaciones de personal externo al ámbito afectado, tanto las derivadas de oferta de empleo como de procesos de movilidad.
c) Procedimientos de movilidad forzosa de conformidad con lo dispuesto en el capítulo V.
d) Cursos de formación y capacitación.
e) Concursos de traslados limitados al personal de los ámbitos que se determinen.
f) Medidas específicas de promoción interna.
g) Prestación de servicios a tiempo parcial.
h) Incorporación de recursos humanos adicionales, que habrán de integrarse, en su caso, en las ofertas de empleo público.
i) Otras medidas que procedan en relación con los objetivos de los planes.

Capítulo IV.
Clasificación profesional

Artículo 14. Sistema de clasificación

1. El sistema de clasificación que se contempla en el presente Convenio se estructura en grupos profesionales, áreas funcionales, categorías, y/o especialidades, y se establece con el fin de ordenar los puestos de trabajo atendiendo a los niveles de titulación, formación y capacitación para ejercer las tareas y cometidos de los distintos niveles de la prestación del servicio público, facilitar la movilidad del personal y favorecer su promoción estableciendo para ello mecanismos de carrera dentro del sistema.

El grupo profesional agrupa unitariamente las aptitudes profesionales, las titulaciones y el contenido general de la prestación laboral que se corresponde con las mismas.

Las áreas funcionales agrupan, unitariamente, dentro de los grupos profesionales, el conjunto de contenidos y tareas que por su naturaleza se encuadran dentro de una determinada profesión, oficio o rama de actividad profesional.

La pertenencia a un grupo profesional y área funcional capacitará para el desempeño de todas las tareas y cometidos propios de los mismos, sin más limitaciones que las derivadas de la exigencia de las titulaciones específicas y de los demás requisitos de carácter profesional contemplados, en su caso, en las relaciones de puestos de trabajo según lo establecido en el párrafo segundo del punto 1 del artículo 9 y conforme a las reglas de movilidad previstas en el capítulo V del presente Convenio.

Sólo se podrá modificar el grupo profesional, área funcional y especialidad de un trabajador a través de los procesos previstos en este Convenio Colectivo.

2. La categoría profesional se define por su pertenencia a un grupo profesional y área funcional y recoge de manera no exhaustiva las actividades propias de las mismas, de acuerdo con la organización y ordenación de los procesos de trabajo.

3. En el anexo I se recogen las categorías profesionales de este Convenio según la pertenencia a los distintos grupos profesionales y áreas funcionales y en el anexo II las definiciones de las categorías profesionales.

Artículo 15. Criterios para determinar la pertenencia a los grupos profesionales

1. La determinación de la pertenencia a un grupo profesional será el resultado de la ponderación, entre otros, de los siguientes factores:

Conocimientos y experiencia, iniciativa, autonomía, responsabilidad, mando y complejidad.

2. En la valoración de los factores anteriormente mencionados se tendrá en cuenta:

a) Conocimientos y experiencia: factor para cuya valoración se tendrá en cuenta, además de la formación básica o específica necesaria para cumplir correctamente los cometidos, la experiencia adquirida y la dificultad para la adquisición de dichos conocimientos y experiencia.
b) Iniciativa: factor para cuya valoración se tendrá en cuenta el grado de seguimiento de normas, procedimientos o directrices para la ejecución de tareas o funciones.

c) Autonomía: factor para cuya valoración se tendrá en cuenta el grado de dependencia jerárquica en el desempeño de tareas o funciones que se desarrollen.

d) Responsabilidad: factor para cuya valoración se tendrán en cuenta el grado de autonomía de acción del trabajador, el nivel de influencia sobre los resultados, la relevancia de la gestión sobre recursos humanos, técnicos y productivos y la asunción del riesgo por las decisiones tomadas y sus consecuencias.

e) Mando: factor para cuya valoración se tendrá en cuenta el grado de supervisión y ordenación de las funciones y tareas, la capacidad de interrelación, las características del colectivo y el número de personas sobre las que se ejerce el mando.

f) Complejidad: factor para cuya valoración se tendrá en cuenta el número y el grado de integración de los diversos factores antes enumerados en la tarea o puesto encomendado.

Artículo 16. Grupos profesionales

1. Se establecen los siguientes grupos profesionales:

Grupo profesional 1:

Se incluyen en este grupo a aquellos trabajadores que en el desempeño de su trabajo requieren un alto grado de conocimientos profesionales que ejercen sobre uno o varios sectores de la actividad, con objetivos definidos y alto grado de exigencia en los factores de iniciativa, autonomía y responsabilidad.

Formación: título de Doctor, Licenciado, Ingeniero, Arquitecto o equivalentes.

Grupo profesional 2:

Se incluyen en este grupo a aquellos trabajadores que llevan a cabo funciones consistentes en la realización de actividades complejas con objetivos definidos dentro de su nivel académico; integran, coordinan o supervisan la ejecución de tareas heterogéneas con la responsabilidad de ordenar el trabajo de un conjunto de colaboradores; se incluye además la realización de tareas complejas pero homogéneas, así como aquellas que consisten en establecer o desarrollar programas o aplicar técnicas siguiendo instrucciones generales.

Formación: título de Diplomado Universitario, Ingeniero Técnico, Arquitecto Técnico o equivalentes.

Grupo profesional 3:

Se incluyen en este grupo a aquellos trabajadores que realizan funciones con alto grado de especialización y que integran, coordinan o supervisan la ejecución de varias tareas homogéneas o funciones especializadas que requerirán una amplia experiencia y un fuerte grado de responsabilidad en función de la complejidad del organismo y aquellos trabajadores que realizan trabajos de ejecución autónoma que exija habitualmente iniciativa por parte de los trabajadores encargados de su ejecución, comportando, bajo supervisión, la responsabilidad de las mismas, pudiendo ser ayudados por otro u otros trabajadores de grupos profesionales inferiores.

Normalmente actuarán bajo instrucciones y supervisión general de otra u otras personas, estableciendo o desarrollando programas o aplicaciones técnicas. Asimismo, se responsabilizan de ordenar el trabajo de un conjunto de colaboradores y pueden tener mando directo de un conjunto de trabajadores y la supervisión de su trabajo.

Formación: título de Bachillerato, Bachillerato Unificado Polivalente o Formación Profesional de Técnico Superior o Técnico Especialista, o equivalente.

Grupo profesional 4:

Se incluyen en este grupo a aquellos trabajadores que realizan tareas de cierta autonomía que exigen habitualmente alguna iniciativa, pudiendo ser ayudados por otro u otros trabajadores y aquellos trabajadores que realizan tareas que, aun cuando se ejecuten bajo instrucciones precisas, requieren adecuados conocimientos profesionales y aptitudes prácticas, y cuya responsabilidad está limitada por una supervisión directa y sistemática, sin perjuicio de que en la ejecución de aquéllos puedan ser ayudados por otros trabajadores de igual o inferior grupo profesional.

Su ejercicio puede conllevar la supervisión de las tareas que desarrolla el conjunto de trabajadores que coordina.

Formación: título de Graduado en Educación Secundaria, Educación General Básica o Formación Profesional de Técnico o Técnico Auxiliar, o equivalentes.

Grupo profesional 5:

Se incluyen en este grupo a aquellos trabajadores que llevan a cabo tareas consistentes en operaciones realizadas siguiendo un método de trabajo preciso y concreto, con alto grado de supervisión, que normalmente exigen conocimientos profesionales de carácter elemental.

Asimismo, incluirá a aquellos trabajadores que llevan a cabo tareas que se realizan de forma manual o con ayuda de elementos mecánicos simples ajustándose a instrucciones concretas, claramente establecidas, con un alto grado de dependencia y que requieren normalmente esfuerzo físico y atención, y que no necesitan de formación específica.

Formación: nivel de formación equivalente a Educación Primaria, Certificado de Escolaridad o acreditación de los años cursados y de las calificaciones obtenidas en la Educación Secundaria Obligatoria.

Artículo 17. Áreas funcionales

1. La adscripción de los trabajadores en los distintos grupos profesionales se hará a través de las áreas funcionales.

2. Las áreas funcionales que se establecen son las siguientes:

1. Gestión y servicios comunes.
2. Técnica y profesional.
3. Actividades específicas.

3. En el anexo III se determinan las actividades comprendidas en las distintas áreas funcionales.

Artículo 18. Especialidades

1. En los puestos de trabajo de los grupos profesionales 3 y 4 que, por razón de sus singulares características y requerimientos de formación especializada o destreza práctica, se considere necesario se asignará una especialidad. Con carácter general, en el área funcional 2 (Técnica y Profesional) todas las categorías encuadradas en los grupos profesionales 3 y 4, tendrán asignadas especialidades. En el resto de áreas la asignación de especialidades tendrá carácter excepcional, sin perjuicio de la exigencia de posesión de titulación cuando ésta sea habilitante para el ejercicio de la profesión.

Dicha asignación se realizará en concordancia con las titulaciones de los ciclos formativos de la Formación Profesional correspondientes a las tareas de dichos puestos.

A estos efectos, entre las titulaciones se considerarán válidas aquellos títulos que, conforme a la legislación vigente, hayan sido homologados a los correspondientes títulos de formación profesional y en virtud de tal homologación habiliten para el ejercicio de las competencias profesionales del correspondiente ciclo de formación profesional.

Podrán asignarse especialidades que no tengan correspondencia con las titulaciones de Formación Profesional Reglada cuando figuren recogidas en el anexo IV, dónde se indica el contenido formativo y, en su caso, el perfil profesional de dichas especialidades.

No podrán asignarse a los puestos de trabajo especialidades que no estén previstas en los correspondientes ciclos de formación profesional o en el anexo IV, sin perjuicio, en este último caso, de las modificaciones que se acuerden en el citado anexo por la CIVEA.

2. Para el desempeño de tareas del puesto de trabajo, a las que conforme al contenido de este artículo se debe asignar especialidad, los trabajadores deberán estar en posesión de dicha especialidad.

Los trabajadores adquirirán la especialidad por alguno de los siguientes procedimientos:

1. Mediante la promoción a la categoría y especialidad por el procedimiento previsto en el Convenio Único.
2. Mediante la acreditación de estar en posesión del correspondiente título de formación profesional, o título homologado conforme a la legislación vigente, y que tal especialidad exista dentro de la propia categoría profesional.
3. Mediante la superación de los procesos formativos convocados por la Administración para la adquisición de una especialidad de las contempladas en el anexo IV en aquellos casos en que tal especialidad no se corresponda con una titulación de la formación profesional. La configuración de los cursos tendrá carácter homogéneo, dentro de cada especialidad, para todo el ámbito del Convenio Único y serán homologados por el Ministerio de Administraciones Públicas. De los contenidos, duración y demás características de los cursos se dará cuenta a la CIVEA.

3. La mera asignación de especialidades a puestos de trabajo, no se considerará como factor o condición de los previstos en el artículo 73 del Convenio Único para la fijación del Complemento Singular de Puesto.

Artículo 19. Modificación de la clasificación profesional de determinados colectivos de trabajadores

La modificación de la clasificación profesional de determinados colectivos de trabajadores sólo se podrá llevar a efecto cuando, como consecuencia de un cambio en el contenido de la prestación laboral que se requiere a ese colectivo, se entienda que se han modificado, a su vez, las aptitudes profesionales y/o las titulaciones necesarias para su desempeño y, por tanto, los factores en virtud de los cuales se acordó, en su momento, el encuadramiento en grupo profesional de ese colectivo.

Dicha modificación sólo podrá ser aprobada por la Comisión Negociadora del Convenio, a propuesta de la correspondiente Subcomisión Delegada a la que pertenezca ese colectivo de trabajadores y previo informe favorable de la CIVEA.

Capítulo V. Modificación de condiciones de trabajo, movilidad funcional y geográfica

Artículo 20. Modificación sustancial de las condiciones de trabajo

Los órganos competentes de la Administración General del Estado, en cada caso, podrán acordar modificaciones sustanciales de las condiciones de trabajo, de carácter individual o colectivo, cuando existan probadas razones técnicas, de eficiencia organizativa o de mejor prestación de los servicios públicos, de acuerdo con lo establecido en el artículo 41 del Estatuto de los Trabajadores.

Se entenderá que concurren las causas a las que se refiere el citado artículo cuando la adopción de las medidas propuestas contribuya a mejorar la prestación del servicio público en el ámbito del departamento u organismo, a través de una más adecuada organización de sus recursos.

En el caso de modificación sustancial de condiciones de trabajo de carácter individual, ésta se negociará en la correspondiente Subcomisión Delegada en el plazo de quince días desde su presentación, con carácter previo a la adopción de la resolución motivadora de la decisión. Con posterioridad a dicha negociación, la decisión de modificación se notificará al trabajador afectado y a sus representantes legales y sindicales con una antelación mínima de treinta días a la fecha de su efectividad, así como a la Subcomisión Delegada.

Cuando se trate de modificaciones de carácter colectivo, la Administración abrirá un período previo de consultas, y en su caso negociación, de acuerdo con el artículo 41 del Estatuto de los Trabajadores, con los representantes de los mismos, para lo cual se entregará una memoria justificativa de las causas o motivos de la modificación propuesta, así como de las medidas a aplicar y sus referencias temporales. Finalizada la negociación o período de consultas la decisión de modificación se notificará a los trabajadores afectados y a la Subcomisión Delegada con una antelación mínima de treinta días a la fecha de su efectividad.

Artículo 21. Movilidad funcional

1. Los órganos competentes de la Administración General del Estado podrán acordar motivadamente en el ámbito de este Convenio la movilidad funcional entre puestos de trabajo dentro del grupo profesional al que pertenezca el trabajador, con las únicas limitaciones de la titulación académica o profesional exigida para ejercer la prestación laboral y de las aptitudes de carácter profesional necesarias para el desempeño del puesto de trabajo, que podrán completarse,

previa realización, si ello fuera necesario, de procesos básicos de formación y adaptación.

2. Cuando la movilidad funcional implique desarrollo de funciones de distinta área funcional, categoría o especialidad profesional, cuando ésta esté prevista en la relación de puestos de trabajo, se requerirá:

a) Comunicación motivada a la Subcomisión Delegada.

b) Criterios de precedencia para asignar a los trabajadores afectados, entre los que se deberá estimar la voluntariedad del trabajador.

c) Programa de formación y adaptación al puesto de trabajo, si fuera necesario.

3. La movilidad se efectuará sin menoscabo de la dignidad del trabajador y sin perjuicio de su formación y promoción profesional, teniendo derecho a la retribución correspondiente al puesto que efectivamente desempeñe.

4. En el caso de que un puesto de trabajo sea ocupado mediante movilidad funcional por el mismo o diferente trabajador durante un año continuado o dos alternos en un plazo de tres años, se procederá a su cobertura a través de los procedimientos de provisión de vacantes establecidos en el Capítulo VI.

No cabrá invocar las causas de despido objetivo de ineptitud sobrevenida o de falta de adaptación, en los supuestos de realización de funciones distintas a las habituales como consecuencia de la movilidad funcional.

En ningún caso podrá ser valorado como mérito para la provisión de ese puesto de trabajo el tiempo de servicios prestados como consecuencia de la movilidad funcional regulada en este artículo.

Artículo 22. Desempeño de puestos de trabajo de distinto grupo profesional

1. Por necesidades del servicio, cuando existan razones técnicas, de eficiencia organizativa y para una mejor prestación de los servicios públicos la Administración podrá acordar, por el tiempo imprescindible, el desempeño de puestos de trabajo vacantes para la realización de funciones de superior o inferior grupo profesional, con las únicas limitaciones inherentes a las titulaciones académicas o a los conocimientos profesionales que se puedan requerir para el desempeño de las funciones correspondientes.

La movilidad se efectuará sin menoscabo de la dignidad del trabajador y sin perjuicio de su formación y promoción profesional, teniendo derecho a la retribución correspondiente a las funciones del puesto que efectivamente desempeñe, salvo en los casos de encomienda de funciones inferiores, en los que mantendrán la retribución de origen.

En el caso de encomienda del desempeño de un puesto de trabajo de grupo profesional inferior, la movilidad deberá estar justificada por necesidades perentorias o imprevisibles del servicio, no pudiendo ser su duración en su totalidad superior a un mes en un año.

En el supuesto de atribución del desempeño de un puesto de trabajo de grupo profesional superior, éste se encomendará preferentemente a los trabajadores del grupo profesional inmediatamente inferior.

La atribución del desempeño de un puesto de trabajo de grupo profesional superior no podrá ser superior a ocho meses de duración en el plazo de dos años, computados de fecha a fecha, y se realizará atendiendo a criterios objetivos.

Si superados los plazos persistiera la necesidad de realización de las funciones, la Administración procederá a su cobertura a través de los procedimientos de provisión de vacantes establecido en el capítulo VI del Convenio.

En ningún caso podrá modificarse el grupo profesional a través de la movilidad funcional, ni ser valorado como mérito para el ascenso el tiempo de servicio prestado en funciones de superior grupo profesional.

2. La Administración deberá comunicar previamente estas situaciones a los representantes de los trabajadores y a la Subcomisión Delegada.

Artículo 23. Otros supuestos de movilidad

La movilidad por incapacidad laboral, por disminución de capacidad, por razones objetivas, para la protección integral de la mujer, y para protección a la maternidad queda regulada en los artículos 32, 63, 64 y 65 del presente Convenio.

Artículo 24. Movilidad sin cambio de funciones

La movilidad sin cambio de funciones que traspase los límites del centro de trabajo, entendido éste como la unidad productiva con organización especifica, dentro del ámbito de la misma localidad o municipio, se realizará por necesidades del servicio procediéndose a informar de la misma a los representantes de los trabajadores en el plazo de tres días.

En los casos en que sea necesario aplicar unos criterios de prelación por no afectar la movilidad a todo el colectivo que con iguales características presta sus servicios en el centro de trabajo, se aplicará el criterio de menor antigüedad reconocida conforme a lo dispuesto en el artículo 73 de este Convenio. Los representantes legales de los trabajadores tendrán prioridad en cuanto a la permanencia.

Artículo 25. Movilidad geográfica

La movilidad de un trabajador a un municipio distinto de aquél en que presta habitualmente sus servicios, siempre que suponga traslado de centro de trabajo superior a 10 kilómetros, podrá producirse por las siguientes causas:

a) Traslado a petición del trabajador, mediante participación en los concursos de traslados que se regulan en el capítulo VI del Convenio.

b) Traslado obligatorio, en los supuestos y en las condiciones previstas en el artículo 40 del Estatuto de los Trabajadores y en este Convenio.

c) Otras formas de movilidad según lo previsto en este Convenio.

Artículo 26. Traslado obligatorio

1. El traslado obligatorio de los trabajadores requerirá la existencia de razones técnicas, de eficiencia organizativa o de mejor prestación de los servicios públicos debidamente justificadas.

En el caso de movilidad geográfica de carácter individual, ésta se negociará en la correspondiente Subcomisión Delegada en el plazo de quince días desde su presentación con carácter previo a la adopción de la resolución motivadora de la decisión. Con posterioridad a dicha negociación, la decisión de movilidad se notificará al trabajador afectado y a sus representantes legales y sindicales con una antelación mínima de treinta días a la fecha de su efectividad.

Cuando se trate de traslados colectivos irá precedido del período de consultas con los representantes de los trabajadores que se establece en el artículo 40 del Estatuto de los Trabajadores. Finalizada la negociación o período de consultas la decisión de traslado será comunicada a los trabajadores afectados y a la Subcomisión Delegada con una antelación mínima de treinta días a la fecha de su efectividad.

2. El trabajador, como consecuencia del traslado obligatorio entre centros de trabajo distantes más de 50 kilómetros o con cambio de isla y que suponga cambio de residencia, tendrá derecho a:

a) El abono de los gastos de viaje de él y de su familia.

b) Una indemnización de tres días de dietas por el titular y cada miembro de su familia que efectivamente se traslade.

c) El pago de los gastos de transporte del mobiliario y enseres.

d) Una cantidad a tanto alzado de 10.942,73 euros, incrementada en un 20 % por el cónyuge o conviviente acreditado y por cada hijo, siempre que dependan del trabajador.

3. Cuando el traslado obligatorio no reúna las condiciones del apartado anterior, el trabajador tendrá derecho, por una sola vez, a las siguientes indemnizaciones, salvo que por parte de la Administración se facilite medio de transporte:

- De 20 a 35 kilómetros: 1.641,40 euros.
- Más de 35 kilómetros: 2.553,28 euros.

4. Los trabajadores que hubiesen sido afectados por un traslado obligatorio tendrán preferencia, por una sola vez, y siempre que haya transcurrido un año desde el traslado, en los términos que se establezca en el respectivo baremo, para ocupar las vacantes de necesaria provisión de su grupo profesional y área funcional que se produzcan en la localidad de origen, provincia o isla.

Artículo 27. Movilidad geográfica temporal

1. Por razones técnicas, organizativas o de prestación de servicio publico, la Administración podrá efectuar desplazamientos temporales de sus trabajadores que exijan que éstos residan en población distinta de la de su domicilio habitual, atendiéndose, en primer término, a criterios de voluntariedad.

2. Se deberá comunicar por escrito al trabajador, a sus representantes y a la Subcomisión Delegada, con quince días de antelación, haciendo constar tanto las razones del mismo como la duración aproximada del desplazamiento, que en ningún caso podrá superar los doce meses.

3. Al trabajador desplazado, además de sus retribuciones, se le abonarán los gastos de viajes y dietas, según lo establecido por el Real Decreto 462/2002, de 24 de mayo, sobre indemnizaciones por razón del servicio y artículo 76 del presente Convenio.

Capítulo VI. Sistema de provisión de vacantes y promoción

Artículo 28. Principios generales

1. El ingreso en el ámbito del Convenio se producirá atendiendo a los grupos de clasificación en que está encuadrado el personal laboral, y los niveles de titulación académica requeridos en los mismos:

- Grupo 1: título de Doctor, Licenciado y equivalente.
- Grupo 2: titulo de Diplomado y equivalente.
- Grupo 3: título de Bachiller, Bachillerato Unificado Polivalente, Formación Profesional de Técnico Superior y equivalente.

- Grupo 4: Formación Profesional de Técnico, Educación Secundaria Obligatoria y equivalentes.
- Grupo 5: Certificado de Escolaridad y equivalente.

2. Los puestos de trabajo vacantes de personal laboral cuya cobertura sea necesaria, de acuerdo con la planificación de recursos humanos de la organización, se proveerán con arreglo a los siguientes procedimientos, que podrán desarrollarse de manera sucesiva o simultánea:

- Reingreso.
- Traslado.
- Promoción profesional.
- Ingreso libre.
- Otras formas de movilidad previstas en el presente Convenio.

3. Los sistemas de provisión previstos en este artículo, serán interdepartamentales y tenderán a armonizar las expectativas de promoción de los trabajadores con las necesidades organizativas de la Administración.

Las vacantes a cubrir se ofertarán en primer lugar y por una sola vez a los trabajadores afectados por la aplicación de un Plan de Ordenación de Recursos Humanos siempre que el citado Plan lo prevea y de acuerdo con lo previsto en el mismo.

4. El personal laboral que cambie de puesto de trabajo, por cualquiera de los mecanismos previstos en este Convenio, tendrá derecho, durante el plazo de incorporación, a la totalidad de las retribuciones, que se devenguen con carácter fijo y periodicidad mensual.

En el caso de que el término de dicho plazo se produzca dentro del mismo mes en que se efectuó el cese, las citadas retribuciones se harán efectivas por la Dependencia que diligencie dicho cese y, por mensualidad completa y de acuerdo con la situación y derechos del trabajador referidos al primer día hábil del mes en que se produce el cese. Si, por el contrario, dicho término recayera en mes distinto al del cese, las retribuciones del primer mes se harán efectivas de la forma indicada, y las del segundo se abonarán por la Dependencia correspondiente al puesto de trabajo al que accede, asimismo por mensualidad completa y en la cuantía correspondiente al puesto al que se ha incorporado.

No obstante lo indicado anteriormente, se llevará a cabo la liquidación por días en los siguientes supuestos:

a) En el mes de ingreso en el primer destino, en el de reingreso al servicio activo y en el de incorporación por conclusión de licencias sin derecho a retribución.

b) En el mes de iniciación de licencia sin derecho a retribución.

c) En el mes en que se cese en el servicio activo.

5. La determinación de las vacantes que se oferten en cada uno de los procesos de provisión previstos en este artículo, se realizará de acuerdo con las competencias y criterios relativos a la organización del trabajo recogidos en el artículo 8 del presente convenio.

Traslados:

La administración informará sobre las vacantes que serán ofrecidas en concurso de traslados y los criterios para su determinación en el ámbito de las Subcomisiones Delegadas.

Promoción:

Con el fin de proceder a la ordenación de los efectivos de personal laboral existentes, dar satisfacción a las necesidades de la organización y fomentar la promoción profesional de su personal, la Administración llevará a la CIVEA la propuesta de convocatoria anual de promoción interna para la cobertura de puestos de trabajo de los distintos grupos y categorías profesionales, según los criterios fijados en el proyecto de Real Decreto de Oferta de Empleo Público anual.

Convocatoria libre:

La Administración informará en el seno de la CIVEA sobre los puestos de trabajo previstos para convocatoria libre, de acuerdo con los criterios que anualmente se fijen para la elaboración de la Oferta de Empleo Público.

Artículo 29. Traslados

1. Los puestos de trabajo vacantes, de necesaria provisión, existentes en el ámbito del Departamento u Organismo Público dependiente o vinculado al mismo serán ofrecidos en concurso de traslados, pudiendo participar todos los trabajadores fijos que se encuentren en activo o en excedencia voluntaria, siempre que el puesto de trabajo de destino corresponda a su grupo profesional o a uno inmediatamente inferior e igual régimen de contratación, salvo en lo previsto en el punto 2 de este artículo, y cumplan los requisitos o aptitudes profesionales exigidos en la convocatoria.

Estos concursos de carácter interdepartamental serán abiertos y permanentes, en los términos que se negocie en la CIVEA, se resolverán en el primer semestre de cada año y se gestionaran por los Departamento Ministeriales en los que estén ubicados los puestos convocados, debiendo publicarse a través de los medios telemáticos de los Ministerios respectivos y del MAP, sin perjuicio de la correspondiente reseña que se remitirá al «Boletín Oficial del Estado» para su publicación.

2. En estos concursos podrán participar los trabajadores fijos contratados a tiempo parcial, así como los trabajadores fijos-discontinuos, que hayan prestado servicios como tales durante tres años como mínimo en el ámbito de este Convenio, que tendrán derecho a ocupar las vacantes a tiempo completo de necesaria cobertura del mismo grupo profesional, área funcional y, en su caso, especialidad o titulación, que no sean adjudicadas al personal fijo a tiempo completo. La adjudicación de las nuevas plazas implicará la novación modificativa de los contratos de trabajo que se convertirán en contratos a tiempo completo.

3. Méritos baremables: los baremos para la adjudicación de los puestos de trabajo serán fijados en la respectiva convocatoria, no pudiendo superar los méritos profesionales el 60 %, los méritos académicos relacionados con el puesto a cubrir el 30 %, la antigüedad en la Administración General del Estado el 30 %. El trabajador que hubiese sido afectado por un traslado obligatorio, tendrá como mínimo un 50 % de la puntuación total que se establezca en las bases de la convocatoria para la suma de los méritos académicos, profesionales y de antigüedad, salvo que en el Plan de Ordenación de Recursos Humanos correspondiente se disponga otra cosa. Este porcentaje se adicionará, por una sola vez, a la suma de los puntos obtenidos en la valoración de los méritos antes citados. En caso de empate en las puntuaciones obtenidas, la convocatoria dispondrá su resolución, para la que podrán contemplarse circunstancias personales y familiares.

En el supuesto de estar interesados en las vacantes que se anuncien en un determinado concurso para un mismo municipio dos trabajadores que reúnan los requisitos exigidos, podrán condicionar sus peticiones por razones de convivencia familiar al hecho de que ambos obtengan destino en ese concurso en el mismo municipio.

Las bases de cada convocatoria establecerán una puntuación que, como máximo, podrá alcanzar la que se determine en las mismas para la antigüedad para los siguientes casos:

a) El destino previo del cónyuge o pareja de hecho acreditada que tenga la condición de empleado público de carácter fijo de cualquier Administración, obtenido mediante convocatoria pública, en el municipio donde radique el puesto o puestos de trabajo solicitados, siempre que se acceda desde municipio distinto.

b) El cuidado de hijos, tanto cuando lo sean por naturaleza como por adopción o acogimiento permanente o preadoptivo, hasta que el hijo cumpla doce años, siempre que se acredite por los interesados fehacientemente que el puesto que se solicita permite una mejor atención del menor.

c) El cuidado de un familiar, hasta el segundo grado inclusive de consanguinidad o afinidad siempre que, por razones de edad, accidente, enfermedad o discapacidad no pueda valerse por si mismo y no desempeñe actividad retribuida, siempre que se acceda desde un municipio distinto, y siempre que se acredite fehacientemente por los interesados que el puesto que se solicita permite una mejor atención del familiar. La valoración de este supuesto será incompatible con la otorgada por el cuidado de hijos.

4. Indemnizaciones y plazos de incorporación: estos traslados no darán lugar a indemnización alguna, tienen carácter voluntario y no son renunciables una vez adjudicada la plaza definitivamente salvo que, antes de la finalización del plazo de incorporación, se hubiera obtenido otro destino mediante convocatoria pública.

El plazo de incorporación será de tres días hábiles si no implica cambio de residencia del trabajador, o de un mes si comporta cambio de residencia o el reingreso al servicio activo, debiendo permanecer dos años como mínimo en el nuevo destino antes de volver a concursar.

Dicho plazo de incorporación empezará a contarse a partir del día siguiente al del cese, que deberá producirse en el plazo de tres días hábiles siguientes a la publicación de la Resolución del concurso en el Boletín Oficial del Estado.

Si la resolución comporta el reingreso al servicio activo, el plazo de incorporación deberá computarse desde dicha publicación.

Por necesidades del servicio la Administración podrá suspender el traslado por un tiempo máximo de tres meses. En todo caso, estos períodos computarán a efectos de contabilizar los 2 años de permanencia en el nuevo destino necesarios para poder volver a concursar.

El cómputo de los plazos de cese e incorporación se iniciará cuando finalicen los permisos o licencias que hayan sido concedidos a los interesados o cuando se produzca el alta médica en caso de que el trabajador se encuentre de baja por incapacidad temporal.

En el supuesto de optar a un grupo profesional inferior, las retribuciones pasarán a ser las del grupo profesional al que se accede, dando lugar a la novación modificativa del contrato de trabajo.

5. Con carácter excepcional y de acuerdo con la planificación global de recursos humanos, se podrán convocar, previo acuerdo de la CIVEA, concursos de traslados de carácter restringido en los que se determinen las vacantes a ofertar y los posibles candidatos en función de las localidades y áreas de actividad.

Artículo 30. Convocatorias de Ingreso y promoción

1. En el segundo semestre del año, la Administración efectuará las convocatorias que corresponda que incluirán simultáneamente, plazas destinadas a su provisión por el procedimiento de la promoción interna y plazas para el acceso

libre. La convocatoria y resolución de las mismas corresponderá a la Dirección General de la Función Pública, encomendando la gestión a los distintos Departamentos Ministeriales.

Las convocatorias de ingreso libre y de promoción incluirán el número de plazas autorizadas en el Real Decreto de Oferta de Empleo Público de cada año, de acuerdo con el procedimiento establecido en el artículo 28.5 de este convenio.

2. En los procesos de promoción podrán participar todos los trabajadores fijos con la misma modalidad contractual, del grupo profesional inmediatamente inferior, siempre que lleven dos años de servicios efectivos en dicho Grupo Profesional y, cumplan los requisitos de titulación y cualificación exigidos, pudiéndose establecer la necesaria superación de pruebas específicas correspondientes a las funciones propias de la actividad.

La CIVEA autorizará de forma excepcional, para puestos del área funcional de actividades específicas, la promoción interna de los trabajadores del siguiente grupo profesional inferior.

Los trabajadores fijos, con cuatro años de permanencia en el mismo grupo profesional, podrán promocionar en este turno al grupo profesional inmediatamente superior, sin necesidad de tener la titulación exigida, siempre que cuenten con la titulación exigida en el grupo profesional desde el que acceden. Se exceptúan los puestos de trabajo de los grupos profesionales 1 y 2 o cuando pertenezcan a áreas funcionales o áreas de actividad en las que esta previsión no resulte adecuada o cuando se trate de funciones cuyo ejercicio requiera estar en posesión de una titulación académica o profesional habilitante. También se permitirá la participación en los procesos de promoción interna del grupo 5 al 4 a los trabajadores fijos que sin la exigencia de titulación requerida, hayan cumplido más de 10 años de antigüedad en el puesto.

3. Las vacantes no provistas por el turno de promoción interna se acumularán a las del turno libre.

4. Se reservará, como mínimo, un 5 por 100 de las vacantes convocadas para aspirantes que tengan la condición legal de persona con discapacidad.

Los procesos selectivos contendrán las medidas necesarias para remover los obstáculos que impidan o dificulten la plena participación de estas personas en condiciones de igualdad.

Artículo 31. Sistemas selectivos

Los sistemas selectivos serán la oposición, el concurso y el concurso-oposición y se regirán por los principios de igualdad, mérito, capacidad y publicidad de acuerdo con la legislación vigente.

En el concurso se valorarán los méritos profesionales, los méritos académicos y, atendiendo a la naturaleza del proceso selectivo, la antigüedad reconocida en el ámbito del Convenio Único.

La oposición incorporará en todo caso una prueba práctica, sea escrita o de cualquier otro tipo, que permita valorar las capacidades del candidato para desempeñar las funciones del puesto objeto de provisión.

El concurso-oposición se utilizará en aquellos procesos selectivos en los que se considere que la experiencia laboral es un elemento sustancial para establecer la idoneidad y capacidad de los candidatos en relación con el futuro desempeño.

Caso de utilizarse el concurso-oposición habrá que superar la oposición para entrar en la fase de concurso.

Artículo 32. Otras formas de movilidad

1. Movilidad de la contratada laboral víctima de violencia de género.

La contratada laboral víctima de violencia de género que, para hacer efectiva su protección o el derecho a la asistencia social integral, se vea obligada a abandonar el puesto de trabajo donde venía prestando sus servicios, tendrá derecho al traslado a un puesto de trabajo en distinta Unidad administrativa, en la misma o en distinta localidad.

En la solicitud se indicará la localidad o localidades a las que se solicita el traslado, debiendo ir acompañada de copia de la Orden de Protección o, excepcionalmente hasta tanto se dicte la orden de protección, de informe del Ministerio Fiscal que indique la existencia de indicios de que la demandante es víctima de violencia de género.

Si concurrieran las circunstancias previstas legalmente, el Órgano competente adjudicará un puesto de trabajo del mismo Grupo Profesional y Área Funcional, dotado presupuestariamente. La contratada laboral deberá cumplir los requisitos previstos en la Relación de Puestos de Trabajo, sin perjuicio de la reserva del puesto de origen durante un período de seis meses prevista legalmente.

Terminado este período la trabajadora podrá optar entre el regreso al puesto de trabajo anterior o la continuidad en el nuevo. En este último caso, cesará la mencionada obligación de reserva de puesto, debiendo permanecer en el nuevo puesto de trabajo un período mínimo de dos años, salvo en el caso de que la trabajadora se vea obligada abandonar el puesto de trabajo por ser víctima de nuevo de violencia de género y así se acredite según lo señalado en el párrafo segundo de este apartado o si así se requiere para recibir la asistencia social integral. Estos traslados, cuando impliquen cambio de residencia, tendrán la consideración de forzosos.

El cese en el puesto de origen y la incorporación en el nuevo puesto de trabajo deberá producirse en el plazo de tres días hábiles si no implica cambio de residencia de la trabajadora, o de un mes si comporta cambio de residencia.

2. Movilidad entre Administraciones Públicas.

Con cargo a los puestos de trabajo que vayan a ser objeto de convocatoria libre, se podrán atender peticiones de traslado formuladas por trabajadores de otras Administraciones Públicas con las que exista un acuerdo de reciprocidad y de acuerdo con los criterios que establezca la Dirección General de la Función Pública, que se encargará de fomentar este tipo de acuerdos.

3. Permuta.

1. Sin perjuicio de los sistemas de movilidad y de provisión de vacantes, la Administración podrá autorizar la permuta que se realice voluntariamente entre trabajadores fijos en activo de cualquier Administración Pública siempre que los puestos de trabajo sean equivalentes en cuanto a su clasificación y régimen de contratación y se cumplan los requisitos señalados en los párrafos siguientes.
2. En el plazo de cinco años a partir de la concesión de una permuta, no podrá autorizarse otra a cualquiera de los interesados.
3. No podrá autorizarse la permuta cuando alguno de los trabajadores interesados les falte menos de cinco años para cumplir la edad de jubilación forzosa.
4. Serán anuladas las permutas si en los dos años siguientes a la fecha en que tengan lugar se produce la jubilación voluntaria de alguno de los permutantes.
5. Para la concesión de las permutas se exigirá informe previo favorable de los servicios u organismos afectados y de las correspondientes Subcomisiones Delegadas.
6. Los traslados por permuta no darán derecho a indemnización alguna.

4. Adscripción temporal a puestos vacantes.

En casos excepcionales, por necesidades del servicio y previo informe de las Subcomisiones Delegadas correspondientes, la Administración podrá autorizar la incorporación temporal de sus trabajadores a puestos de trabajo vacantes del mismo grupo profesional, área funcional y, titulación o especialidad, en su caso, siempre que reúnan los requisitos establecidos para su desempeño en las relaciones de puestos de trabajo. Los puestos de trabajo así cubiertos deberán ser objeto de provisión, en la primera convocatoria, mediante alguno de los procedimientos establecidos en el Capítulo VI del Convenio, sin que el tiempo trascurrido en esta situación pueda ser valorado para la adjudicación del mismo.

Estos traslados que, en todo caso, serán de carácter voluntario tendrán una duración máxima de un año, prorrogable por otro, y no darán derecho a las indemnizaciones previstas en los artículos 26 y 27 para los supuestos de movilidad geográfica.

El trabajador en esta situación tendrá derecho a las retribuciones correspondientes al puesto que efectivamente desempeñe.

Artículo 33. Convocatoria

Los procesos de cobertura de vacantes se harán mediante convocatoria pública siguiendo, si los hubiere, los criterios generales fijados por la CIVEA. En la convocatoria habrán de constar los siguientes datos:

1. Número y características de las plazas.
2. Sistema selectivo, desarrollo y valoración.
3. Requisitos exigidos a los candidatos.
4. Baremo en su caso.

Artículo 34. Órganos de selección

1. Cada órgano de selección estará compuesto, como mínimo, por cuatro representantes de la Administración, uno de los cuales será Presidente y otro actuará de Secretario, y por tres de los trabajadores, respetando la autonomía de las partes y teniendo en cuenta a efectos de la designación de los trabajadores el ámbito territorial de la convocatoria.

Si la convocatoria para la que se constituye el Órgano de selección afecta a todo el ámbito del Convenio o a dos o más Departamentos, los representantes de los trabajadores serán designados por la Administración a propuesta de las Organizaciones sindicales presentes en la CIVEA, mientras que si afectara sólo al ámbito de una Subcomisión total o parcialmente, se designarán por la Administración a propuesta de los sindicatos presentes en la Subcomisión. Estos miembros actuarán a título individual en el órgano de selección.

En los casos en que el Órgano convocante entienda que, por la complejidad, o cantidad de plazas convocadas es necesario un número superior de miembros del Órgano de selección, deberá informar sobre esta variación a la CIVEA o a los sindicatos presentes en la Subcomisión, en función del ámbito a que se refiere el párrafo anterior, garantizándose que el número de representantes de la Administración sea igual al número de los representantes de los trabajadores más uno.

2. Los órganos de selección, de acuerdo con el principio de especialidad, podrán recabar la presencia y colaboración de los especialistas necesarios según

las características de los puestos de trabajo convocados y/o las pruebas a realizar, los cuales se incorporarán al mismo con voz, pero sin voto.

3. Todos los miembros del órgano de selección deberán pertenecer a un grupo profesional igual o superior al del puesto de trabajo convocado.

En el supuesto de ser funcionarios deberán pertenecer a grupo de titulación equivalente igual o superior.

4. Concluidas las pruebas selectivas, el órgano de selección elevará a la autoridad convocante, ordenada de mayor a menor por las puntuaciones alcanzadas, la relación de aspirantes que hubieran obtenido, al menos, las calificaciones mínimas exigidas para la superación del proceso, adjudicándose las plazas atendiendo al citado orden de prelación. En ningún caso, el número de contratos que se formalicen podrá exceder del número de plazas convocadas.

Artículo 35. Período de prueba

1. El personal de nuevo ingreso estará sometido a un período de prueba en el que no se computará el tiempo de incapacidad temporal y cuya duración será de tres meses para los grupos profesionales 1 y 2 y de un mes para los demás trabajadores, excepto para el personal no cualificado que será de quince días laborables.

2. Transcurrido este período de prueba quedará automáticamente formalizada la admisión, siendo computado al trabajador este período a todos los efectos.

3. Durante este período, tanto la Administración como el trabajador podrán poner fin a la relación laboral, sin que ninguna de las partes tenga por ello derecho a indemnización alguna. El trabajador tendrá los derechos y obligaciones correspondientes a su grupo profesional y al puesto de trabajo que desempeña, como si fuera de plantilla. Del fin de las relaciones laborales reguladas en este artículo se informará a los representantes de los trabajadores.

4. Será nulo el pacto que establezca un período de prueba cuando el trabajador haya ya desempeñado las mismas funciones con anterioridad, bajo cualquier modalidad de contratación, dentro del ámbito de aplicación del presente Convenio.

Artículo 36. Personal temporal

1. Las necesidades no permanentes de personal se atenderán mediante la contratación de personal temporal a través de la modalidad más adecuada para la duración y el carácter de las tareas a desempeñar. En el supuesto de los contratos celebrados por circunstancias de la producción, la duración máxima de los mismos podrá ser de hasta 6 meses en un plazo máximo de 12, de acuerdo con lo previsto en el Real Decreto 2720/1998, de 18 de diciembre.

2. Los sistemas selectivos para el personal temporal habrán de graduarse en su utilización en función de la duración del contrato.

Así, se recurrirá a los Servicios Públicos de Empleo para las contrataciones previsibles por su carácter estacional y siempre que las características de las tareas a desempeñar así lo aconsejen. Corresponderá a los Servicios Públicos de Empleo, a través de su responsable provincial, la preselección de candidatos de entre los demandantes de empleo registrados en la provincia, o en ámbito superior siempre que sea conveniente, de acuerdo con los perfiles definidos por el órgano convocante, entre los que se incluirán los requisitos de titulación y/o conocimientos definidos en el Capítulo IV. La preselección deberá ajustarse a los requisitos de la solicitud e incorporar, al menos, tres candidatos por plaza. El órgano de selección realizará la selección final que culminará y la propuesta de contratación al órgano convocante. En ningún caso el número de contratos que se formalicen podrá exceder el número de plazas convocadas.

3. Podrán también establecerse relaciones de candidatos, de estructura provincial y aprobadas por la Dirección General de la Función Pública, para la sustitución temporal de trabajadores, bien a partir de procesos de selección de personal laboral de carácter fijo del ámbito del Convenio y de idéntica o similar categoría a aquella que se pretende seleccionar, bien mediante convocatoria pública al efecto. En este último supuesto, se podrán realizar para aquellas categorías en las que se produzca un nivel significativamente elevado de contrataciones, con informe favorable de la Dirección General de la Función Pública para garantizar la homogeneidad de las mismas.

La contratación a través de este procedimiento se realizará por el orden de prelación establecido en función de la puntuación obtenida en el proceso de selección, preferentemente dentro de la misma provincia. Los criterios generales de funcionamiento interno de las relaciones de candidatos serán negociados en la Subcomisión Delegada correspondiente.

4. Igualmente podrán utilizarse los procesos selectivos previstos para el personal laboral de carácter fijo, procediendo a una simplificación del procedimiento que posibilite una cobertura más ágil de las necesidades, sin que, en ningún caso pueda reducirse el plazo de 10 días para presentar reclamaciones, en cuyo caso se permitirá a los aspirantes la participación condicionada hasta que recaiga resolución definitiva sobre la reclamación. Además, la publicidad de la convocatoria deberá producirse en el ámbito territorial más conveniente según la ubicación de la plaza y, al menos, en la Subdelegación de Gobierno así como el envío al responsable provincial del servicio público de empleo para su difusión.

5. En el seno de la CIVEA se fijarán los criterios que orientarán la utilización de los diferentes sistemas, así como la vigencia de las relaciones de candidatos previstas en el apartado 3 del presente artículo y que en ningún caso podrán superar los tres años.

6. La eventual sustitución de trabajadores temporales que, habiendo sido seleccionados de acuerdo con los procedimientos anteriores, causen baja, podrá realizarse a partir de los siguientes candidatos resultantes del proceso selectivo utilizado.

7. Los órganos de selección para los procesos previstos en los apartados 2 y 4, y para convocatorias públicas previstas en el apartado 3, deberán designarse para cada oferta de contratación y se constituirán, con carácter general, en el ámbito del Departamento u Organismo, sin perjuicio de los sectores con especificidad propia.

8. En los casos en que la dispersión de las plazas o la frecuencia de las contrataciones lo aconsejen, se podrá establecer un único órgano estable de selección, cuya composición se regirá por lo previsto en el artículo 34, pudiendo designar unidades periféricas de colaboración, integradas por un número impar de miembros no inferior a tres, uno de los cuales, se designará por la Administración a propuesta de las organizaciones sindicales firmantes del Convenio Único.

9. Los méritos a valorar y su grado de ponderación vendrán determinados en las bases de cada convocatoria y la eventual valoración de la experiencia previa será independiente del lugar de su adquisición.

10. La Administración seguirá los criterios contenidos en la Proposición no de Ley de 25 de marzo de 1998, sobre servicios a utilizar por los organismos públicos o dependientes de los mismos para dotarse de recursos humanos temporalmente.

Capítulo VII. Jornada y horarios

Artículo 37. Jornada

1. La duración máxima de la jornada general de trabajo será de treinta y siete horas y media semanales de trabajo efectivo de promedio en cómputo anual, equivalente a mil seiscientas cuarenta y siete horas anuales.

2. A todos los efectos se considerará trabajo efectivo el prestado dentro del horario establecido por el órgano competente y el que corresponde por los permisos retribuidos, así como los créditos de horas retribuidos para funciones sindicales.

3. En determinados supuestos podrá establecerse la posibilidad de jornada superior a la ordinaria, de hasta cuarenta horas semanales en computo anual.

En dichos supuestos los trabajadores tendrán derecho a percibir los complementos que correspondan.

4. En todo lo que no se contemple en este capítulo habrá de estarse a lo regulado, con carácter general para esta materia, en la Orden Ministerial de 15 de

diciembre de 2005, por la que se dispone la publicación del Acuerdo de la Mesa General de Negociación por el que se establecen medidas retributivas y para la mejora de las condiciones de trabajo y la profesionalización de los empleados públicos, así como la resolución de la Secretaría General para la Administración Pública, por la que se dictan instrucciones sobre jornada y horarios de trabajo del personal civil al servicio de la Administración General del Estado.

Artículo 38. Calendario laboral

1. La distribución anual de la jornada y la fijación diaria y semanal de los horarios y turnos de trabajo del personal estará en función de la naturaleza del puesto y de las funciones del centro de trabajo, y se determinará a través del calendario laboral que con carácter anual se apruebe previa negociación con la representación sindical por los departamentos y organismos afectados, de conformidad con el artículo 34 del texto refundido de la Ley del Estatuto de los Trabajadores y la Resolución correspondiente de la Secretaría General para la Administración Pública. Se tenderá a que el calendario laboral esté aprobado antes del 15 de febrero de cada año.

2. Podrán establecerse jornadas y horarios especiales en los casos en que el trabajo sea nocturno, a turnos, o se desarrolle en condiciones singulares.

3. De conformidad con lo dispuesto en el artículo 34.6 del Estatuto de los Trabajadores, un ejemplar del calendario laboral deberá ser expuesto en un lugar visible de cada centro de trabajo, pudiendo acordarse otros instrumentos de publicidad si resultaren necesarios.

Los órganos correspondientes de los distintos Ministerios y organismos velarán por el cumplimiento de las jornadas, horarios y turnos de trabajo establecidos en el correspondiente calendario laboral.

4. En aquellos casos en que resulte compatible con la naturaleza del puesto y con las funciones del centro de trabajo, el trabajador podrá solicitar al órgano competente el reconocimiento de una jornada reducida continua e ininterrumpida de cinco horas diarias, percibiendo un 75 % del total de sus retribuciones. Esta modalidad de jornada reducida será incompatible con las reducciones de jornadas previstas en el artículo 37.5 del texto refundido de la Ley del Estatuto de los Trabajadores.

El trabajador se reintegrará a la jornada normal, con las correspondientes retribuciones, en el plazo máximo de un mes desde el momento en que lo solicite.

Igualmente, se reconoce el derecho a solicitar una reducción de hasta el 50% de la jornada laboral, de carácter retribuido, para atender el cuidado de un familiar en primer grado, por razón de enfermedad muy grave, por el plazo máximo de un mes. En el supuesto de que los familiares del sujeto causante de este derecho fueran empleados públicos de la Administración General del Estado, podrán disfrutar de este permiso de manera parcial, respetando en todo caso el plazo máximo.

5. Los empleados públicos tendrán derecho a flexibilizar en un máximo de una hora el horario fijo de jornada para quienes tengan a su cargo personas mayores, hijos menores de 12 años o personas con discapacidad, así como quien tenga a su cargo directo un familiar con enfermedad grave hasta el segundo grado de consanguinidad o afinidad.

Excepcionalmente, previa autorización del responsable de la Unidad, se podrá conceder, con carácter personal y temporal la modificación del horario fijo en un máximo de dos horas por motivos directamente relacionados con la conciliación de la vida personal, familiar y laboral, y en los casos de familias monoparentales.

Artículo 39. Pausa durante la jornada de trabajo

Los trabajadores incluidos dentro del ámbito subjetivo de este Convenio, siempre que la duración de la jornada diaria continuada sea de, al menos, cinco horas y media, tendrán derecho a una pausa de treinta minutos durante la jornada de trabajo computable como de trabajo efectivo.

En las jornadas de turno de noche los trabajadores disfrutarán de dos pausas de veinte minutos, que no podrán acumularse.

Esta interrupción no podrá afectar a la prestación de los servicios y, con carácter general, en las actividades que se desarrollan en horario de mañana, podrá efectuarse entre las diez y las doce treinta horas.

Artículo 40. Jornada de verano

Durante el período comprendido entre el 16 de junio y el 15 de septiembre, en aquellos centros en que las circunstancias y organización del trabajo así lo permitan, se podrá establecer una jornada intensiva de trabajo, a razón de un mínimo de seis treinta horas continuadas diarias, con una parte fija entre las nueve y las catorce horas. La reducción de jornada así producida se recuperará en cómputo anual, en la forma que establezca el correspondiente calendario laboral.

Artículo 41. Comunicación de las ausencias

Las ausencias y faltas de puntualidad y de permanencia del personal en que se aleguen causas de enfermedad, incapacidad temporal y otras de fuerza mayor, requerirán el aviso lo antes posible al responsable de la unidad correspondiente, así como su ulterior justificación acreditativa, si procede, que será notificada al órgano competente en materia de personal.

Las ausencias o faltas de puntualidad al trabajo motivadas por la situación física o psicológica derivada de la violencia de género se considerarán justificadas, cuando así lo determinen los servicios sociales de atención o servicios de salud, según proceda, sin perjuicio de que dichas ausencias sean comunicadas por la trabajadora a la Unidad correspondiente con la mayor brevedad posible.

En todo caso, y sin perjuicio de la facultad de los titulares de las unidades administrativas de exigir la justificación documental oportuna, a partir del cuarto día de enfermedad será obligatoria la presentación del parte de baja y los sucesivos de confirmación con la periodicidad que reglamentariamente proceda.

Artículo 42. Mejora de las prestaciones de la Seguridad Social

En los casos de licencia por maternidad, riesgo durante el embarazo o baja por incapacidad temporal legalmente declarada, la Administración, durante todo el tiempo de permanencia de dicha situación, complementará la prestación económica reglamentaria de la Seguridad Social hasta alcanzar el 100 % del salario establecido en el presente convenio.

Artículo 43. Absentismo

La Administración General del Estado potenciará los instrumentos de control y reducción del absentismo laboral, a través de la adopción, entre otras, de medidas de mejora de los sistemas de medición del absentismo laboral y seguimiento del mismo, realizando los estudios necesarios sobre las causas y adoptando en su caso las medidas que sean procedentes para su reducción, procediendo al descuento automático, calculado conforme a lo establecido para el personal funcionario, de las retribuciones correspondientes al tiempo no trabajado en los casos de falta injustificada de asistencia y puntualidad, que se comunicará al trabajador. Todo ello se efectuará sin perjuicio de las medidas disciplinarias que, en su caso, pudieran corresponder de acuerdo con el capítulo XIV.

De las medidas que se tomen para reducir el absentismo la Administración informará puntualmente a la CIVEA y, en su ámbito, a las Subcomisiones Delegadas.

En todo caso no se considerará absentismo laboral las situaciones contempladas en el párrafo segundo de la letra d) del artículo 52 del Estatuto de los Trabajadores, según la redacción dada por la Ley Orgánica 1/2004, de 28 de diciembre, de Medidas de Protección Integral contra la Violencia de Género.

Artículo 44. Horas extraordinarias

1. Tendrán la consideración de horas extraordinarias las que excedan de 37,5 horas semanales o, en su caso, las que excedan de la jornada contemplada en el artículo 37.3 del presente Convenio.

2. Las horas extraordinarias se compensarán preferentemente con tiempo de descanso acumulable a razón de dos horas por cada una realizada, salvo en los casos de horas nocturnas o en días festivos cuya compensación será de dos horas y media. Si así se pacta se retribuirán en metálico conforme a lo establecido en el artículo 73 del Convenio.

Caso de compensación por períodos de descanso, en todos los supuestos, ésta deberá producirse en el plazo de los cuatro meses siguientes a la realización de las horas extraordinarias, de conformidad con lo dispuesto en el artículo 35 del Estatuto de los Trabajadores.

3. En ningún caso las mismas podrán exceder de sesenta horas anuales, salvo las razones justificadas previstas en el artículo 35.3 del Estatuto de los Trabajadores.

4. Dentro de la política global de creación de empleo, se procurará la reducción de las horas extraordinarias, correspondiendo la iniciativa al departamento u organismo, a la vista de las necesidades de las unidades administrativas.

5. Trimestralmente se informará a las Subcomisiones Delegadas y a la CIVEA sobre la realización de las horas extraordinarias.

Capítulo VIII.
Vacaciones, licencias y permisos

Artículo 45. Vacaciones

1. Las vacaciones anuales retribuidas serán de un mes natural o veintidós días hábiles por cada año completo de servicio o en forma proporcional al tiempo de servicios efectivos y se disfrutarán por los trabajadores de forma obligatoria dentro del año natural y hasta el 15 de enero del año siguiente, con arreglo a la planificación que se efectúe por parte de la Dirección de cada departamento u organismo, previa consulta con los representantes de los trabajadores. El personal cuyo contrato se extinga en el transcurso del año tendrá derecho a disfrutar de la parte proporcional de vacaciones correspondientes, o al abono de las mismas en caso de no poder disfrutarlas. A estos efectos, los sábados no son considerados días hábiles, salvo en los horarios especiales.

En el supuesto de haber completado los años de antigüedad que se indican, se tendrá derecho al disfrute de los siguientes días de vacaciones anuales:

- Quince años de servicios: veintitrés días hábiles.
- Veinte años de servicios: veinticuatro días hábiles.
- Veinticinco años de servicios: veinticinco días hábiles.
- Treinta o más años de servicios: veintiséis días hábiles.

Este derecho se hará efectivo a partir del año natural siguiente al cumplimiento de la antigüedad referenciada.

2. Las vacaciones anuales se podrán disfrutar, a solicitud del trabajador, a lo largo de todo el año en períodos mínimos de cinco días hábiles consecutivos, sin que computen ni interrumpan dicho cómputo los días inhábiles que se encuentren dentro del periodo de los cinco días de referencia, siempre que los correspondientes períodos vacacionales sean compatibles con las necesidades del servicio, y se haya establecido en la planificación anual efectuada por cada Ministerio u Organismo. Cuando se aleguen necesidades del servicio para denegar el disfrute de vacaciones en un período determinado, dichas necesidades deberán ser comunicadas al interesado y a los representantes de los trabajadores por escrito debidamente argumentado. En aquellos casos en que por necesidades del servicio hayan quedado por disfrutar días de vacaciones en periodos inferiores a 5 días dentro del período citado, y con el fin de garantizar que los trabajadores tengan los días hábiles de vacaciones, que les corresponda, éstos podrán disfrutarse en función de las necesidades del servicio.

En caso de discrepancia entre trabajadores de un centro de trabajo para la asignación de turnos vacacionales, se procederá a establecer turnos rotatorios.

3. Se establece el derecho de las madres y los padres a acumular el período de disfrute de vacaciones al permiso de maternidad, lactancia y paternidad, aun habiendo expirado ya el año natural a que tal período corresponda. Asimismo se reconoce este derecho en el caso de adopción y acogimiento.

En el supuesto de baja por maternidad, cuando esta situación coincida con el período vacacional quedará interrumpido el mismo y podrán disfrutarse las vacaciones finalizado el período del permiso por maternidad, en los términos indicados en el párrafo anterior.

4. A los trabajadores temporales con contrato inferior a un año y con derecho a 5 o más días de vacaciones por disposición contractual, se les aplicará este régimen de igual forma que al personal fijo, mientras que aquellos a los que les corresponda un periodo de vacaciones inferior a 5 días, lo disfrutarán en días hábiles consecutivos, en ambos casos con las mismas condiciones que establece el punto 2.

Cuando el disfrute del periodo vacacional no haya sido solicitado por el trabajador, la Administración podrá optar bien por concederlo al final del periodo contractual establecido bien por el abono de los días que correspondieran al trabajador.

5. La Administración regulará el procedimiento de solicitud para la concesión de las vacaciones, oída previamente la parte social de la CIVEA.

Podrán establecerse, de acuerdo con las correspondientes Subcomisiones Delegadas, determinadas preferencias para escoger el turno de vacaciones, aunque limitadas en el número de veces de ser ejercitadas, a favor de los trabajadores con responsabilidades familiares, así como otro tipo de circunstancias.

6. En el caso de incapacidad temporal las vacaciones anuales quedarán interrumpidas y podrán disfrutarse, terminada dicha incapacidad, dentro del año natural y hasta el 15 de enero del año siguiente.

7. En todo lo que no se contemple en este capítulo sobre vacaciones licencias y permisos, habrá de estarse a lo regulado con carácter general para esta materia, en la Orden Ministerial de 15 de diciembre de 2005, por la que se dispone la publicación del Acuerdo de la Mesa General de Negociación por el que se establecen medidas retributivas y para la mejora de las condiciones de trabajo y la profesionalización de los empleados públicos, así como la resolución de la secretaría general para la Administración Pública, por la que se dictan instrucciones sobre jornada y horarios de trabajo del personal civil al servicio de la Administración General del Estado.

Artículo 46. Licencias

1. El personal que haya cumplido al menos un año de servicios efectivos podrá solicitar licencia sin sueldo por asuntos propios. La concesión de dicha licencia estará supeditada a las necesidades del servicio, y su duración acumulada no podrá exceder de tres meses cada dos años. La petición se cursará con un mes de antelación a la fecha prevista para su disfrute y la denegación, en su caso, deberá ser motivada y resuelta en el plazo de veinte días desde su recepción en el órgano competente.

Transcurrido dicho plazo sin resolución denegatoria se entenderá estimada.

2. En el supuesto de que la licencia se solicite para realizar una misión en países en vías de desarrollo, al amparo de una de las organizaciones a las que se refiere la Ley 6/1996, de 15 de enero, del Voluntariado, su duración acumulada no podrá exceder de un año cada cinco años, siendo el período máximo de disfrute continuo de tres meses.

3. El tiempo de disfrute de las licencias contempladas en el presente artículo computará a efectos de antigüedad. A efectos de cotización en la Seguridad Social se estará a lo dispuesto en el Real Decreto 2064/1995, de 22 de diciembre, y normativa concordante.

Artículo 47. Permisos

El trabajador, previo aviso y justificación adecuada, tendrá derecho a disfrutar de permisos retribuidos por los tiempos y causas siguientes:

a) Quince días naturales en caso de matrimonio.

b) Diez días de permiso por nacimiento, acogimiento o adopción de un hijo, a disfrutar por el padre a partir de la fecha del nacimiento, de la decisión administrativa o judicial de acogimiento o de la resolución judicial por la que se constituya la adopción.

c) Tres días hábiles en casos de muerte, accidente o enfermedad graves u hospitalización del cónyuge o pareja de hecho acreditada o de un familiar, dentro del primer grado de consanguinidad o afinidad por matrimonio o por pareja de hecho acreditada. Cuando dichos casos se produzcan en distinta localidad de la del domicilio del trabajador, el plazo de licencia será de cinco días hábiles. En el caso de fallecimiento de cónyuge, pareja de hecho o hijos, el trabajador podrá solicitar adicionalmente un permiso no retribuido de una duración no superior a un mes, con independencia de otros supuestos de licencias sin sueldo.

d) En los casos de muerte, accidente o enfermedad graves u hospitalización de familiares dentro del segundo grado de consanguinidad o afinidad por matrimonio o pareja de hecho acreditada el permiso será de dos días hábiles. Cuando dichos casos se produzcan en distinta localidad a la del domicilio del trabajador, el plazo de licencia será de cuatro días hábiles.

   De conformidad con los artículos 915 y siguientes del Código Civil, el parentesco de consanguinidad hasta el segundo grado comprende en línea recta descendente a hijos y nietos, en línea recta ascendente a padres y abuelos y en colateral a hermanos.

   El parentesco de afinidad comprende al cónyuge propio, a los cónyuges de los hijos y nietos y a los padres de aquellos y a los abuelos y hermanos políticos.

   De las situaciones de pareja de hecho acreditada derivarán las mismas relaciones de afinidad.

   Cuando el causante del permiso sea la pareja de hecho, tal condición se acreditará mediante la presentación del certificado expedido por el

Registro de Uniones de Hecho que exista en el ámbito municipal o autonómico o, en ausencia de éste, mediante aportación de declaración jurada y certificado de convivencia expedido por el Ayuntamiento correspondiente.

e) Un día por traslado del domicilio habitual dentro de una misma localidad y dos días en distinta localidad.

f) Por el tiempo indispensable para el cumplimiento de un deber inexcusable de carácter público o personal y los relacionados con la conciliación de la vida familiar y laboral, que no dé lugar a retribución o indemnización alguna, cuya exigencia deberá acreditarse documentalmente y sin que pueda superarse, cuando se trate de un deber de carácter personal, la quinta parte de las horas laborales en cómputo trimestral. En el supuesto de que el trabajador perciba retribución o indemnización por el cumplimiento del deber o desempeño del cargo, se descontará el importe de la misma del salario a que tuviera derecho.

g) Los empleados públicos tendrán derecho a ausentarse del trabajo para someterse a técnicas de fecundación asistida por el tiempo necesario para su realización y previa justificación de la necesidad dentro de la jornada de trabajo.

h) En el caso de la mujer trabajadora, por el tiempo indispensable para la realización de exámenes prenatales y técnicas de preparación al parto que deban realizarse dentro de la jornada de trabajo.

i) Los trabajadores podrán asistir a consulta médica durante el horario de trabajo acreditando debidamente este extremo con el justificante del servicio sanitario correspondiente.

j) Las trabajadoras, por lactancia de un hijo menor de doce meses, tendrán derecho a una hora de ausencia del trabajo, que podrán dividir en dos fracciones correspondiendo a aquéllas la concreción horaria y la determinación del periodo de disfrute del permiso. La mujer, por su voluntad, podrá sustituir este derecho por una reducción de su jornada en una hora, correspondiendo a la trabajadora la concreción horaria y la determinación del periodo de disfrute de la reducción de jornada. Este derecho podrá ser ejercido indistintamente por el padre, siempre que demuestre que no es utilizado por la madre a un mismo tiempo. En el supuesto de adopción o acogida, si el menor tiene menos de doce meses, los trabajadores disfrutarán de los mismos derechos recogidos en el párrafo anterior, a partir de la acogida en el seno familiar.

   El trabajador deberá preavisar al Centro Gestor correspondiente con quince días de antelación de la fecha en que se reincorporará a su jornada ordinaria.

Las trabajadoras, a su elección, podrán sustituir el permiso por lactancia anterior, por un permiso que acumule en jornadas completas el tiempo correspondiente. Dicho permiso se incrementará proporcionalmente en los casos de parto múltiple.

Igualmente podrá acumularse dicho período a tiempo parcial con la correspondiente prolongación del mismo.

k) Hasta dos meses de permiso percibiendo exclusivamente las retribuciones básicas, en los supuestos de adopción internacional cuando sea necesario el desplazamiento previo de los padres al país de origen del adoptado.

l) En los casos de nacimiento de hijos prematuros o en los que, por cualquier motivo, estos tengan que permanecer hospitalizados después del parto, el empleado público tiene derecho a ausentarse del lugar de trabajo hasta un máximo de dos horas diarias, percibiendo las retribuciones íntegras.

m) Los empleados públicos que tengan hijos con discapacitación psíquica, física o sensorial, tendrán dos horas de flexibilidad horaria diaria a fin de conciliar los horarios de los centros de educación especial y otros centros donde el hijo o hija discapacitado reciba atención, con los horarios de los propios puestos de trabajo. Igualmente tendrán derecho a ausentarse del trabajo por el tiempo indispensable para asistir a reuniones de coordinación de su centro de educación especial, donde reciba tratamiento o para acompañarlo si ha de recibir apoyo adicional en el ámbito sanitario.

n) Hasta seis días cada año natural, por asuntos particulares no incluidos en los puntos anteriores. Tales días no podrán acumularse en ningún caso a las vacaciones anuales retribuidas. El personal podrá distribuir dichos días a su conveniencia, previa autorización de la correspondiente unidad de personal y respetando siempre las necesidades del servicio debidamente motivadas. Cuando por estas razones no sea posible disfrutar del mencionado permiso antes de finalizar el mes de diciembre, se disfrutará en los primeros quince días del mes de enero siguiente.

o) Los días 24 y 31 de diciembre. Al igual que los permisos del apartado anterior, cuando la naturaleza del servicio público impidiese la cesación de su prestación durante estos días, o en el supuesto de que tales fechas coincidan con días festivos, sábados o no laborables, el calendario laboral correspondiente establecerá fórmulas que permitan la compensación adecuada al régimen horario aplicable.

p) Los trabajadores en servicio activo que accedan a una nueva categoría profesional mediante la promoción profesional regulada en el artículo 30 tendrán derecho, a partir de la toma de posesión, a un permiso retribuido de tres días hábiles si el destino no implica cambio de residencia del trabajador y de un mes si lo comporta.

Capítulo IX.
Formación

Artículo 48. Principios generales

El personal afectado por el presente Convenio tendrá derecho a ver facilitada la realización de estudios para obtener títulos académicos o profesionales reconocidos oficialmente, la realización de cursos de perfeccionamiento profesional y el acceso a cursos de capacitación o reconversión profesional de acuerdo con lo previsto en Ley Orgánica 5/2002, de 19 de junio, de las Cualificaciones y de la Formación Profesional, organizados por la propia Administración. A tal fin, en los planes de formación se dará preferencia a los trabajadores afectados por procesos de reorganización administrativa, todo ello con participación de los representantes de los trabajadores.

De conformidad con lo establecido en el IV Acuerdo de Formación Continua en las Administraciones Públicas de 21 de septiembre de 2005, se fomentaran las medidas, en materia de formación, que tiendan a favorecer la conciliación de la vida familiar y laboral, así como la participación de los empleados públicos con cualquier tipo de discapacidad.

En cuanto sea posible se manejarán criterios de descentralización en la impartición de la formación.

Artículo 49. Planes de formación

La Administración, en el marco del IV Acuerdo de Formación Continua para las Administraciones Públicas, artículos 14 y 20, podrá llevar a cabo planes de formación que se negociarán con las organizaciones sindicales, con el fin de que los trabajadores puedan desarrollar y adquirir nuevas capacidades profesionales para poder abordar los nuevos retos de la sociedad del conocimiento. Asimismo, cada Departamento, dentro de sus disponibilidades presupuestarias, podrá articular planes de formación con fondos propios.

Artículo 50. Tiempos para la formación

El tiempo de asistencia a los cursos de formación programados por distintos órganos de la Administración General del Estado u organizaciones sindicales para la capacitación profesional o para la adaptación a un nuevo puesto de trabajo, comprendidos los inscritos en los planes de formación continua en las Administraciones Públicas, se considerará tiempo de trabajo a todos los efectos, cuando los cursos se celebren dentro del horario laboral de los trabajadores y así lo permitan las necesidades del servicio debidamente motivadas.

No obstante lo anterior, los trabajadores podrán recibir y participar en cursos de formación durante los permisos de maternidad, paternidad, así como durante las excedencias por motivos familiares.

La Administración determinará la asistencia obligatoria a aquellas actividades formativas necesarias para el buen desempeño de las tareas propias del puesto de trabajo, particularmente en los procesos de reorganización de efectivos.

Igualmente la Administración establecerá la posibilidad de armonizar los períodos de formación de los trabajadores con jornadas especiales que garanticen el descanso obligatorio.

Se procurará que las medidas acordadas puedan hacerse efectivas en centros donde resulte difícil la sustitución de empleados públicos que precisen conciliar su vida familiar y laboral.

Artículo 51. Permisos para la formación

Para facilitar la formación profesional y el desarrollo personal de los trabajadores, se concederán permisos para los siguientes supuestos:

a) Permisos retribuidos para concurrir a exámenes finales, pruebas selectivas en la Administración y demás pruebas definitivas de aptitud y evaluación para la obtención de un título académico o profesional reconocidos, durante el tiempo necesario para su celebración y desplazamiento en su caso.

b) Permisos, percibiendo sólo el salario base, en su caso el complemento personal de unificación, el de antigüedad y el complemento personal de antigüedad, con un límite máximo de cuarenta horas al año, para la asistencia a cursos de perfeccionamiento profesional que se celebren fuera del ámbito de la Administración General del Estado y cuando su contenido esté directamente relacionado con el puesto de trabajo o la correspondiente carrera profesional-administrativa, previo informe favorable del superior jerárquico correspondiente.

c) Permiso no retribuido, de una duración máxima de tres meses, para la asistencia a cursos de perfeccionamiento profesional no directamente relacionados con la función pública, siempre que la gestión del servicio y la organización del trabajo lo permitan.

Los periodos de disfrute de estos permisos no podrán acumularse a otros tipos de permisos y licencias.

Capítulo X.
Incompatibilidades

Artículo 52. Incompatibilidades

Serán de aplicación al personal afectado por este Convenio las normas contenidas en la legislación sobre incompatibilidades del personal al servicio de las Administraciones Públicas.

Capítulo XI.
Suspensión y extinción del contrato de trabajo

Artículo 53. Suspensión con reserva del puesto de trabajo

Sin perjuicio de lo establecido en los artículos 45 y 48 del texto refundido de la Ley del Estatuto de los Trabajadores, los trabajadores tendrán derecho a la suspensión de su contrato, con reserva de su puesto de trabajo y cómputo del período a efectos de antigüedad, en los siguientes casos:

a) Maternidad, riesgo durante el embarazo de la mujer trabajadora, y adopción o acogimiento, preadoptivo o permanente de menores de seis años.

   En el supuesto de maternidad, la suspensión con reserva tendrá una duración máxima de dieciséis semanas ininterrumpidas ampliables por parto múltiple en dos semanas más por cada hijo a partir del segundo. El período de suspensión se distribuirá a opción de la interesada siempre que seis semanas sean inmediatamente posteriores al parto, pudiendo hacer uso, de la totalidad o, en su caso, de la parte que reste por disfrutar de aquéllas, el padre para el cuidado del hijo en caso de fallecimiento de la madre.

   No obstante lo anterior, y sin perjuicio de las seis semanas posteriores al parto de descanso obligatorio para la madre, en el caso de que el padre y la madre trabajen, ésta, al iniciarse el período de descanso por maternidad, podrá optar por que el padre disfrute de una parte determinada e ininterrumpida del periodo de descanso posterior al parto de forma simultánea o sucesiva con el de la madre, salvo que en el momento de su efectividad la incorporación al trabajo de la madre suponga riesgo para su salud.

   En los casos de nacimiento de hijos prematuros o en los que, por cualquier motivo, éstos tengan que permanecer hospitalizados después del parto, el permiso de maternidad puede computarse, a instancia de la madre o, en caso de que ella falte, del padre, a partir de la fecha del alta hospitalaria. Se excluyen de este cómputo las primeras seis semanas posteriores al parto, de descanso obligatorio para la madre.

En el supuesto de riesgo durante el embarazo, en los términos previstos en la Ley 31/1995, de 8 de noviembre, de Prevención de Riesgos Laborales, la suspensión del contrato finalizará el día en que se inicie la suspensión del contrato por maternidad biológica o desaparezca la imposibilidad de la trabajadora de reincorporarse a su puesto anterior o a otro compatible con su estado.

En los supuestos de adopción y acogimiento, tanto preadoptivo como permanente, si el hijo adoptado o acogido es menor de hasta seis años, la suspensión tendrá una duración de dieciséis semanas ininterrumpidas, ampliable en el supuesto de adopción o acogimiento múltiple en dos semanas más por hijo a partir del segundo, contadas, a elección del trabajador, bien a partir de la decisión administrativa o judicial de acogimiento, bien a partir de la resolución judicial por la que se constituya la adopción. En los supuestos de adopción internacional, cuando sea necesario el desplazamiento de los padres al país de origen del adoptado, el periodo de suspensión previsto para cada caso, podrá iniciarse hasta cuatro semanas antes de la resolución para la que se constituye la adopción.

La duración de la suspensión será, asimismo, de dieciséis semanas en los supuestos de adopción o acogimiento de menores mayores de seis años de edad cuando se trate de menores discapacitados o minusválidos o que por sus circunstancias y experiencias personales o que por provenir del extranjero, tengan especiales dificultades de inserción social y familiar debidamente acreditadas por los servicios sociales competentes. En caso de que la madre y el padre trabajen, el período de suspensión se distribuirá a opción de los interesados, que podrán disfrutarlo de forma simultánea o sucesiva, siempre en períodos ininterrumpidos y con los límites señalados para los demás supuestos de este apartado.

Los períodos a que se refiere este apartado podrán disfrutarse en régimen de jornada completa o a tiempo parcial, previo acuerdo entre la Administración y los trabajadores afectados, en los términos regulados en el Real Decreto 295/2009, de 6 de marzo. En los casos de disfrute simultáneo de periodos de descanso, la suma de los mismos no podrá exceder de las dieciséis semanas previstas en los apartados anteriores o de las que correspondan en caso de parto múltiple.

Reconocimiento de los permisos retribuidos en caso de acogimiento y adopción de menores mayores de 6 años.

b) Privación de libertad del trabajador, mientras no exista sentencia condenatoria firme, incluidas tanto la detención preventiva como la prisión provisional.

c) Los reservistas voluntarios, mientras se encuentren activados, tendrán derecho a la reserva del puesto de trabajo que desempeñaban antes de la incorporación o uno de similares condiciones y de igual remuneración en la misma localidad de acuerdo con lo establecido en el Real Decreto 1691/2003 de 12 de diciembre.

d) Prestación de servicios de carácter temporal en organismos internacionales o en programas de cooperación internacional. El trabajador deberá reincorporarse al trabajo en el plazo máximo de un mes, a partir de la terminación del servicio, dando lugar en caso de no efectuar la solicitud de reingreso al pase a la situación de excedencia voluntaria por interés particular por un período mínimo de dos años.

e) Nombramiento de alto cargo por los Gobiernos de la nación, de las Comunidades Autónomas o de la Administración Local o incorporación, con nombramiento como personal eventual, en sus respectivos ámbitos, en los gabinetes de los Ministros o de los Secretarios de Estado. Dentro de los treinta días siguientes al cese, el personal afectado conservará el derecho a la reanudación de la situación que tuviera antes del nombramiento, así como a reintegrarse al puesto de trabajo, dando lugar en caso de no hacerlo al pase a la situación de excedencia voluntaria por interés particular por un período mínimo de dos años.

f) Suspensión provisional de empleo durante la tramitación de expediente disciplinario y suspensión disciplinaria por sanción.

g) El nombramiento del trabajador como funcionario en prácticas, así como el período de prueba o de práctica establecido legal o convencionalmente que se exija para consolidar una plaza de personal laboral en cualquier Administración Pública.

h) Invalidez permanente del trabajador que vaya a ser previsiblemente objeto de revisión por mejoría que permita su reincorporación al puesto de trabajo, de conformidad con lo dispuesto en el artículo 48.2 del Estatuto de los Trabajadores.

Artículo 54. Excedencia voluntaria

a) Por interés particular:

La excedencia voluntaria por interés particular podrá ser solicitada por los trabajadores fijos con un año, al menos, de antigüedad continuada inmediatamente anterior a la fecha de la solicitud, al servicio de la Administración del Estado en el ámbito de este convenio,

La solicitud deberá cursarse como mínimo con un mes de antelación a la fecha del inicio del disfrute de la excedencia. El acuerdo adoptado por parte de la Administración deberá emitirse en el plazo de treinta días y se comunicará al interesado y a la representación de los trabajadores.

La duración de esta situación será de carácter indefinido y no podrá solicitarse en ningún caso para periodos inferiores a un año. El derecho a esta situación sólo podrá ser ejercido otra vez por el mismo trabajador si han transcurrido tres años desde el final de la anterior excedencia voluntaria.

No podrá declararse a solicitud del trabajador cuando al mismo se le instruya expediente disciplinario, durante la tramitación del mismo y hasta que no haya cumplido la sanción que en su caso le hubiese sido impuesta.

b) Para el cuidado de hijos, cónyuge, ascendientes y descendientes y familiares:

1. Los trabajadores tendrán derecho a un período de excedencia para atender al cuidado de cada hijo, tanto cuando lo sea por naturaleza como por adopción, a contar desde la fecha de nacimiento de éste o de la resolución judicial o administrativa por la que se constituya la adopción. Cuando dos o más trabajadores incluidos en el ámbito de aplicación del Convenio Único generasen este derecho por el mismo sujeto causante, se podrá limitar su ejercicio simultáneo por razones justificadas. La excedencia podrá solicitarse en cualquier momento posterior a la fecha del nacimiento o resolución judicial de adopción, teniendo en todo caso una duración máxima de tres años a contar desde la fecha del nacimiento. Si el hijo es disminuido físico o psíquico, y siempre que sea debidamente acreditado, la duración de la excedencia podrá ser de hasta cinco años.

   La concesión de esta excedencia se hará previa declaración del peticionario de que no desempeña actividad que pueda impedir o menoscabar el cuidado personal del hijo menor.

   Cada sucesivo hijo dará derecho a un nuevo período de excedencia que, en su caso, pondrá fin al que se viniera disfrutando.

   Los trabajadores en esta situación tendrán derecho a la reserva del puesto de trabajo durante los dos primeros años. Transcurrido los dos años, la reserva lo será a un puesto del mismo grupo profesional en la misma localidad. El período en que el trabajador permanezca en situación de excedencia será computable a efectos de antigüedad y para la solicitud de excedencia voluntaria por interés particular, y el trabajador tendrá derecho a la asistencia a cursos de formación, especialmente con ocasión de su reincorporación.

   Si antes de la finalización del período de excedencia por cuidado de hijos no solicita el reingreso al servicio activo, con quince días de antelación, el trabajador será declarado de oficio en la situación de excedencia voluntaria por interés particular por un período mínimo de dos años.

2. A efectos de lo dispuesto en este artículo, el acogimiento de menores, tanto permanente como preadoptivo, producirá los mismos efectos que la adopción.
3. Los trabajadores tendrán derecho a pasar a la situación de excedencia, por un periodo máximo de tres años, para atender al cuidado personal de su cónyuge, persona con la que convivan maritalmente, y ascendientes o descendientes familiares hasta el segundo grado de consanguinidad o afinidad que lo precisen por causa de edad, accidente, enfermedad o discapacidad debidamente acreditadas, no desempeñen actividad retribuida y no puedan valerse por si mismo. Los trabajadores en esta situación tendrán derecho a que se les compute el tiempo de permanencia en esta situación de excedencia a efectos de antigüedad, a la reserva del puesto de trabajo durante los dos primeros años y a la asistencia a los cursos de formación. Transcurridos los dos años, la reserva será a un puesto del mismo grupo profesional y área funcional, en la misma localidad y a reingresar al servicio activo en la misma localidad en la que prestaban servicios al pasar a ella.

c) Por aplicación de la normativa de incompatibilidades: quedará en esta situación el contratado laboral fijo que, aún cuando no hubiera cumplido un año de antigüedad en el servicio, como consecuencia de la aplicación de la normativa de incompatibilidades, opte por desempeñar un puesto de trabajo en el sector público excluido del ámbito del Convenio Único, o cuando dentro del ámbito del Convenio Único acceda a grupo profesional distinto, siempre que haya accedido al mismo mediante el procedimiento de convocatoria libre previsto en el artículo 30.1.

   El acceso a un grupo profesional superior o a uno inferior, mediante los mecanismos de provisión de puestos establecidos en los artículos 29 y 30.2 producirá una novación modificativa de la categoría del trabajador no permitiendo conservar derechos respecto de la categoría de origen que se ostentase.

   El desempeño de puestos de trabajo de carácter temporal, en el sector público, como funcionario interino o como personal laboral temporal, no habilitará para pasar a esta situación.

   Una vez producido el cese en el puesto de trabajo que dio lugar a la situación de excedencia por incompatibilidad, deberá solicitar el reingreso al servicio activo en el plazo de un mes, declarándosele, de no hacerlo, en la situación de excedencia voluntaria por interés particular por un período mínimo de dos años, salvo que en el plazo indicado para la solicitud de reingreso, hayan pasado a desempeñar otro puesto de trabajo que diera lugar a una nueva situación de excedencia por incompatibilidad, en cuyo caso continuaría en esa situación sin solución de continuidad, durante el tiempo que desempeñara dicho puesto.

d) Por agrupación familiar: podrá concederse la excedencia voluntaria por agrupación familiar, con una duración mínima de dos años y máxima de quince, a los contratados laborales fijos cuyo cónyuge o conviviente acreditado resida en otra provincia o isla por haber obtenido y estar desempeñando un puesto de trabajo, como funcionario de carrera o como contratado laboral, en cualquier Administración Pública, organismo público o entidad gestora de la Seguridad Social, así como en Órganos Constitucionales o del Poder Judicial. El contratado laboral fijo deberá efectuar la solicitud de esta excedencia con una antelación mínima de un mes a la fecha a partir de la cual pretenda iniciarse la misma.

   Antes de finalizar el período de quince años de duración de esta situación deberá solicitarse el reingreso al servicio activo, declarándose, de no hacerlo, de oficio la situación de excedencia voluntaria por interés particular.

e) Por razón de violencia sobre la trabajadora: las trabajadoras víctimas de violencia de género, para hacer efectiva su protección o su derecho a la asistencia social integral, tendrán derecho a solicitar la situación de excedencia sin necesidad de haber prestado un tiempo mínimo de servicios previos y sin que resulte de aplicación ningún plazo de permanencia en la misma. Durante los seis primeros meses tendrán derecho a la reserva del puesto de trabajo que desempeñaran, siendo computable dicho período a efectos de ascensos y antigüedad.

Esto no obstante, cuando de las actuaciones de tutela judicial resultase que la efectividad del derecho de protección de la víctima lo exigiere, se podrá prorrogar por períodos de tres meses, con un máximo de dieciocho, el período en el que, de acuerdo con el párrafo anterior, se tendrá derecho a la reserva del puesto de trabajo, con idénticos efectos a los señalados en dicho párrafo.

Igualmente, durante los dos primeros meses de esta excedencia la trabajadora tendrá derecho a percibir las retribuciones íntegras.

La acreditación de la situación de violencia de género ejercida sobre la trabajadora se realizará con arreglo a lo establecido en el artículo 23 de la Ley Orgánica 1/2004 de 28 de diciembre, de medidas de protección integral contra la violencia de género.

Artículo 55. Efectos de la excedencia voluntaria sobre la antigüedad y la promoción

A los trabajadores en situación de excedencia voluntaria, salvo en los casos de los apartados b) y e) del artículo 54, no les será computable el tiempo de su vigencia a efectos de antigüedad ni promoción. En ningún caso devengarán derechos económicos.

Artículo 56. Excedencia forzosa

1. La excedencia forzosa, que dará derecho a la reserva del puesto y al cómputo a efectos de antigüedad de todo el tiempo transcurrido en la misma, se concederá al contratado laboral fijo, por la designación o elección para un cargo público o función sindical electiva, de ámbito provincial o superior, de acuerdo con los Estatutos del Sindicato, que imposibilite la asistencia al trabajo.

El reingreso deberá ser solicitado dentro del mes siguiente al cese en el cargo público o función sindical, produciéndose la reincorporación inmediatamente. En caso de no efectuarse la solicitud de reingreso en el indicado plazo, el trabajador pasará a la situación de excedencia voluntaria por interés particular por un período mínimo de dos años.

A los efectos de este artículo se entiende por cargo público el cargo político temporal o amovible al que se accede por elección, por designación o por nombramiento de la autoridad competente y que conlleva el ejercicio o participación cualificada en las labores de gobierno o decisión política. En ningún caso podrá entenderse incluido en este apartado el desempeño de cargos de carácter permanente.

2. Se encontrará en esta situación el personal que solicite el reingreso al servicio activo una vez cumplida la pena de suspensión de empleo, y no le sea concedido en el plazo de seis meses, salvo que se deba a causas imputables al interesado.

Los excedentes forzosos tendrán en este supuesto derecho al percibo del salario base, pagas extraordinarias, antigüedad y, en su caso, el complemento personal de unificación y el complemento personal de antigüedad.

3. También se producirá la excedencia forzosa cuando encontrándose el trabajador en situación de servicio activo, excedencia con derecho a reserva de puesto de trabajo o suspensión de contrato con reserva de puesto de trabajo, exista privación de libertad por sentencia condenatoria firme, sin perjuicio de que por expediente disciplinario se adopten las medidas correspondientes o que la sentencia condene a pena de inhabilitación.

Los trabajadores en esta situación que, una vez en libertad, soliciten el reingreso, y no se les conceda en el plazo de seis meses, salvo causas imputables a ellos mismos tendrán derecho transcurrido el plazo mencionado al percibo del salario base, pagas extraordinarias, antigüedad y, en su caso, el complemento personal de unificación y el complemento personal de antigüedad. El percibo de estas retribuciones será incompatible con el del subsidio.

El plazo para la solicitud de reingreso será de un mes a partir de la fecha de extinción de la responsabilidad penal, en caso de no efectuarse la solicitud de reingreso en el indicado plazo, el trabajador pasará a la situación de excedencia voluntaria por interés particular con fecha de efectos desde la extinción de la responsabilidad penal.

4. En el supuesto de que con arreglo a la legislación correspondiente el trabajador privado de libertad pudiese acceder al tercer grado penitenciario, a petición del mismo se procederá a su reingreso provisional y condicionado, con arreglo a lo dispuesto para la excedencia voluntaria, a fin de facilitar el acceso a dicha situación penitenciaria. Si en el plazo de seis meses desde la concesión del reingreso no se hiciese efectivo el pase al tercer grado penitenciario, volverá automáticamente a la situación de excedencia forzosa.

5. Los excedentes forzosos no podrán desempeñar actividades en el sector público, bajo ningún tipo de relación funcionarial o contractual, sea de naturaleza laboral o administrativa, salvo las susceptibles de autorización, de acuerdo con lo dispuesto en el régimen de incompatibilidades.

La obtención de un puesto de trabajo o la realización de una actividad en dicho sector determinará el pase a la situación de excedencia voluntaria por aplicación de la normativa de incompatibilidades.

Artículo 57. Reingresos

El trabajador que solicite su reingreso tras una excedencia tendrá derecho a ocupar de forma provisional una vacante de necesaria cobertura del mismo grupo profesional, área funcional y, en su caso, titulación y especialidad iguales a las suyas, siempre que no se encuentre comprendida entre las plazas ofrecidas en concurso de traslado o de promoción. La plaza vacante ocupada con carácter provisional se convocará para su cobertura definitiva mediante traslado en el plazo máximo de un año y el trabajador tendrá obligación de participar en la convocatoria, solicitando el puesto que ocupa provisionalmente.

Si no existiera vacante en su grupo y sí la hubiera en grupo profesional inferior, dentro de su área funcional, podrá optar por el reingreso en ésta o bien esperar a que se produzca aquélla.

En el supuesto de que no existiera vacante adecuada en su grupo profesional y el trabajador optara por reingresar en un puesto de inferior grupo profesional, percibirá las retribuciones correspondientes a éste, manteniendo la opción al reingreso en un puesto de su grupo profesional, en las mismas condiciones señaladas en el párrafo 1 de este artículo.

La solicitud de reingreso caducará transcurridos seis meses desde que se cursó sin que el mismo se haya llevado a efecto, salvo que se renueve de forma expresa y por escrito en iguales o diferentes términos.

Una vez reingresado, el trabajador deberá incorporarse al puesto adjudicado, en el plazo de un mes a contar desde el día siguiente a la notificación del reingreso. De no hacerlo, será declarado de oficio en la situación de excedencia voluntaria por interés particular por un período mínimo de dos años, salvo fuerza mayor probada documentalmente.

Artículo 58. Extinción del contrato de trabajo

1. El contrato de trabajo se extinguirá en los supuestos establecidos en el artículo 49 del Estatuto de los Trabajadores.

2. En el supuesto de despido disciplinario de personal declarado improcedente por razones de fondo, si la Administración optase por la indemnización deberá informar de la decisión adoptada a la Subcomisión Delegada en el plazo de cinco días desde la notificación de la sentencia. Semestralmente se deberá dar cuenta a la CIVEA de los supuestos de estos despidos.

Artículo 59. Jubilación

De acuerdo con los criterios que sobre estabilidad y mejora del empleo público se establezcan anualmente en el Real Decreto de Oferta de Empleo Público, la jubilación será obligatoria con carácter general al cumplir el trabajador los sesenta y cinco años de edad.

La edad de jubilación establecida con carácter general en el párrafo anterior no impedirá que todo trabajador pueda completar los períodos de carencia para la jubilación, en cuyos supuestos ésta se producirá al completar el trabajador dichos períodos de carencia en la cotización de la Seguridad Social.

Cumplidos los sesenta años el trabajador podrá solicitar la jubilación anticipada siempre que cumpla los requisitos establecidos en la legislación vigente.

De acuerdo con las limitaciones de las Leyes de Presupuestos y normativa concordante, la Administración sólo podrá llevar a cabo la contratación necesaria para sustituir al trabajador que solicite la jubilación especial a los sesenta y cuatro años, en los casos en que se justifique la urgencia y necesidad de la sustitución del trabajador.

Los trabajadores podrán jubilarse voluntariamente al cumplir los sesenta y cuatro años de edad en la forma y con las condiciones establecidas en el Real Decreto 1194/1985, de 17 de julio, debiendo solicitarlo con una antelación mínima de seis meses respecto de la fecha en que alcancen los 64 años.

Los contratos que se autoricen para sustituir a estos trabajadores, que incluirán una cláusula explicativa de la finalidad y duración del mismo, serán de la modalidad de interinidad, para desempeñar el mismo puesto de trabajo que queda vacante y con una duración máxima e improrrogable de un año hasta la fecha en que el trabajador que se jubila cumpla los 65 años, momento en que la Administración notificará al interesado la resolución del contrato.

Capítulo XII. Salud laboral y acción social

Artículo 60. Principios generales

Teniendo en cuenta que el tratamiento dado a esta materia debe ser homogéneo y conjunto para todos los empleados públicos, independientemente de cual sea su régimen jurídico, se aplicará en el ámbito del presente Convenio la regulación y los acuerdos vigentes en cada momento sobre la misma, en el ámbito de la Administración, con especial atención a la protección del medio ambiente.

Artículo 61. Salud laboral. Principios generales

1. De conformidad con lo dispuesto en la Ley 31/1995, de 8 de noviembre, de Prevención de Riesgos Laborales, y normativa de desarrollo de la misma, los empleados públicos tienen derecho a una protección eficaz en materia de salud y seguridad en el trabajo, así como un deber correlativo de observar y poner en práctica las medidas que se adopten legal y reglamentariamente con el objeto de garantizar la prevención frente a los riesgos laborales. Los derechos de información, consulta y participación en materia preventiva, paralización de la actividad en casos de riesgo grave e inminente y vigilancia de su estado de salud forman parte del derecho de los trabajadores a una protección eficaz en materia de seguridad y salud en el trabajo.

2. El citado derecho supone la existencia de un correlativo deber de las Administraciones Públicas de garantizar la seguridad y la salud de los empleados públicos a su servicio en todos los aspectos relacionados con el trabajo. A cuyos efectos, en el marco de sus responsabilidades, las AAPP realizarán la prevención de los riesgos laborales mediante la integración de la actividad preventiva en los distintos departamentos y organismos, y la adopción de cuantas medidas sean necesarias para la protección de la seguridad y salud de los empleados públicos, con las especialidades que se establecen en la citada Ley 31/1995 y sus normas de desarrollo, así como en la normativa específica de aplicación de dicha Ley a la Administración General del Estado, en materia de planes de prevención de riesgos laborales, evaluación de riesgos, información, consulta y participación y formación de los empleados públicos, actuación en casos de emergencia y de riesgo grave e inminente, vigilancia de la salud, y mediante la constitución de una organización y de los medios que resulten necesarios en los términos establecidos en el capítulo IV de dicha Ley.

Asimismo, la Administración General del Estado desarrollará una acción permanente de seguimiento de la actividad preventiva con el fin de perfeccionar ésta de manera continua, de mejorar los niveles de protección existentes y de adaptar las medidas de prevención a las modificaciones que puedan experimentar las circunstancias que incidan en la realización del trabajo.

Artículo 62. Medios y equipos de protección personal

Los departamentos y organismos facilitarán a los trabajadores los medios y equipos de protección personal adecuados a los trabajos que realicen. Las Subcomisiones Delegadas participarán en la determinación de los criterios generales sobre la dotación de dichos medios y equipos.

Artículo 63. Movilidad funcional por incapacidad laboral

En el caso de declaración de una incapacidad laboral permanente total, la Administración procederá, a petición del trabajador y previas las actuaciones y con las garantías establecidas en el artículo 25 de la Ley de Prevención de Riesgos Laborales, al cambio de puesto de trabajo por otro más adecuado a la situación del trabajador siempre que exista una vacante de igual o inferior grupo profesional al del trabajador, dando lugar con ello a una novación del contrato. Dicho cambio se comunicará a los representantes de los trabajadores.

Los complementos de puesto y aquellos otros que retribuyan una mayor cantidad o calidad en el trabajo, se percibirán de conformidad con las retribuciones que correspondan al nuevo puesto de trabajo.

Los servicios de Prevención de Riesgos Laborales, a la vista del informe médico presentado por el trabajador, deberán determinar que el puesto de trabajo ofertado no pueda influir negativamente en la salud del trabajador. En el caso de que, siendo favorable el informe de los Servicios de Prevención de Riesgos Laborales, el trabajador rechace el puesto de que se trate, éste habrá decaído en su derecho a que se le aplique esta movilidad funcional.

Si el trabajador no hubiese ejercitado este derecho, mediante la correspondiente solicitud, en el plazo de dos meses a partir de la notificación de la resolución del Instituto Nacional de la Seguridad Social por la que se le declara en la situación de incapacidad laboral permanente total, se extinguirá la relación laboral, sin perjuicio de lo dispuesto en el artículo 48.2 del Estatuto de los Trabajadores.

Artículo 64. Otras formas de movilidad

1. Por disminución de capacidad: la movilidad por disminución de la capacidad del trabajador para el desempeño de su puesto de trabajo podrá llevarse a cabo a petición del trabajador o por decisión de la Administración, previo informe del servicio médico designado por la Administración, a puestos de trabajo de igual o inferior grupo profesional que se encuentren vacantes.

Cuando las circunstancias así lo requieran, será precisa la previa formación profesional para adaptar al trabajador a su nuevo puesto de trabajo, que será facilitada por la Administración. Estas peticiones serán tramitadas y resueltas por la Administración previo acuerdo de la Subcomisión Delegada correspondiente e informe del servicio de prevención de riesgos laborales o unidad que asuma las funciones de prevención, sobre el tipo de tareas que el trabajador no pueda desempeñar, como consecuencia de la disminución de su capacidad.

2. Por razones objetivas: la Administración podrá conceder traslados por razones de salud y posibilidades de rehabilitación del trabajador, cónyuge, pareja de hecho acreditada o hijos a cargo del trabajador, previo informe del servicio médico designado por la Administración. El nuevo puesto de trabajo deberá ser de igual o inferior grupo profesional que el del trabajador, debiendo además cumplir los requisitos establecidos en la relación de puestos de trabajo. Dichos traslados estarán condicionados a la existencia de vacantes de necesaria cobertura. Estas peticiones serán tramitadas por la Administración previo acuerdo de la Subcomisión Delegada correspondiente. Cuando el motivo de la movilidad esté fundamentado en la salud del trabajador será necesario el informe del servicio de prevención de riesgos laborales o unidad que asuma las funciones de prevención, sobre el tipo de tareas que el trabajador no puede realizar como consecuencia de su estado de salud.

Estos traslados no darán lugar a indemnización alguna, tienen carácter voluntario y no son renunciables una vez adjudicado el puesto definitivamente. El plazo de incorporación será de tres días hábiles si no implica cambio de residencia del trabajador, o de un mes si comporta cambio de residencia, debiendo permanecer dos años como mínimo en el nuevo destino antes de concursar, tras la adjudicación definitiva del puesto.

En los supuestos de movilidad contemplados en este artículo, cuando la misma se realice a un puesto de trabajo de un grupo profesional inferior al que ostentase el trabajador afectado, dicha movilidad requerirá el previo consentimiento del mismo, produciéndose una novación modificativa del contrato que en ningún caso dará lugar a conservar derecho alguno respecto de la categoría profesional de origen.

Cuando en los supuestos de movilidad contemplados en este artículo, intervengan dos Subcomisiones Delegadas, además del acuerdo de la Subcomisión Delegada, de origen del trabajador, en cuanto al traslado, deberá ser informada la Subcomisión Delegada de destino respecto al puesto asignado al trabajador.

Artículo 65. Movilidad funcional para protección a la maternidad

Al objeto de garantizar la protección efectiva de la madre y el feto durante el embarazo, frente a las condiciones nocivas para su salud, se tendrá derecho a la adaptación de las condiciones o del tiempo o turno de trabajo, o, en su caso, al cambio temporal de puesto de trabajo o de funciones, previo informe o recomendación de los servicios médicos de la Administración.

Lo dispuesto en el apartado anterior será también de aplicación durante el período de lactancia, si las condiciones de trabajo pudieran influir negativamente en la salud de la mujer o del hijo, y en tal sentido existiese informe o recomendación de los servicios médicos de la Administración.

Todo lo anterior se llevará a cabo previas las actuaciones y con las garantías establecidas en el artículo 26 de la Ley de Prevención de Riesgos Laborales.

La Administración deberá comunicar estos cambios con carácter previo a los representantes de los trabajadores.

Artículo 66. Garantías de cumplimiento de la normativa de prevención de riesgos laborales en los supuestos del artículo 42 del Estatuto de los Trabajadores

1. Cuando en un mismo centro de trabajo desarrollen actividades trabajadores y/o empleados públicos, de dos o más empresas, departamentos u organismos públicos, en cualquiera de los supuestos en que, conforme a lo establecido en el articulo 23 de la Ley 31/1995, de Prevención de Riesgos Laborales, sea necesaria la coordinación de las distintas actividades empresariales, deberá actuarse según lo previsto en el Real Decreto 171/2004, de 30 de enero («BOE» n.º 27, de 31 de enero), para cada uno de los supuestos recogidos en el mismo.

Los fabricantes, importadores y suministradores deberán proporcionar al centro, y éste recabar de aquellos, la información necesaria para que la utilización y manipulación de la maquinaria, equipos, productos, materias primas y útiles de trabajo se produzcan sin riesgos para la seguridad y salud de los trabajadores.

Artículo 67. Acción social

1. En cada uno de los departamentos y organismos públicos se abordará la puesta en marcha de un Plan de Acción Social para todo el personal dependiente del mismo, cuyo contenido contemplará las áreas de actuación señaladas en el Plan General de Acción Social.

A tal fin, cada departamento y/u organismo contará con el porcentaje de masa salarial global que le corresponda en función de las retribuciones de sus efectivos.

2. Las centrales sindicales con representación en la Subcomisión Delegada participarán en la Comisión o Comisiones de Acción Social del departamento u organismo, y les corresponderá:

a) Efectuar propuestas de actuación.
b) Aportar criterios para el desarrollo de las distintas acciones.
c) Realizar el seguimiento y evaluación del plan.

Capítulo XIII
Estructura salarial

Artículo 68. Principios generales

Se considerará salario la totalidad de las percepciones económicas de los trabajadores, en dinero o en especie, por la prestación profesional de los servicios laborales por cuenta ajena, ya retribuyan el trabajo efectivo, cualquiera que sea la forma de remuneración, ya los periodos de descanso computables como de trabajo.

Artículo 69. Estructura salarial y clasificación

La estructura salarial regulada en el presente Capítulo se aplica al personal clasificado de acuerdo con lo establecido en el Capítulo IV del Convenio.

Artículo 70. Estructura retributiva

1. La estructura retributiva del presente Convenio es la siguiente:

A) Salario base.

B) Pagas extraordinarias.

C) Otras retribuciones de carácter personal:

   1. Antigüedad.
   2. Complemento personal de antigüedad.
   3. Complemento personal de unificación.
   4. Complementos personales absorbibles.

D) Complementos salariales:

   1. Complementos de puesto de trabajo.
   2. Complementos por cantidad o calidad de trabajo.
   3. Complementos de residencia.

E) Percepciones no salariales: indemnizaciones y suplidos.

F) Retribución en especie.

2. El salario base, las pagas extraordinarias, la antigüedad, el complemento personal de antigüedad, el complemento personal de unificación, el valor de las horas extraordinarias y el complemento de residencia, se actualizarán anualmente, y con efectos de 1 de enero, en el porcentaje de incremento general de retribuciones que se fije para todos los empleados públicos de la Administración General del Estado.

3. La distribución de la masa salarial correspondiente al incremento retributivo que se establezca en las Leyes de Presupuestos Generales del Estado para aplicar a los complementos de puesto de trabajo y a la productividad o incentivos a la producción será acordada por la Comisión de Interpretación, Vigilancia, Estudio y Aplicación del Convenio (CIVEA).

4. No se podrán reconocer al personal del presente convenio retribuciones salariales distintas de las expresamente previstas en el presente Convenio.

Artículo 71. Salario base

Es la parte de retribución del trabajador fijada por unidad de tiempo que se percibe en doce mensualidades, según el grupo profesional y cuya cuantía, para el año 2009, aparece determinada para cada uno de los cinco grupos indicados en el Anexo V.a.

Artículo 72. Pagas extraordinarias

1. Las pagas extraordinarias de los trabajadores acogidos a este Convenio se devengarán el primer día hábil de los meses de junio y diciembre en la cuantía de una mensualidad de salario base, antigüedad y, en su caso, complemento personal de antigüedad consolidada, con referencia a la situación y derechos del trabajador en dichas fechas, salvo en los siguientes casos:

a) Cuando el tiempo de servicios prestados hasta el día en que se devengue la paga extraordinaria no comprenda la totalidad de los seis meses inmediatos anteriores a los meses de junio o diciembre, el importe de la paga extraordinaria se reducirá proporcionalmente, computando cada día de servicios prestados en el importe resultante de dividir la cuantía de la paga extraordinaria que en la fecha de su devengo hubiera correspondido por un periodo de seis meses entre 182 (183 en años bisiestos) o 183 días, respectivamente.

b) Los trabajadores en servicio activo que se encuentren disfrutando de licencia sin derecho a retribución en las fechas indicadas devengarán la correspondiente paga extraordinaria pero su cuantía experimentará la reducción proporcional prevista en la letra a) anterior.

c) En el mes en que se produzca un cambio de puesto de trabajo que conlleve la adscripción a otra Unidad fuera del ámbito de aplicación de este Convenio, en cuyo caso la paga extraordinaria experimentará la reducción proporcional prevista en la letra a) anterior.

d) En el caso de cese del servicio activo, o de novación contractual derivada de un cambio de Grupo Profesional, la última paga extraordinaria se devengará el día de cese y con referencia a la situación y derechos del trabajador en dicha fecha, pero en cuantía proporcional al tiempo de servicios efectivamente prestados.

A los efectos previstos en el presente apartado, el tiempo de duración de licencias sin derecho a retribución no tendrá la consideración de servicios efectivamente prestados.

Si el cese en el servicio activo se produce durante el mes de diciembre, la liquidación de la parte proporcional de la paga extraordinaria correspondiente a los días transcurridos de dicho mes se realizará de acuerdo con las cuantías de las retribuciones básicas vigentes en el mismo.

2. A los efectos de lo previsto en este artículo, la paga de junio retribuye el periodo comprendido entre el 1 de diciembre y el 31 de mayo, y la correspondiente a diciembre, el periodo de servicios entre el 1 de junio y el 30 de noviembre.

Artículo 73. Otras retribuciones de carácter personal y complementos salariales

1. Antigüedad

A partir del 1 de enero de 2009 se reconocerá un complemento de antigüedad, constituido por una cantidad fija de 26,75 euros mensuales que se devengarán a partir del día primero del mes en que se cumplan tres o múltiplos de tres años de relación laboral prestando servicios efectivos en el ámbito de aplicación de este Convenio. Esta cantidad deberá actualizarse conforme lo establecido en el artículo 70.2.

A efectos del cómputo de tiempo de los nuevos trienios a devengar, se considerará como fecha inicial la del reconocimiento del último vencimiento del complemento de antigüedad perfeccionado.

A efectos de antigüedad se tendrán en cuenta los servicios prestados en el ámbito funcional de aplicación a que se refiere el artículo 1 de este Convenio Colectivo como funcionario de carrera, interino, y en prácticas de la Administración Civil del Estado, personal eventual, contratado laboral fijo, contratado laboral temporal o contratado administrativo al amparo de la Ley de Funcionarios Civiles del Estado cuyo texto articulado se aprobó por Decreto 315/1964, de 7 de febrero.

Se computa, asimismo, a efectos de antigüedad, el periodo de prestación de servicios en Organismos o entidades del sector público, con la excepción de los prestados en sociedades mercantiles en cuyo capital sea mayoritaria la participación directa o indirecta de las Administraciones Públicas.

Igualmente, será computable a efectos de antigüedad, los servicios prestados en las Administraciones Públicas de los Estados miembros de la Unión Europea, excepto aquéllos servicios que tuvieran el carácter de prestaciones obligatorias. Este cómputo referido a la prestación de servicios en las Administraciones Públicas de los Estados miembros de la Unión Europea, será asimismo de aplicación a los servicios prestados en la Administración Pública de aquellos Estados en los que, en virtud de Tratados Internacionales celebrados por la Unión Europea y ratificados por España, sea de aplicación la libre circulación de trabajadores en los términos en que ésta se halla definida en el Tratado Constitutivo de la Comunidad Europea.

Los servicios que se reconozcan al amparo de lo dispuesto en los tres párrafos anteriores y que originen un nuevo cómputo de antigüedad surtirán efectos en el mes siguiente al de la formulación de la solicitud.

2. Complemento personal de antigüedad

Dicho complemento estará constituido por el importe que en concepto de antigüedad (tanto nueva como congelada) pudiera tener reconocido hasta el 31 de diciembre de 1998 o en su caso, en el momento de integración en el ámbito de este convenio colectivo, el personal acogido al ámbito de aplicación de este Convenio.

Igualmente, también tendrá la consideración de complemento personal de antigüedad, los trienios correspondientes a los períodos completados antes de primero de enero de 1999, que se abonarán con los valores económicos del convenio colectivo de origen en que pudiera estar encuadrado el trabajador a la fecha de entrada en vigor del I Convenio Único, y que se reconozca por los servicios prestados en el ámbito funcional de aplicación a que se refiere el artículo 1 de este Convenio Colectivo, como funcionario de carrera o cualquiera de las vinculaciones indicadas en el párrafo tercero del número anterior.

3. Complemento personal de unificación

Los trabajadores que vinieran percibiendo este complemento, mantendrán su percepción con las siguientes reglas:

a) La cuantía total se percibirá en doce mensualidades del mismo importe.

b) El complemento será absorbible con los incrementos salariales que se pudieran producir por encima de los previstos con carácter general para todos los empleados públicos en los Presupuestos Generales del Estado y los derivados de los cambios voluntarios de puesto de trabajo cuando impliquen ascenso de grupo profesional.

Las minoraciones indicadas se practicarán, por la diferencia que corresponda, una vez llevadas a efecto las absorciones previstas en el punto 4 de este artículo.

4. Complementos personales absorbibles

Cuando un trabajador viniera percibiendo en su Convenio Colectivo de origen un complemento personal transitorio, operará la compensación y absorción previstos en el artículo 26.5 del Estatuto de los Trabajadores sobre el exceso de las retribuciones, de acuerdo con el orden y las reglas siguientes:

a) Absorción del 50 % de incremento que experimente el salario base, incluida la parte de pagas extraordinarias, por aplicación del porcentaje general establecido en la Ley de Presupuestos Generales del Estado como límite de crecimiento de la masa salarial.

b) Absorción del 100 % del exceso de incremento que experimente el salario base –incluida la parte de pagas extraordinarias– sobre el porcentaje general establecido en la Ley de Presupuestos Generales del Estado como límite de crecimiento de la masa salarial.

c) Absorción del 100 % de los incrementos derivados de cambio de puesto de trabajo que implique, o no, ascenso de grupo profesional, reconocimiento de nuevos pluses o complementos de puesto de trabajo, a excepción de los contemplados en el apartado 5.2 de este artículo, o establecimiento de nuevos conceptos retributivos de carácter fijo y periódico.

5. Complementos de puesto de trabajo

Los complementos de puesto de trabajo son los que están atribuidos a los puestos de trabajo en función de sus características o de las condiciones de la prestación de los servicios públicos que corresponda a los mismos; son complementos salariales de índole funcional y su percepción depende exclusivamente del ejercicio de la actividad profesional en los puestos que los tengan asignados, por lo que no tendrán carácter consolidable y el trabajador dejará de percibirlos cuando se supriman o modifiquen las características o condiciones que dieron lugar a la atribución de los mismos.

Tendrán la consideración de complementos de puestos de trabajo los que, conforme a lo regulado en este artículo 73.5, se atribuyan a los puestos en las relaciones de puestos de trabajo de personal laboral, con indicación de las modalidades y de las cuantías que correspondan.

5.1. Complemento singular de puesto

Los puestos de trabajo en los que concurran factores o condiciones distintas de las que hayan servido para determinar su clasificación en los grupos profesionales conforme a lo establecido en los artículos 15 y 16 de este Convenio único, o en los que aquellos factores se presenten con mayor intensidad, así como a los que se reconozcan otras singularidades debidas a la especial naturaleza de los mismos, tendrán asignados complementos singulares de puesto de acuerdo con los apartados siguientes de este artículo 73.5.1.

1. El complemento singular de puesto A) corresponde a aquellos puestos de trabajo para los que la prestación de los servicios públicos conlleve una mayor intensidad respecto de los factores de responsabilidad o cualificación o de mando o jefatura que la requerida para determinar su clasificación en los grupos profesionales conforme a los artículos 15 y 16 del Convenio.

   Para la valoración de los factores anteriores se tendrán en cuenta los recursos humanos y los medios materiales de las unidades a las que se hallen adscritos los puestos de trabajo, su dependencia jerárquica con relación a la estructura organizativa de dichas unidades y la complejidad y la naturaleza de las tareas a desempeñar.

   El complemento singular de puesto A) que se regula en este apartado tendrá las modalidades «A1, A2 o A3» cuando los puestos de trabajo a los que se asigne tengan atribuidas funciones de mando o jefatura de equipo, teniendo en cuenta la naturaleza, la complejidad y la responsabilidad inherente a dichas funciones; la modalidad «AR», cuando conlleven una especial responsabilidad y cualificación o complejidad técnica; y las modalidades «AR1, AR2 y AR3», cuando, además de las funciones de mando o jefatura de equipo, conlleven también una especial responsabilidad y cualificación o complejidad técnica.

   Asimismo, podrán tener la modalidad «A / idiomas» cuando conlleven el requerimiento específico de conocimiento y aplicación continuada de lenguas distintas de las oficiales en la prestación de servicios que corresponda al puesto de trabajo de que se trate.

2. El complemento singular de puesto B) corresponde a aquellos puestos de trabajo para los que la prestación de los servicios públicos conlleve específicamente y como principal actividad la atención directa al público.

3. El complemento singular de puesto C) corresponde a aquellos puestos de trabajo para los que la prestación de los servicios públicos conlleve específicamente y como principal actividad el manejo de fondos públicos.

4. El complemento singular de puesto D) corresponde a aquellos puestos de trabajo en los que concurran de manera continuada condiciones adversas que hagan más gravosa la prestación de los servicios públicos. Se incluyen en esta modalidad, entre otras:

   D1. Los puestos de trabajo que conlleven la prestación de los servicios públicos en determinadas zonas aisladas o de montaña.

   D2. Los puestos de trabajo que conlleven la prestación de los servicios públicos en condiciones de embarque.

D3. Los puestos de trabajo que conlleven el desempeño de tareas de limpieza en las dependencias policiales de detención preventiva.

D4. Los puestos de trabajo que conlleven la prestación de determinados servicios públicos en los institutos anatómico forenses, institutos clínicos médico-forenses e institutos nacionales de toxicología, así como los que tengan atribuidas determinadas tareas en los calabozos de la Administración de Justicia.

D5. Los puestos de trabajo que conlleven la prestación de los servicios públicos en los centros hospitalarios, excluidos los de naturaleza asistencial o de tratamiento ambulatorio.

D6. Los puestos de trabajo de los centros de investigación en los que, por la naturaleza de la actividad profesional que corresponda al puesto, exista riesgo de exposición a agentes biológicos del grupo 3, según la definición del Real Decreto 664/1997, de 12 de mayo.

D7. Los puestos de trabajo de los establecimientos penitenciarios, atendiendo a los criterios de clasificación de la Administración de los Centros Penitenciarios.

Las cuantías de las modalidades del complemento singular de puesto se fijan en función del grupo profesional y de las condiciones específicas de trabajo que en cada caso retribuyen, según los valores de los anexos V.b.1, V.b.2 y V.b.3.

No se podrá atribuir al mismo puesto de trabajo más de una de las modalidades reguladas en el apartado A), excepto la de «A / idiomas» que será compatible con las demás modalidades de dicho apartado, ni más de una de las reguladas en el apartado D). Asimismo, los puestos de trabajo que tengan asignado el complemento singular de puesto de la modalidad B) no podrán tener atribuido el que corresponda a la modalidad C).

La asignación o supresión de los complementos singulares de puesto a los puestos de trabajo ocupados será objeto de negociación colectiva en la Comisión de Interpretación, Vigilancia, Estudio y Aplicación del Convenio, a propuesta de la Subcomisión Delegada.

5.2. Complementos por el desempeño de trabajo en horario o jornada distinta de la habitual

Tendrán tal consideración los siguientes:

5.2.1. Complemento de nocturnidad.

Se considera trabajo nocturno el que se realiza entre las diez de la noche y las seis de la mañana. La jornada de trabajo nocturna no podrá exceder de ocho horas de promedio diarias, en un periodo de referencia de 15 días.

Los puestos de trabajo que conlleven la realización de trabajo nocturno en una parte igual o superior a un tercio de la jornada de trabajo en cómputo diario o el equivalente en cómputo mensual o anual tendrán asignado un complemento de nocturnidad. Cuando, excepcionalmente, sea necesaria la prestación de los servicios públicos durante el periodo nocturno en una parte inferior a un tercio de la jornada en cómputo diario o el equivalente en cómputo mensual o anual, esta prestación de servicios se compensará, preferentemente, por tiempo de descanso, a razón de una hora y media por cada hora trabajada, o se retribuirá con la cuantía y del modo en que se determine en la Comisión de Interpretación, Vigilancia, Estudio y Aplicación del Convenio, a propuesta de la Subcomisión Delegada.

El complemento de nocturnidad tendrá las siguientes modalidades:

1. El complemento de nocturnidad A) corresponde a los puestos de trabajo sujetos a un régimen de nocturnidad para los que la prestación de los servicios públicos esté establecida para un periodo de tiempo igual o superior a un tercio de la jornada, en cómputo diario o el equivalente en cómputo mensual o anual, distribuido según las necesidades de organización del trabajo de cada centro.
2. El complemento de nocturnidad B) corresponde a los puestos de trabajo sujetos a un régimen nocturnidad para los que la prestación de los servicios públicos esté establecida para un periodo de tiempo igual o superior a un medio de la jornada, en cómputo diario o el equivalente en cómputo mensual o anual, distribuido según las necesidades de organización del trabajo de cada centro.
3. El complemento de nocturnidad C) corresponde a los puestos de trabajo sujetos a un régimen nocturnidad para los que la prestación de los servicios públicos esté establecida para un periodo de tiempo igual o superior a dos tercios de la jornada, en cómputo diario o el equivalente en cómputo mensual o anual, distribuido según las necesidades de organización del trabajo de cada centro.

Los puestos de trabajo sujetos a un régimen de nocturnidad durante el periodo de tiempo de la modalidad A, B o C respectiva, que además incluyan la prestación de los servicios públicos en domingos o festivos, tendrán atribuido un complemento de nocturnidad de las modalidades «A1, B1 o C1» del anexo V a), sin que el número de jornadas diarias de prestación de estos servicios en los días de domingos y festivos pueda ser superior a dieciocho, treinta y seis o cincuenta y cuatro, en cómputo anual y con relación a las respectivas modalidades de nocturnidad «A1, B1 o C1».

La distribución del tiempo de trabajo nocturno para cada una de las modalidades de nocturnidad se fijará según las necesidades de organización de los servicios públicos de cada centro, previa negociación de los calendarios laborales.

Los puestos de trabajo que tengan asignado el complemento de nocturnidad no podrán tener atribuidos otros complementos de los regulados en los apartados 5.2.2, 5.2.3 y 5.2.4.

5.2.2. Complemento de turnicidad.

Se considera trabajo a turno toda forma de organización del trabajo según la cual la prestación de los servicios públicos de un mismo puesto de trabajo se realiza de manera sucesiva, según un cierto ritmo continuo o discontinuo y en horas diferentes durante un periodo determinado de días o de semanas.

Cuando se trate de procesos productivos continuos durante las 24 horas al día, en la organización del trabajo para determinar los turnos se tendrá en cuenta la rotación en el puesto de trabajo y que ningún trabajador estará en el turno de noche más de dos semanas consecutivas, salvo adscripción voluntaria que no podrá entenderse como definitiva o permanente. No obstante, en las circunstancias previstas en el artículo 32 del Real Decreto 1561/1995, sobre jornadas especiales de trabajo, dicho periodo de referencia podrá ampliarse hasta los límites temporales señalados en dicho artículo.

El complemento de turnicidad tendrá las siguientes modalidades:

1. El complemento de turnicidad A) corresponde a los puestos de trabajo sujetos a un régimen de turnos para los que la prestación de los servicios públicos esté establecida como continua durante las veinticuatro horas del día.
2. El complemento de turnicidad B) corresponde a los puestos de trabajo sujetos a un régimen de turnos para los que la prestación de los servicios públicos esté establecida para un periodo de tiempo que no sea inferior a dieciocho ni superior a veinte horas diarias de promedio, o el equivalente en cómputo mensual o anual.
3. El complemento de turnicidad C) corresponde a los puestos de trabajo sujetos a un régimen de turnos para los que la prestación de los servicios públicos esté establecida para un periodo de tiempo que no sea inferior a doce ni superior a catorce horas diarias de promedio, o el equivalente en cómputo mensual o anual.

Los puestos de trabajo sujetos a un régimen de turnicidad durante el periodo de tiempo de la modalidad A, B o C respectiva, que además incluyan la prestación de los servicios públicos en domingos o festivos, tendrán atribuido un complemento de turnicidad de las modalidades «A1, B1 o C1» del anexo V b), sin que el número de jornadas diarias de prestación de estos servicios en los días de domingos y festivos pueda ser superior a treinta y seis, en cómputo anual y con relación a las respectivas modalidades de turnicidad «A1, B1 o C1».

La distribución del tiempo de trabajo a turnos para cada una de las modalidades de turnicidad se fijará según las necesidades de organización de los servicios públicos de cada centro, previa negociación de los calendarios laborales.

Los puestos de trabajo que tengan asignado el complemento de turnicidad en la modalidad que corresponda no podrán tener atribuidos otros complementos de los regulados en los apartados 5.2.1, 5.2.3 y 5.2.4.

5.2.3. Complemento de disponibilidad horaria.

La disponibilidad horaria retribuye la prestación de los servicios públicos en régimen de flexibilidad horaria, debida a frecuentes alteraciones en los horarios de trabajo, sin que suponga un aumento de jornada, para adaptar los tiempos de trabajo a las especiales características de determinados servicios.

El complemento de disponibilidad horaria tendrá las siguientes modalidades:

1. El complemento de Disponibilidad horaria A) corresponde a los puestos de trabajo para los que la prestación de los servicios públicos en horarios distintos de los ordinarios afecte hasta un diez por ciento de promedio de la jornada diaria de trabajo, o el equivalente en cómputo semanal, mensual o trimestral.
2. El complemento de disponibilidad horaria B) corresponde a los puestos de trabajo para los que la prestación de los servicios públicos en horarios distintos de los ordinarios afecte hasta un veinte por ciento de promedio de la jornada diaria de trabajo, o el equivalente en cómputo semanal, mensual o trimestral.

Los puestos de trabajo sujetos a un régimen de disponibilidad horaria durante el periodo de tiempo de la modalidad A o B respectiva, que además incluyan la prestación de los servicios públicos en domingos o festivos, tendrán atribuido un complemento de disponibilidad horaria de las modalidades «A1, A2 o A3» o «»B1, B2 o B3» del anexo V c), según que la prestación de los servicios públicos afecte a una tercera parte, la mitad o las dos terceras partes de domingos o festivos respectivos.

Los puestos de trabajo sujetos a régimen de disponibilidad horaria que tengan asignado el complemento de disponibilidad horaria en la modalidad que corresponda no podrán tener atribuidos otros complementos de los regulados en los apartados 5.2.1, 5.2.2, 5.2.4 y 5.2.5 bajo las modalidades recogidas en dichos apartados y en los anexos correspondientes.

5.2.4. Complemento de jornada partida.

El complemento de jornada partida retribuye la prestación de los servicios públicos en régimen de jornada partida, mañana y tarde.

El complemento de jornada partida tendrá las siguientes modalidades:

1. El complemento de Jornada partida A) corresponde a los puestos de trabajo su jetos a un régimen de jornada partida para los que la prestación de los servicios públicos en dicho régimen afecte a dos tardes a la semana.
2. El complemento de Jornada partida B) corresponde a los puestos de trabajo sujetos a un régimen de jornada partida para los que la prestación de los servicios públicos en dicho régimen afecte a cuatro tardes a la semana.

En los puestos de trabajo sujetos a un régimen de jornada partida, para los que la prestación de los servicios públicos suponga aumento de jornada, dicho aumento de jornada será retribuido con el complemento de prolongación de jornada.

Los puestos de trabajo que tengan asignado el complemento de jornada partida en la modalidad que corresponda no podrán tener atribuidos otros complementos de los regulados en los apartados 5.2.1, 5.2.2 y 5.2.3.

5.2.5. Complemento de prolongación de jornada.

El complemento de prolongación de jornada retribuye la prestación de los servicios públicos durante una jornada superior a la ordinaria, con el límite de cuarenta horas semanales en cómputo anual.

Los puestos de trabajo que tengan asignado el complemento de prolongación de jornada no podrán tener atribuidos otros complementos de los regulados en el apartado 5.2.3.

5.2.6. Realización de trabajo domingos y festivos.

Los puestos de trabajo que, estando sujetos a las condiciones reguladas en los apartados 5.2.1, 5.2.2, 5.2.3 y circunstancialmente requieran la prestación de los servicios públicos en un número de domingo y festivos superior al fijado en dichos apartados, o bien, no estando sujetos a las condiciones reguladas en dichos apartados y en el 5.2.4, requieran excepcionalmente la prestación de los servicios públicos en días de domingo o festivos, estas prestaciones de servicios se compensarán, preferentemente, por tiempo de descanso, a razón de una hora y media por cada hora trabajada, o se retribuirán con la cuantía y del modo que se determine en la CIVEA.

5.2.7. Complemento de obra.

Los puestos de trabajo cuyo contenido principal sea la realización de tareas de campo relacionadas con las obras públicas tendrán asignado un complemento de obra. El régimen horario de dichos puestos será de jornada partida, con un límite de cuarenta horas semanales en computo anual.

Los puestos de trabajo que tengan asignado el complemento de obra no podrán tener atribuidos otros complementos de los regulados en el apartado 5.2.

El reconocimiento de este complemento será incompatible con el devengo de horas extraordinarias y con los gastos de manutención previstos en el Real Decreto 462/2002, de 24 de mayo, de indemnizaciones por razón del servicio, excepto en los supuestos en los que se realice una comisión de servicios de duración superior a 24 horas, en cuyo caso se devengarán las indemnizaciones previstas en el citado Real Decreto. Igualmente, será incompatible con cualesquiera otras percepciones que pudieran corresponder al amparo de la disposición transitoria sexta del Convenio Único.

Siempre que no se trate de una comisión de servicios de las mencionadas en el apartado anterior, los trabajadores que perciban este complemento tendrán derecho, por cada día que realicen trabajos de campo fuera del término municipal donde radique su centro de trabajo, a una ayuda de comida, con carácter de suplido, por un importe equivalente al 25 por ciento de los gastos de manutención establecidos en el Real Decreto 462/2002.

5.2.8. Las cuantías de las modalidades de los complementos por el desempeño de trabajo en horario o jornada distinta de la habitual se fijan en función del grupo profesional y de las condiciones específicas de trabajo que en cada caso retribuyen, según los valores de los anexos V.c.1, V.c.2, V.c.3, V.c.4, V.c.5 y V.c.6.

5.2.9. La asignación o supresión de los complementos por el desempeño de trabajo en horario o jornada distinta de la habitual a los puestos de trabajo ocupados será objeto de negociación colectiva en la Comisión de Interpretación, Vigilancia, Estudio y Aplicación del Convenio a propuesta de la Subcomisión Delegada. Estas modificaciones deberán respetar, en todo caso, la naturaleza y las circunstancias que remuneran, así como las limitaciones establecidas en el Estatuto de los Trabajadores y en el Real Decreto 1561/1995, de 21 de septiembre, sobre jornadas especiales de trabajo.

6. Complementos por cantidad o calidad de trabajo

Son todos aquellos que se perciben en función de la realización circunstancial de una mayor jornada de trabajo, del rendimiento, del desempeño de los puestos de trabajo y de la consecución de determinados objetivos o resultados.

Podrán adoptar alguna de las siguientes modalidades generales:

6.1. Horas extraordinarias

Las horas extraordinarias que no se compensen con tiempo de descanso, conforme a lo dispuesto en el artículo 44 del presente Convenio, se remunerarán con un valor único para cada grupo profesional.

El valor de la hora extraordinaria en el año 2009, será el siguiente:

- Grupo Profesional 1: 24,69 euros.
- Grupo Profesional 2: 20,47 euros.
- Grupo Profesional 3: 17,15 euros.
- Grupo Profesional 4: 14,47 euros.
- Grupo Profesional 5: 12,92 euros.

El valor de las horas extraordinarias se actualizará anualmente de conformidad con lo establecido en el artículo 70.2.

6.2. Productividad o incentivos de producción

Este complemento retribuye el especial rendimiento en el desempeño de los puestos de trabajo o la consecución de ciertos objetivos o resultados a determinar por los respectivos Departamentos u Organismos.

Se encuentran comprendidos en este complemento, los complementos de productividad o incentivos de producción actualmente existentes, o que puedan crearse por la CIVEA a propuesta de la Subcomisión Delegada.

Asimismo, cualquier modificación sobre el régimen y características actuales de estos complementos, previa propuesta de la Subcomisión Delegada, deberá ser aprobada por la CIVEA.

7. Complemento de residencia

El personal laboral en el ámbito del presente Convenio percibirá un complemento de indemnización por residencia, con los mismos requisitos y cuantías que se establezcan cada año en la correspondiente Ley de Presupuestos para el personal al servicio del Sector Público Estatal.

A estos efectos, las cuantías de la indemnización por residencia para los grupos 1, 2, 3, 4 y 5 del presente convenio, serán, respectivamente, las correspondientes a los grupos A, B, C, D y E de personal funcionario (artículo 25 de la Ley 30/1984).

En el caso de que la aplicación de las cuantías anuales que se establezcan para este complemento fueran inferiores a las que vinieran percibiendo por el mismo concepto retributivo determinados trabajadores, éstos continuarán devengándola sin incremento alguno hasta el momento en que se alcancen las cuantías que se establezcan anualmente para cada correspondiente área del territorio nacional.

Igualmente, en el caso de que algún trabajador de otras áreas territoriales no previstas en la vigente indemnización por residencia, viniera percibiendo este tipo de complemento, lo mantendrá en las cuantías que se derivaron de lo previsto en el artículo 75.6 del I Convenio Único y en concepto de complemento personal no absorbible en tanto se mantenga la residencia que causó su devengo, tal como se indicaba en el citado artículo.

Artículo 74. Retribución en los supuestos de jornada inferior a la ordinaria o por horas

Los trabajadores que presten sus servicios en jornada inferior a la ordinaria o por horas percibirán el salario base, las pagas extraordinarias, la antigüedad y el complemento singular del puesto en proporción a la jornada que efectivamente realicen. El resto de los conceptos retributivos se calcularán conforme a las normas reguladoras de los mismos. No será de aplicación a estos efectos lo establecido en el artículo 75.

Artículo 75. Cálculo de las deducciones

Para practicar las deducciones de haberes previstas en el artículo 43 del Convenio, así como en los casos de reingresos o excedencias y, en general, en los supuestos de derechos económicos que deban liquidarse por días o con reducción o deducción proporcional de retribuciones, se aplicarán las mismas reglas de cálculo previstas en la normativa vigente para los funcionarios públicos.

Artículo 76. Percepciones no salariales: indemnizaciones o suplidos

Se entienden por tales: el quebranto de moneda, las percepciones por desgaste de útiles o herramientas o para la adquisición de prendas de trabajo, los pluses de distancia y de transportes urbanos, los gastos de locomoción y las dietas de viaje. Estos últimos se encuentran regulados en el Real Decreto 462/2002, de 24 de mayo, sobre indemnizaciones por razón del servicio, en lo que respecta a las causas, condiciones y cuantías de sus devengos, así como a los regímenes de justificación de las mismas, de acuerdo con la siguiente tabla:

Niveles profesionales	Grupo a efectos de indemnización por razón del servicio
1 y 2	2
3, 4 y 5	3

Artículo 77. Retribución en especie

Las retribuciones en especie se someterán a lo establecido en la legislación vigente en esta materia.

Capítulo XIV. Régimen disciplinario

Artículo 78. Graduación de las faltas

1. Los trabajadores podrán ser sancionados por los órganos competentes, mediante la resolución correspondiente, en virtud de incumplimientos de las obligaciones contractuales de acuerdo con la graduación de faltas y sanciones que se establecen en este Capítulo.

2. Las faltas disciplinarias de los trabajadores, cometidas con ocasión o como consecuencia del trabajo, podrán ser: leves, graves y muy graves.

a) Serán faltas leves las siguientes:
   1. La leve incorrección con el público y en general con los usuarios del servicio, así como con los compañeros o subordinados.
   2. El retraso injustificado, negligencia o descuido en el cumplimiento de sus tareas.
   3. La no comunicación con la debida antelación de la falta al trabajo por causa justificada, a no ser que se pruebe la imposibilidad de hacerlo.
   4. La falta de asistencia al trabajo sin causa justificada de uno o dos días al mes.
   5. El incumplimiento no justificado del horario de trabajo entre tres y cinco ocasiones al mes.
   6. El descuido en la conservación de los locales, material y documentos de los servicios.
   7. En general, el incumplimiento de los deberes por negligencia o descuido inexcusable.

b) Serán faltas graves las siguientes:
   1. La falta de disciplina en el trabajo o del respeto debido a los superiores, compañeros o subordinados.
   2. El incumplimiento de las órdenes o instrucciones de los superiores relacionadas con el trabajo y de las obligaciones concretas del puesto de trabajo o las negligencias de las que se deriven o puedan derivarse perjuicios graves para el servicio.
   3. La desconsideración con el público en el ejercicio del trabajo.
   4. El incumplimiento grave de las obligaciones en materia de prevención de riesgos laborales contempladas en la normativa vigente.
   5. La falta de asistencia al trabajo sin causa justificada de tres o cuatro días en el período de un mes.

6. El incumplimiento no justificado del horario de trabajo entre seis y diez ocasiones al mes, cuando acumulados supongan un mínimo de diez horas mensuales.
7. El abandono del puesto de trabajo durante la jornada sin causa justificada.
8. La simulación de enfermedad o accidente.
9. La simulación o encubrimiento de faltas de otros trabajadores en relación con sus deberes de puntualidad, asistencia y permanencia en el trabajo.
10. La disminución continuada y voluntaria en el rendimiento del trabajo normal o pactado.
11. La negligencia que pueda causar graves daños en la conservación de los locales, material o documentos de servicios.
12. El incumplimiento de los plazos u otras disposiciones de procedimiento en materia de incompatibilidades, cuando no suponga el mantenimiento de una situación de incompatibilidad.
13. La utilización o difusión indebidas de datos o asuntos de los que se tenga conocimiento por razón del trabajo.
14. Cometer falta leve, teniendo anotadas y no canceladas, o sin posibilidad de cancelar, al menos dos faltas leves.
15. El abuso de autoridad en el desempeño de las funciones encomendadas. Se considerará abuso de autoridad la comisión por un superior de un hecho arbitrario, con infracción de un derecho del trabajador reconocido legalmente por este Convenio, Estatuto de los Trabajadores y demás leyes vigentes, de donde se derive un perjuicio notorio para el subordinado, ya sea de orden material o moral.

c) Serán faltas muy graves las siguientes:
   1. El fraude, la deslealtad y el abuso de confianza en las gestiones encomendadas.
   2. La manifiesta insubordinación individual o colectiva.
   3. La notoria falta de rendimiento que comporte inhibición en el cumplimiento de las tareas encomendadas.
   4. El falseamiento voluntario de datos e informaciones del servicio.
   5. La falta de asistencia al trabajo no justificada durante cinco o más días al mes.
   6. El incumplimiento no justificado del horario de trabajo durante más de diez ocasiones al mes, o durante más de veinte al trimestre.

7. El incumplimiento de las normas sobre incompatibilidades cuando dé lugar a situaciones de incompatibilidad.
8. Cometer falta grave, teniendo anotadas y no canceladas, o sin posibilidad de cancelar, al menos dos faltas graves.
9. El acoso sexual.
10. La violación de la neutralidad o independencia política, utilizando las facultades atribuidas para influir en procesos electorales de cualquier naturaleza o ámbito.
11. La obstaculización al ejercicio de las libertades públicas y derechos sindicales.
12. El incumplimiento de la obligación de atender en caso de huelga los servicios previstos en el artículo 6.7 del Real Decreto-ley 17/1977, de 4 de marzo.
13. La obtención de beneficios económicos por razón del trabajo ajenos al puesto desempeñado.
14. El quebrantamiento del secreto profesional; la manipulación de datos y programas con ánimo de falsificación o la utilización de los medios técnicos de la Administración para intereses particulares de tipo económico.
15. La embriaguez habitual o toxicomanía si repercuten negativamente en el trabajo.
16. La tolerancia o encubrimiento de los Jefes o Superiores respecto de las faltas graves y muy graves cometidas por los subordinados.
17. El incumplimiento muy grave de las obligaciones en materia de prevención de riesgos laborales contempladas en la normativa vigente, entendiendo como tal cuando del mismo puedan derivarse riesgos para la salud y la integridad física o psíquica de otro trabajador o de terceros.

Artículo 79. Sanciones

1. Las sanciones que podrán imponerse, en función de la calificación de las faltas, serán las siguientes:

a) Por faltas leves:
   - Amonestación por escrito.
   - Suspensión de empleo y sueldo de hasta dos días.

b) Por faltas graves:
   - Inhabilitación para la promoción o ascensos así como para concurrir a pruebas selectivas por un período no superior a un año.
   - Suspensión de empleo y sueldo de tres días a tres meses.

c) Por faltas muy graves:

- Suspensión de empleo y sueldo de tres meses y un día a seis meses.
- Inhabilitación para la promoción o ascenso por un período de un año y un día a cinco años.
- Traslado forzoso sin derecho a indemnización.
- Despido.

2. El alcance de la sanción, dentro de cada categoría, se hará teniendo en cuenta:

a) El grado de intencionalidad, descuido o negligencia que se revele en la conducta.

b) El daño al interés público, cuantificándolo incluso en términos económicos cuando sea posible.

c) La reiteración o reincidencia.

3. No se podrán imponer sanciones que consistan en la reducción de las vacaciones u otra minoración de los derechos al descanso del trabajador o multa de haber.

Artículo 80. Tramitación y procedimiento sancionador

1. Durante la tramitación de todo expediente disciplinario deberá cumplirse el principio de audiencia al interesado. El incumplimiento de este principio dará lugar a la nulidad de lo actuado, debiendo retrotraerse la tramitación del procedimiento al momento en que se produjo el incumplimiento de dicho principio. Al interesado se le notificarán por escrito las actividades que vayan desarrollándose.

Será de aplicación al procedimiento el régimen legal sobre derechos de los ciudadanos del artículo 35 de la Ley 30/1992, de 26 de noviembre, de Régimen Jurídico de las Administraciones Públicas y del Procedimiento Administrativo Común.

2. Las sanciones por faltas leves serán impuestas previa audiencia al presunto infractor, oídos los representantes de los trabajadores y la representación sindical en su caso. La sanción deberá notificarse por escrito al interesado, a los representantes de los trabajadores y a la representación sindical en caso de afiliación conocida o alegada por el interesado.

En el escrito de notificación se hará constar la fecha y los hechos motivadores de la sanción, la calificación de la falta y los recursos que contra la misma procedan.

3. Las sanciones por faltas graves o muy graves requerirán la tramitación previa de expediente disciplinario. La incoación podrá ser de oficio o mediante denuncia, debiendo constar en el escrito de incoación los hechos susceptibles de sanción y

la designación de instructor. De dicho escrito se dará traslado simultáneamente al interesado, al instructor, a los representantes de los trabajadores y a los delegados sindicales de la sección sindical correspondiente en caso de afiliación conocida o alegada por el interesado. En el supuesto que el motivo de incoación sea el contemplado en el apartado c.15 del artículo 78, se solicitará informe del servicio médico de la Administración. En caso de iniciarse el expediente por denuncia, el acuerdo de incoación deberá ser comunicado al firmante de la misma.

4. La incoación de expediente disciplinario corresponderá al órgano competente, y en su tramitación se tendrá en cuenta lo previsto en los apartados siguientes.

5. Una vez notificada la incoación del expediente sancionador, el trabajador podrá solicitar la recusación del instructor. Asimismo, el instructor podrá plantear su abstención en caso de concurrir las causas legales. La autoridad que acordó la incoación deberá resolver sobre la abstención y la recusación en el plazo de diez días hábiles, y si se admitiera cualquiera de las dos deberá efectuarse nuevo nombramiento haciéndolo saber por escrito al interesado.

6. El instructor, como primeras actuaciones, procederá a recibir declaración al presunto inculpado y a evacuar cuantas diligencias se deduzcan de la comunicación o denuncia que motivó la incoación del expediente y de lo que aquél hubiera alegado en su declaración.

7. Pliego de cargos: en el plazo de un mes desde la incoación del expediente, ampliable en quince días más, deberá notificarse el pliego de cargos que debe contener: hechos que se imputen al trabajador, falta presuntamente cometida y posible sanción a imponer. El pliego de cargos debe estar redactado de modo claro y preciso mediante párrafos separados y numerados.

El trabajador podrá, en el plazo de diez días hábiles desde la notificación del pliego de cargos, proponer los medios de defensa que le convengan y realizar cuantas alegaciones estime procedentes.

8. Práctica de la prueba: contestado el pliego o transcurrido el plazo sin hacerlo, el instructor podrá acordar la práctica de las pruebas que considere así como la práctica o denegación de las propuestas. El instructor comunicará por escrito al interesado las pruebas que se realicen, así como las que se denegasen. La denegación de la prueba será debidamente motivada y sólo podrá acordarse en caso de que las cuestiones a probar sean innecesarias para el procedimiento. Los hechos relevantes para la decisión del procedimiento podrán acreditarse por cualquier medio de prueba admisible en derecho.

9. Propuesta de resolución: deberán constar los hechos declarados probados que se imputan al trabajador, la valoración jurídica de los mismos y, en su caso, la sanción propuesta. Del expediente completo con la propuesta de resolución se dará traslado al trabajador para que puedan efectuar las alegaciones pertinentes

en el plazo de diez días hábiles. Asimismo, se dará traslado al Comité de Empresa o Delegados de personal y a la representación sindical que hubiera comparecido en el procedimiento para que en el mismo plazo puedan ser oídos.

10. Resolución: se dará traslado del expediente a la autoridad competente, que deberá ser distinto del encargado de la fase de instrucción, y que adoptará la decisión de sancionar, no sancionar u ordenar nuevas diligencias para esclarecer puntos confusos del expediente. En este último caso se dará traslado de las mismas al trabajador en el plazo de diez días hábiles para llevar a cabo alegaciones sobre las actuaciones últimas.

La resolución deberá contener los siguientes elementos: hechos probados, falta cometida, preceptos en que aparece tipificada, trabajador responsable, sanción impuesta y fecha de efectos. Cuando la sanción consista en la suspensión de empleo y sueldo se procurará que la misma se cumpla en meses sucesivos, con un límite máximo de seis meses.

La resolución se notificará al interesado con expresión de los recursos que procedan, órgano ante el que deben de interponerse y plazo para ello.

La resolución definitiva se comunicará al Comité de Empresa o Delegados de personal y a la representación sindical que hubiera comparecido en el procedimiento.

11. El procedimiento sancionador quedará interrumpido cuando exista un procedimiento penal por los mismos hechos hasta la sentencia firme, pudiéndose reanudar en ese momento el expediente disciplinario.

12. Podrá decretarse por el órgano competente, durante la tramitación del expediente sancionador por falta muy grave, la suspensión provisional de empleo cuando se considere que la presencia del trabajador en el centro de trabajo pudiera ocasionar perjuicio para el servicio, o cuando razones justificadas así lo aconsejen.

Artículo 81. Prescripción

Las faltas leves prescribirán a los diez días, las graves a los veinte días y las muy graves a los sesenta días, contados todos ellos a partir de la fecha en que la Administración tuvo conocimiento de su comisión. y, en todo caso, a los seis meses de haberse cometido. Dichos plazos quedarán interrumpidos por cualquier acto propio del expediente instruido o información preliminar, incluida la audiencia previa al interesado que pueda instruirse en su caso.

En cualquier caso, desde el inicio del expediente, incluida la información preliminar, hasta la resolución del mismo, no podrán transcurrir más de seis meses, salvo que el retraso fuera imputable al trabajador expedientado.

Artículo 82. Cancelación

Todas las sanciones impuestas se anotarán en el expediente personal del sancionado, y se cancelarán de oficio o a instancia de parte, una vez transcurrido el plazo de tres meses cuando se trate de falta leve, un año si es falta grave y dos para las muy graves.

Artículo 83. Denuncias a instancia de parte

Todo trabajador podrá dar cuenta por escrito por sí o a través de sus representantes, de los actos que supongan faltas de respeto a su intimidad o a la consideración debida a su dignidad personal o profesional.

La Administración a través del órgano directivo al que estuviera adscrito el interesado abrirá la oportuna información e instruirá, en su caso, el expediente disciplinario que proceda.

Capítulo XV
Régimen de representación del personal

Artículo 84. La representación colectiva de los trabajadores

1. En materia de representación colectiva se estará a lo dispuesto en el título II del Estatuto de los Trabajadores, en la Ley Orgánica de Libertad Sindical, en este capítulo y en la disposición transitoria duodécima de este Convenio.

2. En las elecciones a representantes del personal laboral al servicio de la Administración General del Estado, constituirá un único centro de trabajo la totalidad de establecimientos dependientes de un mismo departamento u organismo que radiquen en la misma provincia, de acuerdo con lo previsto en la disposición adicional quinta de la Ley 9/1987, de 12 de junio.

3. Los órganos de representación sindical se constituirán de acuerdo con la Ley Orgánica de Libertad Sindical y los Estatutos de las Organizaciones Sindicales.

Artículo 85. Representación unitaria de los trabajadores

1. Serán órganos de representación unitaria de los trabajadores incluidos en el ámbito de éste Convenio los siguientes:

a) Los Delegados de personal que ostentarán la representación colectiva de los trabajadores en los centros de trabajo que tengan menos de cincuenta trabajadores.

b) Los Comités de empresa que ostentarán la representación colectiva de los trabajadores en los centros de trabajo que tengan cincuenta o más trabajadores.

2. La elección de los Delegados de personal y de los Comités de Empresa, de conformidad con lo establecido en la disposición adicional quinta de la Ley 9/1987, de 12 de junio, y en el número 2 del artículo 86 de este Convenio, tendrá carácter provincial dentro de cada departamento u organismo.

3. La composición de los Comités de Empresa se ajustará a la escala prevista en el artículo 66 del Estatuto de los Trabajadores.

No obstante, en el supuesto de que en alguno de los ámbitos de representación de los respectivos Comités de Empresa se produjera una disminución que implicara la modificación de la escala de representantes, en ese caso se procederá a la adecuación del número de miembros del órgano de representación correspondiente en la indicada escala, reduciéndolo hasta donde proceda.

En todo caso, la adecuación que se produzca deberá respetar la proporcionalidad existente con anterioridad por colegios electorales y por candidaturas y candidatos electos y afectar en primer lugar a los candidatos que obtuvieron la condición de representantes con un menor número de votos.

Artículo 86. Derechos e infraestructura de los Comités de Empresa y de los Delegados de personal

1. Los Delegados de personal y Comités de Empresa, sin perjuicio de las competencias, funciones, garantías y derechos en general reconocidos por las disposiciones legales, tendrán los siguientes derechos:

a) Los Comités de Empresa dispondrán, en su ámbito, de un local adecuado y apto para desarrollar las actividades propias de su representación, provisto de teléfono y el correspondiente mobiliario y material informático y de oficina, así como la utilización de fotocopiadora.

b) Se facilitarán a los Comités de Empresa y Delegados de personal los tablones de anuncio necesarios para que bajo su responsabilidad, coloquen cuantos avisos y comunicaciones hayan de efectuar y estimen pertinentes, sin más limitaciones que las expresamente señaladas por la Ley.

   Dichos tablones se instalarán en lugares claramente visibles para permitir que la información llegue a los trabajadores fácilmente.

c) Los miembros de los Comités de Empresa y los Delegados de personal dispondrán de un crédito de horas mensuales retribuidas para poder ejercer su función de representación, que se ajustará a la siguiente escala:

   - Hasta 100 trabajadores, quince horas.
   - De 101 a 250 trabajadores, veinte horas.
   - De 251 a 500 trabajadores, treinta horas.

- De 501 a 750 trabajadores, treinta y cinco horas.
- De 751 en adelante, cuarenta horas.

La utilización del crédito horario tendrá carácter preferente, con la única limitación de la obligación de comunicar previamente su número así como la incorporación al trabajo en el momento de producirse.

Los Comités de Empresa y Delegados de personal podrán acordar la acumulación de todas o parte de las horas sindicales de sus miembros en uno o varios de ellos.

Cuando la acumulación de horas sindicales en uno o varios miembros del Comité sin rebasar el máximo total, suponga, de hecho, la liberación de esos representantes durante todo o parte del mandato representativo, serán necesaria la comunicación al órgano competente en materia de personal con la suficiente antelación. Si la acumulación responde a necesidades imprevistas que imposibiliten la comunicación previa y no suponga la liberación del representante, aquélla se producirá mediante escrito firmado por los representantes cedentes inmediatamente después de efectuarse la cesión.

2. En el desarrollo de su función representativa, los miembros de los Comités y Delegados de personal tendrán derecho a percibir las dietas y gastos de locomoción por la asistencia a reuniones convocadas por la Administración. El tiempo de estas reuniones no se computarán a efectos de crédito horario.

3. Los Comités y Delegados de personal tendrán las competencias establecidas en la legislación vigente.

Artículo 87. Garantías de los representantes de los trabajadores

Los miembros de los Comités de Empresa y Delegados de personal como representantes legales de los trabajadores, disfrutarán según lo establecido en el artículo 68 del texto refundido de la Ley del Estatuto de los Trabajadores de las siguientes garantías:

a) Apertura de expediente contradictorio en el supuesto de sanciones por faltas graves, o muy graves, en el que serán oídos, aparte del interesado, el Comité de Empresa o restantes delegados de personal.

b) Prioridad de permanencia en el organismo o centro de trabajo respecto de los demás trabajadores en los supuestos de suspensión o extinción de contratos por causas técnicas u organizativas.

c) No ser despedidos ni sancionados durante el ejercicio de sus funciones desde el momento de la proclamación como candidato hasta cuatro años después de concluido el mandato, siempre que el despido o sanción se base en la acción del trabajador en el ejercicio de su representación, sin perjuicio, por tanto de lo establecido en el artículo 54 del Estatuto de los Trabajadores. Asimismo, no podrá ser discriminado en su promoción económica profesional en razón, precisamente, del desempeño de su representación.

d) Expresar colegiadamente, si se trata del Comité, con libertad sus opiniones en las materias concernientes a la esfera de su representación, pudiendo publicar y distribuir sin perturbar el normal desenvolvimiento del trabajo, los documentos de interés laboral o social, comunicándolo previamente al responsable de la unidad administrativa correspondiente.

Ningún miembro del Comité de Empresa y Delegados de personal podrá sufrir discriminación en los derechos que como trabajador tenga a elección de turno de trabajo, traslado, promoción, formación, retribuciones complementarias, prestaciones sociales y, en general, cualquier otra condición de trabajo.

Artículo 88. Reuniones y asambleas de los trabajadores

1. Los Delegados de personal, los Comités de Empresa, las Secciones Sindicales o un número de trabajadores no inferior al 25 %, podrán convocar reuniones y asambleas en los centros de trabajo fuera de la jornada de trabajo siempre que no afecte a la prestación de servicios y se comunique, al menos, con veinticuatro horas de antelación.

2. Asimismo, los Delegados de personal, los Comités de Empresa y las Secciones Sindicales podrán convocar asambleas en los centros de trabajo dentro del horario laboral, y previa autorización de la dirección del centro, en las condiciones siguientes:

a) Únicamente se concederá autorización hasta un máximo de veinte horas anuales, de las cuales diez corresponderán a los Delegados de personal, Comités de Empresa o trabajadores y diez a las Secciones Sindicales.

b) En ningún caso, la realización de estas asambleas debe perjudicar a la prestación de servicios. La denegación por este motivo deberá ser por escrito y motivada.

c) El preaviso de convocatoria deberá presentarse ante la Dirección del centro con una antelación mínima de cuarenta y ocho horas.

Las asambleas se celebrarán en locales facilitados por la Administración y adecuados a tal fin. Los convocantes de las asambleas garantizarán en todo momento el orden de las mismas.

En los centros con varios turnos de trabajo se facilitará la reunión en aquellas horas en las que coincidan mayor número de trabajadores.

3. Respetando lo contemplado en los apartados anteriores, en el seno de las Subcomisiones Delegadas de forma motivada, podrá modificarse lo aquí establecido.

Artículo 89. Representación sindical

1. La representación sindical en el ámbito de este Convenio estará integrada por las Secciones Sindicales que constituyan los sindicatos de acuerdo con sus Estatutos, la Ley Orgánica de Libertad Sindical y el presente Convenio.

La constitución de Secciones Sindicales en el supuesto a que se refiere el número siguiente se llevará a cabo de conformidad con lo previsto en el artículo 84.3 de este Convenio.

2. Las Secciones Sindicales tendrán las competencias, funciones y garantías reconocidas en la LOLS, en el presente Convenio, así como en el Convenio 135 y en la recomendación 143 de la OIT.

3. Las Secciones Sindicales que se constituyan en centros de trabajo que ocupen a más de 250 empleados públicos por los sindicatos con presencia en los Comités de Empresa que hayan obtenido el 10 % en la elección de los mismos estarán representados ante la Administración en su correspondiente ámbito, a todos los efectos, por Delegados elegidos por y entre sus afiliados en el número que resulte de aplicar la siguiente escala:

De 250 a 750 trabajadores, 1.

De 751 a 2.000 trabajadores, 2.

De 2.001 a 5.000 trabajadores, 3.

De 5.001 en adelante, 4.

Además, las Secciones Sindicales a que se refiere este apartado tendrán derecho a utilizar un local adecuado que les permita desarrollar su función representativa, así como a utilizar uno o varios tablones de anuncios en el centro de trabajo con el fin de facilitar la difusión de la información que pueda interesar a los respectivos afiliados o a los trabajadores en general. La utilización de estos servicios podrá disponerse que sea conjunta por parte de todas las Secciones Sindicales de un mismo sindicato en la provincia.

Artículo 90. Derechos y garantías de los Delegados sindicales

1. Los Delegados sindicales a los que se refiere el punto 3 del artículo anterior, deberán ser trabajadores en activo del respectivo centro de trabajo, y disfrutarán de los mismos derechos y garantías que los representantes de los trabajadores en los Comités de Empresa o Delegados de personal.

2. La Administración y las organizaciones sindicales, individual o conjuntamente, podrán acordar sistemas de acumulación de horas sindicales a favor de uno o varios Delegados sindicales que pertenezcan a alguna de dichas organizaciones sindicales.

En ningún caso se podrán sumar créditos de horas de Delegado sindical con las que pudieran corresponder en su posible condición de miembro del Comité de Empresa o Delegado de personal.

Asimismo, en ningún caso los créditos de horas de los Delegados sindicales podrán acumularse a las de miembros de Comités de Empresa o Delegados de personal o viceversa.

3. Ningún Delegado sindical podrá sufrir discriminación en los derechos que como trabajador tenga a elección de turno de trabajo, traslado, promoción, formación retribuciones complementarias, prestaciones sociales y, en general, cualquier otra condición de trabajo.

4. Los Delegados sindicales representan a los afiliados de su respectiva organización sindical en todas las gestiones necesarias ante la Administración y tienen derecho a ser oídos por la Administración en el tratamiento de aquellos problemas de carácter colectivo que afecten a los trabajadores en general y a los afiliados al sindicato en particular.

Asimismo, tienen derecho a ser informados y oídos por la Administración con carácter previo acerca de las medidas disciplinarias que se vayan a adoptar y se adopten que afecten a los afiliados del sindicato.

En materia de reestructuración de plantillas y traslados se estará a lo dispuesto en el capítulo V.

Artículo 91. Cuota sindical

1. De conformidad con lo establecido en el artículo 11 de la Ley Orgánica 11/1985, de 2 de agosto, de Libertad Sindical, a requerimiento de cualquier Sindicato, y previa conformidad de los trabajadores afectados, la Administración descontará en la nómina mensual de éstos la cuota sindical que proceda y realizará la correspondiente transferencia en favor del sindicato, acompañada de la correspondiente relación nominal.

2. Para hacer efectivo dicho descuento deberá remitirse a la Administración un escrito en el que conste expresamente la conformidad del trabajador sobre la orden de descuento, el sindicato al que procede hacer la transferencia y el número de la cuenta corriente a la que debe hacerse la misma así como la cuantía de la cuota.

Artículo 92. Solución de conflictos colectivos

1. Las partes que suscriben el presente Convenio reconocen a la Comisión de Interpretación, Vigilancia, Estudio y Aplicación (CIVEA) como instancia previa en la que habrá de intentarse, en primer término, la solución de los conflictos colectivos que se susciten en el ámbito del mismo.

En consecuencia, cualquier conflicto de interpretación o aplicación del Convenio que se plantee por cualquiera de las partes requerirá el examen previo del mismo en la CIVEA en el plazo máximo de dos meses desde su interposición. Si transcurrido este plazo no se hubiera alcanzado un acuerdo, la parte demandante tendrá abierta la vía judicial o podrá someterse a lo previsto en el punto segundo de este artículo.

Igual norma regirá para los conflictos de interpretación y aplicación de los acuerdos o pactos que lo desarrollen.

2. En el caso de que la Comisión Paritaria no dé solución al conflicto, las partes podrán nombrar de mutuo acuerdo a uno o varios mediadores, los cuales formularán los correspondientes dictámenes.

La negativa de las partes a aceptar las propuestas presentadas por el mediador habrá de ser razonada y por escrito.

Las propuestas del mediador y la posición de las partes habrán de hacerse públicas de inmediato.

3. En todo caso, las partes se comprometen a negociar en el más breve plazo posible un sistema de solución extrajudicial de los conflictos que surjan en el ámbito del Convenio.

Capítulo XVI.
Derecho supletorio

Artículo 93. Derecho supletorio

En todo lo no previsto en el presente Convenio se estará a lo dispuesto en el Estatuto de los Trabajadores y demás disposiciones legales o reglamentarias que resulten de aplicación.

Tema 9

El régimen de la Seguridad Social del personal laboral. Acción protectora Concepto y clases de prestaciones, afiliación y cotizaciones

Rodio ediciones

Índice esquemático

1. El régimen de la Seguridad Social del personal laboral. Afiliación y cotizaciones

1.1. Campo de aplicación

Estarán obligatoriamente incluidos en el campo de aplicación del Régimen General de la Seguridad Social los trabajadores por cuenta ajena y los asimilados a los que se refiere el artículo 7.1.a) de la Ley General de Seguridad Social, salvo que por razón de su actividad deban quedar comprendidos en el campo de aplicación de algún régimen especial de la Seguridad Social.

A los efectos de esta ley se declaran expresamente comprendidos en el apartado anterior:

a) Los trabajadores incluidos en el Sistema Especial para Empleados de Hogar y en el Sistema Especial para Trabajadores por Cuenta Ajena Agrarios, así como en cualquier otro de los sistemas especiales a que se refiere el artículo 11, establecidos en el Régimen General de la Seguridad Social.

b) Los trabajadores por cuenta ajena y los socios trabajadores de las sociedades de capital, aun cuando sean miembros de su órgano de administración, si el desempeño de este cargo no conlleva la realización de las funciones de dirección y gerencia de la sociedad, ni posean su control en los términos previstos por el artículo 305.2.b) (participación en el capital social en menos de la mitad)

c) Como asimilados a trabajadores por cuenta ajena, los consejeros y administradores de las sociedades de capital, siempre que no posean su control en los términos previstos por el artículo 305.2.b) (participación en el capital social en menos de la mitad), cuando el desempeño de su cargo conlleve la realización de las funciones de dirección y gerencia de la sociedad, siendo retribuidos por ello o por su condición de trabajadores por cuenta de la misma.

   Estos consejeros y administradores quedarán excluidos de la protección por desempleo y del Fondo de Garantía Salarial.

d) Los socios trabajadores de las sociedades laborales, cuya participación en el capital social se ajuste a lo establecido en el artículo 1.2.b) de la Ley 44/2015, de 14 de octubre, de Sociedades Laborales y Participadas, y aun cuando sean miembros de su órgano de administración, si el desempeño de este cargo no conlleva la realización de las funciones de dirección y gerencia de la sociedad, ni posean su control en los términos previstos por el artículo 305.2.e).

e) Como asimilados a trabajadores por cuenta ajena, los socios trabajadores de las sociedades laborales que, por su condición de administradores de las mismas, realicen funciones de dirección y gerencia de la sociedad, siendo retribuidos por ello o por su vinculación simultánea a la sociedad laboral mediante una relación laboral de carácter especial de alta dirección, y no posean su control en los términos previstos por el artículo 305.2.e).

   Estos socios trabajadores quedarán excluidos de la protección por desempleo y del Fondo de Garantía Salarial, salvo cuando el número de socios de la sociedad laboral no supere los veinticinco.

f) El personal contratado al servicio de notarías, registros de la propiedad y demás oficinas o centros similares.

g) Los trabajadores que realicen las operaciones de manipulación, empaquetado, envasado y comercialización del plátano, tanto si dichas labores se llevan a cabo en el lugar de producción del producto como fuera del mismo, ya provengan de explotaciones propias o de terceros y ya se realicen individualmente o en común mediante cualquier tipo de asociación o agrupación, incluidas las cooperativas en sus distintas clases.

h) Las personas que presten servicios retribuidos en entidades o instituciones de carácter benéfico-social.

i) Los laicos o seglares que presten servicios retribuidos en los establecimientos o dependencias de las entidades o instituciones eclesiásticas. Por acuerdo especial con la jerarquía eclesiástica competente se regulará la situación de los trabajadores laicos y seglares que presten sus servicios retribuidos a organismos o dependencias de la Iglesia y cuya misión primordial consista en ayudar directamente en la práctica del culto.

j) Los conductores de vehículos de turismo al servicio de particulares.

k) El personal civil no funcionario de las administraciones públicas y de las entidades y organismos vinculados o dependientes de ellas siempre que no estén incluidos en virtud de una ley especial en otro régimen obligatorio de previsión social.

l) El personal funcionario al servicio de las administraciones públicas y de las entidades y organismos vinculados o dependientes de ellas, incluido su periodo de prácticas, salvo que estén incluidos en el Régimen de Clases Pasivas del Estado o en otro régimen en virtud de una ley especial.

m) El personal funcionario a que se refiere la disposición adicional tercera, en los términos previstos en ella.

n) Los funcionarios del Estado transferidos a las comunidades autónomas que hayan ingresado o ingresen voluntariamente en cuerpos o escalas propios de la comunidad autónoma de destino, cualquiera que sea el sistema de acceso.

ñ) Los altos cargos de las administraciones públicas y de las entidades y organismos vinculados o dependientes de ellas, que no tengan la condición de funcionarios públicos.

o) Los miembros de las corporaciones locales y los miembros de las Juntas Generales de los Territorios Históricos Forales, Cabildos Insulares Canarios y Consejos Insulares Baleares que desempeñen sus cargos con dedicación exclusiva o parcial, a salvo de lo previsto en los artículos 74 y 75 de la Ley 7/1985, de 2 de abril, Reguladora de las Bases del Régimen Local.

p) Los cargos representativos de las organizaciones sindicales constituidas al amparo de la Ley Orgánica 11/1985, de 2 de agosto, de Libertad Sindical, que ejerzan funciones sindicales de dirección con dedicación exclusiva o parcial y percibiendo una retribución.

q) Cualesquiera otras personas que, por razón de su actividad, sean objeto de la asimilación prevista en el apartado 1 mediante real decreto, a propuesta del Ministerio de Empleo y Seguridad Social.

No darán lugar a inclusión en este Régimen General los siguientes trabajos:

a) Los que se ejecuten ocasionalmente mediante los llamados servicios amistosos, benévolos o de buena vecindad.

b) Los que den lugar a la inclusión en alguno de los regímenes especiales de la Seguridad Social.

c) Los realizados por los profesores universitarios eméritos, de conformidad con lo previsto en el apartado 2 de la disposición adicional vigésima segunda de la Ley Orgánica 6/2001, de 21 de diciembre, de Universidades, así como por el personal licenciado sanitario emérito nombrado al amparo de la disposición adicional cuarta de la Ley 55/2003, de 16 de diciembre, del Estatuto Marco del personal estatutario de los servicios de salud.

1.2. Inscripción de empresas y normas sobre afiliación, cotización y recaudación

1.2.1. Inscripción de empresas y afiliación de trabajadores

1.2.1.1. Inscripción de empresas (art. 138)

Los empresarios, como requisito previo e indispensable a la iniciación de sus actividades, solicitarán su inscripción en el Régimen General de la Seguridad Social, haciendo constar la entidad gestora o, en su caso, la mutua colaboradora con la Seguridad Social por la que hayan optado para proteger las contingencias profesionales, y en su caso, la prestación económica por incapacidad temporal derivada de contingencias comunes del personal a su servicio.

Los empresarios deberán comunicar las variaciones que se produzcan de los datos facilitados al solicitar su inscripción, y en especial la referente al cambio de la entidad que deba asumir la cobertura de las contingencias indicadas anteriormente.

La inscripción se efectuará ante el correspondiente organismo de la Administración de la Seguridad Social, a nombre de la persona física o jurídica o entidad sin personalidad titular de la empresa.

A los efectos de la presente ley se considerará empresario, aunque su actividad no esté motivada por ánimo de lucro, a toda persona física o jurídica o entidad sin personalidad, pública o privada, por cuya cuenta trabajen las personas incluidas en el artículo 136 de la Ley General de la Seguridad Social.

1.2.1.2. Afiliación, altas y bajas (art. 139)

Los empresarios estarán obligados a solicitar la afiliación al Sistema de la Seguridad Social de los trabajadores que ingresen a su servicio, así como a comunicar dicho ingreso y, en su caso, el cese en la empresa de tales trabajadores para que sean dados, respectivamente, de alta y de baja en el Régimen General.

En el caso de que el empresario incumpla las obligaciones que le impone el apartado anterior, el trabajador podrá instar su afiliación, alta o baja, directamente al organismo competente de la Administración de la Seguridad Social. Dicho organismo podrá, también, efectuar tales actos de oficio en los supuestos a que se refiere el artículo 16.4 de la Ley General de la Seguridad Social.

El reconocimiento del derecho al alta y a la baja en el Régimen General corresponderá al organismo de la Administración de la Seguridad Social que reglamentariamente se establezca.

Salvo disposición legal expresa en contrario, la situación de alta del trabajador en este Régimen General condicionará la aplicación al mismo de las normas de la Ley General de la Seguridad Social.

1.2.1.3. Procedimiento y plazos (art. 140)

El cumplimiento de las obligaciones que se establece en cuanto a afiliación, altas y bajas anteriores se ajustará, en cuanto a la forma, plazos y procedimiento, a lo establecido reglamentariamente.

La afiliación y altas sucesivas solicitadas fuera de plazo por el empresario o el trabajador no tendrán efecto retroactivo alguno. Cuando tales actos se practiquen de oficio, su eficacia temporal e imputación de responsabilidades resultantes serán las que se determinan en esta ley y sus disposiciones de aplicación y desarrollo.

1.2.2. Cotización

1.2.2.1. Sujetos obligados (art. 141)

Estarán sujetos a la obligación de cotizar al Régimen General de la Seguridad Social los trabajadores y asimilados comprendidos en su campo de aplicación y los empresarios por cuya cuenta trabajen.

La cotización comprenderá dos aportaciones:

a) De los empresarios.

b) De los trabajadores.

No obstante lo dispuesto en los apartados anteriores, por las contingencias de accidentes de trabajo y enfermedades profesionales la cotización completa correrá a cargo exclusivamente de los empresarios.

1.2.2.2. Sujeto responsable (art. 142)

El empresario es sujeto responsable del cumplimiento de la obligación de cotizar e ingresará las aportaciones propias y las de sus trabajadores, en su totalidad.

Responderán, asimismo, solidaria, subsidiariamente o mortis causa las personas o entidades sin personalidad a que se refieren los artículos 18 y 168.1 y 2. de la Ley General de la Seguridad Social.

La responsabilidad solidaria por sucesión en la titularidad de la explotación, industria o negocio que se establece en el citado artículo 168 se extiende a la totalidad de las deudas generadas con anterioridad al hecho de la sucesión. Se entenderá que existe dicha sucesión aun cuando sea una sociedad laboral la que continúe la explotación, industria o negocio, esté o no constituida por trabajadores que prestaran servicios por cuenta del empresario anterior.

En caso de que el empresario sea una sociedad o entidad disuelta y liquidada, sus obligaciones de cotización a la Seguridad Social pendientes se transmitirán a los socios o partícipes en el capital, que responderán de ellas solidariamente y hasta el límite del valor de la cuota de liquidación que se les hubiere adjudicado.

El empresario descontará a sus trabajadores, en el momento de hacerles efectivas sus retribuciones, la aportación que corresponda a cada uno de ellos. Si no efectuase el descuento en dicho momento no podrá realizarlo con posterioridad, quedando obligado a ingresar la totalidad de las cuotas a su exclusivo cargo.

En los justificantes de pago de dichas retribuciones, el empresario deberá informar a los trabajadores de la cuantía total de la cotización a la Seguridad Social indicando, de acuerdo con lo establecido en el artículo 141.2 de la Ley, la parte de la cotización que corresponde a la aportación del empresario y la parte correspondiente al trabajador, en los términos que reglamentariamente se determinen.

El empresario que habiendo efectuado tal descuento no ingrese dentro de plazo la parte de cuota correspondiente a sus trabajadores, incurrirá en responsabilidad ante ellos y ante los organismos de la Administración de la Seguridad Social afectados, sin perjuicio de las responsabilidades penal y administrativa que procedan.

1.2.2.3. Nulidad de pactos (art. 143)

Será nulo todo pacto, individual o colectivo, por el cual el trabajador asuma la obligación de pagar total o parcialmente la prima o parte de cuota a cargo del empresario.

Igualmente, será nulo todo pacto que pretenda alterar las bases de cotización que se fijan en el artículo 147 de la Ley General de la Seguridad Social.

1.2.2.4. Duración obligación cotizar (art. 144)

La obligación de cotizar nacerá con el inicio de la prestación del trabajo, incluido el período de prueba. La mera solicitud de la afiliación o alta del trabajador al organismo competente de la Administración de la Seguridad Social surtirá en todo caso idéntico efecto.

La obligación de cotizar se mantendrá por todo el período en que el trabajador esté en alta en el Régimen General o preste sus servicios, aunque estos revistan carácter discontinuo. Dicha obligación subsistirá asimismo respecto a los trabajadores que se encuentren cumpliendo deberes de carácter público o desempeñando cargos de representación sindical, siempre que ello no dé lugar a la excedencia en el trabajo.

Dicha obligación solo se extinguirá con la solicitud en regla de la baja en el Régimen General al organismo competente de la Administración de la Seguridad Social. Sin embargo, dicha comunicación no extinguirá la obligación de cotizar si continuase la prestación de trabajo.

La obligación de cotizar continuará en la situación de incapacidad temporal, cualquiera que sea su causa, en la de maternidad, en la de paternidad, en la de riesgo durante el embarazo y en la de riesgo durante la lactancia natural, así como en las demás situaciones previstas en el artículo 166 en que así se establezca reglamentariamente.

La obligación de cotizar se suspenderá durante las situaciones de huelga y cierre patronal.

La obligación de cotizar por las contingencias de accidentes de trabajo y enfermedades profesionales existirá aunque la empresa, con infracción de lo dispuesto en esta ley, no tuviera establecida la protección de su personal, o de parte de él, respecto a dichas contingencias. En tal caso, las primas debidas se devengarán a favor de la Tesorería General de la Seguridad Social.

1.2.2.5 Tipo de Cotización (art. 145)

El tipo de cotización tendrá carácter único para todo el ámbito de protección de este Régimen General. Su establecimiento y su distribución, para determinar las aportaciones respectivas del empresario y trabajador obligados a cotizar, se efectuarán en la correspondiente Ley de Presupuestos Generales del Estado.

El tipo de cotización se reducirá en el porcentaje o porcentajes correspondientes a aquellas situaciones y contingencias que no queden comprendidas en la acción protectora que se determine de acuerdo con lo previsto en el artículo 155.2, de la Ley para quienes sean asimilados a trabajadores por cuenta ajena, así como para otros supuestos establecidos legal o reglamentariamente.

1.2.2.6. Cotización por accidentes de trabajo y enfermedades profesionales (ATyEP) (art. 146)

La cotización por las contingencias de accidentes de trabajo y enfermedades profesionales se realizará mediante la aplicación de los tipos de cotización establecidos para cada actividad económica, ocupación, o situación en la tarifa de primas establecida legalmente. Para el cálculo de dichos tipos de cotización se computará el coste de las prestaciones y las exigencias de los servicios preventivos y rehabilitadores.

De igual forma se podrán establecer, para las empresas que ofrezcan riesgos de enfermedades profesionales, tipos adicionales a la cotización de accidentes de trabajo, en relación a la peligrosidad de la industria o clase de trabajo y a la eficacia de los medios de prevención empleados.

La cuantía de los tipos de cotización a que se refieren los apartados anteriores podrá reducirse en el supuesto de empresas que se distingan por el empleo de medios eficaces de prevención. Asimismo, dicha cuantía podrá aumentarse en el caso de empresas que incumplan sus obligaciones en materia de seguridad y salud en el trabajo. La reducción y el aumento previstos en este apartado no podrán exceder del 10 por ciento de los tipos de cotización, si bien el aumento podrá llegar hasta un 20 por ciento en caso de reiterado incumplimiento de las aludidas obligaciones.

1.2.2.7. Base de cotización (BC) (art. 147)

La base de cotización para todas las contingencias y situaciones amparadas por la acción protectora del Régimen General, incluidas las de accidente de trabajo y enfermedad profesional, estará constituida por la remuneración total, cualquiera que sea su forma o denominación, tanto en metálico como en especie, que con carácter mensual tenga derecho a percibir el trabajador o asimilado, o la que efectivamente perciba de ser esta superior, por razón del trabajo que realice por cuenta ajena.

Las percepciones de vencimiento superior al mensual se prorratearán a lo largo de los doce meses del año.

Las percepciones correspondientes a vacaciones anuales devengadas y no disfrutadas y que sean retribuidas a la finalización de la relación laboral serán objeto de liquidación y cotización complementaria a la del mes de la extinción del contrato. La liquidación y cotización complementaria comprenderán los días de duración de las vacaciones, aun cuando alcancen también el siguiente mes natural o se inicie una nueva relación laboral durante los mismos, sin prorrateo alguno y con aplicación, en su caso, del tope máximo de cotización correspondiente al mes o meses que resulten afectados.

No obstante lo establecido en el párrafo anterior, serán aplicables las normas generales de cotización en los términos que reglamentariamente se determinen cuando, mediante ley o en ejecución de la misma, se establezca que la remuneración del trabajador debe incluir, conjuntamente con el salario, la parte proporcional correspondiente a las vacaciones devengadas.

Únicamente no se computarán en la base de cotización los siguientes conceptos:

a) Las asignaciones para gastos de locomoción del trabajador que se desplace fuera de su centro habitual de trabajo para realizar el mismo en lugar distinto, cuando utilice medios de transporte público, siempre que el importe de dichos gastos se justifique mediante factura o documento equivalente.

b) Las asignaciones para gastos de locomoción del trabajador que se desplace fuera de su centro habitual de trabajo para realizar el mismo en lugar distinto, no comprendidos en el apartado anterior, así como para gastos normales de manutención y estancia generados en municipio distinto del lugar del trabajo habitual del perceptor y del que constituya su residencia, en la cuantía y con el alcance previstos en la normativa estatal reguladora del Impuesto sobre la Renta de la Personas Físicas.

c) Las indemnizaciones por fallecimiento y las correspondientes a traslados, suspensiones y despidos.

   Las indemnizaciones por fallecimiento y las correspondientes a traslados y suspensiones estarán exentas de cotización hasta la cuantía máxima prevista en norma sectorial o convenio colectivo aplicable.

   Las indemnizaciones por despido o cese del trabajador estarán exentas en la cuantía establecida con carácter obligatorio en el texto refundido de la Ley del Estatuto de los Trabajadores, en su normativa de desarrollo o, en su caso, en la normativa reguladora de la ejecución de sentencias, sin que pueda considerarse como tal la establecida en virtud de convenio, pacto o contrato.

   Cuando se extinga el contrato de trabajo con anterioridad al acto de conciliación, estarán exentas las indemnizaciones por despido que no excedan de la que hubiera correspondido en el caso de que este hubiera sido declarado improcedente, y no se trate de extinciones de mutuo acuerdo en el marco de planes o sistemas colectivos de bajas incentivadas.

   Sin perjuicio de lo dispuesto en los párrafos anteriores, en los supuestos de despido o cese como consecuencia de despidos colectivos, tramitados de conformidad con lo dispuesto en el artículo 51 del texto refundido de la Ley del Estatuto de los Trabajadores, o producidos por las causas previstas en el artículo 52.c) del citado texto refundido, siempre que en ambos casos se deban a causas económicas, técnicas, organizativas, de producción o por fuerza mayor, quedará exenta la parte de indemnización percibida que no supere los límites establecidos con carácter obligatorio en el mencionado Estatuto para el despido improcedente.

d) Las prestaciones de la Seguridad Social, las mejoras de las prestaciones por incapacidad temporal concedidas por las empresas y las asignaciones destinadas por estas para satisfacer gastos de estudios dirigidos a la actualización, capacitación o reciclaje del personal a su servicio, cuando tales estudios vengan exigidos por el desarrollo de sus actividades o las características de los puestos de trabajo.

e) Las horas extraordinarias, salvo para la cotización por accidentes de trabajo y enfermedades profesionales de la Seguridad Social.

Los empresarios deberán comunicar a la Tesorería General de la Seguridad Social en cada período de liquidación el importe de todos los conceptos retributivos abonados a sus trabajadores, con independencia de su inclusión o no en la base de cotización a la Seguridad Social y aunque resulten de aplicación bases únicas.

No obstante, el Ministerio de Empleo y Seguridad Social podrá establecer el cómputo de las horas extraordinarias, ya sea con carácter general, ya sea por sectores laborales en los que la prolongación de la jornada sea característica de su actividad.

1.2.2.8. Topes máximo y mínimo de la base de cotización (BC) (art. 148)

El tope máximo de la base de cotización, único para todas las actividades, categorías profesionales y contingencias incluidas en este Régimen, será el establecido, para cada año, en la correspondiente Ley de Presupuestos Generales del Estado.

El tope máximo de la base de cotización así establecido será aplicable igualmente en los casos de pluriempleo. A los efectos de esta ley se entenderá por pluriempleo la situación de quien trabaje en dos o más empresas distintas, en actividades que den lugar a su inclusión en el campo de aplicación de este Régimen General.

La base de cotización tendrá como tope mínimo la cuantía establecida en el artículo 19.2. de la Ley.

El Ministerio de Empleo y Seguridad Social adecuará, en función de los días y horas trabajados, los topes mínimos y las bases mínimas fijados para cada grupo de categorías profesionales, en relación con los supuestos en que, por disposición legal, se establezca expresamente la cotización por días o por horas.

1.2.2.9. Cotización adicional por horas extraordinarias (art. 149)

La remuneración que obtengan los trabajadores por el concepto de horas extraordinarias, con independencia de su cotización a efectos de accidentes de trabajo y enfermedades profesionales, estará sujeta a una cotización adicional por parte de empresarios y trabajadores, con arreglo a los tipos que se establezcan en la correspondiente Ley de Presupuestos Generales del Estado.

La cotización adicional por horas extraordinarias estructurales que superen el tope máximo de ochenta horas establecido en el artículo 35.2 del texto refundido de la Ley del Estatuto de los Trabajadores se efectuará mediante la aplicación del tipo general de cotización establecido para las horas extraordinarias en la Ley de Presupuestos Generales del Estado.

1.2.2.10. Cotización en contratos de corta duración (art. 151)

En los contratos de carácter temporal cuya duración efectiva sea inferior a siete días, la cuota empresarial a la Seguridad Social por contingencias comunes se incrementará en un 36 por ciento. Dicho incremento no será de aplicación a los contratos de interinidad ni a los trabajadores incluidos en el Sistema Especial para Trabajadores por Cuenta Ajena Agrarios.

1.2.2.11. Cotización con sesenta y cinco o más años (art. 152)

Los empresarios y trabajadores quedarán exentos de cotizar a la Seguridad Social por contingencias comunes, salvo por incapacidad temporal derivada de las mismas, respecto de aquellos trabajadores por cuenta ajena con contratos de trabajo de carácter indefinido, así como de los socios trabajadores o de trabajo de las cooperativas, siempre que se encuentren en alguno de estos supuestos:

a) Sesenta y cinco años de edad y treinta y ocho años y seis meses de cotización.

b) Sesenta y siete años de edad y treinta y siete años de cotización.

En todos los casos citados, a efectos del cómputo de años de cotización no se tomarán en cuenta las partes proporcionales de pagas extraordinarias.

Si al cumplir la edad correspondiente a que se refiere el apartado anterior el trabajador no tuviere cotizados el número de años en cada caso requerido, la exención prevista en este artículo será aplicable a partir de la fecha en que se acrediten los años de cotización exigidos para cada supuesto.

Las exenciones establecidas en este artículo no serán aplicables a las cotizaciones relativas a trabajadores que presten sus servicios en las Administraciones Públicas o en los organismos públicos regulados en el título III de la Ley 6/1997, de 14 de abril, de Organización y Funcionamiento de la Administración General del Estado.

La exoneración de la cotización prevista en este artículo comprenderá también las aportaciones por desempleo, Fondo de Garantía Salarial y formación profesional.

1.2.2.12. Cotización en supuestos de compatibilidad de jubilación y trabajo (art. 153)

Durante la realización de un trabajo por cuenta ajena compatible con la pensión de jubilación, en los términos establecidos en el artículo 214 de la Ley, los empresarios y los trabajadores cotizarán al Régimen General únicamente por incapacidad temporal y por contingencias profesionales, según la normativa reguladora de dicho Régimen, si bien quedarán sujetos a una cotización especial de solidaridad del 8 por ciento sobre la base de cotización por contingencias comunes, no computable a efectos de prestaciones, que se distribuirá entre ellos, corriendo a cargo del empresario el 6 por ciento y del trabajador el 2 por ciento.

1.2.3. *Recaudación (art. 154)*

A efectos de lo dispuesto en el capítulo III del título I de esta ley, los empresarios y, en su caso, las personas señaladas en los artículos 18 y 168.1 y 2, serán los obligados a ingresar la totalidad de las cuotas de este Régimen General en el plazo, lugar y forma establecidos en esta ley y en sus normas de aplicación y desarrollo.

Serán imputables a los sujetos responsables del cumplimiento de la obligación de cotizar los recargos y el interés de demora establecidos en los artículos 30 y 31.

El ingreso de las cuotas fuera de plazo reglamentario se efectuará con arreglo al tipo de cotización vigente en la fecha en que las cuotas se devengaron.

2. Acción protectora. Concepto y clases de prestaciones

2.1. Aspectos Comunes de la Acción Protectora

2.1.1. *Accidente de trabajo (AT) (art. 156)*

Se entiende por accidente de trabajo toda lesión corporal que el trabajador sufra con ocasión o por consecuencia del trabajo que ejecute por cuenta ajena.

Tendrán la consideración de accidentes de trabajo:

c) Los que sufra el trabajador al ir o al volver del lugar de trabajo.

d) Los que sufra el trabajador con ocasión o como consecuencia del desempeño de cargos electivos de carácter sindical, así como los ocurridos al ir o al volver del lugar en que se ejerciten las funciones propias de dichos cargos.

e) Los ocurridos con ocasión o por consecuencia de las tareas que, aun siendo distintas a las de su grupo profesional, ejecute el trabajador en cumplimiento de las órdenes del empresario o espontáneamente en interés del buen funcionamiento de la empresa.

f) Los acaecidos en actos de salvamento y en otros de naturaleza análoga, cuando unos y otros tengan conexión con el trabajo.

g) Las enfermedades, no incluidas en el artículo siguiente, que contraiga el trabajador con motivo de la realización de su trabajo, siempre que se pruebe que la enfermedad tuvo por causa exclusiva la ejecución del mismo.

h) Las enfermedades o defectos, padecidos con anterioridad por el trabajador, que se agraven como consecuencia de la lesión constitutiva del accidente.

i) Las consecuencias del accidente que resulten modificadas en su naturaleza, duración, gravedad o terminación, por enfermedades intercurrentes, que constituyan complicaciones derivadas del proceso patológico determinado por el accidente mismo o tengan su origen en afecciones adquiridas en el nuevo medio en que se haya situado el paciente para su curación.

Se presumirá, salvo prueba en contrario, que son constitutivas de accidente de trabajo las lesiones que sufra el trabajador durante el tiempo y en el lugar del trabajo.

No obstante lo establecido en los apartados anteriores, no tendrán la consideración de accidente de trabajo:

a) Los que sean debidos a fuerza mayor extraña al trabajo, entendiéndose por esta la que sea de tal naturaleza que no guarde relación alguna con el trabajo que se ejecutaba al ocurrir el accidente.

   En ningún caso se considerará fuerza mayor extraña al trabajo la insolación, el rayo y otros fenómenos análogos de la naturaleza.

b) Los que sean debidos a dolo o a imprudencia temeraria del trabajador accidentado.

No impedirán la calificación de un accidente como de trabajo:

a) La imprudencia profesional que sea consecuencia del ejercicio habitual de un trabajo y se derive de la confianza que este inspira.

b) La concurrencia de culpabilidad civil o criminal del empresario, de un compañero de trabajo del accidentado o de un tercero, salvo que no guarde relación alguna con el trabajo.

2.1.2. Concepto de enfermedad profesional (EP) (art. 157)

Se entenderá por enfermedad profesional la contraída a consecuencia del trabajo ejecutado por cuenta ajena en las actividades que se especifiquen en el cuadro que se apruebe por las disposiciones de aplicación y desarrollo de esta ley, y que esté provocada por la acción de los elementos o sustancias que en dicho cuadro se indiquen para cada enfermedad profesional.

En tales disposiciones se establecerá el procedimiento que haya de observarse para la inclusión en dicho cuadro de nuevas enfermedades profesionales que se estime deban ser incorporadas al mismo. Dicho procedimiento comprenderá, en todo caso, como trámite preceptivo, el informe del Ministerio de Sanidad, Servicios Sociales e Igualdad.

2.1.3. Concepto de accidente no laboral y de enfermedad común (art. 158)

Se considerará accidente no laboral el que, conforme a lo establecido en el artículo 156, no tenga el carácter de accidente de trabajo.

Se considerará que constituyen enfermedad común las alteraciones de la salud que no tengan la condición de accidentes de trabajo ni de enfermedades profesionales, conforme a lo dispuesto, respectivamente, en los apartados 2.e), f) y g) del artículo 156 y en el artículo 157.

2.1.4. Resto de contingencias (art. 159)

El concepto legal de las restantes contingencias será el que resulte de las condiciones exigidas para el reconocimiento del derecho a las prestaciones otorgadas en consideración a cada una de ellas.

2.1.5. Riesgos catastróficos (art. 160)

En ningún caso serán objeto de protección por el Régimen General los riesgos declarados catastróficos al amparo de su legislación especial.

2.2. Normas generales en materia de prestaciones

2.2.1. Cuantía de las prestaciones (art. 161)

La cuantía de las prestaciones económicas no determinada en la presente ley será fijada en sus normas de desarrollo.

La cuantía de las pensiones y de las demás prestaciones cuyo importe se calcule sobre una base reguladora se determinará en función de la totalidad de las bases por las que se haya cotizado durante los períodos que se señalen para cada una de ellas.

La cotización adicional por horas extraordinarias a que se refiere el artículo 149 no será computable a efectos de determinar la base reguladora de las prestaciones.

En todo caso, la base reguladora de cada prestación no podrá rebasar el tope máximo de la base de cotización previsto en el artículo 148.

En los casos de pluriempleo, la base reguladora de las prestaciones se determinará en función de la suma de las bases por las que se haya cotizado en las distintas empresas, siendo de aplicación a la base reguladora así determinada el tope máximo a que se refiere el apartado anterior.

Por los períodos de actividad en los que no se hayan efectuado cotizaciones por contingencias comunes, en los términos previstos en el artículo 152, a efectos de determinar la base reguladora de las prestaciones excluidas de cotización, las bases de cotización correspondientes a las mensualidades de cada ejercicio económico exentas de cotización no podrán ser superiores al resultado de incrementar el promedio de las bases de cotización del año natural inmediatamente anterior en el porcentaje de variación media conocida del Índice de Precios de Consumo en el último año indicado más dos puntos porcentuales.

2.2.2. Caracteres de las prestaciones (art. 162)

Las prestaciones del Régimen General de la Seguridad Social tendrán los caracteres establecidos genéricamente en el artículo 44 de la Ley.

Las prestaciones que deban satisfacer los empresarios a su cargo, conforme a lo establecido en el artículo 167.2 y en el párrafo segundo del artículo 173.1, o por su colaboración en la gestión y, en su caso, las mutuas colaboradoras con la Seguridad Social en régimen de liquidación, tendrán el carácter de créditos privilegiados, gozando, al efecto, del régimen establecido en el artículo 32 del texto refundido de la Ley del Estatuto de los Trabajadores.

Lo dispuesto en los apartados anteriores será también de aplicación al recargo de prestaciones a que se refiere el artículo 164.

2.2.3. Incompatibilidad de pensiones (art. 163)

Las pensiones de este Régimen General serán incompatibles entre sí cuando coincidan en un mismo beneficiario, a no ser que expresamente se disponga lo contrario, legal o reglamentariamente. En caso de incompatibilidad, quien pudiera tener derecho a dos o más pensiones optará por una de ellas.

El régimen de incompatibilidad establecido en el apartado anterior será también aplicable a la indemnización a tanto alzado prevista en el artículo 196.2 como prestación sustitutiva de pensión de incapacidad permanente en el grado de total.

2.2.4. Recargo de las prestaciones económicas derivadas de accidente de trabajo o enfermedad profesional (art. 164)

Todas las prestaciones económicas que tengan su causa en accidente de trabajo o enfermedad profesional se aumentarán, según la gravedad de la falta, de un 30 a un 50 por ciento, cuando la lesión se produzca por equipos de trabajo o en instalaciones, centros o lugares de trabajo que carezcan de los medios de protección reglamentarios, los tengan inutilizados o en malas condiciones, o cuando no se hayan observado las medidas generales o particulares de seguridad y salud en el trabajo, o las de adecuación personal a cada trabajo, habida cuenta de sus características y de la edad, sexo y demás condiciones del trabajador.

La responsabilidad del pago del recargo establecido en el apartado anterior recaerá directamente sobre el empresario infractor y no podrá ser objeto de seguro alguno, siendo nulo de pleno derecho cualquier pacto o contrato que se realice para cubrirla, compensarla o trasmitirla.

La responsabilidad que regula este artículo es independiente y compatible con las de todo orden, incluso penal, que puedan derivarse de la infracción.

2.2.5. Condiciones del derecho a las prestaciones (art. 165)

Para causar derecho a las prestaciones del Régimen General, las personas incluidas en su campo de aplicación habrán de cumplir, además de los requisitos particulares exigidos para acceder a cada una de ellas, el requisito general de estar afiliadas y en alta en dicho Régimen o en situación asimilada a la de alta al sobrevenir la contingencia o situación protegida, salvo disposición legal expresa en contrario.

En las prestaciones cuyo reconocimiento o cuantía esté subordinado, además, al cumplimiento de determinados períodos de cotización, solamente serán computables a tales efectos las cotizaciones efectivamente realizadas o las expresamente asimiladas a ellas en esta ley o en sus disposiciones reglamentarias.

Las cuotas correspondientes a la situación de incapacidad temporal, de maternidad, de paternidad, de riesgo durante el embarazo o de riesgo durante la lactancia natural serán computables a efectos de los distintos períodos previos de cotización exigidos para el derecho a las prestaciones.

No se exigirán períodos previos de cotización para el derecho a las prestaciones derivadas de accidente, sea o no de trabajo, o de enfermedad profesional, salvo disposición legal expresa en contrario.

El período de suspensión con reserva del puesto de trabajo, contemplado en el artículo 48.10 del texto refundido de la Ley del Estatuto de los Trabajadores para supuestos de violencia de género, tendrá la consideración de período de cotización efectiva a efectos de las correspondientes prestaciones de la Seguridad Social por jubilación, incapacidad permanente, muerte y supervivencia, maternidad, desempleo y cuidado de menores afectados por cáncer u otra enfermedad grave.

El período por maternidad o paternidad que subsista a la fecha de extinción del contrato de trabajo, o que se inicie durante la percepción de la prestación por desempleo, será considerado como período de cotización efectiva a efectos de las correspondientes prestaciones de la Seguridad Social por jubilación, incapacidad permanente, muerte y supervivencia, maternidad, paternidad y cuidado de menores afectados por cáncer u otra enfermedad grave.

2.2.6. Situaciones asimiladas a la de alta (art. 166)

A los efectos indicados en el artículo 165.1, la situación legal de desempleo total durante la que el trabajador perciba prestación por dicha contingencia será asimilada a la de alta.

También tendrá la consideración de situación asimilada a la de alta, con cotización, salvo en lo que respecta a los subsidios por riesgo durante el embarazo y por riesgo durante la lactancia natural, la situación del trabajador durante el período correspondiente a vacaciones anuales retribuidas que no hayan sido disfrutadas por el mismo con anterioridad a la finalización del contrato.

Los casos de excedencia forzosa, traslado por la empresa fuera del territorio nacional, convenio especial con la Administración de la Seguridad Social y los demás que señale el Ministerio de Empleo y Seguridad Social, podrán ser asimilados a la situación de alta para determinadas contingencias, con el alcance y condiciones que reglamentariamente se establezcan.

Los trabajadores comprendidos en el campo de aplicación de este Régimen General se considerarán, de pleno derecho, en situación de alta a efectos de accidentes de trabajo, enfermedades profesionales y desempleo, aunque su empresario hubiera incumplido sus obligaciones. Igual norma se aplicará a los exclusivos efectos de la asistencia sanitaria por enfermedad común, maternidad y accidente no laboral.

El Gobierno, a propuesta del titular del Ministerio de Empleo y Seguridad Social y previa la determinación de los recursos financieros precisos, podrá extender la presunción de alta a que se refiere el apartado anterior a alguna o algunas de las restantes contingencias reguladas en el presente título.

Lo establecido en los dos apartados anteriores se entenderá sin perjuicio de la obligación de los empresarios de solicitar el alta de sus trabajadores en el Régimen General, conforme a lo dispuesto en el artículo 139, y de la responsabilidad empresarial que resulte procedente de acuerdo con lo previsto en el artículo siguiente.

Durante las situaciones de huelga y cierre patronal el trabajador permanecerá en situación de alta especial en la Seguridad Social.

2.2.7. Responsabilidad en orden a las prestaciones (art. 167)

Cuando se haya causado derecho a una prestación por haberse cumplido las condiciones a que se refiere el artículo 165, la responsabilidad correspondiente se imputará, de acuerdo con sus respectivas competencias, a las entidades gestoras, mutuas colaboradoras con la Seguridad Social o empresarios que colaboren en la gestión o, en su caso, a los servicios comunes.

El incumplimiento de las obligaciones en materia de afiliación, altas y bajas y de cotización determinará la exigencia de responsabilidad, en cuanto al pago de las prestaciones, previa la fijación de los supuestos de imputación y de su alcance y la regulación del procedimiento para hacerla efectiva.

No obstante lo establecido en el apartado anterior, las entidades gestoras, mutuas colaboradoras con la Seguridad Social o, en su caso, los servicios comunes procederán, de acuerdo con sus respectivas competencias, al pago de las prestaciones a los beneficiarios en aquellos casos, incluidos en dicho apartado, en los que así se determine reglamentariamente, con la consiguiente subrogación en los derechos y acciones de tales beneficiarios. El indicado pago procederá aun cuando se trate de empresas desaparecidas o de aquellas que por su especial naturaleza no puedan ser objeto de procedimiento de apremio. Igualmente, las mencionadas entidades, mutuas y servicios asumirán el pago de las prestaciones, en la medida en que se atenúe el alcance de la responsabilidad de los empresarios respecto a dicho pago.

El anticipo de las prestaciones, en ningún caso, podrá exceder de la cantidad equivalente a dos veces y media el importe del indicador público de renta de efectos múltiples vigente en el momento del hecho causante o, en su caso, del importe del capital coste necesario para el pago anticipado, con el límite indicado por las entidades gestoras, mutuas o servicios. En todo caso, el cálculo del importe de las prestaciones o del capital coste para el pago de las mismas por las mutuas o empresas declaradas responsables de aquellas incluirá el interés de capitalización y el recargo por falta de aseguramiento establecido pero con exclusión del recargo por falta de medidas de seguridad y salud en el trabajo a que se refiere el artículo 164 de la Ley.

Los derechos y acciones que, por subrogación en los derechos y acciones de los beneficiarios, correspondan a aquellas entidades, mutuas o servicios frente al empresario declarado responsable de prestaciones por resolución administrativa o judicial o frente a las entidades de la Seguridad Social en funciones de garantía, únicamente podrán ejercitarse contra el responsable subsidiario tras la previa declaración administrativa o judicial de insolvencia, provisional o definitiva, de dicho empresario.

Cuando, en virtud de lo dispuesto en este apartado, las entidades gestoras, las mutuas y, en su caso, los servicios comunes se subrogasen en los derechos y acciones de los beneficiarios, aquellos podrán utilizar frente al empresario responsable la misma vía administrativa o judicial que se hubiera seguido para la efectividad del derecho y de la acción objeto de subrogación.

Corresponderá a la entidad gestora competente la declaración, en vía administrativa, de la responsabilidad en orden a las prestaciones cualquiera que sea la prestación de que se trate, así como de la entidad que, en su caso, deba anticipar aquella o constituir el correspondiente capital coste.

2.2.8. Supuestos especiales de responsabilidad en orden a las prestaciones (art. 168)

Sin perjuicio de lo dispuesto en el artículo 42 del texto refundido de la Ley del Estatuto de los Trabajadores para las contratas y subcontratas de obras y servicios correspondientes a la propia actividad del empresario contratante, cuando un empresario haya sido declarado responsable, en todo o en parte, del pago de una prestación, a tenor de lo previsto en el artículo anterior, si la correspondiente obra o industria estuviera contratada, el propietario de esta responderá de las obligaciones del empresario si el mismo fuese declarado insolvente.

No habrá lugar a esta responsabilidad subsidiaria cuando la obra contratada se refiera exclusivamente a las reparaciones que pueda contratar el titular de un hogar respecto a su vivienda.

En los casos de sucesión en la titularidad de la explotación, industria o negocio, el adquirente responderá solidariamente con el anterior o con sus herederos del pago de las prestaciones causadas antes de dicha sucesión. La misma responsabilidad se establece

2.3. Disposiciones comunes del Régimen General

2.3.1. Mejoras voluntarias de la acción protectora del Régimen general (arts. 238 a 241)

Las mejoras voluntarias de la acción protectora de este Régimen General podrán efectuarse a través de:

a) Mejora directa de las prestaciones.

b) Establecimiento de tipos de cotización adicionales.

La concesión de mejoras voluntarias por las empresas deberá ajustarse a lo establecido en esta sección y en las normas dictadas para su aplicación y desarrollo.

Las empresas podrán mejorar directamente las prestaciones de este Régimen General, costeándolas a su exclusivo cargo. Excepcionalmente, y previa aprobación del Ministerio de Empleo y Seguridad Social, podrá establecerse una aportación económica a cargo de los trabajadores, siempre que se les faculte para acogerse o no, individual y voluntariamente, a las mejoras concedidas por los empresarios con tal condición.

No obstante el carácter voluntario para los empresarios de la implantación de las mejoras a que este artículo se refiere, cuando al amparo de las mismas un trabajador haya causado el derecho a la mejora de una prestación periódica, ese derecho no podrá ser anulado o disminuido si no es de acuerdo con las normas que regulan su reconocimiento.

Las empresas, en las condiciones que reglamentariamente se determinen, podrán realizar la mejora de prestaciones a que se refiere el párrafo anterior por sí mismas o a través de la Administración de la Seguridad Social, fundaciones laborales, montepíos y mutualidades de previsión social o entidades aseguradoras de cualquier clase.

Las fundaciones laborales legalmente constituidas para el cumplimiento de los fines que les sean propios gozarán del trato fiscal y de las demás exenciones concedidas, en los términos que las normas aplicables establezcan.

El Ministerio de Empleo y Seguridad Social, a instancia de los interesados, podrá aprobar cotizaciones adicionales efectuadas mediante el aumento del tipo de cotización al que se refiere el artículo 145, con destino a la revalorización de las pensiones u otras prestaciones periódicas ya causadas y financiadas con cargo al mismo o para mejorar las futuras.

2.3.2. Sobre seguridad y salud en el trabajo en el Régimen General (arts. 242 a 244)

El incumplimiento por parte de las empresas de las órdenes de la Inspección de Trabajo y Seguridad Social y de las resoluciones de la autoridad laboral en materia de paralización de trabajos que no cumplan las normas de seguridad y salud se equiparará, respecto de los accidentes de trabajo que en tal caso pudieran producirse, a la falta de formalización de la protección por dicha contingencia de los trabajadores afectados, con independencia de cualquier otra responsabilidad o sanción a que hubiera lugar.

Todas las empresas que hayan de cubrir puestos de trabajo con riesgo de enfermedades profesionales están obligadas a practicar un reconocimiento médico previo a la admisión de los trabajadores que hayan de ocupar aquellos y a realizar los reconocimientos periódicos que para cada tipo de enfermedad se establezcan en las normas que, al efecto, apruebe el Ministerio de Empleo y Seguridad Social.

Los reconocimientos serán a cargo de la empresa y tendrán el carácter de obligatorios para el trabajador, a quien abonará aquella, si a ello hubiera lugar, los gastos de desplazamiento y la totalidad del salario que por tal causa pueda dejar de percibir.

Las indicadas empresas no podrán contratar trabajadores que en el reconocimiento médico no hayan sido calificados como aptos para desempeñar los puestos de trabajo de que se trate. Igual prohibición se establece respecto a la continuación del trabajador en su puesto de trabajo cuando no se mantenga la declaración de aptitud en los reconocimientos sucesivos.

Las disposiciones de aplicación y desarrollo determinarán los casos excepcionales en los que, por exigencias de hecho de la contratación laboral, se pueda conceder un plazo para efectuar los reconocimientos inmediatamente después de la iniciación del trabajo.

Las entidades gestoras y las colaboradoras con la Seguridad Social están obligadas, antes de tomar a su cargo la protección por accidente de trabajo y enfermedad profesional del personal empleado en empresas con riesgo específico de esta última contingencia, a conocer el certificado del reconocimiento médico previo a que se refiere el artículo anterior, haciendo constar en la documentación correspondiente que tal obligación ha sido cumplida. De igual forma deberán conocer las entidades mencionadas los resultados de los reconocimientos médicos periódicos.

El incumplimiento por parte de la empresa de la obligación de efectuar los reconocimientos médicos previos o periódicos la constituirá en responsable directa de todas las prestaciones que puedan derivarse, en tales casos, de enfermedad profesional, tanto si la empresa estuviera asociada a una mutua colaboradora con la Seguridad Social, como si tuviera cubierta la protección de dicha contingencia en una entidad gestora.

El incumplimiento por las mutuas de lo dispuesto en el apartado 1 les hará incurrir en las siguientes responsabilidades:

a) Obligación de ingresar en el Fondo de Contingencias Profesionales de la Seguridad Social a que se refiere el artículo 97, el importe de las primas percibidas, con un recargo que podrá llegar al 100 por ciento de dicho importe.

b) Obligación de ingresar, con el destino antes fijado, una cantidad igual a la que equivalgan las responsabilidades a cargo de la empresa, en los supuestos a que se refiere el apartado anterior de este artículo, incluyéndose entre tales responsabilidades las que procedan de acuerdo con lo dispuesto en el artículo 164.

c) Anulación, en caso de reincidencia, de la autorización para colaborar en la gestión.

d) Cualesquiera otras responsabilidades que procedan de acuerdo con lo dispuesto en esta ley y en sus disposiciones de aplicación y desarrollo.

2.4. Disposiciones aplicables a determinados trabajadores del Régimen General

2.4.1. Trabajadores contratados a tiempo parcial

2.4.1.1. Protección social (art. 245)

La protección social derivada de los contratos de trabajo a tiempo parcial se regirá por el principio de asimilación del trabajador a tiempo parcial al trabajador a tiempo completo y específicamente por lo establecido en este capítulo y en los artículos 269.2 y 270.1 con relación a la protección por desempleo.

Las reglas contenidas en esta sección serán de aplicación a los trabajadores con contrato a tiempo parcial, de relevo a tiempo parcial y contrato fijo-discontinuo, de conformidad con lo establecido en los artículos 12 y 16 del texto refundido de la Ley del Estatuto de los Trabajadores, comprendidos en el campo de aplicación del Régimen General, incluidos los trabajadores a tiempo parcial o fijos discontinuos pertenecientes al Sistema Especial para Empleados de Hogar.

2.4.1.2. Cotización (art. 246)

La base de cotización a la Seguridad Social y de las aportaciones que se recaudan conjuntamente con las cuotas de aquella será siempre mensual y estará constituida por las retribuciones efectivamente percibidas en función de las horas trabajadas, tanto ordinarias como complementarias.

La base de cotización así determinada no podrá ser inferior a las cantidades que reglamentariamente se determinen.

Las horas complementarias cotizarán a la Seguridad Social sobre las mismas bases y tipos que las horas ordinarias.

2.4.1.3. Cómputo de los periodos de cotización (art. 247)

A efectos de acreditar los períodos de cotización necesarios para causar derecho a las prestaciones de jubilación, incapacidad permanente, muerte y supervivencia, incapacidad temporal, maternidad y paternidad, se aplicarán las siguientes reglas:

a) Se tendrán en cuenta los distintos períodos durante los cuales el trabajador haya permanecido en alta con un contrato a tiempo parcial, cualquiera que sea la duración de la jornada realizada en cada uno de ellos.

A tal efecto, el coeficiente de parcialidad, que viene determinado por el porcentaje de la jornada realizada a tiempo parcial respecto de la jornada realizada por un trabajador a tiempo completo comparable, se aplicará sobre el período de alta con contrato a tiempo parcial, siendo el resultado el número de días que se considerarán efectivamente cotizados en cada período.

Al número de días que resulten se le sumarán, en su caso, los días cotizados a tiempo completo, siendo el resultado el total de días de cotización acreditados computables para el acceso a las prestaciones.

b) Una vez determinado el número de días de cotización acreditados, se procederá a calcular el coeficiente global de parcialidad, siendo este el porcentaje que representa el número de días trabajados y acreditados como cotizados, de acuerdo con lo establecido en la letra a), sobre el total de días en alta a lo largo de toda la vida laboral del trabajador. En caso de tratarse de subsidio por incapacidad temporal, el cálculo del coeficiente global de parcialidad se realizará exclusivamente sobre los últimos cinco años. Si se trata del subsidio por maternidad y paternidad, el coeficiente global de parcialidad se calculará sobre los últimos siete años o, en su caso, sobre toda la vida laboral.

c) El período mínimo de cotización exigido a los trabajadores a tiempo parcial para cada una de las prestaciones económicas que lo tengan establecido, será el resultado de aplicar al período regulado con carácter general el coeficiente global de parcialidad a que se refiere la letra b).

En los supuestos en que, a efectos del acceso a la correspondiente prestación económica, se exija que parte o la totalidad del período mínimo de cotización exigido esté comprendido en un plazo de tiempo determinado, el coeficiente global de parcialidad se aplicará para fijar el período de cotización exigible. El espacio temporal en el que habrá de estar comprendido el período exigible será, en todo caso, el establecido con carácter general para la respectiva prestación.

2.4.1.4. Cuantía de las prestaciones económicas (art. 248)

En la determinación de la base reguladora de las prestaciones económicas se tendrán en cuenta las siguientes reglas:

a) La base reguladora de las prestaciones de jubilación e incapacidad permanente se calculará conforme a la regla general.

b) La base reguladora diaria de las prestaciones por maternidad y por paternidad, será el resultado de dividir la suma de las bases de cotización acreditadas en la empresa durante el año anterior a la fecha del hecho causante entre trescientos sesenta y cinco.

No obstante, las prestaciones por maternidad y paternidad podrán reconocerse mediante resolución provisional conforme a lo previsto en el artículo 179.2.

c) La base reguladora diaria de la prestación por incapacidad temporal será el resultado de dividir la suma de las bases de cotización a tiempo parcial acreditadas desde la última alta laboral, con un máximo de tres meses inmediatamente anteriores al del hecho causante, entre el número de días naturales comprendidos en el período.

La prestación económica se abonará durante todos los días naturales en que el interesado se encuentre en la situación de incapacidad temporal.

A efectos de calcular las pensiones de jubilación y de incapacidad permanente derivada de enfermedad común, la integración de los períodos durante los que no haya habido obligación de cotizar se llevará a cabo con la base mínima de cotización de entre las aplicables en cada momento, correspondiente al número de horas contratadas en último término.

A efectos de determinar la cuantía de las pensiones de jubilación y de incapacidad permanente derivada de enfermedad común, el número de días cotizados que resulten de lo establecido en el segundo párrafo de la letra a) del artículo 247, se incrementará con la aplicación del coeficiente del 1,5, sin que el número de días resultante pueda ser superior al período de alta a tiempo parcial.

El porcentaje a aplicar sobre la respectiva base reguladora se determinará conforme a la escala general a que se refiere el artículo 210.1, con la siguiente excepción:

Cuando el interesado acredite un período de cotización inferior a quince años, considerando la suma de los días a tiempo completo con los días a tiempo parcial incrementados ya estos últimos con el coeficiente del 1,5, el porcentaje a aplicar sobre la respectiva base reguladora será el equivalente al que resulte de aplicar a 50 el porcentaje que represente el período de cotización acreditado por el trabajador sobre quince años.

2.4.2. Trabajadores contratados para la formación y el aprendizaje (art. 249)

La acción protectora de la Seguridad Social del trabajador contratado para la formación y el aprendizaje comprenderá todas las contingencias, situaciones protegibles y prestaciones de aquella, incluido el desempleo.

Respecto a la protección por desempleo, resultará de aplicación lo establecido en el título III con las especialidades previstas en el artículo 290.

En el supuesto de los contratos para la formación y el aprendizaje suscritos con alumnos trabajadores en los programas de escuelas taller, casas de oficios y talleres de empleo, la acción protectora de la Seguridad Social comprenderá las mismas contingencias, situaciones protegibles y prestaciones que para el resto de trabajadores contratados bajo esta modalidad, a excepción del desempleo.

2.5. Sistemas especiales para empleados de hogar y para trabajadores por cuenta ajena agrarios

2.5.1. Sistema especial para empleados del hogar

2.5.1.1. Ámbito de aplicación (art. 250)

Quedarán comprendidos en este Sistema Especial para Empleados de Hogar los trabajadores sujetos a la relación laboral especial a que se refiere el artículo 2.1.b) del texto refundido de la Ley del Estatuto de los Trabajadores.

Quedarán excluidos de este sistema especial los trabajadores que presten servicios domésticos no contratados directamente por los titulares del hogar familiar, sino a través de empresas, de acuerdo con lo previsto en la disposición adicional decimoséptima de la Ley 27/2011, de 1 de agosto, sobre actualización, adecuación y modernización del sistema de Seguridad Social.

El régimen jurídico de este Sistema Especial será el establecido en este título II y en sus normas de aplicación y desarrollo, con las particularidades que en ellas se establezcan.

2.5.1.2. Acción protectora (art. 251)

Los trabajadores incluidos en el Sistema Especial para Empleados de Hogar tendrán derecho a las prestaciones de la Seguridad Social en los términos y condiciones establecidos en este Régimen General de la Seguridad Social, con las siguientes peculiaridades:

a) El subsidio por incapacidad temporal, en caso de enfermedad común o accidente no laboral, se abonará a partir del noveno día de la baja en el trabajo, estando a cargo del empleador el abono de la prestación al trabajador desde los días cuarto al octavo de la citada baja, ambos inclusive.
b) El pago de subsidio por incapacidad temporal causado por los trabajadores incluidos en este sistema especial se efectuará directamente por la entidad a la que corresponda su gestión, no procediendo el pago delegado del mismo.

c) Con respecto a las contingencias profesionales del Sistema Especial para Empleados de Hogar, no será de aplicación el régimen de responsabilidades en orden a las prestaciones regulado en el artículo 167.

d) La acción protectora del Sistema Especial para Empleados de Hogar no comprenderá la correspondiente al desempleo.

2.5.2. Sistema especial para trabajadores por cuenta ajena agrarios

2.5.2.1. Ámbito de aplicación (art. 252)

Quedarán comprendidos en el Sistema Especial para Trabajadores por Cuenta Ajena Agrarios quienes realicen labores agrarias, sean propiamente agrícolas, forestales o pecuarias o sean complementarias o auxiliares de las mismas, en explotaciones agrarias, así como los empresarios a los que presten sus servicios en los términos que reglamentariamente se establezcan.

No obstante, no tendrán la consideración de labores agrarias las operaciones de manipulado, empaquetado, envasado y comercialización del plátano, a que se refiere el artículo 136.2.g), aunque para el mismo empresario presten servicios otros trabajadores dedicados a la obtención directa, almacenamiento y transporte a los lugares de acondicionamiento y acopio del propio producto y todo ello sin perjuicio de lo establecido respecto de su venta en el último párrafo del artículo 2.1 de la Ley 19/1995, de 4 de julio, de Modernización de las Explotaciones Agrarias.

El régimen jurídico de este Sistema Especial será el establecido en este título II y en sus normas de aplicación y desarrollo, con las particularidades que en ellas se establezcan.

2.5.2.2. Reglas de inclusión (art. 253)

La inclusión en el Sistema Especial para Trabajadores por Cuenta Ajena Agrarios establecido en el Régimen General, que se producirá como consecuencia y de forma simultánea al alta en dicho régimen, determinará la obligación de cotizar, tanto durante los períodos de actividad por la realización de labores agrarias como durante los períodos de inactividad en dichas labores, con la consiguiente alta en el Régimen General y con arreglo a lo dispuesto en los apartados siguientes.

A los efectos indicados en el párrafo anterior, se entenderá que existen períodos de inactividad dentro de un mes natural cuando el número de jornadas reales en él realizadas sea inferior al 76,67 por ciento de los días naturales en que el trabajador figure incluido en el sistema especial en dicho mes.

Sin perjuicio de lo señalado en el párrafo anterior, no existirán períodos de inactividad dentro del mes natural cuando el trabajador realice en él, para un mismo empresario, un mínimo de cinco jornadas reales semanales en cumplimiento de lo establecido en el convenio colectivo que resulte de aplicación.

Para quedar incluido en este sistema especial durante los períodos de inactividad serán requisitos necesarios que el trabajador haya realizado un mínimo de 30 jornadas reales en un período continuado de trescientos sesenta y cinco días y que solicite expresamente la inclusión dentro de los tres meses naturales siguientes al de la realización de la última de dichas jornadas.

Una vez cumplidos los requisitos señalados en el párrafo anterior, la inclusión en el sistema especial y la cotización durante los períodos de inactividad en las labores agrarias tendrán efectos a partir del día primero del mes siguiente a aquel en que se haya presentado la solicitud de inclusión.

A los efectos previstos en los apartados anteriores, se computarán todas las jornadas reales efectuadas por el trabajador en el período indicado, incluidas las prestadas en un mismo día para distintos empresarios.

A efectos del cumplimiento del requisito establecido en el apartado 2, se asimilarán a jornadas reales los días en que los trabajadores se encuentren en las situaciones de incapacidad temporal derivada de contingencias profesionales, maternidad, paternidad, riesgo durante el embarazo y riesgo durante la lactancia natural, procedentes de un período de actividad en este sistema especial; los períodos de percepción de prestaciones por desempleo de nivel contributivo en este sistema especial, así como los días en que aquellos se encuentren en alta en algún régimen de la Seguridad Social como consecuencia de programas de fomento de empleo agrario.

La exclusión del Sistema Especial para Trabajadores por Cuenta Ajena Agrarios durante los períodos de inactividad, con la consiguiente baja en el Régimen General, podrá producirse:

a) A solicitud del trabajador, en cuyo caso los efectos de la exclusión tendrán lugar desde el día primero del mes siguiente al de la presentación de aquella ante la Tesorería General de la Seguridad Social.

b) De oficio por la Tesorería General de la Seguridad Social, en los siguientes supuestos:

    1. Cuando el trabajador no realice un mínimo de 30 jornadas de labores agrarias en un período continuado de trescientos sesenta y cinco días, computados desde el siguiente a aquel en que finalice el período anterior.

       Los efectos de la exclusión, en este supuesto, tendrán lugar desde el día primero del mes siguiente al de la notificación de la resolución por la que se acuerde aquella.

2. Por falta de abono de las cuotas correspondientes a períodos de inactividad durante dos mensualidades consecutivas.

Los efectos de la exclusión, en este supuesto, tendrán lugar desde el día primero del mes siguiente a la segunda mensualidad no ingresada, salvo que el trabajador se encuentre, en esa fecha, en situación de incapacidad temporal, maternidad, paternidad, riesgo durante el embarazo o riesgo durante la lactancia natural, en cuyo caso tales efectos tendrán lugar desde el día primero del mes siguiente a aquel en que finalice la percepción de la correspondiente prestación económica, de no haberse abonado antes las cuotas debidas.

La exclusión a que se refiere este apartado no impedirá que, en caso de nuevos períodos de actividad en las labores agrarias, los trabajadores queden incluidos en el sistema especial durante los días en que presten sus servicios, con las consiguientes altas y bajas en el Régimen General y la cotización que corresponda por tales períodos.

De haberse procedido a la exclusión de este sistema especial durante los períodos de inactividad por alguna de las causas señaladas en el apartado anterior, procederá la reincorporación en él cuando los trabajadores por cuenta ajena agrarios cumplan los siguientes requisitos:

a) Haber realizado un mínimo de treinta jornadas reales dentro del período continuado de trescientos sesenta y cinco días anteriores a la fecha de efectos del reinicio de la cotización por períodos de inactividad.

   Este requisito no será exigible cuando el trabajador solicite su reincorporación en el sistema especial tras haber quedado excluido del mismo voluntariamente, con ocasión del desempeño de otra actividad que hubiera determinado su alta en cualquier régimen de la Seguridad Social o de encontrarse en una situación asimilada a la de alta que hubiera resultado computable para acceder a cualquiera de las prestaciones comprendidas en la acción protectora a que se refiere el artículo 256. Para ello, deberá presentarse la solicitud correspondiente dentro de los tres meses siguientes a la fecha de efectos de la baja en la citada actividad o de la extinción de la situación asimilada antes señalada.

b) Estar al corriente en el ingreso de las cuotas correspondientes a períodos de inactividad.

Los efectos de la reincorporación en el sistema especial, a efectos de la cotización durante los períodos de inactividad, tendrán lugar:

1. Cuando la exclusión se hubiera producido voluntariamente, desde el día primero del mes siguiente al de la presentación de la solicitud de reincorporación por parte del trabajador.

En el supuesto de que el trabajador provenga de una situación de alta por otra actividad o de una situación asimilada a la de alta y solicite su reincorporación dentro de los tres meses antes señalados, podrá optar porque sus efectos tengan lugar bien desde la fecha de efectos de la baja por esa otra actividad o de la extinción de dicha situación asimilada o bien desde el día primero del mes siguiente al de presentación de la solicitud.

2. Cuando la exclusión se hubiera producido de oficio por incumplimiento del requisito relativo a la realización del mínimo de jornadas reales exigido, desde el día primero del mes siguiente al del cumplimiento de dicho requisito.
3. Cuando la exclusión se hubiera producido de oficio por falta de ingreso de la cotización correspondiente a los períodos de inactividad, desde el día primero del mes siguiente al de la presentación de la solicitud de reincorporación salvo que el trabajador opte porque los efectos tengan lugar desde el día primero del mes de ingreso de las cuotas debidas.

2.5.2.3. Afiliación, altas, bajas y variaciones de datos (art. 254)

La afiliación y las altas, bajas y variaciones de datos de los trabajadores agrarios por cuenta ajena se tramitarán en los términos, plazos y condiciones establecidos en los artículos 139 y 140 y en sus disposiciones de aplicación y desarrollo.

Sin perjuicio de lo previsto en el párrafo anterior, de contratarse a trabajadores eventuales o fijos discontinuos el mismo día en que comiencen su prestación de servicios, las solicitudes de alta podrán presentarse hasta las doce horas de dicho día, cuando no haya sido posible formalizarlas con anterioridad al inicio de dicha jornada. No obstante, si la jornada de trabajo finalizase antes de las doce horas, las solicitudes de alta deberán presentarse antes de la finalización de esa jornada.

2.5.2.4. Cotización (art. 255)

La cotización correspondiente a los trabajadores incluidos en el Sistema Especial para Trabajadores por Cuenta Ajena Agrarios y a los empresarios a los que presten sus servicios se ajustará a lo dispuesto para el Régimen General de la Seguridad Social, con las particularidades establecidas en los apartados siguientes.

Durante los períodos de actividad en las labores agrarias se aplicarán las siguientes reglas:

a) El empresario será el sujeto responsable del cumplimiento de la obligación de cotizar en los términos del artículo 142, debiendo comunicar, asimismo, las jornadas reales realizadas por sus trabajadores en el plazo que reglamentariamente se determine.

b) La cotización podrá efectuarse, a opción del empresario, por bases diarias, en función de las jornadas reales realizadas, o por bases mensuales. De no ejercitarse expresamente dicha opción, se aplicará la modalidad de bases mensuales de cotización.

   La modalidad de cotización por bases mensuales resultará obligatoria para los trabajadores agrarios por cuenta ajena con contrato indefinido, sin incluir entre ellos a los que presten servicios con carácter fijo discontinuo, respecto a los cuales tendrá carácter opcional.

c) Las bases de cotización por contingencias comunes y profesionales se determinarán conforme a lo dispuesto en el artículo 147.

   Cuando la cotización se efectúe por bases diarias, lo indicado en el párrafo anterior se entenderá referido a cada jornada real realizada, sin que pueda ser inferior a la base mínima diaria de cotización que se establezca en cada ejercicio por la Ley de Presupuestos Generales del Estado.

d) Los tipos de cotización aplicables, respecto a las contingencias comunes, serán los establecidos en la Ley de Presupuestos Generales del Estado correspondiente a cada ejercicio, y respecto a las contingencias profesionales, los establecidos para cada actividad económica, ocupación, o situación, en la tarifa de primas establecidas legalmente.

e) La cotización por desempleo, Fondo de Garantía Salarial y formación profesional se efectuará con arreglo a la base de cotización por contingencias profesionales.

Los tipos de cotización aplicables para la cotización por estos conceptos serán los siguientes:

1. Para la contingencia de desempleo, los fijados en cada ejercicio por la correspondiente Ley de Presupuestos Generales del Estado.
2. Para la cotización al Fondo de Garantía Salarial, el 0,10 por ciento, a cargo exclusivo del empresario.
3. Para la cotización por formación profesional, el 0,18 por ciento, siendo el 0,15 por ciento a cargo del empresario y el 0,03 por ciento a cargo del trabajador.

Durante los períodos de inactividad en las labores agrarias se aplicarán las siguientes reglas:

a) El propio trabajador será el sujeto responsable del cumplimiento de la obligación de cotizar y del ingreso de las cuotas correspondientes.

b) La cotización tendrá carácter mensual y se calculará mediante la fórmula que se determine en la Ley de Presupuestos Generales del Estado correspondiente a cada ejercicio.

c) La base de cotización aplicable será la base mínima vigente en cada momento, por contingencias comunes, correspondiente al grupo 7 de la escala de grupos de cotización del Régimen General.

d) El tipo de cotización aplicable será el 11,50 por ciento.

Durante las situaciones de incapacidad temporal, riesgo durante el embarazo y riesgo durante la lactancia natural, así como de maternidad y paternidad causadas durante los períodos de actividad, se aplicarán las siguientes reglas:

a) El empresario deberá ingresar únicamente las aportaciones a su cargo.

   Las aportaciones a cargo del trabajador serán ingresadas por la entidad que efectúe el pago directo de las prestaciones correspondientes a las situaciones indicadas.

b) Respecto de los trabajadores agrarios con contrato indefinido, la cotización durante las referidas situaciones se efectuará con arreglo a las normas generales del Régimen General.

c) Respecto de los trabajadores agrarios con contrato temporal y fijo discontinuo, resultará de aplicación lo establecido en la letra b) en cuanto a los días contratados en los que no hayan podido prestar sus servicios por encontrarse en alguna de las situaciones antes indicadas.

Respecto a los días en los que no esté prevista la prestación de servicios, estos trabajadores estarán obligados a ingresar la cotización correspondiente a los periodos de inactividad, excepto en los supuestos de percepción de los subsidios por maternidad y paternidad, que tendrán la consideración de períodos de cotización efectiva a efectos de las correspondientes prestaciones por jubilación, incapacidad permanente y muerte y supervivencia.

En este sistema especial no resultará de aplicación el incremento de la aportación empresarial a la cuota por contingencias comunes que para los contratos de trabajo temporales cuya duración efectiva sea inferior a siete días se prevé en el artículo 151.

2.5.2.5. Acción protectora (art. 256)

Los trabajadores incluidos en el Sistema Especial para Trabajadores por Cuenta Ajena Agrarios tendrán derecho a las prestaciones de la Seguridad Social en los términos y condiciones establecidos en el Régimen General de la Seguridad Social, con las peculiaridades que se señalan en los apartados siguientes.

Para el reconocimiento de las correspondientes prestaciones económicas será necesario que los trabajadores se hallen al corriente en el pago de las cotizaciones correspondientes a los períodos de inactividad, de cuyo ingreso son responsables.

Durante los períodos de inactividad, la acción protectora del sistema especial comprenderá las prestaciones económicas por maternidad, paternidad, incapacidad permanente y muerte y supervivencia derivadas de contingencias comunes, así como jubilación.

Para el acceso a las modalidades de jubilación anticipada previstas en los artículos 207 y 208 y a efectos de acreditar el requisito del período mínimo de cotización efectiva establecido para ellas en tal artículo, será necesario que, en los últimos diez años cotizados, al menos seis correspondan a períodos de actividad efectiva en este sistema especial. A estos efectos, se computarán también los períodos de percepción de prestaciones por desempleo de nivel contributivo en este sistema especial.

Durante la situación de incapacidad temporal derivada de enfermedad común y en los términos reglamentariamente establecidos, la cuantía de la base reguladora del subsidio no podrá ser superior al promedio mensual de la base de cotización correspondiente a los días efectivamente trabajados durante los últimos doce meses anteriores a la baja médica.

La prestación económica por incapacidad temporal causada por los trabajadores incluidos en el sistema especial será abonada directamente por la entidad a la que corresponda su gestión, no procediendo el pago delegado de la misma, a excepción de los supuestos en que aquellos estén percibiendo la prestación contributiva por desempleo y pasen a la situación de incapacidad temporal, a que se refiere el artículo 283.2.

Para el cálculo de la base reguladora de las pensiones de incapacidad permanente derivada de contingencias comunes y de jubilación causadas por los trabajadores agrarios por cuenta ajena respecto de los periodos cotizados en este sistema especial solo se tendrán en cuenta los períodos realmente cotizados, no resultando de aplicación lo previsto en los artículos 197.4 y 209.1.b).

Respecto a la protección por desempleo, resultará de aplicación lo establecido en el título III con las particularidades previstas en la sección 1.ª del capítulo V de dicho título.

2.6. Gestión (arts. 257 y 258)

La gestión del Régimen General de la Seguridad Social, así como la colaboración en la gestión por parte de las mutuas colaboradoras con la Seguridad Social y empresas, se regirá por lo dispuesto en los capítulos V y VI del título I.

Para el mejor desempeño de sus funciones, los organismos de la Administración de la Seguridad Social, de acuerdo con sus respectivas competencias, podrán concertar con entidades públicas o privadas la mera prestación de servicios administrativos, sanitarios o de recuperación profesional.

Los conciertos que al efecto se establezcan serán aprobados por los departamentos ministeriales competentes y la compensación económica que en los mismos se estipule no podrá consistir en la entrega de un porcentaje de las cuotas de este Régimen General ni entrañar, en forma alguna, sustitución en la función gestora encomendada a aquellos organismos.

2.7. Régimen Financiero (arts. 259 y 260)

El sistema financiero del Régimen General de la Seguridad Social será el previsto en el artículo 110, con las particularidades que, en materia de accidentes de trabajo y enfermedades profesionales, se establecen en el artículo siguiente.

Las mutuas colaboradoras con la Seguridad Social y, en su caso, las empresas responsables constituirán en la Tesorería General de la Seguridad Social, hasta el límite de su respectiva responsabilidad, el valor actual del capital coste de las pensiones que, con arreglo a esta ley, se causen por incapacidad permanente o muerte debidas a accidente de trabajo o enfermedad profesional. El Ministerio de Empleo y Seguridad Social aprobará las tablas de mortalidad y la tasa de interés aplicables para la determinación de los valores aludidos.

En relación con la protección de accidentes de trabajo y enfermedades profesionales a que se refiere el presente artículo, el Ministerio de Empleo y Seguridad Social podrá establecer la obligación de las mutuas colaboradoras con la Seguridad Social de reasegurar en la Tesorería General de la Seguridad Social el porcentaje de los riesgos asumidos que se determine, sin que, en ningún caso, pueda ser inferior al 10 por ciento ni superior al 30 por ciento. A tales efectos, se incluirán en la protección por reaseguro obligatorio exclusivamente las prestaciones de carácter periódico derivadas de los riesgos de incapacidad permanente y muerte y supervivencia que asuman respecto de sus trabajadores protegidos, correspondiendo a dicho Servicio Común, como compensación, el porcentaje de las cuotas satisfechas por las empresas asociadas por tales contingencias que se determine por el Ministerio de Empleo y Seguridad Social. Dicho reaseguro no se extenderá a prestaciones que fueren anticipadas por las mutuas colaboradoras con la Seguridad Social, sin perjuicio de sus derechos tanto a repetir frente al empresario responsable de tales prestaciones como, en caso de declaración de insolvencia del empresario, a ser reintegradas en su totalidad por las entidades de la Seguridad Social en funciones de garantía.

En relación con el exceso de pérdidas, no reaseguradas de conformidad con el párrafo anterior, las mutuas constituirán los oportunos depósitos o concertarán, facultativamente, reaseguros complementarios de los anteriores en las condiciones que se establezcan.

El Ministerio Empleo y Seguridad Social podrá disponer la sustitución de las obligaciones que se establecen en el presente apartado por la aplicación de otro sistema de compensación de resultados de la gestión de la protección por accidentes de trabajo y enfermedades profesionales.

Las mutuas colaboradoras con la Seguridad Social o, en su caso, las empresas responsables de las prestaciones deberán ingresar en la Tesorería General de la Seguridad Social los capitales en la cuantía necesaria para constituir una renta cierta temporal durante veinticinco años, del 30 por ciento del salario de los trabajadores que mueran como consecuencia mediata o inmediata de accidente de trabajo o enfermedad profesional sin dejar ningún familiar con derecho a pensión.

Tema 10

Incapacidad temporal. Concepto y causas que motivan esta situación. Incapacidad permanente en la modalidad contributiva. Jubilación: concepto y requisitos. Muerte y supervivencia. Prestaciones. Sujetos causantes. Beneficiarios

eRodio ediciones

Índice esquemático

7.3. Beneficiarios
7.4. Prestaciones económicas
7.5. Base reguladora de las pensiones de incapacidad permanente derivada de contingencias comunes
7.6. Compatibilidades en el percibo de prestaciones económicas por incapacidad permanente
7.7. Norma especial sobre incapacidad permanente derivada de enfermedad profesional
7.8. Calificación y revisión

8. Lesiones permanentes no incapacitantes

8.1. Indemnizaciones por baremo
8.2. Beneficiarios
8.3. Incompatibilidad con las prestaciones por incapacidad permanente

9. Jubilación contributiva

9.1. Concepto
9.2. Beneficiarios
9.3. Jubilación anticipada por razón de la actividad o en caso de discapacidad
9.4. Jubilación anticipada por causa no imputable al trabajador
9.5. Jubilación anticipada por voluntad del interesado
9.6. Base reguladora de la pensión de jubilación
9.7. Cuantía de la pensión
9.8. Factor de sostenibilidad de la pensión de jubilación
9.9. Imprescriptibilidad
9.10. Incompatibilidades
9.11. Pensión de jubilación y envejecimiento activo
9.12. Jubilación parcial

10. Muerte y supervivencia

10.1. Prestaciones
10.2. Sujetos causantes
10.3. Auxilio por defunción
10.4. Pensión de viudedad del cónyuge sobreviviente
10.5. Pensión de viudedad en supuestos de separación, divorcio o nulidad matrimonial
10.6. Pensión de viudedad de parejas de hecho
10.7. Prestación temporal de viudedad
10.8. Compatibilidad y extinción de las prestaciones de viudedad
10.9. Pensión de orfandad

1. Incapacidad temporal (IT)

1.1. Concepto (art. 169)

Tendrán la consideración de situaciones determinantes de incapacidad temporal:

a) Las debidas a enfermedad común o profesional y a accidente, sea o no de trabajo, mientras el trabajador reciba asistencia sanitaria de la Seguridad Social y esté impedido para el trabajo, con una duración máxima de trescientos sesenta y cinco días, prorrogables por otros ciento ochenta días cuando se presuma que durante ellos puede el trabajador ser dado de alta médica por curación.

b) Los períodos de observación por enfermedad profesional en los que se prescriba la baja en el trabajo durante los mismos, con una duración máxima de seis meses, prorrogables por otros seis cuando se estime necesario para el estudio y diagnóstico de la enfermedad.

A efectos del período máximo de duración de la situación de incapacidad temporal que se señala en la letra a) del apartado anterior, y de su posible prórroga, se computarán los períodos de recaída y de observación.

Se considerará que existe recaída en un mismo proceso cuando se produzca una nueva baja médica por la misma o similar patología dentro de los ciento ochenta días naturales siguientes a la fecha de efectos del alta médica anterior.

1.2. Competencias sobre los procesos de incapacidad temporal (art. 170)

Hasta el cumplimiento del plazo de duración de trescientos sesenta y cinco días de los procesos de incapacidad temporal, el Instituto Nacional de la Seguridad Social ejercerá, a través de los inspectores médicos adscritos a dicha entidad, las mismas competencias que la Inspección de Servicios Sanitarios de la Seguridad Social u órgano equivalente del respectivo servicio público de salud, para emitir un alta médica a todos los efectos.

Cuando el alta haya sido expedida por el Instituto Nacional de la Seguridad Social, este será el único competente, a través de sus propios inspectores médicos, para emitir una nueva baja médica producida por la misma o similar patología en los ciento ochenta días siguientes a la citada alta médica.

Agotado el plazo de duración de trescientos sesenta y cinco días indicado en el apartado anterior, el Instituto Nacional de la Seguridad Social, a través de los órganos competentes para evaluar, calificar y revisar la incapacidad permanente del trabajador, será el único competente para reconocer la situación de prórroga expresa con un límite de ciento ochenta días más, o bien para determinar la iniciación de un expediente de incapacidad permanente, o bien para emitir el alta médica, por curación o por incomparecencia injustificada a los reconocimientos médicos convocados por el Instituto Nacional de la Seguridad Social. De igual modo, el Instituto Nacional de la Seguridad Social será el único competente para emitir una nueva baja médica en la situación de incapacidad temporal producida, por la misma o similar patología, en los ciento ochenta días naturales posteriores a la citada alta médica.

Frente a la resolución por la cual el Instituto Nacional de la Seguridad Social acuerde el alta médica conforme a lo indicado en el párrafo anterior, el interesado podrá manifestar, en el plazo máximo de cuatro días naturales, su disconformidad ante la inspección médica del servicio público de salud. Si esta discrepara del criterio de la entidad gestora tendrá la facultad de proponerle, en el plazo máximo de siete días naturales, la reconsideración de su decisión, especificando las razones y fundamento de su discrepancia.

Si la inspección médica se pronunciara confirmando la decisión de la entidad gestora o si no se produjera pronunciamiento alguno en los once días naturales siguientes a la fecha de la resolución, la mencionada alta médica adquirirá plenos efectos. Durante el período de tiempo transcurrido entre la fecha del alta médica y aquella en la que la misma adquiera plenos efectos se considerará prorrogada la situación de incapacidad temporal.

Si, en el aludido plazo máximo de siete días naturales, la inspección médica hubiera manifestado su discrepancia con la resolución de la entidad gestora, esta se pronunciará expresamente en los siete días naturales siguientes, notificando al interesado la correspondiente resolución, que será también comunicada a la inspección médica. Si la entidad gestora, en función de la propuesta formulada, reconsiderara el alta médica, se reconocerá al interesado la prórroga de su situación de incapacidad temporal a todos los efectos. Si, por el contrario, la entidad gestora se reafirmara en su decisión, para lo cual aportará las pruebas complementarias que la fundamenten, solo se prorrogará la situación de incapacidad temporal hasta la fecha de la última resolución.

En el desarrollo reglamentario de esta competencia, se regulará la forma de efectuar las comunicaciones previstas en el mismo, así como la obligación de poner en conocimiento de las empresas las decisiones que se adopten y que les afecten.

Asimismo, de acuerdo con lo previsto en la disposición adicional decimonovena de la Ley 40/2007, de 4 de diciembre, de medidas en materia de Seguridad

Social, reglamentariamente se regulará el procedimiento administrativo de revisión, por el Instituto Nacional de la Seguridad Social y a instancia del interesado, de las altas que expidan las entidades colaboradoras en los procesos de incapacidad temporal.

Los procesos de impugnación de las altas médicas emitidas por el Instituto Nacional de la Seguridad Social se regirán por lo establecido en los artículos 71 y 140 de la Ley 36/2011, de 10 de octubre, reguladora de la jurisdicción social.

1.3. Prestación económica (art. 171)

La prestación económica en las diversas situaciones constitutivas de incapacidad temporal consistirá en un subsidio equivalente a un tanto por ciento sobre la base reguladora, que se fijará y se hará efectivo en los términos establecidos en esta ley y en sus normas de desarrollo.

1.4. Beneficiarios (art. 172)

Serán beneficiarios del subsidio por incapacidad temporal las personas incluidas en este Régimen General que se encuentren en cualquiera de las situaciones determinadas en el artículo 169, siempre que, además de reunir la condición general exigida en el artículo 165.1, acrediten los siguientes períodos mínimos de cotización:

a) En caso de enfermedad común, ciento ochenta días dentro de los cinco años inmediatamente anteriores al hecho causante.

b) En caso de accidente, sea o no de trabajo, y de enfermedad profesional, no se exigirá ningún período previo de cotización.

1.5. Nacimiento y duración del derecho al subsidio (art. 173)

En caso de accidente de trabajo o enfermedad profesional, el subsidio se abonará desde el día siguiente al de la baja en el trabajo, estando a cargo del empresario el salario íntegro correspondiente al día de la baja.

En caso de enfermedad común o de accidente no laboral, el subsidio se abonará a partir del cuarto día de baja en el trabajo, si bien desde el día cuarto al decimoquinto de baja, ambos inclusive, el subsidio estará a cargo del empresario.

El subsidio se abonará mientras el beneficiario se encuentre en situación de incapacidad temporal, conforme a lo establecido en el artículo 169.

Durante las situaciones de huelga y cierre patronal el trabajador no tendrá derecho a la prestación económica por incapacidad temporal.

1.6. Extinción del derecho al subsidio (art. 174)

El derecho al subsidio se extinguirá por el transcurso del plazo máximo de quinientos cuarenta y cinco días naturales desde la baja médica; por alta médica por curación o mejoría que permita al trabajador realizar su trabajo habitual; por ser dado de alta el trabajador con o sin declaración de incapacidad permanente; por el reconocimiento de la pensión de jubilación; por la incomparecencia injustificada a cualquiera de las convocatorias para los exámenes y reconocimientos establecidos por los médicos adscritos al Instituto Nacional de la Seguridad Social o a la mutua colaboradora con la Seguridad Social; o por fallecimiento.

A efectos de determinar la duración del subsidio, se computarán los períodos de recaída en un mismo proceso.

Cuando, iniciado un expediente de incapacidad permanente antes de que hubieran transcurrido los quinientos cuarenta y cinco días naturales de duración del subsidio de incapacidad temporal, se denegara el derecho a la prestación de incapacidad permanente, el Instituto Nacional de la Seguridad Social será el único competente para emitir, dentro de los ciento ochenta días naturales posteriores a la resolución denegatoria, una nueva baja médica por la misma o similar patología, a través de los órganos competentes para evaluar, calificar y revisar la situación de incapacidad permanente del trabajador. En estos casos se reanudará el proceso de incapacidad temporal hasta el cumplimiento de los quinientos cuarenta y cinco días, como máximo.

Cuando el derecho al subsidio se extinga por el transcurso del período de quinientos cuarenta y cinco días naturales fijado en el apartado anterior, se examinará necesariamente, en el plazo máximo de tres meses, el estado del incapacitado a efectos de su calificación, en el grado de incapacidad permanente que corresponda.

No obstante, en aquellos casos en los que, continuando la necesidad de tratamiento médico por la expectativa de recuperación o la mejora del estado del trabajador, con vistas a su reincorporación laboral, la situación clínica del interesado hiciera aconsejable demorar la citada calificación, esta podrá retrasarse por el período preciso, sin que en ningún caso se puedan rebasar los setecientos treinta días naturales sumados los de incapacidad temporal y los de prolongación de sus efectos.

Durante los períodos previstos en este apartado, de tres meses y de demora de la calificación, no subsistirá la obligación de cotizar.

Extinguido el derecho a la prestación de incapacidad temporal por el transcurso del plazo de quinientos cuarenta y cinco días naturales de duración, con o sin declaración de incapacidad permanente, solo podrá generarse derecho a la prestación económica de incapacidad temporal por la misma o similar patología, si media un período superior a ciento ochenta días naturales, a contar desde la resolución de la incapacidad permanente.

Este nuevo derecho se causará siempre que el trabajador reúna, en la fecha de la nueva baja médica, los requisitos exigidos para ser beneficiario del subsidio de incapacidad temporal derivado de enfermedad común o profesional, o de accidente, sea o no de trabajo. A estos efectos, para acreditar el período de cotización necesario para acceder al subsidio de incapacidad temporal derivada de enfermedad común, se computarán exclusivamente las cotizaciones efectuadas a partir de la resolución de la incapacidad permanente.

No obstante, aun cuando se trate de la misma o similar patología y no hubiesen transcurrido ciento ochenta días naturales desde la denegación de la incapacidad permanente, podrá iniciarse un nuevo proceso de incapacidad temporal, por una sola vez, cuando el Instituto Nacional de la Seguridad Social, a través de los órganos competentes para evaluar, calificar y revisar la situación de incapacidad permanente del trabajador, considere que el trabajador puede recuperar su capacidad laboral. Para ello, el Instituto Nacional de la Seguridad Social acordará la baja a los exclusivos efectos de la prestación económica por incapacidad temporal.

El alta médica con propuesta de incapacidad permanente, expedida antes de que el proceso hubiera alcanzado los trescientos sesenta y cinco días de duración, extinguirá la situación de incapacidad temporal.

Si, al agotamiento del plazo de trescientos sesenta y cinco días, el Instituto Nacional de la Seguridad Social acordase la iniciación de un expediente de incapacidad permanente, la situación de incapacidad temporal se extinguirá en la fecha de cumplimiento del indicado plazo. Cuando, en el ejercicio de las competencias previstas en el artículo 170.2, el Instituto Nacional de la Seguridad Social hubiese acordado la prórroga expresa de la situación de incapacidad temporal, y durante la misma iniciase un expediente de incapacidad permanente, la situación de incapacidad temporal se extinguirá en la fecha de la resolución por la que se acuerde dicha iniciación.

Sin perjuicio de lo dispuesto en los apartados anteriores, cuando la extinción se produjera por alta médica con propuesta de incapacidad permanente, por acuerdo del Instituto Nacional de la Seguridad Social de iniciación de expediente de incapacidad permanente, o por el transcurso de los quinientos cuarenta y cinco días naturales, el trabajador estará en la situación de prolongación de efectos económicos de la incapacidad temporal hasta que se califique la incapacidad permanente.

En los supuestos a los que se refiere el párrafo anterior, los efectos de la prestación económica de incapacidad permanente coincidirán con la fecha de la resolución de la entidad gestora por la que se reconozca, salvo que la misma sea superior a la que venía percibiendo el trabajador en concepto de prolongación de los efectos de la incapacidad temporal, en cuyo caso se retrotraerán aquellos efectos al día siguiente al de extinción de la incapacidad temporal.

En el supuesto de extinción de la incapacidad temporal, anterior al agotamiento de los quinientos cuarenta y cinco días naturales de duración de la misma, sin que exista ulterior declaración de incapacidad permanente, subsistirá la obligación de cotizar mientras no se extinga la relación laboral o hasta la extinción del citado plazo de quinientos cuarenta y cinco días naturales, de producirse con posterioridad dicha declaración de inexistencia de incapacidad permanente.

1.7. Pérdida o suspensión del derecho al subsidio (art. 175)

El derecho al subsidio por incapacidad temporal podrá ser denegado, anulado o suspendido:

a) Cuando el beneficiario haya actuado fraudulentamente para obtener o conservar dicha prestación.

b) Cuando el beneficiario trabaje por cuenta propia o ajena.

También podrá ser suspendido el derecho al subsidio cuando, sin causa razonable, el beneficiario rechace o abandone el tratamiento que le fuere indicado.

La incomparecencia del beneficiario a cualquiera de las convocatorias realizadas por los médicos adscritos al Instituto Nacional de la Seguridad Social y a las mutuas colaboradoras con la Seguridad Social para examen y reconocimiento médico producirá la suspensión cautelar del derecho, al objeto de comprobar si aquella fue o no justificada. Reglamentariamente se regulará el procedimiento de suspensión del derecho y sus efectos.

1.8. Períodos de observación y obligaciones especiales en caso de enfermedad profesional (art. 176)

Se considerará como período de observación el tiempo necesario para el estudio médico de la enfermedad profesional cuando haya necesidad de aplazar el diagnóstico definitivo.

Lo dispuesto en el apartado anterior se entenderá sin perjuicio de las obligaciones establecidas, o que puedan establecerse en lo sucesivo, a cargo de este Régimen General o de los empresarios, cuando por causa de enfermedad profesional se acuerde respecto de un trabajador el traslado de puesto de trabajo, su baja en la empresa u otras medidas análogas.

2. Maternidad

2.1. Situaciones protegidas (art. 177)

Se consideran situaciones protegidas la maternidad, la adopción, la guarda con fines de adopción y el acogimiento familiar, de conformidad con el Código Civil o las leyes civiles de las comunidades autónomas que lo regulen, siempre que, en este último caso, su duración no sea inferior a un año, durante los períodos de descanso que por tales situaciones se disfruten, de acuerdo con lo previsto en los apartados 4, 5 y 6 del artículo 48 del texto refundido de la Ley del Estatuto de los Trabajadores, y en el artículo 49. a) y b) de la Ley 7/2007, de 12 de abril, del Estatuto Básico del Empleado Público.

2.2. Beneficiarios (art. 178)

Serán beneficiarios del subsidio por maternidad las personas incluidas en este Régimen General, cualquiera que sea su sexo, que disfruten de los descansos referidos en el artículo anterior, siempre que, además de reunir la condición general exigida en el artículo 165.1 y las demás que reglamentariamente se establezcan, acrediten los siguientes períodos mínimos de cotización:

a) Si el trabajador tiene menos de veintiún años de edad en la fecha del parto o en la fecha de la decisión administrativa de acogimiento o de guarda con fines de adopción o de la resolución judicial por la que se constituye la adopción, no se exigirá período mínimo de cotización.

b) Si el trabajador tiene cumplidos veintiún años de edad y es menor de veintiséis en la fecha del parto o en la fecha de la decisión administrativa de acogimiento o de guarda con fines de adopción o de la resolución judicial por la que se constituye la adopción, el período mínimo de cotización exigido será de noventa días cotizados dentro de los siete años inmediatamente anteriores al momento de inicio del descanso. Se considerará cumplido el mencionado requisito si, alternativamente, el trabajador acredita ciento ochenta días cotizados a lo largo de su vida laboral, con anterioridad a esta última fecha.

c) Si el trabajador tiene cumplidos veintiséis años de edad en la fecha del parto o en la fecha de la decisión administrativa de acogimiento o de guarda con fines de adopción o de la resolución judicial por la que se constituye la adopción, el período mínimo de cotización exigido será de ciento ochenta días dentro de los siete años inmediatamente anteriores al momento de inicio del descanso. Se considerará cumplido el mencionado requisito si, alternativamente, el trabajador acredita trescientos sesenta días cotizados a lo largo de su vida laboral, con anterioridad a esta última fecha.

En el supuesto de parto, y con aplicación exclusiva a la madre biológica, la edad señalada en el apartado anterior será la que tenga cumplida la interesada en el momento de inicio del descanso, tomándose como referente el momento del parto a efectos de verificar la acreditación del período mínimo de cotización que, en su caso, corresponda.

En los supuestos de adopción internacional previstos en el segundo párrafo del artículo 48.5 del texto refundido de la Ley del Estatuto de los Trabajadores, y en el párrafo séptimo del artículo 49.b) de la Ley 7/2007, de 12 de abril, del Estatuto Básico del Empleado Público, la edad señalada en el apartado 1 será la que tengan cumplida los interesados en el momento de inicio del descanso, tomándose como referente el momento de la resolución a efectos de verificar la acreditación del período mínimo de cotización que, en su caso, corresponda.

2.3. Prestación económica (art. 179)

La prestación económica por maternidad consistirá en un subsidio equivalente al 100 por ciento de la base reguladora correspondiente. A tales efectos, la base reguladora será equivalente a la que esté establecida para la prestación de incapacidad temporal, derivada de contingencias comunes.

No obstante lo previsto en el apartado anterior, el subsidio podrá reconocerse por el Instituto Nacional de la Seguridad Social mediante resolución provisional teniendo en cuenta la última base de cotización por contingencias comunes que conste en las bases de datos corporativas del sistema, en tanto no esté incorporada a las mismas la base de cotización por contingencias comunes correspondiente al mes inmediatamente anterior al del inicio del descanso o del permiso por maternidad.

Si posteriormente se comprobase que la base de cotización por contingencias comunes del mes inmediatamente anterior al de inicio del descanso o permiso fuese diferente a la utilizada en la resolución provisional, se recalculará la prestación y se emitirá resolución definitiva. Si la base no hubiese variado, la resolución provisional devendrá definitiva en un plazo de tres meses desde su emisión.

2.4. Pérdida o suspensión del derecho al subsidio por maternidad (art. 180)

El derecho al subsidio por maternidad podrá ser denegado, anulado o suspendido, cuando el beneficiario hubiera actuado fraudulentamente para obtener o conservar dicha prestación, así como cuando trabajara por cuenta propia o ajena durante los correspondientes periodos de descanso.

2.5. Supuesto especial (arts. 181 y 182)

Serán beneficiarias del subsidio por maternidad previsto en esta sección las trabajadoras incluidas en este Régimen General que, en caso de parto, reúnan todos los requisitos establecidos para acceder a la prestación por maternidad regulada en la sección anterior, salvo el período mínimo de cotización establecido en el artículo 178.

La prestación económica por maternidad supuesto especial tendrá la consideración de no contributiva a los efectos del artículo 109.

La cuantía de la prestación será igual al 100 por ciento del indicador público de renta de efectos múltiples (IPREM) vigente en cada momento, salvo que la base reguladora calculada conforme al artículo 179 o al artículo 248 fuese de cuantía inferior, en cuyo caso se estará a esta.

La duración de la prestación será de cuarenta y dos días naturales a contar desde el parto, pudiendo denegarse, anularse o suspenderse el derecho por las mismas causas establecidas en el artículo 180.

Dicha duración se incrementará en 14 días naturales en los siguientes supuestos:

a) Nacimiento de hijo en una familia numerosa o en la que, con tal motivo, adquiera dicha condición, de acuerdo con lo dispuesto en la Ley 40/2003, de 18 de noviembre, de Protección a las Familias Numerosas.

b) Nacimiento de hijo en una familia monoparental, entendiendo por tal la constituida por un solo progenitor con el que convive el hijo nacido y que constituye el sustentador único de la familia.

c) Parto múltiple, entendiendo que existe el mismo cuando el número de nacidos sea igual o superior a dos.

d) Discapacidad de la madre o del hijo en un grado igual o superior al 65 por ciento.

El incremento de la duración es único, sin que proceda su acumulación cuando concurran dos o más circunstancias de las señaladas.

3. Paternidad

3.1. Situación protegida (art. 183)

Se considerarán situaciones protegidas el nacimiento de hijo, la adopción, la guarda con fines de adopción y el acogimiento, de conformidad con el Código Civil o las leyes civiles de las comunidades autónomas que lo regulen, siempre que en este último caso su duración no sea inferior a un año, durante el período de suspensión que, por tales situaciones, se disfrute de acuerdo con lo previsto en el artículo 48.7 del texto refundido de la Ley del Estatuto de los Trabajadores, o durante el período de permiso que se disfrute, en los mismos supuestos, de acuerdo con lo dispuesto en el artículo 49.c) de la Ley 7/2007, de 12 de abril, del Estatuto Básico del Empleado Público.

3.2. Beneficiarios (art. 184)

Serán beneficiarios del subsidio por paternidad las personas incluidas en este Régimen General que disfruten de la suspensión referida en el epígrafe anterior, siempre que, reuniendo la condición general exigida en el artículo 165.1, acrediten un período mínimo de cotización de ciento ochenta días dentro de los siete años inmediatamente anteriores a la fecha de inicio de dicha suspensión, o, alternativamente, trescientos sesenta días a lo largo de su vida laboral con anterioridad a la mencionada fecha, y reúnan las demás condiciones que reglamentariamente se determinen.

3.3. Prestación económica (art. 185)

La prestación económica por paternidad consistirá en un subsidio que se determinará en la forma establecida por el artículo 179 para la prestación por maternidad, y podrá ser denegada, anulada o suspendida por las mismas causas establecidas para esta última.

4. Riesgo durante el embarazo

4.1. Situación protegida (art. 186)

Se considera situación protegida el periodo de suspensión del contrato de trabajo en los supuestos en que, debiendo la mujer trabajadora cambiar de puesto de trabajo por otro compatible con su estado, en los términos previstos en el artículo 26.3 de la Ley 31/1995, de 8 de noviembre, de Prevención de Riesgos Laborales, dicho cambio de puesto no resulte técnica u objetivamente posible, o no pueda razonablemente exigirse por motivos justificados.

La prestación correspondiente a la situación de riesgo durante el embarazo tendrá la naturaleza de prestación derivada de contingencias profesionales.

4.2. Prestación económica (art. 187)

La prestación económica por riesgo durante el embarazo se reconocerá a la mujer trabajadora en los términos y condiciones previstos en esta ley para la prestación económica de incapacidad temporal derivada de contingencias profesionales, con las particularidades establecidas en los apartados siguientes.

La prestación económica nacerá el día en que se inicie la suspensión del contrato de trabajo y finalizará el día anterior a aquel en que se inicie la suspensión del contrato de trabajo por maternidad o al de reincorporación de la mujer trabajadora a su puesto de trabajo anterior o a otro compatible con su estado.

La prestación económica consistirá en un subsidio equivalente al 100 por cien de la base reguladora correspondiente. A tales efectos, la base reguladora será equivalente a la que esté establecida para la prestación de incapacidad temporal derivada de contingencias profesionales.

La gestión y el pago de la prestación económica por riesgo durante el embarazo corresponderá a la entidad gestora o a la mutua colaboradora con la Seguridad Social en función de la entidad con la que la empresa tenga concertada la cobertura de los riesgos profesionales.

5. Riesgo durante la lactancia natural

5.1. Situación protegida (art. 188)

Se considera situación protegida el período de suspensión del contrato de trabajo en los supuestos en que, debiendo la mujer trabajadora cambiar de puesto de trabajo por otro compatible con su situación, en los términos previstos en el artículo 26.4 de la Ley 31/1995, de 8 de noviembre, de Prevención de Riesgos Laborales, dicho cambio de puesto no resulte técnica u objetivamente posible, o no pueda razonablemente exigirse por motivos justificados.

5.2. Prestación económica (art. 189)

La prestación económica por riesgo durante la lactancia natural se reconocerá a la mujer trabajadora en los términos y condiciones previstos en esta ley para la prestación económica por riesgo durante el embarazo, y se extinguirá en el momento en que el hijo cumpla nueve meses, salvo que la beneficiaria se haya reincorporado con anterioridad a su puesto de trabajo anterior o a otro compatible con su situación, en cuyo caso se extinguirá el día anterior al de dicha reincorporación.

6. Cuidado de menores afectados por cáncer u otra enfermedad grave

6.1. Situación protegida (art. 190)

Se considera situación protegida la reducción de la jornada de trabajo de al menos un 50 por ciento que, de acuerdo con lo previsto en el párrafo tercero del artículo 37.6 del texto refundido de la Ley del Estatuto de los Trabajadores, lleven a cabo los progenitores, adoptantes, guardadores con fines de adopción o acogedores de carácter permanente, cuando ambos trabajen, para el cuidado directo, continuo y permanente del menor a su cargo afectado por cáncer (tumores malignos, melanomas y carcinomas) o por cualquier otra enfermedad grave que requiera ingreso hospitalario de larga duración, durante el tiempo de hospitalización y tratamiento continuado de la enfermedad.

La acreditación de que el menor padece cáncer u otra enfermedad grave, así como de la necesidad de hospitalización y tratamiento, y de cuidado durante el mismo, en los términos indicados en el apartado anterior, se realizará mediante informe del servicio público de salud u órgano administrativo sanitario de la comunidad autónoma correspondiente.

Reglamentariamente se determinarán las enfermedades consideradas graves, a efectos del reconocimiento de la prestación económica prevista en este capítulo.

6.2. Beneficiarios (art. 191)

Para el acceso al derecho a la prestación económica de cuidado de menores afectados por cáncer u otra enfermedad grave, se exigirán los mismos requisitos y en los mismos términos y condiciones que los establecidos para la prestación de maternidad regulada en la sección 1.ª del capítulo VI.

Cuando concurran en ambos progenitores, adoptantes, guardadores con fines de adopción o acogedores de carácter permanente, las circunstancias necesarias para tener la condición de beneficiarios de la prestación, el derecho a percibirla solo podrá ser reconocido a favor de uno de ellos.

Las previsiones contenidas en este capítulo no serán aplicables a los funcionarios públicos, que se regirán por lo establecido en el artículo 49.e) de la Ley 7/2007, de 12 de abril, del Estatuto Básico del Empleado Público, y en la normativa que lo desarrolle.

7. Incapacidad permanente contributiva

7.1. Concepto (art. 193)

La incapacidad permanente contributiva es la situación del trabajador que, después de haber estado sometido al tratamiento prescrito, presenta reducciones anatómicas o funcionales graves, susceptibles de determinación objetiva y previsiblemente definitivas, que disminuyan o anulen su capacidad laboral. No obstará a tal calificación la posibilidad de recuperación de la capacidad laboral del incapacitado, si dicha posibilidad se estima médicamente como incierta o a largo plazo.

Las reducciones anatómicas o funcionales existentes en la fecha de la afiliación del interesado en la Seguridad Social no impedirán la calificación de la situación de incapacidad permanente, cuando se trate de personas con discapacidad y con posterioridad a la afiliación tales reducciones se hayan agravado, provocando por sí mismas o por concurrencia con nuevas lesiones o patologías una disminución o anulación de la capacidad laboral que tenía el interesado en el momento de su afiliación.

La incapacidad permanente habrá de derivarse de la situación de incapacidad temporal, salvo que afecte a quienes carezcan de protección en cuanto a dicha incapacidad temporal, bien por encontrarse en una situación asimilada a la de alta, de conformidad con lo previsto en el artículo 166, que no la comprenda, bien en los supuestos de asimilación a trabajadores por cuenta ajena, en los que se dé la misma circunstancia, de acuerdo con lo previsto en el artículo 155.2, bien en los casos de acceso a la incapacidad permanente desde la situación de no alta, a tenor de lo previsto en el artículo 195.4.

7.2. Grados de incapacidad permanente (art. 194)

La incapacidad permanente, cualquiera que sea su causa determinante, se clasificará, en función del porcentaje de reducción de la capacidad de trabajo del interesado, valorado de acuerdo con la lista de enfermedades que se apruebe reglamentariamente en los siguientes grados:

a) Incapacidad permanente parcial.

b) Incapacidad permanente total.

c) Incapacidad permanente absoluta.

d) Gran invalidez.

La calificación de la incapacidad permanente en sus distintos grados se determinará en función del porcentaje de reducción de la capacidad de trabajo que reglamentariamente se establezca.

A efectos de la determinación del grado de la incapacidad, se tendrá en cuenta la incidencia de la reducción de la capacidad de trabajo en el desarrollo de la profesión que ejercía el interesado o del grupo profesional, en que aquella estaba encuadrada, antes de producirse el hecho causante de la incapacidad permanente.

La lista de enfermedades, la valoración de las mismas, a efectos de la reducción de la capacidad de trabajo, y la determinación de los distintos grados de incapacidad, así como el régimen de incompatibilidades de los mismos, serán objeto de desarrollo reglamentario por el Gobierno, previo informe del Consejo General del Instituto Nacional de la Seguridad Social.

7.3. Beneficiarios (art. 195)

Tendrán derecho a las prestaciones por incapacidad permanente las personas incluidas en el Régimen General que sean declaradas en tal situación y que, además de reunir la condición general exigida en el artículo 165.1, hubieran cubierto el período mínimo de cotización que se determina en los apartados 2 y 3 de este artículo, salvo que aquella sea debida a accidente, sea o no laboral, o a enfermedad profesional, en cuyo caso no será exigido ningún período previo de cotización.

No se reconocerá el derecho a las prestaciones de incapacidad permanente derivada de contingencias comunes cuando el beneficiario, en la fecha del hecho causante, tenga la edad prevista en el artículo 205.1.a) y reúna los requisitos para acceder a la pensión de jubilación en el sistema de la Seguridad Social.

En el caso de incapacidad permanente parcial, el período mínimo de cotización exigible será de mil ochocientos días, que han de estar comprendidos en los diez años inmediatamente anteriores a la fecha en la que se haya extinguido la incapacidad temporal de la que se derive la incapacidad permanente.

El Gobierno, mediante real decreto, a propuesta del titular del Ministerio de Empleo y Seguridad Social, podrá modificar el período de cotización que para la indicada prestación se exige en este apartado.

En el caso de pensiones por incapacidad permanente, el período mínimo de cotización exigible será:

a) Si el sujeto causante tiene menos de treinta y un años de edad, la tercera parte del tiempo transcurrido entre la fecha en que cumplió los dieciséis años y la del hecho causante de la pensión.
b) Si el causante tiene cumplidos treinta y un años de edad, la cuarta parte del tiempo transcurrido entre la fecha en que cumplió los veinte años y la del hecho causante de la pensión, con un mínimo, en todo caso, de cinco años. En este supuesto, al menos la quinta parte del período de cotización exigible deberá estar comprendida dentro de los diez años inmediatamente anteriores al hecho causante.

En los supuestos en que se acceda a la pensión de incapacidad permanente desde una situación de alta o asimilada a la de alta, sin obligación de cotizar, el período de los diez años, dentro de los cuales deba estar comprendido, al menos, una quinta parte del período de cotización exigible, se computará, hacia atrás, desde la fecha en que cesó la obligación de cotizar.

En los casos a que se refiere el párrafo anterior y respecto de la determinación de la base reguladora de la pensión, se aplicará lo establecido, respectivamente, en el artículo 197, apartados 1, 2 y 4.

No obstante, las pensiones de incapacidad permanente en los grados de incapacidad permanente absoluta o gran invalidez derivadas de contingencias comunes podrán causarse aunque los interesados no se encuentren en el momento del hecho causante en alta o situación asimilada a la de alta.

En tales supuestos, el período mínimo de cotización exigible será, en todo caso, de quince años, distribuidos en la forma prevista en el último inciso del apartado 3.b).

Para causar pensión en el Régimen General y en otro u otros del sistema de la Seguridad Social, en los casos a que se refiere el apartado anterior, será necesario que las cotizaciones acreditadas en cada uno de ellos se superpongan, al menos, durante quince años.

7.4. Prestaciones económicas (art. 196)

La prestación económica correspondiente a la incapacidad permanente parcial, consistirá en una cantidad a tanto alzado.

La prestación económica correspondiente a la incapacidad permanente total consistirá en una pensión vitalicia, que podrá excepcionalmente ser sustituida por una indemnización a tanto alzado cuando el beneficiario fuese menor de sesenta años.

Los declarados afectos de incapacidad permanente total percibirán la pensión prevista en el párrafo anterior incrementada en el porcentaje que reglamentariamente se determine, cuando por su edad, falta de preparación general o especializada y circunstancias sociales y laborales del lugar de residencia, se presuma la dificultad de obtener empleo en actividad distinta de la habitual anterior.

La cuantía de la pensión de incapacidad permanente total derivada de enfermedad común no podrá resultar inferior al 55 por ciento de la base mínima de cotización para mayores de dieciocho años, en términos anuales, vigente en cada momento.

La prestación económica correspondiente a la incapacidad permanente absoluta consistirá en una pensión vitalicia.

Si el trabajador fuese calificado como gran inválido, tendrá derecho a una pensión vitalicia según lo establecido en los apartados anteriores, incrementándose su cuantía con un complemento, destinado a que el inválido pueda remunerar a la persona que le atienda. El importe de dicho complemento será equivalente al resultado de sumar el 45 por ciento de la base mínima de cotización vigente en el momento del hecho causante y el 30 por ciento de la última base de cotización del trabajador correspondiente a la contingencia de la que derive la situación de incapacidad permanente. En ningún caso el complemento señalado podrá tener un importe inferior al 45 por ciento de la pensión percibida, sin el complemento, por el trabajador.

En los casos en que el trabajador, con sesenta y siete o más años acceda a la pensión de incapacidad permanente derivada de contingencias comunes, por no reunir los requisitos para el reconocimiento del derecho a pensión de jubilación, la cuantía de la pensión de incapacidad permanente será equivalente al resultado de aplicar a la correspondiente base reguladora el porcentaje que corresponda al período mínimo de cotización que esté establecido, en cada momento, para el acceso a la pensión de jubilación. Cuando la incapacidad permanente derive de enfermedad común, se considerará como base reguladora el resultado de aplicar únicamente lo establecido en la norma a) del apartado 1 del artículo 197.

Las prestaciones a que se refiere el presente artículo se harán efectivas en la cuantía y condiciones que se determinen en las normas de desarrollo de esta ley.

7.5. Base reguladora de las pensiones de incapacidad permanente derivada de contingencias comunes (art. 197)

La base reguladora de las pensiones de incapacidad permanente derivada de enfermedad común se determinará de conformidad con las siguientes normas:

a) Se hallará el cociente que resulte de dividir por 112 las bases de cotización del interesado durante los 96 meses anteriores al mes previo al del hecho causante.

   El cómputo de dichas bases se realizará conforme a las siguientes reglas:

   1. Las bases correspondientes a los veinticuatro meses anteriores al mes previo al del hecho causante se computarán en su valor nominal.
   2. Las restantes bases de cotización se actualizarán de acuerdo con la evolución que haya experimentado el índice de precios al consumo desde los meses a que aquéllas correspondan hasta el mes inmediato anterior a aquél en que se inicie el período de bases no actualizables a que se refiere la regla anterior.

b) Al resultado obtenido en razón a lo establecido en la norma anterior se le aplicará el porcentaje que corresponda en función de los años de cotización, según la escala prevista en el artículo 210.1, considerándose a tal efecto como cotizados los años que le resten al interesado, en la fecha del hecho causante, para cumplir la edad ordinaria de jubilación vigente en cada momento. En el caso de no alcanzarse quince años de cotización, el porcentaje aplicable será del 50 por ciento.

El importe resultante constituirá la base reguladora a la que, para obtener la cuantía de la pensión que corresponda, habrá de aplicarse el porcentaje previsto para el grado de incapacidad reconocido.

En los supuestos en que se exija un período mínimo de cotización inferior a ocho años, la base reguladora se obtendrá de forma análoga a la establecida en el apartado anterior, pero computando bases mensuales de cotización en número igual al de meses de que conste el período mínimo exigible, sin tener en cuenta las fracciones de mes, y excluyendo, en todo caso, de la actualización las bases correspondientes a los veinticuatro meses inmediatamente anteriores al mes previo a aquel en que se produzca el hecho causante.

Respecto a las pensiones de incapacidad permanente absoluta o gran invalidez derivadas de accidente no laboral a que se refiere artículo 195.4, para el cómputo de su base reguladora, se aplicarán las reglas previstas en el apartado 1.a) del presente epígrafe.

Si en el período que haya de tomarse para el cálculo de la base reguladora aparecieran meses durante los cuales no hubiese existido obligación de cotizar, las primeras cuarenta y ocho mensualidades se integrarán con la base mínima de entre todas las existentes en cada momento, y el resto de mensualidades con el 50 por ciento de dicha base mínima.

En los supuestos en que en alguno de los meses a tener en cuenta para la determinación de la base reguladora, la obligación de cotizar exista solo durante una parte del mismo, procederá la integración señalada en el párrafo anterior, por la parte del mes en que no exista obligación de cotizar, siempre que la base de cotización correspondiente al primer período no alcance la cuantía de la base mínima mensual señalada. En tal supuesto, la integración alcanzará hasta esta última cuantía.

7.6. Compatibilidades en el percibo de prestaciones económicas por incapacidad permanente (art. 198)

En caso de incapacidad permanente total, la pensión vitalicia correspondiente será compatible con el salario que pueda percibir el trabajador en la misma empresa o en otra distinta, siempre y cuando las funciones no coincidan con aquellas que dieron lugar a la incapacidad permanente total.

De igual forma podrá determinarse la incompatibilidad entre la percepción del incremento previsto en el artículo 196.2, párrafo segundo, y la realización de trabajos, por cuenta propia o ajena, incluidos en el campo de aplicación del sistema de la Seguridad Social.

Las pensiones vitalicias en caso de incapacidad permanente absoluta o de gran invalidez no impedirán el ejercicio de aquellas actividades, sean o no lucrativas, compatibles con el estado del incapacitado y que no representen un cambio en su capacidad de trabajo a efectos de revisión.

El disfrute de la pensión de incapacidad permanente absoluta y de gran invalidez a partir de la edad de acceso a la pensión de jubilación será incompatible con el desempeño por el pensionista de un trabajo, por cuenta propia o por cuenta ajena, que determine su inclusión en alguno de los regímenes del Sistema de la Seguridad Social, en los mismos términos y condiciones que los regulados para la pensión de jubilación en su modalidad contributiva en el artículo 213.1.

7.7. Norma especial sobre incapacidad permanente derivada de enfermedad profesional (art. 199)

Las disposiciones de desarrollo de la presente ley adaptarán, en cuanto a enfermedades profesionales, las normas de este capítulo a las peculiaridades y características especiales de dicha contingencia.

7.8. Calificación y revisión (art. 200)

Corresponde al Instituto Nacional de la Seguridad Social, a través de los órganos que reglamentariamente se establezcan y en todas las fases del procedimiento, declarar la situación de incapacidad permanente, a los efectos de reconocimiento de las prestaciones económicas a que se refiere este capítulo.

Toda resolución, inicial o de revisión, por la que se reconozca el derecho a las prestaciones de incapacidad permanente, en cualquiera de sus grados, o se confirme el grado reconocido previamente, hará constar necesariamente el plazo a partir del cual se podrá instar la revisión por agravación o mejoría del estado incapacitante profesional, en tanto que el beneficiario no haya cumplido la edad mínima establecida en el artículo 205.1.a), para acceder al derecho a la pensión de jubilación. Este plazo será vinculante para todos los sujetos que puedan promover la revisión.

No obstante lo anterior, si el pensionista de incapacidad permanente estuviera ejerciendo cualquier trabajo, por cuenta ajena o propia, el Instituto Nacional de la Seguridad Social podrá, de oficio o a instancia del propio interesado, promover la revisión, con independencia de que haya o no transcurrido el plazo señalado en la resolución.

Las revisiones fundadas en error de diagnóstico podrán llevarse a cabo en cualquier momento, en tanto el interesado no haya cumplido la edad a que se refiere el primer párrafo de este apartado.

Las disposiciones que desarrollen la presente ley regularán el procedimiento de revisión y la modificación y transformación de las prestaciones económicas que se hubiesen reconocido al trabajador, así como los derechos y obligaciones que a consecuencia de dichos cambios correspondan a las entidades gestoras o colaboradoras y servicios comunes que tengan a su cargo tales prestaciones.

Cuando, como consecuencia de revisiones por mejoría del estado incapacitante profesional proceda reintegrar, parcialmente o en su totalidad, la parte no consumida de los capitales coste constituidos por las mutuas colaboradoras con la Seguridad Social o por las empresas que hubieran sido declaradas responsables de su ingreso, este último no tendrá la consideración de ingreso indebido, a los efectos previstos en el artículo 26, apartados 1, 2, 3 y 5 de esta ley, sin perjuicio de la aplicación de lo dispuesto en el artículo 24 de la Ley 47/2003, de 26 de noviembre, General Presupuestaria.

Las pensiones de incapacidad permanente, cuando sus beneficiarios cumplan la edad de sesenta y siete años, pasarán a denominarse pensiones de jubilación. La nueva denominación no implicará modificación alguna, respecto de las condiciones de la prestación que se viniese percibiendo.

8. Lesiones permanentes no incapacitantes

8.1. Indemnizaciones por baremo (art. 201)

Las lesiones, mutilaciones y deformidades de carácter definitivo, causadas por accidentes de trabajo o enfermedades profesionales que, sin llegar a constituir una incapacidad permanente conforme a lo establecido en el capítulo anterior, supongan una disminución o alteración de la integridad física del trabajador y aparezcan recogidas en el baremo anejo a las disposiciones de desarrollo de esta ley, serán indemnizadas, por una sola vez, con las cantidades alzadas que en el mismo se determinen, por la entidad que estuviera obligada al pago de las prestaciones de incapacidad permanente, todo ello sin perjuicio del derecho del trabajador a continuar al servicio de la empresa.

8.2. Beneficiarios (art. 202)

Serán beneficiarios de las indemnizaciones a que se refiere el artículo anterior los trabajadores integrados en este Régimen General que reúnan la condición general exigida en el artículo 165.1 y hayan sido dados de alta médica.

8.3. Incompatibilidad con las prestaciones por incapacidad permanente (art. 203)

Las indemnizaciones a tanto alzado que procedan por las lesiones, mutilaciones y deformidades que se regulan en este capítulo serán incompatibles con las prestaciones económicas establecidas para la incapacidad permanente, salvo en el caso de que dichas lesiones, mutilaciones y deformidades sean totalmente independientes de las que hayan sido tomadas en consideración para declarar tal incapacidad permanente y el grado de la misma.

9. Jubilación contributiva

9.1. Concepto (art. 204)

La prestación económica por causa de jubilación, en su modalidad contributiva, será única para cada beneficiario y consistirá en una pensión vitalicia que le será reconocida, en las condiciones, cuantía y forma que reglamentariamente se determinen, cuando, alcanzada la edad establecida, cese o haya cesado en el trabajo por cuenta ajena.

9.2. Beneficiarios (art. 205)

Tendrán derecho a la pensión de jubilación regulada en este capítulo, las personas incluidas en el Régimen General que, además de la general exigida en el artículo 165.1, reúnan las siguientes condiciones:

a) Haber cumplido sesenta y siete años de edad, o sesenta y cinco años cuando se acrediten treinta y ocho años y seis meses de cotización, sin que se tenga en cuenta la parte proporcional correspondiente a las pagas extraordinarias.

   Para el cómputo de los períodos de cotización se tomarán años y meses completos, sin que se equiparen a ellos las fracciones de los mismos.

b) Tener cubierto un período mínimo de cotización de quince años, de los cuales al menos dos deberán estar comprendidos dentro de los quince años inmediatamente anteriores al momento de causar el derecho. A efectos del cómputo de los años cotizados no se tendrá en cuenta la parte proporcional correspondiente a las pagas extraordinarias.

En los supuestos en que se acceda a la pensión de jubilación desde una situación de alta o asimilada a la de alta, sin obligación de cotizar, el período de dos años a que se refiere el párrafo anterior deberá estar comprendido dentro de los quince años inmediatamente anteriores a la fecha en que cesó la obligación de cotizar.

En los casos a que se refiere el párrafo anterior, y respecto de la determinación de la base reguladora de la pensión, se aplicará lo establecido en el artículo 209.1.

También tendrán derecho a la pensión de jubilación, quienes se encuentren en situación de prolongación de efectos económicos de la incapacidad temporal y reúnan las condiciones que se establecen en el apartado 1.

No obstante lo dispuesto en el párrafo primero del apartado 1, la pensión de jubilación podrá causarse, aunque los interesados no se encuentren en el momento del hecho causante en alta o situación asimilada a la de alta, siempre que reúnan los requisitos de edad y cotización contemplados en el citado apartado 1.

En el supuesto previsto en el párrafo anterior, para causar pensión en el Régimen General y en otro u otros del sistema de la Seguridad Social será necesario que las cotizaciones acreditadas en cada uno de ellos se superpongan, al menos, durante quince años.

9.3. Jubilación anticipada por razón de la actividad o en caso de discapacidad (art. 206)

La edad mínima de acceso a la pensión de jubilación a que se refiere el artículo 205.1.a) podrá ser rebajada por real decreto, a propuesta del titular del Ministerio de Empleo y Seguridad Social, en aquellos grupos o actividades profesionales cuyos trabajos sean de naturaleza excepcionalmente penosa, tóxica, peligrosa o insalubre y acusen elevados índices de morbilidad o mortalidad, siempre que los trabajadores afectados acrediten en la respectiva profesión o trabajo el mínimo de actividad que se establezca.

A tales efectos, se establecerá reglamentariamente el procedimiento general que debe observarse para rebajar la edad de jubilación, que incluirá la realización previa de estudios sobre siniestralidad en el sector, penosidad, peligrosidad y toxicidad de las condiciones del trabajo, su incidencia en los procesos de incapacidad laboral de los trabajadores y los requerimientos físicos exigidos para el desarrollo de la actividad.

El establecimiento de coeficientes reductores de la edad de jubilación solo procederá cuando no sea posible la modificación de las condiciones de trabajo y conllevará los ajustes necesarios en la cotización para garantizar el equilibrio financiero.

De igual modo, la edad mínima de acceso a la pensión de jubilación a que se refiere el artículo 205.1.a) podrá ser reducida en el caso de personas con discapacidad en un grado igual o superior al 65 por ciento, en los términos contenidos en el correspondiente real decreto acordado a propuesta del titular del Ministerio de Empleo y Seguridad Social, o también en un grado de discapacidad igual o superior al 45 por ciento, siempre que, en este último supuesto, se trate de discapacidades reglamentariamente determinadas respecto de las que existan evidencias de que determinan de forma generalizada y apreciable una reducción de la esperanza de vida.

La aplicación de los correspondientes coeficientes reductores de la edad en ningún caso dará lugar a que el interesado pueda acceder a la pensión de jubilación con una edad inferior a la de cincuenta y dos años.

Los coeficientes reductores de la edad de jubilación no serán tenidos en cuenta, en ningún caso, a efectos de acreditar la exigida para acceder a la jubilación parcial, a los beneficios establecidos en el artículo 210.2, y a cualquier otra modalidad de jubilación anticipada.

9.4. Jubilación anticipada por causa no imputable al trabajador (art. 207)

El acceso a la jubilación anticipada derivada del cese en el trabajo por causa no imputable a la libre voluntad del trabajador exigirá los siguientes requisitos:

a) Tener cumplida una edad que sea inferior en cuatro años, como máximo, a la edad que en cada caso resulte de aplicación según lo establecido en el artículo 205.1.a) sin que a estos efectos resulten de aplicación los coeficientes reductores a que se refiere el artículo anterior.

b) Encontrarse inscrito en las oficinas de empleo como demandante de empleo durante un plazo de, al menos, seis meses inmediatamente anteriores a la fecha de la solicitud de la jubilación.

c) Acreditar un período mínimo de cotización efectiva de 33 años, sin que, a tales efectos, se tenga en cuenta la parte proporcional por pagas extraordinarias. A estos exclusivos efectos, solo se computará el período de prestación del servicio militar obligatorio o de la prestación social sustitutoria, con el límite máximo de un año.

d) Que el cese en el trabajo se haya producido como consecuencia de una situación de reestructuración empresarial que impida la continuidad de la relación laboral. A estos efectos, las causas de extinción del contrato de trabajo que podrán dar derecho al acceso a esta modalidad de jubilación anticipada serán las siguientes:

   1. El despido colectivo por causas económicas, técnicas, organizativas o de producción, conforme al artículo 51 del texto refundido de la Ley del Estatuto de los Trabajadores.
   2. El despido objetivo por causas económicas, técnicas, organizativas o de producción, conforme al artículo 52.c) del texto refundido de la Ley del Estatuto de los Trabajadores.
   3. La extinción del contrato por resolución judicial, conforme al artículo 64 de la Ley 22/2003, de 9 de julio, Concursal.
   4. La muerte, jubilación o incapacidad del empresario individual, sin perjuicio de lo dispuesto en el artículo 44 del texto refundido de la Ley del Estatuto de los Trabajadores, o la extinción de la personalidad jurídica del contratante.

5. La extinción del contrato de trabajo motivada por la existencia de fuerza mayor constatada por la autoridad laboral conforme a lo establecido en el artículo 51.7 del texto refundido de la Ley del Estatuto de los Trabajadores.

En los supuestos contemplados en las causas 1.ª y 2.ª, para poder acceder a esta modalidad de jubilación anticipada, será necesario que el trabajador acredite haber percibido la indemnización correspondiente derivada de la extinción del contrato de trabajo o haber interpuesto demanda judicial en reclamación de dicha indemnización o de impugnación de la decisión extintiva.

El percibo de la indemnización se acreditará mediante documento de la transferencia bancaria recibida o documentación acreditativa equivalente.

La extinción de la relación laboral de la mujer trabajadora como consecuencia de ser víctima de la violencia de género dará acceso a esta modalidad de jubilación anticipada.

En los casos de acceso a la jubilación anticipada a que se refiere este artículo, la pensión será objeto de reducción mediante la aplicación, por cada trimestre o fracción de trimestre que, en el momento del hecho causante, le falte al trabajador para cumplir la edad legal de jubilación que en cada caso resulte de la aplicación de lo establecido en el artículo 205.1.a), de los siguientes coeficientes en función del período de cotización acreditado:

1. Coeficiente del 1,875 por ciento por trimestre cuando se acredite un período de cotización inferior a treinta y ocho años y seis meses.
2. Coeficiente del 1,750 por ciento por trimestre cuando se acredite un período de cotización igual o superior a treinta y ocho años y seis meses e inferior a cuarenta y un años y seis meses.
3. Coeficiente del 1,625 por ciento por trimestre cuando se acredite un período de cotización igual o superior a cuarenta y un años y seis meses e inferior a cuarenta y cuatro años y seis meses.
4. Coeficiente del 1,500 por ciento por trimestre cuando se acredite un período de cotización igual o superior a cuarenta y cuatro años y seis meses.

A los exclusivos efectos de determinar dicha edad legal de jubilación, se considerará como tal la que le hubiera correspondido al trabajador de haber seguido cotizando durante el plazo comprendido entre la fecha del hecho causante y el cumplimiento de la edad legal de jubilación que en cada caso resulte de la aplicación de lo establecido en el artículo 205.1.a).

Para el cómputo de los períodos de cotización se tomarán períodos completos, sin que se equipare a un período la fracción del mismo.

9.5. Jubilación anticipada por voluntad del interesado (art. 208)

El acceso a la jubilación anticipada por voluntad del interesado exigirá los siguientes requisitos:

a) Tener cumplida una edad que sea inferior en dos años, como máximo, a la edad que en cada caso resulte de aplicación según lo establecido en el artículo 205.1.a), sin que a estos efectos resulten de aplicación los coeficientes reductores a que se refiere el artículo 206.

b) Acreditar un período mínimo de cotización efectiva de treinta y cinco años, sin que, a tales efectos, se tenga en cuenta la parte proporcional por pagas extraordinarias. A estos exclusivos efectos, solo se computará el período de prestación del servicio militar obligatorio o de la prestación social sustitutoria, con el límite máximo de un año.

c) Una vez acreditados los requisitos generales y específicos de dicha modalidad de jubilación, el importe de la pensión a percibir ha de resultar superior a la cuantía de la pensión mínima que correspondería al interesado por su situación familiar al cumplimiento de los sesenta y cinco años de edad. En caso contrario, no se podrá acceder a esta fórmula de jubilación anticipada.

En los casos de acceso a la jubilación anticipada a que se refiere este artículo, la pensión será objeto de reducción mediante la aplicación, por cada trimestre o fracción de trimestre que, en el momento del hecho causante, le falte al trabajador para cumplir la edad legal de jubilación que en cada caso resulte de la aplicación de lo establecido en el artículo 205.1.a), de los siguientes coeficientes en función del período de cotización acreditado:

a) Coeficiente del 2 por ciento por trimestre cuando se acredite un período de cotización inferior a treinta y ocho años y seis meses.

b) Coeficiente del 1,875 por ciento por trimestre cuando se acredite un período de cotización igual o superior a treinta y ocho años y seis meses e inferior a cuarenta y un años y seis meses.

c) Coeficiente del 1,750 por ciento por trimestre cuando se acredite un período de cotización igual o superior a cuarenta y un años y seis meses e inferior a cuarenta y cuatro años y seis meses.

d) Coeficiente del 1,625 por ciento por trimestre cuando se acredite un período de cotización igual o superior a cuarenta y cuatro años y seis meses.

A los exclusivos efectos de determinar dicha edad legal de jubilación, se considerará como tal la que le hubiera correspondido al trabajador de haber seguido cotizando durante el plazo comprendido entre la fecha del hecho causante y el cumplimiento de la edad legal de jubilación que en cada caso resulte de la aplicación de lo establecido en el artículo 205.1.a).

Para el cómputo de los períodos de cotización se tomarán períodos completos, sin que se equipare a un período la fracción del mismo.

9.6. Base reguladora de la pensión de jubilación (art. 209)

La base reguladora de la pensión de jubilación será el cociente que resulte de dividir por trescientos cincuenta, las bases de cotización del interesado durante los trescientos meses inmediatamente anteriores al mes previo al del hecho causante, teniendo en cuenta lo siguiente:

a) El cómputo de las referidas bases de cotización se realizará conforme a las siguientes reglas:

   1. Las bases correspondientes a los veinticuatro meses anteriores al mes previo al del hecho causante se computarán en su valor nominal.
   2. Las restantes bases se actualizarán de acuerdo con la evolución que haya experimentado el índice de precios al consumo desde el mes a que aquéllas correspondan, hasta el mes inmediato anterior a aquél en que se inicie el periodo a que se refiere la regla anterior.

b) Si en el período que haya de tomarse para el cálculo de la base reguladora aparecieran meses durante los cuales no hubiese existido obligación de cotizar, las primeras cuarenta y ocho mensualidades se integrarán con la base mínima de entre todas las existentes en cada momento, y el resto de mensualidades con el 50 por ciento de dicha base mínima.

En los supuestos en que en alguno de los meses a tener en cuenta para la determinación de la base reguladora, la obligación de cotizar exista solo durante una parte del mismo, procederá la integración señalada en el párrafo anterior, por la parte del mes en que no exista obligación de cotizar, siempre que la base de cotización correspondiente al primer período no alcance la cuantía de la base mínima mensual señalada. En tal supuesto, la integración alcanzará hasta esta última cuantía.

Sin perjuicio de lo establecido en el artículo 161.2, para la determinación de la base reguladora de la pensión de jubilación no se podrán computar los incrementos de las bases de cotización producidos en los dos últimos años, que sean consecuencia de aumentos salariales superiores al incremento medio interanual experimentado en el convenio colectivo aplicable o, en su defecto, en el correspondiente sector.

Se exceptúan de la norma general establecida en el apartado anterior los incrementos salariales que sean consecuencia de la aplicación estricta de las normas contenidas en disposiciones legales y convenios colectivos sobre antigüedad y ascensos reglamentarios de categoría profesional.

Quedarán asimismo exceptuados, en los términos contenidos en el párrafo anterior, aquellos incrementos salariales que deriven de cualquier otro concepto retributivo establecido con carácter general y regulado en las citadas disposiciones legales o convenios colectivos.

No obstante, la referida norma general será de aplicación cuando los incrementos salariales a que se refiere este apartado se produzcan exclusivamente por decisión unilateral de la empresa en virtud de sus facultades organizativas.

No obstante lo dispuesto, en ningún caso se computarán aquellos incrementos salariales que excedan del límite establecido en el apartado 2 y que hayan sido pactados exclusiva o fundamentalmente en función del cumplimiento de una determinada edad próxima a la jubilación.

A efectos del cálculo de la base reguladora de la pensión de jubilación en las situaciones de pluriempleo, las bases por las que se haya cotizado a las diversas empresas se computarán en su totalidad, sin que la suma de dichas bases pueda exceder del límite máximo de cotización vigente en cada momento.

9.7. Cuantía de la pensión (art. 210)

La cuantía de la pensión de jubilación se determinará aplicando a la base reguladora, calculada conforme a lo dispuesto en el epígrafe precedente, los porcentajes siguientes:

a) Por los primeros quince años cotizados, el 50 por ciento.

b) A partir del año decimosexto, por cada mes adicional de cotización, comprendido entre los meses uno y doscientos cuarenta y ocho, se añadirá el 0,19 por ciento, y por cada uno de los que rebasen el mes doscientos cuarenta y ocho, se añadirá el 0,18 por ciento, sin que el porcentaje aplicable a la base reguladora supere el 100 por cien, salvo en el supuesto a que se refiere el apartado siguiente.

A la cuantía así determinada le será de aplicación el factor de sostenibilidad que corresponda en cada momento, según lo establecido en el artículo siguiente.

Cuando se acceda a la pensión de jubilación a una edad superior a la que resulte de aplicar en cada caso lo establecido en el artículo 205.1.a), siempre que al cumplir esta edad se hubiera reunido el período mínimo de cotización establecido en el artículo 205.1.b), se reconocerá al interesado un porcentaje adicional por cada año completo cotizado entre la fecha en que cumplió dicha edad y la del hecho causante de la pensión, cuya cuantía estará en función de los años de cotización acreditados en la primera de las fechas indicadas, según la siguiente escala:

a) Hasta veinticinco años cotizados, el 2 por ciento.

b) Entre veinticinco y treinta y siete años cotizados, el 2,75 por ciento.

c) A partir de treinta y siete años cotizados, el 4 por ciento.

El porcentaje adicional obtenido según lo establecido en el párrafo anterior se sumará al que con carácter general corresponda al interesado de acuerdo con el apartado 1, aplicándose el porcentaje resultante a la respectiva base reguladora a efectos de determinar la cuantía de la pensión, que no podrá ser superior en ningún caso al límite establecido en el artículo 57.

En el supuesto de que la cuantía de la pensión reconocida alcance el indicado límite sin aplicar el porcentaje adicional o aplicándolo solo parcialmente, el interesado tendrá derecho, además, a percibir anualmente una cantidad cuyo importe se obtendrá aplicando al importe de dicho límite vigente en cada momento el porcentaje adicional no utilizado para determinar la cuantía de la pensión, redondeado a la unidad más próxima por exceso. La citada cantidad se devengará por meses vencidos y se abonará en catorce pagas, sin que la suma de su importe y el de la pensión o pensiones que tuviera reconocidas el interesado, en cómputo anual, pueda superar la cuantía del tope máximo de la base de cotización vigente en cada momento, también en cómputo anual.

El beneficio establecido en este apartado no será de aplicación en los supuestos de jubilación parcial, ni en el de jubilación flexible a que se refiere el párrafo segundo del artículo 213.1.

Cuando para determinar la cuantía de una pensión de jubilación hubieran de aplicarse coeficientes reductores por edad en el momento del hecho causante, aquellos se aplicarán sobre el importe de la pensión resultante de aplicar a la base reguladora el porcentaje que corresponda por meses de cotización. Una vez aplicados los referidos coeficientes reductores, el importe resultante de la pensión no podrá ser superior a la cuantía que resulte de reducir el tope máximo de pensión en un 0,50 por ciento por cada trimestre o fracción de trimestre de anticipación.

El coeficiente del 0,50 por ciento a que se refiere el apartado anterior no será de aplicación en los casos de jubilaciones anticipadas conforme a las previsiones del artículo 206, en relación con los grupos o actividades profesionales cuyos trabajos sean de naturaleza excepcionalmente penosa, tóxica, peligrosa o insalubre, o con las personas con discapacidad.

9.8. Factor de sostenibilidad de la pensión de jubilación (art. 211)

El factor de sostenibilidad se define como un instrumento que con carácter automático permite vincular el importe de las pensiones de jubilación del sistema de la Seguridad Social a la evolución de la esperanza de vida de los pensionistas, ajustando las cuantías que percibirán aquellos que se jubilen en similares condiciones en momentos temporales diferentes.

El factor de sostenibilidad se aplicará por una sola vez para la determinación del importe inicial de las pensiones de jubilación.

Con periodicidad quinquenal, se revisará la variación interanual de la esperanza de vida a tener en cuenta para calcular el valor del factor de sostenibilidad.

El factor de sostenibilidad se aplicará sin perjuicio del derecho que en su caso tenga el interesado al percibo del complemento por mínimos, conforme a lo que al respecto se establezca en la correspondiente Ley de Presupuestos Generales del Estado.

La Autoridad Independiente de Responsabilidad Fiscal emitirá opinión conforme a lo dispuesto en el artículo 23 de la Ley Orgánica 6/2013, de 14 de noviembre, de creación de la Autoridad Independiente de Responsabilidad Fiscal, respecto de los valores calculados por el Ministerio de Empleo y Seguridad Social para la determinación del factor de sostenibilidad.

El factor de sostenibilidad se aplicará con absoluta transparencia, publicándose el seguimiento sistemático de la esperanza de vida. De igual manera, y con ocasión del reconocimiento de su pensión inicial, se informará a los pensionistas sobre el efecto del factor de sostenibilidad en el cálculo de la misma.

9.9. Imprescriptibilidad (art. 212)

El derecho al reconocimiento de la pensión de jubilación es imprescriptible, sin perjuicio de que, en los supuestos de jubilación en situación de alta, los efectos de tal reconocimiento se produzcan a partir de los tres meses anteriores a la fecha en que se presente la correspondiente solicitud.

9.10. Incompatibilidades (art. 213)

El disfrute de la pensión de jubilación será incompatible con el trabajo del pensionista, con las salvedades y en los términos que legal o reglamentariamente se determinen.

No obstante lo anterior, las personas que accedan a la jubilación podrán compatibilizar el percibo de la pensión con un trabajo a tiempo parcial en los términos que reglamentariamente se establezcan. Durante dicha situación, se minorará el percibo de la pensión en proporción inversa a la reducción aplicable a la jornada de trabajo del pensionista en relación a la de un trabajador a tiempo completo comparable.

El desempeño de un puesto de trabajo en el sector público delimitado en el párrafo segundo del artículo 1.1 de la Ley 53/1984, de 26 de diciembre, de Incompatibilidades del Personal al Servicio de las Administraciones Públicas, es incompatible con la percepción de pensión de jubilación, en su modalidad contributiva.

La percepción de la pensión indicada quedará en suspenso por el tiempo que dure el desempeño de dicho puesto, sin que ello afecte a sus revalorizaciones.

La incompatibilidad a que se refiere este apartado no será de aplicación a los profesores universitarios eméritos ni al personal licenciado sanitario emérito a los que se refiere el artículo 137.c).

También será incompatible el percibo de la pensión de jubilación, en su modalidad contributiva, con el desempeño de los altos cargos a los que se refiere el artículo 1 de la Ley 3/2015, de 30 de mayo, reguladora del ejercicio del alto cargo de la Administración General del Estado.

El percibo de la pensión de jubilación será compatible con la realización de trabajos por cuenta propia cuyos ingresos anuales totales no superen el salario mínimo interprofesional, en cómputo anual. Quienes realicen estas actividades económicas no estarán obligados a cotizar por las prestaciones de la Seguridad Social.

Las actividades especificadas en el párrafo anterior, por las que no se cotice, no generarán nuevos derechos sobre las prestaciones de la Seguridad Social.

9.11. Pensión de jubilación y envejecimiento activo (art. 214)

Sin perjuicio de lo establecido en el artículo 213, el disfrute de la pensión de jubilación, en su modalidad contributiva, será compatible con la realización de cualquier trabajo por cuenta ajena o por cuenta propia del pensionista, en los siguientes términos:

a) El acceso a la pensión deberá haber tenido lugar una vez cumplida la edad que en cada caso resulte de aplicación, según lo establecido en el artículo 205.1.a), sin que, a tales efectos, sean admisibles jubilaciones acogidas a bonificaciones o anticipaciones de la edad de jubilación que pudieran ser de aplicación al interesado.

b) El porcentaje aplicable a la respectiva base reguladora a efectos de determinar la cuantía de la pensión causada ha de alcanzar el 100 por ciento.

c) El trabajo compatible podrá realizarse a tiempo completo o a tiempo parcial.

La cuantía de la pensión de jubilación compatible con el trabajo será equivalente al 50 por ciento del importe resultante en el reconocimiento inicial, una vez aplicado, si procede, el límite máximo de pensión pública, o del que se esté percibiendo, en el momento de inicio de la compatibilidad con el trabajo, excluido, en todo caso, el complemento por mínimos, cualquiera que sea la jornada laboral o la actividad que realice el pensionista.

La pensión se revalorizará en su integridad en los términos establecidos para las pensiones del sistema de la Seguridad Social. No obstante, en tanto se mantenga el trabajo compatible, el importe de la pensión más las revalorizaciones acumuladas se reducirá en un 50 por ciento.

El pensionista no tendrá derecho a los complementos para pensiones inferiores a la mínima durante el tiempo en el que compatibilice la pensión con el trabajo.

El beneficiario tendrá la consideración de pensionista a todos los efectos.

Finalizada la relación laboral por cuenta ajena o producido el cese en la actividad por cuenta propia, se restablecerá el percibo íntegro de la pensión de jubilación.

Las empresas en las que se compatibilice la prestación de servicios con el disfrute de la pensión de jubilación conforme a lo dispuesto en este artículo no deberán haber adoptado decisiones extintivas improcedentes en los seis meses anteriores a dicha compatibilidad. La limitación afectará únicamente a la cobertura de aquellos puestos de trabajo del mismo grupo profesional que los afectados por la extinción.

Una vez iniciada la compatibilidad entre pensión y trabajo, la empresa deberá mantener, durante la vigencia del contrato de trabajo del pensionista de jubilación, el nivel de empleo existente en la misma antes de su inicio. A este respecto se tomará como referencia el promedio diario de trabajadores de alta en la empresa en el periodo de los noventa días anteriores a la compatibilidad, calculado como el cociente que resulte de dividir entre noventa la suma de los trabajadores que estuvieran en alta en la empresa en los noventa días inmediatamente anteriores a su inicio.

No se considerarán incumplidas la obligaciones de mantenimiento del empleo anteriores cuando el contrato de trabajo se extinga por causas objetivas o por despido disciplinario cuando uno u otro sea declarado o reconocido como procedente, ni las extinciones causadas por dimisión, muerte, jubilación o incapacidad permanente total, absoluta o gran invalidez de los trabajadores o por la expiración del tiempo convenido o realización de la obra o servicio objeto del contrato.

La regulación contenida en este artículo se entenderá aplicable sin perjuicio del régimen jurídico previsto para cualesquiera otras modalidades de compatibilidad entre pensión y trabajo, establecidas legal o reglamentariamente.

Las previsiones de este artículo no serán aplicables en los supuestos de desempeño de un puesto de trabajo o alto cargo en el sector público, delimitado en el párrafo segundo del artículo 1.1 de la Ley 53/1984, de 26 de diciembre, de Incompatibilidades del Personal al Servicio de las Administraciones Públicas, que será incompatible con la percepción de la pensión de jubilación.

9.12. Jubilación parcial (art. 215)

Los trabajadores que hayan cumplido la edad a que se refiere el artículo 205.1.a) y reúnan los requisitos para causar derecho a la pensión de jubilación, siempre que se produzca una reducción de su jornada de trabajo comprendida entre un mínimo del 25 por ciento y un máximo del 50 por ciento, podrán acceder a la jubilación parcial sin necesidad de la celebración simultánea de un contrato de relevo. Los porcentajes indicados se entenderán referidos a la jornada de un trabajador a tiempo completo comparable.

Asimismo, siempre que con carácter simultáneo se celebre un contrato de relevo en los términos previstos en el artículo 12.7 del texto refundido de la Ley del Estatuto de los Trabajadores, los trabajadores a tiempo completo podrán acceder a la jubilación parcial cuando reúnan los siguientes requisitos:

a) Tener cumplida en la fecha del hecho causante una edad de sesenta y cinco años, o de sesenta y tres cuando se acrediten treinta y seis años y seis meses de cotización, sin que, a tales efectos, se tengan en cuenta las bonificaciones o anticipaciones de la edad de jubilación que pudieran ser de aplicación al interesado.

b) Acreditar un período de antigüedad en la empresa de, al menos, seis años inmediatamente anteriores a la fecha de la jubilación parcial. A tal efecto se computará la antigüedad acreditada en la empresa anterior si ha mediado una sucesión de empresa en los términos previstos en el artículo 44 del texto refundido de la Ley del Estatuto de los Trabajadores, o en empresas pertenecientes al mismo grupo.

c) Que la reducción de su jornada de trabajo se halle comprendida entre un mínimo de un 25 por ciento y un máximo del 50 por ciento, o del 75 por ciento para los supuestos en que el trabajador relevista sea contratado a jornada completa mediante un contrato de duración indefinida, siempre que se acrediten el resto de los requisitos. Dichos porcentajes se entenderán referidos a la jornada de un trabajador a tiempo completo comparable.

d) Acreditar un período de cotización de treinta y tres años en la fecha del hecho causante de la jubilación parcial, sin que a estos efectos se tenga en cuenta la parte proporcional correspondiente por pagas extraordinarias. A estos exclusivos efectos, solo se computará el período de prestación del servicio militar obligatorio o de la prestación social sustitutoria, con el límite máximo de un año.

   En el supuesto de personas con discapacidad en grado igual o superior al 33 por ciento, el período de cotización exigido será de veinticinco años.

e) Que exista una correspondencia entre las bases de cotización del trabajador relevista y del jubilado parcial, de modo que la correspondiente al trabajador relevista no podrá ser inferior al 65 por ciento del promedio de las bases de cotización correspondientes a los seis últimos meses del período de base reguladora de la pensión de jubilación parcial.

f) Los contratos de relevo que se establezcan como consecuencia de una jubilación parcial tendrán, como mínimo, una duración igual al tiempo que le falte al trabajador sustituido para alcanzar la edad de jubilación a que se refiere el artículo 205.1 a).

   En los casos a que se refiere la letra c), en que el contrato de relevo sea de carácter indefinido y a tiempo completo, deberá mantenerse al menos durante una duración igual al resultado de sumar dos años al tiempo que le falte al trabajador sustituido para alcanzar la edad de jubilación a que se refiere el artículo 205.1.a). En el supuesto de que el contrato se extinga antes de alcanzar la duración mínima indicada, el empresario estará obligado a celebrar un nuevo contrato en los mismos términos del extinguido, por el tiempo restante. En caso de incumplimiento por parte del empresario de las condiciones establecidas en el presente artículo en materia de contrato de relevo, será responsable del reintegro de la pensión que haya percibido el pensionista a tiempo parcial.

g) Sin perjuicio de la reducción de jornada a que se refiere la letra c), durante el período de disfrute de la jubilación parcial, empresa y trabajador cotizarán por la base de cotización que, en su caso, hubiese correspondido de seguir trabajando este a jornada completa.

El disfrute de la pensión de jubilación parcial en ambos supuestos será compatible con un puesto de trabajo a tiempo parcial.

El régimen jurídico de la jubilación parcial a que se refieren los apartados anteriores será el que reglamentariamente se establezca.

Podrán acogerse a la jubilación parcial regulada en este artículo los socios trabajadores o de trabajo de las cooperativas, asimilados a trabajadores por cuenta ajena en los términos del artículo 14, que reduzcan su jornada y derechos económicos en las condiciones previstas en el artículo 12.6 del texto refundido de la Ley del Estatuto de los Trabajadores, y cumplan los requisitos establecidos en el apartado 2 de este artículo, cuando la cooperativa concierte con un socio de duración determinada de la misma o con un desempleado la realización, en calidad de socio trabajador o de socio de trabajo, de la jornada dejada vacante por el socio que se jubila parcialmente, con las mismas condiciones establecidas para la celebración de un contrato de relevo en el artículo 12.7 del texto refundido de la Ley del Estatuto de los Trabajadores, y conforme a lo previsto en este artículo.

10. Muerte y supervivencia

10.1. Prestaciones (art. 216)

En caso de muerte, cualquiera que fuera su causa, cuando concurran los requisitos exigibles se reconocerán, según los supuestos, alguna o algunas de las prestaciones siguientes:

a) Un auxilio por defunción.
b) Una pensión vitalicia de viudedad.
c) Una prestación temporal de viudedad.
d) Una pensión de orfandad.
e) Una pensión vitalicia o, en su caso, subsidio temporal en favor de familiares.

En caso de muerte causada por accidente de trabajo o enfermedad profesional se reconocerá, además, una indemnización a tanto alzado.

10.2. Sujetos causantes (art. 217)

Podrán causar derecho a las prestaciones enumeradas en el artículo anterior:

a) Las personas incluidas en el Régimen General que cumplan la condición general exigida en el artículo 165.1

b) Los perceptores de los subsidios de incapacidad temporal, riesgo durante el embarazo, maternidad, paternidad o riesgo durante la lactancia natural, que cumplan el período de cotización que, en su caso, esté establecido.

c) Los titulares de pensiones contributivas de jubilación e incapacidad permanente.

Se reputarán de derecho muertos a consecuencia de accidente de trabajo o de enfermedad profesional quienes tengan reconocida por tales contingencias una incapacidad permanente absoluta o la condición de gran inválido.

Si no se da el supuesto previsto en el párrafo anterior, deberá probarse que la muerte ha sido debida al accidente de trabajo o a la enfermedad profesional. En caso de accidente de trabajo dicha prueba solo se admitirá si el fallecimiento hubiera ocurrido dentro de los cinco años siguientes a la fecha del accidente. En caso de enfermedad profesional se admitirá tal prueba cualquiera que sea el tiempo transcurrido.

Los trabajadores que hubieran desaparecido con ocasión de un accidente, sea o no de trabajo, en circunstancias que hagan presumible su muerte y sin que se hayan tenido noticias suyas durante los noventa días naturales siguientes al del accidente, podrán causar las prestaciones por muerte y supervivencia, excepción hecha del auxilio por defunción. Los efectos económicos de las prestaciones se retrotraerán a la fecha del accidente, en las condiciones que reglamentariamente se determinen.

10.3. Auxilio por defunción (art. 218)

El fallecimiento del causante dará derecho a la percepción inmediata de un auxilio por defunción para hacer frente a los gastos de sepelio a quien los haya soportado. Se presumirá, salvo prueba en contrario, que dichos gastos han sido satisfechos por este orden: por el cónyuge superviviente, el sobreviviente de una pareja de hecho en los términos regulados en el artículo 221, los hijos y los parientes del fallecido que conviviesen con él habitualmente.

10.4. Pensión de viudedad del cónyuge sobreviviente (art. 219)

Tendrá derecho a la pensión de viudedad, con carácter vitalicio, salvo que se produzca alguna de las causas de extinción que legal o reglamentariamente se establezcan, el cónyuge superviviente de alguna de las personas a que se refiere el artículo 217.1, siempre que si el sujeto causante se encontrase en alta o en situación asimilada a la de alta en la fecha de su fallecimiento hubiera completado un período de cotización de quinientos días, dentro de los cinco años inmediatamente anteriores a la fecha del hecho causante de la pensión. En los supuestos en que esta se cause desde una situación de alta o de asimilada a la de alta sin obligación de cotizar, el período de cotización de quinientos días deberá estar comprendido dentro de los cinco años inmediatamente anteriores a la fecha en que cesó la obligación de cotizar. En cualquier caso, si la causa de la muerte fuera un accidente, sea o no de trabajo, o una enfermedad profesional, no se exigirá ningún período previo de cotización.

También tendrá derecho a la pensión de viudedad el cónyuge superviviente aunque el causante, a la fecha de fallecimiento, no se encontrase en alta o en situación asimilada a la de alta, siempre que el mismo hubiera completado un período mínimo de cotización de quince años.

En los supuestos excepcionales en que el fallecimiento del causante derivara de enfermedad común, no sobrevenida tras el vínculo conyugal, se requerirá, además, que el matrimonio se hubiera celebrado con un año de antelación como mínimo a la fecha del fallecimiento o, alternativamente, la existencia de hijos comunes. No se exigirá dicha duración del vínculo matrimonial cuando en la fecha de celebración del mismo se acreditara un período de convivencia con el causante, en los términos establecidos en el artículo 221.2, que, sumado al de duración del matrimonio, hubiera superado los dos años.

10.5. Pensión de viudedad en supuestos de separación, divorcio o nulidad matrimonial (art. 220)

En los casos de separación o divorcio, el derecho a la pensión de viudedad corresponderá a quien, concurriendo los requisitos en cada caso exigidos en el artículo 219, sea o haya sido cónyuge legítimo, en este último caso siempre que no hubiera contraído nuevas nupcias o hubiera constituido una pareja de hecho en los términos a que se refiere el artículo siguiente.

Asimismo, se requerirá que las personas divorciadas o separadas judicialmente sean acreedoras de la pensión compensatoria a que se refiere el artículo 97 del Código Civil y esta quedara extinguida a la muerte del causante. En el supuesto de que la cuantía de la pensión de viudedad fuera superior a la pensión compensatoria, aquella se disminuirá hasta alcanzar la cuantía de esta última.

En todo caso, tendrán derecho a la pensión de viudedad las mujeres que, aun no siendo acreedoras de pensión compensatoria, pudieran acreditar que eran víctimas de violencia de género en el momento de la separación judicial o el divorcio mediante sentencia firme, o archivo de la causa por extinción de la responsabilidad penal por fallecimiento; en defecto de sentencia, a través de la orden de protección dictada a su favor o informe del Ministerio Fiscal que indique la existencia de indicios de ser víctima de violencia de género, así como por cualquier otro medio de prueba admitido en Derecho.

Si, habiendo mediado divorcio, se produjera una concurrencia de beneficiarios con derecho a pensión, esta será reconocida en cuantía proporcional al tiempo vivido por cada uno de ellos con el causante, garantizándose, en todo caso, el 40 por ciento a favor del cónyuge superviviente o, en su caso, del que, sin ser cónyuge, conviviera con el causante en el momento del fallecimiento y resultara beneficiario de la pensión de viudedad en los términos a que se refiere el artículo siguiente.

En caso de nulidad matrimonial, el derecho a la pensión de viudedad corresponderá al superviviente al que se le haya reconocido el derecho a la indemnización a que se refiere el artículo 98 del Código Civil, siempre que no hubiera contraído nuevas nupcias o hubiera constituido una pareja de hecho en los términos a que se refiere el artículo siguiente. Dicha pensión será reconocida en cuantía proporcional al tiempo vivido con el causante, sin perjuicio de los límites que puedan resultar por la aplicación de lo previsto en el apartado anterior en el supuesto de concurrencia de varios beneficiarios.

10.6. Pensión de viudedad de parejas de hecho (art. 221)

Cumplidos los requisitos de alta y cotización establecidos en el artículo 219, tendrá asimismo derecho a la pensión de viudedad quien se encontrase unido al causante en el momento de su fallecimiento, formando una pareja de hecho, y acreditara que sus ingresos durante el año natural anterior no alcanzaron el 50 por ciento de la suma de los propios y de los del causante habidos en el mismo período. Dicho porcentaje será del 25 por ciento en el caso de inexistencia de hijos comunes con derecho a pensión de orfandad.

No obstante, también se reconocerá derecho a pensión de viudedad cuando los ingresos del sobreviviente resulten inferiores a 1,5 veces el importe del salario mínimo interprofesional vigente en el momento del hecho causante, requisito que deberá concurrir tanto en el momento del hecho causante de la prestación, como durante el período de su percepción. El límite indicado se incrementará en 0,5 veces la cuantía del salario mínimo interprofesional vigente, por cada hijo común con derecho a la pensión de orfandad que conviva con el sobreviviente.

Se considerarán como ingresos los rendimientos de trabajo y de capital así como los de carácter patrimonial, en los términos en que son computados para el reconocimiento de los complementos por mínimos de pensiones establecidos en el artículo 59.

A efectos de lo establecido en este artículo, se considerará pareja de hecho la constituida, con análoga relación de afectividad a la conyugal, por quienes, no hallándose impedidos para contraer matrimonio, no tengan vínculo matrimonial con otra persona y acrediten, mediante el correspondiente certificado de empadronamiento, una convivencia estable y notoria con carácter inmediato al fallecimiento del causante y con una duración ininterrumpida no inferior a cinco años.

La existencia de pareja de hecho se acreditará mediante certificación de la inscripción en alguno de los registros específicos existentes en las comunidades autónomas o ayuntamientos del lugar de residencia o mediante documento público en el que conste la constitución de dicha pareja. Tanto la mencionada inscripción como la formalización del correspondiente documento público deberán haberse producido con una antelación mínima de dos años con respecto a la fecha del fallecimiento del causante.

10.7. Prestación temporal de viudedad (art. 222)

Cuando el cónyuge superviviente no pueda acceder al derecho a pensión de viudedad por no acreditar que su matrimonio con el causante ha tenido una duración de un año o, alternativamente, por la inexistencia de hijos comunes y concurran el resto de requisitos enumerados en el artículo 219, tendrá derecho a una prestación temporal en cuantía igual a la de la pensión de viudedad que le hubiera correspondido y con una duración de dos años.

10.8. Compatibilidad y extinción de las prestaciones de viudedad (art. 223)

La pensión de viudedad será compatible con cualesquiera rentas de trabajo, sin perjuicio de lo establecido en el artículo 221.

La pensión de viudedad, causada en los términos del segundo párrafo del artículo 219.1, será incompatible con el reconocimiento de otra pensión de viudedad, en cualquiera de los regímenes de la Seguridad Social, salvo que las cotizaciones acreditadas en cada uno de los regímenes se superpongan, al menos, durante quince años.

El derecho a pensión de viudedad se extinguirá, en todos los supuestos, cuando el beneficiario contraiga matrimonio o constituya una pareja de hecho en los términos regulados en el artículo 221, sin perjuicio de las excepciones establecidas reglamentariamente.

Lo previsto en el presente artículo resulta de aplicación a la prestación temporal de viudedad.

10.9. Pensión de orfandad (art. 224)

Tendrán derecho a la pensión de orfandad, en régimen de igualdad, cada uno de los hijos del causante, cualquiera que sea la naturaleza de su filiación, siempre que, al fallecer el causante, sean menores de veintiún años o estén incapacitados para el trabajo y que el causante se encontrase en alta o situación asimilada a la de alta, o fuera pensionista en los términos del artículo 217.1.c).

Será de aplicación, asimismo, a las pensiones de orfandad lo previsto en el segundo párrafo del artículo 219.1.

Podrá ser beneficiario de la pensión de orfandad, siempre que en la fecha del fallecimiento del causante fuera menor de veinticinco años, el hijo del causante que no efectúe un trabajo lucrativo por cuenta ajena o propia, o cuando realizándolo, los ingresos que obtenga resulten inferiores, en cómputo anual, a la cuantía vigente para el salario mínimo interprofesional, también en cómputo anual.

Si el huérfano estuviera cursando estudios y cumpliera los veinticinco años durante el transcurso del curso escolar, la percepción de la pensión de orfandad se mantendrá hasta el día primero del mes inmediatamente posterior al del inicio del siguiente curso académico.

La pensión de orfandad se abonará a quien tenga a su cargo a los beneficiarios, según determinación reglamentaria.

10.10. Compatibilidad de la pensión de orfandad (art. 225)

Sin perjuicio de lo previsto en el apartado 2 del epígrafe anterior, la pensión de orfandad será compatible con cualquier renta de trabajo de quien sea o haya sido cónyuge del causante, o del propio huérfano, así como, en su caso, con la pensión de viudedad que aquel perciba.

Será de aplicación a las pensiones de orfandad lo previsto, respecto de las pensiones de viudedad, en el segundo párrafo del artículo 223.1.

Los huérfanos incapacitados para el trabajo con derecho a pensión de orfandad, cuando perciban otra pensión de la Seguridad Social en razón a la misma incapacidad, podrán optar entre una u otra. Cuando el huérfano haya sido declarado incapacitado para el trabajo con anterioridad al cumplimiento de la edad de dieciocho años, la pensión de orfandad que viniera percibiendo será compatible con la de incapacidad permanente que pudiera causar, después de los dieciocho años, como consecuencia de unas lesiones distintas a las que dieron lugar a la pensión de orfandad, o en su caso, con la pensión de jubilación que pudiera causar en virtud del trabajo que realice por cuenta propia o ajena.

Reglamentariamente se determinarán los efectos de la concurrencia en los mismos beneficiarios de pensiones de orfandad causadas por el padre y la madre.

10.11. Prestaciones en favor de familiares (art. 226)

En las normas de desarrollo de la ley se determinarán aquellos otros familiares o asimilados que, reuniendo las condiciones que para cada uno de ellos se establezcan y previa prueba de su dependencia económica del causante, tendrán derecho a pensión o subsidio por muerte de este, en la cuantía que respectivamente se fije.

Será de aplicación a las prestaciones en favor de familiares lo establecido en el párrafo segundo del artículo 219.1.

En todo caso, se reconocerá derecho a pensión a los hijos o hermanos de beneficiarios de pensiones contributivas de jubilación e incapacidad permanente, en quienes se den, en los términos que se establezcan reglamentariamente, las siguientes circunstancias:

a) Haber convivido con el causante y a su cargo.

b) Ser mayores de cuarenta y cinco años y solteros, divorciados o viudos.

c) Acreditar dedicación prolongada al cuidado del causante.

d) Carecer de medios propios de vida.

La duración de los subsidios temporales por muerte y supervivencia será objeto de determinación en las normas de desarrollo de esta ley.

A efectos de estas prestaciones, quienes se encuentren en situación legal de separación tendrán, respecto de sus ascendientes o descendientes, los mismos derechos que los que les corresponderían de estar disuelto su matrimonio.

Será de aplicación a las pensiones en favor de familiares lo previsto para las pensiones de viudedad en el segundo párrafo del artículo 223.1. de la ley.

10.12. Indemnización especial a tanto alzado (art. 227)

En el caso de muerte por accidente de trabajo o enfermedad profesional, el cónyuge superviviente, el sobreviviente de una pareja de hecho en los términos regulados en el artículo 221 y los huérfanos tendrán derecho a una indemnización a tanto alzado, cuya cuantía uniforme se determinará en las normas de desarrollo de esta ley.

En los supuestos de separación, divorcio o nulidad será de aplicación, en su caso, lo previsto en el artículo 220.

Cuando no existieran otros familiares con derecho a pensión por muerte y supervivencia, el padre o la madre que vivieran a expensas del trabajador fallecido, siempre que no tengan, con motivo de la muerte de este, derecho a las prestaciones a que se refiere el artículo anterior, percibirán la indemnización que se establece en el apartado 1 del presente epígrafe.

10.13. Base reguladora de las prestaciones por muerte y supervivencia derivada de contingencias comunes (art. 228)

Para el cálculo de la base reguladora en los supuestos de prestaciones derivadas de contingencias comunes se computará la totalidad de las bases por las que se haya efectuado la cotización durante el periodo establecido reglamentariamente anterior al mes previo al del hecho causante.

10.14. Límite de las cuantías de las pensiones (art. 229)

La suma de las cuantías de las pensiones por muerte y supervivencia no podrá exceder del importe de la base reguladora que corresponda, conforme a lo previsto en el artículo 161.2, en función de las cotizaciones efectuadas por el causante. Esta limitación se aplicará a la determinación inicial de las expresadas cuantías, pero no afectará a las revalorizaciones periódicas de las pensiones que procedan en lo sucesivo, conforme a lo previsto en el artículo 58.

A los efectos de la limitación establecida en este artículo, las pensiones de orfandad tendrán preferencia sobre las pensiones a favor de otros familiares. Asimismo, y por lo que respecta a estas últimas prestaciones, se establece el siguiente orden de preferencia:

1. Nietos y hermanos del causante, menores de dieciocho años o mayores incapacitados.
2. Padre y madre del causante.
3. Abuelos y abuelas del causante.
4. Hijos y hermanos del titular de una pensión contributiva de jubilación o incapacidad permanente mayores de cuarenta y cinco años y que reúnan los demás requisitos establecidos.

Sin perjuicio de lo previsto con carácter general en este artículo, el límite establecido podrá ser rebasado en caso de concurrencia de varias pensiones de orfandad con una pensión de viudedad cuando el porcentaje a aplicar a la correspondiente base reguladora para el cálculo de esta última sea del 70 por ciento, si bien, en ningún caso, la suma de las pensiones de orfandad podrá superar el 48 por ciento de la base reguladora que corresponda.

10.15. Imprescriptibilidad (art. 230)

El derecho al reconocimiento de las prestaciones por muerte y supervivencia, con excepción del auxilio por defunción, será imprescriptible, sin perjuicio de que los efectos de tal reconocimiento se produzcan a partir de los tres meses anteriores a la fecha en que se presente la correspondiente solicitud.

10.16. Impedimento para ser beneficiario de las prestaciones de muerte y supervivencia (art. 231)

Sin perjuicio de lo establecido en la disposición adicional primera de la Ley Orgánica 1/2004, de 28 de diciembre, de Medidas de Protección Integral contra la Violencia de Género, no podrá tener la condición de beneficiario de las prestaciones de muerte y supervivencia que hubieran podido corresponderle, quien fuera condenado por sentencia firme por la comisión de un delito doloso de homicidio en cualquiera de sus formas, cuando la víctima fuera el sujeto causante de la prestación.

La entidad gestora podrá revisar, por sí misma y en cualquier momento, la resolución por la cual hubiera reconocido el derecho a una prestación de muerte y supervivencia a quien fuera condenado por sentencia firme en el supuesto indicado, viniendo el mismo obligado a devolver las cantidades que, en su caso, hubiera percibido por tal concepto.

La facultad de revisión de oficio a que se refiere el párrafo anterior no estará sujeta a plazo, si bien la obligación de reintegro del importe de las prestaciones percibidas prescribirá en el plazo previsto en el artículo 55.3. En todo caso, la prescripción de esta obligación se interrumpirá cuando recaiga resolución judicial de la que se deriven indicios racionales de que el sujeto investigado es responsable de un delito doloso de homicidio, así como por la tramitación del proceso penal y de los diferentes recursos.

En el acuerdo de inicio del procedimiento de revisión del reconocimiento de la prestación a que se refiere este artículo se acordará, si no se hubiera producido antes, la suspensión cautelar de su percibo hasta la resolución firme que ponga fin a dicho procedimiento.

10.17. Suspensión cautelar del abono de las prestaciones de muerte y supervivencia, en determinados supuestos (art. 232)

La entidad gestora suspenderá cautelarmente el abono de las prestaciones de muerte y supervivencia que, en su caso, hubiera reconocido, cuando recaiga resolución judicial de la que se deriven indicios racionales de que el sujeto investigado es responsable de un delito doloso de homicidio en cualquiera de sus formas, si la víctima fuera el sujeto causante de la prestación, con efectos del día primero del mes siguiente a aquel en que le sea comunicada tal circunstancia.

Cuando la entidad gestora tenga conocimiento, antes o durante el trámite del procedimiento para el reconocimiento de la prestación de muerte y supervivencia, de que ha recaído contra el solicitante resolución judicial de la que deriven indicios racionales de criminalidad por la comisión del indicado delito, procederá a su reconocimiento si concurrieran todos los restantes requisitos para ello, con suspensión cautelar de su abono desde la fecha en que hubiera debido tener efectos económicos.

En los casos indicados en los dos párrafos precedentes, la suspensión cautelar se mantendrá hasta que recaiga sentencia firme u otra resolución firme que ponga fin al procedimiento penal, o determine la no culpabilidad del beneficiario.

Si el beneficiario de la prestación fuera finalmente condenado por sentencia firme por la comisión del indicado delito, procederá la revisión del reconocimiento y, en su caso, el reintegro de las prestaciones percibidas, de acuerdo con lo previsto en el artículo 231. Cuando recaiga sentencia absolutoria o resolución judicial firme que declare la no culpabilidad del beneficiario, se rehabilitará el pago de la prestación suspendida con los efectos que hubieran procedido de no haberse acordado la suspensión, una vez descontadas, en su caso, las cantidades satisfechas en concepto de obligación de alimentos conforme a lo dispuesto en el apartado 3.

No obstante, si recayera sentencia absolutoria en primera instancia y esta fuera recurrida, la suspensión cautelar se alzará hasta la resolución del recurso por sentencia firme. En este caso, si la sentencia firme recaída en dicho recurso fuese también absolutoria, se abonarán al beneficiario las prestaciones dejadas de percibir desde que se acordó la suspensión cautelar hasta que se alzó esta, con descuento de las cantidades que, en su caso, se hubieran satisfecho a terceros en concepto de obligación de alimentos conforme a lo dispuesto en el apartado 3. Por el contrario, si la sentencia firme recaída en el recurso resultara condenatoria, procederá la revisión del reconocimiento de la prestación así como la devolución de las prestaciones percibidas por el condenado, conforme a lo indicado en el apartado 1 de este artículo, incluidas las correspondientes al período en que estuvo alzada la suspensión.

Durante la suspensión del pago de una pensión de viudedad, acordada conforme a lo previsto en este artículo, se podrán hacer efectivas con cargo a la misma, hasta el límite del importe que le hubiera correspondido por tal concepto al beneficiario de dicha pensión, las obligaciones de alimentos a favor de los titulares de pensión de orfandad o en favor de familiares causada por la víctima del delito, siempre que dichos titulares hubieran de ser beneficiarios de los incrementos a que se refiere el artículo 233 si finalmente recayera sentencia firme condenatoria de aquel. La cantidad a percibir en concepto de alimentos por cada uno de los pensionistas de orfandad o en favor de familiares no podrá superar el importe que, en cada momento, le hubiera correspondido por dicho incremento.

10.18. Incremento de las pensiones de orfandad y en favor de familiares, en determinados supuestos (art. 233)

Cuando, a tenor de lo establecido en el artículo 231, el condenado por sentencia firme por la comisión de un delito doloso de homicidio en cualquiera de sus formas no pudiese adquirir la condición de beneficiario de la pensión de viudedad, o la hubiese perdido, los hijos del mismo que sean titulares de la pensión de orfandad causada por la víctima del delito tendrán derecho al incremento previsto reglamentariamente para los casos de orfandad absoluta.

Los titulares de la pensión en favor de familiares podrán, en esos mismos supuestos, ser beneficiarios del incremento previsto reglamentariamente, siempre y cuando no haya otras personas con derecho a pensión de muerte y supervivencia causada por la víctima.

Los efectos económicos del citado incremento se retrotraerán a la fecha de efectos del reconocimiento inicial de la pensión de orfandad o en favor de familiares, cuando no se hubiera reconocido previamente la pensión de viudedad a quien resulte condenado por sentencia firme. En otro caso, dichos efectos económicos se iniciarán a partir de la fecha en que hubiera cesado el pago de la pensión de viudedad, como consecuencia de la revisión de su reconocimiento por la entidad gestora conforme a lo previsto en el artículo 231 o, en su caso, a partir de la fecha de la suspensión cautelar contemplada en el artículo 232.

En todo caso, el abono del incremento de la pensión de orfandad o en favor de familiares por los períodos en que el condenado hubiera percibido la pensión de viudedad solo podrá llevarse a cabo una vez que este haga efectivo su reintegro, sin que la entidad gestora, de no producirse el reintegro, sea responsable subsidiaria ni solidaria del abono al pensionista de orfandad o en favor de familiares del incremento señalado, ni venga obligada a su anticipo.

De las cantidades que correspondan en concepto de incremento de la pensión de orfandad o en favor de familiares se descontará, en su caso, el importe que por alimentos hubiera percibido su beneficiario a cargo de la pensión de viudedad suspendida, conforme a lo dispuesto en el artículo 232.

10.19. Abono de las pensiones de orfandad, en determinados supuestos (art. 234)

En el caso de que los hijos de quien fuera condenado por sentencia firme por la comisión de un delito doloso de homicidio en cualquiera de sus formas, en los términos señalados en el artículo 231, siendo menores de edad o personas con capacidad judicialmente modificada, fueran beneficiarios de pensión de orfandad causada por la víctima, dicha pensión no le será abonable a la persona condenada.

En todo caso, la entidad gestora pondrá en conocimiento del Ministerio Fiscal la existencia de la pensión de orfandad, así como toda resolución judicial de la que se deriven indicios racionales de que el progenitor es responsable de un delito doloso de homicidio para que, en cumplimiento de lo dispuesto en el artículo 158 del Código Civil, proceda, en su caso, a instar la adopción de las medidas oportunas en relación con la persona física o institución tutelar del menor o persona con capacidad judicialmente modificada a las que debe abonarse la pensión de orfandad. Adoptadas dichas medidas con motivo de dicha situación procesal, la entidad gestora, cuando así proceda, comunicará también al Ministerio Fiscal la resolución por la que se ponga fin al proceso y la firmeza o no de la resolución judicial en que se acuerde.

11. Protección a la familia

11.1. Periodos de cotización asimilados por parto (art. 235)

A efectos de las pensiones contributivas de jubilación y de incapacidad permanente, se computarán a favor de la trabajadora solicitante de la pensión un total de ciento doce días completos de cotización por cada parto de un solo hijo y de catorce días más por cada hijo a partir del segundo, este incluido, si el parto fuera múltiple, salvo que, por ser trabajadora o funcionaria en el momento del parto, se hubiera cotizado durante la totalidad de las dieciséis semanas o durante el tiempo que corresponda si el parto fuese múltiple.

11.2. Beneficios por cuidado de hijos o menores (art. 236)

Sin perjuicio de lo dispuesto en el epígrafe anterior, se computará como periodo cotizado a todos los efectos, salvo para el cumplimiento del período mínimo de cotización exigido, aquel en el que se haya interrumpido la cotización a causa de la extinción de la relación laboral o de la finalización del cobro de prestaciones por desempleo cuando tales circunstancias se hayan producido entre los nueve meses anteriores al nacimiento, o los tres meses anteriores a la adopción o acogimiento permanente de un menor, y la finalización del sexto año posterior a dicha situación.

El período computable como cotizado será como máximo de doscientos setenta días por hijo o menor adoptado o acogido, sin que en ningún caso pueda ser superior a la interrupción real de la cotización.

Este beneficio solo se reconocerá a uno de los progenitores. En caso de controversia entre ellos se otorgará el derecho a la madre.

En cualquier caso, la aplicación de los beneficios establecidos en este artículo no podrá dar lugar a que el período de cuidado de hijo o menor, considerado como período cotizado, supere cinco años por beneficiario. Esta limitación se aplicará, de igual modo, cuando los mencionados beneficios concurran con los contemplados en el artículo 237.1.

11.3. Prestación familiar contributiva (art. 237)

Los períodos de hasta tres años de excedencia que los trabajadores, de acuerdo con el artículo 46.3 del texto refundido de la Ley del Estatuto de los Trabajadores, disfruten en razón del cuidado de cada hijo o menor en régimen de acogimiento permanente o de guarda con fines de adopción, tendrán la consideración de periodo de cotización efectiva a efectos de las correspondientes prestaciones de la Seguridad Social por jubilación, incapacidad permanente, muerte y supervivencia, maternidad y paternidad.

De igual modo, se considerará efectivamente cotizado a los efectos de las prestaciones indicadas en el apartado anterior, el primer año del período de excedencia que los trabajadores disfruten, de acuerdo con el artículo 46.3 del texto refundido de la Ley del Estatuto de los Trabajadores, en razón del cuidado de otros familiares, hasta el segundo grado de consanguinidad o afinidad, que, por razones de edad, accidente, enfermedad o discapacidad, no puedan valerse por sí mismos, y no desempeñen una actividad retribuida.

Las cotizaciones realizadas durante los dos primeros años del período de reducción de jornada por cuidado de menor previsto en el primer párrafo del artículo 37.6 del texto refundido de la Ley del Estatuto de los Trabajadores, se computarán incrementadas hasta el 100 por cien de la cuantía que hubiera correspondido si se hubiera mantenido sin dicha reducción la jornada de trabajo, a efectos de las prestaciones señaladas en el apartado 1. Dicho incremento vendrá exclusivamente referido al primer año en los supuestos de reducción de jornada contemplados en el segundo párrafo del mencionado artículo.

Las cotizaciones realizadas durante los periodos en que se reduce la jornada según lo previsto en el tercer párrafo del artículo 37.6 del texto refundido de la Ley del Estatuto de los Trabajadores, se computarán incrementadas hasta el 100 por cien de la cuantía que hubiera correspondido si se hubiera mantenido sin dicha reducción la jornada de trabajo, a efectos de las prestaciones por jubilación, incapacidad permanente, muerte y supervivencia, maternidad, paternidad, riesgo durante el embarazo, riesgo durante la lactancia natural e incapacidad temporal.

Cuando las situaciones de excedencia señaladas en los apartados 1 y 2 hubieran estado precedidas por una reducción de jornada en los términos previstos en el artículo 37.6 del texto refundido de la Ley del Estatuto de los Trabajadores, a efectos de la consideración como cotizados de los períodos de excedencia que correspondan, las cotizaciones realizadas durante la reducción de jornada se computarán incrementadas hasta el 100 por cien de la cuantía que hubiera correspondido si se hubiera mantenido sin dicha reducción la jornada de trabajo.

V. Gestión Financiera

Rodio ediciones

Tema 1

El presupuesto: concepto. Los principios presupuestarios. El Ciclo presupuestario. El Presupuesto por programas: concepto y fases. Terminología y desarrollo del proceso presupuestario

Rodio ediciones

Índice esquemático

1. El presupuesto: concepto y contenido

2. Los principios presupuestarios

2.1. Principios políticos

2.2. Los Principios contables

2.3. Los Principios económicos

2.4. Los principios presupuestarios en la nueva Ley General Presupuestaria

2.5. El principio de estabilidad presupuestaria en la Constitución de 1978

3. El ciclo presupuestario

3.1. Preparación o elaboración

3.2. Discusión y aprobación

3.3. Ejecución

3.4. Control

4. El presupuesto por programas: concepto y fases

5. Terminología y desarrollo del proceso presupuestario: el presupuesto en base cero

1. El presupuesto: concepto y contenido

El Diccionario de la Real Academia de la Lengua define el término "Presupuesto" como, "cómputo anticipado del coste de una obra o de los gastos y rentas de una corporación". Esta definición genérica del presupuesto, nos sitúa en la idea de anticipación, o mera previsión, tanto de los gastos que se van a efectuar, como de los ingresos que se tendrán que obtener para cubrirlos.

La doctrina ha dado muchos posibles conceptos de presupuestos; así, para el profesor Naharro, el presupuesto es la expresión contable del plan económico de la Hacienda para un período determinado.

También NEUMARK lo ha definido como el resumen sistemático, confeccionado en períodos regulares, de las previsiones, en principio obligatorias, de los gastos proyectados y de las estimaciones de los ingresos previstos para cubrir dichos gastos.

Un concepto muy sencillo de presupuestos, sería que "los presupuestos son la previsión del conjunto de ingresos y gastos de una Administración Pública para un periodo de tiempo determinado".

En un sentido más jurídico también se ha definido el presupuesto como la ley mediante la cual se autoriza el montante máximo de los gastos que las Administraciones Públicas y sus Organismos pueden realizar durante un período de tiempo determinado, en las atenciones que detalladamente se especifican, y se prevén los ingresos necesarios para cubrirlos.

El **concepto legal de presupuesto**, viene definido en el articulo 32 de la **Ley General Presupuestaria, aprobada por Ley 47/2003 de 26 de Noviembre**, que establece:"**los Presupuestos Generales del Estado constituyen la expresión cifrada, conjunta y sistemática de los derechos y obligaciones a liquidar durante el ejercicio por cada uno de los órganos y entidades que forman parte del sector público estatal.**"

Añade el artículo 33 el alcance subjetivo y el contenido de los Presupuestos Generales del Estado que estarán integrados por:

a) Los presupuestos de los órganos a que se refiere el artículo 2.3 de esta Ley y de las entidades del sector público estatal a las que resulte de aplicación el régimen de especificaciones y de modificaciones regulado en la presente Ley o cuya normativa específica confiera a su presupuesto carácter limitativo.

b) Los presupuestos estimativos de las entidades de los sectores empresarial y fundacional, los consorcios, las universidades no transferidas, los fondos sin personalidad jurídica y las restantes entidades del sector público administrativo no incluidas en la letra anterior.

Además añade el punto segundo del citado artículo 33 que los presupuestos Generales del Estado determinarán:

a) Las obligaciones económicas que, como máximo, pueden reconocer los sujetos referidos en el párrafo a) del apartado anterior.

b) Los derechos a reconocer durante el correspondiente ejercicio por los entes mencionados en el párrafo anterior.

c) Las operaciones no financieras y financieras a realizar por las entidades contempladas en el párrafo b) del apartado anterior.

d) Los objetivos a alcanzar en el ejercicio por cada uno de los gestores responsables de los programas con los recursos que el respectivo presupuesto les asigna.

e) La estimación de los beneficios fiscales que afecten a los tributos del Estado.

Por su parte los artículos 2 y 3 de la Ley General Presupuestaria, determina que debe entenderse por **sector público estatal** al establecer:

1. A los efectos de esta Ley forman parte del sector público estatal:

a) La Administración General del Estado.

b) El sector público institucional estatal.

2. Integran el sector público institucional estatal las siguientes entidades:

a) Los organismos públicos vinculados o dependientes de la Administración General del Estado, los cuales se clasifican en:

   1. Organismos autónomos.
   2. Entidades Públicas Empresariales.

b) Las autoridades administrativas independientes.

c) Las sociedades mercantiles estatales.

d) Los consorcios adscritos a la Administración General del Estado.

e) Las fundaciones del sector público adscritas a la Administración General del Estado.

f) Los fondos sin personalidad jurídica.

g) Las universidades públicas no transferidas.

h) Las entidades gestoras, servicios comunes y las mutuas colaboradoras con la Seguridad Social en su función pública de colaboración en la gestión de la Seguridad Social, así como sus centros mancomunados.

i) Cualesquiera organismos y entidades de derecho público vinculados o dependientes de la Administración General del Estado.

3. Los órganos con dotación diferenciada en los Presupuestos Generales del Estado que, careciendo de personalidad jurídica, no están integrados en la Administración General del Estado, forman parte del sector público estatal, regulándose su régimen económico-financiero por esta Ley, sin perjuicio de las especialidades que se establezcan en sus normas de creación, organización y funcionamiento. No obstante, su régimen de contabilidad y de control quedará sometido en todo caso a lo establecido en dichas normas, sin que les sea aplicable en dichas materias lo establecido en esta Ley.

Sin perjuicio de lo anterior, esta Ley no será de aplicación a las Cortes Generales, que gozan de autonomía presupuestaria de acuerdo con lo establecido en el artículo 72 de la Constitución; no obstante, se mantendrá la coordinación necesaria para la elaboración del Proyecto de Ley de Presupuestos Generales del Estado.

Artículo 3. Sector público administrativo, empresarial y fundacional

A los efectos de esta Ley, el sector público estatal se divide en los siguientes:

1. El sector público administrativo, integrado por:

a) La Administración General del Estado, los organismos autónomos, las autoridades administrativas independientes, las universidades públicas no transferidas y las entidades gestoras, servicios comunes y las mutuas colaboradoras con la Seguridad Social, así como sus centros mancomunados, así como las entidades del apartado 3 del artículo anterior.

b) Cualesquiera organismos y entidades de derecho público vinculados o dependientes de la Administración General del Estado, los consorcios y los fondos sin personalidad jurídica, que cumplan alguna de las dos características siguientes:

1. Que su actividad principal no consista en la producción en régimen de mercado de bienes y servicios destinados al consumo individual o colectivo, o que efectúen operaciones de redistribución de la renta y de la riqueza nacional, en todo caso sin ánimo de lucro.
2. Que no se financien mayoritariamente con ingresos comerciales, entendiéndose como tales a los efectos de esta Ley, los ingresos, cualquiera que sea su naturaleza, obtenidos como contrapartida de las entregas de bienes o prestaciones de servicios.

2. El sector público empresarial, integrado por:

a) Las entidades públicas empresariales.

b) Las sociedades mercantiles estatales.

c) Cualesquiera organismos y entidades de derecho público vinculados o dependientes de la Administración General del Estado, los consorcios y los fondos sin personalidad jurídica no incluidos en el sector público administrativo.

3. El sector público fundacional, integrado por las fundaciones del sector público estatal.

De la definición legal que establece la Ley General Presupuestaria, vista más arriba, podemos extraer, siguiendo a MARTÍNEZ LAGO, las siguientes **características**:

a) Los presupuestos son un acto de previsión contable, porque constituyen la expresión cifrada de las obligaciones y derechos del Estado.

b) Los presupuestos constituyen la ordenación racional del ciclo financiero, por ser expresión conjunta y sistemática de las obligaciones y derechos del Estado.

c) Los presupuestos entrañan jurídicamente para las obligaciones de contenido económico (gasto) un acto aprobatorio de un máximo o cantidad mayor a la que puede llegar su importe.

d) Los presupuestos suponen jurídicamente para los derechos de contenido económico (ingresos) un acto de mera previsión de lo que se estima liquidar.

e) Tanto el acto de aprobación como de previsión aludidos en las dos letras anteriores son de efectos temporales limitados, ya que en ambos casos se contraen al ejercicio en curso de que se trate.

Esta visión de los presupuestos ha sido comúnmente analizada por la doctrina desde tres puntos de vista: el punto de vista económico, político y jurídico.

- **Económico.** En la actualidad y como consecuencia de las recientes y cíclicas crisis económicas, asistimos a un reforzamiento del papel del Poder Ejecutivo sobre el Legislativo, que se ha visto obligado a intervenir en la economía nacional para corregir los fallos del mercado a través de los presupuestos, los cuales desde un punto de vista macroeconómico, se configuran como el principal instrumento para poder alcanzar los grandes objetivos de política económica.

  No sólo porque el sector público es el principal agente económico de nuestro país, sino también porque las decisiones que el ejecutivo adopta, tienen un efecto muy importante sobre el resto de los agentes sociales, ya sean empresas o familias.

  Desde esta perspectiva económica, el Presupuesto sería el documento que recoge el conjunto de decisiones financieras del Estado. Es la expresión contable del Plan Económico de la Hacienda para un determinado periodo.

- **Político.** Desde este punto de vista, el presupuesto constituye una decisión política que concede los recursos precisos para ejecutar el programa gubernamental durante el próximo año, no obstante, la aprobación de los presupuestos depende de la organización política y administrativa de cada país, pues no es lo mismo en un régimen presidencialista que en una democracia parlamentaria en la que coinciden políticamente el Gobierno y la mayoría.

  Desde esta perspectiva política, el Presupuesto define la orientación de la política económica del Gobierno.

- **Jurídico.** Sobre la base del principio de representación popular la aprobación de los presupuestos por el Parlamento reviste la forma de Ley, mediante el cual se establece el montante máximo de los gastos que puede realizar el Ejecutivo durante un periodo de tiempo determinado, y se estima de los que se prevé recaudar.

Desde esta perspectiva jurídica, el Presupuesto es una Norma de rango legal.

En el caso de los Presupuestos Generales del Estado, deben aprobarse mediante ley –votada en Cortes–; en los Presupuestos de las Comunidades Autónomas, por ley de sus respectivas asambleas legislativas; en los entes locales por acuerdo del Pleno de las Corporaciones respectivas; y en el caso de las Universidades, por su Consejo social. Ley de Presupuestos significa, por último, la posición anual de la totalidad de los gastos e ingresos del Sector Público.

Combinando estos tres elementos, el profesor y catedrático de la Universidad Complutense de Madrid, ANTONIO BUSTOS GISBERT, ha elaborado la siguiente definición de presupuesto: "resumen sistemático, confeccionado en periodos regulares de tiempo y aprobado por el órgano colegiado competente, en el que se establecen las previsiones de gastos e ingresos por parte de un elemento integrante del sector público, con la finalidad de atender a su plan de actuación económica, de tal modo que su aceptación significa, implícitamente, una renovación de la confianza en los gestores de ese componente del sector público" (pág. 143 de "Lecciones de Hacienda Pública 1. El papel del Sector Público". Ed. Colex, 2001).

Por último recordar que la Constitución Española de 1978, define los presupuestos en su artículo 134.2 al establecer que. "**Los Presupuestos Generales del Estado tendrán carácter anual, incluirán la totalidad de los gastos e ingresos del Sector Público estatal, y en ellos se consignará el importe de los beneficios fiscales que afecten a los tributos del Estado**".

2. Los principios presupuestarios

Con la expresión "principios presupuestarios", nos estamos refiriendo a una serie de reglas que resumen la disciplina de la institución presupuestaria y cuyo respeto asegura el cumplimiento de la finalidad básica de dicha institución: *permitir el control parlamentario del proceso de asignación de los recursos públicos así como la correspondencia entre dicha asignación y su ejecución.*

Desde el nacimiento de la institución presupuestaria, su elaboración está supeditada al cumplimiento de una serie de principios informadores: estos principios han ido evolucionando a lo largo del tiempo, tal y como la situación económica y política de cada país. Los principios presupuestarios deben dar respuesta a tres preguntas básicas: ¿Quién debe diseñar el presupuesto?, ¿Cómo debe ser dicho presupuesto? ¿En función de qué criterios económicos se elabora el presupuesto?

Así podemos decir que los principios presupuestarios los clasificamos en principios **políticos, contables y económicos**. Dicha clasificación y como consecuencia de la Crisis económica de la presente década, ha llevado a la Unión Europea, a introducir otro más en todos los estado miembros, como es el principio de **estabilidad presupuestaria**, que veremos al final, y que incluso ha motivado la modificación de nuestra constitución de 1978.

2.1. Principios políticos

Los principios políticos, responden a una organización concreta, que se puede identificar con el modelo Parlamentario, que se deriva del principio de división de poderes, y división de funciones entre el poder Legislativo, Ejecutivo y Judicial.

Son competencia, universalidad, unidad, especialidad, anualidad y publicidad.

- **Competencia**: el Parlamento, como representante de la soberanía popular en ejercicio de la competencia legislativa, autoriza los presupuestos del Ejecutivo, el Gobierno tiene la competencia para la elaboración y ejecución de los presupuestos autorizados. El principio de competencia supone asumir la distribución de funciones o tareas entre los poderes del Estado, a que me refería arriba. El Ejecutivo propone y ejecuta, el Legislativo aprueba y el Judicial, controla.
- **Universalidad**: los presupuestos deberán incluir la totalidad de los ingresos y gastos públicos sin minoraciones. El Presupuesto debe contener to-

dos los ingresos y todos los gastos que se pretendan realizar, pues de otro modo habría parcelas del Ejecutivo que no serían controladas por el poder Legislativo.

- **Unidad**: todos los ingresos y gastos públicos se incluirán en un solo presupuesto, prohibiendo la existencia de presupuestos extraordinarios y especiales; es una consecuencia del principio de universalidad que tiene por objeto facilitar al Legislativo el ejercicio del control presupuestario.
- **Especialidad**: el Parlamento, al aprobar los presupuestos, elige una serie de alternativas y los recursos precisos para financiarlas. Dichas elecciones, vinculan al Ejecutivo y deben ser cumplidas en su ejecución. El objetivo es evitar que la gestión gubernamental pueda exceder los límites marcados por el poder Legislativo.
- **Anualidad**: la autorización parlamentaria del presupuesto ha de tener una vigencia determinada, el denominado ejercicio presupuestario, que en la mayoría de los países coincide con el año natural y transcurrido el cual perderá su valor, salvo que se prorrogue.
- **Publicidad**: los ciudadanos deben tener conocimiento sobre el destino de los recursos que se financian con los tributos que pagan.

2.2. Los Principios contables

Son: presupuesto bruto, unidad de caja, especificación y ejercicio cerrado.

- **Presupuesto bruto**. Todas las partidas se consignan en el presupuesto, sin aumentos ni minoraciones.
- **Unidad de caja**. Todos los ingresos y los gastos de la Hacienda Pública deben realizarse a través de la misma caja (la caja del Tesoro Público).
- **Especificación**. El Ejecutivo, en la gestión presupuestaria, ha de acomodarse a lo autorizado por el Parlamento, al aprobar el presupuesto con el límite cualitativo, cuantitativo, y temporal.
- **Ejercicio cerrado**. Cuando haya que realizar un pago o percibir un ingreso por cuenta de otro ejercicio, se abre una cuenta especial.

Podemos establecer un cuadro de correspondencia entre los principios políticos y los contables, ya que estos últimos no son más que la traducción de los primeros a criterios que permitan una forma de contabilizarse:

PRINCIPIOS POLÍTICOS	PRINCIPIOS CONTABLES
Competencia	----------------
Universalidad	Presupuesto bruto
Unidad	Unidad de caja
Especialidad	Especificación
Anualidad	Ejercicio cerrado
Publicidad	----------------

2.3. Los Principios económicos

Al igual que los principios políticos responden a la visión tradicional de la democracia parlamentaria, los de carácter económico se fundamentan en los planteamientos de los economistas clásicos, de formación liberal. Esta organización liberal, es la que plantea que la sociedad se resuelve a sí misma sus problemas, de tal manera que el Sector público aparecía como una función puramente residual, es decir, proveer los bienes y servicios que el mercado no proveía.

Los principios económicos, por los que se debía regir el presupuesto clásico, eran los siguientes: limitación del gasto público, neutralidad impositiva, equilibrio presupuestario, deuda pública autoliquidable.

- **Limitación del gasto público**. Habida cuenta que para los economistas clásicos el gasto público era considerado como "un mal necesario", pues suponía un consumo improductivo de recursos, ya que no contribuía a la acumulación de capital y no favorecía el desarrollo económico, debía ser lo menor posible y destinarse exclusivamente a aquellos ámbitos donde el sector privado no pudiese intervenir.
- **Neutralidad impositiva**. Siguiendo las clásicas máximas de ADAM SMITH, la financiación de los gastos públicos contenidos en el presupuesto, debía efectuarse sin beligerancia en los impuestos, para no obstaculizar a través de ellos el desarrollo económico. O, lo que es lo mismo, considerando que el ciudadano es el mejor juez de su propio interés, el sector público no debe condicionar sus decisiones en materia de consumo, ahorro, esfuerzo laboral, etc., utilizando para ello la legislación fiscal.
- **Equilibrio presupuestario**. Es el más importante de los principios económicos; se basa en que deben coincidir los ingresos y los gastos públicos del presupuesto. Pero este equilibrio no se exigirá como un equilibrio meramente contable o numérico, sino que fuera real; es decir, que el total de los ingresos de verdad diera para cubrir el total de los gastos.

- **Deuda pública autoliquidable**. Parte del paralelismo entre el Estado y las empresas privadas, considerando que la emisión de deuda pública sólo está justificada para la financiación de inversiones productoras de riqueza, con la cual se van a poder pagar sus intereses y amortizar el principal, ya que a través de la emisión de deuda pública el Estado detrae capital que podría utilizarse para empleos productivos.

2.4. Los principios presupuestarios en la nueva Ley General Presupuestaria

La Ley General Presupuestaria, establece en sus artículos 26 y 27 los Principios Presupuestarios, distinguiendo entre Principios y reglas de programación presupuestaria, de los principios y reglas de gestión presupuestaria.

Artículo 26. Principios y reglas de programación presupuestaria

1. La programación presupuestaria se regirá por los **principios de estabilidad presupuestaria, plurianualidad, transparencia y eficiencia** en la asignación y utilización de los recursos públicos, conforme a lo dispuesto en la Ley 18/2001, de 12 de diciembre, General de Estabilidad Presupuestaria.

2. Las disposiciones legales y reglamentarias, en fase de elaboración y aprobación, los actos administrativos, los contratos y los convenios de colaboración y cualquier otra actuación de los sujetos que componen el sector público estatal que afecte a los gastos públicos, deben valorar sus repercusiones y efectos, y supeditarse de forma estricta a las disponibilidades presupuestarias y a los límites de los escenarios presupuestarios plurianuales.

Artículo 27. Principios y reglas de gestión presupuestaria

1. La gestión del sector público estatal **está sometida al régimen de presupuesto anual aprobado por las Cortes Generales y enmarcado en los límites de un escenario plurianual.**

2. Los créditos presupuestarios de la Administración General del Estado, sus organismos autónomos y de las entidades integrantes del sector público estatal con presupuesto limitativo se destinarán exclusivamente a la finalidad específica para la que hayan sido autorizados por la Ley de Presupuestos Generales del Estado o por las modificaciones realizadas conforme a esta Ley.

El carácter limitativo y vinculante de dichos créditos será el correspondiente al nivel de especificación con que aparezcan en aquellos.

3. Los recursos del Estado, los de cada uno de sus organismos autónomos y los de las entidades integrantes del sector público estatal con presupuesto limitativo se destinarán a satisfacer el conjunto de sus respectivas obligaciones, salvo que por Ley se establezca su afectación a fines determinados.

4. Los derechos liquidados y las obligaciones reconocidas se aplicarán a los presupuestos por su importe íntegro, sin que puedan atenderse obligaciones mediante minoración de los derechos a liquidar o ya ingresados, salvo que la Ley lo autorice de modo expreso.

Se exceptúan de la anterior disposición las devoluciones de ingresos que se declaren indebidos por el tribunal o autoridad competentes y las previstas en la normativa reguladora de dichos ingresos, el reembolso del coste de las garantías aportadas por los administrados para obtener la suspensión cautelar del pago de los ingresos presupuestarios, en cuanto adquiera firmeza la declaración de su improcedencia, y las participaciones en la recaudación de los tributos cuando así esté previsto legalmente.

A los efectos de este apartado se entenderá por importe íntegro el resultante después de aplicar las exenciones y bonificaciones que sean procedentes.

5. El presupuesto y sus modificaciones contendrán información suficiente y adecuada para permitir la verificación del cumplimiento de los principios y reglas que los rigen y de los objetivos que se proponga alcanzar.

2.5. El principio de estabilidad presupuestaria en la Constitución de 1978

Como hemos dicho antes fue la situación de crisis económica, la que obligó a la Unión Europea y a sus estados miembros, a endurecer la disciplina presupuestaria, introduciendo al máximo nivel, criterios de estabilidad presupuestaria, limitando la Deuda Pública y el déficit público, que en nuestro país llevo a modificar el artículo 135 de la Constitución que establece:

1. Todas las Administraciones Públicas adecuarán sus actuaciones al principio de estabilidad presupuestaria.

2. El Estado y las Comunidades Autónomas **no podrán incurrir en un déficit estructural** que supere los márgenes establecidos, en su caso, por la Unión Europea para sus Estados Miembros.

Una ley orgánica fijará el déficit estructural máximo permitido al Estado y a las Comunidades Autónomas, en relación con su producto interior bruto. Las Entidades Locales deberán presentar equilibrio presupuestario.

3. **El Estado y las Comunidades Autónomas habrán de estar autorizados por ley para emitir deuda pública o contraer crédito.**

Los créditos para satisfacer los intereses y el capital de la deuda pública de las Administraciones se entenderán siempre incluidos en el estado de gastos de sus presupuestos y su pago gozará de prioridad absoluta. Estos créditos no podrán ser objeto de enmienda o modificación, mientras se ajusten a las condiciones de la ley de emisión.

El volumen de deuda pública del conjunto de las Administraciones Públicas en relación con el producto interior bruto del Estado no podrá superar el valor de referencia establecido en el Tratado de Funcionamiento de la Unión Europea.

4. L**os límites de déficit estructural y de volumen de deuda pública sólo podrán superarse en caso de catástrofes naturales, recesión económica o situaciones de emergencia extraordinaria que escapen al control del Estado** y perjudiquen considerablemente la situación financiera o la sostenibilidad económica o social del Estado, apreciadas por la mayoría absoluta de los miembros del Congreso de los Diputados.

5. **Una ley orgánica desarrollará los principios a que se refiere este artículo**, así como la participación, en los procedimientos respectivos, de los órganos de coordinación institucional entre las Administraciones Públicas en materia de política fiscal y financiera. En todo caso, regulará:

a) La distribución de los límites de déficit y de deuda entre las distintas Administraciones Públicas, los supuestos excepcionales de superación de los mismos y la forma y plazo de corrección de las desviaciones que sobre uno y otro pudieran producirse.

b) La metodología y el procedimiento para el cálculo del déficit estructural.

c) La responsabilidad de cada Administración Pública en caso de incumplimiento de los objetivos de estabilidad presupuestaria.

6. Las Comunidades Autónomas, de acuerdo con sus respectivos Estatutos y dentro de los límites a que se refiere este artículo, adoptarán las disposiciones que procedan para la aplicación efectiva del principio de estabilidad en sus normas y decisiones presupuestarias.

3. El ciclo presupuestario

Cuando se habla del ciclo presupuestario, normalmente se hace referencia al estudio de las diversas fases por las que atraviesa la vida del documento presupuestario, en cuanto que soporte y justificación de la actividad financiera. Los diversos autores vienen a señalar cuatro fases o etapas que necesariamente se han de cumplir en forma sucesiva.

Estas fases son las siguientes:

- Preparación o elaboración.
- Discusión y aprobación.
- Ejecución.
- Control.

La duración del ciclo completo es muy diversa y depende de la legislación y de las tradiciones políticas e institucionales de cada país. No obstante, como regla general puede hablarse de tres años, distribuidos de la siguiente forma:

- 6 meses para la fase de preparación.
- 3 meses para la de discusión y aprobación por el Legislativo.
- 1 año para la ejecución.
- 1 año para la rendición de la Cuenta General y control posterior.

A continuación analizaremos cada una de las fases anteriores.

3.1. Preparación o elaboración

Dentro de la potestad de elaboración de los Presupuestos Generales del Estado hay que distinguir, a su vez, la potestad preparatoria e impulsora de tal preparación y la de elaboración en sentido definitivo. La primera corresponde al Ministerio de Hacienda y la segunda al Gobierno en pleno.

En la fase inicial, la potestad de elaboración genéricamente atribuida al Gobierno se concreta en el Ministerio de Hacienda y, más en particular, en la Secretaría de Estado de Presupuesto y Gasto Público.

Esta fase comienza con la aprobación dentro de los tres primeros meses del año natural de una Orden del Ministerio de Hacienda por la que se establecen las pautas fundamentales de la correspondiente estructura presupuestaria.

Del mismo modo, los titulares de los Departamentos Ministeriales son los encargados de elaborar las propuestas de presupuestos de los programas que ejecutan sus centros directivos, así como de integrar los estados de ingresos y gastos de sus Organismos Autónomos dependientes, además, por cada gran Centro Gestor (Departamento Ministerial) se cumplimentará una memoria descriptiva de sus líneas de acción y metas sectoriales.

Por su parte la Ley General Presupuestaria, Ley 47/2003 de 26 de Noviembre establece en su artículo 36 el Procedimiento de elaboración estableciendo:

1. **La fijación anual del límite de gasto no financiero que debe respetar el presupuesto del Estado se efectuará con la extensión y de la forma prevista en el artículo 30 de la Ley Orgánica 2/2012, de 27 de abril, de Estabilidad Presupuestaria y Sostenibilidad Financiera.**
2. **El procedimiento por el cual se regirá la elaboración** de los Presupuestos Generales del Estado se establecerá por orden del Ministro de Hacienda y **se sujetará a las normas siguientes:**
   - **Primera.** Las directrices para la distribución del gasto, estableciendo los criterios de elaboración de las propuestas de presupuestos y sus límites cuantitativos con las prioridades y limitaciones que deban respetarse, se determinarán por el Ministro de Hacienda.

     Con este fin, se constituirá la Comisión de Políticas de Gasto, cuya composición se determinará por orden del Ministro de Hacienda.

     La Comisión respetará la adecuación de los criterios de establecimiento de prioridades y de elaboración de las propuestas a los límites y objetivos de política presupuestaria que los presupuestos deban cumplir.
   - **Segunda.** Los ministerios y los demás órganos del Estado con dotaciones diferenciadas en los Presupuestos Generales del Estado, remitirán al Ministerio de Hacienda sus correspondientes propuestas de presupuesto, ajustadas a los límites que las directrices hayan establecido.

     Del mismo modo, los distintos ministerios remitirán al de Hacienda las propuestas de presupuestos de ingresos y gastos de cada uno de los organismos autónomos y otras Entidades a ellos adscritos.

     El Ministerio de Sanidad y Consumo enviará las propuestas de presupuesto de ingresos y de gastos del Instituto Nacional de Gestión Sanitaria al Ministerio de Hacienda que formará el anteproyecto definitivo y lo remitirá al Ministerio de Trabajo y Asuntos Sociales para su incorporación al de la Seguridad Social.

     El Ministerio de Trabajo y Asuntos Sociales enviará las propuestas de presupuesto de ingresos y de gastos del Instituto de Migraciones y Servicios Sociales al Ministerio de Hacienda que formará el anteproyecto definitivo y lo remitirá al Ministerio de Trabajo y Asuntos Sociales para su incorporación al de la Seguridad Social.

     El Ministerio de Trabajo y Asuntos Sociales, con los anteproyectos elaborados por las entidades gestoras, servicios comunes y mutuas de accidentes de trabajo y enfermedades profesionales, formará el anteproyecto de Presupuesto de la Seguridad Social, al que se incorporarán los anteproyectos de Presupuestos del Instituto Nacional de Gestión Sanitaria y del Instituto de Migraciones y Servicios Sociales y lo remitirá al Ministerio de Hacienda.

Los Ministros de Trabajo y Asuntos Sociales y de Hacienda elevarán el anteproyecto de Presupuesto de la Seguridad Social al Gobierno para su aprobación.

Asimismo, los ministerios remitirán las propuestas que contengan los presupuestos de operaciones corrientes y de operaciones de capital y financieras de las entidades públicas empresariales, de las sociedades mercantiles estatales y de las fundaciones del sector público estatal que dependan funcionalmente de cada uno de ellos, acompañadas de la documentación a que se refiere el artículo 29 de esta ley.

- ▹ **Tercera.** Las propuestas de presupuesto de gastos se acompañarán, para cada programa, de su correspondiente memoria de objetivos anuales fijados, conforme al programa plurianual respectivo, dentro de los límites que resulten alcanzables con las dotaciones previstas para cada uno de los programas.
- ▹ **Cuarta.** En el marco de este procedimiento, por orden del Ministro de Trabajo y Asuntos Sociales se establecerán las especificaciones propias del procedimiento de elaboración de los Presupuestos de la Seguridad Social.

3. **El presupuesto de ingresos de la Administración General del Estado será elaborado por el Ministerio de Hacienda**, de forma que se ajuste a la distribución de recursos de la programación plurianual prevista en el artículo 29 y al cumplimiento de los objetivos de política económica establecidos por el Gobierno para el ejercicio.
4. Las propuestas y demás documentación necesaria para la elaboración de los Presupuestos Generales del Estado se formularán y tramitarán sirviéndose de los medios informáticos que establezca al efecto el Ministerio de Hacienda quien asimismo fijará los plazos para su presentación en la orden que establezca el procedimiento de elaboración del anteproyecto.
5. **Corresponderá al Ministro de Hacienda elevar al acuerdo del Gobierno el anteproyecto de la Ley de Presupuestos Generales del Estado.**

Por último añadir, a lo que dice la LGP, que el Ministro de Hacienda eleva el anteproyecto de Ley de PGE al Gobierno, y éste lo aprueba como Proyecto de Ley, que remite a las Cortes, para su tramitación en éstas como Ley.

3.2. Discusión y aprobación

La segunda fase del ciclo presupuestario es la de su discusión y aprobación por el Poder Legislativo. El alto contenido político del Presupuesto requiere que su discusión y aprobación se efectúe al nivel del Organismo político más elevado de cada país (en España, las Cortes).

Esto lo exige el artículo **134.1 de la Constitución**, que establece:

1. **Corresponde al Gobierno la elaboración de los Presupuestos Generales del Estado y a las Cortes Generales su examen, enmienda y aprobación.**
2. Los Presupuestos Generales del Estado **tendrán carácter anual,** incluirán la totalidad de los gastos e ingresos del sector público estatal y en ellos se consignará el importe de los beneficios fiscales que afecten a los tributos del Estado.
3. El Gobierno deberá presentar ante el Congreso de los Diputados los Presupuestos Generales del Estado **al menos tres meses antes de la expiración de los del año anterior.**
4. Si la ley de presupuestos no se aprobara antes del primer día del ejercicio económico correspondiente, se considerarán automáticamente **prorrogados los Presupuestos del ejercicio anterior** hasta la aprobación de los nuevos.
5. Aprobados los Presupuestos Generales del Estado, el Gobierno podrá presentar proyectos de ley que impliquen aumento del gasto público o disminución de los ingresos correspondientes al mismo ejercicio presupuestario.
6. Toda proposición o enmienda que suponga aumento de los créditos o disminución de los ingresos presupuestarios requerirá la conformidad del Gobierno para su tramitación.
7. La ley de presupuestos **no puede crear tributos.** Podrá modificarlos cuando una ley tributaria sustantiva así lo prevea.

En consonancia con la Constitución española el artículo 37 de la Ley General Presupuestaria establece:

El proyecto de Ley de Presupuestos Generales del Estado, integrado por el articulado con sus anexos y los estados de ingresos y de gastos, con el nivel de especificación de créditos establecido en los artículos 40 y 41 de esta Ley, será remitido a las Cortes Generales antes del día 1 de octubre del año anterior al que se refiera.

Al proyecto de Ley de Presupuestos Generales del Estado **se acompañará la siguiente documentación complementaria**:

a) Las memorias descriptivas de los programas de gasto y sus objetivos anuales.
b) Las memorias explicativas de los contenidos de cada presupuesto, con especificación de las principales modificaciones que presenten en relación con los vigentes.
c) Un anexo con el desarrollo económico de los créditos, por centros gestores de gasto.
d) Un anexo, de carácter plurianual de los proyectos de inversión pública, que incluirá su clasificación territorial.
e) La liquidación de los presupuestos del año anterior y un avance de la liquidación del ejercicio corriente.
f) Las cuentas y balances de la Seguridad Social del año anterior.
g) Los estados consolidados de los presupuestos.
h) Un informe económico y financiero.
i) Una memoria de los beneficios fiscales.

Añadir que, por su naturaleza temporal, el proyecto de ley de Presupuestos debe gozar de preferencia en su tramitación respecto de las demás normas que se presenten a las Cortes Generales.

Una vez que el proyecto de ley entra en el Congreso, la tramitación para su aprobación, tal y como establece el Reglamento del Congreso de los Diputados, será, resumidamente, la siguiente:

- Primero: envío de la documentación presupuestaria al Congreso de los Diputados, que realiza una serie de comparecencias de altos cargos, con la finalidad de que expliquen los presupuestos de sus respectivos departamentos.
- Segundo: discusión del proyecto de ley en el Congreso de los Diputados, que se realiza del modo siguiente:
  1. La Mesa del Congreso abre un plazo de quince días para la presentación de enmiendas, que pueden ser de totalidad, pidiendo la devolución del proyecto al Gobierno o presentando un texto alternativo, o al articulado, en las que se solicita la supresión, modificación o adición de disposiciones.
  2. Si hay enmiendas de totalidad, se realiza un primer debate en el Pleno del Congreso, que puede desembocar en la devolución del proyecto al Gobierno, si la enmienda es aceptada, o la remisión del proyecto a la Comisión de Presupuestos, si no aceptan las enmiendas

de devolución o si la enmienda de totalidad incorporaba una redacción alternativa.

3. Discusión en la Comisión de Presupuestos, para lo que se nombra una ponencia que redacta un informe basado en el proyecto y las enmiendas presentadas. Se procede a la discusión del informe y se elabora un dictamen final que puede incorporar, o no, las distintas enmiendas. Este dictamen se eleva al Pleno del Congreso con los votos particulares que se produzcan.
4. El Pleno del Congreso discute los distintos votos particulares y el dictamen final elaborado. La discusión final concluye con una votación que, si resulta negativa, supone el reenvío del dictamen a la Comisión para ser modificado y, si arroja un resultado positivo, supone la remisión al Senado para su estudio y aprobación.

– Tercero: en cuanto a la discusión del proyecto en el Senado, debe hacerse notar que se utiliza frecuentemente el procedimiento de urgencia, lo que significa un máximo de veinte días naturales para todo el proceso. En cuanto a las fases de esta etapa, se distinguen:

5. La Mesa del Senado abre un plazo de cuatro días para la presentación de enmiendas, que pueden ser de totalidad (veto) o al articulado. El proyecto remitido por el Congreso y las enmiendas presentadas en la Cámara Alta se envían directamente a la Comisión de Presupuestos, sin que en el Senado exista el debate previo de las enmiendas de totalidad.
6. La Comisión de Presupuestos elabora un dictamen, mediante un procedimiento similar al indicado en el caso del Congreso. Este dictamen y los votos particulares a los que hubiese lugar, se envían al Pleno del Senado.
7. El Pleno del Senado discute el dictamen elaborado por la Comisión, junto con las enmiendas o vetos no aceptados. Este debate puede desembocar en los siguientes resultados:
   - El Senado no realiza ninguna modificación al texto remitido por el Congreso, con lo que el proyecto se convierte en ley.
   - El Senado aprueba enmiendas parciales al texto del Congreso, en cuyo caso se remite de nuevo al Pleno de esta Cámara, que puede confirmar, por mayoría simple, estas enmiendas.
   - El Senado aprueba un veto al texto del Congreso, en cuyo caso el Congreso puede levantar el veto por mayoría absoluta. Si ésta no se alcanza, se hace una segunda votación a los dos meses y basta, entonces, la mayoría simple para levantar el veto. Si no se obtiene la mayoría simple el proyecto es definitivamente rechazado por el Parlamento y es devuelto al Gobierno.

Prórroga de los Presupuestos: por último, y como hemos visto anteriormente, el artículo 134.4 de la Constitución dispone que si la Ley de Presupuestos no se aprobara antes del primer día del año correspondiente, se considerarán automáticamente prorrogados los Presupuestos del ejercicio anterior, hasta la aprobación de los nuevos. No obstante, el artículo 38 de la Ley General Presupuestaria concreta que tal prórroga no afectará a actuaciones que deberían terminar en el ejercicio para el que se crearon, y así establece:

1. Si la Ley de Presupuestos Generales del Estado no se aprobara antes del primer día del ejercicio económico correspondiente, se considerarán automáticamente prorrogados los presupuestos iniciales del ejercicio anterior hasta la aprobación y publicación de los nuevos en el «Boletín Oficial del Estado».
2. La prórroga no afectará a los créditos para gastos correspondientes a programas o actuaciones que terminen en el ejercicio cuyos presupuestos se prorrogan o para obligaciones que se extingan en el mismo.
3. La estructura orgánica del presupuesto prorrogado se adaptará, sin alteración de la cuantía total, a la organización administrativa en vigor en el ejercicio en que el presupuesto deba ejecutarse.

Una vez aprobados se publican en el BOE.

3.3. Ejecución

La tercera fase de la vida presupuestaria es la de ejecución del Presupuesto, cuya duración es, como ya se ha indicado, de un año, generalmente coincidente con el natural. En España es anual y coincide con el año natural, de conformidad con el artículo 34 de la Ley General Presupuestaria, que establece:

1. **El ejercicio presupuestario coincidirá con el año natural**, y a él se imputarán:
   a) Los derechos económicos liquidados durante el ejercicio, cualquiera que sea el período del que deriven.
   b) Las obligaciones económicas reconocidas hasta el fin del mes de diciembre, siempre que correspondan a adquisiciones, obras, servicios, prestaciones o, en general, gastos realizados dentro del ejercicio y con cargo a los respectivos créditos.
2. No obstante lo dispuesto en el apartado anterior, se aplicarán a los créditos del presupuesto vigente en el momento de la expedición de las órdenes de pago, las obligaciones que resulten de la liquidación de atrasos a favor del personal que perciba sus retribuciones con cargo a los

Presupuestos Generales del Estado así como las que tengan su origen en resoluciones judiciales.

3. Podrán aplicarse a créditos del ejercicio corriente obligaciones contraídas en ejercicios anteriores, de conformidad con el ordenamiento jurídico, para las que se anulara crédito en el ejercicio de procedencia.

   Asimismo, podrán atenderse con cargo a créditos del presupuesto del ejercicio corriente obligaciones pendientes de ejercicios anteriores, en los casos en que figure dotado un crédito específico destinado a dar cobertura a dichas obligaciones, con independencia de la existencia de saldo de crédito anulado en el ejercicio de procedencia.

4. En el caso de obligaciones de ejercicios anteriores que fuera necesario imputar a presupuesto y no se hallen comprendidas en los supuestos previstos en los apartados anteriores, la imputación requerirá norma con rango de ley que la autorice.

5. Los créditos iniciales dotados en los Presupuestos Generales del Estado para atender obligaciones de ejercicios anteriores solo podrán modificarse mediante el procedimiento previsto en los artículos 55, 56 y 57 de esta ley.

La ejecución del Presupuesto se realiza por la Administración, acatando las normas y cifras contenidas en aquél, siendo de señalar que tienen distinta acepción las que se refieren a gastos, de las relativas a los ingresos. En las primeras, las cifras del Presupuesto constituyen el tope máximo que el gasto público puede alcanzar, en tanto que **los ingresos son meras estimaciones de lo que se espera recaudar por la aplicación de las normas tributarias vigentes**. Quiero resaltar la importancia de esta cuestión, ya que hasta ahora hemos hablado de los Presupuestos en general, como una mera previsión; pero ahora concretamos con exactitud el alcance de esta manifestación: los presupuestos son una mera estimación o previsión en los ingresos; **pero en los gastos son el límite máximo que el gasto público puede alcanzar** –no se puede superar–. Por eso, si se produce un gasto extraordinario que no se pueda demorar para el ejercicio siguiente, y dicho gasto excede el límite previsto en el presupuesto, el mismo no se podrá ejecutar, hasta que no se efectúe el expediente de modificación presupuestaria (adecuado a cada caso).

Por último en cuanto a las fases del procedimiento de la gestión de los gastos, el artículo 73 de la LGP establece que:

La gestión del Presupuesto de gastos del Estado y de sus organismos autónomos y de las Entidades gestoras y Servicios comunes de la Seguridad Social se realizará a través **de las siguientes fases:**

a) **Aprobación del gasto.**

b) **Compromiso de gasto.**

c) **Reconocimiento de la obligación.**

d) **Ordenación del pago.**

e) **Pago material.**

Todas las cuales estudiaremos en los temas posteriores.

3.4. Control

La cuarta fase del ciclo presupuestario es la relativa al control.

La función de control puede ser clasificada desde multitud de perspectivas, como pueden ser:

- Por el órgano que la realiza.
- Por los criterios que se manejan a la hora de controlar.
- Por el momento en que se realiza.

A) Por el órgano Controlador podemos distinguir

- **Control Parlamentario, o Control Político,** es el ejercido **por las Cortes** Generales, y tiene multitud de facetas, tanto en el propio procedimiento de aprobación, en las modificaciones presupuestarias, en la aprobación de la cuenta General del estado, o en la recepción de informes provenientes del tribunal de cuentas.
- **Control Interno, o control administrativo**, que se ejerce por un órgano especializado de un ente sobre los órganos de ese mismo ente. En España y dentro de la Administración General del estado, está encomendado a la **Intervención General del de la Administración del Estado IGAE**, que depende orgánicamente del ministerio de hacienda, y en el ejercicio de sus funciones del Consejo de Ministros.
- **Control Externo o Control Jurisdiccional**, que es el ejercido por el **Tribunal de Cuentas** para la Administración general del estado. Junto al Tribunal de Cuentas, algunas Comunidades Autónomas han creado sus propios órganos de control externo.

El Control externo corresponde al Tribunal de Cuentas, el cual es regulado en nuestra Constitución Española en el artículo 136 que establece:

1. **El Tribunal de Cuentas es el supremo órgano fiscalizador de las cuentas y de la gestión económica de Estado, así como del sector público.** Dependerá directamente de las Cortes Generales y ejercerá

sus funciones por delegación de ellas en el examen y comprobación de la Cuenta General del Estado.

2. Las cuentas del Estado y del sector público estatal se rendirán al Tribunal de Cuentas y serán censuradas por éste. El Tribunal de Cuentas, sin perjuicio de su propia jurisdicción, remitirá a las Cortes Generales un informe anual en el que, cuando proceda, comunicará las infracciones o responsabilidades en que, a su juicio, se hubiere incurrido.
3. Los miembros del Tribunal de Cuentas gozarán de la misma independencia e inamovilidad y estarán sometidos a las mismas incompatibilidades que los Jueces.
4. Una ley orgánica regulará la composición, organización y funciones del Tribunal de Cuentas.

El funcionamiento del Tribunal de Cuentas se reguló conforme a este último mandato, mediante la Ley Orgánica 2/1982, de 12 de mayo, completada por la Ley 7/1988, de 5 de abril, de Funcionamiento del Tribunal de Cuentas. Dicho Tribunal ejerce básicamente dos funciones distintas. De un lado, la fiscalización de las cuentas del sector público, y, de otro, el enjuiciamiento de la responsabilidad contable en que pueden incurrir quienes tengan a su cargo el manejo de caudales o efectos públicos. Esta doble función explica que existan dos secciones en el seno del Tribunal: la sección de fiscalización, y la sección de enjuiciamiento.

Por su parte la Ley General Presupuestaria regula la formación, remisión, examen y comprobación de la Cuenta General del Estado, en sus artículos 131 y 132 que establecen:

Artículo 131. Formación y remisión de la Cuenta General del Estado al Tribunal de Cuentas

1. La Cuenta General del Estado de cada año se formará por la Intervención General de la Administración del Estado y se elevará al Gobierno para su remisión al Tribunal de Cuentas antes del día 31 de octubre del año siguiente al que se refiera.

2. La Intervención General de la Administración del Estado podrá recabar de las distintas entidades la información que considere necesaria para efectuar los procesos de consolidación contable.

3. La falta de remisión de cuentas no constituirá obstáculo para que la Intervención General de la Administración del Estado pueda formar la Cuenta General del Estado con las cuentas recibidas.

4. Se podrán consolidar las cuentas de una entidad aunque en el preceptivo informe de auditoría de cuentas se hubiera denegado opinión, emitido informe

desfavorable o con salvedades, si bien estas circunstancias se harán constar en la memoria explicativa de dicha Cuenta General.

Artículo 132. Examen y comprobación de la Cuenta General del Estado

El Tribunal de Cuentas, por delegación de las Cortes Generales, procederá al examen y comprobación de la Cuenta General del Estado dentro del plazo de seis meses a partir de la fecha en que las haya recibido. El Pleno, oído el Fiscal, dictará la declaración definitiva que le merezca para elevarla a las Cámaras con la oportuna propuesta, dando traslado al Gobierno.

El control político se desempeña por el Parlamento. Esta fase se denomina "descargo del Ejecutivo" porque es el Parlamento quien descarga del mandato correspondiente otorgado a la Administración Pública. Esta fase que podría ser, quizás, la más difícil para la Administración, no significa gran cosa para ella, debido a que el Parlamento no le concede demasiada importancia dada la distancia en el tiempo entre el momento en que se juzga y la etapa a la cual corresponde lo que se juzga. Tampoco existe nada previsto en cuanto a las responsabilidades a exigir, en su caso, por el Legislativo, salvo las de naturaleza política.

En este sentido, la Constitución Española, en su artículo 136, después de ratificar la competencia del Tribunal de Cuentas como supremo órgano fiscalizador de la gestión económica del Estado, ordena a éste la remisión de informes a las Cortes Generales en los que se comunicará, en su caso, las responsabilidades o infracciones en que se hubiere incurrido.

B) Atendiendo a los criterios con arreglo a los cuales se evalúa la actividad financiera, podemos distinguir los siguientes tipos de control

- **Control de legalidad,** que tiene por objeto asegurar que la gestión de las finanzas públicas se acomodan a las normas legales aplicables.
- **Control de eficacia, eficiencia y economía.**

C) Por el momento que se realiza el control, podemos distinguir:

- **Control previo,** que es el que se realiza antes de que se dicte el acto sujeto a control y tiende a evitar las irregularidades antes de que se produzcan.
- **Control concomitante**, que es el que tiene lugar al mismo tiempo que se realiza la actividad controlada.
- **Control posterior o consuntivo,** que es el que se hace a posteriori, es decir una vez realizado el acto que ha tenido una repercusión económica,

y se realiza a través de auditorias, o con el examen y debate de la cuenta general, posibilitando la exigencia de responsabilidades.

4. El presupuesto por programas: concepto y fases

El presupuesto por programas es la expresión abreviada del PPBS (*Planning Programming Budgeting-System*), que se puede definir como "sistema de presupuesto planificado por programas", de una traducción literal de sus términos; o, como lo hace Schultze: "El PPBS constituye un intento de integrar la formulación de políticas con la asignación presupuestaria de recursos y proporciona un medio de que el análisis de sistema se aplique regularmente a la formulación de políticas y a la asignación de partidas presupuestarias".

El PPBS es una nueva técnica presupuestaria que ha madurado lentamente en Estados Unidos, que inicia su ciclo vital en la realidad presupuestaria aplicándose al Departamento de Defensa americano cuando era Secretario Robert McNamara, en el año 1961, y que se extiende en el año 1965 a toda la Administración estadounidense por orden del entonces Presidente de los Estados Unidos, Lindon B. Jonhson. En España comenzó su aplicación a partir de la firma de los Pactos de la Moncloa, si bien de forma progresiva, siendo actualmente obligatoria su utilización para todos los Departamentos Ministeriales y organismos dependientes, medibles a través del establecimiento de indicadores de resultados y evaluando su nivel de eficacia, de eficiencia y efectuando las oportunas correcciones de las desviaciones observadas.

En el PPBS se exige del sector público que elija entre programas alternativos, que compiten por los recursos, también escasos y de uso alternativo, de que se dispone.

La Planificación persigue la búsqueda de un futuro deseado y, con tal fin, se intenta conseguir, previo análisis de las alternativas posibles.

Después del análisis y valoración de las distintas alternativas, se escogerá la más o las más apropiadas para alcanzar los objetivos fijados. Para ello, se utilizan el Análisis Económico y el Análisis de Sistemas, que informan el proceso de selección de programas alternativos, de modo que se pueden seleccionar los programas más adecuados para alcanzar las metas y objetivos que se persiguen y con el menor consumo de recursos. Las técnicas de análisis utilizables para racionalizar las decisiones de elección presupuestaria, son diversas, pudiendo clasificarse en tres grandes grupos:

a) Análisis coste-beneficio.

b) Análisis coste-oportunidad.

c) Análisis de sistemas.

La programación que es la principal fase, tiene por objeto el establecimiento de los programas de gasto a ejecutar, determinados los programas, se asignan los recursos presupuestarios precisos para financiar durante el correspondiente ejercicio presupuestario los medios personales, materiales y financieros necesarios para alcanzar los objetivos programados en dicho periodo.

La programación comprende dos momentos sucesivos: la elaboración y la evaluación de los programas a ejecutar. La primera fase integra tres etapas:

1. Establecimiento de objetivos y líneas de acción.
2. Análisis de actividades a ejecutar.
3. Asignación de los recursos precisos.

Según las metas u objetivos que se persiguen, los programas pueden clasificarse en las siguientes categorías: finalistas o de acción, y de apoyo; los primeros persiguen la consecución de uno o varios objetivos que representen un resultado o producto que afecte directamente a los ciudadanos, como un programa de sanidad o de infraestructuras, y los segundos a permitir o facilitar el funcionamiento interno de la organización, como los programas de dirección y servicios generales o los de formación de personal.

En algunos casos para el mejor logro del objetivo u objetivos propuestos o para una gestión más eficaz, será necesaria la desagregación de los programas en subprogramas, cada uno dotado de medios, actividades y objetivos propios.

Las actividades son las tareas relevantes que deben realizar los medios humanos asignados a un programa para la consecución de sus objetivos.

Los medios son los recursos humanos, materiales y financieros asignados al programa, para la obtención de sus objetivos.

En definitiva, en el presupuesto por programas se pueden distinguir las siguientes fases:

A) La planificación

Consiste en la determinación del conjunto de grandes objetivos a alcanzar, de las finalidades generales de las decisiones públicas y de la elección entre diversas alternativas u opciones, situándose al nivel más elevado.

Se trata de definir la concepción misma de la sociedad y de resolver los problemas planteados, de índole fundamentalmente económica, pero situándolos en su contexto filosófico, político y sociológico. Dichas finalidades se traducen en términos de misiones concretas del Estado y, por último, de objetivos precisos y cuantificados a alcanzar en un horizonte dado; a este nivel intervienen las técnicas del sistema, que toman en cuenta no sólo los factores cuantitativos sino los cualitativos, extraeconómicos, de orden sociológico, político y psicológico.

B) La programación

Consiste en la definición de los medios y el cálculo del impacto, en especial financiero, de los programas a aplicar para alcanzar los objetivos. Es posible que en esta fase aparezca la imposibilidad de alcanzar ciertos objetivos por la limitación de los recursos disponibles, lo que obliga a una revisión constante de la asignación de dichos recursos e incluso de los objetivos retenidos. Los análisis contribuyen a la búsqueda del óptimo en la asignación de recursos y proporcionan test de coherencia entre los objetivos perseguidos por la política económica y de compatibilidad entre los programas propuestos. El cálculo del impacto financiero de los programas obliga a romper la regla de la anualidad y a establecer programas plurianuales, coordinados en el plan físico y financiero.

Es la traducción en términos de créditos o de autorizaciones de gasto del tramo anual de ejecución de los programas, habida cuenta de las limitaciones financieras a corto plazo. Permite un nuevo contraste de la coherencia temporal entre el corto y el medio plazo, entre los cambios coyunturales y estructurales, entre los programas propuestos y los recursos disponibles.

C) El control

Entendido no como control a priori o como control de legalidad, sino en el sentido anglosajón de control de gestión, comprende cuatro operaciones:

1. Registro de los resultados obtenidos.
2. Determinación de las desviaciones entre los resultados o productos previstos y realizados a fin de descubrir las causas de la ausencia o insuficiencia de ejecución.
3. Análisis de las causas de dichas desviaciones, que pueden conducir a dos tipos de conclusiones: bien que los resultados se han apartado de las previsiones por causas no previstas o imprevisibles, bien que las previsiones mismas eran erróneas.
4. *Feed-back*: es el aspecto más original y la misión fundamental de este tipo de control en cuanto conduce a una permanente revisión de las decisiones adoptadas a todos los niveles: revisión de la asignación anual de recursos en la fase de presupuestos, reestructuración de los programas por causas de incompatibilidad o incoherencia en la fase de programación (efectos negativos de unos programas sobre otros), revisión de las prioridades de los objetivos en la fase de planificación.

En España, la clasificación de los créditos presupuestarios por programas, se inició con la antigua Ley General Presupuestaria de 1977. Comenzó entonces un proceso de varios años que culminó con el primer presupuesto por programas, introducido en la Ley de Presupuestos Generales del Estado para el año 1989, y en el que se definieron una serie de programas y los procedimientos de seguimiento del grado de realización de los objetivos definidos en las memorias de cada programa.

La nueva LGP de 2003, plantea la relación entre la programación presupuestaria y el objetivo de estabilidad. En concreto, la programación de la actividad del sector público estatal se materializa en los escenarios presupuestarios plurianuales, tanto de ingresos como de gastos, que se deben ajustar al objetivo de estabilidad para los tres ejercicios siguientes y a los que se adecuarán los presupuestos generales del Estado. Se definen asimismo los programas plurianuales ministeriales y de los centros gestores y se vincula la asignación de recursos de forma prioritaria con el nivel de cumplimiento de los objetivos en ejercicios anteriores, como de forma específica recoge el artículo 31 de la LGP, cuando establece:

1. **Los Presupuestos Generales del Estado se adecuarán a los escenarios presupuestarios plurianuales y atenderán a la consecución de los objetivos que se hayan establecido en los programas plurianuales de los distintos departamentos ministeriales,** con sujeción, en todo caso, a las restricciones que en orden al cumplimiento de los objetivos de política económica determine el Gobierno para el ejercicio a que se refieran.
2. Las asignaciones presupuestarias a los centros gestores de gasto se efectuarán tomando en cuenta, entre otras circunstancias, el nivel de cumplimiento de los objetivos en ejercicios anteriores.

   Los objetivos de carácter instrumental habrán de ponerse en relación con los objetivos finales en cuya consecución participan.

5. Terminología y desarrollo del proceso presupuestario: el presupuesto en base cero

Es una técnica para la asignación de recursos presupuestarios, en la que cada centro gestor del gasto debe defender su petición de presupuesto sin referirla al nivel de asignaciones del año anterior. Dichas peticiones, previa justificación por cada gestor en niveles alternativos de esfuerzo, son analizadas y evaluadas, priorizándose y asignándose los recursos presupuestarios disponibles; a diferencia del presupuesto por programas que parte de la continuidad de éstos, el presupuesto en base cero no supone la permanencia de los programas y objetivos, todos deben analizarse y priorizarse de nuevo, sustituyéndose algunos por nuevos programas u objetivos.

El Presupuesto en Base Cero, ha sido definido por P.A. PHYRR como: "Un proceso operativo de planificación y presupuesto que exige que cada administrador justifique toda su petición presupuestaria en detalle desde el principio (de aquí la base cero), y traslada la carga de la prueba a cada administrador para que justifique por qué había de gastar algo de dinero. Este enfoque exige que todas las actividades se identifiquen en "paquetes de decisión", que se evaluarán mediante un análisis sistemático y se clasificarán por orden de importancia" (P.A. Phyrr, "Zero-Base Budgeting", publicada en la revista "Económicas y Empresariales", volumen 10, 1978).

En consecuencia, la planificación y el presupuesto base cero, es un sistema de organizar y presupuestar, que obliga a cada uno de los responsables de los distintos niveles jerárquicos de una organización a reflexionar a fondo y justificar detalladamente cada una de las partidas de su presupuesto, sin que se admitan como justificación ni el presupuesto del año anterior ni el importe de lo gastado. El sistema obliga además a la justificación del modo de trabajo elegido.

Este sistema presupuestario también comenzó en EE.UU., pero aplicado primero a las empresas privadas (entre ellas *Texas Instruments*), y gracias a su acierto el presidente Jimmy Carter lo extendió al conjunto de la Administración Federal americana en 1979.

Las unidades de decisión, también llamadas unidades de análisis, elaboran los paquetes de decisión y justifican las alternativas o niveles que consideran convenientes para la consecución de los objetivos previstos, referidos a una sola actividad.

Después del análisis y valoración de las distintas alternativas, se escogerá la más o las más apropiadas para alcanzar los objetivos fijados. Para ello, se utilizan el Análisis Económico y el Análisis de Sistemas, que informan el proceso de selección de programas alternativos, de modo que se puedan seleccionar los programas más adecuados para alcanzar las metas u objetivos que se persiguen y con el menor consumo de recursos.

Los paquetes de decisión como documentos justificativos deberán contener la siguiente información:

- Identificación de la unidad de decisión y programa que gestiona.
- Determinación cuantificada y medible del objetivo a alcanzar con un determinado nivel de esfuerzo.
- Justificación evaluada de los resultados previstos con el nivel propuesto y de las consecuencias de la no aprobación del paquete.
- Alternativas para la consecución de los objetivos previstos.
- Medios precisos para la ejecución de las actividades.

– Recursos necesarios para la financiación de los medios solicitados.
– Impacto en los objetivos principales del programa.

A la anterior puede añadirse cualquier información que ayude a la evaluación del paquete de decisión.

Elaborados los paquetes de decisión, son ordenados inicialmente por el responsable de la unidad de decisión, a continuación, por su superior jerárquico, se procede a la reordenación y jerarquización de los paquetes presentados por sus subordinados introduciendo en su caso nuevos criterios sobre la priorización de los paquetes. De éste asciende al siguiente escalón y así sucesivamente hasta alcanzar la cúspide de la pirámide jerárquica (el Gobierno) que establece la clasificación final dentro de los recursos globales disponibles.

La valoración puede realizarse utilizando alguno de los múltiples métodos de valoración existentes:

– Una escala simple: jerarquizando los paquetes conforme a un criterio preestablecido (ej: coste-beneficio).
– Una escala múltiple: sobre la base de una serie de criterios (ej.: demanda social, coste, plazo, etc.).

La cifra presupuestaria tendrá una limitación cuantitativa, la cual obliga a no poder asumir todos los paquetes y niveles propuestos, sino aquellos que, debidamente priorizados, quepan por su coste dentro de los recursos presupuestarios disponibles.

Tema 2

El presupuesto del Estado en España: concepto y estructura. Los créditos presupuestarios: características. Gastos plurianuales. Las modificaciones presupuestarias: créditos extraordinarios y suplementos de crédito. Ampliaciones de crédito. Generaciones de crédito. Transferencias de crédito. Incorporaciones de crédito. Anticipos de tesorería

eRodio ediciones

Índice esquemático

1. El presupuesto del Estado en España: concepto y estructura
- 1.1. Concepto, naturaleza y contenido
- 1.2. Estructura
- 1.3. Estudio de la clasificación o estructura presupuestaria del presupuesto del Estado

2. Los créditos presupuestarios: características
- 2.1. Concepto de crédito presupuestario
- 2.2. Disposiciones generales sobre los créditos presupuestarios

3. Las modificaciones presupuestarias: créditos extraordinarios y suplementos de créditos
- 3.1. Las modificaciones presupuestarias: clases
- 3.2. Créditos extraordinarios y suplementos de crédito
- 3.3. Anticipos de tesorería

4. Ampliaciones de crédito

5. Generaciones de crédito

6. Transferencias de crédito

7. Incorporaciones de crédito

8. Competencias en materia de expedientes de modificación de crédito
- 8.1. Competencias del Gobierno
- 8.2. Competencias del Ministro de Hacienda
- 8.3. Competencias de los ministros
- 8.4. Especialidades en materia de competencia para las modificaciones presupuestarias en la ley de presupuestos del presente ejercicio

1. El presupuesto del Estado en España: concepto y estructura

La actividad financiera pública tiene por objeto satisfacer determinadas necesidades sociales. El punto de partida es un proceso de toma de decisiones sobre la asignación que ha de hacerse de los recursos disponibles. Ello conforma en gran medida la política económica del Gobierno. El presupuesto es, además de exponente, instrumento imprescindible de esta política económica, la cual se desarrollará a través de las medidas concretas que aquél contiene.

Así pues, dentro del marco plurianual que el Gobierno contempla para el establecimiento de una determinada política fiscal y económica, se elaboran, para cada ejercicio, los Presupuestos Generales del Estado.

Además de ser el principal documento económico del ejercicio, su aprobación constituye uno de los más importantes acontecimientos de la actividad del Legislativo. Los Presupuestos Generales del Estado, a tenor de lo establecido en la Constitución, son elaborados por el Gobierno y se remiten a las Cortes Generales para su examen, enmienda y aprobación. Por tanto, se convierten en el resultado final de una estrategia de acción colectiva, definida en función de las relaciones entre las diversas fuerzas políticas y sociales del país.

Los Presupuestos Generales del Estado, elaborados por el Gobierno y aprobados por las Cortes, se plasman jurídicamente en una Ley con unas características especiales, dada su singularidad. En primer lugar, desde el punto de vista formal, la propia Constitución regula el plazo de presentación del Proyecto de Ley a las Cámaras, y los Reglamentos de ambas señalan la preferencia en su tramitación y las peculiaridades de ésta.

En este sentido, la Constitución establece también determinadas limitaciones al derecho de enmienda, ya que toda proposición o enmienda que suponga un aumento de los gastos o una disminución de los ingresos requerirá la conformidad del Gobierno para su tramitación.

Desde la perspectiva material, la Ley de Presupuestos Generales del Estado posee un contenido mínimo, necesario e indisponible, constituido por la previsión anual de la totalidad de gastos e ingresos de sector público y del importe de los beneficios fiscales que afecten a los tributos del Estado. A ello puede unirse la regulación eventual de otras cuestiones, siempre que éstas tengan relación directa con las previsiones de ingresos y los gastos que integran los Presupuestos o con su ejecución. Existe un límite constitucional al posible contenido de la Ley de Presupuestos Generales del Estado, y es que, a través de ésta, no podrán crearse nuevo tributos y sólo será posible la modificación de los existentes cuando su respectiva ley así lo establezca.

1.1. Concepto, naturaleza y contenido

La Ley General Presupuestaria, Ley 47/2003 de 26 de noviembre, define los Presupuestos Generales del Estado en su artículo 32 estableciendo lo que consideramos la definición legal de los Presupuestos:

Los Presupuestos Generales del Estado constituyen la expresión cifrada, conjunta y sistemática de los derechos y obligaciones a liquidar durante el ejercicio por cada uno de los órganos y entidades que forman parte del sector público estatal.

Por su parte el artículo 33 , de la LGP, Ley 47/2003, establece el **alcance y contenido de los presupuestos**, y tal efecto prescribe:

a) Los presupuestos de los órganos a que se refiere el artículo 2.3 de esta Ley y de las entidades del sector público estatal a las que resulte de aplicación el régimen de especificaciones y de modificaciones regulado en la presente Ley o cuya normativa específica confiera a su presupuesto carácter limitativo.

b) Los presupuestos estimativos de las entidades de los sectores empresarial y fundacional, los consorcios, las universidades no transferidas, los fondos sin personalidad jurídica y las restantes entidades del sector público administrativo no incluidas en la letra anterior.

Además añade el punto segundo del citado artículo 33 que los presupuestos Generales del Estado determinarán:

a) *Las obligaciones económicas que, como máximo, pueden reconocer* los sujetos referidos en el párrafo a) del apartado anterior.

b) *Los derechos a reconocer durante el correspondiente ejercicio* por los entes mencionados en el párrafo anterior.

c) *Las operaciones no financieras y financieras a realizar* por las entidades contempladas en el párrafo b) del apartado anterior.

d) *Los objetivos a alcanzar* en el ejercicio por cada uno de los gestores responsables de los programas con los recursos que el respectivo presupuesto les asigna.

e) *La estimación de los beneficios fiscales* que afecten a los tributos del Estado.

Por su parte el artículo 34 de la LGP, establece **el ámbito temporal de los presupuestos,** concretando el **principio de anualidad**:

1. **El ejercicio presupuestario coincidirá con el año natural**, *y a él se imputarán:*

   a) Los derechos económicos liquidados durante el ejercicio, cualquiera que sea el período del que deriven.

b) Las obligaciones económicas reconocidas hasta el fin del mes de diciembre, siempre que correspondan a adquisiciones, obras, servicios, prestaciones o, en general, gastos realizados dentro del ejercicio y con cargo a los respectivos créditos.

2. *No obstante lo dispuesto en el apartado anterior, se aplicarán a los créditos del presupuesto vigente en el momento de la expedición de las órdenes de pago, las obligaciones que resulten de la liquidación de atrasos a favor del personal que perciba sus retribuciones con cargo a los Presupuestos Generales del Estado así como las que tengan su origen en resoluciones judiciales.*

3. *Podrán aplicarse a créditos del ejercicio corriente obligaciones contraídas en ejercicios anteriores, de conformidad con el ordenamiento jurídico, para las que se anulara crédito en el ejercicio de procedencia.*

   Asimismo, podrán atenderse con cargo a créditos del presupuesto del ejercicio corriente obligaciones pendientes de ejercicios anteriores, en los casos en que figure dotado un crédito específico destinado a dar cobertura a dichas obligaciones, con independencia de la existencia de saldo de crédito anulado en el ejercicio de procedencia.

4. *En el caso de obligaciones de ejercicios anteriores que fuera necesario imputar a presupuesto y no se hallen comprendidas en los supuestos previstos en los apartados anteriores, la imputación requerirá norma con rango de ley que la autorice.*

5. *Los créditos iniciales dotados en los Presupuestos Generales del Estado para atender obligaciones de ejercicios anteriores solo podrán modificarse mediante el procedimiento previsto en los artículos 55, 56 y 57 de esta ley.*

Por ultimo es necesario precisar lo que la definición del presupuesto de nomina **sector público estatal,** aclaración que efectúan los artículos 2 y 3 de la propia LGP:

1. **A los efectos de esta Ley forman parte del sector público estatal:**
   a) La Administración General del Estado.
   b) El sector público institucional estatal.
2. **Integran el sector público institucional estatal las siguientes entidades:**
   a) Los organismos públicos vinculados o dependientes de la Administración General del Estado, los cuales se clasifican en:
      1. Organismos autónomos.
      2. Entidades Públicas Empresariales.
   b) Las autoridades administrativas independientes.
   c) Las sociedades mercantiles estatales.

d) Los consorcios adscritos a la Administración General del Estado.

e) Las fundaciones del sector público adscritas a la Administración General del Estado.

f) Los fondos sin personalidad jurídica.

g) Las universidades públicas no transferidas.

h) Las entidades gestoras, servicios comunes y las mutuas colaboradoras con la Seguridad Social en su función pública de colaboración en la gestión de la Seguridad Social, así como sus centros mancomunados.

i) Cualesquiera organismos y entidades de derecho público vinculados o dependientes de la Administración General del Estado.

3. Los órganos con dotación diferenciada en los Presupuestos Generales del Estado que, careciendo de personalidad jurídica, no están integrados en la Administración General del Estado, forman parte del sector público estatal, regulándose su régimen económico-financiero por esta Ley, sin perjuicio de las especialidades que se establezcan en sus normas de creación, organización y funcionamiento. No obstante, su régimen de contabilidad y de control quedará sometido en todo caso a lo establecido en dichas normas, sin que les sea aplicable en dichas materias lo establecido en esta Ley.

Sin perjuicio de lo anterior, esta Ley no será de aplicación a las Cortes Generales, que gozan de autonomía presupuestaria de acuerdo con lo establecido en el artículo 72 de la Constitución; no obstante, se mantendrá la coordinación necesaria para la elaboración del Proyecto de Ley de Presupuestos Generales del Estado.

Artículo 3. Sector público administrativo, empresarial y fundacional

A los efectos de esta Ley, el sector público estatal se divide en los siguientes:

1. **El sector público administrativo, integrado por:**

a) La Administración General del Estado, los organismos autónomos, las autoridades administrativas independientes, las universidades públicas no transferidas y las entidades gestoras, servicios comunes y las mutuas colaboradoras con la Seguridad Social, así como sus centros mancomunados, así como las entidades del apartado 3 del artículo anterior.

b) Cualesquiera organismos y entidades de derecho público vinculados o dependientes de la Administración General del Estado, los consorcios y los fondos sin personalidad jurídica, que cumplan alguna de las dos características siguientes:

1. Que su actividad principal no consista en la producción en régimen de mercado de bienes y servicios destinados al consumo individual

o colectivo, o que efectúen operaciones de redistribución de la renta y de la riqueza nacional, en todo caso sin ánimo de lucro.

2. Que no se financien mayoritariamente con ingresos comerciales, entendiéndose como tales a los efectos de esta Ley, los ingresos, cualquiera que sea su naturaleza, obtenidos como contrapartida de las entregas de bienes o prestaciones de servicios.

2. **El sector público empresarial, integrado por:**
   a) Las entidades públicas empresariales.
   b) Las sociedades mercantiles estatales.
   c) Cualesquiera organismos y entidades de derecho público vinculados o dependientes de la Administración General del Estado, los consorcios y los fondos sin personalidad jurídica no incluidos en el sector público administrativo.
3. **El sector público fundacional**, integrado por las fundaciones del sector público estatal.

El **régimen jurídico aplicable al sector público estatal,** viene recogido en el artículo 4º de LGP, que establece:

1. El régimen económico y financiero del sector público estatal se regula en esta Ley, sin perjuicio de las especialidades contenidas en otras normas especiales y lo establecido en la normativa comunitaria.
2. En particular, se someterán a su normativa específica:
   a) El sistema tributario estatal.
   b) Los principios y normas que constituyen el régimen jurídico del sistema de la Seguridad Social, así como el establecimiento, reforma y supresión de las cotizaciones y prestaciones del sistema.
   c) El régimen jurídico general del patrimonio del sector público estatal, así como la regulación de los demanios especiales.
   d) El régimen jurídico general de las relaciones financieras entre el sector público estatal y las Comunidades Autónomas y entidades locales.
   e) El régimen jurídico general de las Haciendas locales.
   f) Los principios básicos y las normas fundamentales que constituyen el régimen jurídico de las ayudas o subvenciones concedidas por las entidades integrantes del sector público estatal con cargo a sus presupuestos o a fondos de la Unión Europea.
   g) El régimen general de la contratación de las entidades integrantes del sector público estatal.

h) El régimen de contracción de obligaciones financieras y de realización de gastos, en aquellas materias que por su especialidad no se hallen reguladas en esta Ley.

3. Tendrán carácter supletorio las demás normas de derecho administrativo y, en su defecto, las normas de derecho común.

1.2. Estructura

La LGP, Ley 47/2003, establece respecto de la estructura en sus artículos 39, 40 y 41 lo siguiente:

Artículo 39. Estructura de los presupuestos del sector público estatal

La estructura de los Presupuestos Generales del Estado y de sus anexos se determinará, de acuerdo con lo establecido en esta Ley, por el Ministerio de Hacienda teniendo en cuenta la organización del sector público estatal, la naturaleza económica de los ingresos y de los gastos y las finalidades y objetivos que se pretenda conseguir.

Artículo 40. Estructura de los estados de gastos de los Presupuestos Generales del Estado

1. Los estados de gastos de los presupuestos a que se refiere el artículo 33.1.a) de esta Ley se estructurarán de acuerdo con las siguientes clasificaciones:

a) **La clasificación orgánica que agrupará por secciones y servicios** los créditos asignados a los distintos centros gestores de gasto de los órganos con dotación diferenciada en los presupuestos, la Administración General del Estado, sus organismos autónomos, entidades de la Seguridad Social y otras entidades, según proceda.

b) **La clasificación por programas,** que permitirá a los centros gestores agrupar sus créditos conforme a lo señalado en el artículo 35 de esta Ley y establecer, de acuerdo con el Ministerio de Hacienda, los objetivos a conseguir como resultado de su gestión presupuestaria. La estructura de programas se adecuará a los contenidos de las políticas de gasto contenidas en la programación plurianual.

c) **La clasificación económica,** que agrupará los créditos por capítulos separando las operaciones corrientes, las de capital, las financieras y el Fondo de Contingencia de ejecución presupuestaria.

En los créditos para operaciones corrientes se distinguirán los gastos de personal, los gastos corrientes en bienes y servicios, los gastos financieros y las transferencias corrientes.

En los créditos para operaciones de capital se distinguirán, las inversiones reales y las transferencias de capital.

El Fondo de Contingencia recogerá la dotación para atender necesidades imprevistas en la forma establecida en el artículo 15 de la Ley 18/2001, de 12 de diciembre, General de Estabilidad Presupuestaria.

En los créditos para operaciones financieras se distinguirán las de activos financieros y las de pasivos financieros.

Los capítulos se desglosarán en artículos y éstos, a su vez, en conceptos que podrán dividirse en subconceptos.

2. Con independencia de la estructura presupuestaria, los créditos se identificarán funcionalmente de acuerdo con su finalidad, deducida del programa en que aparezcan o, excepcionalmente, de su propia naturaleza, al objeto de disponer de una clasificación funcional del gasto.

Artículo 41. Estructura de los estados de ingresos

Los estados de ingresos de los presupuestos a que se refiere el artículo 33.1.a) de esta Ley se estructurarán siguiendo las clasificaciones orgánica y económica:

a) **La clasificación orgánica** distinguirá los ingresos correspondientes a la Administración General del Estado y los correspondientes a cada uno de los organismos autónomos, los de la Seguridad Social y los de otras entidades, según proceda.

b) **La clasificación económica** agrupará los ingresos, separando los corrientes, los de capital, y las operaciones financieras.

En los ingresos corrientes se distinguirán: impuestos directos y cotizaciones sociales, impuestos indirectos, tasas, precios públicos y otros ingresos, transferencias corrientes e ingresos patrimoniales.

En los ingresos de capital se distinguirán: enajenación de inversiones reales y transferencias de capital.

En las operaciones financieras se distinguirán: activos financieros y pasivos financieros.

Los capítulos se desglosarán en artículos y éstos, a su vez, en conceptos que podrán dividirse en subconceptos.

1.3. Estudio de la clasificación o estructura presupuestaria del presupuesto del Estado

En este apartado, se realiza un análisis de la estructura que presentan los estados de gastos y de ingresos de los sujetos integrados en el sector público administrativo.

Estados de gastos

Los estados de gastos que constituyen el conjunto de los Presupuestos Generales del Estado contienen créditos para atender a las obligaciones económicas que como máximo pueden reconocerse por los diferentes agentes integrantes de los mismos. Por tanto, el presupuesto de gastos tiene un carácter limitativo frente al carácter estimativo del de ingresos.

Las estructuras que se incluyen en esta categoría responden a cuatri criterios, de conformidad con lo que se establece en el artículo 40 de la Ley 47/2003, de 26 de noviembre, General Presupuestaria, responde a los siguientes criterios:

- Las finalidades u objetivos que el Presupuesto pretende conseguir (Estructura de programas)
- La organización de los distintos Entes integrantes del sector público estatal (Estructura orgánica)
- La naturaleza económica de los gastos (Estructura económica)
- La distribución territorial de las inversiones públicas (Estructura territorial).

A continuación se analizarán los contenidos y características de las diferentes estructuras de gasto.

a) Clasificación por programas

En la clasificación por programas de gasto, la asignación de recursos será adecuada a los contenidos de las políticas de gasto que delimitan y concretan las distintas áreas de actuación del Presupuesto, y permitirá a los Centros gestores agrupar los créditos presupuestarios atendiendo a los objetivos a conseguir, es decir permite conocer para qué se gasta.

La asignación de recursos financieros se efectúa en función de las necesidades establecidas por las políticas de gastos que delimiten y concreten las distintas áreas de gasto de actuación del presupuesto, es decir, agrupa el gasto atendiendo a la consecución de determinados objetivos preestablecidos que pueden tener por finalidad la producción de bienes y servicios, el cumplimiento de obligaciones específicas o la realización de las demás actividades encomendadas a los centros de gestión.

Se diferencian los programas de gasto de carácter finalista, que son aquellos a los que se pueden asignar objetivos cuantificables e indicadores de ejecución mensurable (es decir medible, y a tal efecto los objetivos se expresarán en unidades físicas cuando ello sea posible, e irán unidos a indicadores que permitan efectuar un seguimiento de su grado de realización); de los programas instrumentales y de gestión, que pueden tener como finalidad la administración de recursos para la ejecución de una actividad para la que no se pueden establecer objetivos cuantificables; o bien el apoyo a un programa finalista.

Las políticas de gasto comprenden un conjunto de programas con objetivos afines. Son un elemento clave de asignación de los recursos públicos, tanto en el proceso de elaboración de los Presupuestos Generales del estado como en el de planificación presupuestaria a medio plazo. A su vez, las políticas de gasto se agrupan en cinco grandes áreas de gasto:

- Área de gasto 1. Servicios públicos básicos.
  - ▹ Justicia.
  - ▹ Defensa.
  - ▹ Seguridad ciudadana e instituciones penitenciarias.
  - ▹ Política exterior.
- Área de gasto 2. Actuaciones de protección y promoción social:
  - ▹ Pensiones.
  - ▹ Otras prestaciones económicas.
  - ▹ Servicios sociales y promoción social.
  - ▹ Fomento del empleo.
  - ▹ Desempleo.
  - ▹ Acceso a la vivienda y fomento de la edificación.
  - ▹ Gestión y administración de la seguridad social.
- Área de gasto 3. Producción de bienes públicos de carácter permanente:
  - ▹ Sanidad.
  - ▹ Educación.
  - ▹ Cultura.
- Área de gasto 4. Actuaciones de carácter económico:
  - ▹ Agricultura, pesca y alimentación.
  - ▹ Industria y energía.

  - ▹ Comercio, turismo y PYMEs.
  - ▹ Subvenciones al transporte.
  - ▹ Infraestructuras.
  - ▹ Investigación, desarrollo e innovación.
  - ▹ Otras actuaciones de carácter económico.
- Área de gasto 9. Actuaciones de carácter general:
  - ▹ Alta Dirección.
  - ▹ Servicios de carácter general.
  - ▹ Administración financiera y tributaria.
  - ▹ Transferencias a otras administraciones públicas.
  - ▹ Deuda pública.

A su vez cada Área de gasto se subdivide en Políticas de gasto grupos de programas y programas de gasto.

Las políticas de gasto es el segundo nivel en el que se desagregan las áreas de gasto. Se identifican por dos dígitos, de los cuales el primero es el correspondiente al área de gasto, en el que se integra la política. Por ejemplo, el código 21 se incluye en el área de gasto 2, que es Actuaciones de protección y promoción social, política de gasto 21, que es pensiones.

Los grupos de programas, se identifican por tres dígitos de los que los dos primeros son el área de gasto, la política de gasto, y el tercero el grupo de programas. Siguiendo con el ejemplo anterior, el código 211, dentro de las pensiones, agrupa el grupo de programas de pensiones contributivas.

Por último los Programas de gasto se identifican por un código alfanumérico, que consta de tres dígitos numéricos y una letra: los dígitos se corresponden con el grupo de programa en el que el programa se integra. Y la Letra se reserva de la "A" a la "L", para programas finalistas, y de la "M" a la "Z", para programas instrumentales o de gestión. Así el programa de gasto será del tipo 211ª.

b) Clasificación económica

En la clasificación económica, los créditos incluidos en los estados de gasto del Presupuesto se ordenarán según su naturaleza económica, con arreglo a la clasificación por capítulos, artículos, conceptos y subconceptos, y se agruparán separando las operaciones corrientes, las de capital, las financieras y el Fondo de Contingencia de ejecución presupuestaria y otros imprevistos.

Los créditos se especificarán conforme el grado de vinculación dispuesto en los artículos 43 y 44 de la Ley 47/2003, de 26 de noviembre, el primero de ellos aplicable al Estado, y el segundo a los Organismos Autónomos y a la Seguridad Social. En ellos se establece que los créditos autorizados en los programas de gastos tienen carácter limitativo y vinculante a nivel de concepto, salvo los créditos destinados a gastos de personal y gastos en bienes corrientes y servicios que tendrán carácter vinculante a nivel de artículos para el Estado y a nivel de capítulo en los restantes entes, así como las inversiones reales que para todos ellos especificarán sus créditos a nivel de capítulo.

Además, se establecen excepciones para determinados créditos que se especificaran conforme a su concreta clasificación económica, siendo estos créditos los detallados a continuación:

a) Los destinados a atenciones protocolarias y representativas.
b) Los declarados ampliables de conformidad con el artículo 54 de la Ley general presupuestaria.
c) Los que establezcan subvenciones nominativas.
d) Los que, en su caso, se establezcan en la Ley de Presupuestos de cada ejercicio.
e) Los créditos extraordinarios que se concedan durante el ejercicio.

El Presupuesto de las Agencias Estatales creadas al amparo de la Ley 28/2006, de 18 de julio, presenta la misma estructura que el del Estado o los Organismos Autónomos, si bien tiene carácter limitativo por su importe total y carácter estimativo para la distribución de los créditos en categorías económicas, con excepción de los correspondientes a gastos de personal que tienen carácter limitativo y vinculante por su cuantía total.

La clasificación en subconceptos se utiliza, en todo caso, para el registro contable de las operaciones de gastos en el momento de la ejecución del presupuesto, y tiene carácter informativo para aquellos casos en los que la vinculación se ha establecido a un nivel más agregado.

De esta manera, en las operaciones corrientes se distinguen los siguientes capítulos:

Operaciones corrientes:

- Capítulo 1: Gastos de personal.
- Capítulo 2: Gastos corrientes en bienes y servicios.
- Capítulo 3: Gastos financieros.
- Capítulo 4: Transferencias corrientes.
- El Capítulo 5 estará constituido por el importe del Fondo de contingencia de ejecución presupuestaria, equivalente al 2% del límite de gasto no financiero del Estado, y otros imprevistos.

Las operaciones de capital incluirán:

- Capítulo 6: Inversiones reales.
- Capítulo 7: Transferencias de capital.

Finalmente, las operaciones financieras estarán constituidas por:

- Capítulo 8: Activos financieros.
- Capítulo 9: Pasivos financieros.

Cada uno de estos capítulos se divide en artículos, y éstos, a su ve, en conceptos que podrán dividirse en subconceptos. Por ejemplo el subconcepto 120.01 significa que nos encontramos con un gasto del capítulo 1, gastos de personal; artículo 12 que recoge las nóminas del personal Funcionario; concepto 120 que recoge las retribuciones básicas; y el subconcepto 120.01, que recoge los sueldos de los funcionarios del grupo B.

c) Clasificación Orgánica

La clasificación orgánica permite distribuir el gasto por centros gestores, entendiendo por tales aquellas unidades orgánicas con diferenciación presupuestaria y con responsabilidad en la gestión del gasto. Nos permite conocer quién gasta, es decir, cuál es el órgano o agente del sector público estatal responsable de la gestión de los créditos presupuestarios. De esta forma, a efectos de la clasificación orgánica del gasto, se pueden distinguir los siguientes subsectores:

a) El Estado, que se divide en secciones y éstas, a su vez, en servicios. Con carácter general, sin perjuicio de algunas peculiaridades, las secciones se corresponden a los Departamentos Ministeriales, y los servicios a unidades con rango igual o superior a Dirección General.

b) Los organismos autónomos del Estado, que se agruparán en función del Ministerio al que estén adscritos.

c) La Seguridad social.

d) Las demás entidades que integren el sector público administrativo estatal, de acuerdo con los términos previstos en el artículo 3.1 de la Ley 47/2003, de 26 de noviembre, General Presupuestaria.

Las secciones de los Presupuestos Generales del Estado para 2017 son las siguientes:

01. Casa de S.M. el Rey.

02. Cortes Generales.

03. Tribunal de Cuentas.
04. Tribunal Constitucional.
05. Consejo de Estado.
06. Deuda Pública.
07. Clases Pasivas.
08. Consejo General del Poder Judicial.
12. Ministerio de Asuntos Exteriores y de Cooperación.
13. Ministerio de Justicia.
14. Ministerio de Defensa.
15. Ministerio de Hacienda y Función Pública.
16. Ministerio de Interior.
17. Ministerio de Fomento.
18. Ministerio de Educación, Cultura y Deporte.
19. Ministerio de Empleo y Seguridad Social.
20. Ministerio de Energía, Turismo y Agenda digital.
23. Ministerio de Agricultura, Pesca, Alimentación y medioambiente.
25. Ministerio de Presidencia y para las Administraciones Territoriales.
26. Ministerio de Sanidad, Servicios Sociales e Igualdad.
27. Ministerio de Economía, Industria y Competitividad.
31. Fastos de diversos Ministerios.
32. Otras relaciones financieras con Entes territoriales.
33. Fondos de compensación Interterritorial.
34. Relaciones Financieras con la Unión Europea.
35. Fondo de Contingencia.
36. Sistemas de financiación de entes territoriales.

A su vez, como hemos dicho al principio, las Secciones se dividen en Servicios, en Organismos autónomos, en Organismos Públicos o en Agencias Estatales; correspondiendo a los Servicios los dos siguientes dígitos de la clasificación orgánica. Así, por ejemplo, la Clasificación orgánica 16.03, indica, con los dos primeros dígitos la sección que es el Ministerio del Interior (16), y el servicio en concreto que normalmente es una Dirección General, o Secretaría de Estado, en este caso la 03 de la sección 16 corresponde a la Dirección General de la Policía.

d) Otras Clasificaciones: La clasificación funcional y territorial

Además de las tres clasificaciones anteriores, la LGP hace mención a otras dos clasificaciones que, sin embargo, no forman parte de la estructura de gastos de los PGE, y que son la clasificación funcional y la territorial.

Así el artículo 40.2 de la LGP dice que "con independencia de la estructura presupuestaria, los créditos se identificarán funcionalmente de acuerdo con su finalidad, deducida del programa en que aparezcan, o excepcionalmente de su propia naturaleza, al objetivo de disponer de una clasificación funcional del gasto"... y añade en el punto d) que se unirá "un anexo de carácter plurianual de los proyectos de inversión pública, que incluirá su clasificación territorial". En este "anexo" se detallan por comunidades Autónomas y provincias los programas y proyectos de inversión con indicación de si el proyecto se inicia en el propio ejercicio.

Estados de ingresos

Los estados de ingresos de los presupuestos de las entidades del sector público administrativo se estructuran, a tenor de lo dispuesto en el artículo 41 de la Ley General Presupuestaria, siguiendo una clasificación orgánica y una clasificación económica.

a) Clasificación Orgánica

El criterio orgánico clasifica los recursos en función del centro gestor encargado de recaudar el ingreso, lo que permite observar la imputación de cada ingreso a los distintos subsectores de los Presupuestos. La clasificación orgánica distingue los ingresos correspondientes a:

a) El Estado.
b) Los Organismos Autónomos, agrupados según el Ministerio al que estén adscritos.
c) Le Seguridad Social.
d) Las Agencias Estatales para la mejora de los servicios públicos.
e) Las demás entidades que integran el Sector público administración estatal, de acuerdo con los términos previstos en el artículo 3.1 de la Ley 47/2003, General Presupuestaria.

De conformidad con el principio de unidad de caja, el Presupuesto de Ingresos del Estado es único, en tanto que en los restantes subsectores se presentan los presupuestos de ingresos de forma individualizada para cada una de las entidades con personalidad jurídica propia.

b) Clasificación económica

La clasificación económica, agrupa los ingresos en función de su origen en corrientes, de capital o financiera.

En los ingresos corrientes, se distinguen los siguientes capítulos:

- Capítulo 1: Impuestos directos y cotizaciones sociales.
- Capítulo 2: Impuestos indirectos.
- Capítulo 3: Tasas, precios públicos y otros ingresos.
- Capítulo 4: Transferencias corrientes.
- Capítulo 5: Ingresos Patrimoniales.

En los ingresos de capital se distinguirán:

- Capítulo 6: Enajenación de inversiones reales.
- Capítulo 7: Transferencias de capital.

Finalmente, en las operaciones financieras se incluyen:

- Capítulo 8: Activos financieros.
- Capítulo 9: Pasivos financieros.

Cada uno de estos capítulos se divide en artículos, y éstos, a su vez, en conceptos que podrán dividirse en subconceptos.

2. Los créditos presupuestarios: características

2.1. Concepto de crédito presupuestario

Podemos definir el crédito presupuestario como la cantidad expresada en euros que cuantifica la partida presupuestaria.

Esta sencilla definición, parece haber tenido cogida en la LGP, ya que su artículo 35 establece:

"Son créditos presupuestarios cada una de las asignaciones individualizadas de gasto, que figuran en los presupuestos de los órganos y entidades a que se refiere el artículo 33.1.a) de esta Ley, puestas a disposición de los centros gestores para la cobertura de las necesidades para las que hayan sido aprobados. Su especificación vendrá determinada, de acuerdo con la agrupación orgánica, por programas y económica que en cada caso proceda, conforme a lo establecido en los artículos 40, 43 y 44 de esta Ley, sin perjuicio de los desgloses necesarios a efectos de la adecuada contabilización de su ejecución."

2.2. Disposiciones generales sobre los créditos presupuestarios

El Capítulo IV, del Título II de la LGP, establece las disposiciones generales respecto de los créditos en sus artículos 42 a 50 y que establecen:

2.2.1. Especialidad de los créditos

Los créditos para gastos se destinarán exclusivamente a la finalidad específica para la que hayan sido autorizados por la Ley de Presupuestos o a la que resulte de las modificaciones aprobadas conforme a esta Ley.

2.2.2. Especificación de los presupuestos del Estado

1. En el presupuesto del Estado los créditos se especificarán a nivel de concepto, salvo los créditos destinados a gastos de personal y los gastos corrientes en bienes y servicios, que se especificarán a nivel de artículo y las inversiones reales a nivel de capítulo.

2. No obstante, se especificarán al nivel que corresponda conforme a su concreta clasificación económica, los siguientes créditos:

a) Los destinados a atenciones protocolarias y representativas y los gastos reservados.

b) Los destinados a arrendamientos de edificios y otras construcciones.

c) Los declarados ampliables conforme a lo establecido en el artículo 54 de esta Ley.

d) Los que establezcan asignaciones identificando perceptor o beneficiario, con excepción de las destinadas atender transferencias corrientes o de capital al exterior.

e) Los que, en su caso, se establezcan en la Ley de Presupuestos de cada ejercicio.

f) Los créditos extraordinarios que se concedan durante el ejercicio.

2.2.3. Especificación del presupuesto de los organismos autónomos y de la Seguridad Social

1. En el presupuesto de los organismos autónomos, de la Seguridad Social y, en su caso, de las demás entidades del apartado 1 del artículo 3 de esta Ley, excepto las relacionadas en el artículo anterior, los créditos se especificarán a

nivel de concepto, salvo los destinados a gastos de personal, gastos corrientes en bienes y servicios y las inversiones reales, que se especificarán a nivel de capítulo.

2. No obstante, se especificarán al nivel que corresponda conforme a su concreta clasificación económica, los siguientes créditos:

a) Los destinados a atenciones protocolarias y representativas.
b) Los destinados a arrendamientos de edificios y otras construcciones.
c) Los declarados ampliables conforme a lo establecido en el artículo 54 de esta Ley.
d) Los que establezcan asignaciones identificando perceptor o beneficiario, con excepción de las destinadas atender transferencias corrientes o de capital al exterior.
e) Los que, en su caso, se establezcan en la Ley de Presupuestos de cada ejercicio.
f) Los créditos extraordinarios que se concedan durante el ejercicio.

3. Los créditos del Presupuesto de la Seguridad Social se especificarán a nivel de grupo de programas, excepto los créditos para la acción protectora en su modalidad no contributiva y universal que se especificarán a nivel de programa.

2.2.4. Disponibilidades líquidas de los organismos autónomos y otras entidades integrantes del sector público estatal

Se autoriza al Ministro de Hacienda para declarar no disponibles las transferencias corrientes o de capital destinadas a las entidades integrantes del sector público estatal, cuando como consecuencia de la existencia de suficientes disponibilidades líquidas, pudieran no resultar necesarias para el ejercicio de su actividad presupuestada.

Asimismo, se autoriza al Ministro de Hacienda para requerir el ingreso en el Tesoro de la totalidad o parte de dichas disponibilidades líquidas, a excepción de las procedentes de cotizaciones sociales y conceptos de recaudación conjunta, cuando pudieran no ser necesarias para financiar el ejercicio de la actividad indicada.

Cuando en dichas entidades existan órganos colegiados de administración, el ingreso habrá de ser previamente acordado por los mismos.

2.2.5. Limitación de los compromisos de gasto

Los créditos para gastos son limitativos. No podrán adquirirse compromisos de gasto ni adquirirse obligaciones por cuantía superior al importe de los créditos autorizados en los estados de gastos, siendo nulos de pleno derecho los actos administrativos y las disposiciones generales con rango inferior a Ley que incumplan esta limitación, sin perjuicio de las responsabilidades reguladas en el título VII de esta Ley.

2.2.6. Compromisos de gasto de carácter plurianual

1. Podrán adquirirse compromisos de gastos que hayan de extenderse a ejercicios posteriores a aquel en que se autoricen, siempre que su ejecución se inicie en el propio ejercicio y que no superen los límites y anualidades fijados en el número siguiente.

2. El número de ejercicios a que pueden aplicarse los gastos no será superior a cuatro. El gasto que se impute a cada uno de los ejercicios posteriores no podrá exceder de la cantidad que resulte de aplicar al crédito inicial a que corresponda la operación los siguientes porcentajes: en el ejercicio inmediato siguiente, el 70 por ciento, en el segundo ejercicio, el 60 por ciento, y en los ejercicios tercero y cuarto, el 50 por ciento.

En los contratos de obra de carácter plurianual, con excepción de los realizados bajo la modalidad de abono total del precio, se efectuará una retención adicional de crédito del 10 por ciento del importe de adjudicación, en el momento en que ésta se realice. Esta retención se aplicará al ejercicio en que finalice el plazo fijado en el contrato para la terminación de la obra o al siguiente, según el momento en que se prevea realizar el pago de la certificación final. Estas retenciones computarán dentro de los porcentajes establecidos en este artículo.

Estas limitaciones no serán de aplicación a los compromisos derivados de la carga financiera de la Deuda y de los arrendamientos de inmuebles, incluidos los contratos mixtos de arrendamiento y adquisición.

3. El Gobierno, en casos especialmente justificados, podrá acordar la modificación de los porcentajes anteriores, incrementar el número de anualidades o autorizar la adquisición de compromisos de gastos que hayan de atenderse en ejercicios posteriores en el caso de que no exista crédito inicial. A estos efectos, el Ministro de Hacienda, a iniciativa del ministerio correspondiente, elevará al Consejo de Ministros la oportuna propuesta, previo informe de la Dirección General de Presupuestos que acredite su coherencia con la programación a que se refieren los artículos 28 y 29 de esta Ley.

4. Los compromisos a que se refiere este artículo se especificarán en los escenarios presupuestarios plurianuales y deberán ser objeto de contabilización separada.

5. No podrán adquirirse compromisos de gasto con cargo a ejercicios futuros cuando se trate de la concesión de subvenciones a las que resulte de aplicación lo dispuesto en el artículo 22.2.a) de la Ley 38/2003, de 17 de noviembre, General de Subvenciones.

6. En el caso de la tramitación anticipada de los expedientes de contratación a que se refiere el artículo 110.2 del texto refundido de la Ley de Contratos del Sector Público, aprobado por el Real Decreto Legislativo 3/2011, de 14 de noviembre, y en la tramitación anticipada de aquellos expedientes de gasto cuya normativa reguladora permita llegar a la formalización del compromiso de gasto, se deberán cumplir los límites y anualidades o importes autorizados a que se refieren los apartados 2 a 5 de este artículo.

Además sobre los gastos plurianuales, se ha añadido a la LGP, un articulo 47 bis que establece:

Artículo 47 bis. Modificación y resolución de compromisos de gasto plurianuales

En relación con las obligaciones nacidas de negocios o actos jurídicos, formalizados de conformidad con el ordenamiento jurídico y de los que derivasen compromisos de gastos de carácter plurianual adquiridos de acuerdo con lo establecido en el artículo 47 de esta Ley, cuando, excepcionalmente, en alguno de los ejercicios posteriores a aquel en que se asumió el compromiso, la correspondiente Ley de Presupuestos Generales del Estado no autorizase créditos suficientes para el cumplimiento de dichas obligaciones, se actuará de la siguiente manera:

1. El órgano competente para aprobar y comprometer el gasto estará obligado a comunicar tal circunstancia al tercero, tan pronto como se tenga conocimiento de ello.
2. Siempre que lo permitan las disponibilidades de los créditos, se acordará, de acuerdo con el procedimiento establecido en las correspondientes normas, la reprogramación de las obligaciones asumidas por cada parte, con el consiguiente reajuste de anualidades, ajustándolo a las nuevas circunstancias.
3. Cuando no resulte posible proceder en los términos indicados en el punto 2.° anterior, el órgano competente acordará la resolución del negocio siguiendo el procedimiento establecido en las correspondientes normas, y fijando las compensaciones que, en su caso, procedan.

En aquellos supuestos en los que la obligación de la Hacienda Pública estuviera condicionada, en el propio negocio o acto jurídico del que derive, a la existencia de crédito adecuado y suficiente en los Presupuestos Generales del Estado de cada uno de los ejercicios para los que se comprometió, el órgano administrativo, con carácter previo a acordar la resolución de la relación jurídica, valorará el presupuesto de gastos autorizado y el grado de ejecución del objeto del negocio, a fin de considerar soluciones alternativas antes de que opere la condición resolutoria, para lo cual deberá notificar de forma fehaciente al tercero tal circunstancia.

2.2.7. Adquisiciones, obras con pago aplazado y otros compromisos de carácter plurianual

1. Podrá ser diferido el vencimiento de la obligación de pago del precio de compra de bienes inmuebles adquiridos directamente cuyo importe exceda de seis millones de euros, sin que, en ningún caso, el desembolso inicial a la firma de la escritura pueda ser inferior al 25 por 100 del precio, pudiendo distribuirse el resto en los cuatro ejercicios siguientes dentro de las limitaciones porcentuales contenidas en el artículo 47 de esta Ley.

2. El procedimiento descrito en el artículo 47 de esta Ley será de aplicación en el caso de los contratos de obras que se efectúen bajo la modalidad de abono total de los mismos, según lo previsto en el artículo 99.2. del Texto Refundido de la Ley de Contratos de las Administraciones Públicas, aprobado por el Real Decreto Legislativo 2/2000, de 16 de junio.

2.2.8. Temporalidad de los créditos

1. Con cargo a los créditos del estado de gastos de cada presupuesto sólo podrán contraerse obligaciones derivadas de adquisiciones, obras, servicios y demás prestaciones o gastos en general que se realicen en el propio ejercicio presupuestario, sin perjuicio de las salvedades establecidas en los apartados 2 y 3 del artículo 34 de esta Ley.

2. Los créditos para gastos que en el último día del ejercicio presupuestario no estén afectados al cumplimiento de obligaciones ya reconocidas, quedarán anulados de pleno derecho, sin perjuicio de lo establecido en el artículo 58 de esta Ley.

2.2.9. Fondo de Contingencia de ejecución presupuestaria

1. El presupuesto del Estado, a fin de hacer frente durante el ejercicio presupuestario a necesidades inaplazables, de carácter no discrecional para las que no se hiciera en todo o en parte, la adecuada dotación de crédito, incluirá una sección bajo la rúbrica «Fondo de Contingencia de ejecución presupuestaria», por importe del dos por ciento del total de gastos para operaciones no financieras, excluidos los destinados a financiar a las comunidades autónomas y entidades locales en aplicación de sus respectivos sistemas de financiación y consignados en una sección presupuestaria independiente de dicho presupuesto.

El Fondo únicamente financiará, cuando proceda, las siguientes modificaciones de crédito salvo que concurran las circunstancias a que se refiere el artículo 59 de esta Ley:

a) Las ampliaciones de crédito reguladas en el artículo 54.
b) Los créditos extraordinarios y suplementos de crédito, de conformidad con lo previsto en el artículo 55.
c) Las incorporaciones de crédito, conforme al artículo 58.

En ningún caso podrá utilizarse el Fondo para financiar modificaciones destinadas a dar cobertura a gastos o actuaciones que deriven de decisiones discrecionales de la Administración, que carezcan de cobertura presupuestaria.

2. La aplicación del Fondo de Contingencia se aprobará, a propuesta del Ministro de Economía y Hacienda, mediante acuerdo del Consejo de Ministros, previamente a la autorización de las respectivas modificaciones de crédito.

El Gobierno remitirá a las Cortes Generales, a través de su Oficina Presupuestaria, un informe trimestral acerca de la utilización del Fondo Regulado en este artículo. La oficina pondrá dicha documentación a disposición de los Diputados, Senadores y las Comisiones parlamentarias.

3. Las modificaciones presupuestarias: créditos extraordinarios y suplementos de créditos

3.1. Las modificaciones presupuestarias: clases

Sobre la base de lo dispuesto en la LGP, las modificaciones presupuestarias pueden clasificarse, por su naturaleza o por el órgano competente para autorizarlas:

A) Por su naturaleza hay que distinguir:

a) Las que constituyen variaciones de su finalidad, centro gestor o cuantía, como las transferencias de crédito.
b) Las que suponen incremento del gasto:
   - Créditos extraordinarios y suplementos de crédito
   - Transferencias de crédito
   - Ampliaciones de crédito.
   - Incorporaciones de crédito.
   - Generaciones de crédito.

B) Por el órgano competente para autorizarlas

a) Competencia de las Cortes.

b) Competencia del Poder Ejecutivo:

- Consejo de Ministros.
- Ministro de Economía y Hacienda.
- Titular del Departamento ministerial.

La LGP, establece en su artículo 51 una clasificación de los expedientes de modificación de créditos, que como verás recoge la clasificación doctrinal recogida más arriba, y establece:

Modificación de los créditos iniciales

La cuantía y finalidad de los créditos contenidos en los presupuestos de gastos sólo podrán ser modificadas durante el ejercicio, dentro de los límites y con arreglo al procedimiento establecido en los artículos siguientes, mediante:

a) Transferencias.

b) Generaciones.

c) Ampliaciones.

d) Créditos extraordinarios y suplementos de crédito.

e) Incorporaciones.

3.2. Créditos extraordinarios y suplementos de crédito

Respecto a los Crédito extraordinarios y suplementos de crédito la LGP, Ley 47/2003 establece en sus artículos 55 y 56, lo siguiente:

Cuando haya de realizarse con cargo al Presupuesto del Estado **algún gasto que no pueda demorarse hasta el ejercicio siguiente, y no exista crédito adecuado o sea insuficiente y no ampliable el consignado** y su dotación no resulte posible a través de las restantes figuras previstas en el artículo 51, deberá procederse a la tramitación de un crédito extraordinario o suplementario del inicialmente previsto. La financiación de éstos se realizará de la forma que se indica a continuación:

a) Si la necesidad surgiera en operaciones no financieras del presupuesto, el crédito extraordinario o suplementario se financiará mediante baja en los créditos del Fondo de Contingencia o en otros no financieros que se consideren adecuados.

b) Si la necesidad surgiera en operaciones financieras del Presupuesto, se financiará con Deuda Pública o con baja en otros créditos de la misma naturaleza.

El Ministro de Hacienda y Administraciones Públicas propondrá al Consejo de Ministros la remisión de un proyecto de ley a las Cortes Generales, previo informe de la Dirección General de Presupuestos y dictamen del Consejo de Estado en los siguientes casos:

a) Cuando se trate de créditos extraordinarios y suplementos de crédito para atender obligaciones de ejercicios anteriores para las que no se anulara crédito en el ejercicio de procedencia, tanto si se financian con Fondo de Contingencia como con baja en otros créditos.
b) Cuando se trate de créditos extraordinarios o suplementarios para atender obligaciones del propio ejercicio cuando se financien con baja en otros créditos.
c) Cuando se trate de créditos extraordinarios o suplementarios que afecten a operaciones financieras del Presupuesto.

El Consejo de Ministros autorizará los créditos extraordinarios y suplementos de crédito para atender obligaciones del ejercicio corriente o de ejercicios anteriores si se hubiera anulado crédito en el ejercicio de procedencia, cuando se financien con cargo al Fondo de Contingencia.

Reglas para los créditos extraordinarios y suplementarios de los organismos autónomos

1. Cuando la necesidad de un crédito extraordinario o suplementario afecte al presupuesto de un organismo autónomo se tramitará su autorización de conformidad con lo establecido en los apartados siguientes.

2. La financiación de los créditos extraordinarios o suplementarios únicamente podrá realizarse con cargo a la parte del remanente de tesorería al fin del ejercicio anterior que no haya sido aplicada en el presupuesto del organismo, o con mayores ingresos sobre los previstos inicialmente.

En el caso de que la financiación propuesta para la modificación del presupuesto del organismo haga necesaria la modificación del presupuesto de gastos del Estado, ambas modificaciones se acordarán conjuntamente, mediante el procedimiento que le sea de aplicación a la del Estado.

3. La competencia para autorizar créditos extraordinarios o suplementarios corresponderá:

a) A **los Presidentes o Directores de los organismos hasta un importe del 10 % del correspondiente capítulo de su presupuesto**

inicial de gastos, cuando no supere la cuantía de 500.000 euros, excluidos los que afecten a gastos de personal o a los contemplados en el apartado 2 del artículo 44 de esta Ley, dando cuenta de los acuerdos al Ministro de que dependan y al Ministro de Hacienda.

b) Al **Ministro de Hacienda cuando, superándose alguno de los anteriores límites, no se alcance el 20 % del correspondiente capítulo de su presupuesto inicial de gastos ni se supere la cuantía de 1.000.000 de euros.** Asimismo, le corresponderá la autorización de los que se encuentren entre los supuestos de exclusión a que se refiere el párrafo a siempre que su cuantía no supere los límites establecidos en este apartado.

c) **Al Consejo de Ministros en los restantes casos**.

4. Los límites establecidos en el apartado 3 anterior, a los efectos de determinar la competencia para realizar estas modificaciones, se referirán al conjunto de las efectuadas en el ejercicio presupuestario, computándose de forma independiente según afecte a gastos de personal o a los incluidos en el apartado 2 del artículo 44 o se trate del resto de los gastos.

No se computarán para la determinación de dichos límites las modificaciones que se financien con incremento en la aportación del Estado.

5. Cuando un crédito extraordinario deba autorizarse en un capítulo que no exista en el presupuesto de gastos inicial del organismo autónomo, la autorización le corresponderá al Presidente o Director del organismo autónomo cuando no supere la cuantía de 500.000 euros, al Ministro de Economía y Hacienda si excediendo del anterior importe no supera la cuantía de 1.000.000 de euros, y al Consejo de Ministros en los restantes casos.

6. El Ministro de Hacienda y Administraciones Públicas remitirá a las Cortes Generales, a través de su Oficina Presupuestaria, un informe trimestral de los créditos extraordinarios y suplementos de crédito tramitados al amparo de este artículo. La oficina pondrá dicha documentación a disposición de los Diputados, Senadores y las Comisiones parlamentarias.

7. En el supuesto de que el crédito extraordinario o el suplemento de crédito se destinara a atender obligaciones de ejercicios anteriores, para las que no se anulara crédito en el ejercicio de procedencia, se remitirá un proyecto de Ley a las Cortes Generales, de conformidad con el procedimiento previsto en el artículo anterior.

Por último el artículo 57 de la LGP, establece para los **créditos extraordinarios y suplementos de crédito de la Seguridad Social,** lo siguiente:

1. Cuando la necesidad de un crédito extraordinario o suplementario afecte al presupuesto de las entidades de la Seguridad Social, se tramitará su autorización de conformidad con lo establecido en los apartados siguientes.

2. La financiación de los créditos extraordinarios o suplementarios únicamente podrá realizarse con cargo a la parte del remanente de tesorería al fin del ejercicio anterior que no haya sido aplicada en el presupuesto de la entidad o con mayores ingresos sobre los previstos inicialmente. Si los ingresos proceden de aportaciones del Estado mayores a las inicialmente previstas en el presupuesto, el suplemento de crédito o crédito extraordinario podrá autorizarse una vez efectuado el reconocimiento del derecho por parte de la correspondiente entidad.

La competencia para autorizar créditos extraordinarios o suplementarios corresponderá, previo informe del Ministerio de Economía y Hacienda, al Gobierno cuando su importe sea superior al dos por ciento del presupuesto inicial de gastos de la respectiva Entidad y al Ministro de Trabajo y Asuntos Sociales, o al de Sanidad y Consumo cuando la modificación afecte al presupuesto del Instituto Nacional de Gestión Sanitaria, cuando su importe no exceda de dicho porcentaje.

Por excepción, no será preceptivo el informe del Ministerio de Economía y Hacienda previo a la autorización de suplementos y créditos extraordinarios en los presupuestos de las Mutuas de Accidentes de Trabajo y Enfermedades Profesionales. En estos casos, una vez autorizada la modificación presupuestaria, se dará cuenta al Ministerio de Economía y Hacienda.

3. Los límites porcentuales establecidos en el apartado 2 anterior, a los efectos de determinar la competencia para acordar estas modificaciones, se referirán al conjunto de las efectuadas en el ejercicio presupuestario para el respectivo presupuesto, sin que sean computables en su determinación las financiadas con incremento de la aportación del Estado.

4. El Ministro de Empleo y Seguridad Social remitirá a las Cortes Generales, a través de su Oficina Presupuestaria, un informe trimestral de los créditos extraordinarios y suplementos de crédito concedidos al amparo de este artículo. La oficina pondrá dicha documentación a disposición de los Diputados, Senadores y las Comisiones parlamentarias.

5. En el supuesto de que el crédito extraordinario o el suplemento de crédito se destinara a atender obligaciones de ejercicios anteriores, para las que no se anulara crédito en el ejercicio de procedencia que afecte al presupuesto del Instituto Nacional de Gestión Sanitaria o al del Instituto de Mayores y Servicios Sociales, la Ministra de Sanidad, Servicios Sociales e Igualdad propondrá al Consejo de Ministros la remisión de un proyecto de ley a las Cortes Generales, previo informe de la Dirección General de Presupuestos y dictamen del Consejo de Estado. Este mismo procedimiento se aplicará a propuesta de la Ministra de Empleo y Seguridad Social cuando se trate de créditos para atender gastos del resto de entidades de la Seguridad Social.

3.3. Anticipos de tesorería

El artículo 60 de la LGP recoge la posibilidad de conceder **Anticipos de Tesorería,** cuando se esté tramitando un expediente de crédito extraordinario o suplemento de crédito:

1. Con carácter excepcional, el Gobierno, a propuesta del Ministro de Economía, podrá conceder anticipos de Tesorería para atender gastos inaplazables, con el límite máximo en cada ejercicio **del uno por ciento** de los créditos autorizados al Estado por la Ley de Presupuestos Generales del Estado, en los siguientes casos:

a) **Cuando, una vez iniciada la tramitación de los expedientes de concesión de créditos extraordinarios o de suplementos de crédito, hubiera dictaminado favorablemente el Consejo de Estado.**

b) **Cuando se hubiera promulgado una Ley por la que se establezcan obligaciones cuyo cumplimiento exija la concesión de crédito extraordinario o suplemento de crédito.**

2. Si el crédito extraordinario o el suplemento de crédito a conceder en el Presupuesto del Estado se destinase a financiar necesidades planteadas en el Presupuesto de los organismos autónomos, la concesión del anticipo de Tesorería comportará la autorización para atender en el organismo el pago de las mencionadas necesidades mediante operaciones de Tesorería.

3. Si las Cortes Generales no aprobasen el proyecto de Ley de Concesión del Crédito Extraordinario o del Suplemento de Crédito el Gobierno, a propuesta del Ministro de Hacienda, dispondrá la cancelación del anticipo de Tesorería con cargo a los créditos del respectivo departamento ministerial u organismo autónomo, en su caso, cuya minoración ocasione menos trastornos para el servicio público.

4. Ampliaciones de crédito

Se trata de modificaciones en créditos presupuestarios cuya cuantía final no puede ser determinada con precisión al comienzo del ejercicio. Por ejemplo, las cuotas de la Seguridad Social, cuyo importe deberá incrementarse como consecuencia de un aumento de los tipos de cotización; respecto a los créditos ampliables, la LGP en su artículo 54 establece:

Créditos ampliables

1. Excepcionalmente tendrán la condición de ampliables los créditos destinados al pago de pensiones de Clases Pasivas del Estado y los destinados a atender obliga-

ciones específicas del respectivo ejercicio, derivadas de normas con rango de ley, que de modo taxativo y debidamente explicitados se relacionen en el estado de gastos de los Presupuestos Generales del Estado **y, en su virtud, podrá ser incrementada su cuantía hasta el importe que alcancen las respectivas obligaciones.**

Asimismo, tendrán la condición de ampliables los créditos destinados a satisfacer obligaciones derivadas de la Deuda del Estado y de sus organismos autónomos, tanto por intereses y amortizaciones de principal como por gastos derivados de las operaciones de emisión, conversión, canje o amortización de la misma.

2. En todo caso se consideran ampliables, en la cuantía resultante de las obligaciones que se reconozcan y liquiden según las disposiciones en cada caso aplicables, los créditos incluidos en los **Presupuestos de la Seguridad Social que se detallan** a continuación:

a) Los destinados al pago de pensiones de todo tipo; prestaciones por incapacidad temporal; protección a la familia; maternidad, paternidad y riesgos durante el embarazo y la lactancia natural; cuidado de menores afectados por cáncer u otra enfermedad grave; así como las entregas únicas, siempre que se encuentren legal o reglamentariamente establecidas y sea obligatorio y no graciable su pago por parte de la Seguridad Social y su cuantía esté objetivamente determinada.

b) Los destinados al pago de los subsidios de garantía de ingresos mínimos, de movilidad y para ayuda de tercera persona, previstos en la Ley de Integración Social de Minusválidos, en la medida en que se hayan ampliado en el Presupuesto del Estado.

c) Los que amparan la constitución de capitales-renta para el pago de pensiones.

d) Los destinados a dotar el Fondo de Reserva de la Seguridad Social y el Fondo de Prevención y Rehabilitación de la Seguridad Social.

e) Los consignados para atender las aportaciones a realizar por las Mutuas de Accidentes de Trabajo y Enfermedades Profesionales de la Seguridad Social para el sostenimiento de los servicios comunes del sistema y para el ingreso en la Tesorería General de la Seguridad Social de sus excedentes en la cuantía y forma legalmente previstas, así como por reaseguro de las mismas entidades.

f) Los destinados al pago de recargos de las prestaciones económicas en los supuestos contemplados en la Ley General de la Seguridad Social, que hayan sido previamente ingresados por los sujetos responsables.

g) Los correspondientes a las transferencias de derechos en curso de adquisición destinadas al sistema de pensiones en la Administración de la Unión Europea, de conformidad con lo establecido en el Anexo VIII del Reglamento 259/1968, de 29 de febrero, del Consejo.

3. Las ampliaciones de crédito que afecten a operaciones del presupuesto del Estado se financiarán con cargo al Fondo de Contingencia, conforme a lo previsto en el artículo 50 de esta ley, o con baja en otros créditos del presupuesto no financiero.

La financiación de las ampliaciones de crédito en el presupuesto de los organismos autónomos podrá realizarse con cargo a la parte del remanente de tesorería al fin del ejercicio anterior que no haya sido aplicada en el presupuesto del organismo, con mayores ingresos sobre los previstos inicialmente o con baja en otros créditos del presupuesto no financiero del organismo.

En el caso de que la financiación propuesta para la modificación del presupuesto del organismo haga necesaria la modificación del presupuesto de gastos del Estado, ambas modificaciones se acordarán mediante el procedimiento que le sea de aplicación a la del Estado.

La financiación de las ampliaciones de crédito en el Presupuesto de las Entidades de la Seguridad Social podrá realizarse con cargo a la parte del remanente de tesorería al fin del ejercicio anterior que no haya sido aplicada en el presupuesto, con mayores ingresos sobre los previstos inicialmente o con baja en otros créditos del presupuesto. Si los ingresos proceden de aportaciones del Estado mayores a las inicialmente previstas en el presupuesto, la ampliación de crédito podrá autorizarse una vez efectuado el reconocimiento del derecho por parte de la correspondiente entidad.

4. No podrán ampliarse créditos que hayan sido previamente minorados, salvo en el ámbito de las entidades que integran el sistema de la Seguridad Social y en el de la sección 06 "Deuda Pública" siempre que su aprobación no reduzca la capacidad de financiación del Estado en el ejercicio, computada en la forma establecida en el artículo 27 de la Ley Orgánica 2/2012, de 27 de abril, de Estabilidad Presupuestaria y Sostenibilidad Financiera o cuando la minoración resulte de un traspaso de competencias a las Comunidades Autónomas.

5. Generaciones de crédito

Consiste en incrementar la dotación asignada a un crédito presupuestario de los estados de gastos, y, a tal fin, la LGP Ley 47/2003 establece en su artículo 53:

1. Las generaciones **son modificaciones que incrementan los créditos como consecuencia de la realización de determinados ingresos no previstos o superiores a los contemplados en el presupuesto inicial.**

2. Podrán dar lugar a generaciones los ingresos realizados en el propio ejercicio como consecuencia de:

a) Aportación del Estado a los organismos autónomos o a las entidades con presupuesto limitativo, así como de los organismos autónomos y las entidades con presupuesto limitativo y otras personas naturales o jurídicas al Estado u otros organismos autónomos o entidades con presupuesto limitativo, para financiar conjuntamente gastos que por su naturaleza estén comprendidos en los fines u objetivos asignados a los mismos.

b) Ventas de bienes y prestación de servicios.

c) Enajenaciones de inmovilizado.

d) Reembolsos de préstamos.

e) Ingresos legalmente afectados a la realización de actuaciones determinadas.

f) Ingresos por reintegros de pagos indebidos realizados con cargo a créditos del presupuesto corriente.

3. La generación sólo podrá realizarse cuando se hayan efectuado los correspondientes ingresos que la justifican. No obstante, en el caso de los organismos autónomos y de la Seguridad Social, la generación como consecuencia del supuesto previsto en el párrafo a) del apartado anterior podrá realizarse una vez efectuado el reconocimiento del derecho por el organismo o entidad correspondiente, o cuando exista un compromiso firme de aportación, siempre que el ingreso se prevea realizar en el propio ejercicio.

4. Cuando los ingresos provengan de la venta de bienes o prestaciones de servicios, las generaciones se efectuarán únicamente en aquellos créditos destinados a cubrir gastos de la misma naturaleza que los que se originaron por la adquisición o producción de los bienes enajenados o por la prestación del servicio.

Cuando la enajenación se refiera a inmovilizado, la generación únicamente podrá realizarse en los créditos correspondientes a operaciones de la misma naturaleza económica.

Los ingresos procedentes de reembolso de préstamos únicamente podrán dar lugar a generaciones en aquellos créditos destinados a la concesión de nuevos préstamos.

5. Con carácter excepcional podrán generar crédito en el Presupuesto del ejercicio los ingresos realizados en el último trimestre del ejercicio anterior.

6. Transferencias de crédito

Las transferencias de crédito no suponen aumento de las dotaciones de los estados de gastos de los presupuestos, sino que son una mera redistribución de créditos encaminada a la cobertura de las insuficiencias que puedan producirse en los importes de uno o varios créditos, mediante la reasignación de los superávits que, por el mismo importe global, se tengan en otros créditos.

Respecto a las Transferencias de Crédito la nueva LGP Ley 47/2003, establece en su artículo 52, lo siguiente:

Artículo 52. Transferencias de crédito

1. Las transferencias **son traspasos de dotaciones entre créditos**. Pueden realizarse entre los diferentes créditos del presupuesto incluso con la creación de créditos nuevos, con las siguientes restricciones:

a) No podrán realizarse desde créditos para operaciones financieras al resto de los créditos, ni desde créditos para operaciones de capital a créditos para operaciones corrientes.

b) No podrán realizarse entre créditos de distintas secciones presupuestarias. Esta restricción no afectará a los créditos del programa de contratación centralizada.

c) No minorarán créditos extraordinarios o créditos que se hayan suplementado o ampliado en el ejercicio.

Esta restricción no afectará a créditos con carácter ampliable de las entidades que integran el sistema de la Seguridad Social o cuando afecten a créditos de la sección 06 Deuda Pública.

d) En el ámbito de las entidades que integran el sistema de la Seguridad Social no podrán minorarse créditos ampliables salvo para financiar otros créditos ampliables.

2. Las anteriores restricciones no afectarán a las transferencias de crédito que hayan de realizarse como consecuencia de reorganizaciones administrativas o traspaso de competencias a comunidades autónomas ; las que se deriven de convenios o acuerdos de colaboración entre distintos departamentos ministeriales, órganos del Estado con secciones diferenciadas en el Presupuesto del Estado u organismos autónomos; las que se efectúen para dar cumplimiento a lo dispuesto en la Ley 16/1985, de 25 de junio, del Patrimonio Histórico Español y las que se realicen desde el programa de imprevistos.

3. En ningún caso las transferencias podrán crear créditos destinados a subvenciones nominativas salvo que sean conformes con lo dispuesto en la Ley General de Subvenciones o se trate de subvenciones o aportaciones a otros entes del sector público.

7. Incorporaciones de crédito

Por último y respecto a las Incorporaciones de crédito, la LGP Ley 47/2003 establece en su artículo 58 lo siguiente:

No obstante lo dispuesto en el artículo 49, se podrán incorporar a los correspondientes créditos de un ejercicio los remanentes de crédito del ejercicio anterior, en los siguientes casos:

a) Cuando así lo disponga una norma de rango legal.

b) Los procedentes de las generaciones a que se refiere el apartado 2 del artículo 53, en sus párrafos a) y e).

c) Los derivados de retenciones efectuadas para la financiación de créditos extraordinarios o suplementos de crédito, cuando haya sido anticipado su pago de acuerdo con el procedimiento previsto en esta Ley y las leyes de concesión hayan quedado pendientes de aprobación por el Parlamento al final del ejercicio presupuestario.

d) Los que resulten de créditos extraordinarios y suplementos de crédito que hayan sido concedidos mediante norma con rango de Ley en el último mes del ejercicio presupuestario anterior.

Las incorporaciones de crédito que afecten al presupuesto del Estado se financiarán mediante baja en el Fondo de Contingencia conforme a lo previsto en el artículo 50 de esta Ley o con baja en otros créditos de operaciones no financieras.

Las incorporaciones de crédito en el Presupuesto de organismos autónomos y entidades de la Seguridad Social únicamente podrán realizarse con cargo a la parte del remanente de tesorería que al fin del ejercicio anterior no haya sido aplicada al presupuesto del organismo.

En el presupuesto de la Seguridad Social podrán incorporarse a los correspondientes créditos, los remanentes que resulten de los créditos extraordinarios y suplementos de crédito autorizados en el último mes del ejercicio anterior.

8. Competencias en materia de expedientes de modificación de crédito

8.1. Competencias del Gobierno

Vienen recogidas en el artículo 61 de la LGP, que establece:

Corresponde al Gobierno, a propuesta del Ministro de Hacienda y a iniciativa de los ministros afectados:

a) Autorizar las transferencias entre distintas secciones presupuestarias como consecuencia de reorganizaciones administrativas.

b) Autorizar, respecto del presupuesto de los organismos autónomos, las modificaciones previstas en el párrafo c) del apartado 3 del artículo 56 de esta Ley.

c) Autorizar, respecto del presupuesto de la Seguridad Social, las modificaciones reservadas al Gobierno en el apartado 2 del artículo 57 de esta Ley.

d) Autorizar los créditos extraordinarios y suplementarios a los que se refiere el apartado 3 del artículo 55.

8.2. Competencias del Ministro de Hacienda

Las establece el artículo 62 de la LGP, que establece que corresponde al Ministro de Hacienda:

Corresponde al Ministro de Hacienda:

1. Autorizar las siguientes modificaciones presupuestarias:
   a) Las transferencias no reservadas a la competencia del Consejo de Ministros que, conforme al artículo 63, no puedan acordarse directamente por los titulares de los departamentos afectados.
   b) Las generaciones previstas en el párrafo c) del apartado 2 del artículo 53 y las que corresponda realizar en el Presupuesto del Estado en los supuestos definidos en los párrafos b) y e) del mismo apartado, aun cuando los ingresos se hubieran realizado en el último trimestre del ejercicio anterior.
   c) Las incorporaciones de remanentes reguladas en el artículo 58.
   d) Las ampliaciones de crédito previstas en el artículo 54.1, sin perjuicio de las competencias asignadas a los Presidentes y Directores de las Entidades de la Seguridad Social en el artículo 63.3.
   e) Las previstas, respecto del presupuesto de los organismos autónomos, en el párrafo b) del apartado 3 del artículo 56.
2. Acordar o denegar las modificaciones presupuestarias, en los supuestos de competencia de los titulares de los ministerios y organismos autónomos, cuando exista informe negativo de la Intervención Delegada y el titular de la competencia lo remita en discrepancia al Ministro de Hacienda.

8.3. Competencias de los ministros

Las establece el artículo 63 de la LGP, que establece:

1. Los titulares de los distintos ministerios podrán autorizar, previo informe favorable de la Intervención Delegada competente en el ministerio o, en su caso, en las entidades a que se refiere el artículo 3.1 de esta ley, las siguientes modificaciones presupuestarias:
   a) Transferencias entre créditos de un mismo programa o entre programas de un mismo servicio, incluso con la creación de créditos nuevos

en el caso de los destinados a compra de bienes corrientes y servicios o inversiones reales, siempre que se encuentren previamente contemplados en los códigos que definen la clasificación económica y no afecten a los de personal o no incrementen los créditos que enumera el apartado 2 del articulo 43 de esta Ley.

b) Generaciones de crédito en los supuestos contemplados en los párrafos a), d) y f) del apartado 2 del artículo 53 de esta ley, aun cuando los ingresos se hubieran realizado en el último trimestre del ejercicio anterior.

El Ministro de Trabajo y Asuntos Sociales ejercerá, respecto del Presupuesto de la Seguridad Social, las competencias que el artículo 62 otorga al Ministerio de Hacienda, salvo en el caso de la ampliación de créditos a que se refiere el párrafo d) de este artículo. No obstante cuando las transferencias incrementen créditos para la acción protectora de la Seguridad Social en su modalidad no contributiva y universal con baja en créditos destinados a la acción protectora de la Seguridad Social en su modalidad contributiva, se requerirá el informe favorable del Ministerio de Hacienda. En la parte relativa al presupuesto de gastos del Instituto Nacional de Gestión Sanitaria, esta competencia será ejercida por el Ministro de Sanidad y Consumo.

Los presidentes de los órganos del Estado con secciones diferenciadas en los Presupuestos Generales del Estado, tendrán las competencias establecidas en este número en relación con las modificaciones presupuestarias del presupuesto de gastos respectivo, sin perjuicio del principio de autonomía presupuestaria de las Cortes Generales. En el caso de los presidentes de los Órganos Constitucionales no será de aplicación la limitación contenida en el párrafo a) de este apartado respecto del incremento de los gastos de personal.

2. Los presidentes y directores de los organismos autónomos, y de las restantes entidades comprendidas en el artículo 3.1 de esta ley, además de las competencias que les otorga el artículo 56 ejercerán, referidas a sus respectivos presupuestos, las relativas a las generaciones contenidas en los párrafos b) y e) del apartado 2 del artículo 53, así como las establecidas en este artículo a favor de los ministros, quienes podrán avocarlas en todo o en parte. Los acuerdos de avocación serán comunicados a la Dirección General de Presupuestos.

3. Corresponderá a los presidentes y directores de las entidades de la Seguridad Social la autorización, en sus respectivos presupuestos, de las modificaciones siguientes:

   a) Las generaciones de crédito a que se refiere el artículo 53, excepto en el supuesto del apartado 2.c), aun cuando los ingresos se hubieran realizado en el último trimestre del ejercicio anterior.

   b) Las ampliaciones del artículo 54.

c) Las transferencias entre un mismo programa y capítulo o programas de la misma entidad y capítulo, incluso con la creación de créditos nuevos en el caso de los destinados a compra de bienes corrientes y servicios e inversiones reales, siempre que no afecten a gastos de personal, a actuaciones protocolarias y representativas o supongan una desviación en los objetivos de los programas.

No obstante, cuando las transferencias incrementen créditos para la acción protectora de la Seguridad Social en su modalidad no contributiva y universal con baja en créditos destinados a la acción protectora de la Seguridad Social en su modalidad contributiva, se requerirá el informe favorable del Ministerio de Hacienda.

Estas competencias podrán ser avocadas, en todo o en parte, por el Ministro de Sanidad y Consumo respecto del presupuesto de Instituto Nacional de Gestión Sanitaria y por el Ministro de Trabajo y Asuntos Sociales con respecto al presupuesto de las restantes Entidades de la Seguridad Social.

4. Una vez autorizadas las modificaciones presupuestarias a que se refiere este artículo los acuerdos que afecten al presupuesto del Estado o de sus organismos se remitirán a la Dirección General de Presupuestos del Ministerio de Hacienda para instrumentar su ejecución.

8.4. Especialidades en materia de competencia para las modificaciones presupuestarias en la ley de presupuestos del presente ejercicio

Con carácter especifico para el ejercicio de 2017 la Ley 3/2017 de 27 de junio, de Presupuestos Generales del estado para el año 2017, establece en su artículo 9º lo siguiente:

Artículo 9. Competencias específicas en materia de modificaciones presupuestarias

Uno. Durante la vigencia de esta Ley, corresponden al Ministro de Hacienda y Función Pública las siguientes competencias específicas en materia de modificaciones presupuestarias:

1. Autorizar las transferencias que afecten a los créditos contemplados en el artículo 8 apartados Uno.3, Dos.2 y Dos.4 de la presente Ley.
2. Autorizar las transferencias que se realicen con cargo al crédito 26.18.231A.227.11 «Para actividades de prevención, investigación, per-

secución y represión de los delitos relacionados con el tráfico de drogas y demás fines a que se refiere la Ley 17/2003, de 29 de mayo», cuando se destinen a otros Departamentos ministeriales.

3. Autorizar las generaciones de crédito en el presupuesto de las entidades referidas en las letras a), b) y g) del artículo 1 de la presente Ley, con presupuesto limitativo, que impliquen la creación de conceptos nuevos en los capítulos 4 «Transferencias corrientes» y 7 «Transferencias de capital» o para el resto de capítulos cuando no se encuentren previamente contemplados en los códigos que definen la clasificación económica.
4. Autorizar las transferencias de crédito entre servicios u Organismos autónomos de distintos Departamentos ministeriales, cuando ello fuere necesario para la distribución de los créditos del Fondo para la Investigación Científica y el Desarrollo Tecnológico.
5. Autorizar transferencias de crédito entre servicios u Organismos autónomos de distintos Departamento ministeriales, cuando ello fuere necesario para hacer efectiva la redistribución, reasignación o movilidad de los efectivos de personal o de los puestos de trabajo, en los casos previstos en el Capítulo IV del Título III del Reglamento General de Ingresos del Personal al Servicio de la Administración General del Estado y de Provisión de Puestos de Trabajo y Promoción Profesional de los Funcionarios Civiles de la Administración General del Estado, aprobado por Real Decreto 364/1995, de 10 de marzo, así como para hacer efectiva la movilidad forzosa del personal laboral de la Administración General del Estado de acuerdo con la normativa que les sea de aplicación.
6. Autorizar las modificaciones de crédito a realizar en el presupuesto del Servicio Público de Empleo Estatal que afecten a los créditos que se especifican para este organismo autónomo en el anexo II. Segundo. Ocho.
7. Autorizar en el presupuesto de los organismos autónomos las generaciones de crédito por ingresos del Estado legalmente afectados a financiar actuaciones del organismo autónomo de que se trate.
8. Autorizar las transferencias que se realicen en el presupuesto de las entidades referidas en las letras a), b) y g) del artículo 1 de la presente Ley, con presupuesto limitativo, desde créditos para operaciones de capital a créditos para operaciones corrientes.

Dos. Durante la vigencia de esta Ley, corresponde a la Ministra de Defensa autorizar las generaciones de crédito contempladas en el artículo 53.2.b) de la Ley 47/2003, de 26 de noviembre, General Presupuestaria, motivadas por ingresos procedentes de ventas de productos farmacéuticos o de prestación de servicios hospitalarios, así como por ingresos procedentes de suministros de víveres, combustibles o prestaciones alimentarias debidamente autorizadas, y prestaciones de servicios a ejércitos de países integrados en la OTAN y los procedentes de las prestaciones de servicios y ventas efectuadas por el Área de Cría Caballar de las Fuerzas Armadas.

Tres. Durante la vigencia de esta Ley, corresponden a la Ministra de Sanidad, Servicios Sociales e Igualdad autorizar las generaciones de crédito contempladas en el artículo 53.2.b) de la Ley 47 /2003, de 26 de noviembre, General Presupuestaria, como consecuencia de los ingresos a que se refiere la disposición adicional décima del Texto Refundido de la Ley General de la Seguridad Social, aprobado por el Real Decreto Legislativo 8/2015, de 30 de octubre.

Al objeto de reflejar las repercusiones que en el Presupuesto de gastos del Instituto Nacional de Gestión Sanitaria hubieran de tener las transferencias del Estado a la Seguridad Social, por la generación de crédito que se hubiera producido como consecuencia de la recaudación efectiva de ingresos a que se refiere la disposición adicional décima del Texto Refundido de la Ley General de la Seguridad Social, la Ministra de Sanidad, Servicios Sociales e Igualdad podrá autorizar las ampliaciones de crédito que fueran necesarias en el Presupuesto de gastos de dicha Entidad.

En todo caso, una vez autorizadas las modificaciones presupuestarias a que se refiere el párrafo anterior, se remitirán al Ministerio de Hacienda y Función Pública, Dirección General de Presupuestos, para su conocimiento.

Cuatro. Durante la vigencia de esta Ley corresponde al Director del Instituto de Salud Carlos III autorizar en el presupuesto del citado organismo las transferencias de crédito que afecten a las transferencia corrientes y de capital entre subsectores, cuanto estas sean consecuencia del otorgamiento de ayudas a organismos públicos en el marco de convocatorias públicas y se financien desde el programa 465A «Investigación Sanitaria».

Cinco. Durante la vigencia de esta Ley, en el caso de modificaciones de crédito en el presupuesto de entidades del sector público administrativo estatal previstas en el apartado g) del artículo 1 con presupuesto limitativo cuya financiación se realice con cargo al presupuesto de gastos del Estado, ambas modificaciones se acordarán mediante el procedimiento que le sea de aplicación a la del Estado.

Seis. El Gobierno remitirá a las Cortes Generales, a través de su Oficina Presupuestaria, información trimestral de todas las transferencias a que se refiere este artículo, identificando las partidas afectadas, su importe y finalidad de las mismas. La Oficina pondrá dicha documentación a disposición de los Diputados, Senadores y las Comisiones Parlamentarias.

Tema 3

El procedimiento administrativo de ejecución del presupuesto de gasto. Órganos competentes. Fases del procedimiento y sus documentos contables. Compromisos de gasto para ejercicios posteriores. La ordenación del pago: concepto y competencia. Realización del pago: modos y perceptores. Control del gasto público. Clases. Especial referencia al control de legalidad. El Tribunal de Cuentas

Rodio ediciones

Índice esquemático

1. El Procedimiento Administrativo de ejecución del presupuesto de gasto

La Ordenación del Gasto puede definirse como el conjunto de actuaciones administrativas que permiten reconocer una obligación de pago, que nacen de la propia ejecución del presupuesto, pero también pueden nacer al margen de los Presupuestos Generales del Estado (obligaciones de ejercicios anteriores, gastos por necesidades imprevistas, etc.). Para poder ser satisfechas será preciso o que previamente ya exista crédito presupuestario, o en caso contrario, habilitar en los mismos los créditos necesarios, mediante las correspondientes modificaciones: créditos extraordinarios o suplementos de crédito, transferencias, ampliaciones, etc.

La Ordenación del Pago comprende el conjunto de operaciones que tiene por objeto satisfacer las obligaciones contraídas mediante las oportunas salidas de fondos del Tesoro Público, y corresponde en exclusiva a la Dirección General del Tesoro y Política Financiera, como Ordenador de pagos del Estado.

1.1. Principios generales de la gestión económica financiera

La Ley General Presupuestaria, Ley 47/2003 de 26 de noviembre, en adelante LGP, establece en su articulo 69, Los Principios de funcionamiento de la gestión económico y financiera del estado al establecer:

1. Los sujetos que integran el sector público estatal adecuarán su gestión económico-financiera al cumplimiento de la **eficacia** en la consecución de los objetivos fijados y de la eficiencia en la asignación y utilización de recursos públicos, en un marco de **objetividad y transparencia** en su actividad administrativa.

2. La programación y ejecución de la actividad económico- financiera del sector público estatal tendrá como finalidad el desarrollo de objetivos y **el control de la gestión de los resultados**, contribuyendo a la continua mejora de los procedimientos, servicios y prestaciones públicas, de acuerdo con las políticas de gasto establecidas por el Gobierno y en función de los recursos disponibles.

3. El Estado observará los adecuados cauces de cooperación y coordinación con otras Administraciones públicas, a fin de racionalizar el empleo de los recursos con los que se dota el sector público estatal.

4. Los titulares de los entes y órganos administrativos que componen el sector público estatal serán responsables de la consecución de los objetivos fijados, promoviendo un uso eficiente de los recursos públicos y prestando un servicio de calidad a los ciudadanos.

1.2. Gestión por objetivos del Sector Público Administrativo Estatal

Continúa el artículo 70 y siguientes de la LGP, estableciendo:

Artículo 70. Sistema de objetivos

1. Los centros gestores del gasto responsables de los distintos programas presupuestarios establecerán, a través de la elaboración de los programas plurianuales a que se refiere el artículo 30 de esta Ley, un sistema de objetivos a cumplir en su respectiva área de actuación, adecuado a la naturaleza y características de ésta.

2. Los sistemas de gestión y control de los gastos públicos deberán orientarse a asegurar la realización de los objetivos finales de los programas presupuestarios y a proporcionar información sobre su cumplimiento, las desviaciones que pudieran haberse producido y sus causas.

Artículo 71. Balance de resultados e informe de gestión

Los titulares de los centros gestores del gasto responsables de los distintos programas presupuestarios formularán un balance de resultados y un informe de gestión relativos al cumplimiento de los objetivos fijados para ese ejercicio en el programa plurianual correspondiente a dicho centro gestor del gasto, que se incorporarán a la memoria de las correspondientes cuentas anuales, en los términos establecidos en el artículo 128 de esta Ley.

Artículo 72. Evaluación de políticas de gasto

El Ministerio de Hacienda, en colaboración con los distintos centros gestores de gastos, impulsará y coordinará la evaluación continuada de las políticas de gasto con la finalidad de asegurar que las mismas alcancen sus objetivos estratégicos y el impacto socioeconómico que pretenden.

2. Órganos competentes

En el procedimiento de ejecución presupuestaria, intervienen diferentes órganos administrativos, por lo que es preciso distinguir entre:

- Órganos competentes en la gestión presupuestaria.
- Órganos competentes en la fiscalización del gasto.
- Órganos competentes en la contabilidad del gasto.

2.1. Órganos competentes en la gestión presupuestaria

Son **órganos competentes en la Gestión Presupuestaria,** los Jefes de los Departamentos ministeriales y los demás órganos del Estado con dotaciones diferenciadas. Son competentes para aprobar los gastos de los servicios a su cargo, salvo los casos reservados por ley a la competencia del Gobierno, autorizar su compromiso y liquidación, e interesar del Ministro de Economía y Hacienda los correspondientes pagos. A tal efecto, los artículos 74 y 75 de la LGP establecen los **órganos competentes en la gestión de gastos, y de pagos:**

1. Corresponde a los Ministros y a los titulares de los demás órganos del Estado con dotaciones diferenciadas en los Presupuestos Generales del Estado aprobar y comprometer los gastos propios de sus presupuestos, salvo los casos reservados por la Ley a la competencia del Consejo de Ministros, así como reconocer las obligaciones económicas correspondientes, e interesar del Ordenador general de pagos del Estado la realización de los correspondientes pagos.

Asimismo, corresponderá a los Ministros, fijar los límites por debajo de los cuales las citadas competencias corresponderán, en su ámbito respectivo, a los Secretarios de Estado y Subsecretario del departamento.

2. Con la misma salvedad legal, compete a los presidentes o directores de los organismos autónomos del Estado y a los de las entidades integrantes del sector público estatal con presupuesto limitativo la aprobación y compromiso del gasto, así como el reconocimiento y el pago de las obligaciones.

3. Compete a los directores de las entidades gestoras y servicios comunes de la Seguridad Social, la aprobación y el compromiso del gasto y el reconocimiento de la obligación, e interesar del Ordenador general de Pagos de la Seguridad Social la realización de los correspondientes pagos.

4. Las facultades a que se refieren los anteriores números podrán desconcentrarse mediante real decreto acordado en Consejo de Ministros, o ser objeto de delegación en los términos establecidos reglamentariamente.

5. Los órganos de los departamentos ministeriales, de sus organismos autónomos y de las entidades gestoras y servicios comunes de la Seguridad Social, competentes para la suscripción de convenios de colaboración o contratos-programa con otras Administraciones públicas o con entidades públicas o privadas, necesitarán autorización del Consejo de Ministros cuando el importe del gasto que de aquéllos se derive, sea superior a doce millones de euros.

Asimismo, las modificaciones de convenios de colaboración o contratos-programa autorizados por el Consejo de Ministros conforme a lo dispuesto en el párrafo anterior, requerirán la autorización del mismo órgano cuando impliquen una alteración del importe global del gasto, del concreto destino del mismo o, en su caso, de los calendarios que se hubiesen establecido para la amortización o devolución de activos financieros.

También requerirán la previa autorización del Consejo de Ministros a que hace referencia el presente artículo aquellos acuerdos que tengan por objeto la resolución de convenios de colaboración o contratos-programa cuya suscripción o modificación hubiera sido autorizada por dicho órgano conforme a lo dispuesto en los párrafos anteriores, con independencia del momento en que dichos negocios jurídicos hubieran sido suscritos.

La autorización del Consejo de Ministros implicará la aprobación del gasto que se derive del convenio o contrato-programa.

Con carácter previo a la suscripción de cualquier convenio o contrato-programa se tramitará el oportuno expediente de gasto, en el cual figurará el importe máximo de las obligaciones a adquirir, y en el caso de que se trate de gastos de carácter plurianual, la correspondiente distribución por anualidades. En los supuestos en que, conforme a los párrafos anteriores, resulte preceptiva la autorización del Consejo de Ministros, la tramitación del expediente de gasto se llevará a cabo antes de la elevación del asunto a dicho órgano.

Artículo 75. Ordenación de pagos

1. Bajo la superior autoridad del Ministro de Economía, competen al Director General del Tesoro y Política Financiera las funciones de Ordenador General de pagos del Estado.

2. De igual forma, bajo la superior autoridad del Ministro de Trabajo y Asuntos Sociales, competen al Director General de la Tesorería General de la Seguridad Social las funciones de Ordenador general de pagos de las Entidades gestoras y Servicios comunes de la Seguridad Social.

3. Las órdenes de pago se expedirán a favor del acreedor que figura en la correspondiente propuesta de pago si bien, por Orden del Ministro de Economía, se podrán regular los supuestos en que puedan expedirse a favor de Habilitaciones, Cajas pagadoras o Depositarías de fondos, así como entidades colaboradoras de conformidad con la Ley 38/2003, de 17 de noviembre, General de Subvenciones y otros agentes mediadores en el pago, que actuarán como intermediarias para su posterior entrega a los acreedores.

4. Los Ministros de Economía y de Trabajo y Asuntos Sociales, en los ámbitos de sus respectivas competencias, podrán disponer la modificación o eliminación de cualquiera de los procedimientos de pago a través de intermediario señalados en el apartado anterior.

2.2. Órganos competentes de fiscalización del gasto

Son **órganos competentes para la fiscalización del gasto,** la Intervención General de la Administración del Estado (IGAE), organismo dependiente del Ministerio de Economía y Hacienda, que tiene por objeto controlar todos los actos de la Administración que dan lugar al reconocimiento de derechos y de obligaciones de contenido económico, así como los ingresos y pagos que de ellos se deriven, con el fin de asegurar la legalidad de las actuaciones de la Hacienda Pública. La función Interventora tiene por objeto tal y como establece el artículo 148 de la LGP:

La función interventora tiene por objeto controlar, antes de que sean aprobados, los actos del sector público estatal que den lugar al reconocimiento de derechos o a la realización de gastos, así como los ingresos y pagos que de ellos se deriven, y la inversión o aplicación en general de sus fondos públicos, con el fin de asegurar que su gestión se ajuste a las disposiciones aplicables en cada caso.

No obstante, la fiscalización previa e intervención de los derechos e ingresos del Tesoro Público se podrá sustituir reglamentariamente por las comprobaciones efectuadas en el ejercicio del control financiero permanente y la auditoría pública, salvo en los actos de ordenación del pago y pago material correspondientes a devoluciones de ingresos indebidos.

Para el ejercicio de esta función, la IGAE cuenta con Intervenciones Delegadas en los departamentos ministeriales y Organismos Autónomos:

- La IGAE fiscaliza con carácter previo, los que hayan de ser aprobados por el Consejo de Ministros o por las Comisiones Delegadas del Gobierno, los que supongan una modificación de otros que hubiera fiscalizado la Intervención General del Estado, los que deban ser informados por el Consejo de Estado o la Dirección General del Servicio Jurídico del Estado.
- Los Interventores Delegados fiscalizan con carácter previo los gastos propios de los servicios centrales de Ministerios y Organismos Autónomos.
- Los Interventores Territoriales de las Delegaciones Provinciales del Ministerio de Economía y Hacienda fiscalizan los gastos de los órganos periféricos de los Ministerios y Organismos Autónomos.

2.3. Órganos competentes en la contabilidad del gasto

La contabilidad de la ejecución presupuestaria está encomendada a varios órganos. Teniendo en cuenta, eso sí,las facultades directivas y verificadoras a cargo de la IGAE respecto a la contabilidad pública.

El artículo 119 de la LGP establece: *1. Las entidades integrantes del sector público estatal deberán aplicar los principios contables que correspondan según lo establecido en este capítulo, tanto para reflejar toda clase de operaciones, costes y resultados de su actividad, como para facilitar datos e información con trascendencia económica.*

2. La contabilidad del sector público estatal se configura como un sistema de información económico-financiera y presupuestaria que tiene por objeto mostrar, a través de estados e informes, la imagen fiel del patrimonio, de la situación financiera, de los resultados y de la ejecución del presupuesto de cada una de las entidades integrantes del mismo.

3. Las entidades integrantes del sector público estatal quedan sometidas a la obligación de rendir cuentas de sus operaciones, cualquiera que sea su naturaleza, al Tribunal de Cuentas por conducto de la Intervención General de la Administración del Estado, de acuerdo con los criterios recogidos en el capítulo IV de este título.

Son **órganos competentes en la contabilidad del gasto**, que el Estado estructura descentralizadamente a través de los siguientes órganos:

a) La Intervención General del Estado, a través de la Subdirección General de Gestión Contable, que actuará como central contable del sistema.

b) Las Oficinas de Contabilidad de Intervenciones Delegadas en los Departamentos ministeriales de carácter civil y la Subdirección General de Contabilidad del Ministerio de Defensa, a las que corresponde entre otras funciones, llevar y desarrollar la contabilidad del seguimiento de la ejecución de los gastos del presupuesto del departamento hasta la fase de compromiso de gasto.

c) Las Intervenciones Territoriales del Ministerio de Economía y Hacienda, a las que corresponde idéntica función respecto de aquellas operaciones que se produzcan en su ámbito.

d) La Oficina de Contabilidad de la Intervención Delegada en la Dirección General del Tesoro y Política Financiera, a la que, entre otras funciones, corresponde la contabilidad del seguimiento de la ordenación de pagos.

3. Fases del procedimiento y sus documentos contables

Con carácter general, la doctrina considera que, desde el momento en que se aprueban los créditos que figuran en los Presupuestos Generales del Estado, hasta el momento en que se satisfacen las obligaciones económicas adquiridas con cargo a las mismos, se suceden las siguientes fases en el procedimiento de ejecución del gasto público:

- Autorización del gasto. (fase A).
- Compromiso o Disposición del gasto. (fase D).
- Reconocimiento de la obligación. (fase O).
- Ordenación del Pago. (fase K).

Fases que de forma resumida y agrupada conocemos como procedimiento **ADOK.**

No obstante, la regla de la existencia previa de crédito, para poder tramitar un gasto, tiene una excepción, que viene recogida en el art. 60 de la LGP, los llamados Anticipos de Tesorería, estos Anticipos se conceden excepcionalmente por el Gobierno, a propuesta del Ministro de Economía y Hacienda, y que hemos transcrito literalmente en el tema anterior.

Por su parte la LGP en su artículo 73 establece las siguientes fases:

Artículo 73. Fases del procedimiento de la gestión de los gastos

1. La gestión del Presupuesto de gastos del Estado y de sus organismos autónomos y de las Entidades gestoras y Servicios comunes de la Seguridad Social se realizará a través de las siguientes fases:

a) Aprobación del gasto.
b) Compromiso de gasto.
c) Reconocimiento de la obligación.
d) Ordenación del pago.
e) Pago material.

2. La aprobación es el acto mediante el cual se autoriza la realización de un gasto determinado por una cuantía cierta o aproximada, reservando a tal fin la totalidad o parte de un crédito presupuestario.

La aprobación inicia el procedimiento de ejecución del gasto, sin que implique relaciones con terceros ajenos a la Hacienda Pública estatal o a la Seguridad Social.

3. El compromiso es el acto mediante el cual se acuerda, tras el cumplimiento de los trámites legalmente establecidos, la realización de gastos previamente aprobados, por un importe determinado o determinable.

El compromiso es un acto con relevancia jurídica para con terceros, vinculando a la Hacienda Pública estatal o a la Seguridad Social a la realización del gasto a que se refiera en la cuantía y condiciones establecidas.

4. El reconocimiento de la obligación es el acto mediante el que se declara la existencia de un crédito exigible contra la Hacienda Pública estatal o contra la Seguridad Social, derivado de un gasto aprobado y comprometido y que comporta la propuesta de pago correspondiente.

El reconocimiento de obligaciones con cargo a la Hacienda Pública estatal se producirá previa acreditación documental ante el órgano competente de la realización de la prestación o el derecho del acreedor de conformidad con los acuerdos que en su día aprobaron y comprometieron el gasto.

El Ministro de Hacienda, previo informe de la Intervención General de la Administración del Estado, determinará los documentos y requisitos que, conforme a cada tipo de gastos, justifiquen el reconocimiento de la obligación.

5. De acuerdo con lo establecido en el apartado 1 del artículo 22 de esta Ley, las obligaciones de la Administración General del Estado, de sus organismos autónomos y de la Seguridad Social se extinguen por el pago, la compensación, la prescripción o cualquier otro medio en los términos establecidos en esta Ley y en las disposiciones especiales que resulten de aplicación.

6. Cuando la naturaleza de la operación o gasto así lo determinen, se acumularán en un solo acto las fases de ejecución precisas.

3.1. Autorización del gasto

La autorización o aprobación del gasto es el acto en virtud del cual la autoridad competente para gestionar un gasto con cargo a un crédito presupuestario aprueba su realización.

Conforme el articulo 73.2 de la LGP, visto antes, ***La aprobación es el acto mediante el cual se autoriza la realización de un gasto determinado por una cuantía cierta o aproximada, reservando a tal fin la totalidad o parte de un crédito presupuestario. La aprobación inicia el procedimiento de ejecución del gasto, sin que implique relaciones con terceros ajenos a la Hacienda Pública estatal o a la Seguridad Social.***

La decisión de la autoridad administrativa para llevar a cabo un determinado gasto debe ir precedida de la tramitación de un expediente, que se inicia con la elaboración de una propuesta de gasto, documentos que deberán contener los siguientes requisitos:

- Servicio u Organismo que formula la propuesta.
- Aplicación presupuestaria a la que debe imputarse el gasto.
- Importe.
- Destino o finalidad.

- Periodo de tiempo al que se refiere el gasto.
- Disposiciones en que se ampara.
- Forma de efectuar el pago (en firme o a justificar).
- Y cualquier otro que se requiera.

Una vez elaborada, la propuesta deberá pasar por los siguientes trámites:

A. **Certificado de existencia de crédito suficiente para hacer frente al gasto propuesto,** emitido por la oficina de contabilidad dependiente de la Intervención Delegada en el departamento. Simultáneamente, se tramitará un documento contable "RC" (retención de crédito), que tiene por objeto que la cuantía que se ha certificado, coincidente con el importe figurado en la propuesta, queda indisponible para otra finalidad.

B. **Fiscalización de la Intervención Delegada:** "La intervención crítica o previa de todo acto, documento o expediente susceptible de producir derechos u obligaciones de contenido económico o movimiento de fondos y valores", mediante el cual el órgano interventor informa al gestor de que el expediente reúne cuantos requisitos exigen las normas y por tanto puede realizarse el gasto que se pretende llevar a cabo. Aunque en virtud del articulo 151 de la LGP, no estarán sometidos a la fiscalización previa:

No estarán sometidos a la fiscalización previa prevista en el apartado 2.a) del artículo anterior:

a) Los contratos menores así como los asimilados a ellos en virtud de la legislación contractual.

b) Los gastos de carácter periódico y demás de tracto sucesivo, una vez fiscalizado el gasto correspondiente al período inicial del acto o contrato del que deriven o sus modificaciones.

c) Los gastos menores de 5.000 euros cuyo pago se realice mediante el procedimiento especial de anticipo de caja fija, regulado en el artículo 78 de esta Ley.

d) Los gastos correspondientes a la celebración de procesos electorales a que se refiere la disposición adicional novena de esta Ley.

e) Las subvenciones con asignación nominativa.

f) Los contratos de acceso a bases de datos y de suscripción a publicaciones que no tengan el carácter de contratos sujetos a regulación armonizada.

Tampoco estarán sometidos a fiscalización previa los gastos menores de 5.000 euros que se realicen con cargo a fondos librados a justificar, cuando los servicios o prestaciones a que se refieran hayan tenido o vayan a tener lugar en territorio extranjero.

El informe de fiscalización previa del gasto es preceptivo y en cierta medida vinculante, según el art. 150 de la LGP. Si la Intervención no está de acuerdo con el gasto a realizar deberá consignar sus reparos por escrito, que suspenderán en esta fase la tramitación del expediente hasta que sean solventados.

En aras a una mayor agilidad en el proceso de ejecución presupuestaria, el gobierno, previo informe de la IGAE podrá acordar que la intervención previa se limite a comprobar los extremos siguientes:

- La existencia de crédito presupuestario adecuado y suficiente.
- Que las obligaciones o gastos se generan por el órgano competente.
- Los requisitos mínimos que en cada caso se exijan.

Se ejercerá posteriormente una fiscalización plena mediante las técnicas de muestreo; se eligen algunos expedientes (muestra) de entre el total de los tramitados por un órgano gestor, sobre los que se efectúa la mencionada fiscalización plena, dándose por controlados los restantes.

C. Una vez fiscalizada la propuesta se produce **la aprobación del expediente de gasto por el órgano competente**, cuya capacidad corresponde a:

a) El Ministro titular del departamento o autoridad en que hubiese delegado la competencia.

b) El Presidente o Director del Organismo Autónomo o autoridad en que hubiese delegado la competencia.

c) El Consejo de Ministros, a quien corresponde autorizar y aprobar los gastos siguientes:

- La concesión de subvenciones cuando su importe sea superior a doce millones de euros.
- Los gastos que expresamente se establezcan en los Presupuestos Generales del Estado.

Debe tenerse en cuenta que, en materia de Contratos del Estado, el **Consejo de Ministros debe autorizar la celebración de los mismos** en dos supuestos:

- Los de importe igual o superior a **doce millones de euros.**
- Los **contratos plurianuales** en que hayan de modificarse los porcentajes establecidos en el artículo 47 de la LGP.

Sin embargo, en estos casos será el órgano de contratación (Ministro, Presidente del Organismo Autónomo o autoridad en quienes deleguen) el competente para aprobar el gasto, una vez obtenida la autorización del Consejo de Ministros.

Aprobado el gasto, el centro gestor del mismo (es decir, el servicio administrativo responsable de la propuesta, normalmente con categoría de Dirección General) expide un **documento contable "A"**, de autorización del gasto, y lo remite a la Intervención Delegada, acompañado del expediente de aprobación del gasto.

3.2. Compromiso o disposición del gasto

Conforme el artículo 73.3 de la LGP ya visto, ***El compromiso es el acto mediante el cual se acuerda, tras el cumplimiento de los trámites legalmente establecidos, la realización de gastos previamente aprobados, por un importe determinado o determinable. El compromiso es un acto con relevancia jurídica para con terceros, vinculando a la Hacienda Pública estatal o a la Seguridad Social a la realización del gasto a que se refiera en la cuantía y condiciones establecidas.***

El compromiso o disposición del gasto es el acto administrativo en virtud del cual la autoridad competente acuerda o concierta con un tercero la realización de obras, la prestación de servicios, la adquisición de bienes, transferencias, subvenciones, etc., que previamente hubieran sido autorizados; se plasma contablemente en un **documento "D"** que se remite a la oficina de contabilidad para su registro como compromiso contraído o crédito dispuesto.

En la práctica, sin embargo, es frecuente que por razones de economía procedimental estas dos fases se den unidas, teniendo reflejo contable en un **documento "AD"** porque en determinados tipos de gasto (retribuciones de funcionarios, contratos adjudicados mediante procedimiento negociado, etc.), en el momento de aprobación del gasto ya se conocen los requisitos que configuran la fase de disposición (importe exacto, persona acreedora, etc.), por lo que es posible unir ambas fases en una sola.

La disposición o compromiso de gasto se acuerda por los mismos órganos competentes en la autorización.

3.3. Reconocimiento de la Obligación

El artículo 73.4 de la LGP establece que: ***El reconocimiento de la obligación es el acto mediante el que se declara la existencia de un crédito exigible contra la Hacienda Pública estatal o contra la Seguridad Social, derivado de un gasto aprobado y comprometido y que comporta la propuesta de pago correspondiente.***

El reconocimiento de obligaciones con cargo a la Hacienda Pública estatal se producirá previa acreditación documental ante el órgano competente de la realización de la prestación o el derecho del acreedor de conformidad con los acuerdos que en su día aprobaron y comprometieron el gasto.

El Ministro de Hacienda, previo informe de la Intervención General de la Administración del Estado, determinará los documentos y requisitos que, conforme a cada tipo de gastos, justifiquen el reconocimiento de la obligación.

El reconocimiento de la obligación se produce una vez que el contratista o acreedor de la Administración haya realizado la prestación pactada, de acuerdo con las condiciones previamente establecidas, y la Administración así lo haya reconocido, o como consecuencia del cumplimiento por parte de éste de la prestación a que se hubiese comprometido, según el principio de "servicio hecho", o bien, como consecuencia del nacimiento del derecho de dicho tercero en virtud de la ley o de un acto administrativo. Una vez acordado el reconocimiento de la obligación, el servicio gestor competente expedirá el **documento "OK"** que será remitido a la oficina de contabilidad. La expedición de este documento mixto tiene su razón de ser en que la contabilización (O) se realiza al mismo tiempo que la propuesta de pago (K), excepto en ciertas operaciones específicas de la Deuda Pública, lo cual a su vez trae causa en que en la administración no se permite el pago aplazado o fraccionado del precio.

Excepcionalmente, tratándose de operaciones específicas de la Deuda Pública, podrán expedirse **documentos "O"**, de reconocimiento de la obligación, que no llevem implícita la propuesta de pago. En estos supuestos, la propuesta de pago se expedirá por el Servicio Gestor correspondiente, con posterioridad al reconocimiento de la obligación, debiendo formularse al efecto el **documento "K"**, de propuesta de pago. El acto que finaliza la tramitación de expedientes de gasto a cargo de los centros gestores es la propuesta de pago, mediante la cual éstos solicitan del Director General del Tesoro y Política Financiera, en su calidad de ordenador general de pagos, que ordene el pago de la obligación a favor del interesado. Por ello este acto se considera el nexo de unión entre la etapa de la ordenación del gasto y la ordenación del pago, ya que el reconocimiento de la obligación comporta la propuesta de pago correspondiente.

3.4. Ordenación del Pago

La propuesta de pago, se produce una vez acordado el reconocimiento de la obligación; el Servicio Gestor competente expedirá un documento OK para que, de acuerdo con la normativa vigente, el Ordenador General de Pagos proceda a efectuar la ordenación de su pago. Excepcionalmente, tratándose de operaciones específicas de la Deuda Pública, podrán expedirse documentos O, de reconocimiento de la obligación, que no lleven implícita la propuesta de pago.

El compromiso de gasto pone fin al procedimiento de gestión del gasto, dando inicio al de realización de pagos, y debe hacerse la salvedad de que en los Organismos Autónomos el compromiso del gasto da lugar directamente a la ordenación del pago correspondiente (documento OK), puesto que sus Presidentes o Directores son también ordenadores de pagos; esta peculiaridad se debe a que cuentan con una Tesorería propia, al tener un presupuesto de ingresos independiente del de la Administración del Estado.

3.5. Documentos contables que intervienen

Cada una de estas fases tiene su reflejo en unos documentos contables, ya que todo hecho susceptible de producir el nacimiento, modificación o cancelación de obligaciones tiene que estar soportado en un documento que pueda justificar fehacientemente la realización del hecho, así como la anotación contable a que da lugar.

Se encuentran regulados en la Instrucción de Operatoria Contable (IOC), y más específicamente en la Orden de 1 de febrero de 1996, por la que se aprueban los documentos contables a utilizar por la Administración General del Estado. Esta norma los define como aquellos documentos que sirven de soporte a las anotaciones contables que se realicen como consecuencia de operaciones de gestión de créditos presupuestarios y de ejecución del presupuesto de gastos.

Para que un documento adquiera la categoría de documento contable tiene que ser intervenido por el Interventor y autorizado por el Gestor. Nada impide que el mismo documento en que se contiene el acto administrativo se utilice como documento contable. Los documentos contables que sirven de base al registro de las distintas operaciones del procedimiento de gasto (RC, A, D, OK, etc.), quedan depositados en las oficinas de contabilidad en donde se efectúe el registro hasta el momento en que deban ser remitidos al Tribunal de Cuentas.

Como se ha venido señalando, todo hecho susceptible de producir el nacimiento, modificación o cancelación de obligaciones tiene que estar soportado en un documento que pueda justificar fehacientemente la realización del hecho, así como la anotación contable a que da lugar.

3.5.1. Documentos I, de Anticipos de Tesorería

- I-000 Anticipos de Tesorería concedidos.
- I-006 Cancelación de anticipos de Tesorería concedidos.

3.5.2. Documentos MC, de Modificación de Créditos

- MC-030 Créditos extraordinarios.
- MC-040 Suplementos de crédito.
- MC-050 Ampliaciones de crédito.
- MC-060 Transferencias de crédito positivas.
- MC-061 Transferencias de crédito negativas.
- MC-070 Incorporación de remanentes de crédito.
- MC-080 Créditos generados por ingresos.
- MC-090 Bajas por anulación o rectificación.

3.5.3. Documentos RC, de Retención de Crédito

Se utilizan para que el órgano administrativo pueda bloquear un crédito para su destino a un fin concreto y evitar así que pueda ser empleado en otra finalidad.

- RC-100 De créditos retenidos para gastar.
- RC-101 De créditos retenidos para transferencias de créditos.
- RC-102 De no disponibilidad de créditos.

3.5.4. Documento A, de Autorización de Gasto

Aprobado un expediente de gasto, el servicio proponente formulará un documento "A" por su importe con cargo a la correspondiente anualidad, enviándolo a la Oficina de Contabilidad para su registro contable. Pueden ser:

- De ejercicio corriente y de ejercicios posteriores y de tramitación anticipada.
- A-200 Autorización de gastos sobre créditos disponibles.

3.5.5. Documento D, de Disposición o Compromiso de Gasto

Se expedirán por el servicio competente y se remitirán a la Oficina de Contabilidad una vez comprometido el gasto con un tercero. Pueden ser:

- D-300 Compromisos de gastos.
- D-306 Cancelación de compromisos de gasto (anticipos de tesorería).

3.5.6. Documento OK, de Reconocimiento de Obligaciones

Lleva aparejado la propuesta de pago, y su clave es OK-420.-Reconocimiento de obligaciones-. Excepcionalmente se tramitarán documentos O de reconocimiento de obligaciones sin propuesta de pago (O-410) y K, de propuesta de pago (K-430) en el ámbito de la gestión de la deuda del Estado.

3.5.7. Documentos mixtos

Son aquellos que combinan más de una de las fases de ejecución del Presupuesto de gastos:

- Documento AD, de autorización y compromiso; se procederá a su emisión en una serie de supuestos:
  - ▹ Gastos derivados de obligaciones legales, como las retribuciones de personal.
  - ▹ Gastos procedentes de obligaciones nacidas en ejercicios anteriores, tales como los de carácter periódico o plurianuales.
  - ▹ En general, todos aquellos en que sea posible acumular en un acto único las fases de autorización y compromiso de gasto.

  Pueden ser:

  - ▹ De ejercicio corriente y ejercicios posteriores.
  - ▹ AD-220 Autorización-compromiso de gastos sobre créditos disponibles.
- Documentos ADOK, de autorización, compromiso, reconocimiento y propuesta de pago; pueden utilizarse estos documentos en aquellos supuestos en que desde el inicio del expediente de gasto se conocen todos los extremos necesarios para hacerlo efectivo: importe exacto, destinatario, contraprestación, etc. Así sucede, por ejemplo, en determinadas retribuciones de personal, subvenciones nominativas, obligaciones derivadas de ejercicios anteriores, etc.

  Existen dos tipos de ADOK:

  - ▹ ADOK-260 Autorización-compromiso y obligaciones sobre créditos disponibles.
  - ▹ ADOK-270 Autorización-compromiso y obligaciones sobre créditos retenidos.

4. Compromisos de gasto para ejercicios posteriores

La gestión de los créditos presupuestarios deberá realizarse dentro del ejercicio presupuestario, según el principio de anualidad recogido en el art. 134.2 de la Constitución, y concretado en el art. 49 de la LGP cuando establece que con cargo a los créditos del estado de gastos de cada presupuesto sólo podrán contraerse obligaciones derivadas de adquisiciones, obras, servicios y demás prestaciones o gastos en general que se realicen en el propio ejercicio presupuestario.

Sin embargo, existen dos supuestos en que, por necesidades debidamente justificadas, y en los supuestos legalmente establecidos, cabe:

- La tramitación anticipada de expedientes de gasto.
- El compromiso de créditos de ejercicios futuros (posteriores), que conocemos como gastos plurianuales.

Los gastos plurianuales (varias anualidades), permiten contraer gastos para ejercicios posteriores, y se hallan recogidos en el artículo 47 de la LGP que señala que:

1. Podrán adquirirse compromisos de gastos que hayan de extenderse a ejercicios posteriores a aquel en que se autoricen, siempre que su ejecución se inicie en el propio ejercicio y que no superen los límites y anualidades fijados en el número siguiente.

2. El número de ejercicios a que pueden aplicarse los gastos no será superior a cuatro. El gasto que se impute a cada uno de los ejercicios posteriores no podrá exceder de la cantidad que resulte de aplicar al crédito inicial a que corresponda la operación los siguientes porcentajes: en el ejercicio inmediato siguiente, el 70 por ciento, en el segundo ejercicio, el 60 por ciento, y en los ejercicios tercero y cuarto, el 50 por ciento.

En los contratos de obra de carácter plurianual, con excepción de los realizados bajo la modalidad de abono total del precio, se efectuará una retención adicional de crédito del 10 por ciento del importe de adjudicación, en el momento en que ésta se realice. Esta retención se aplicará al ejercicio en que finalice el plazo fijado en el contrato para la terminación de la obra o al siguiente, según el momento en que se prevea realizar el pago de la certificación final. Estas retenciones computarán dentro de los porcentajes establecidos en este artículo.

Estas limitaciones no serán de aplicación a los compromisos derivados de la carga financiera de la Deuda y de los arrendamientos de inmuebles, incluidos los contratos mixtos de arrendamiento y adquisición.

3. El Gobierno, en casos especialmente justificados, podrá acordar la modificación de los porcentajes anteriores, incrementar el número de anualidades o autorizar la adquisición de compromisos de gastos que hayan de atenderse en ejercicios posteriores en el caso de que no exista crédito inicial. A estos efectos, el Ministro de Hacienda, a iniciativa del ministerio correspondiente, elevará al Consejo de Ministros la oportuna propuesta, previo informe de la Dirección General de Presupuestos que acredite su coherencia con la programación a que se refieren los artículos 28 y 29 de esta Ley.

4. Los compromisos a que se refiere este artículo se especificarán en los escenarios presupuestarios plurianuales y deberán ser objeto de contabilización separada.

5. No podrán adquirirse compromisos de gasto con cargo a ejercicios futuros cuando se trate de la concesión de subvenciones a las que resulte de aplicación lo dispuesto en el artículo 22.2.a) de la Ley 38/2003, de 17 de noviembre, General de Subvenciones.

6. En el caso de la tramitación anticipada de los expedientes de contratación a que se refiere el artículo 110.2 del texto refundido de la Ley de Contratos del Sector Público, aprobado por el Real Decreto Legislativo 3/2011, de 14 de noviembre, y en la tramitación anticipada de aquellos expedientes de gasto cuya normativa reguladora permita llegar a la formalización del compromiso de gasto, se deberán cumplir los límites y anualidades o importes autorizados a que se refieren los apartados 2 a 5 de este artículo.

Además se ha introducido en la LGP un artículo 47. bis que establece:

Artículo 47 bis. Modificación y resolución de compromisos de gasto plurianuales

En relación con las obligaciones nacidas de negocios o actos jurídicos, formalizados de conformidad con el ordenamiento jurídico y de los que derivasen compromisos de gastos de carácter plurianual adquiridos de acuerdo con lo establecido en el artículo 47 de esta Ley, cuando, excepcionalmente, en alguno de los ejercicios posteriores a aquel en que se asumió el compromiso, la correspondiente Ley de Presupuestos Generales del Estado no autorizase créditos suficientes para el cumplimiento de dichas obligaciones, se actuará de la siguiente manera:

1. El órgano competente para aprobar y comprometer el gasto estará obligado a comunicar tal circunstancia al tercero, tan pronto como se tenga conocimiento de ello.

2. Siempre que lo permitan las disponibilidades de los créditos, se acordará, de acuerdo con el procedimiento establecido en las correspondientes normas, la reprogramación de las obligaciones asumidas por cada parte, con el consiguiente reajuste de anualidades, ajustándolo a las nuevas circunstancias.
3. Cuando no resulte posible proceder en los términos indicados en el punto 2.º anterior, el órgano competente acordará la resolución del negocio siguiendo el procedimiento establecido en las correspondientes normas, y fijando las compensaciones que, en su caso, procedan.

En aquellos supuestos en los que la obligación de la Hacienda Pública estuviera condicionada, en el propio negocio o acto jurídico del que derive, a la existencia de crédito adecuado y suficiente en los Presupuestos Generales del Estado de cada uno de los ejercicios para los que se comprometió, el órgano administrativo, con carácter previo a acordar la resolución de la relación jurídica, valorará el presupuesto de gastos autorizado y el grado de ejecución del objeto del negocio, a fin de considerar soluciones alternativas antes de que opere la condición resolutoria, para lo cual deberá notificar de forma fehaciente al tercero tal circunstancia.

Artículo 48. Adquisiciones, obras con pago aplazado y otros compromisos de carácter plurianual

1. Podrá ser diferido el vencimiento de la obligación de pago del precio de compra de bienes inmuebles adquiridos directamente cuyo importe exceda de seis millones de euros, sin que, en ningún caso, el desembolso inicial a la firma de la escritura pueda ser inferior al 25 por 100 del precio, pudiendo distribuirse el resto en los cuatro ejercicios siguientes dentro de las limitaciones porcentuales contenidas en el artículo 47 de esta Ley.

2. El procedimiento descrito en el artículo 47 de esta Ley será de aplicación en el caso de los contratos de obras que se efectúen bajo la modalidad de abono total de los mismos, según lo previsto en el artículo 99.2. del Texto Refundido de la Ley de Contratos de las Administraciones Públicas, aprobado por el Real Decreto Legislativo 2/2000, de 16 de junio. (referencia hoy entendida al Texto Refundido Ley Contratos sector público).

Añadir únicamente a lo ya dicho, que los gastos para ejercicios futuros son objeto de contabilización independiente, junto al documento "A" de autorización del gasto para el ejercicio corriente, deberá emitirse otro documento "A" referido a los importes de las anualidades posteriores. Lo mismo sucede con el documento "D" de compromiso de gasto o, en su caso, con los documentos mixtos AD, cuando se acumulen ambas fases del procedimiento.

5. La ordenación del pago: concepto y competencia

La LGP configura el pago como el modo ordinario de cumplimiento de las obligaciones a cargo de la Hacienda Pública, siendo competente para efectuarlo, el Director General de Política Financiera, en sus funciones de ordenador general de pagos del Estado, tal y como vimos al principio del tema en el artículo 75 de la LGP.

Añadir que, a tal efecto los artículos 20 a 25 de la misma, establecen sobre las Obligaciones de la Hacienda Pública Estatal, las siguientes precisiones:

Artículo 20. Fuentes de las obligaciones

Las obligaciones de la Hacienda Pública estatal nacen de la Ley, de los negocios jurídicos y de los actos o hechos que, según derecho, las generen.

Artículo 21. Exigibilidad de las obligaciones

1. Las obligaciones de la Hacienda Pública estatal sólo son exigibles cuando resulten de la ejecución de los presupuestos, de conformidad con lo dispuesto en esta Ley, de sentencia judicial firme o de operaciones no presupuestarias legalmente autorizadas.

2. Si dichas obligaciones tienen por causa prestaciones o servicios, el pago no podrá efectuarse si el acreedor no ha cumplido o garantizado su correlativa obligación.

3. En el ámbito de la Hacienda Pública estatal, no podrá efectuarse el desembolso anticipado de las aportaciones comprometidas en virtud de convenios de colaboración y encomiendas de gestión con carácter previo a la ejecución y justificación de las prestaciones previstas en los mismos, sin perjuicio de lo que puedan establecer las disposiciones especiales con rango de Ley que puedan resultar aplicables en cada caso.

No obstante lo anterior, el acreedor de la Administración, en los términos que se determinen en el convenio de colaboración o encomienda de gestión, podrá tener derecho a percibir un anticipo por las operaciones preparatorias que resulten necesarias para realizar la actuaciones financiadas hasta un límite máximo del 10 por ciento de la cantidad total a percibir. En tal caso, se deberán asegurar los referidos pagos mediante la prestación de garantía salvo cuando el acreedor de la Administración sea una entidad del sector público estatal o la normativa reguladora del gasto de que se trate establezca lo contrario.

Artículo 22. Extinción de las obligaciones

1. Las obligaciones de la Hacienda Pública estatal se extinguen por las causas contempladas en el Código Civil y en el resto del ordenamiento jurídico.

2. La gestión de los créditos presupuestarios en orden a extinguir las obligaciones de la Hacienda Pública estatal se realizará de conformidad con lo dispuesto en el título II de esta Ley y disposiciones de desarrollo.

Artículo 23. Prerrogativas

1. Ningún tribunal ni autoridad administrativa podrá dictar providencia de embargo ni despachar mandamiento de ejecución contra los bienes y derechos patrimoniales cuando se encuentren materialmente afectados a un servicio público o a una función pública, cuando sus rendimientos o el producto de su enajenación estén legalmente afectados a fines diversos, o cuando se trate de valores o títulos representativos del capital de sociedades estatales que ejecuten políticas públicas o presten servicios de interés económico general.

2. El cumplimiento de las resoluciones judiciales que determinen obligaciones a cargo de la Hacienda Pública estatal corresponderá al órgano administrativo que sea competente por razón de la materia, sin perjuicio de la posibilidad de instar, en su caso, otras modalidades de ejecución de acuerdo con la Constitución y las leyes.

3. El órgano administrativo encargado del cumplimiento acordará el pago con cargo al crédito correspondiente, en la forma y con los límites del respectivo presupuesto. Si para el pago fuese necesario realizar una modificación presupuestaria, deberá concluirse el procedimiento correspondiente dentro de los tres meses siguientes al día de la notificación de la resolución judicial.

Artículo 24. Intereses de demora

Si la Administración no pagara al acreedor de la Hacienda Pública estatal dentro de los tres meses siguientes al día de notificación de la resolución judicial o del reconocimiento de la obligación, habrá de abonarle el interés señalado en el artículo 17 apartado 2 de esta Ley, sobre la cantidad debida, desde que el acreedor, una vez transcurrido dicho plazo, reclame por escrito el cumplimiento de la obligación.

En materia tributaria, de contratación administrativa y de expropiación forzosa se aplicará lo dispuesto en su legislación específica.

Artículo 25. Prescripción de las obligaciones

1. Salvo lo establecido por leyes especiales, **prescribirán a los cuatro años**:

a) El derecho al reconocimiento o liquidación por la Hacienda Pública estatal de toda obligación que no se hubiese solicitado con la presentación de los documentos justificativos. El plazo se contará desde la fecha en que se concluyó el servicio o la prestación determinante de la obligación o desde el día en que el derecho pudo ejercitarse.

b) El derecho a exigir el pago de las obligaciones ya reconocidas o liquidadas, si no fuese reclamado por los acreedores legítimos o sus derechohabientes. El plazo se contará desde la fecha de notificación, del reconocimiento o liquidación de la respectiva obligación.

2. Con la expresada salvedad en favor de leyes especiales, la prescripción se interrumpirá conforme a las disposiciones del Código Civil.

3. Las obligaciones a cargo de la Hacienda Pública estatal que hayan prescrito, serán baja en las respectivas cuentas, previa tramitación del oportuno expediente.

Una vez reconocida la obligación (O) y las actuaciones, debe formularse la correspondiente propuesta de pago (K), que es el acto mediante el cual, el órgano que ha reconocido la obligación con cargo al Presupuesto se dirige al Ordenador General de Pagos solicitando que proceda a efectuar la ordenación del pago de la obligación reconocida. La operación se contabiliza mediante la expedición de un documento contable OK, no obstante podrá expedirse únicamente el documento contable O: "Operaciones específicas de la Deuda Pública y Pagos a realizar en el extranjero mediante situación de divisas sin el ingreso previo de su contravalor en pesetas.

La ordenación de todos los pagos del Tesoro Público corresponde al Ministerio de Economía y Hacienda y en su nombre al Director General del Tesoro y Política Financiera –Art. 75 LGP–; en el ámbito de los Organismos Autónomos del Estado las funciones de ordenación de pagos están atribuidas a sus presidentes o directores.

Dada su enorme importancia para este tema, reiteramos que este artículo 75 de la LGP, establece que bajo la superior autoridad del Ministro de Economía y Hacienda, competen al Director General del Tesoro y Política Financiera las funciones de Ordenador General de Pagos del Estado.

Previamente a la expedición de las órdenes de pago con cargo a los Presupuestos Generales del Estado habrá de acreditarse documentalmente ante el órgano que haya de reconocer las obligaciones la realización de la prestación o el derecho del acreedor, de conformidad con los acuerdos que en su día autorizaron y comprometieron el gasto.

Los Ordenadores de pagos podrán recibir las propuestas y librar las correspondientes órdenes de pago por medios informativos. En este supuesto, la documentación justificativa del gasto realizado podrá quedar en aquellos centros en los que se reconocieron las correspondientes obligaciones para su remisión al Tribunal de Cuentas.

Añade además el artículo 76 de la LGP que:

Las providencias y diligencias de embargo, mandamientos de ejecución, acuerdos de inicio de procedimiento administrativo de compensación y actos de contenido análogo, dictados por órganos judiciales o administrativos, en relación con derechos de cobro que los particulares ostenten frente a la Administración General del Estado o frente a la Administración de la Seguridad Social y que sean pagaderos a través de la Ordenación de Pagos del Estado o a través de la Ordenación de pagos de las entidades gestoras y servicios comunes de la Seguridad Social, se comunicarán necesariamente a la Dirección General del Tesoro y Política Financiera o a la Tesorería General de la Seguridad Social para su debida práctica mediante consulta al sistema de información contable y contendrán al menos la identificación del afectado con expresión del nombre o denominación social y su número de identificación fiscal, el importe del embargo, ejecución o retención y la especificación del derecho de cobro afectado con expresión del importe, órgano a quien corresponde la propuesta de pago y obligación a pagar. Los órganos de la Administración General del Estado, distintos de la Dirección General del Tesoro y Política Financiera, a los que se comuniquen los actos referidos en el párrafo anterior que recaigan sobre derechos de cobro pagaderos por la Ordenación de Pagos del Estado únicamente deberán remitirlos a la citada Dirección General cuando los mismos reúnan los requisitos especificados en el párrafo anterior. En caso contrario, aquéllos deberán proceder a la devolución motivada de los documentos recibidos al órgano judicial o administrativo que haya dictado el acuerdo.

6. Realización del pago: modos y perceptores

6.1. Pagos por obligaciones presupuestarias. Pagos en firme

En el procedimiento general para el pago de obligaciones, los órganos que dicten los actos administrativos de reconocimiento de obligaciones propondrán el pago a la Dirección General del Tesoro y Política Financiera; como excepción a esta norma, las propuestas de pago correspondientes a conceptos no presupuestarios por devolución de ingresos pueden ser expedidas por los jefes de las Oficinas de Contabilidad donde dichos débitos figuren registrados, de oficio, o en su caso, a instancia del órgano competente en la tramitación del expediente.

En los casos en que el acreedor directo comunique al órgano gestor competente la transmisión de las certificaciones, cuentas o títulos que representen débitos de la Administración General del Estado, las propuestas de pago habrán de ser expedidas a favor del cesionario.

Las propuestas de pago se expedirán a favor de Cajas Pagadoras, Habilitaciones, Pagadurías y otros agentes mediadores en el pago, en los supuestos que se indican a continuación:

a) En el procedimiento para el pago de las retribuciones de personal al servicio de la Administración General del Estado.
b) En el procedimiento para el pago de las prestaciones de clases pasivas del Estado.
c) En el procedimiento de pago a través del sistema de anticipos de caja fija.
d) En el procedimiento de pagos a justificar.
e) A todo conjunto de pagos masivos (50 personas).
f) Al pago de una obligación a favor de una pluralidad de acreedores.
g) Al pago de una obligación a favor de un tercero que no pueda individualizarse mediante el número de identificación fiscal.
h) En aquellos otros supuestos que se autoricen expresamente por la Dirección General del Tesoro y Política Financiera.

Se harán efectivos por transferencia bancaria las siguientes órdenes de pago:

1. Todas las que se expidan a favor de los agentes mediadores en el pago a la cuenta que deben tener abierta con el Banco de España, o, excepcionalmente, cuando esté debidamente autorizada por la Dirección General del Tesoro y Política Financiera en otra entidad de crédito.
2. Las que se expidan a favor de acreedores directos cuando así lo hubiesen solicitado, cada acreedor directo puede designar un máximo de tres cuentas bancarias que puede ser ampliado por resolución conjunta de la Dirección General del Tesoro y Política Financiera e Intervención General de la Administración del Estado.

Se harán efectivas, en todo caso, mediante transferencia bancaria, las órdenes de pago dirigidas a Sociedades Estatales, Entes Públicos, Organismos Autónomos, Órganos Constitucionales del Estado, Entes Territoriales del Estado y Estados o Sujetos de Derecho Internacional público.

Los pagos por transferencia se realizarán con carácter general por la Caja Pagadora de la Dirección General del Tesoro y Política Financiera; como excepción, se podrán hacer efectivas a través de las Cajas Pagadoras de las Delegaciones Provinciales de Economía y Hacienda, las órdenes de pago que se expidan para atender el pago de las retribuciones del personal en activo de la Administración Civil o Militar del Estado y el pago de haberes de clases pasivas.

En los casos en que una Entidad de crédito no pudiera proceder al abono a la cuenta destinataria de la transferencia en el plazo de cinco días hábiles siguientes a su recepción, deberá proceder a su devolución el Banco de España en el primer día hábil siguiente quien lo pondrá en conocimiento de la Dirección General del Tesoro y Política Financiera o de la Delegación de Hacienda que hubiese ordenado la transferencia, a fin de efectuar su ingreso en una cuenta transitoria del Tesoro.

El pago mediante cheque contra la cuenta del Tesoro Público en el Banco de España, se realizará excepcionalmente, cuando concurran circunstancias que lo justifiquen y sólo para personas físicas, el Director General del Tesoro y política Financiera podrá autorizar el pago mediante cheque nominativo no a la orden.

El pago en formalización se aplica a todas aquellas órdenes de pago cuyo importe líquido sea cero, como consecuencia de embargos, retenciones judiciales, compensación de deudas o cualquier otra circunstancia.

Cuando un tercero sea, al mismo tiempo, deudor y acreedor de la Administración General del Estado, podrá solicitar la compensación de los respectivos débitos y créditos ante el órgano competente para acordarla; una vez que se reciba en la Dirección General del Tesoro y Política Financiera el acuerdo de compensación dictado por el órgano competente, se procederá a efectuar los trámites necesarios para su ejecución.

En el procedimiento especial para el pago de obligaciones, tanto la ordenación de los pagos como su pago material se realiza de forma descentralizada por los Delegados Provinciales de Economía y Hacienda; los órganos que hubieren dictado los actos administrativos de reconocimiento de las obligaciones propondrán el pago al Delegado Provincial de Economía y Hacienda que corresponda en función del ámbito territorial de competencias en que se hubieran producido las actuaciones. Después de incorporar las propuestas de pago al Sistema Informático Contable, las Delegaciones Provinciales comprobarán la posible existencia de incidencias en el Fichero Central de Terceros mediante consulta realizada desde las propias Delegaciones Provinciales.

De conformidad con el art. 25 de la LGP, salvo lo establecido en las leyes especiales, las obligaciones prescribirán a los cuatro años, si bien se interrumpirán conforme a las disposiciones del Código Civil.

6.2. Pagos por ejercicios cerrados

Al 31 de diciembre de cada año se procede a realizar las operaciones de cierre y liquidación del presupuesto de ese ejercicio.

El 1 de enero comienza la ejecución del presupuesto del año actual.

Como sabemos por otras preguntas, al 31 de diciembre, los saldos de los gastos en fase de autorización y disposición y compromiso se anulan de pleno derecho. Una parte de ellos, los necesarios, se incorporan al presupuesto del ejercicio siguiente, para realizar su ejecución con cargo a dicho presupuesto.

Pero los saldos de las obligaciones reconocidas y de los derechos reconocidos y liquidados pasan por formar parte del "pendiente de pago o pendiente de cobro al 31 de diciembre", y para lo que la instrucción de contabilidad prevé que cuando se ejecuten se contabilizarán en "presupuestos cerrados".

Así la instrucción de contabilidad distribuye la ejecución del "presupuesto corriente" (no en el sentido de gasto corriente, sino en el sentido de gasto procedente del ejercicio natural), de la ejecución de "presupuestos cerrados", a la que se imputan las operaciones que realicemos en este ejercicio tanto de gastos como de ingresos, que estaban reconocidas y proceden de ejercicios anteriores.

La agrupación de presupuestos cerrados, comprende la ejecución de:

- Presupuesto cerrado. Ejercicio anterior.
- Presupuestos cerrados. Ejercicios anteriores (previos al anterior).

La contabilidad de los gastos de presupuestos cerrados se ejecutará con el mismo detalle como si se tratara del presupuesto corriente, es decir, incluirá las tres clasificaciones que conforman una partida presupuestaria:

- Orgánica.
- Funcional y por programas.
- Económica.

A la hora de efectuar de un pago en presupuesto cerrado, de una obligación reconocida en años anteriores, el pago en sí no presenta ninguna diferencia respecto a los pagos del ejercicio corriente. El procedimiento es el mismo, salvo la imputación contable de la operación que en este caso se realizará a las subcuentas de presupuestos cerrados.

Se puede decir que la finalidad de esta operación de presupuesto cerrado, es la de efectuar un control, independiente totalmente al presupuesto del ejercicio en curso, de los derechos y obligaciones pendientes al comienzo del ejercicio y procedente de la ejecución de presupuestos de ejercicios anteriores.

Dentro de la agrupación de presupuestos cerrados están integrados tanto derechos como obligaciones.

Las obligaciones que en un determinado ejercicio pasan a integrar la agrupación de presupuestos cerrados estará constituida por:

- Las obligaciones pendientes de pago en fin de ejercicio anterior procedentes del presupuesto de gastos correspondientes a dicho ejercicio.

- Las obligaciones pendientes de pago en fin de ejercicio anterior procedentes de presupuestos cerrados correspondientes a ejercicios anteriores a aquel.
- Las obligaciones pendientes de pago están constituidas por el saldo de obligaciones más el saldo de pagos ordenados resultantes a la liquidación del presupuesto.

De forma análoga, las obligaciones pendientes de pago de presupuestos cerrados se obtienen como suma de los siguientes importes:

- Obligaciones pendientes de ordenar el pago a fin de ejercicio (saldo de obligaciones de presupuestos cerrados)
- Pagos ordenados pendientes a realizar en fin de ejercicio (saldo de pagos ordenados de presupuestos cerrados)

Al igual que se ha indicado que los derechos de presupuestos cerrados, el control de las obligaciones pendientes de pago de presupuestos cerrados se realizará, individualmente con separación de ejercicios en que se reconocieron y con el detalle de partidas presupuestarias a las que se imputaron en el momento de su reconocimiento.

El periodo para efectuar el pago por presupuestos cerrados es de 4 años, computados desde que nació para el acreedor su derecho al cobreo, como consecuencia de la conclusión del servicio o de la prestación determinante de la obligación. Una vez transcurrido ese plazo legal, las obligaciones pendientes de pago prescribirán. Pueden considerarse dos fases diferenciadas en la prescripción.

a) Del Saldo de obligaciones reconocidas en ejercicios anteriores.

   Cuando una Obligación reconocida en ejercicios anteriores, cuyo pago no haya sido propuesto, incurra en prescripción, por el Jefe de Contabilidad del Departamento ministerial se iniciará la tramitación del oportuno expediente, habiéndose de resolver en mismo por el responsable del programa de gastos que hubiese autorizado el reconocimiento de dicha obligación.

   Aprobado el expediente de prescripción, la contabilización de la misma se efectuará con base en el documento "PR".

b) De órdenes de pago pendientes de efectuar el mismo, que radiquen en las Cajas pagadoras.

Cuando una orden de pago con cargo a Presupuestos Cerrados incurra en prescripción, por el Jefe de Contabilidad de la correspondiente Caja Pagadora se iniciará la tramitación del oportuno expediente, habiéndose de resolver el mismo por el Director General del Tesoro y Política Financiera, o aquel en quien delegue, o por el correspondiente Delegado de Economía y Hacienda, según que la orden de pago radique en la Tesorería de la Dirección del Tesoro y Política Financiera o de una Delegación de Economía y hacienda, respectivamente.

Aprobado el expediente de prescripción, su contabilización se efectuará mediante el pago de la Orden de formalización (sin salida material de fondos) e ingreso en el concepto de "Recursos eventuales" del Presupuesto de Ingresos.

6.3. Anticipos de caja fija

Se entiende por anticipos de caja fija las provisiones de fondos de carácter extrapresupuestario y permanente que se realicen a Pagadurías, Cajas y Habilitaciones para la atención inmediata de gastos periódicos o repetitivos como los referentes a dietas, gastos de locomoción, material no inventariable, conservación, tracto sucesivo y otros de similares características. Formarán parte del Tesoro Público, y serán objeto de aplicación al capítulo de gastos corrientes en bienes y servicios del presupuesto del año en que se realicen.

Vienen regulados en el artículo 78 de la LGP que establece:

1. De acuerdo con lo preceptuado en esta Ley y en su desarrollo reglamentario, los ministros y los presidentes o directores de los organismos autónomos, previo informe de la Dirección General del Tesoro y Política Financiera en el primer caso, y previo informe de su Intervención Delegada en ambos casos, establecerán, en el ámbito de sus respectivas competencias, las normas que regulan los pagos satisfechos mediante anticipos de caja fija, determinando los criterios generales de los gastos que puedan ser satisfechos por tal sistema, los conceptos presupuestarios a los que serán aplicables los límites cuantitativos establecidos para cada uno de ellos, su aplicación al presupuesto y cuantas estimaciones se consideren oportunas.

Se entienden por anticipos de caja fija las provisiones de fondos de carácter extrapresupuestario y permanente que se realicen a pagadurías, cajas y habilitaciones para la atención inmediata y posterior aplicación al capítulo de gastos corrientes en bienes y servicios del presupuesto del año en que se realicen, de gastos periódicos o repetitivos.

2. El Director General de la Tesorería General de la Seguridad Social, previo informe de la Intervención General de la Seguridad Social, establecerá las normas que regulan los pagos satisfechos mediante fondos de maniobra en el ámbito de las entidades gestoras y servicios comunes de la Seguridad Social.

3. En todo caso, la cuantía global de los anticipos de caja fija no podrá superar para cada ministerio u organismo autónomo el siete por ciento del total de créditos del capítulo destinado a gastos corrientes en bienes y servicios del presupuesto vigente en cada momento.

Se autoriza a la Agencia Española de Cooperación Internacional para que la cuantía global de los anticipos de caja fija pueda exceder del siete por ciento previsto en este artículo, hasta un máximo del 14 por 100 del total de los créditos del capítulo destinado a gastos corrientes en bienes y servicios del presupuesto vigente en cada momento.

El porcentaje indicado en el párrafo primero de este apartado podrá incrementarse hasta un máximo del 10 por 100 de los créditos del artículo 23, «indemnizaciones por razón del servicio», del programa 222A, «Seguridad ciudadana», del Ministerio del Interior, y aplicable únicamente a la gestión del indicado artículo.

4. Igualmente, la cuantía global de los fondos de maniobra asignados a todos los centros de gestión pertenecientes a una misma entidad de la Seguridad Social no podrá exceder del tres por ciento de los créditos del capítulo destinado a gastos corrientes de bienes y servicios del presupuesto vigente en cada momento. Porcentaje que podrá ser elevado hasta un siete por ciento por el Ministro de Trabajo y Asuntos Sociales.

5. Las unidades administrativas responsables de estos fondos, que formarán parte del Tesoro Público o del patrimonio de la Seguridad Social, según corresponda, justificarán su aplicación y situación conforme se establezca reglamentariamente.

El importe de anticipo de Caja fija puede ser establecido en cada Departamento u Organismo Autónomo por acuerdo de su titular; la cuantía global de los anticipos de Caja fija concedidos no podrá exceder del siete por ciento del total de los créditos del capítulo destinado a gastos corrientes en el respectivo Ministerio u Organismo Autónomo, en caso de que existan modificaciones de créditos que disminuyan o aumenten los correspondientes al capítulo destinado a gastos corrientes en bienes y servicios, será preciso un nuevo acuerdo ajustando la distribución del anticipo a la nueva situación presupuestaria.

Cuando el sistema se haya establecido en un Ministerio u Organismo Autónomo se tendrán en cuenta las siguientes limitaciones:

- No podrán tramitarse libramientos aplicados al presupuesto a favor de perceptores directos, excepto los destinados a reposición del anticipo, por importe inferior a 100.000 pts.
- No podrán realizarse con cargo al anticipo de caja fija pagos individualizados superiores a 500.000 pts., excepto los destinados a gastos de teléfono, energía eléctrica, combustibles o indemnizaciones por razón del servicio.

La fiscalización previa de las órdenes de pago para la constitución o modificación de los anticipos de Caja fija se verificará mediante la comprobación de los siguientes requisitos:

a) La existencia de acuerdo del Ministro o Presidente o Director del Organismo Autónomo sobre la distribución por Cajas pagadoras del gasto máximo asignado.
b) Que la propuesta de pago se basa en resolución de autoridad competente.

Cuando se produzca la supresión de una Caja pagadora el respectivo Pagador, Cajero o Habilitado deberá reintegrar a la Dirección General del Tesoro y Política Financiera, Delegación de Hacienda u Organismo Autónomo del que dependa el importe del anticipo percibido, sin que pueda realizar traspaso directo de aquél a la Caja que, en su caso, asuma sus funciones.

El importe de los mandamientos de pago no presupuestarios se abonará por transferencia en la cuenta corriente de Caja Pagadora abierta en el Banco de España dentro de la agrupación "Tesoro Público-Provisión de Fondos", no obstante, cuando existan causas justificadas, los Ministerios y los Organismos Autónomos podrán situar los anticipos de Caja Fija en cuentas en otras Entidades de Crédito.

Las disposiciones de fondos se realizarán, como en el caso de los pagos a justificar, por cheques nominativos o transferencias bancarias, autorizados con las firmas mancomunadas del Cajero Pagador y del funcionario designado por el jefe de la Unidad Administrativa a la que esté adscrita la Caja pagadora o de sus sustitutos; en ningún caso una misma persona podrá realizar ambas sustituciones.

Los cajeros pagadores rendirán cuentas de los gastos atendidos con anticipos de Caja fija a medida que las necesidades de Tesorería aconsejen la reposición de los fondos utilizados y, necesariamente, en el mes de diciembre de cada año.

Las cuentas, acompañadas de las facturas y demás documentos originales que justifiquen la aplicación de los fondos, debidamente relacionados, serán aprobadas por los jefes de las Unidades Administrativas a las que las Cajas estén adscritas; las oficinas gestoras expedirán documentos contables ADOK por los importes justificados en la cuenta, a favor de Cajero Pagador, con imputación a las aplicaciones presupuestarias a que correspondan los gastos realizados.

En la fiscalización previa de las reposiciones de fondos la Intervención comprobará:

a) Que el importe total de las cuentas justificativas coincide con el de los documentos contables de ejecución del presupuesto de gastos.
b) Que las propuestas de pago se basan en resolución de autoridad competente.
c) Que existe crédito y el presupuesto es adecuado.

Esta fiscalización es independiente del examen fiscal de las cuentas justificativas en el que se comprobará que corresponden a gastos concretos y determinados en cuya ejecución se haya seguido el procedimiento aplicable en cada caso.

La contabilidad de las Cajas pagadoras se desarrollará por el Método de partida simple, aunque pueden utilizar la partida doble; los libros registrarán la totalidad de las operaciones que se lleven a cabo por la Caja pagadora, y las anotaciones se realizarán siguiendo el criterio de Caja, es decir, en el momento en que se realicen materialmente los pagos o se recauden efectivamente los derechos.

Los cajeros pagadores y los jefes de las unidades administrativas de las que dependen las Cajas, formularán estados de situación de Tesorería, con la periodicidad que establezcan los Ministros o los Presidentes o Directores de los Organismos Autónomos y, como mínimo, en las primeras quincenas de los meses de enero, abril, julio y octubre, referidas al último día del trimestre anterior.

Los estados de situación de Tesorería se enviarán por el Cajero Pagador a la Unidad Central de Caja, que una vez examinados, los remitirá con su visto bueno o con las observaciones que, en su caso, hubiera efectuado la Intervención Delegada.

7. Pagos a justificar

7.1. Los pagos a justificar en la Ley General Presupuestaria

Conforme el artículo 79 de la LGP:

Artículo 79

1. Cuando, excepcionalmente, no pueda aportarse la documentación justificativa de las obligaciones en el momento previsto en el apartado 4 del artículo 73, podrán tramitarse propuestas de pagos presupuestarios y librarse fondos con el carácter de a justificar.

Asimismo, podrá procederse a la expedición de libramientos a justificar cuando los servicios y prestaciones a que se refieran hayan tenido o vayan a tener lugar en el extranjero.

2. El mismo carácter tendrán las propuestas de pago efectuadas para satisfacer gastos a realizar en localidad donde no exista dependencia del ministerio, organismo, entidad gestora o servicio común de que se trate. En estos casos, la expedición de pagos a justificar será autorizada por los ministros, presidentes o directores de los organismos autónomos o de las entidades gestoras y servicios comunes de la Seguridad Social, que designarán el órgano competente para gestionar dichos pagos. La citada designación implicará la atribución de competencias para la realización de los gastos y pagos que de ellos se deriven y la formación, rendición y justificación de las correspondientes cuentas.

3. De acuerdo con lo previsto en el artículo 49 de esta Ley, con cargo a los libramientos a justificar únicamente podrán satisfacerse obligaciones del mismo ejercicio. No obstante, el Consejo de Ministros podrá acordar que, con los fondos librados a justificar para gastos en el extranjero imputados a un presupuesto, sean

atendidos gastos realizados en el ejercicio siguiente, si ello fuese considerado relevante para el interés general.

4. Los perceptores de estas órdenes de pago a justificar quedan obligados a rendir cuenta justificativa de la aplicación de las cantidades recibidas. El plazo de rendición de las cuentas será de tres meses, excepto las correspondientes a pagos de expropiaciones y pagos en el extranjero que podrán ser rendidas en el plazo de seis meses. El Director General del Tesoro y Política Financiera, y, en su caso, los presidentes o directores de los organismos autónomos del Estado y de las entidades gestoras y servicios comunes de la Seguridad Social podrán, excepcionalmente ampliar estos plazos a seis y 12 meses, respectivamente, a propuesta del órgano gestor del crédito, con informe de la Intervención Delegada.

5. Los perceptores de las órdenes de pago a justificar son responsables, en los términos previstos en esta Ley, de la custodia y uso de los fondos y de la rendición de la cuenta.

6. En el curso de los dos meses siguientes a la fecha de aportación de los documentos justificativos a que se refieren los apartados anteriores de este artículo, se llevará a cabo la aprobación o reparo de la cuenta por la autoridad competente.

La aprobación del gasto precisa para la expedición del libramiento a favor del Cajero Pagador; es un acto sujeto a fiscalización previa en el que se comprobarán los extremos siguientes;

a) Que la orden de pago se basa en orden o resolución de autoridad competente para autorizar el gasto.
b) Que existe crédito y el propuesto es el adecuado.
c) Que se adapta a las normas aprobadas por el titular del Departamento para regular este tipo de pagos.
d) Que la Caja Pagadora a cuyo favor se libre la orden de pago no tenga otras órdenes pendientes de justificar una vez vencido el plazo de justificación.

El incumplimiento de cualquiera de estos requisitos dará lugar a reparo por la Intervención, no obstante, la tramitación en estos casos puede presentar las siguientes particularidades:

- Cuando se libren pagos a justificar para atender gastos de emergencia en aplicación de lo dispuesto en la Ley de Contratos de las Administraciones Públicas, la propuesta de pago podrá contabilizarse aunque no se cumplan los requisitos sobre existencia de crédito, adecuación a las normas aprobadas por el titular del Departamento o situación de la Caja Pagadora en relación con la justificación de órdenes de pago percibidas con anterioridad.
- No procederá el reparo por falta de justificación de libramientos anteriores cuando, para evitar daños en el funcionamiento de los servicios, el

Ministro o el Presidente o Director de un Organismo Autónomo autorice la expedición de una orden de pago específica.

La contabilización de las propuestas se realizará mediante documento ADOK expedido a favor de la Caja Pagadora que deba efectuar el pago de los acreedores finales, el importe de las órdenes de pago se abonará por transferencia en la cuenta corriente de la Caja Pagadora en el Banco de España, agrupación "Tesoro Público –Provisiones de Fondos", no obstante, cuando existan causas justificadas, los Ministerios y Organismos Autónomos podrán situar los fondos a justificar en cuentas abiertas en Entidades de Crédito distintas del Banco de España, y que quedarán agrupadas bajo la rúbrica: "Tesoro Público –Provisiones de Fondos".

Los gastos cuyos pagos hayan de realizarse con fondos a justificar serán acordados por los gestores competentes en cada caso; estos órganos ordenarán al Cajero Pagador la materialización de los pagos, mediante orden que podrá figurar expresamente en los justificantes o en documento aparte. En la orden de pago material habrá de hacerse constar la conformidad con la factura presentada y la aplicación presupuestaria a que corresponda el gasto efectuado, con indicación de la cuenta justificativa a la que debe imputarse y el número del libramiento al que justifica; las disposiciones de fondos de la cuenta del Banco de España se efectuarán mediante cheques nominativos o transferencias bancarias, autorizados con las firmas mancomunadas del Cajero Pagador y del funcionario que designe el jefe de la Unidad administrativa a la que esté adscrita la Caja Pagadora, o de sus sustitutos.

7.2. Desarrollo de los pagos a justificar

El desarrollo de los pagos a justificar, se realizó inicialmente por Real Decreto de 8 de mayo de 1987, n.º 640/1987 ADMINISTRACIÓN Y CONTABILIDAD DEL ESTADO. Régimen de pagos librados "a justificar". Dicho Real Decreto, fue desarrollado por la Orden de 23 de diciembre de 1987, y hasta la fecha ha tenido numerosas modificaciones parciales, atendiendo a cuestiones puntuales como la entrada del euro, modificación de cuentas o subcuentas, etc. El desarrollo del mismo es el siguiente:

7.2.1. *Ámbito de aplicación y limitación de los pagos a justificar*

1. Los Ministros Jefes de los Departamentos ministeriales y los Presidentes o Directores de los Organismos autónomos establecerán, de acuerdo con lo preceptuado por la disposición adicional decimosexta de la Ley 46/1985, de 27 de diciembre, de Presupuestos Generales del Estado para 1986, previo informe del Interventor Delegado, las normas que regulen la expedición de órdenes de pago "a justificar" con cargo a sus respectivos presupuestos de gastos.

2. La expedición de órdenes de pago "a justificar" habrá de acomodarse, tanto en el Estado como en sus Organismos autónomos, al plan que sobre disposición de fondos del Tesoro Público se establezca por el Gobierno, a propuesta del Ministro de Economía y Hacienda, para cada ejercicio presupuestario.

3. No se podrán expedir órdenes de pago "a justificar" a favor de las Cajas pagadoras cuando transcurridos los plazos reglamentarios o los de prórroga, en su caso, no se haya justificado la inversión de los fondos percibidos con anterioridad, conforme a lo dispuesto por el número 3 del artículo 12 de este Real Decreto.

4. En los casos de Servicios no transferidos a las Comunidades Autónomas en los que por carecer la Administración Central de la estructura necesaria para su prestación se encomienda ésta a las referidas Comunidades, se podrán expedir órdenes de pago "a justificar" a favor de las mismas, de acuerdo con la normativa que regula el presente Real Decreto.

7.2.2. Ordenes de pago a justificar

1. Las órdenes de pago a que se refiere este Real Decreto se expedirán en base a la orden o resolución de la autoridad con competencia para autorizar los gastos a que se refieran y se aplicarán a los correspondientes créditos presupuestarios.

2. La fiscalización de las órdenes de pago " a justificar" se referirá a los extremos siguientes:

a) Si se basa en orden o resolución de autoridad competente para autorizar los gastos a que se refiera.

b) Si existe crédito y el propuesto es el adecuado.

c) Si se adapta a las normas a que se refiere el número 1 del artículo 1°. de este Real Decreto.

d) La situación de la Caja pagadora a cuyo favor se libre la orden de pago en relación con lo preceptuado en el número 3 del artículo 1°. de este Real Decreto.

Los requisitos establecidos en los apartados b) y d) se justificarán con certificado acreditativo expedido por la oficina de contabilidad correspondiente.

7.2.3. Cajas Pagadoras

1. Las órdenes de pago a que se refiere este Real Decreto se expedirán a favor de las Cajas pagadoras que a este efecto se crearán en los Ministerios y Organismos autónomos.

Al frente de cada Caja pagadora habrá un Cajero pagador con nombramiento expreso para el ejercicio de las funciones inherentes a dicho cargo.

2. Dentro de la estructura orgánica de cada Ministerio u Organismo autónomos, las Cajas pagadoras que se establezcan se adscribirán a Unidades administrativas que se determinen al efecto excepto en los Servicios periféricos en que dependerán directamente de los Delegados, Directores Territoriales o Jefes Provinciales, según los casos.

3. En los Ministerios u Organismos en que exista más de una Caja pagadora se adscribirá a una Unidad Central, dependiente de la Subsecretaría o Centro que realice funciones similares en los Organismos autónomos, la misión de coordinar a las distintas Cajas y de canalizar sus relaciones con la Dirección General del Tesoro y Política Financiera, la Intervención General de la Administración del Estado y el Tribunal de Cuentas.

4. La Unidad Central a que se refiere el número anterior vendrá obligada a llevar y mantener un censo de las Cajas pagadoras y de los Cajeros pagadores adscritos a las mismas, con indicación expresa de la fecha de toma de posesión y cese de funciones.

5. los Ministerios u Organismos que así lo deseen podrán organizar sus servicios de pagos " a justificar" a base de una Caja Pagadora Central única.

7.2.4. Situación de los fondos

1. El importe de las órdenes de pago que se expidan se abonará por transferencia a las cuentas corrientes que las respectivas Cajas pagadoras tendrán abiertas en el Banco de España dentro de la agrupación "Tesoro Público.- Anticipo de fondos a justificar".

Los saldos de las cuentas corrientes de las diversas Cajas pagadoras por "anticipos de fondos a justificar" se considerarán integrantes de los del Tesoro Público en el Banco de España por ingresos y pagos del Estado y operaciones ordinarias del Tesoro.

2. No obstante lo preceptuado en el número anterior, cuando haya causas que lo justifiquen, los Ministerios y Organismos autónomos podrán situar los "anticipos de fondos a justificar" en cuentas corrientes abiertas en Entidades de crédito, siempre que el convenio que deberán suscribir previamente con las mismas se adapte al pliego de bases fijas aprobado por el Ministro de Economía y Hacienda y que la apertura de las cuentas esté autorizada por dicho Ministerio.

Las cuentas abiertas en las Entidades de crédito a que se refieren los párrafos anteriores se agruparán bajo la rúbrica "Tesoro Público.- Anticipos de fondos a justificar".

Las Entidades de crédito en que se abran las citadas cuentas estarán obligadas a proporcionar a la Dirección General del Tesoro y Política Financiera y a la Intervención General de la Administración del Estado la información que estos Centros les soliciten.

3. Los fondos librados conforme a lo previsto en este Real Decreto tendrán, en todo caso, el carácter de fondos públicos.

4. Los intereses que, en su caso, produzcan los referidos fondos se ingresarán por los Cajeros pagadores en el Tesoro o en la Tesorería de los respectivos Organismos autónomos con aplicación a los conceptos correspondientes de sus presupuestos de ingresos.

7.2.5. Disposición de fondos

Las disposiciones de fondos de las cuentas a que se refiere el artículo 5.º de este Real Decreto se efectuará mediante cheques nominativos o transferencias bancarias, autorizados con las firmas mancomunadas del Cajero pagador y del funcionario que designe el Jefe de la Unidad administrativa a la que este adscrita la Caja pagadora o de los sustitutos de los mismos.

7.2.6. Pagos

1. Los gastos cuyos pagos hayan de realizarse con fondos a justificar serán acordados por los gestores competentes en cada caso, quienes ordenarán al Cajero pagador la procedencia de efectuar los pagos materiales, consecuencia de las indicadas operaciones, haciéndolo constar expresamente en los justificantes de las obligaciones de que se trate. El Cajero pagador extenderá cheques nominativos u órdenes de transferencia contra los fondos situados en las cuentas de " Anticipos de fondos a justificar".

2. No obstante lo preceptuado en el número anterior, los Ministros y los Presidentes o Directores de los Organismos autónomos podrán autorizar la existencia en las Cajas pagadoras de cantidades razonables de efectivo destinadas al pago de indemnizaciones por razón de servicio y otras atenciones de menor cuantía. De la custodia de estos fondos, que no podrán exceder de los pagos que se prevea realizar durante un mes, será directamente responsable el Cajero pagador.

7.2.7. Contabilidad

1. Las Cajas pagadoras llevarán contabilidad de todas las operaciones que realicen con separación de las relativas a anticipos de fondos a justificar percibidos y de todo tipo de cobros, pagos o custodia de fondos o valores que, en su

caso, se les encomiende, ajustada a las normas que se establezcan por la Intervención General de la Administración del Estado.

2. Las Oficinas de Contabilidad de los Departamentos ministeriales y de los Organismos autónomos llevarán un Libro registro de órdenes de pago "a justificar", ajustado al modelo normalizado que se establezca por la Intervención General de la Administración del Estado.

En este Libro, cuya finalidad es la de controlar la situación que en cada momento presenten las órdenes de pago libradas "a justificar", se registrarán éstas debidamente clasificadas por ejercicios presupuestarios y Cajas pagadoras y en caso necesario dentro de cada Caja pagadora por conceptos del respectivo presupuesto.

7.2.8. Control

1. Con la periodicidad que establezcan los Ministros Jefes de los Departamentos ministeriales y los Presidentes o Directores de los Organismos autónomos y como mínimo en las primeras quincenas de los meses de enero, abril, julio y octubre y referidos al último día del trimestre inmediato anterior se formularán estados de situación de Tesorería conforme a las normas que al efecto establezca el Ministro de Economía y Hacienda a propuesta de la Intervención General de la Administración del Estado.

Con independencia de lo preceptuado en el párrafo anterior, los Jefes de las unidades Administrativas a las que estén adscritas las Cajas pagadoras podrán acordar se formulen con carácter extraordinario estados de situación de tesorería referidos a fechas determinadas.

2. Los estados de situación de tesorería autorizados con las firmas del Jefe de la Unidad administrativa y del Cajero pagador serán enviados a la Unidad Central, a que se refiere el número 3 del artículo 4°. de este Real Decreto, que procederá a su examen y posterior remisión a la Intervención Delegada. Un ejemplar de los mismos será archivado en los Servicios de cada uno de los firmantes.

3. Los Interventores Delegados, por sí o por medio de funcionarios que al efecto designen, podrán realizar en cualquier momento las comprobaciones que estimen oportunas.

7.2.9. Plazos

1. Los Cajeros pagadores quedarán obligados a justificar la aplicación de las cantidades recibidas dentro del mes siguiente a la inversión de las mismas y en todo caso en el plazo de tres meses desde la percepción de los correspondientes fondos, sin perjuicio de lo que al efecto establece el artículo 11 de este Real Decreto.

El Director general del Tesoro y Política Financiera y, en su caso, los Organismos autónomos del Estado, podrán, excepcionalmente, ampliar este plazo hasta seis meses.

2. Nos obstante lo dispuesto en el número anterior los pagos "a justificar" correspondientes a créditos del Fondo Social Europeo y a expropiaciones tendrán un plazo de seis meses, prorrogable en un año más, cuando ello sea necesario, para rendir las cuentas justificativas de su inversión. En cada caso los Ministerios u Organismos respectivos determinarán la fecha límite de rendición de cuentas cuando ésta pueda ser conocida y, en caso necesario, el órgano gestor del crédito, con informe de la Intervención Delegada remitirá las solicitudes de ampliación de plazo a la Dirección General del Tesoro y Política Financiera para su aprobación.

7.2.10. Cuentas

1. En las cuentas justificativas de la inversión figurará en el debe el importe percibido y en el haber el de las obligaciones satisfechas con cargo a aquél. La cantidad no invertida será justificada con la carta de pago demostrativa de su reintegro.

A las indicadas cuentas se acompañarán debidamente relacionadas las facturas y demás documentos originales que justifiquen la aplicación definitiva de los fondos librados.

2. La Intervención General de la Administración del Estado establecerá el modelo normalizado a que habrán de ajustarse las cuentas justificativas de la inversión de los fondos.

3. Las cuentas se formarán y rendirán por los Cajeros pagadores a que se refiere el número 1 del artículo 4°. de este Real Decreto y se conformarán por los Jefes de las Unidades Administrativas a las que las Cajas estén adscritas, quienes para su comprobación y tramitación posterior las remitirán a la Unidad Central prevista en el número 3 del artículo 4° de este Real Decreto.

4. La Intervención Delegada realizará la intervención de la inversión examinando las cuentas y los documentos que las justifiquen mediante procedimientos de auditoría o de muestreo.

Examinadas las cuentas se devolverán a la Unidad Central a que se refiere el número anterior con el informe correspondiente.

5. Recibidas las cuentas por la Unidad Central, ésta procederá:

a) A recabar, si procede, la aprobación de las mismas por la autoridad que dispuso la expedición de las correspondientes órdenes de pago.
b) Aprobadas las mismas las enviará al Tribunal de Cuentas.

En los Organismos autónomos, las cuentas justificativas podrán, a elección del Tribunal de Cuentas, quedar en poder del Organismo a disposición del Tribunal o enviarlas al mismo.

6. Los Jefes de las Unidades previstas en los números 2 y 3 del artículo 4°, de este Real Decreto cuidarán que la justificación definitiva se realice dentro del plazo reglamentario, adoptando, en su caso, las medidas que ordena la Ley General Presupuestaria, comunicando tal situación a los ordenadores de pagos.

7.3. Contabilización de los pagos a justificar

Conforme la Resolución de 28 de diciembre de 1999, de la Intervención General de la Administración del Estado, por la que se modifica la adaptación a la Administración General del Estado del Plan General de Contabilidad Pública y por la que se modifica el documento contable "Control de Pagos a Justificar", se establece que:

Primero. En la adaptación del Plan General de Contabilidad Pública a la Administración General del Estado, aprobada por Resolución de la Intervención General de la Administración del Estado de 17 de febrero de 1995, se realizan las siguientes modificaciones:

«1. Se crean las siguientes subcuentas:

5580 "Provisiones de fondos pendientes de justificar".

5585 "Libramientos para provisiones de fondos pendientes de pago"

669.8 "Gastos por diferencias derivadas del redondeo euro"

769.8 "Ingresos por diferencias derivadas del redondeo euro"

Estas subcuentas tendrán las definiciones y relaciones contables que se establecen en el anexo a la Orden del Ministerio de Economía y Hacienda de 18 de febrero de 1999, por la que se dictan instrucciones de contabilidad pública para el periodo transitorio de introducción del euro y se modifica el Plan General de Contabilidad Pública».

2. Se suprime la cuenta 441 "Deudores provisiones de fondos a justificar".

3. Se modifican las siguientes cuentas:

La cuenta 558 pasará a denominarse "Provisiones de fondos para pagos a justificar y anticipos de caja fija" y tendrá la definición prevista en el anexo de la Orden del Ministerio de Economía y Hacienda de 18 de febrero de 1999, antes referida.

La cuenta 575 "Bancos e instituciones de crédito. Cuentas restringidas de pagos" tendrá la definición y relaciones contables que se establecen en el anexo de la anterior Orden ministerial.»

Segundo. Para la aplicación de lo dispuesto en la disposición adicional tercera de la Orden del Ministerio de Economía y Hacienda de 18 de febrero de 1999, por la que se dictan instrucciones de contabilidad pública para el periodo transitorio de introducción del euro y se modifica el Plan General de Contabilidad Pública, la Administración General del Estado deberá realizar, antes del cierre del ejercicio 1999, los siguientes ajustes:

«1. Las Oficinas de Contabilidad de los Departamentos Ministeriales, una vez registradas todas las operaciones del ejercicio, procederán a cancelar las cuentas 441 "Deudores por provisiones de fondos a justificar", 575 "Bancos e instituciones de crédito. Cuentas restringidas de pagos", y 558 "Anticipos de caja fija pendientes de reposición", por los saldos que cada una de ellas presentan a fin de ejercicio, utilizando como contrapartida la subcuenta 5516 "Operaciones gestionadas por la DGTPF".

2. La Oficina de Contabilidad de la Dirección General del Tesoro y Política Financiera realizará los siguientes asientos:

Por el importe del saldo que presentaba en los Departamentos Ministeriales la cuenta 575 "Bancos e instituciones de crédito. Cuentas restringidas de pagos" en el momento de su cancelación, se adeudará a esta misma cuenta con abono a la subcuenta 5526 "Operaciones en otros centros gestores por nuestra cuenta".

Por el importe del saldo que presentaba en los Departamentos Ministeriales la cuenta 558 "Anticipos de caja fija pendientes de reposición" en el momento de su cancelación, se dará de alta la subcuenta 5580 "Provisiones de fondos pendientes de justificar", utilizando como contrapartida la subcuenta 5526 "Operaciones en otros centros gestores por nuestra cuenta".

Por el importe del saldo que presentaba la cuenta 441 "Deudores por provisiones de fondos a justificar" en los Departamentos Ministeriales en el momento de su cancelación, se abonará la subcuenta 5526 "Operaciones en otros centros gestores por nuestra cuenta", con cargo a la subcuenta 5585 "Libramientos para provisiones de fondos pendientes de pago", por importe de los libramientos expedidos para "pagos a justificar" que estén pendientes de pago, y con cargo a la subcuenta 5580 "Provisiones de fondos pendientes de justificar" por el resto del saldo.»

Tercero. La Oficina de Contabilidad de la Dirección General del Tesoro y Política Financiera, una vez registradas las operaciones del apartado anterior y antes del cierre del ejercicio 1999, procederá a ajustar el saldo que presente la cuenta 575 «Bancos e instituciones de crédito. Cuentas restringidas de pagos» al saldo real existente a 31 de diciembre en las cuentas abiertas dentro de la agrupación «Tesoro Público. Provisiones de fondos», de acuerdo con las relaciones contables que para dicha cuenta se establecen en el anexo de la Orden del Ministerio de Economía y Hacienda de 18 de febrero de 1999.

Para el registro de dicho ajuste se seguirá la operatoria contable establecida en la regla 37 de la Instrucción de Operatoria Contable a seguir en la Ejecución del Gasto del Estado, según la nueva redacción que ha dado a dicha regla la disposición adicional única de la Orden del Ministerio de Economía y Hacienda de 4 de noviembre de 1999, por la que se regulan las operaciones de cierre del ejercicio 1999 relativas a la contabilidad de gastos públicos y se modifica la Instrucción de Operatoria Contable a seguir en la Ejecución del Gasto del Estado.

Cuarto. Se modifica el formato del documento contable «Control de Pagos a Justificar». En el formato hasta ahora vigente se elimina la operación «Justificación» y se crean en su lugar las operaciones «Presentación» y «Aprobación».

8. Justificación de libramientos

Como hemos visto anteriormente, el perceptor de una orden de pago a justificar, está lógicamente obligado a justificar detalladamente los fondos que con tal carácter le fueron librados, en el plazo de tres meses desde su percepción.

La justificación de las cuentas debe formalizarse en el plazo de tres meses desde su percepción, excepto las correspondientes a pagos en el extranjero y pagos con cargo a créditos del Fondo Social Europeo y a expropiaciones que podrán ser rendidas en el plazo de seis meses. Los plazos podrán ampliarse a seis y doce meses, respectivamente, por el Director General del Tesoro y Política Financiera y, en su caso, por los Presidentes o Directores de Organismos Autónomos del Estado, a propuesta del organismo gestor del crédito, con informe de la Intervención Delegada; las cuentas se formarán y rendirán por los Cajeros Pagadores y se conformarán por los jefes de las Unidades Administrativas a las que estén adscritas las Cajas, que las remitirán para su comprobación y tramitación posterior a la Unidad Central de Caja. A las cuentas se acompañarán debidamente relacionadas las facturas y demás documentos originales que justifiquen la aplicación de los fondos.

Para ello, a los documentos OK, de reconocimiento de la obligación, se unirá la documentación en la que se acredite la realización de la prestación o el derecho del acreedor de conformidad con los acuerdos que autorizaron y comprometieron el gasto.

En el caso de operaciones mixtas, a las correspondientes a documentos ADOK, positivos o negativos, se acompañará la documentación justificativa de todas las fases que se acumulen en la operación.

El documento PR se justificará con el acuerdo de prescripción de obligaciones.

9. Control del gasto público. Clases. Especial referencia al control de legalidad

9.1. El control interno de la gestión económico-presupuestaria

9.1.1. Concepto

Puede definirse la actividad económico-financiera de las Entidades Públicas como la encaminada a la realización de los gastos necesarios para la prestación de bienes y servicios de su competencia, y correlativamente la obtención de los recursos para financiarlos. La actividad económico-financiera se traduce en un flujo de gastos e ingresos.

El control de la actividad económico-financiera consiste en el proceso de fiscalización y revisión de la actividad financiera realizada por los órganos ejecutivos o de gestión de los Entes Públicos, lo que implica una supervisión de la actividad económico-financiera realizada por sus órganos ejecutivos o de gestión.

La actividad económico-financiera debe efectuarse con arreglo a los siguientes principios:

a) **Legalidad,** es decir, con sometimiento pleno a la ley y al resto del ordenamiento jurídico –arts. 9º y 106 de la Constitución y 6º de la Ley 7/1985.

b) **Eficacia,** en otras palabras, cumpliendo los objetivos marcados, tendentes a la satisfacción del interés público.

c) **Eficiencia**, no sólo logrando la consecución de objetivos y los programas establecidos, sino al menor coste posible.

d) **Economía,** en otros términos, se realiza la actividad de forma que se maximicen resultados y se minimicen costes.

El control de la actividad financiera perseguirá principalmente la comprobación de que los órganos gestores cumplen estos principios en su actuación.

9.1.2. Clases de control

Pueden señalarse las siguientes clases de control en función del criterio que se adopte:

a) Criterio del sujeto que lo realiza.

Según a quien corresponda la realización del control, éste puede ser interno o externo.

- **El control es interno** cuando el sujeto que lo ejerce depende del ente cuyos actos supervisa, es decir, pertenece a su estructura. El control interno en la Administración corresponde a la Intervención general de la Administración del estado (IGAE)

- **El control es externo** cuando el órgano supervisor no depende del órgano fiscalizado. El control externo se realiza por el Tribunal de Cuentas.

b) Criterio temporal.

Según la oportunidad con que el control se efectúa respecto al acto fiscalizado, aquél puede ser preventivo, concomitante o ulterior. Es preventivo cuando es previo al acto. Es concomitante cuando, juntamente con el acto, se lleva a cabo la acción de control. Y el control es ulterior, crítico o a posteriori, cuando se realiza luego practicado el acto.

c) Por la forma de ejercer el control y su finalidad.

El control puede ser de legalidad, control financiero y control de eficacia.

El primero se dirige a comprobar y garantizar el cumplimiento de las disposiciones reguladoras de la gestión financiera.

El segundo tiene por finalidad básica la comprobación del funcionamiento de la entidad en el aspecto económico-financiero de los Entes controlados.

El control de eficacia es definido por Albiñana como "el que se propone comprobar en qué grado se han cumplido o ejecutado los programas de gastos públicos desde el ángulo de la eficaz y/o racional asignación de los recursos públicos".

9.2. Especial referencia al control de legalidad

Para la Administración General del Estado la Función Interventora se regula en el **Real Decreto 2188/1995 de 28 de diciembre, por el que se desarrolla el régimen del control interno ejercido por la Intervención General de la Administración del Estado.**

Artículo 1. Ámbito de aplicación

El control interno de la gestión económico-financiera del sector público estatal se realizará en los términos establecidos en el texto refundido de la Ley General Presupuestaria y en el presente Reglamento, sobre el conjunto de dicha actividad financiera y sobre los actos con contenido económico que la integran.

El control interno a que se refiere el presente Reglamento no será de aplicación a los órganos que no dependan del Gobierno o de la Administración General e Institucional del Estado.

Artículo 2. Formas de ejercicio

1. El control interno de la gestión económico financiera del sector público estatal se realizará mediante **el ejercicio de la función interventora y del control financiero.**

2. La función interventora tiene por objeto controlar todos los actos de la Administración del Estado y de sus Organismos autónomos que den lugar al reconocimiento de derechos y de obligaciones de contenido económico, así como los ingresos y pagos que de ellos se deriven y la recaudación, inversión o aplicación en general de los caudales públicos, con el fin de asegurar que la administración de la Hacienda Pública se ajusta a las disposiciones aplicables en cada caso.

3. El control financiero tiene por objeto comprobar que la actuación, en el aspecto económico-financiero, de los servicios, Organismos autónomos, sociedades y demás entes públicos estatales, cualquiera que sea su denominación y forma jurídica, se ajusta al ordenamiento jurídico así como a los principios generales de buena gestión financiera.

Este control comprenderá la verificación de la eficacia y eficiencia, así como el adecuado registro y contabilización de la totalidad de las operaciones realizadas por cada órgano o entidad y su fiel reflejo en las cuentas y estados que, conforme a las disposiciones aplicables, deban formar éstos. Dicha función podrá ejercerse con carácter permanente.

El control de eficacia, a ejercer por la Intervención General de la Administración del Estado, comprenderá el análisis del coste de funcionamiento y del rendimiento o utilidad de los respectivos servicios o inversiones, así como del cumplimiento de los objetivos de los correspondientes programas, sin que dicho control pueda emitir juicio sobre las decisiones de carácter político.

El control de eficacia se realizará sin perjuicio del que cada departamento ministerial, en el ámbito de sus competencias, pueda desarrollar en esta materia, por sí mismo o en colaboración con la Intervención General de la Administración del Estado.

Cuando los presupuestos de los servicios o entidades públicas se formulen por programas, objetivos o planes de actuación el control financiero tendrá como objeto, entre otros, el examen, análisis y evaluación de los sistemas y procedimientos de seguimiento de objetivos aplicados por los órganos gestores, así como de cuantos documentos y antecedentes resulten necesarios para determinar el grado de fiabilidad de los datos contenidos en los informes que, con relación a la ejecución de los programas, deban rendir los órganos gestores responsables.

A estos efectos, los órganos gestores habrán de establecer un sistema de seguimiento de objetivos adaptado a las necesidades propias de su gestión con la finalidad de poder evaluar el cumplimiento de los objetivos que han servido de base en la asignación de recursos.

Artículo 3. Principios de ejercicio del control interno

1. La Intervención General de la Administración del Estado, en el ejercicio de sus funciones de control interno, estará sometida a los principios de **autonomía funcional, ejercicio desconcentrado y procedimiento contradictorio.**

2. El control interno de la Intervención General de la Administración del Estado se ejercerá **con plena autonomía respecto de las autoridades y demás entidades cuya gestión sea objeto del control.** A tales efectos, los funcionarios que realicen el mismo tendrán independencia funcional respecto de los titulares de las entidades cuya gestión controlen y ajustarán sus actuaciones a las instrucciones impartidas al efecto por el citado centro directivo.

3. La Intervención General de la Administración del Estado dará cuenta a los órganos de gestión controlados de los resultados más relevantes de las comprobaciones efectuadas y recomendará las actuaciones que resulten aconsejables. De igual modo, este centro dará cuenta al Consejo de Ministros, a través del Ministro de Economía y Hacienda, de los resultados que por su especial transcendencia considere adecuado elevar al mismo, o cuando los responsables de la gestión no adopten las medidas correctoras propuestas.

4. Cuando la naturaleza del acto, documento o expediente lo requiera, la Intervención General de la Administración del Estado o sus Interventores Delegados, en el ejercicio de sus funciones de control interno, podrán recabar directamente de los distintos órganos de la Administración General e Institucional los asesoramientos jurídicos y los informes técnicos que consideren necesarios, así como los antecedentes y documentos precisos para el ejercicio de sus funciones de control interno, con independencia del medio que los soporte. Cuando los asesoramientos e informes hayan de recabarse de órganos cuya competencia se extiende a la totalidad de dicha Administración, se solicitarán, en todo caso, por la Intervención General de la Administración del Estado.

5. La Intervención General de la Administración del Estado podrá interponer los recursos y reclamaciones que autoricen las disposiciones vigentes. Asimismo, podrá instar la declaración de lesividad y la revisión de oficio de aquellos actos que considere perjudiciales para los intereses económicos de la Hacienda Pública.

Artículo 4. Deberes del personal controlador

1. Los funcionarios que ejerzan la función interventora o realicen el control financiero deberán guardar el debido sigilo con relación a los asuntos que conozcan en el desempeño de sus funciones.

Los datos, informes o antecedentes obtenidos en el ejercicio del control interno sólo podrán utilizarse para los fines asignados al mismo y, en su caso, para formular la correspondiente denuncia de hechos que puedan ser constitutivos de infracción administrativa, responsabilidad contable o penal. Asimismo, las Comisiones Parlamentarias de Investigación podrán tener acceso a dichos datos, informes o antecedentes.

2. Cuando en la práctica de un control, el interventor actuante aprecie, que los hechos acreditados o comprobados pudieran ser susceptibles de constituir una infracción administrativa, o dar lugar a la exigencia de responsabilidades contables o penales, actuará de acuerdo con las reglas que se establecen a continuación:

a) Cuando los hechos pudieran ser constitutivos de delito, dará traslado de las actuaciones a la Intervención General de la Administración del Estado, la cual remitirá lo actuado al órgano competente.

b) En el caso de posibles infracciones en materia de gestión económico-presupuestaria de las previstas en la Ley 19/2013, de 9 de diciembre, de transparencia, acceso a la información pública y buen gobierno, que no siendo constitutivas de delito afecten a presuntos responsables comprendidos en el ámbito de aplicación de la citada ley, dará traslado de las actuaciones a la Oficina de Conflictos de Intereses.

c) En las restantes infracciones en materia de responsabilidad contable no comprendidas en el epígrafe b) anterior, se estará con carácter general a lo dispuesto en el artículo 180, en relación con el 177, de la Ley 47/2003, de 26 de noviembre, General Presupuestaria.

d) En el caso de otras posibles infracciones administrativas distintas de las anteriores, se dará traslado de los hechos a la Subsecretaría del Departamento correspondiente y, en su caso, a los órganos competentes de los organismos públicos y de las entidades del sector público estatal objeto de control.

El Interventor dará cuenta a la Intervención General de los informes remitidos al Tribunal de Cuentas y al Ministerio de Hacienda y Administraciones Públicas, en aplicación de lo dispuesto en el epígrafe c).

A efectos de lo dispuesto en los epígrafes a), c) y d) de este apartado 2, el órgano de control actuante ajustará su actuación a la normativa específica y a las circulares e instrucciones aprobadas por la Intervención General de la Administración del Estado.

3. En los demás casos en que proceda legalmente el acceso a los informes de control, la solicitud de los mismos deberá dirigirse directamente al gestor directo de la actividad controlada.

Artículo 5. Facultades del personal controlador

1. Las autoridades, cualquiera que sea su naturaleza, así como los Jefes o Directores de oficinas públicas, Organismos autónomos y sociedades estatales y quienes en general, ejerzan funciones públicas o desarrollen su trabajo en dichas entidades deberán prestar la debida colaboración y apoyo a los funcionarios encargados de la realización del control.

2. El Servicio Jurídico del Estado deberá prestar la asistencia jurídica que, en su caso, corresponda a los funcionarios que, como consecuencia de su participación en actuaciones de control interno, sean objeto de citaciones por órgano jurisdiccional.

3. Los funcionarios actuantes en el control financiero podrán revisar los sistemas informáticos de gestión que sean precisos para llevar a cabo sus funciones de control. Los accesos a las bases de datos y archivos automatizados de la Administración tributaria se realizarán en el marco de las normas básicas de control y seguridad que se dicten en desarrollo de la disposición final segunda de la Ley 66/1997, de 30 de diciembre, de Medidas Fiscales, Administrativas y del Orden Social.

De la función interventora

Artículo 6. Ámbito de aplicación

1. La Administración General del Estado y sus organismos autónomos de carácter administrativo están sujetos a la función interventora en los términos establecidos en el capítulo I y en el artículo 99 del Título III del texto refundido de la Ley General Presupuestaria y en el presente Título.

2. Cuando en los procedimientos de gestión que den lugar a actos, documentos y expedientes de contenido económico objeto de control participen distintas Administraciones públicas, la función interventora se limitará a las actuaciones que se produzcan en el ámbito de la Administración General del Estado y sus Organismos autónomos administrativos.

Artículo 7. Principios de ejercicio

1. La función interventora tiene carácter interno y preventivo y tiene por objeto garantizar, en todo caso y para cada acto, el cumplimiento de las normas relativas a la disciplina presupuestaria, a los procedimientos de gestión de gastos, ingresos y aplicación de los fondos públicos.

2. La función interventora se ejercerá con ocasión de la autorización o aprobación de gastos, la comprobación de inversiones, la liquidación de gastos o reconocimiento de obligaciones, la ordenación de pagos y el reconocimiento y

liquidación de derechos, así como en la realización de los ingresos y pagos que de ellos se deriven.

3. **La función interventora se ejercerá en sus modalidades de intervención formal y material.** La intervención formal consistirá en la verificación del cumplimiento de los requisitos legales necesarios para la adopción del acuerdo, mediante el examen de todos los documentos que preceptivamente deban estar incorporados al expediente. En la intervención material se comprobará la real y efectiva aplicación de los fondos públicos.

4. Sin perjuicio del carácter suspensivo de los reparos, previsto en el texto refundido de la Ley General Presupuestaria, las opiniones de la Intervención respecto al cumplimiento de las normas no prevalecerán sobre las de los órganos de gestión. Los informes emitidos por ambos se tendrán en cuenta en el conocimiento de las discrepancias que se planteen, las cuales serán resueltas definitivamente por el Consejo de Ministros de acuerdo con lo previsto en el apartado 1 del artículo 98 del texto refundido de la Ley General Presupuestaria y en el artículo 16 del presente Real Decreto.

Artículo 8. Competencias

1. La distribución de competencias entre el Interventor general de la Administración del Estado y los interventores delegados, a que se refiere el artículo 94 de la Ley General Presupuestaria, se establece del modo siguiente:

a) El Interventor general de la Administración del Estado ejercerá la fiscalización previa en los actos de aprobación de los gastos siguientes:

   1. Los que hayan de ser aprobados por el Consejo de Ministros o por las Comisiones Delegadas del Gobierno.
   2. Los que supongan una modificación de otros que hubiera fiscalizado la Intervención General de la Administración del Estado.
   3. Los que deban ser informados por el Consejo de Estado o la Dirección General del Servicio Jurídico del Estado.

b) Los Interventores delegados, sin otras excepciones que las enumeradas en el apartado anterior, ejercerán en toda su amplitud la fiscalización e intervención de los actos relativos a gastos, derechos, pagos e ingresos que dicten las autoridades de los Ministerios, Centros, Dependencias u Organismos autónomos. La función se ejercerá por el Interventor delegado cuya competencia orgánica o territorial se corresponda con la de la autoridad que acuerde el acto de gestión. En el supuesto de concurrencia a la financiación de contratos de distintos Departamentos ministeriales a que se refiere el artículo 12.5 de la Ley de Contratos de las Administraciones

Públicas, la función se ejercerá por el Interventor delegado cuya competencia orgánica o territorial se corresponda con la del órgano de contratación.

2. Los interventores delegados en la esfera civil serán designados entre funcionarios del Cuerpo Superior de Inspectores de Finanzas del Estado de la correspondiente especialidad y, en la militar, entre los del Cuerpo Militar de Intervención de la Defensa.

3. Como competencia inherente a la función interventora el Interventor general de la Administración del Estado y los interventores delegados podrán interponer recursos y reclamaciones económico-administrativas en las materias a que se extiende su función fiscalizadora.

Del ejercicio de la función interventora

Artículo 9. De las distintas fases de la intervención

El ejercicio de la función interventora comprenderá:

a) La fiscalización previa de los actos que reconozcan derechos de contenido económico, aprueben gastos, acuerden movimientos de fondos y valores o aquéllos que sean susceptibles de producirlos.

b) La intervención de la liquidación del gasto y de la inversión.

c) La intervención formal de la ordenación del pago.

d) La intervención material del pago.

Artículo 10. Del contenido de la función interventora

1. Se entiende por fiscalización previa la facultad que compete a la Intervención de examinar, antes de que se dicte la correspondiente resolución, todo acto, documento o expediente susceptible de producir derechos u obligaciones de contenido económico o movimiento de fondos y valores, con el fin de asegurar, según el procedimiento legalmente establecido, su conformidad con las disposiciones aplicables en cada caso.

2. La intervención previa de la liquidación del gasto o reconocimiento de obligaciones es la facultad de la Intervención para comprobar, antes de que se dicte la correspondiente resolución, que las obligaciones se ajustan a la ley o a los negocios jurídicos suscritos por las autoridades competentes y que el acreedor ha cumplido o garantizado, en su caso, su correlativa prestación. La intervención de la comprobación material de la inversión se ajustará a lo establecido en el artículo 28 de este Reglamento.

3. La intervención formal de la ordenación del pago es la facultad atribuida a la Intervención para verificar la correcta expedición de las órdenes de pago contra el Tesoro Público.

4. La intervención material del pago es la facultad que compete a la Intervención para verificar que dicho pago se ha dispuesto por órgano competente y se realiza en favor del perceptor y por el importe establecidos.

Del procedimiento para el ejercicio de la función interventora sobre los derechos e ingresos

Artículo 11. Fiscalización previa de derechos e ingresos

La fiscalización previa e intervención de los derechos e ingresos del Tesoro Público se sustituyen por el control inherente a la toma de razón en contabilidad y el control posterior a que se refiere el artículo siguiente de este Reglamento.

Sin perjuicio de lo establecido en el párrafo anterior, la citada sustitución no alcanzará a los actos de ordenación y pago material derivados de devoluciones de ingresos indebidos, que se fiscalizarán conforme a lo que se establece en la sección quinta del capítulo siguiente.

Artículo 12. Control posterior de derechos e ingresos

El control posterior de los derechos e ingresos del Tesoro Público se efectuará mediante el ejercicio del control financiero permanente. El Interventor general podrá establecer específicas comprobaciones posteriores sobre determinados tipos de liquidaciones.

Del procedimiento para el ejercicio de la función interventora sobre gastos y pagos

Artículo 13. Momento y plazo para el ejercicio de la función interventora

1. La Intervención recibirá el expediente original completo una vez reunidos todos los justificantes y emitidos los informes preceptivos y cuando esté en disposición de que se dicte acuerdo por quien corresponda, sin perjuicio de lo previsto en el párrafo tercero del artículo 2.2 de la Ley Orgánica 3/1980, de 22 de abril, del Consejo de Estado. En este caso, la fiscalización, además de comprobar con anterioridad al dictamen del Consejo de Estado los extremos exigidos por la normativa vigente, con posterioridad a dicho dictamen únicamente constatará su existencia material y su carácter favorable.

Los documentos electrónicos que formen parte del expediente original deberán incorporar las firmas electrónicas necesarias, que garanticen la identificación del emisor, su autenticidad y la integridad e inalterabilidad del documento. A tales efectos, la firma electrónica estará basada en certificado electrónico de los previstos en el artículo 13.2.a) y b) de la Ley 11/2007, de 22 de junio, de acceso electrónico de los ciudadanos a los servicios públicos, para documentos firmados por el ciudadano, y en el artículo 21.a) y b) del Real Decreto 1671/2009, de 6 de noviembre, por el que se desarrolla parcialmente la Ley 11/2007, para los documentos firmados por las Administraciones públicas, y se ajustará a lo dispuesto en la Política de Firma Electrónica y de Certificados de la Administración General del Estado, publicada mediante Resolución de 29 de noviembre de 2012, de la Secretaría de Estado de Administraciones Públicas. Los documentos administrativos podrán estar firmados mediante certificado de sello electrónico de los previstos en el artículo 18.1.a) de la Ley 11/2007, cuando sea admisible de acuerdo con la normativa vigente. Su remisión a la Intervención se efectuará de acuerdo con lo previsto en los artículos 13 bis y 13 ter siguientes.

2. La Intervención fiscalizará el expediente en el plazo máximo de 10 días contado desde el siguiente a la fecha de recepción. Este plazo se reducirá a cinco días computados de igual forma cuando se haya declarado urgente la tramitación del expediente o se aplique el régimen especial de fiscalización e intervención previa regulado en los artículos 19 y siguientes de este real decreto.

Cuando el expediente esté integrado por documentos en soporte electrónico y en papel, no se entenderá completo hasta la fecha de recepción del último documento, justificante e informe que forme parte de aquel según la relación de documentos que ha de acompañar tanto a los que se remitan en soporte papel como en soporte electrónico. Dicha relación, que será generada por alguna de las aplicaciones previstas en el artículo 13 bis, incluirá necesariamente una enumeración de los documentos constitutivos del expediente con indicación del soporte, electrónico o papel, en el que se remita cada uno de ellos. La relación que acompañe los documentos electrónicos será devuelta al remitente en el acuse de recibo con la identificación asignada al expediente. Esta relación será, además, archivada en alguna de las aplicaciones previstas en el artículo 13 bis a los efectos del control de su integridad, y la que acompañe los documentos en papel incorporará la firma manuscrita del remitente, así como la identificación del expediente asignada por la aplicación. El momento en que el expediente esté completo determina el inicio del cómputo del plazo para el ejercicio de la función interventora.

Cuando la Intervención haga uso de la facultad a que se refiere el artículo 3.4, se suspenderá el plazo de fiscalización previsto en este artículo, y quedará obligada a dar cuenta de dicha circunstancia al gestor.

Artículo 13 bis. Remisión del expediente a la Intervención a través de sistemas informáticos

1. Cuando la propuesta y el acto o resolución objeto de fiscalización o intervención previa se formalicen en documento electrónico, el resultado de la fiscalización o intervención previa se formalizará igualmente en documento electrónico que incorporará la firma electrónica del Interventor competente.

En este caso, la firma electrónica estará basada en certificado electrónico de los previstos en el artículo 21.a) y b) del Real Decreto 1671/2009, de 6 de noviembre, por el que se desarrolla parcialmente la Ley 11/2007, para los documentos firmados por las Administraciones públicas, y se ajustará igualmente a lo dispuesto en la Política de Firma Electrónica y de Certificados de la Administración General del Estado, publicada mediante Resolución de 29 de noviembre de 2012, de la Secretaría de Estado de Administraciones Públicas.

2. La puesta del expediente a disposición de la Intervención para su fiscalización o intervención, así como la formalización de su resultado en documento electrónico y la remisión posterior de éste y del expediente, se realizará exclusivamente a través de alguno de los siguientes sistemas de información y comunicación:

a) Mediante la utilización de una aplicación informática desarrollada específicamente por la Intervención General de la Administración del Estado, en la que el órgano gestor genera y tramita el expediente.

   Esta aplicación informática deberá ser objeto de aprobación mediante resolución de la Intervención General de la Administración del Estado que definirá los aspectos relativos a:

   1. Legalidad de la aplicación: adecuación del funcionamiento de la aplicación a los requisitos y trámites del procedimiento;
   2. Seguridad de aplicación: preservación de la disponibilidad, confidencialidad e integridad de los datos tratados por la aplicación;
   3. Normalización de los medios de acceso: especificaciones técnicas sobre los medios y formatos de acceso;
   4. Conservación de los soportes utilizados: proporción entre la durabilidad de los soportes y el tiempo en que deben mantenerse los datos en ellos incluidos.

b) Mediante la utilización de una aplicación informática desarrollada específicamente por la Intervención General de la Administración del Estado para la citada finalidad, en los supuestos en que el órgano gestor genere y tramite el expediente mediante sistemas y aplicaciones propias.

Esta aplicación informática deberá ser objeto de aprobación mediante resolución de la Intervención General de la Administración del Estado en los mismos términos establecidos en el segundo párrafo del artículo 13 bis.2.a) anterior.

Para facilitar la interoperabilidad de este sistema con los propios sistemas de gestión de los órganos gestores, la Intervención General de la Administración del Estado pondrá a su disposición un servicio web específico, ajustado a las Normas Técnicas de Interoperabilidad dictadas en desarrollo del Real Decreto 4/2010, de 8 de enero, por el que se regula el Esquema Nacional de Interoperabilidad en el ámbito de la Administración Electrónica, que permita la comunicación, a tal efecto, entre dichos órganos gestores y su correspondiente órgano de control.

3. El acceso y utilización por los órganos gestores de las aplicaciones desarrolladas por la Intervención General de la Administración del Estado, incluidas en los modelos de funcionamiento del apartado 2.a) y b), deberá ajustarse a lo establecido en las disposiciones sobre política de seguridad de los sistemas de información y procedimientos de control de accesos de la propia Intervención General de la Administración del Estado, basados en el Esquema Nacional de Seguridad en el ámbito de la Administración Electrónica, aprobado mediante Real Decreto 3/2010, de 8 de enero, y requerirá un certificado electrónico de los previstos en el artículo 21.a) y b) del Real Decreto 1671/2009, de 6 de noviembre, por el que se desarrolla parcialmente la Ley 11/2007, cuando se trate de acceso personal, o de los previstos en el artículo 19 del mismo real decreto, cuando el acceso se efectúe desde otro sistema.

4. Los formatos admitidos para los documentos electrónicos incluidos en el expediente, así como los de su encapsulamiento, en los modelos de funcionamiento del apartado 2.a) y b), serán los que se establezcan en las disposiciones que aprueben las respectivas aplicaciones, y estarán dentro de los admitidos en la norma técnica de interoperabilidad del catálogo de estándares.

Artículo 13 ter. Formalización del resultado de la función interventora en soporte papel

Cuando la propuesta y el acto o resolución objeto de fiscalización o intervención previa se formalicen en documento en soporte papel con firma manuscrita, el resultado de la fiscalización o intervención previa se formalizará igualmente en dicho soporte. En estos casos, la puesta a disposición de la Intervención de los documentos electrónicos que formen parte del expediente se realizará exclusivamente a través de la aplicación informática prevista en el apartado 2.b) del artículo anterior.

Artículo 14. Fiscalización de conformidad

La Intervención hará constar su conformidad mediante una diligencia firmada sin necesidad de motivarla cuando de la verificación de los extremos a los que se extienda la función interventora y del resultado de las validaciones efectuadas por la aplicación informática, en los términos que se determinen mediante resolución de la Intervención General de la Administración del Estado, el expediente objeto de fiscalización o intervención se ajuste a la legalidad.

Artículo 15. Reparos

1. Si la Intervención se manifestase en desacuerdo con el fondo o con la forma de los actos, documentos o expedientes examinados, deberá formular sus reparos por escrito.

Dichos reparos deberán ser motivados con razonamientos fundados en las normas en las que se apoye el criterio sustentado y deberán comprender todas las objeciones observadas en el expediente.

2. El reparo suspenderá la tramitación del expediente, hasta que sea solventado, en los casos siguientes:

a) Cuando se base en la insuficiencia del crédito o el propuesto no se considere adecuado.

b) Cuando se aprecien graves irregularidades en la documentación justificativa de las órdenes de pago o no se acredite suficientemente el derecho de su perceptor.

c) En los casos de omisión en el expediente de requisitos o trámites que, a juicio de la Intervención, sean esenciales, o cuando estime que la continuación de la gestión administrativa pudiera causar quebrantos económicos al Tesoro Público o a un tercero.

d) Cuando el reparo derivare de comprobaciones materiales de obras, suministros, adquisiciones y servicios.

3. Cuando el órgano al que se dirija el reparo lo acepte, deberá subsanar las deficiencias observadas y remitir de nuevo las actuaciones a la Intervención en el plazo de quince días.

Cuando el órgano al que se dirija el reparo no lo acepte, iniciará el procedimiento descrito en el artículo siguiente.

4. La Intervención podrá fiscalizar favorablemente, no obstante los defectos que observe en el expediente, siempre que los requisitos o trámites incumplidos no sean esenciales.

En este supuesto la efectividad de la fiscalización favorable quedará condicionada a la subsanación de aquéllos defectos con anterioridad a la aprobación del expediente. El órgano gestor remitirá a la Intervención la documentación justificativa de haberse subsanado dichos defectos.

De no solventarse por el órgano gestor los condicionamientos indicados para la continuidad del expediente se considerará formulado el correspondiente reparo.

Artículo 16. Discrepancias

1. Cuando el órgano gestor no acepte el reparo formulado, planteará a la Intervención discrepancia, en el plazo de quince días, de conformidad con el procedimiento previsto en este artículo. La discrepancia deberá ser necesariamente motivada con cita de los preceptos legales en los que sustente su criterio.

2. Cuando el órgano al que se dirija el reparo no lo acepte y dicho reparo haya sido formulado por una Intervención Delegada, corresponderá a la Intervención General de la Administración del Estado resolver la discrepancia en el plazo de quince días, siendo su resolución obligatoria para aquélla.

3. Cuando el órgano al que se dirige el reparo no lo acepte y dicho reparo haya sido formulado por la Intervención General de la Administración del Estado, o ésta haya confirmado el de una Intervención Delegada subsistiendo la discrepancia, corresponderá al Consejo de Ministros adoptar resolución definitiva.

4. Si el titular del Departamento acordara someter el expediente a la decisión del Consejo de Ministros, por existir discrepancia con la Intervención General de la Administración del Estado, lo comunicará, con al menos cinco días de antelación, a la reunión del Consejo en que se conozca el asunto, al Ministro de Economía y Hacienda, por conducto de la Intervención General, la cual unirá los informes relacionados con la discrepancia planteada.

5. La Secretaría del Consejo de Ministros comunicará al Departamento correspondiente y a la Intervención General de la Administración del Estado el acuerdo adoptado sobre la discrepancia.

Del control financiero

Artículo 33. Ámbito de aplicación

El control financiero se ejercerá respecto de los sujetos siguientes:

a) Los servicios, Organismos autónomos, sociedades y demás entes públicos estatales, cualesquiera que sean su denominación y forma jurídica.

b) Las sociedades mercantiles, empresas, entidades y particulares por razón de las subvenciones, créditos, avales y demás ayudas del Estado o de sus organismos autónomos, o de otro modo concedidas con cargo a los Presupuestos Generales del Estado o a fondos de las Comunidades Europeas, así como las entidades colaboradoras que participen en el procedimiento para su concesión y gestión.

Artículo 34. Objetivo y competencias

1. El control financiero al que se refieren los artículos 17 y 18 del texto refundido de la Ley General Presupuestaria, aprobado por Real Decreto legislativo 1091/1988, de 23 de septiembre, **tiene por objeto verificar que la gestión económico-financiera del sector público estatal se adecua a los principios de legalidad, economía, eficiencia y eficacia.**

2. El control financiero, que será ejercido con plena autonomía e independencia respecto de las autoridades y entidades cuya gestión se controle, se realizará por la Intervención General de la Administración del Estado a través de sus Subdirecciones Generales, Intervenciones Delegadas y los funcionarios que aquélla designe, de conformidad con lo previsto en el texto refundido de la Ley General Presupuestaria, en el presente Real Decreto y demás disposiciones reglamentarias.

3. El control financiero tiene como finalidad promover la mejora de las técnicas y procedimientos de gestión económico-financiera, a través de las propuestas que se deduzcan de los resultados del mismo. De los informes de control se podrá extraer información que permita una mejor aplicación de los principios de eficiencia y economía en la programación y ejecución del gasto público.

Artículo 35. Formas de ejercicio

1. *El control financiero se ejercerá mediante auditorías u otras técnicas de control, de conformidad con lo establecido en el presente Real Decreto y en las normas de auditoría e Instrucciones que dicte la Intervención General de la Administración del Estado.*

2. **Las auditorías consistirán** en la comprobación de la actividad económico-financiera de los entes o programas presupuestarios objeto de control, realizada de forma sistemática y mediante la aplicación de procedimientos de análisis de las operaciones o actuaciones singulares seleccionados al efecto.

Dichas comprobaciones, de acuerdo con los objetivos que en cada caso se persigan, podrán utilizar, para el análisis de la actividad económico-financiera, alguno de los siguientes modelos de auditoría: financiera, de cumplimiento, operativa, de programas presupuestarios y planes de actuación y de sistemas y procedimientos de gestión financiera.

3. Con independencia de lo dispuesto en el número anterior, el control financiero podrá consistir en:

a) El examen de registros contables, cuentas o estados financieros, mediante la aplicación de concretos procedimientos de análisis.
b) El examen de operaciones individualizadas y concretas.
c) La comprobación de aspectos parciales y concretos de una serie de actos efectuados por el ente controlado.
d) La comprobación material de inversiones y otros activos.
e) Las actuaciones concretas de control que deban realizarse conforme con lo que en cada caso establezca la normativa vigente.
f) Otras comprobaciones decididas por la Intervención General de la Administración del Estado en atención a las características especiales de las actividades realizadas por los entes sometidos a control.
g) La revisión de los sistemas informáticos de gestión económico-financiera, que abarcará el examen de las funciones y operaciones efectuadas en éstos, con el objeto de verificar que la información responde a los principios de fiabilidad, integridad, precisión y disponibilidad.

4. Las normas de auditoría e instrucciones dictadas por la Intervención General de la Administración del Estado serán de aplicación a todas las auditorías que se realicen en el ámbito del sector público estatal por los órganos funcionalmente dependientes de dicho centro directivo y los auditores de cuentas o sociedades de auditoría de cuentas contratados al efecto.

Además la **CIRCULAR 3/1996, de 30 de abril, por la que se dictan instrucciones sobre función interventora.**

La entrada en vigor del Real Decreto 2188/1995, de 28 de diciembre, por el que se desarrolla el régimen de control interno ejercido por la Intervención General de la Administración del Estado, publicado en el B.O.E. de 25-1-1996, ha supuesto una modificación de la anterior normativa contenida fundamentalmente en los Reales Decretos de 3 de marzo de 1925, por el que se aprobó el Reglamento del Tribunal Supremo de la Hacienda Pública y en el 1124/1978, de 12 de mayo, por el que, con el carácter de instrucción provisional, se desarrollan las normas relativas a los servicios de intervención y control contenidas en la Ley General Presupuestaria. Por otra parte, el Real Decreto 405/1996, de 1 de marzo, de reorganización de la Intervención General de la Administración del Estado, modifica la estructura del Centro directivo y atribuye competencias a las Intervenciones delegadas en los diferentes Departamentos, Organismos y

Administración periférica. El Real Decreto 2188/1995 desarrolla detalladamente el Texto Refundido de la Ley General Presupuestaria introduciendo novedades en el ejercicio de la función interventora respecto de la regulación anterior, ello aconseja dejar sin efecto distintas Circulares de este Centro, como la 7/1984 sobre comprobación material de las inversiones, la 5/1987 sobre procedimiento y contenido de los informes por omisión de la preceptiva fiscalización y la 1/1991 sobre procedimiento en el examen de las cuentas justificativas de pagos a justificar y anticipos de caja fija. Asimismo, la aplicación de algunos de sus preceptos ha suscitado dudas en distintas Intervenciones delegadas por lo que resulta aconsejable que, para garantizar la unidad de criterio, este Centro fije la doctrina en el ámbito de sus competencias. Por consiguiente, con la finalidad de conseguir este doble objetivo, esta Intervención General ha tenido a bien disponer lo siguiente:

Instrucción 1ª. Competencias

El Real Decreto 2188/1995 recoge, en el artículo 8.1.a) *las competencias del Interventor General* para fiscalizar la aprobación de determinados gastos, entre los que se encuentran los que supongan una modificación de otros que hubiera fiscalizado la Intervención General. Respecto de estos actos, el Interventor General ha delegado determinadas competencias en *los Interventores delegados* por Resolución de 10 de abril de 1996. Por lo que se refiere a los supuestos en los que la competencia del órgano gestor tenga un ámbito territorial pluriprovincial, se extienda o no a toda una Comunidad Autónoma, la intervención de los actos dictados por aquél corresponderá, de acuerdo con lo dispuesto en el artículo 7.4.a) del Real Decreto 405/1996, de 1 de marzo, de reorganización de la IGAE, *al Interventor Regional.* En el caso de que la sede del órgano gestor se encuentre en una localidad distinta a aquella en la que radique el Interventor Regional, se podrá proceder, en aras a la agilidad en el normal desenvolvimiento de los servicios, a delegar la competencia en el Interventor delegado territorial de la provincia donde tenga la sede el órgano gestor. Respecto de los expedientes de contratación que tengan por objeto la realización de auditorías y la elaboración e implantación de planes de contabilidad, deberán remitirse a este Centro, de acuerdo con lo dispuesto en la Carta-Circular de 1 de abril de 1991, por si el Interventor General decidiese avocar la competencia.

Instrucción 2ª. Recursos

De acuerdo con el artículo 17.1.a) del Real Decreto 2188/1995, de 28 de diciembre, están sometidos a intervención previa los actos resolutorios de recursos administrativos que tengan contenido económico, siendo el régimen de ejercicio, ordinario o especial de fiscalización limitada, aplicable a dichos actos el previsto para el expediente original por formar parte del mismo procedimiento. Idéntico criterio deberá aplicarse a los expedientes de revisión de actos administrativos. No obstante, las resoluciones de los órganos económico administrativos están excluidas de intervención, pues dichos órganos no tienen atribuidas funciones de gestión, sino conforme al artículo 90 de la Ley General Tributaria, de resolución de las reclamaciones que se susciten contra los actos de gestión, ejerciendo unas funciones calificadas como de "jurisdicción delegada" siendo, por tanto, un órgano de autocontrol de la Administración. Es esta naturaleza de órgano especial, carente de funciones de gestión, lo que determina que sus resoluciones no estén sometidas a intervención. A mayor abundamiento, la legitimación que el ordenamiento jurídico otorga a los interventores para recurrir dichas resoluciones nos conduce al mismo resultado, pues de estar sometidas a fiscalización no tendría sentido esta legitimación para recurrirlas.

Instrucción 3ª. Pagos a justificar y anticipos de caja fija

Apartado primero. Fiscalización previa de las órdenes de pago

En la fiscalización previa de las órdenes de pago a justificar por las que se ponen fondos a disposición de las cajas pagadoras del Estado y sus Organismos autónomos y de las órdenes de pago para la constitución, modificación y reposición de fondos de los anticipos de caja fija se efectuarán las comprobaciones señaladas en los artículos 22 y 23 del Real Decreto 2188/1995, con las especialidades en cuanto al régimen de reparos previstas en el artículo 24 del citado texto. Para la adecuada interpretación y aplicación de los mencionados preceptos, se estima necesario realizar las siguientes precisiones:

1. La comprobación, en la fiscalización previa de las órdenes de pago a justificar, de que el órgano pagador, a cuyo favor se libren las órdenes de pago, ha justificado dentro del plazo correspondiente la inversión de los fondos percibidos con anterioridad, deberá tener presente que la cuenta se considera rendida desde el momento en que se presenta a la Unidad Central. Asimismo, en cuanto a la excepción a la formulación de reparo por falta de justificación de libramientos anteriores cuando el Ministro o Presidente o Director del Organismo autónomo autorice un nuevo libramiento, deberá considerarse que tal autorización, en tanto que dirigida a evitar daños en el funcionamiento de los servicios y, por tanto, de carácter excepcional, deberá ir referida a una orden de pago específica, debiendo rechazarse fórmulas genéricas que eludiesen con carácter general el contenido del artículo 1.3 del Real Decreto 640/1987, de 8 de mayo, sobre pagos librados a justificar.
2. Se entenderá que el crédito propuesto en el libramiento para la reposición de fondos por anticipos de caja fija es el adecuado cuando exista coinci-

dencia entre las imputaciones presupuestarias del resumen de la cuenta y las de dicho libramiento. A este respecto, deberá tenerse presente que, tras la entrada en vigor del Real Decreto 2188/1995, la aprobación de la cuenta justificativa de los fondos librados por el sistema de anticipo de caja fija se produce una vez intervenida la misma y emitido el correspondiente informe por la Intervención competente, por lo que el documento contable de reposición de fondos se expedirá antes de la aprobación de dicha cuenta, y con cargo a las aplicaciones presupuestarias y por los importes consignados en la misma en ese momento. En este sentido, debe entenderse que la cuenta, tal como la haya rendido el correspondiente cajero pagador, acompañará al libramiento y le servirá de justificación, sin perjuicio de que se produzcan, en su caso, ulteriores operaciones de rectificación contable como consecuencia de su aprobación en distintos términos de aquéllos en los que se rindió.

Apartado segundo. Intervención de cuentas de pagos a justificar

La intervención de las cuentas justificativas de los pagos a justificar se realizará examinando las cuentas y los documentos que justifiquen cada partida.

1. El examen de las cuentas, que deberán ser presentadas con arreglo al modelo normalizado establecido por la Intervención General de la Administración del Estado en Resolución de 23 de diciembre de 1987, tiene por objeto verificar la observancia del procedimiento previsto en el artículo 12 del Real Decreto 640/1987 para su rendición, por lo que en cada cuenta deberá comprobarse que: - Está debidamente firmada. - Contiene un resumen cuadrado de la cuenta. - Incluye, en su caso, la carta de pago acreditativa del reintegro del sobrante. En los casos de pagos en el exterior a que se refiere el Real Decreto 591/1993, de 23 de abril, se acompañarán los documentos previstos en dicha norma. - Se rinde dentro del plazo establecido. - Existe correlación de la cuenta con el libramiento a que se refiere. - Comprende, debidamente relacionadas, facturas y documentos originales por importe igual al consignado en el resumen de la cuenta

2. El examen de los justificantes se llevará a cabo con arreglo al siguiente procedimiento:

I. **Extensión del examen**. El examen de los justificantes se realizará, de acuerdo con lo dispuesto en el punto IV de este apartado, sobre una muestra representativa de los mismos. No obstante, el Interventor, cuando aprecie la existencia de circunstancias particulares que lo aconsejen, podrá optar por el examen de todos los documentos citados. Se entenderán como justificantes a efectos de lo prevenido en el presente apartado, además de las facturas, las cuentas individuales de indemnizaciones por razón del servicio, y cuantos documentos, en general, acrediten un gasto determinado y justifiquen su pago, referidos a una misma partida de la cuenta en que se integran.

II. **Alcance del examen** En el examen de los justificantes se verificará:

a) La adecuación de los gastos realizados y justificados al crédito del libramiento y a las atenciones específicas para cuya cobertura fueron librados los fondos. Cuando los gastos justificados correspondan a conceptos distintos de los del libramiento pero se respete el nivel de vinculación presupuestaria establecido en la Ley, el Interventor deberá considerar correcta dicha imputación. No obstante, en el informe se hará constar dicha circunstancia a fin de que, siempre que sea posible, se efectúen las oportunas operaciones de rectificación contable.

b) Constancia del importe pagado, del gasto realizado y la identificación del acreedor.

c) Conformidad con la prestación recibida.

d) El recibí del acreedor o documento que acredite el pago del importe correspondiente.

e) El procedimiento aplicable en la ejecución de gastos concretos y determinados, incluida la fiscalización previa de los que no se encuentran excluidos de la misma de acuerdo con el artículo 95.1 y 2 del texto refundido de la Ley General Presupuestaria.

III. **Resultados del examen.** Cuando la cuenta no se reciba debidamente firmada por el órgano proponente para su aprobación, se devolverá por la Intervención para su firma. Los resultados del examen se pondrán de manifiesto en los informes a que hacen referencia el apartado cuarto y la instrucción 6ª siguientes.

IV. **Procedimientos de muestreo**

1. *Elección del procedimiento.* En el supuesto de aplicación de un procedimiento de muestreo, la elección del tipo del mismo se realizará por la Intervención Delegada competente en función de los medios disponibles y de los objetivos y alcance perseguidos, debiendo garantizarse, en todo caso, la aleatoriedad y objetividad del proceso de selección y la representatividad de la muestra. A estos efectos, se podrán utilizar los procedimientos de muestreo que figuran en el Anexo I de la Circular 3/1992, de 3 de marzo de este Centro. La determinación del tamaño de la muestra o, alternativamente, de la precisión y nivel de confianza fijados, se efectuará en función de los cometidos y carga de trabajo de la Intervención, y de los medios personales y materiales disponibles, así como del número de facturas o justificantes que componen el universo. A estos efectos, se define el universo como el conjunto de facturas o justificantes integrantes

de las cuentas justificativas que deban ser aprobadas por la misma Autoridad, y que tienen entrada en la Intervención a lo largo de un año. El tipo de muestreo elegido deberá garantizar el examen de las cuentas a medida que tienen entrada en la Intervención, para lo cual se procederá a la previsión del universo para cada año.

2. *Aplicación del procedimiento*. Para la aplicación del procedimiento de muestreo se tendrán en cuenta las siguientes especificaciones: - El criterio de ordenación de las cuentas será el del Registro de Entrada de la Intervención. - El marco o "lista de unidades de muestreo", estará constituido por copias de las "relaciones" de facturas o justificantes que integran las cuentas, respetando dentro de cada "relación" el orden en que aparezcan dichas facturas o justificantes. - Los justificantes o facturas a examinar en cada cuenta se obtendrán de las citadas relaciones que integran el marco o "lista de unidades de muestreo", aplicando el procedimiento de muestreo elegido.
3. *Diligenciado de las cuentas*. Las cuentas que se examinen utilizando procedimientos de muestreo, se diligenciarán indicando lo siguiente: "Intervención por muestreo. Artículo 12.4 Real Decreto 640/87. Cuenta justificativa examinada por muestreo". Esta diligencia figurará en la carátula de las cuentas y se firmará por el Interventor actuante.
4. *Limitaciones al muestreo*. A fin de garantizar que todas las cuentas son objeto de verificación, se excluirán de la aplicación de procedimientos de muestreo aquellas cuyo número de documentos justificativos sea muy reducido a juicio del Interventor. Asimismo y, sin perjuicio de su inclusión en el universo, se efectuará la comprobación de todos los justificantes que superen individualmente el importe de 300.000 pesetas.

Apartado tercero. Intervención de las cuentas justificativas de anticipos de caja fija

En el examen de las cuentas y documentos que las justifican, será de aplicación lo establecido en el apartado segundo anterior, sobre "pagos a justificar", con las particularidades siguientes:

1. El modelo a que se ha de ajustar la cuenta será el establecido en la Resolución de esta Intervención General de 14 de septiembre de 1989, con las variaciones derivadas de que la aprobación de la cuenta se produce una vez intervenida la misma y de que queda suprimido el trámite de alegaciones, tal como se especifica en el apartado cuarto siguiente.
2. No serán de aplicación los extremos relativos a la comprobación de la correlación de la cuenta con el libramiento a que se refiere, reintegro del sobrante y cumplimiento de plazos para la rendición de cuentas.

3. En el examen de los justificantes, la adecuación de los gastos al crédito presupuestario y a las atenciones para cuya cobertura fueron librados los fondos se referirá al libramiento para reposición y a la naturaleza de las atenciones previstas en los Acuerdos de constitución o modificación del anticipo.
4. Si en el examen de los justificantes se incluyen gastos correspondientes a conceptos no relacionados en el artículo 1 del Real Decreto 725/89 o por importe superior a 500.000 pesetas, excepto los relacionados en el artículo 2.3 de dicha norma, se hará constar en el informe a la cuenta.
5. La diligencia a consignar en las cuentas, cuando se apliquen procedimientos de muestreo, será la siguiente: "Intervención por muestreo. Artículo 7.4 del Real Decreto 725/89. Cuenta justificativa examinada por muestreo".

Apartado cuarto. Informes

De acuerdo con lo previsto en los Reales Decretos 640/1987, de 8 de mayo, 725/1989, de 16 de junio y 2188/1995, de 28 de diciembre, para cada cuenta justificativa de la inversión de fondos librados "a justificar" o como "anticipo de caja fija" se realizará informe singular en el que se reflejarán los resultados del examen efectuado sobre la misma y sobre los justificantes de las distintas partidas que la integran. En el indicado informe habrá de dejarse constancia del procedimiento seguido para el examen. En las correspondientes hojas de trabajo se indicarán los justificantes examinados de acuerdo con el muestreo utilizado.

Asimismo, se consignará en los correspondientes justificantes la diligencia "Justificante seleccionado". *El informe que se emita contendrá una opinión favorable o desfavorable acerca de la cuenta y de los documentos que justifiquen cada partida.* En este sentido, deberá emitirse informe favorable cuando no se observe defecto alguno al realizar las comprobaciones a que hacen referencia el punto 2.II del apartado segundo y el punto 4 del apartado tercero e informe desfavorable en caso contrario y, en particular, cuando se detecten defectos que impliquen la falta de justificación total o parcial de la cuenta o la posible existencia de responsabilidades previstas en los artículos 140 y siguientes del texto refundido de la Ley General Presupuestaria, supuestos, estos últimos, que requerirán, asimismo, la emisión de un informe especial con arreglo al procedimiento previsto en la instrucción 6ª siguiente.

A estos efectos, *deberá entenderse no justificada la cuenta, en todo caso, cuando la suma de los justificantes originales, incluido, en su caso, el del reintegro, sea inferior al importe del libramiento que justifica.* El informe, que en ningún caso tendrá efectos suspensivos respecto a la aprobación de la cuenta, será remitido por el Interventor junto con la correspondiente cuenta, que será aprobada, en su caso, por el órgano gestor. En este sentido, debe tenerse en cuenta que la redacción del artículo 25.c) del Real Decreto 2188/1995, supone una modificación en la tramitación de las cuentas por anticipos de caja fija prevista en el Real Decreto

725/89 en tanto que, a partir de la entrada en vigor de aquél, las cuentas no se aprueban con carácter previo al examen a practicar por la Intervención, sino que dicha aprobación se producirá, en su caso, una vez intervenida la cuenta justificativa por el órgano de control y emitido el correspondiente informe, razón ésta por la que debe entenderse sin efecto el trámite de alegaciones contemplado en el artículo 7.4 del Real Decreto 725/89, antes citado.

Instrucción 4ª. Comprobación material de la inversión

(Derogada por la Resolución de 14 de julio de 2015, de la Intervención General de la Administración del Estado, sobre el desarrollo de la función interventora en el ámbito de la comprobación material de la inversión.)Dicha Resolución de 2015 establece:

Instrucción 5ª. Omisión de la intervención previa

El procedimiento a seguir cuando se produce la omisión de la fiscalización o de la intervención previa, siendo éstas preceptivas, sigue estando centrado en la emisión por parte del Interventor que advierta esa circunstancia de un informe dirigido al órgano gestor, en el que, por una parte, ha de poner de manifiesto la citada omisión, y, por otra, ha de formular "su opinión respecto de la propuesta". Los informes deberán redactarse de forma que incluyan, ordenada y separadamente, los siguientes apartados:

a) Descripción detallada del gasto, con inclusión de todos los datos necesarios para su identificación, haciendo constar, al menos, los siguientes extremos: - Órgano gestor. - Objeto del gasto. - Importe. - Naturaleza jurídica (tipo de contrato, subvención, convenio, etc.) - Fecha de realización. - Concepto presupuestario y ejercicio económico al que se imputa.

b) Exposición de los incumplimientos normativos que, a juicio del interventor informante, se produjeron en el momento en que se adoptó el acto con omisión de la preceptiva fiscalización o intervención previa, enunciando expresamente los preceptos legales infringidos.

c) Constatación de que las prestaciones se han llevado a cabo efectivamente y de que su precio se ajusta al precio de mercado, para lo cual se tendrán en cuenta las valoraciones y justificantes aportados por el órgano gestor, que habrá de recabar los asesoramientos o informes técnicos que resulten precisos a tal fin.

d) Comprobación de que existe crédito presupuestario adecuado y suficiente para satisfacer el importe del gasto.

e) Posibilidad y conveniencia de revisión de los actos dictados con infracción del ordenamiento, que será apreciada por el interventor, en función de si se han realizado o no las prestaciones, el carácter de éstas y su valoración, así como de los incumplimientos legales que se hayan producido. Para ello, se tendrá en cuenta que el resultado de la revisión del acto se materializará acudiendo a la vía de indemnización de daños y perjuicios derivada de la responsabilidad patrimonial de la Administración como consecuencia de haberse producido un enriquecimiento injusto en su favor o de incumplir la obligación a su cargo, por lo que, por razones de economía procesal, sólo sería pertinente instar dicha revisión cuando sea presumible que el importe de dichas indemnizaciones fuera inferior al que se propone.

Instrucción 6ª. Actuaciones e informes especiales

Cuando en el ejercicio de la función interventora, el Interventor actuante entienda que los hechos acreditados en el expediente pudieran ser constitutivos de infracciones administrativas o de responsabilidades contables o penales se emitirá un informe especial. En particular, se emitirá este informe cuando en el examen de las cuentas de fondos librados a justificar o como anticipo de caja fija y de sus justificantes se detectaran defectos graves que, a juicio del Interventor, impliquen la falta de justificación parcial o total de la cuenta a la que se refieren, en cuyo caso se extenderá el examen a fin de obtener evidencia suficiente sobre la irregularidad apreciada y su alcance. Esta extensión se efectuará, en función del tipo y características de los defectos advertidos, sobre la cuenta, gasto o caja pagadora de que se trate.

El informe especial se remitirá a los órganos gestores a efectos de alegaciones. Transcurrido el plazo de 15 días y si, a juicio del Interventor, los defectos o anomalías no hubiesen sido subsanados suficientemente, lo pondrá en conocimiento de la Intervención General de la Administración del Estado mediante informe en el que se indicará: - Las presuntas infracciones, con descripción de los hechos constatados y los elementos que suponen su inclusión en el correspondiente tipo de infracción penal, administrativa o que den lugar a responsabilidad contable. - La identificación de los presuntos responsables. - Cuando del supuesto de hecho se derive responsabilidad contable, la cuantificación de los perjuicios causados. Al citado informe se acompañará copia de la documentación en la que conste la evidencia obtenida, así como, en su caso, de las alegaciones que hubiera realizado el ente controlado. Asimismo, se indicarán las actuaciones realizadas por el órgano gestor en relación a las presuntas infracciones detectadas.

Disposición Derogatoria

Quedan sin efecto las Circulares de este Centro 7/1984, de 9 de marzo, 5/1987, de 31 de marzo y 1/1991, de 15 de marzo.

10. El Tribunal de Cuentas

10.1. Configuración constitucional, normativa reguladora y funciones

Este Órgano Constitucional está previsto en el *artículo 136 de la Constitución*, que se refiere a él como el ***supremo órgano fiscalizador de las cuentas y de la gestión económica del Estado, así como del Sector Público*** (art. 136.1 C.E.).

Las cuentas del Estado y del sector público estatal se rinden al Tribunal de Cuentas y son censuradas por este órgano, quien anualmente remite a las Cortes Generales un informe en el que, cuando proceda, comunicará las infracciones o responsabilidades en que, a su juicio, se hubiere incurrido. Todo ello sin perjuicio de su propia jurisdicción (art. 136.2 C.E.).

El Tribunal de Cuentas depende directamente de las Cortes Generales (aunque no es un órgano propio de las mismas) y actúa por delegación de éstas en el examen y comprobación de la ***Cuenta General del Estado***.

El Tribunal de Cuentas procederá al examen y comprobación de la Cuenta General del Estado dentro del plazo de seis meses, a partir de la fecha en que se haya rendido.

El órgano de relación de las Cortes Generales con el Tribunal de Cuentas es la ***Comisión Mixta*** del Congreso de los Diputados y del Senado para las ***Relaciones con el Tribunal de Cuentas***.

La regulación del Tribunal de Cuentas se encuentra, por prescripción del art. 136.4, en una norma con rango de ley orgánica, la ***L.O. 2/1982, de 12 de mayo, del Tribunal de Cuentas*** *(LOTcu)*, que establece su ***composición, órganos y funciones.***

Son ***funciones*** propias del Tribunal de Cuentas: la *función fiscalizadora* y el *enjuiciamiento contable (art. 2 LOTcu)*

- La ***Función Fiscalizadora*** consiste en comprobar si la actividad económico-financiera del sector público respeta los principios de legalidad, eficiencia, economía, transparencia, así como la sostenibilidad ambiental y la igualdad de género.

  También corresponde al Tribunal de Cuentas la fiscalización de las subvenciones, créditos, avales u otras ayudas del sector público percibidas por personas físicas o jurídicas.

  Asimismo, corresponde al Tribunal de Cuentas la fiscalización de la actividad económico-financiera de los partidos políticos inscritos en el Registro de Partidos Políticos del Ministerio del Interior, así como la de las fundaciones y demás entidades vinculadas o dependientes de ellos.

El resultado de la fiscalización se expondrá por medio de informes o memorias ordinarias o extraordinarias y de mociones o notas que se elevarán a las Cortes Generales y se publicarán en el «Boletín Oficial del Estado».

Cuando la actividad fiscalizadora se refiera a las Comunidades Autónomas o a Entidades que de ellas dependan, el Informe se remitirá, asimismo, a la Asamblea Legislativa de la respectiva Comunidad y se publicará también en su «Boletín Oficial».

La función fiscalizadora es ejercida sin perjuicio de los órganos fiscalizadores de cuentas que para las Comunidades Autónomas puedan prever sus Estatutos.

- La ***Función Jurisdiccional*** consiste en el enjuiciamiento de la responsabilidad contable en que incurren los que tienen a su cargo el manejo de bienes, caudales o efectos públicos, y tiene por objeto lograr la indemnidad de los fondos públicos perjudicados, por malversación, por incorrecta, incompleta o nula justificación, o por otras causas o conductas en que puedan incurrir quienes tengan a su cargo el manejo de caudales o efectos públicos.

  En relación con esta última función, hay que decir que el Tribunal de Cuentas es único en su orden y extiende su jurisdicción a todo el territorio nacional.

  Junto a la LOTcu hay que aludir a la ***Ley 7/1988, de 5 de abril, de funcionamiento del Tribunal de Cuentas***, que regula los ***procedimientos*** mediante los cuales el Tribunal de Cuentas lleva a cabo la función ***de fiscalización*** externa de la actividad económico-financiera del sector público, así como de las subvenciones, créditos, avales y otras ayudas que, procedentes del mismo, sean concedidas a personas físicas o jurídicas, públicas o privadas, y establece los ***procedimientos*** mediante los que se lleva a efecto el ***enjuiciamiento*** de la responsabilidad ***contable***

  A pesar de su nombre, el Tribunal de Cuentas no es un órgano que forme parte del Poder Judicial, sin embargo sus miembros gozan de la misma independencia e inamovilidad y están sometidos al mismo régimen de incompatibilidades que los Jueces (art. 136.3 C.E.).

  El Tribunal de Cuentas ejercerá sus funciones con plena ***independencia*** y sometimiento al ordenamiento jurídico.

  El Tribunal de Cuentas elaborará su propio ***presupuesto***, que se integrará en los Presupuestos Generales del Estado, en una sección independiente y será aprobado por las Cortes Generales.

  El Tribunal de Cuentas tiene competencia para todo lo concerniente al gobierno y régimen interior del mismo y al personal a su servicio y podrá dictar ***reglamentos*** sobre su propio ***funcionamiento y organización***, así como sobre el estatuto de su **personal** y servicios. También podrá dictar reglamentos en desarrollo, aplicación y ejecución de su Ley de

Funcionamiento para establecer regulaciones de carácter secundario y auxiliar en todo lo relativo al Estatuto del personal a su servicio.

Los Reglamentos deberán ser aprobados por el Pleno y se publicarán en el Boletín Oficial del Estado, autorizados por su Presidente.

10.2. Órganos

El Tribunal de Cuentas se organiza en torno a los siguientes órganos: el Presidente, el Pleno, la Sala de Gobierno, la Sección de Fiscalización, la Sección de Enjuiciamiento, los Consejeros de Cuentas, la Fiscalía y la Secretaría General (art. 19 LOTCu).

- El **Presidente** del Tribunal de Cuentas es nombrado por el Rey de ***entre sus miembros***, a propuesta del Pleno, y por un período de ***tres años***. Sus ***atribuciones*** incluyen las de representar al Tribunal, convocar y presidir el Pleno y la Comisión de Gobierno (facultades que comprenden la decisión con voto de calidad en caso de empate), la fijación de los órdenes del día y la disposición de la ejecución de los acuerdos. Asimismo, ejerce la jefatura superior del personal, dispone los gastos y contrataciones, ostenta la superior inspección de los servicios propios del Tribunal y ejerce la potestad disciplinaria en casos de faltas graves (art. 20 LOTCu).
- El **Pleno** está integrado por ***el Presidente*** y los demás los ***Consejeros de Cuentas***, y ***el Fiscal*** (art. 21 LOTCu).

  Corresponde al Pleno ejercer la función fiscalizadora, plantear los conflictos que afecten a las competencias o atribuciones del Tribunal, conocer de los recursos de alzada contra las resoluciones administrativas dictadas por otros órganos del Tribunal, aprobar y modificar los Reglamentos del Tribunal de Cuentas, y las demás funciones que se determinan en la Ley 7/1988, de 5 de abril, de funcionamiento del Tribunal de Cuentas.
- La **Comisión de Gobierno** está formada por ***el Presidente*** del Tribunal de Cuentas y los Consejeros de Cuentas ***Presidentes de Sección*** (art. 22 LOTCu).

  Corresponde a la Comisión de Gobierno establecer el régimen de trabajo del personal, ejercer la potestad disciplinaria en los casos de faltas muy graves respecto del personal al servicio del Tribunal, distribuir los asuntos entre las Secciones, nombrar los Delegados instructores y las demás facultades que le atribuye la LOTCu y la Ley de Funcionamiento del Tribunal de Cuentas.
- La **Sección de Fiscalización** está integrada por ***su Presidente*** y ***los Consejeros que tengan a su cargo los Departamentos sectoria-***

les y territoriales. Tiene como función verificar la contabilidad de las entidades del sector público y el examen y comprobación de las cuentas que se someten a la fiscalización del Tribunal. ***Se organiza en departamentos sectoriales y territoriales***, al frente de cada uno de los cuales estará un Consejero de Cuentas (art. 23 LOTCu).

- La **Sección de Enjuiciamiento** conocerán de las apelaciones contra las resoluciones en primera instancia dictadas por los Consejeros de Cuentas en los juicios de cuentas, los procedimientos de reintegro por alcance y los expedientes de cancelación de fianzas; y, en instancia o por vía de recurso, de los asuntos que determine la Ley de Funcionamiento del Tribunal (art. 24 LOTCu). Se organiza en Salas integradas por un Presidente y dos Consejeros de Cuentas, y asistidas por uno o más Secretarios.

  Los Presidentes de las Secciones de Fiscalización y de Enjuiciamiento ***serán designados por el Pleno entre los Consejeros de Cuentas.***

- Los **Consejeros de Cuentas** son designados por las Cortes Generales, ***seis*** por ***cada Cámara***, para lo que se requiere el voto favorable de los ***tres quintos*** de sus miembros, para un período de ***nueve años***, entre censores del Tribunal de Cuentas, censores jurados de cuentas, magistrados, fiscales, profesores de universidad y funcionarios públicos pertenecientes a Cuerpos para cuyo ingreso se exija titulación académica superior, abogados, economistas y profesores mercantiles, todos ellos de reconocida competencia, con más de quince años de ejercicio profesional (art. 30.1 LOTcu). Sus nombramientos se publican en el B.O.E.

  Los Consejeros de Cuentas en cuanto titulares de los Departamentos sectoriales y territoriales de la Sección de Fiscalización, tienen las facultades de representar al Departamento respectivo ante los restantes órganos del Tribunal, impulsar, dirigir, distribuir, coordinar e inspeccionar el trabajo en el Departamento, aprobar, rectificar o rechazar las propuestas que les formulen las distintas unidades y ejercer la potestad disciplinaria en los supuestos de faltas leves.

  A los Consejeros de Cuentas adscritos a la Sección de Enjuiciamiento, además de la competencia jurisdiccional, les corresponde ejercer la vigilancia e inspección sobre los procedimientos de su competencia y la potestad disciplinaria sobre el personal de la Sección en casos de faltas leves.

- **La Fiscalía** del Tribunal de Cuentas, que depende funcionalmente del Fiscal General del Estado, ***está integrada por el Fiscal y los Abogados Fiscales*** (art. 27 LOTcu). Sus ***cometidos*** son los de consignar su dictamen escrito en las Cuentas Generales y en las Memorias, Mociones y Notas del Tribunal, en orden a las responsabilidades contables que de ellas puedan resultar, ser oída en los procedimientos de fiscalización del

Tribunal de Cuentas antes de su aprobación definitiva y solicitar la práctica de las diligencias que estime convenientes en orden a la depuración de las responsabilidades contables que de aquéllos puedan resultar, tomar conocimiento de todos los procedimientos fiscalizadores y jurisdiccionales que se siguen en el Tribunal a efectos de esclarecer las posibles responsabilidades contables que de ellos pudieran derivarse, y ejercitar la acción de responsabilidad contable y deducir las pretensiones de esta naturaleza.

El Fiscal del Tribunal de Cuentas, que debe pertenecer a la Carrera Fiscal, es nombrado por el Gobierno (art. 32 LOTcu).

– **La Secretaría General** desempeña las labores de apoyo personal y material a los órganos del Tribunal, en particular, las de gestión, tramitación, documentación y registro de los asuntos de la competencia del Presidente, Pleno y Comisión de Gobierno. A su frente se halla el Secretario General, elegido por el Pleno, a propuesta de la Comisión de Gobierno.

Tema 4

Las retribuciones de los funcionarios públicos y del personal laboral al servicio de la Administración Pública. Nóminas: estructura y normas de confección. Altas y bajas: su justificación. Retribuciones básicas: sueldos, trienios, pagas extraordinarias. Retribuciones complementarias y otras remuneraciones. Devengo y liquidación de derechos económicos. El pago de las retribuciones del personal en activo. Formas de pago

eRodio ediciones

Índice esquemático

1. Las retribuciones de los funcionarios públicos y del personal laboral al servicio de la Administración Pública

La normativa básica en materia de Empleados Públicos se encuentra recogida en el **Texto Refundido del Estatuto Básico del Empleado Público aprobado por real Decreto legislativo 5/2015 de 30 de octubre,** a lo largo del tema nos referiremos como **TREBEP** , que ya en su articulo 1 concreta su carácter básico, cuando establece:

1. El presente Estatuto tiene por objeto establecer las bases del régimen estatutario de los funcionarios públicos incluidos en su ámbito de aplicación.

2. Asimismo tiene por objeto determinar las normas aplicables al personal laboral al servicio de las Administraciones Públicas.

Además su articulo 2 cuando establece el ámbito de aplicación subjetiva del mismo establece:

1. Este Estatuto se aplica al personal funcionario y en lo que proceda al personal laboral al servicio de las siguientes Administraciones Públicas:

a) **La Administración General del Estado.**

b) Las Administraciones de las comunidades autónomas y de las ciudades de Ceuta y Melilla.

c) Las Administraciones de las entidades locales.

d) Los organismos públicos, agencias y demás entidades de derecho público con personalidad jurídica propia, vinculadas o dependientes de cualquiera de las Administraciones Públicas.

e) Las Universidades Públicas.

2. En la aplicación de este Estatuto al personal investigador se podrán dictar normas singulares para adecuarlo a sus peculiaridades.

3. El personal docente y el personal estatutario de los Servicios de Salud se regirán por la legislación específica dictada por el Estado y por las comunidades autónomas en el ámbito de sus respectivas competencias y por lo previsto en el presente Estatuto, excepto el capítulo II del título III, salvo el artículo 20, y los artículos 22.3, 24 y 84.

4. Cada vez que este Estatuto haga mención al personal funcionario de carrera se entenderá comprendido el personal estatutario de los Servicios de Salud.

5. El presente Estatuto tiene carácter supletorio para todo el personal de las Administraciones Públicas no incluido en su ámbito de aplicación.

Razón por la cual a lo largo del tema utilizaremos la normativa básica en materia de retribuciones que se contiene en el TREBEP.

Por su parte el **artículo 134.2 de la Constitución Española, determina que los Presupuestos Generales del Estado deberán "incluir la totalidad de los gastos e ingresos del sector público"**, *razón por la cual la LGPE tiene una importancia decisiva en el régimen económico del personal, ya que sus aumentos salariales se fijan en la misma.* Así, pues, los presupuestos anuales regulan los conceptos retributivos, límites, procedimiento y forma de incrementar las retribuciones del personal tanto funcionario como laboral.

Esto nos lleva en conclusión a que las fuentes normativas de esta tema dedicado a las retribuciones de los empleados públicos, los tendremos en el TREBEP, y en lo que diga para cada año la Ley de Presupuestos Generales del estado para cada año.

El régimen retributivo se divide en dos tipos de retribuciones, art 22-24 TREBEP:

Artículo 22. Retribuciones de los funcionarios

1. Las retribuciones de los funcionarios de carrera se clasifican en básicas y complementarias.

2. Las retribuciones básicas son las que retribuyen al funcionario según la adscripción de su cuerpo o escala a un determinado Subgrupo o Grupo de clasificación profesional, en el supuesto de que éste no tenga Subgrupo, y por su antigüedad en el mismo. Dentro de ellas están comprendidas los componentes de sueldo y trienios de las pagas extraordinarias.

3. Las retribuciones complementarias son las que retribuyen las características de los puestos de trabajo, la carrera profesional o el desempeño, rendimiento o resultados alcanzados por el funcionario.

4. **Las pagas extraordinarias serán dos al año, cada una por el importe de una mensualidad de retribuciones básicas y de la totalidad de las retribuciones complementarias, salvo aquéllas a las que se refieren los apartados c) y d) del artículo 24.**

5. No podrá percibirse participación en tributos o en cualquier otro ingreso de las Administraciones Públicas como contraprestación de cualquier servicio, participación o premio en multas impuestas, aun cuando estuviesen normativamente atribuidas a los servicios.

Artículo 23. Retribuciones básicas

Las retribuciones básicas, que se fijan en la Ley de Presupuestos Generales del Estado, estarán integradas única y exclusivamente por:

a) **El sueldo** asignado a cada Subgrupo o Grupo de clasificación profesional, en el supuesto de que éste no tenga Subgrupo.

b) **Los trienios,** que consisten en una cantidad, que será igual para cada Subgrupo o Grupo de clasificación profesional, en el supuesto de que éste no tenga Subgrupo, por cada tres años de servicio.

Artículo 24. Retribuciones complementarias

La cuantía y estructura de las retribuciones complementarias de los funcionarios se establecerán por las correspondientes leyes de cada Administración Pública atendiendo, entre otros, a los siguientes factores:

a) La progresión alcanzada por el funcionario dentro del sistema de carrera administrativa.

b) La especial dificultad técnica, responsabilidad, dedicación, incompatibilidad exigible para el desempeño de determinados puestos de trabajo o las condiciones en que se desarrolla el trabajo.

c) El grado de interés, iniciativa o esfuerzo con que el funcionario desempeña su trabajo y el rendimiento o resultados obtenidos.

d) **Los servicios extraordinarios prestados fuera de la jornada normal de trabajo.**

Los créditos para gastos de personal, se incluyen en el Capítulo 1° de los Presupuestos Generales del Estado, denominado "Gastos de Personal", e incluye los siguientes conceptos:

1. Todo tipo de retribuciones e indemnizaciones (excluidas las que tienen su origen en comisiones de servicio), en dinero o en especie, a satisfacer al personal de todo orden por razón del trabajo realizado.
2. Las cotizaciones obligatorias a la Seguridad Social y a las entidades gestoras de los sistemas de previsión social.
3. Las prestaciones sociales, que comprenden pensiones a funcionarios y familiares, de carácter civil y militar.
4. Los gastos de naturaleza social realizados en cumplimiento de las disposiciones vigentes.

Los créditos para gastos de personal tienen carácter limitativo y vinculante a nivel de artículo, salvo los incentivos al rendimiento, que lo son con el nivel de desagregación que aparezcan en los estado de gastos.

También conviene resaltar, que el Capítulo 1° de "Gastos de Personal" (en su clasificación económica), de los PGE, se divide en los siguientes artículos:

- Art. 10. Altos cargos.
- Art. 11. Personal eventual.
- Art. 12. Funcionarios.
- Art. 13. Laborales.
- Art. 14. Otro personal.
- Art. 15. Incentivos al rendimiento.
- Art. 16. Cuotas, prestaciones y gastos sociales a cargo del empleador.

Pues bien los presupuestos para este ejercicio de 2017, se aprobaron finalmente mediante Ley 3/2017 de 27 de Junio, y establecen en su articulo 18:

Artículo 18. Bases y coordinación de la planificación general de la actividad económica en materia de gastos de personal al servicio del sector público

Uno. A efectos de lo establecido en el presente Capítulo, constituyen el sector público:

a) La Administración General del Estado, sus Organismos autónomos y Agencias estatales y las Universidades de su competencia.

b) Las Administraciones de las Comunidades Autónomas, los Organismos de ellas dependientes y las Universidades de su competencia.

c) Las Corporaciones locales y Organismos de ellas dependientes.

d) Las Entidades Gestoras y Servicios Comunes de la Seguridad Social.

e) Los órganos constitucionales del Estado, sin perjuicio de lo establecido en el artículo 72.1 de la Constitución.

f) Las sociedades mercantiles públicas, entendiendo por tales aquellas en las que la participación, directa o indirecta, en su capital social de las Administraciones y entidades enumeradas en este artículo sea superior al 50 por ciento. En el sector público estatal se considerarán como tales las reguladas en el artículo 111.1 de la Ley 40/2015, de 1 de octubre, de Régimen Jurídico del Sector Público.

g) Las entidades públicas empresariales y el resto de los organismos públicos y entes del sector público estatal, autonómico y local.

h) Las fundaciones del sector público y los consorcios participados mayoritariamente por las Administraciones y Organismos que integran el sector público.

i) El Banco de España en los términos establecidos en la Ley 13/1994, de 1 de junio, de Autonomía del Banco de España.

j) El Fondo de Reestructuración Ordenada Bancaria (FROB).

Dos. En el año 2017, las retribuciones del personal al servicio del sector público no podrán experimentar un incremento **global superior al 1 por ciento respecto a las vigentes a 31 de diciembre de 2016**, en términos de homogeneidad para los dos períodos de la comparación, tanto por lo que respecta a efectivos de personal como a la antigüedad del mismo.

Tres. Las Administraciones, entidades y sociedades a que se refiere el apartado uno de este artículo no podrán realizar aportaciones a planes de pensiones de empleo o contratos de seguro colectivos que incluyan la cobertura de la contingencia de jubilación.

No obstante lo dispuesto en el párrafo anterior y siempre que no se produzca incremento de la masa salarial, en los términos que establece la presente Ley, las citadas Administraciones, entidades y sociedades podrán realizar contratos de seguro colectivo que incluyan la cobertura de contingencias distintas a la de jubilación. Asimismo, y siempre que no se produzca incremento de la masa salarial, en los términos que establece la presente Ley, podrán realizar aportaciones a planes de pensiones de empleo o contratos de seguro colectivo que incluyan la cobertura de la contingencia de jubilación, siempre que los citados planes o contratos de seguro hubieran sido suscritos con anterioridad al 31 de diciembre de 2011.

Cuatro. La masa salarial del personal laboral, que se incrementará en el porcentaje máximo previsto en el apartado dos de este artículo, está integrada por el conjunto de las retribuciones salariales y extrasalariales y los gastos de acción social devengados por dicho personal en el año anterior, en términos de homogeneidad para los dos períodos objeto de comparación.

Se exceptúan, en todo caso:

a) Las prestaciones e indemnizaciones de la Seguridad Social.

b) Las cotizaciones al sistema de la Seguridad Social a cargo del empleador.

c) Las indemnizaciones correspondientes a traslados, suspensiones o despidos.

d) Las indemnizaciones o suplidos por gastos que hubiera realizado el trabajador.

A este respecto, se considera que los gastos en concepto de acción social son beneficios, complementos o mejoras distintos a las contraprestaciones por el trabajo realizado cuya finalidad es satisfacer determinadas necesidades consecuencia de circunstancias personales de los trabajadores.

Estos gastos de acción social, en términos globales, no podrán experimentar ningún incremento en 2017 respecto a los del año 2016.

Cinco. 1. Los funcionarios a los que resulta de aplicación el artículo 76 del texto refundido de la Ley del Estatuto Básico del Empleado Público, aprobado por Real Decreto Legislativo 5/2015, de 30 de octubre (en adelante, EBEP), e incluidos en el ámbito de aplicación de la Ley 30/1984, de 2 de agosto, de medidas para la reforma de la Función Pública, en los términos de la disposición final cuarta del EBEP o de las Leyes de Función Pública dictadas en desarrollo de aquél, percibirán, en concepto de sueldo y trienios, en las nóminas ordinarias de enero a diciembre de 2017, las cuantías referidas a doce mensualidades que se recogen a continuación:

Grupo/Subgrupo EBEP	Sueldo (euros)	Trienios (euros)
A1	13.576,32	522,24
A2	11.739,12	425,76
B	10.261,56	373,68
C1	8.814,12	322,20
C2	7.335,72	219,24
E Agrupaciones Profesionales	6.714,00	165,00

2. Los funcionarios a que se refiere el punto anterior percibirán, en cada una de **las pagas extraordinarias de los meses de junio y diciembre en el año 2017**, en concepto de sueldo y trienios, los importes que se recogen a continuación:

Grupo/Subgrupo EBEP	Sueldo (euros)	Trienios (euros)
A1	698,13	26,85
A2	713,45	25,87
B	739,07	26,92
C1	634,82	23,19
C2	605,73	18,09
E	559,50	13,75

Seis. A efectos de lo dispuesto en el apartado anterior, las retribuciones a percibir por los funcionarios públicos que hasta la Ley de Presupuestos Generales del Estado para el año 2007 han venido referenciadas a los grupos de titulación previstos en el artículo 25 de la Ley 30/1984, de 2 de agosto, están referenciadas a los grupos y subgrupos de clasificación profesional establecidos en el artículo 76 y disposición transitoria tercera del EBEP, sin experimentar otras variaciones que las derivadas de esta Ley. Las equivalencias entre ambos sistemas de clasificación son las siguientes:

- **Grupo A Ley 30/1984: Subgrupo A1 EBEP.**
- **Grupo B Ley 30/1984: Subgrupo A2 EBEP.**
- **Grupo C Ley 30/1984: Subgrupo C1 EBEP.**
- **Grupo D Ley 30/1984: Subgrupo C2 EBEP.**
- **Grupo E Ley 30/1984: Agrupaciones profesionales EBEP.**

Siete. Lo dispuesto en los apartados anteriores debe entenderse sin perjuicio de las adecuaciones retributivas que, con carácter singular y excepcional, resulten imprescindibles por el contenido de los puestos de trabajo, por la variación del número de efectivos asignados a cada programa o por el grado de consecución de los objetivos fijados al mismo.

Ocho. Los acuerdos, convenios o pactos que impliquen crecimientos retributivos superiores a los fijados en el apartado dos deberán experimentar la oportuna adecuación, deviniendo inaplicables las cláusulas que se opongan al mismo.

Nueve. Las referencias relativas a retribuciones contenidas en esta Ley se entienden siempre hechas a retribuciones íntegras.

Diez. Los límites establecidos en este artículo serán de aplicación a las retribuciones de los contratos mercantiles del personal del sector público.

Once. Este artículo tiene carácter básico y se dicta al amparo de los artículos 149.1.13.ª y 156.1 de la Constitución. Además, el apartado tres se dicta en aplicación de lo dispuesto en el artículo 29 del EBEP.

2. Nóminas: estructura y normas de confección

El reconocimiento de las obligaciones por retribuciones de personal se realiza sobre la base de la certificación acreditativa del personal que presta sus servicios en cada centro gestor del gasto. Este documento **es la nómina de personal, e incluye además las retribuciones íntegras, los descuentos y los haberes líquidos de cada una de las personas que componen la plantilla en activo del centro o dependencia.**

Las nóminas son documentos justificativos de los haberes de personal. Corresponde la confección de las nóminas a las Habilitaciones o Cajas Pagadoras de los Ministerios y Organismos Autónomos, que elaboran una nómina mensual por cada tipo de personal denominada "nómina ordinaria", que recogerá, al menos, las remuneraciones fijas en su cuantía y periódicas, **y se cerrará el día 5 del mes a que correspondan los haberes.**

Se confeccionarán tantas nóminas ordinarias como tipos de personal:

- Funcionarios.
- Contratados laborales.
- Contratados laborales en el extranjero.

Pueden elaborarse otras nóminas en las que se recojan las retribuciones no periódicas, en las cuales, a efectos justificativos, todos los perceptores son considerados altas en nómina.

En el cuerpo de la nómina se contienen, en primer lugar, los datos o información de cabecera mediante los que se identifican el Ministerio u Organismo al que corresponde, la habilitación, la clase de nómina atendiendo al tipo de personal (de funcionarios, de laborales...) y el período; tras los datos de cabecera aparecen relacionados todos los perceptores por orden alfabético de apellidos, con sus datos personales y sus retribuciones; los datos personales se refieren al nombre y apellidos, DNI, número de registro personal, y su situación funcionarial o laboral:

- Funcionarios: clase de funcionario, número de trienios, nivel de complemento de destino, grado personal y puesto de trabajo que ocupa.
- Laborales: clase de contrato, número de trienios, convenio colectivo, categoría profesional, nivel retributivo y puesto de trabajo que ocupa.

Las deducciones que se practican sobre las retribuciones íntegras, se clasifican en formalizables y no formalizables; las formalizables son aquellas cuyo ingreso se realiza en el Tesoro en formalización, y son deducciones no formalizables todas aquellas que tienen un destino distinto a su ingreso en el Tesoro Público, como, por ejemplo, las retenciones judiciales y la cuota sindical. El habilitado recibirá su importe del Tesoro Público, pero no se lo entrega al funcionario que figura en la nómina sino a un tercero por cuenta de aquél.

El Importe íntegro es la cantidad resultante de sumar los importes de todas las retribuciones; el importe líquido, la cantidad resultante de restar al importe íntegro todas las deducciones formalizables, y el importe neto la cantidad resultante de restar al importe líquido la suma de los importes de todas las deducciones no formalizables.

Ingresos en formalización

Tienen carácter de deducciones formalizables las siguientes:

- Retenciones por el Impuesto sobre la Renta de las Personas Físicas (IRPF).
- Cuota de derechos pasivos.
- Cuota MUFACE (cotizaciones a cargo del funcionario a la Mutualidad General de Funcionarios civiles del Estado).
- Cuota ISFAS (Instituto Social de las Fuerzas Armadas).
- Cuota MUGEJU (Mutualidad General Judicial).
- Cuota obrera del Régimen General de la Seguridad Social.
- Reintegro de anticipos.

Los resúmenes de nómina constan de varios estados en los que aparece, resumida y totalizada, la nómina con arreglo a varios criterios: por aplicaciones presupuestarias, por reintegros y la llamada hoja resumen de nómina; esta última debe ir firmada por el Habilitado y el jefe del Centro o Dependencia y recoge los importes íntegros, líquidos y netos que deben coincidir con los totalizados en el Cuerpo de la nómina; asimismo sirve de comprobación, al totalizar los importes íntegros de la nómina del mes a partir de los importes de la nómina del mes anterior y la suma algebraica de las variaciones producidas, que deberán justificarse.

Los estados justificativos de la nómina, reflejan las variaciones mensuales en retribuciones y deducciones, con el correspondiente detalle para las altas, bajas y modificaciones y un resumen final. Cada variación debe ir justificada con el documento o documentos que acrediten su procedencia; se considera "alta en nómina" la inclusión en la misma de un perceptor que no figuraba en la del mes anterior por nuevo ingreso, por reingreso al servicio activo o por traslado.

Se considerará como baja la exclusión de la nómina de un perceptor que figuraba en la del mes anterior, por cambio de puesto de trabajo. Se justifican con el acuerdo de cese y su formalización; por jubilación, con el acuerdo de jubilación y formalización del cese; las bajas de contratados laborales con acuerdo de baja, de jubilación o concesión de licencia.

Las modificaciones por aumentos o disminuciones en cantidades, tales como las derivadas de cumplimiento de trienios, del complemento de productividad, modificaciones en los descuentos, etc., se justifican con el documento (acuerdo, certificaciones, etc.) que acredite en cada caso la variación.

3. Altas y bajas: su justificación

Ya hemos indicado, al final de la pregunta anterior, el concepto de Alta y Baja en nómina. Pues bien, las normas de justificación de altas y bajas en nómina se contienen en lo establecido en Resolución del Consejo de Ministros, mediante el que se establece el sistema de fiscalización limitada previa hoy regulado en el articulo 152 de la LGP, que establece:

Artículo 152. Fiscalización e intervención previa de requisitos básicos

1. El Gobierno, a propuesta de la Intervención General de la Administración del Estado podrá acordar, que la fiscalización e intervención previas a que se refiere el artículo 150, se limiten a comprobar los extremos siguientes:

a) La existencia de crédito presupuestario y que el propuesto es el adecuado y suficiente a la naturaleza del gasto u obligación que se proponga contraer.

En los casos en los que se trate de contraer compromisos de gastos de carácter plurianual se comprobará, además, si se cumple lo preceptuado en el artículo 47 de esta ley.

b) Que los gastos u obligaciones se proponen a órgano competente.

c) La competencia del órgano de contratación, del concedente de la subvención, del que celebra el convenio de colaboración o del que resuelve el expediente de responsabilidad patrimonial y, en general, del que dicte el acto administrativo, cuando dicho órgano no tenga atribuida la facultad para la aprobación de los gastos de que se trate.

d) Que los expedientes de reconocimiento de obligaciones corresponden a gastos aprobados y fiscalizados favorablemente.

e) La existencia de autorización del Consejo de Ministros en los supuestos que conforme al apartado 2 del artículo 12 de la Ley de Contratos de las Administraciones Públicas lo requieran.

f) La existencia de autorización del titular del departamento ministerial en los supuestos que, conforme al apartado 1 del artículo 12 de la Ley de Contratos de las Administraciones Públicas, lo requieran.

g) Aquellos otros extremos que, por su trascendencia en el proceso de gestión, determine el Consejo de Ministros a propuesta del Ministro de Hacienda, previo informe de la Intervención General de la Administración del Estado.

En la determinación de estos extremos se atenderá especialmente a aquellos requisitos contemplados en la normativa reguladora para asegurar la objetividad y transparencia en las actuaciones públicas.

2. No obstante, será aplicable el régimen general de fiscalización previa respecto de gastos de cuantía indeterminada y aquellos otros que deban ser aprobados por el Consejo de Ministros.

Como desarrollo de este precepto , y en base al acuerdo del Consejo de Ministros anteriormente citado, **en la fiscalización de las nóminas se deberán comprobar los siguientes EXTREMOS**:

- **Primero**. La fiscalización previa del reconocimiento de obligaciones o gastos de personal, de subvenciones no nominativas, de indemnización de daños y perjuicios, de contratos patrimoniales y de convenios de cooperación o colaboración, se limitará a comprobar, además de los extremos previstos en los apartados a) y b) del artículo 95.3 de la Ley General Presupuestaria,(Hoy claro debemos entender que se haría referencia a los apartados a) y b) del articulo 152 de la actual LGP, es decir: La existencia de crédito presupuestario, y que el propuesto es el adecuado, y en segundo lugar que se proponen al órgano competente), los que con carácter general se establecen en el apartado octavo y los que para cada tipo de expediente se determinan en los apartados segundo a séptimo.
- **Segundo**. En las nóminas de retribuciones del personal al servicio de la Administración del Estado y sus Organismos autónomos, los extremos adicionales a que se refiere el apartado primero del presente Acuerdo serán los siguientes:
  a) Que las nóminas estén firmadas por los órganos responsables de su formación: Habilitado y Director general de quien dependa.
  b) En el caso de las de carácter ordinario y las unificadas de período mensual, comprobación aritmética que se realizará efectuando el cuadre del total de la nómina con el que resulte del mes anterior más la suma algebraica de las variaciones incluidas en la nómina del mes de que se trate.
  c) Justificación documental limitada a los siguientes supuestos de alta en nómina, con el alcance que para cada uno de ellos se indica:
    - Personal en régimen estatutario de nuevo ingreso en la Administración: copia del título u hoja de servicios y diligencia de la correspondiente toma de posesión.
    - Altos cargos: copia del acuerdo de nombramiento o documento en el que se indique la fecha de su publicación oficial.

- Personal en régimen de derecho laboral: copia del plan, propuesta o expediente de contratación sobre el que fue ejercida la fiscalización previa del gasto y, además, en el caso del personal laboral fijo de nuevo ingreso, hoja de servicios y diligencia de la correspondiente toma de posesión.
- El resto de las obligaciones reflejadas en la nómina, así como los actos que las generen, serán objeto de comprobación posterior.

– **Tercero**. En los expedientes de contratación de personal laboral, los extremos adicionales a que se refiere el apartado primero del presente Acuerdo serán los siguientes:

1. Propuesta de contratación de personal laboral fijo:

   a) La incorporación de certificado acreditativo, expedido por órgano competente, de que los puestos a cubrir figuran detallados en las respectivas relaciones o catálogos de puestos de trabajo y están vacantes.

   b) Haber sido cumplimentado el requisito de publicidad de las correspondientes convocatorias en el "Boletín Oficial del Estado".

2. Propuesta de contratación de personal laboral eventual:

   a) Verificar que la modalidad contractual propuesta está dentro de las previstas por la normativa vigente, así como la constancia en el expediente de la categoría profesional de los respectivos trabajadores.

   b) En el supuesto de contratación de personal con cargo a inversiones, se verificará, en todo caso, la existencia del informe favorable del Ministerio de Economía y Hacienda, que se regula en el artículo 51 de la Ley de Presupuestos Generales del Estado para 1988.

3. Propuestas de contratación de personal laboral para prestar servicio en el extranjero:

   La existencia de certificado expedido por órgano competente en el que se determine:

   a) Que los puestos a cubrir se encuentran vacantes y figuran detallados en las respectivas relaciones, catálogos o plantillas de puestos de trabajo aprobados por órgano competente, en el supuesto de personal fijo.

   b) La normativa nacional o extranjera que regula la constitución y efectos del contrato, así como la categoría profesional de los respectivos trabajadores.

En resumen, los documentos a aportaren las altas, bajas y modificaciones son los siguientes.

3.1. Documentos para el alta en nómina

Se considera "alta en nómina" la inclusión en la misma de un perceptor que no figuraba en la del mes anterior. Toda alta debe reflejarse en el estado justificativo de la nómina destinado a este fin. Las altas pueden ser por nuevo ingreso, por reingreso al servicio activo o por traslado.

A. Las altas de **funcionarios de nuevo ingreso** se justifican con:
   a) Copia del título administrativo.
   b) Acuerdo de nombramiento o disposición del BOE en que figure.
   c) Formalización de la toma de posesión.

B. Las altas por **reingreso al servicio activo** procedente de otras situaciones se justifican con:
   a) Acuerdo de nombramiento o disposición del BOE.
   b) Formalización de la toma de posesión.
   c) Liquidación de trienios extendida por el órgano de gestión de personal del Departamento al que esté adscrito su Cuerpo o Escala.

C. Las altas de **funcionarios procedentes de traslado** con:
   a) Acuerdo de nombramiento.
   b) Formalización de la toma de posesión.
   c) Certificado de baja en nómina en la dependencia de origen.

D. Las altas de **contratados laborales** de nuevo ingreso con:
   a) Copia de la hoja de servicios.
   b) Contrato laboral.
   c) Copia del plan, propuesta o expediente de contratación sobre el que fue ejercida la fiscalización.

3.2. Bajas

Se considerará como baja la exclusión de la nómina de un perceptor que figuraba en la del mes anterior.

Las bajas por cambio de puesto de trabajo se justifican con el acuerdo de cese y su formalización; las bajas por jubilación con el acuerdo de jubilación y formalización del cese. Las bajas de contratados laborales con acuerdo de baja, de jubilación o concesión de la licencia.

3.3. Modificaciones

Las modificaciones por aumentos o disminuciones en cantidades, tales como las derivadas de cumplimiento de trienios, del complemento de productividad, modificaciones en los descuentos, etc., se justifican con el documento (acuerdo, certificaciones, etc) que acredite en cada caso la variación.

4. Retribuciones básicas: sueldo, trienios

4.1. El Sueldo

El sueldo es un concepto retributivo que se fija en función del índice de proporcionalidad asignado a cada uno de los grupos en que se organizan los cuerpos y escalas funcionariales. Viene, por tanto, determinado por el grupo de titulación en que se encuentra adscrito el cuerpo o escala en el que se encuentra el funcionario en cuestión –A1, A2, B, C1 O C2–, siendo en consecuencia igual el sueldo asignado en cada una de las distintas Administraciones Públicas. Se fija anualmente en la Ley de Presupuestos Generales del Estado, como veremos a continuación.

En el año 2017 las retribuciones de los funcionarios serán las siguientes:

El sueldo y los trienios que correspondan al Grupo o Subgrupo en que se halle clasificado el Cuerpo o Escala a que pertenezca el funcionario, en las cuantías reflejadas en el artículo 18.cinco.1 de esta Ley. Cuantías que hemos transcrito en la pregunta anterior.

4.2. Trienios

Consisten en una cantidad que se devenga por cada tres años de servicios prestados en el cuerpo o escala. Igualmente se fija en la Ley de Presupuestos Generales del Estado de cada año y es igual para cada grupo; en caso de cambio a cuerpo o escala de distinto grupo, la valoración económica del trienio será la correspondiente al grupo en que se complete el período.

El importe para el año 2017 de los trienios para cada grupo, está especificado, junto con el sueldo en la pregunta 1 de este tema, donde transcribimos íntegro el art 18 de la ley de Presupuestos para 2017.

En el caso de que un funcionario preste sus servicios sucesivamente en diferentes Cuerpos, Escalas, Clases o Categorías de distinto grupo de clasificación, tendrá derecho a seguir percibiendo los trienios devengados en los grupos anteriores.

Cuando un funcionario cambie de adscripción a grupo antes de completar un trienio, la fracción de tiempo transcurrido se considerará como tiempo de servicios prestado en el nuevo grupo.

5. Pagas Extraordinarias

Vienen establecidas en el artículo 22 de la Ley de Presupuestos generales del estado para 2017 que establece:

Las pagas extraordinarias, que serán dos al año, una en el mes de junio y otra en el mes de diciembre, y que se devengarán de acuerdo con lo previsto en el artículo 33 de la Ley 33/1987, de 23 de diciembre, de Presupuestos Generales del Estado para 1988. Cada una de dichas pagas incluirá las cuantías de sueldo y trienios fijadas en el artículo 18.cinco.2 de esta Ley y del complemento de destino mensual que se perciba. (El articulo 18 integro está transcrito en la pregunta 1 de este tema).

Cuando los funcionarios hubieran prestado una jornada de trabajo reducida durante los seis meses inmediatos anteriores a los meses de junio o diciembre, el importe de la paga extraordinaria experimentará la correspondiente reducción proporciona.

6. Retribuciones complementarias y otras retribuciones

6.1. El complemento de destino

Tiene como objeto retribuir las condiciones de especialización, experiencia y contenido técnico superior a las necesidades para formar parte del grupo de titulación al que se pertenece, correspondiente al nivel del puesto que se desempeñe, todo ello de acuerdo con el consiguiente catálogo de puestos de trabajo.

Es un concepto retributivo que se fija en función del nivel del puesto de trabajo que se desempeñe, hasta un máximo del nivel 30. Su cuantía se actualiza en la Ley de Presupuestos mediante el desempeño de uno o más puestos de un determinado nivel durante dos años consecutivos o tres con interrupción; de este modo el funcionario adquiere un **grado personal** que le da derecho a percibir el complemento de destino correspondiente al nivel del grado que haya consolidado, aunque los puestos de trabajo que desempeñe en el futuro sean de un nivel inferior.

En el ámbito de la docencia universitaria, la cuantía del complemento de destino fijada en la escala anterior podrá ser modificada, en los casos en que así proceda, de acuerdo con la normativa vigente, sin que ello implique variación del nivel de complemento de destino asignado al puesto de trabajo.

Corresponde al Gobierno la determinación de los niveles en que queda distribuido el complemento de destino, así como la asignación de los que puedan corresponder a cada grupo de titulación ("rejilla")como mínimo y máximo.

- Grupo A: niveles 20 a 30.
- Grupo B: niveles 16 a 26.
- Grupo C: niveles 11 a 22.
- Grupo D: niveles 9 a 18.
- Grupo E: niveles 7 a 14.

Conforme el articulo 22 de la Ley de Presupuestos para 2017 la cuantia de l complemento de destino, será:

El complemento de destino correspondiente al nivel del puesto de trabajo que se desempeñe, en las siguientes cuantías referidas a doce mensualidades:

Nivel	Importe Euros
30	11.858,76
29	10.636,80
28	10.189,68
27	9.742,20
26	8.547,00
25	7.583,16
24	7.135,68
23	6.688,80
22	6.241,08
21	5.794,56
20	5.382,60
19	5.107,80
18	4.832,76
17	4.557,96
16	4.283,64

Nivel	Importe Euros
15	4.008,36
14	3.733,92
13	3.458,64
12	3.183,72
11	2.908,80
10	2.634,36
9	2.496,96
8	2.359,08
7	2.221,92
6	2.084,40
5	1.947,00
4	1.740,96
3	1.535,40
2	1.329,12
1	1.123,20

En el ámbito de la docencia universitaria, la cuantía del complemento de destino fijada en la escala anterior podrá ser modificada, en los casos en que así proceda de acuerdo con la normativa vigente, sin que ello implique variación del nivel de complemento de destino asignado al puesto de trabajo.

6.2. Complemento específico

Está destinado a retribuir las condiciones particulares de algunos puestos de trabajo en atención a su especial dificultad técnica, dedicación, responsabilidad, incompatibilidad, peligrosidad o penosidad; el personal que perciba este complemento estará obligado a prestar sus servicios en el régimen de especial dedicación que determinen los Subsecretarios de los Departamentos a que estén adscritos, incluso en horario de jornada partida.

La Ley de Presupuestos del Estado para 2017 establece:

El complemento específico que, en su caso, esté asignado al puesto que se desempeñe, cuya cuantía anual se incrementará en **un 1 por ciento respecto de la vigente a 31 de diciembre de 2016**, sin perjuicio de lo dispuesto en el artículo 18.siete de la presente Ley.

El complemento específico anual s**e percibirá en catorce pagas iguales** de **las que doce serán de percibo mensual y dos adicionales, del mismo importe que una mensual, en los meses de junio y diciembre**, respectivamente.

Las retribuciones que en concepto de complemento de destino y complemento específico perciban los funcionarios públicos serán, en todo caso, las correspondientes al puesto de trabajo que ocupen en virtud de los procedimientos de provisión previstos en la normativa vigente, sin que las tareas concretas que se realicen puedan amparar que se incumpla lo anterior, con excepción de los supuestos en que dicha normativa les reconoce otras cuantías y, en todo caso, la garantía del nivel del puesto de trabajo regulada en el artículo 21.2 de la Ley 30/1984, de 2 de agosto y el derecho a percibir las cantidades que correspondan en aplicación del artículo 33.dos de la Ley 31/1990, de 27 de diciembre, de Presupuestos Generales del Estado para 1991.

6.3. Complemento de productividad

Está destinado a retribuir el especial rendimiento, la actividad extraordinaria y el interés o iniciativa con que el funcionario desempeñe su puesto.

La Ley de presupuestos generales del Estado para 2017 establece que:

El complemento de productividad retribuirá el especial rendimiento, la actividad y dedicación extraordinarias y el interés o iniciativa con que se desempeñen los puestos de trabajo.

Cada Departamento ministerial u organismo público determinará, dentro del crédito total disponible, que experimentará un incremento máximo, en términos anuales, del 1 por ciento, respecto al establecido a 31 de diciembre de 2016, las cuantías parciales asignadas a sus distintos ámbitos orgánicos, territoriales, funcionales o de tipo de puesto. Así mismo, determinará los criterios de distribución y de fijación de las cuantías individuales del complemento de productividad, de acuerdo con las siguientes normas:

1. La valoración de la productividad deberá realizarse en función de circunstancias objetivas relacionadas con el tipo de puesto de trabajo y el desempeño del mismo y, en su caso, con el grado de participación en la consecución de los resultados u objetivos asignados al correspondiente programa.
2. En ningún caso las cuantías asignadas por complemento de productividad durante un período de tiempo originarán derechos individuales respecto de las valoraciones o apreciaciones correspondientes a períodos sucesivos.

6.4. Gratificaciones por servicios extraordinarios

Tienen por objeto retribuir servicios extraordinarios, realizados fuera de la jornada habitual, en ningún caso pueden ser fijas en su cuantía ni periódicas en su devengo.

Estas gratificaciones tendrán carácter excepcional y solamente podrán ser reconocidas por servicios extraordinarios prestados fuera de la jornada normal de trabajo sin que, en ningún caso, puedan ser fijas en su cuantía ni periódicas en su devengo, ni originar derechos individuales en períodos sucesivos

A tal efecto la Ley de Presupuestos Generales del Estado para 2017 establece:

Las gratificaciones por servicios extraordinarios, que se concederán por los Departamentos ministeriales u Organismos públicos dentro de los créditos asignados a tal fin, que experimentarán un incremento máximo en términos anuales del 1 por ciento, respecto a los asignados a 31 de diciembre de 2016.

Estas gratificaciones tendrán carácter excepcional y solamente podrán ser reconocidas por servicios extraordinarios prestados fuera de la jornada normal de trabajo sin que, en ningún caso, puedan ser fijas en su cuantía ni periódicas en su devengo, ni originar derechos individuales en períodos sucesivos.

6.5. Indemnizaciones por razón del servicio

El artículo 1º del Real Decreto 462/2002, de 24 de mayo, sobre "Indemnizaciones por razón del servicio", establece que:

1. Darán origen a indemnización o compensación los supuestos siguientes, en las circunstancias, condiciones y límites contenidos en el presente Real Decreto:

a) Comisiones de servicio con derecho a indemnización.

b) Desplazamientos dentro del término municipal por razón de servicio.

c) Traslados de residencia.

d) Asistencias por concurrencia a Consejos de Administración u Órganos Colegiados, por participación en tribunales de oposiciones y concursos y por la colaboración en centros de formación y perfeccionamiento del personal de las Administraciones públicas.

2. Toda concesión de indemnizaciones que no se ajuste en su cuantía o en los requisitos para su concesión a los preceptos de este Real Decreto se considerará nula, no pudiendo surtir efectos en las cajas pagadoras, pagadurías, habilitaciones u órganos funcionalmente análogos

Añade el artículo 2º el ámbito de aplicación del citado Real Decreto, estableciendo que será de aplicación al personal civil y militar, seguridad social, organismos públicos, carrera judicial y fiscal, personal de las Corporaciones locales (en los términos que prevea su legislación específica), y al personal de la UNED.

6.5.1. *Comisiones de servicio con derecho a indemnización*

Establece el artículo 3º del RD 462/2002, la definición de las Comisiones de Servicio que darán derecho a indemnización:

1. Son comisiones de servicio con derecho a indemnización los cometidos especiales que circunstancialmente se ordenen al personal comprendido en el artículo anterior y que deba desempeñar fuera del término municipal donde radique su residencia oficial, entendiéndose como tal el término municipal correspondiente a la oficina o dependencia en que se desarrollen las actividades del puesto de trabajo habitual, salvo que, de forma expresa, y según la legislación vigente, se haya autorizado la residencia del personal en término municipal distinto al correspondiente a dicho puesto de trabajo y se haga constar en la orden o pasaporte en que se designe la comisión tal circunstancia.

Dicha autorización no altera el concepto de residencia oficial por lo que, en ningún caso, podrá tener la consideración de comisión de servicio el desplazamiento habitual desde el lugar donde se esté autorizado a residir hasta el del centro de trabajo, aunque éstos se encuentren en términos municipales distintos.

2. En las situaciones administrativas en las que el personal continúe percibiendo sus retribuciones de las Administraciones públicas y demás organismos establecidos en el artículo 2.1 anterior, no se considerarán comisiones de servicio con derecho a indemnización aquellos servicios que estén retribuidos o indemnizados por un importe igual o superior a la cuantía de la indemnización que resultaría por aplicación del presente Real Decreto, cualquiera que sea la Administración u organismo nacional o internacional, público o privado, que retribuya o indemnice el servicio.

Las comisiones en las que el importe de dicha retribución o indemnización fuera inferior a la cuantía de la indemnización que por aplicación del presente Real Decreto corresponda, serán resarcidas por la diferencia entre dicha indemnización y el importe mencionado.

3. Tampoco darán lugar a indemnización aquellas comisiones que tengan lugar a iniciativa propia, salvo que se deriven de decisiones obligadas por la propia función de alto cargo, o haya renuncia expresa de dicha indemnización.

Artículo 4. Designación de las comisiones de servicio

1. La designación de las comisiones de servicio con derecho a indemnización compete al Subsecretario de cada Departamento ministerial o a la autoridad superior del Organismo o Entidad correspondiente.

Artículo 5. Duración de las comisiones de servicio

1. Toda comisión con derecho a indemnización, salvo casos excepcionales, no durará más de un mes en territorio nacional y de tres en el extranjero.

2. No obstante lo dispuesto en el apartado anterior, si antes de vencer el plazo marcado para el desempeño de una comisión resultase insuficiente para el total cumplimiento del servicio, el Jefe correspondiente podrá proponer razonadamente a la autoridad competente la concesión de prórroga por el tiempo estrictamente indispensable.

Artículo 6. Comisiones con la consideración de residencia eventual

1. Las comisiones cuya duración se prevea, excepcionalmente, superior a la de los límites establecidos en el artículo anterior, así como las prórrogas que den lugar a un exceso sobre dichos límites, tendrán la consideración de residencia eventual desde el comienzo de la comisión inicial o de su prórroga, respectivamente.

2. La duración de la residencia eventual no podrá exceder de un año, salvo que se prorrogue por el tiempo estrictamente indispensable por la autoridad que haya designado la comisión, según lo previsto en el artículo 4.1 anterior. La duración de la prórroga no podrá en ningún caso exceder de un año.

3. En el caso de que inicialmente se prevea que los cometidos especiales a realizar van a exigir un tiempo superior al de un año, se procederá a tramitar la creación del correspondiente puesto de trabajo en el Departamento, Organismo o Entidad de que se trate, de acuerdo con la normativa vigente.

Artículo 7. Comisiones derivadas de la asistencia a cursos convocados por la Administración

1. La asistencia a los cursos de capacitación, especialización o ampliación de estudios y, en general, los de perfeccionamiento convocados por las Administraciones públicas, así como a la de los módulos o cursos de capacitación o formación para el ascenso de los miembros de las Fuerzas Armadas y Fuerzas y Cuerpos de Seguridad del Estado o a la de cursos selectivos para ingreso en Cuerpos o Escalas mediante la superación de pruebas de promoción interna, contando con autorización expresa y siempre que se lleven a efecto fuera del término municipal donde radique su residencia oficial y cualquiera que sea la duración de los mismos, podrá ser indemnizada, según su duración y el tipo de alojamiento, o como comisión de servicio o como comisión de servicio con la consideración de residencia eventual, de acuerdo con la decisión que se adopte al respecto en la correspondiente Orden de designación.

Artículo 9. Concepto de las distintas clases de indemnización

1. "**Dieta**" es la cantidad que se devenga diariamente para satisfacer los gastos que origina la estancia fuera de la residencia oficial en los casos previstos en el artículo 5 del presente Real Decreto. Si la comisión de servicio se desempeña por personal de las Fuerzas Armadas o de las Fuerzas y Cuerpos de Seguridad del Estado, formando unidad, dicho devengo recibirá el nombre de "plus".

2. "**Indemnización de residencia eventual" es** la cantidad que se devenga diariamente para satisfacer los gastos que origina la estancia fuera de la residencia oficial en los casos previstos en los artículos 6 y 7 de este Real Decreto.

3. "**Gastos de Viaje**" es la cantidad que se abona por la utilización de cualquier medio de transporte por razón de servicio.

6.5.2. Desplazamiento dentro del término municipal por razón del servicio

Artículo 20. Regulación general de los desplazamientos dentro del término municipal por razón del servicio

1. El personal incluido en el ámbito de aplicación del presente Real Decreto tiene derecho a ser resarcido de los gastos por los desplazamientos que, según conformidad expresa del Jefe de la unidad administrativa correspondiente, se vea obligado a efectuar por razón del servicio dentro del término municipal donde tenga su sede el centro de destino.

2. Los desplazamientos a que se refiere el apartado anterior se efectuarán preferentemente en medios de transporte público colectivo realizado en vehículos autorizados para el cobro individual y de más de nueve plazas, salvo que el jefe de la unidad a que se refiere el apartado anterior de este artículo autorice otro medio de transporte, dentro de las disponibilidades presupuestarias asignadas a cada centro.

3. En el caso de autorizarse el uso de vehículos particulares u otros medios especiales de transporte, la cuantía de las indemnizaciones será la establecida para tales supuestos en las comisiones de servicio con derecho a indemnización.

Artículo 21. Pago de las indemnizaciones por desplazamientos dentro del término municipal

1. Las indemnizaciones a que se refiere el artículo anterior se reclamarán de las cajas pagadoras, pagadurías, o habilitaciones u órganos funcionalmente análogos, acompañándose en todos los casos de la correspondiente documentación justificativa.

2. Con el fin de que el pago de estas indemnizaciones sea inmediato al de los gastos realizados, deberá preverse el pago con cargo al anticipo de caja fija o, en su caso, la existencia de fondos a justificar, en los órganos o unidades referidos en el apartado anterior, todo ello con sujeción a la normativa vigente.

3. Lo dispuesto en este capítulo será de aplicación asimismo a los desplazamientos que por razón del servicio tengan que realizar los funcionarios de la Administración de Justicia dentro del partido judicial en que el correspondiente órgano ejerza su jurisdicción, sin perjuicio de la percepción de otras indemnizaciones cuando el desplazamiento haya tenido lugar efectivamente fuera del término municipal y se tenga derecho a las mismas conforme a las disposiciones generales de este Real Decreto.

6.5.3. Traslados de residencia

Artículo 22. Normas generales

1. Todas las referencias a la familia contenidas en los artículos del presente Real Decreto que regulan los traslados de residencia, se entenderán hechas a los familiares del personal que origine el derecho a las indemnizaciones, siempre que convivan con él y a sus expensas, y se justifique documentalmente que tales circunstancias existían en el momento del traslado de cada miembro de la unidad familiar.

A los efectos previstos en el párrafo anterior, se entenderá que conviven con dicho personal y viven a sus expensas el cónyuge y los hijos menores de veintiún años, en cualquier caso.

Para otros familiares, incluidos los hijos de veintiún años o más, se deberá justificar documentalmente que conviven con el personal y a sus expensas en el momento del traslado. Se entenderá que viven a expensas del funcionario los familiares a que se refiere este párrafo que no perciban, en el periodo impositivo en el que se efectúe el traslado, ingresos por renta del trabajo, renta patrimonial o pensiones por un total superior al doble del salario mínimo interprofesional de los trabajadores.

2. En el caso de que dos cónyuges con derecho, en principio, a las indemnizaciones a que se refiere el presente artículo tuvieran que trasladar su residencia a la misma localidad, y su toma de posesión se realizara con una separación en el tiempo inferior a tres meses, los correspondientes gastos sólo se le podrán reconocer a uno de ellos. Si la toma de posesión de los cónyuges en sus respectivos puestos se realiza con una separación en el tiempo igualo superior a tres meses, ambos tendrán derecho a que se les indemnice por el importe correspondiente al traslado de mobiliario y enseres, pero sólo uno de ellos podrá percibir gastos de instalación y ser resarcido por los gastos de viaje de los familiares que convivan con ellos y a sus expensas.

Asimismo, cuando los cónyuges sean destinados a la misma localidad procedentes de destinos en localidades distintas tendrán en todo caso, cualquiera que sea el tiempo de su incorporación, derecho a que se les indemnice por el importe correspondiente al traslado de mobiliario y enseres. Al igual que en el párrafo anterior, sólo uno podrá percibir gastos de instalación y cada uno será resarcido por los gastos de viaje de los familiares que convivían con él y a sus expensas en la anterior localidad de destino.

3. La cuantía de la indemnización por dietas y gastos de viaje a que se refiere este artículo, tanto por lo que respecta al personal como a su familia, será la que proceda de acuerdo con el grupo que corresponda al personal que origine el derecho a la indemnización de acuerdo con la clasificación que se especifica en el anexo I de este Real Decreto. Todo ello en las condiciones y con los límites establecidos en el presente Real Decreto y, en su caso, en la restante normativa vigente para las comisiones de servicio.

4. A los gastos de viaje regulados en los artículos relativos a estos traslados de residencia les resultará de aplicación lo dispuesto para las comisiones de servicio en los artículos 17 y 18 del presente Real Decreto.

5. Las indemnizaciones por los gastos de transporte de mobiliario y enseres se otorgarán previa aprobación del presupuesto de los mismos de conformidad con la normativa vigente.

6. El derecho a las indemnizaciones previstas en el presente artículo caducará al transcurrir un año desde la fecha en que aquél nazca, pudiendo concederse por las autoridades respectivas, a instancia de los interesados, prórrogas semestrales por un plazo no superior a otros dos años cuando existieran dificultades para ejercer alguno de los derechos que dan lugar a indemnización.

7. El importe de los derechos reconocidos para los traslados de residencia podrá ser anticipado. Las condiciones y límites de estos anticipos, así como su justificación, se efectuará de acuerdo con la normativa vigente.

6.5.4. Asistencias

Artículo 27. Normas generales sobre asistencias

1. Se entenderá por "asistencia" la indemnización reglamentaria que, de acuerdo con lo previsto en los artículos siguientes, proceda abonar por:

a) Concurrencia a las reuniones de órganos Colegiados de la Administración, de órganos de Administración de Organismos públicos y de Consejos de Administración de empresas con capital o control públicos.

b) Participación en "tribunales de oposiciones y concursos encargados de la selección de personal o de pruebas cuya superación sea necesaria para el ejercicio de profesiones o para la realización de actividades".

c) Colaboración con carácter no permanente ni habitual en institutos, escuelas o unidades de formación y perfeccionamiento del personal al servicio de las Administraciones públicas.

2. Los Ministerios, Organismos, empresas y demás entidades que abonen las asistencias a que se refiere el presente artículo comunicarán semestralmente a los Ministerios de Hacienda y de Administraciones Públicas el detalle de las cantidades satisfechas por los conceptos a que se refiere el apartado anterior.

3. Dichas cantidades en ningún caso podrán totalizar, para el conjunto de los tres tipos de asistencias, un importe por año natural superior al 50 por 100 de las retribuciones anuales, excluidas las de carácter personal derivadas de la antigüedad, que se perciban por el puesto de trabajo desempeñado.

Las cantidades devengadas que superen los límites fijados para la percepción de asistencias en el párrafo anterior de este apartado y en los artículos 28.3, 32 y 33 del presente Real Decreto serán ingresadas directamente en el Tesoro Público por los centros pagadores a que se refiere el apartado anterior.

4. Las percepciones correspondientes a las asistencias reguladas en este artículo serán compatibles con las dietas que puedan corresponder a los que para la asistencia o concurrencia se desplacen de su residencia oficial.

5. Los centros pagadores efectuarán las retenciones a efectos del IRPF que correspondan según la normativa vigente en cada caso para dicho impuesto.

6.6. Retribuciones de los funcionarios en el extranjero, interinos y en prácticas

Las cuantías de las retribuciones básicas y complementarias de los funcionarios destinados en el extranjero son las mismas que las que, con carácter general, se aplican a funcionarios destinados en España, pero pueden percibir además las siguientes indemnizaciones:

- Indemnización para equiparar el poder adquisitivo y compensar la disminución de la calidad de vida.
- Indemnización por representación.
- Indemnización por hijos escolarizados en el país de destino.

Los funcionarios interinos percibirán el 100 por 100 de las retribuciones básicas, excluidos trienios, correspondientes al grupo en que esté incluido el Cuerpo en que ocupen vacante, y el 100 por 100 de las retribuciones complementarias que correspondan al puesto que desempeñen, excluidas las que estén vinculadas a funcionarios de carrera, pudiendo percibir complemento de productividad.

En cuanto a los funcionarios en prácticas, hay que distinguir según que éstas se realicen desempeñando o no un puesto de trabajo: si las prácticas se realizan sin desempeñar un puesto de trabajo perciben una retribución equivalente al sueldo y pagas extras correspondientes al cuerpo o escala en la que aspiren a ingresar; si las prácticas se realizan con desempeño de puesto de trabajo, además de las retribuciones anteriores, recibirán los complementos correspondientes al puesto desempeñado, que estarán determinados en la Relación de Puestos de Trabajo (RPT), pudiendo percibir también el complemento de productividad.

En el caso de los funcionarios en prácticas que ya vinieran prestando servicios remunerados a la Administración podrán optar por percibir una remuneración por igual importe al que les correspondería en su puesto de origen, o la retribución que proceda de las señaladas anteriormente, como propias del régimen de funcionarios en prácticas.

Las RPT comprenden todos los puestos de trabajo de personal funcionario de cada Centro Gestor, número y características de los que pueden ser ocupados por personal eventual, así como los de aquellos otros que pueden desempeñarse por personal laboral, su aprobación corresponde a los Ministros de Economía y Hacienda y para las Administraciones Públicas conjuntamente, excepto la asignación inicial de los complementos de destino y específico, que es competencia del Gobierno, la provisión de puestos de trabajo a desempeñar por personal funcionario requerirá que dichos puestos figuren detallados en las respectivas relaciones o catálogos de puestos de trabajo, y que su coste, en cómputo anual, esté dotado presupuestariamente o, en su defecto, se autorice por el Ministerio de Economía y Hacienda.

Además de todo lo anterior el TREBEP ha añadido al respecto:

Artículo 25. Retribuciones de los funcionarios interinos

1. Los funcionarios interinos percibirán las retribuciones básicas y las pagas extraordinarias correspondientes al Subgrupo o Grupo de adscripción, en el supuesto de que éste no tenga Subgrupo. Percibirán asimismo las retribuciones complementarias a que se refieren los apartados b), c) y d) del artículo 24 y las correspondientes a la categoría de entrada en el cuerpo o escala en el que se le nombre.

2. Se reconocerán los trienios correspondientes a los servicios prestados antes de la entrada en vigor del presente Estatuto que tendrán efectos retributivos únicamente a partir de la entrada en vigor del mismo.

Artículo 26. Retribuciones de los funcionarios en prácticas

Las Administraciones Públicas determinarán las retribuciones de los funcionarios en prácticas que, como mínimo, se corresponderán a las del sueldo del Subgrupo o Grupo, en el supuesto de que éste no tenga Subgrupo, en que aspiren a ingresar.

Artículo 27. Retribuciones del personal laboral

Las retribuciones del personal laboral se determinarán de acuerdo con la legislación laboral, el convenio colectivo que sea aplicable y el contrato de trabajo, respetando en todo caso lo establecido en el artículo 21 del presente Estatuto.

Artículo 28. Indemnizaciones

Los funcionarios percibirán las indemnizaciones correspondientes por razón del servicio.

Artículo 29. Retribuciones diferidas

Las Administraciones Públicas podrán destinar cantidades hasta el porcentaje de la masa salarial que se fije en las correspondientes Leyes de Presupuestos Generales del Estado a financiar aportaciones a planes de pensiones de empleo o contratos de seguro colectivos que incluyan la cobertura de la contingencia de jubilación, para el personal incluido en sus ámbitos, de acuerdo con lo establecido en la normativa reguladora de los Planes de Pensiones.

Las cantidades destinadas a financiar aportaciones a planes de pensiones o contratos de seguros tendrán a todos los efectos la consideración de retribución diferida.

Artículo 30. Deducción de retribuciones

1. Sin perjuicio de la sanción disciplinaria que pueda corresponder, la parte de jornada no realizada dará lugar a la deducción proporcional de haberes, que no tendrá carácter sancionador.

2. Quienes ejerciten el derecho de huelga no devengarán ni percibirán las retribuciones correspondientes al tiempo en que hayan permanecido en esa situación sin que la deducción de haberes que se efectúe tenga carácter de sanción, ni afecte al régimen respectivo de sus prestaciones sociales.

7. Devengo y liquidación de derechos económicos

Los derechos económicos que tengan el carácter de fijos en su cuantía y periódicos en su vencimiento, se devengarán y harán efectivos por mensualidades completas y con referencia a la situación y derechos del funcionario el día 1 del mes a que los mismos correspondan, salvo en los siguientes casos que se liquidarán por días:

a) En el mes de toma de posesión del primer destino en un Cuerpo o Escala, en el de reingreso al servicio activo, y en el de incorporación por conclusión de licencias sin derecho a retribución.

b) En el mes de iniciación de licencias sin derecho a retribución.

c) En el mes en que se cese en el servicio activo, salvo que sea por motivos de fallecimiento, jubilación o retiro de funcionarios sujetos al régimen de Clases Pasivas del Estado y, en general, a cualquier régimen de pensiones públicas que se devenguen por mensualidades completas desde el primer día del mes siguiente al del nacimiento del derecho.

Las pagas extraordinarias de los funcionarios del Estado se devengarán el día 1 de los meses de junio y diciembre, y con referencia a la situación y derechos del funcionario en dichas fechas, salvo en los siguientes casos en que experimentará la correspondiente reducción proporcional por el tiempo en que no se prestó el servicio:

a) Cuando el tiempo de servicios efectivamente prestados no comprenda la totalidad de los seis meses inmediatos anteriores a los meses de junio o diciembre.
b) Cuando los funcionarios hubieran prestado una jornada de trabajo reducida en el transcurso de los seis meses inmediatos anteriores a los meses de junio o diciembre.
c) Los funcionarios en servicio activo con licencia sin derecho a retribución.
d) En el caso de cese en el servicio activo, salvo que el cese sea por jubilación o fallecimiento.

Los funcionarios de carrera que cambien de puesto de trabajo tendrán derecho, durante el plazo accesorio, a la totalidad de las retribuciones; en el caso de que el término de dicho plazo se produzca dentro del mismo mes en que se efectuó el cese, las citadas retribuciones se harán efectivas por la Dependencia que diligencie dicho cese por mensualidad completa. Si, por el contrario, dicho término recayera en mes distinto al del cese, las retribuciones del primer mes se harán efectivas de la forma indicada, y las del segundo se abonarán por la Dependencia correspondiente al puesto de trabajo al que accede, asimismo, por mensualidad completa y en la cuantía correspondiente al puesto en que se ha tomado posesión.

La diferencia en cómputo mensual, entre la jornada reglamentaria de trabajo y la efectivamente realizada por el funcionario, dará lugar a la reducción proporcional de haberes. Dicho valor se calcula tomando como base la totalidad de las retribuciones íntegras mensuales que perciba el funcionario, dividida entre el número de días naturales del correspondiente mes y, a su vez, este resultado por el número de horas que el funcionario tenga obligación de cumplir de media cada día; en cuanto a la paga extraordinaria, cuando se devengue parcialmente, su reducción se calcula computando cada día de servicios prestados en el importe de dividir la cuantía de la paga extraordinaria entre los 182 o 183 días del semestre.

Una vez determinadas las retribuciones íntegras de cada perceptor con arreglo a los criterios expuestos, se aplicarán los porcentajes correspondientes a retenciones por IRPF, por cotización a las Mutualidades de Funcionarios o, en su caso, a la Seguridad Social, cuotas de derechos pasivos y, en general, todas las deducciones formalizables que fueran de aplicación a cada funcionario obteniéndose el líquido. Del importe líquido se restan las deducciones no formalizables y se obtiene el importe neto, que es la cantidad que ha de acreditarse al perceptor.

8. El pago de las retribuciones del personal en activo. Formas de pago

Una vez confeccionadas las nóminas, los habilitados o pagadores responsables de la confección redactarán los documentos contables de las fases de obligación y propuesta de pago, es decir, los documentos "OK" o, en su caso, "ADOK". Se confecciona un documento contable único por nómina que habrá de cuadrar en íntegros, descuentos y líquido con las cifras totales de aquélla. Las propuestas de pago se formulan a favor de las propias Habilitaciones o Cajas Pagadoras, para la transferencia de su importe líquido a cuentas corrientes abiertas a las mismas en Entidades de crédito.

Los Habilitados o Cajeros Pagadores, para el pago por régimen centralizado, deberán presentar las nóminas, junto con los documentos OK o, en su caso, ADOK, según se haya efectuado o no el compromiso previo del gasto, en las oficinas de contabilidad que correspondan a los Departamentos u órganos que aprobaron aquéllas antes del día 7 de cada mes. Una vez intervenidas, las oficinas de contabilidad registrarán dichos documentos contables, debiendo proceder a devolver a los Habilitados o Cajeros Pagadores las respectivas nóminas. La propuesta de pago, una vez autorizada por el Interventor, se transmitirá por medios informáticos a la Dirección General del Tesoro y Política Financiera.

En el caso de nóminas tramitadas en las Delegaciones Provinciales de Economía y Hacienda, cuyas respectivas órdenes de pago no se hubieran recibido en plazo, los Delegados provinciales de Economía y Hacienda podrán ordenar pagos no presupuestarios sobre la base de la información de las propuestas de pago registradas en el sistema, dichos pagos se aplicarán al concepto no presupuestario que determine la Intervención General de la Administración del Estado por el importe líquido de las nóminas. Tan pronto se reciban las citadas órdenes de pago, se procederá a la cancelación de estos anticipos de retribuciones mediante el pago en formalización de las mismas.

El Tesoro debe transferir los importes de las órdenes de pago a las cuentas corrientes de Habilitación con cinco días de antelación a los vencimientos de las retribuciones periódicas, es decir, cinco días antes de que acabe el mes.

Los fondos depositados en estas cuentas corrientes tienen el carácter de públicos y de los mismos sólo se puede disponer para pagos derivados de la gestión de haberes, con objeto de que los haberes se puedan percibir puntualmente por los interesados. Las Habilitaciones o Pagadurías cursarán con antelación a las Entidades de crédito las relaciones siguientes:

1. Relación nominal del personal acogido al régimen de cobro por transferencias en las que figurarán los datos sobre identificación de perceptores y sus cuentas, así como los importes a transferir.

2. Relación nominal del personal que cobra por cheque e importes a percibir a fin de que sean expedidos cheques bancarios nominativos, que serán entregados por las Entidades de crédito a la Habilitación en la fecha que se determine al cursarle la relación.

La justificación definitiva comprende:

a) Un ejemplar de la relación de perceptores cursada a las Entidades de crédito, en la que éstas harán constar, mediante diligencia autorizada, que las transferencias ordenadas han sido verificadas puntualmente y detalle de las que no hayan podido realizarse.
b) Para el personal cuyo pago se realice mediante entrega de cheque nominativo firmará sobre la nómina al recibir el cheque.
c) Certificación de la Entidad de crédito acreditativa de haberse efectuado las transferencias de las retenciones (deducciones no formalizables).
d) En su caso, las cartas de pago justificativas de los reintegros verificados directamente en el Tesoro y cuyo ingreso se realizará mediante cheque nominativo, a favor del Tesoro Público, expedido por la Entidad de crédito.

Los Habilitados, una vez distribuido su importe entre los funcionarios y personal acreedor que en ellas figure, presentarán la nómina original junto con la restante documentación justificativa, en la Intervención Delegada de la Dirección General del Tesoro y Política Financiera o en la Intervención Territorial de la provincia en que el pago se hubiere hecho efectivo, las cuales las conservarán hasta su remisión al Tribunal de Cuentas como justificante de pago respectivo.

Tema 5

Gastos para la compra de bienes y servicios. Gastos de inversión. Gastos de transferencias: corrientes y de capital. Pagos: concepto y tipos. Pagos por obligaciones presupuestarias. Anticipos de caja fija. Pagos «a justificar». Justificación de libramientos

eRodio ediciones

Índice esquemático

1. Gastos para la compra de bienes y servicios

La compra de bienes y servicios, se incluye como hemos visto en los temas anteriores en el Capítulo 2.º de la Clasificación Económica del Estado de Gastos.

Este capítulo comprende los gastos en bienes y servicios necesarios para el funcionamiento de la actividad del Estado, o de sus organismos autónomos, siempre que no produzcan un incremento de capital o del patrimonio público.

Serán imputables a los créditos de este Capítulo los gastos originados por la adquisición de bienes que reúnan alguna de las siguientes características:

- Ser bienes fungibles.
- Tener una duración previsiblemente inferior al ejercicio presupuestario.
- No ser susceptible de inclusión en inventarios
- Gastos que previsiblemente son reiterativos.

Además se aplican a este capítulo los gastos de carácter inmaterial que por tener carácter reiterativo, no sean susceptibles de amortización y no estén relacionados con la realización de inversiones.

Se incluyen así a título de ejemplo:

- Los arrendamientos y cánones.
- Las reparaciones, mantenimiento y conservación de edificios, máquinas, mobiliario y otro inmovilizado material.
- Todo tipo de suministros, transportes, Seguros, y gastos diversos.
- Los gastos de dietas, locomoción y traslado del personal.
- Etc.

Comprende los siguientes artículos, conceptos y subconceptos:

CONCEPTO	DENOMINACIONES
Artículo 20. Arrendamientos	
200	Terrenos y bienes naturales
202	Edificios y otras construcciones
203	Maquinaria, instalaciones y utillaje
204	Material de transporte
205	Mobiliario y enseres
206	Equipos para procesos de información

208 Otro inmovilizado material

209 Cánones

Artículo 21. Reparaciones, mantenimiento y conservación.

210 Infraestructura y bienes naturales

212 Edificios y otras construcciones

213 Maquinaria, instalaciones y utillaje

214 Material de transporte

215 Mobiliario y enseres

216 Equipamiento para procesos de información

218 Bienes situados en el exterior

219 Otro inmovilizado material

Artículo 22. Material, suministros y otros

220 Material de oficina. Comprende los siguientes subconceptos:

Ordinario no inventariable.
Prensa, revistas, libros y otras publicaciones.
Material informático no inventariable.
Material de oficina en el exterior.

221 Suministros. Comprende los siguientes subconceptos:

Energía eléctrica.
Agua.
Gas.
Combustibles y carburantes.
Vestuario.
Productos alimenticios.
Manutención de animales.
Productos farmacéuticos.
Suministros de carácter militar.
Material deportivo, didáctico y cultural.
Labores de la Fábrica Nacional de Moneda y Timbre.
Productos de limpieza y aseo.
Suministros en el exterior.

222 Comunicaciones. Comprende los siguientes subconceptos:

Telefónica.
Postales.
Telegráficas.
Telex y telefax.
Informáticas.
Comunicaciones en el exterior.

223 Transportes

224 Primas de seguros

225 Tributos.

Estatales
Autonomicos
Locales
Tributos en el exterior

226 Gastos diversos, que comprende, entre otros, los siguientes subconceptos:

Atenciones protocolarias y representativas.
Publicidad y propaganda.
Jurídicos contenciosos.
Reuniones conferencias y cursos.
Oposiciones y pruebas selectivas.
Gastos reservados.
Actividades culturales y deportivas.
Gastos diversos en el exterior.

227 Trabajos realizados por otras empresas, comprende los siguientes subconceptos:

Limpieza y aseo.
Seguridad.
Valoraciones y peritajes.
Custodia, depósito y almacenaje.
Procesos electorales.
Estudios y trabajos técnicos.
Trabajos realizados por otras empresas en el exterior.

Artículo 23. Indemnizaciones por razón del servicio.

230 Dietas, comprende:

231 Locomoción

232 Traslado

233 Otras indemnizaciones

Artículo 24. Gastos de publicaciones.

240 Gastos de edición y distribución

Artículo 25. Conciertos de asistencia Sanitaria.

250 Con la seguridad social

251 Con entidades de seguro libre

Artículo 27. Compras, suministros y otros gastos relacionados con la actividad.

2. Gastos de inversión

Los Gastos de Inversión se incluyen en el capítulo 6º del Estado de Gastos del presupuesto del Estado, denominado "Inversiones Reales", en donde se recogen todas las inversiones a realizar en infraestructuras, equipamientos, etc.

La clasificación a nivel de artículo es:

- Artículo 60. Inversión nueva en infraestructura y bienes destinados al uso general.
- Artículo 61. Inversión de reposición en infraestructura y bienes destinados al uso general.
- Artículo 62. Inversión nueva asociada al funcionamiento operativo de los servicios.
- Artículo 63. Inversión de reposición asociada al funcionamiento operativo de los servicios.
- Artículo 64. Gastos en inversiones de carácter inmaterial.
- Artículo 65. Inversiones militares en infraestructura y otros bienes.
- Artículo 66. Inversiones militares asociadas al funcionamiento de los servicios.
- Artículo 67. Gastos militares de inversiones de carácter inmaterial.

3. Gastos de transferencias: corrientes y de capital

Como sabemos, al analizar la estructura de los presupuestos del Estado, los gastos de transferencias se incluyen en los capítulos 4º y 7º del Estado de Gastos, para diferenciar las Transferencias Corrientes –como una operación de gasto corriente- capítulo 4.º, de las Transferencias de capital –como una operación de capital– capítulo 7.º

El Capítulo 4º, Transferencias Corrientes, comprende los siguientes artículos:

40. "A la Administración del Estado".
41. "A Organismos Autónomos".
42. "A la Seguridad Social".
43. "A Agencias estatales y otros organismos públicos".
44. "A sociedades mercantiles estatales, entidades empresariales y otros organismos públicos".

45. "A Comunidades Autónomas".
46. "A Corporaciones Locales".
47. "A Empresas Privadas".
48. "A familias e Instituciones sin fines de lucro".
49. "Al Exterior".

El Capítulo 7.º, Transferencias de Capital, comprende los mismos artículos:

70. "A la Administración del Estado".
71. "A Organismos Autónomos".
72. "A la Seguridad Social".
73. "A Agencias estatales y otros organismos públicos".
74. "A sociedades mercantiles estatales, entidades empresariales y otros organismos públicos"
75. "A Comunidades Autónomas".
76. "A Corporaciones Locales".
77. "A Empresas Privadas".
78. "A familias e Instituciones sin fines de lucro".
79. "Al Exterior".

4. Pagos por obligaciones presupuestarias

4.1. Pagos: concepto. De las obligaciones de la Hacienda Pública Estatal

La LGP configura el pago como el modo ordinario de cumplimiento de las obligaciones a cargo de la Hacienda Pública, siendo competente para efectuarlo, el Director General de Política Financiera, en sus funciones de ordenador general de pagos del Estado.

Añadir que, a tal efecto los artículos 20 a 25 de la misma LGP, establecen sobre las Obligaciones de la Hacienda Pública Estatal, las siguientes precisiones:

Artículo 20. Fuentes de las obligaciones

Las obligaciones de la Hacienda Pública estatal nacen de la Ley, de los negocios jurídicos y de los actos o hechos que, según derecho, las generen.

Artículo 21. Exigibilidad de las obligaciones

1. Las obligaciones de la Hacienda Pública estatal sólo son exigibles cuando resulten de la ejecución de los presupuestos, de conformidad con lo dispuesto en esta Ley, de sentencia judicial firme o de operaciones no presupuestarias legalmente autorizadas.

2. Si dichas obligaciones tienen por causa prestaciones o servicios, el pago no podrá efectuarse si el acreedor no ha cumplido o garantizado su correlativa obligación.

3. En el ámbito de la Hacienda Pública estatal, no podrá efectuarse el desembolso anticipado de las aportaciones comprometidas en virtud de convenios de colaboración y encomiendas de gestión con carácter previo a la ejecución y justificación de las prestaciones previstas en los mismos, sin perjuicio de lo que puedan establecer las disposiciones especiales con rango de Ley que puedan resultar aplicables en cada caso.

No obstante lo anterior, el acreedor de la Administración, en los términos que se determinen en el convenio de colaboración o encomienda de gestión, podrá tener derecho a percibir un anticipo por las operaciones preparatorias que resulten necesarias para realizar la actuaciones financiadas hasta un límite máximo del 10 por ciento de la cantidad total a percibir. En tal caso, se deberán asegurar los referidos pagos mediante la prestación de garantía salvo cuando el acreedor de la Administración sea una entidad del sector público estatal o la normativa reguladora del gasto de que se trate establezca lo contrario.

Artículo 22. Extinción de las obligaciones

1. Las obligaciones de la Hacienda Pública estatal se extinguen por las causas contempladas en el Código Civil y en el resto del ordenamiento jurídico.

2. La gestión de los créditos presupuestarios en orden a extinguir las obligaciones de la Hacienda Pública estatal se realizará de conformidad con lo dispuesto en el título II de esta Ley y disposiciones de desarrollo.

Artículo 23. Prerrogativas

1. Ningún tribunal ni autoridad administrativa podrá dictar providencia de embargo ni despachar mandamiento de ejecución contra los bienes y derechos patrimoniales cuando se encuentren materialmente afectados a un servicio público o a una función pública, cuando sus rendimientos o el producto de su enajenación estén legalmente afectados a fines diversos, o cuando se trate de valores o títulos representativos del capital de sociedades estatales que ejecuten políticas públicas o presten servicios de interés económico general.

2. El cumplimiento de las resoluciones judiciales que determinen obligaciones a cargo de la Hacienda Pública estatal corresponderá al órgano administrativo que sea competente por razón de la materia, sin perjuicio de la posibilidad de instar, en su caso, otras modalidades de ejecución de acuerdo con la Constitución y las leyes.

3. El órgano administrativo encargado del cumplimiento acordará el pago con cargo al crédito correspondiente, en la forma y con los límites del respectivo presupuesto. Si para el pago fuese necesario realizar una modificación presupuestaria, deberá concluirse el procedimiento correspondiente dentro de los tres meses siguientes al día de la notificación de la resolución judicial.

Artículo 24. Intereses de demora

Si la Administración no pagara al acreedor de la Hacienda Pública estatal dentro de los tres meses siguientes al día de notificación de la resolución judicial o del reconocimiento de la obligación, habrá de abonarle el interés señalado en el artículo 17 apartado 2 de esta Ley, sobre la cantidad debida, desde que el acreedor, una vez transcurrido dicho plazo, reclame por escrito el cumplimiento de la obligación.

En materia tributaria, de contratación administrativa y de expropiación forzosa se aplicará lo dispuesto en su legislación específica.

Artículo 25. Prescripción de las obligaciones

1. Salvo lo establecido ***por leyes especiales, prescribirán a los cuatro años:***

a) El derecho al reconocimiento o liquidación por la Hacienda Pública estatal de toda obligación que no se hubiese solicitado con la presentación de los documentos justificativos. El plazo se contará desde la fecha en que se concluyó el servicio o la prestación determinante de la obligación o desde el día en que el derecho pudo ejercitarse.

b) El derecho a exigir el pago de las obligaciones ya reconocidas o liquidadas, si no fuese reclamado por los acreedores legítimos o sus derechohabientes. El plazo se contará desde la fecha de notificación, del reconocimiento o liquidación de la respectiva obligación.

2. Con la expresada salvedad en favor de leyes especiales, la prescripción se interrumpirá conforme a las disposiciones del Código Civil.

3. Las obligaciones a cargo de la Hacienda Pública estatal que hayan prescrito, serán baja en las respectivas cuentas, previa tramitación del oportuno expediente.

Contabilización: Una vez reconocida la obligación (O) y las actuaciones, debe formularse la correspondiente propuesta de pago (K), que es el acto mediante el cual, el órgano que ha reconocido la obligación con cargo al Presupuesto se dirige al Ordenador General de Pagos solicitando que proceda a efectuar la ordenación del pago de la obligación reconocida. La operación se contabiliza mediante la expedición de un documento contable OK, no obstante podrá expedirse únicamente el documento contable O: "Operaciones específicas de la Deuda Pública y Pagos a realizar en el extranjero mediante situación de divisas sin el ingreso previo de su contravalor en euros.

La ordenación de todos los pagos del Tesoro Público corresponde al Ministerio de Economía y en su nombre al Director General del Tesoro y Política Financiera –Artículo 75 LGP–; en el ámbito de los Organismos Autónomos del Estado las funciones de ordenación de pagos están atribuidas a sus presidentes o directores.

Dada su enorme importancia para este tema, reiteramos que este artículo 75 de la LGP, establece que bajo la superior autoridad del Ministro de Economía, competen al Director General del Tesoro y Política Financiera las funciones de Ordenador General de Pagos del Estado.

Continúa el artículo 75 LGP:

2. De igual forma, bajo la superior autoridad del Ministro de Trabajo y Asuntos Sociales, competen al Director General de la Tesorería General de la Seguridad Social las funciones de Ordenador general de pagos de las Entidades gestoras y Servicios comunes de la Seguridad Social.

3. Las órdenes de pago se expedirán a favor del acreedor que figura en la correspondiente propuesta de pago si bien, por Orden del Ministro de Economía, se podrán regular los supuestos en que puedan expedirse a favor de Habilitaciones, Cajas pagadoras o Depositarías de fondos, así como entidades colaboradoras de conformidad con la Ley 38/2003, de 17 de noviembre, General de Subvenciones y otros agentes mediadores en el pago, que actuarán como intermediarias para su posterior entrega a los acreedores.

4. Los Ministros de Economía y de Trabajo y Asuntos Sociales, en los ámbitos de sus respectivas competencias, podrán disponer la modificación o eliminación de cualquiera de los procedimientos de pago a través de intermediario señalados en el apartado anterior.

Previamente a la expedición de las órdenes de pago con cargo a los Presupuestos Generales del Estado habrá de acreditarse documentalmente ante el órgano que haya de reconocer las obligaciones la realización de la prestación o el derecho del acreedor, de conformidad con los acuerdos que en su día autorizaron y comprometieron el gasto.

Los Ordenadores de pagos podrán recibir las propuestas y librar las correspondientes órdenes de pago por medios informativos. En este supuesto, la documentación justificativa del gasto realizado podrá quedar en aquellos centros en los que se reconocieron las correspondientes obligaciones para su remisión al Tribunal de Cuentas.

Añade además el artículo 76 de la LGP que:

Las providencias y diligencias de embargo, mandamientos de ejecución, acuerdos de inicio de procedimiento administrativo de compensación y actos de contenido análogo, dictados por órganos judiciales o administrativos, en relación con derechos de cobro que los particulares ostenten frente a la Administración General del Estado o frente a la Administración de la Seguridad Social y que sean pagaderos a través de la Ordenación de Pagos del Estado o a través de la Ordenación de pagos de las entidades gestoras y servicios comunes de la Seguridad Social, se comunicarán necesariamente a la Dirección General del Tesoro y Política Financiera o a la Tesorería General de la Seguridad Social para su debida práctica mediante consulta al sistema de información contable y contendrán al menos la identificación del afectado con expresión del nombre o denominación social y su número de identificación fiscal, el importe del embargo, ejecución o retención y la especificación del derecho de cobro afectado con expresión del importe, órgano a quien corresponde la propuesta de pago y obligación a pagar.

Los órganos de la Administración General del Estado, distintos de la Dirección General del Tesoro y Política Financiera, a los que se comuniquen los actos referidos en el párrafo anterior que recaigan sobre derechos de cobro pagaderos por la Ordenación de Pagos del Estado únicamente deberán remitirlos a la citada Dirección General cuando los mismos reúnan los requisitos especificados en el párrafo anterior. En caso contrario, aquéllos deberán proceder a la devolución motivada de los documentos recibidos al órgano judicial o administrativo que haya dictado el acuerdo.

4.2. Pagos por obligaciones presupuestarias. Pagos en firme

En el procedimiento general para el pago de obligaciones, los órganos que dicten los actos administrativos de reconocimiento de obligaciones propondrán el pago a la Dirección General del Tesoro y Política Financiera; como excepción a esta norma, las propuestas de pago correspondientes a conceptos no presupuestarios por devolución de ingresos pueden ser expedidas por los jefes de las

Oficinas de Contabilidad donde dichos débitos figuren registrados, de oficio, o en su caso, a instancia del órgano competente en la tramitación del expediente.

En los casos en que el acreedor directo comunique al órgano gestor competente la transmisión de las certificaciones, cuentas o títulos que representen débitos de la Administración General del Estado, las propuestas de pago habrán de ser expedidas a favor del cesionario.

Las propuestas de pago se expedirán a favor de Cajas Pagadoras, Habilitaciones, Pagadurías y otros agentes mediadores en el pago, en los supuestos que se indican a continuación:

a) En el procedimiento para el pago de las retribuciones de personal al servicio de la Administración General del Estado.
b) En el procedimiento para el pago de las prestaciones de clases pasivas del Estado.
c) En el procedimiento de pago a través del sistema de anticipos de caja fija.
d) En el procedimiento de pagos a justificar.
e) A todo conjunto de pagos masivos (50 personas).
f) Al pago de una obligación a favor de una pluralidad de acreedores.
g) Al pago de una obligación a favor de un tercero que no pueda individualizarse mediante el número de identificación fiscal.
h) En aquellos otros supuestos que se autoricen expresamente por la Dirección General del Tesoro y Política Financiera.

Se harán efectivos por transferencia bancaria las siguientes órdenes de pago:

1. Todas las que se expidan a favor de los agentes mediadores en el pago a la cuenta que deben tener abierta con el Banco de España, o, excepcionalmente, cuando esté debidamente autorizada por la Dirección General del Tesoro y Política Financiera en otra entidad de crédito.

2. Las que se expidan a favor de acreedores directos cuando así lo hubiesen solicitado, cada acreedor directo puede designar un máximo de tres cuentas bancarias que puede ser ampliado por resolución conjunta de la Dirección General del Tesoro y Política Financiera e Intervención General de la Administración del Estado.

Se harán efectivas, en todo caso, mediante transferencia bancaria, las órdenes de pago dirigidas a Sociedades Estatales, Entes Públicos, Organismos Autónomos, Órganos Constitucionales del Estado, Entes Territoriales del Estado y Estados o Sujetos de Derecho Internacional público.

Los pagos por transferencia se realizarán con carácter general por la Caja Pagadora de la Dirección General del Tesoro y Política Financiera; como excepción, se podrán hacer efectivas a través de las Cajas Pagadoras de las Delegaciones Provinciales de Economía y Hacienda, las órdenes de pago que se expidan para atender el pago de las retribuciones del personal en activo de la Administración Civil o Militar del Estado y el pago de haberes de clases pasivas.

En los casos en que una Entidad de crédito no pudiera proceder al abono a la cuenta destinataria de la transferencia en el plazo de cinco días hábiles siguientes a su recepción, deberá proceder a su devolución el Banco de España en el primer día hábil siguiente quien lo pondrá en conocimiento de la Dirección General del Tesoro y Política Financiera o de la Delegación de Hacienda que hubiese ordenado la transferencia, a fin de efectuar su ingreso en una cuenta transitoria del Tesoro.

El pago mediante cheque contra la cuenta del Tesoro Público en el Banco de España, se realizará excepcionalmente, cuando concurran circunstancias que lo justifiquen y sólo para personas físicas, el Director General del Tesoro y política Financiera podrá autorizar el pago mediante cheque nominativo no a la orden.

El pago en formalización se aplica a todas aquellas órdenes de pago cuyo importe líquido sea cero, como consecuencia de embargos, retenciones judiciales, compensación de deudas o cualquier otra circunstancia.

Cuando un tercero sea, al mismo tiempo, deudor y acreedor de la Administración General del Estado, podrá solicitar la compensación de los respectivos débitos y créditos ante el órgano competente para acordarla; una vez que se reciba en la Dirección General del Tesoro y Política Financiera el acuerdo de compensación dictado por el órgano competente, se procederá a efectuar los trámites necesarios para su ejecución.

En el procedimiento especial para el pago de obligaciones, tanto la ordenación de los pagos como su pago material se realice de forma descentralizada por los Delegados Provinciales de Economía y Hacienda; los órganos que hubieren dictado los actos administrativos de reconocimiento de las obligaciones propondrán el pago al Delegado Provincial de Economía y Hacienda que corresponda en función del ámbito territorial de competencias en que se hubieran producido las actuaciones. Después de incorporar las propuestas de pago al Sistema Informático Contable, las Delegaciones Provinciales comprobarán la posible existencia de incidencias en el Fichero Central de Terceros mediante consulta realizada desde las propias Delegaciones Provinciales.

De conformidad con el Artículo 25 de la LGP, salvo lo establecido en las leyes especiales, las obligaciones prescribirán a los cuatro años, si bien se interrumpirán conforme a las disposiciones del Código Civil.

5. Pagos por ejercicios cerrados

Al 31 de diciembre de cada año se procede a realizar las operaciones de cierre y liquidación del presupuesto de ese ejercicio.

El 1 de enero comienza la ejecución del presupuesto del año actual.

Como sabemos por otras preguntas, al 31 de diciembre, los saldos de los gastos en fase de autorización y disposición y compromiso se anulan de pleno derecho. Una parte de ellos, los necesarios, se incorporan al presupuesto del ejercicio siguiente, para realizar su ejecución con cargo a dicho presupuesto.

Pero, los saldos de las obligaciones reconocidas y de los derechos reconocidos y liquidados pasan a formar parte del "pendiente de pago o pendiente de cobro al 31 de diciembre", y para lo que la instrucción de contabilidad prevé que cuando se ejecuten se contabilizarán en "presupuestos cerrados".

Así la instrucción de contabilidad distribuye la ejecución del "presupuesto corriente" (no en el sentido de gasto corriente, sino en el sentido de gasto procedente del ejercicio natural), de la ejecución de "presupuestos cerrados", a la que se imputan las operaciones que realicemos en este ejercicio tanto de gastos como de ingresos, que estaban reconocidas y proceden de ejercicios anteriores.

La agrupación de presupuestos cerrados, comprende la ejecución de:

- Presupuesto cerrado. Ejercicio anterior.
- Presupuestos cerrados. Ejercicios anteriores (previos al anterior).

La contabilidad de los gastos de presupuestos cerrados se ejecutará con el mismo detalle como si se tratara del presupuesto corriente, es decir, incluirá las tres clasificaciones que conforman una partida presupuestaria:

- Orgánica.
- Por Áreas de gasto.
- Económica.

A la hora de efectuar un pago en presupuesto cerrado, de una obligación reconocida en años anteriores, el pago en sí no presenta ninguna diferencia respecto a los pagos del ejercicio corriente. El procedimiento es el mismo, salvo la imputación contable de la operación, que en este caso se realizará a la subcuentas de presupuestos cerrados.

Se puede decir que la finalidad de esta operación de presupuesto cerrado, es la de efectuar un control, independiente totalmente al presupuesto del ejercicio en curso, de los derechos y obligaciones pendientes al comienzo del ejercicio y procedente de la ejecución de presupuestos de ejercicios anteriores.

Dentro de la agrupación de presupuestos cerrados están integrados tanto derechos como obligaciones.

Las obligaciones que en un determinado ejercicio pasan a integrar la agrupación de presupuestos cerrados estará constituida por:

- Las obligaciones pendientes de pago en fin de ejercicio anterior procedentes del presupuesto de gastos correspondiente a dicho ejercicio.
- Las obligaciones pendientes de pago en fin de ejercicio anterior procedentes de presupuestos cerrados correspondientes a ejercicios anteriores a aquel.
- Las obligaciones pendientes de pago están constituidas por el saldo de obligaciones más el saldo de pagos ordenados resultantes a la liquidación del presupuesto.

  De forma análoga, las obligaciones pendientes de pago de presupuestos cerrados se obtienen como suma de los siguientes importes:

  ▷ Obligaciones pendientes de ordenar el pago en fin de ejercicio (saldo de obligaciones de presupuestos cerrados).

  ▷ Pagos ordenados pendientes a realizar en fin de ejercicio (saldo de pagos ordenados de presupuestos cerrados).

Al igual que se ha indicado que los derechos de presupuestos cerrados, el control de las obligaciones pendientes de pago de presupuestos cerrados se realizará, individualmente, con separación de ejercicios en que se reconocieron y con el detalle de partidas presupuestarías a las que se imputaron en el momento de su reconocimiento.

El periodo para efectuar el pago por presupuestos cerrados es de 4 años, computados desde que nació para el acreedor su derecho al cobro, como consecuencia de la conclusión del servicio o de la prestación determinante de la obligación. Una vez transcurrido ese plazo legal, las obligaciones pendientes de pago prescribirán. Pueden considerarse dos fases diferenciadas en la prescripción.

a) Del Saldo de obligaciones reconocidas en ejercicios anteriores.

   Cuando una Obligación reconocida en ejercicios anteriores, cuyo pago no haya sido propuesto, incurra en prescripción, por el Jefe de Contabilidad del Departamento ministerial se iniciará la tramitación del oportuno expediente, habiéndose de resolver en mismo por el responsable del programa de gastos que hubiese autorizado el reconocimiento de dicha obligación.

Aprobado el expediente de prescripción, la contabilización de la misma se efectuará con base en el documento " PR"

b) De órdenes de pago pendientes de efectuar el mismo, que radiquen en las Cajas pagadoras.

Cuando una orden de pago con cargo a Presupuestos Cerrados incurra en prescripción, por el Jefe de Contabilidad de la correspondiente Caja Pagadora se iniciará la tramitación del oportuno expediente, habiéndose de resolver el mismo por el Director General del Tesoro y Política Financiera. O aquél en quien delegue, o por el correspondiente Delegado de Economía y Hacienda, según que la orden de pago radique en la Tesorería de la Dirección General del Tesoro y Política Financiera o de una Delegación de Economía y Hacienda, respectivamente.

Aprobado el expediente de prescripción, su contabilización se efectuará mediante el pago de la Orden en formalización (sin salida material de fondos) e ingreso en el concepto de "Recursos eventuales" del Presupuesto de Ingresos.

6. Anticipos de caja fija

Se entiende por anticipos de caja fija las provisiones de fondos de carácter extrapresupuestario y permanente que se realicen a Pagadurías, Cajas y Habilitaciones para la atención inmediata de gastos periódicos o repetitivos como los referentes a dietas, gastos de locomoción, material no inventariable, conservación, tracto sucesivo y otros de similares características. Formarán parte del Tesoro Público, y serán objeto de aplicación al capítulo de gastos corrientes en bienes y servicios del presupuesto del año en que se realicen.

Vienen regulados en el artículo 78 de la LGP que establece:

1. De acuerdo con lo preceptuado en esta Ley y en su desarrollo reglamentario, los ministros y los presidentes o directores de los organismos autónomos, previo informe de su Intervención Delegada en ambos casos, establecerán, en el ámbito de sus respectivas competencias, las normas que regulan los pagos satisfechos mediante anticipos de caja fija, determinando los criterios generales de los gastos que puedan ser satisfechos por tal sistema, los conceptos presupuestarios a los que serán aplicables los límites cuantitativos establecidos para cada uno de ellos, su aplicación al presupuesto y cuantas estimaciones se consideren oportunas.

Se entienden por anticipos de caja fija las provisiones de fondos de carácter extrapresupuestario y permanente que se realicen a pagadurías, cajas y habilitaciones para la atención inmediata y posterior aplicación al capítulo de gastos corrientes en bienes y servicios del presupuesto del año en que se realicen, de gastos periódicos o repetitivos.

2. El Director General de la Tesorería General de la Seguridad Social, previo informe de la Intervención General de la Seguridad Social, establecerá las normas que regulan los pagos satisfechos mediante fondos de maniobra en el ámbito de las entidades gestoras y servicios comunes de la Seguridad Social.

3. En todo caso, la cuantía global de los anticipos de caja fija no podrá superar para cada ministerio u organismo autónomo el siete por ciento del total (7%) de créditos del capítulo destinado a gastos corrientes en bienes y servicios del presupuesto vigente en cada momento (Capítulo 2.° del Estado de Gastos).

Se autoriza a la Agencia Española de Cooperación Internacional para que la cuantía global de los anticipos de caja fija pueda exceder del siete por ciento previsto en este artículo, hasta un máximo del 14 por 100 del total de los créditos del capítulo destinado a gastos corrientes en bienes y servicios del presupuesto vigente en cada momento.

El porcentaje indicado en el párrafo primero de este apartado podrá incrementarse hasta un máximo del 10 por 100 de los créditos del artículo 23, «indemnizaciones por razón del servicio», del programa 222A, «Seguridad ciudadana», del Ministerio del Interior, y aplicable únicamente a la gestión del indicado artículo.

4. Igualmente, la cuantía global de los fondos de maniobra asignados a todos los centros de gestión pertenecientes a una misma entidad de la Seguridad Social no podrá exceder del tres por ciento de los créditos del capítulo destinado a gastos corrientes de bienes y servicios del presupuesto vigente en cada momento. Porcentaje que podrá ser elevado hasta un siete por ciento por el Ministro de Trabajo y Asuntos Sociales.

5. Las unidades administrativas responsables de estos fondos, que formarán parte del Tesoro Público o del patrimonio de la Seguridad Social, según corresponda, justificarán su aplicación y situación conforme se establezca reglamentariamente.

El importe de anticipo de Caja fija puede ser establecido en cada Departamento u Organismo Autónomo por acuerdo de su titular; la cuantía global de los anticipos de Caja fija concedidos no podrá exceder del siete por ciento del total de los créditos del capítulo destinado a gastos corrientes en el respectivo Ministerio u Organismo Autónomo, en caso de que existan modificaciones de créditos que disminuyan o aumenten los correspondientes al capítulo destinado a gastos corrientes en bienes y servicios, será preciso un nuevo acuerdo ajustando la distribución del anticipo a la nueva situación presupuestaria.

Cuando el sistema se haya establecido en un Ministerio u Organismo Autónomo se tendrán en cuenta las siguientes limitaciones:

- No podrán tramitarse libramientos aplicados al presupuesto a favor de perceptores directos, excepto los destinados a reposición del anticipo, por importe inferior a 600 euros.
- No podrán realizarse con cargo al anticipo de caja fija pagos individualizados superiores a 5.000 euros, excepto los destinados a gastos de teléfono, energía eléctrica, combustibles o indemnizaciones por razón del servicio.

La fiscalización previa de las órdenes de pago para la constitución o modificación de los anticipos de Caja fija se verificará mediante la comprobación de los siguientes requisitos:

a) La existencia de acuerdo del Ministro o Presidente o Director del Organismo Autónomo sobre la distribución por Cajas pagadoras del gasto máximo asignado.
b) Que la propuesta de pago se basa en resolución de autoridad competente.

Cuando se produzca la supresión de una Caja pagadora el respectivo Pagador, Cajero o Habilitado deberá reintegrar a la Dirección General del Tesoro y Política Financiera, Delegación de Hacienda u Organismo Autónomo del que dependa el importe del anticipo percibido, sin que pueda realizar traspaso directo de aquél a la Caja que, en su caso, asuma sus funciones.

El importe de los mandamientos de pago no presupuestarios se abonará por transferencia en la cuenta corriente de Caja Pagadora abierta en el Banco de España dentro de la agrupación "Tesoro Público-Provisión de Fondos", no obstante, cuando existan causas justificadas, los Ministerios y los Organismos Autónomos podrán situar los anticipos de Caja Fija en cuentas en otras Entidades de Crédito.

Las disposiciones de fondos se realizarán, como en el caso de los pagos a justificar, por cheques nominativos o transferencias bancarias, autorizados con las firmas mancomunadas del Cajero Pagador y del funcionario designado por el jefe de la Unidad Administrativa a la que esté adscrita la Caja pagadora o de sus sustitutos; en ningún caso una misma persona podrá realizar ambas sustituciones.

Los cajeros pagadores rendirán cuentas de los gastos atendidos con anticipos de Caja fija a medida que las necesidades de Tesorería aconsejen la reposición de los fondos utilizados y, necesariamente, en el mes de diciembre de cada año.

Las cuentas, acompañadas de las facturas y demás documentos originales que justifiquen la aplicación de los fondos, debidamente relacionados, serán aprobadas por los jefes de las Unidades Administrativas a las que las Cajas estén adscritas; las oficinas gestoras expedirán documentos contables ADOK por los importes justificados en la cuenta, a favor de Cajero Pagador, con imputación a las aplicaciones presupuestarias a que correspondan los gastos realizados.

En la fiscalización previa de las reposiciones de fondos la Intervención comprobará:

a) Que el importe total de las cuentas justificativas coincide con el de los documentos contables de ejecución del presupuesto de gastos.
b) Que las propuestas de pago se basan en resolución de autoridad competente.
c) Que existe crédito y el presupuesto es adecuado.

Esta fiscalización es independiente del examen fiscal de las cuentas justificativas en el que se comprobará que corresponden a gastos concretos y determinados en cuya ejecución se haya seguido el procedimiento aplicable en cada caso.

La contabilidad de las Cajas pagadoras se desarrollará por el Método de partida simple, aunque pueden utilizar la partida doble; los libros registrarán la totalidad de las operaciones que se lleven a cabo por la Caja pagadora, y las anotaciones se realizarán siguiendo el criterio de Caja, es decir, en el momento en que se realicen materialmente los pagos o se recauden efectivamente los derechos.

Los cajeros pagadores y los jefes de las unidades administrativas de las que dependen las Cajas, formularán estados de situación de Tesorería, con la periodicidad que establezcan los Ministros o los Presidentes o Directores de los Organismos Autónomos y, como mínimo, en las primeras quincenas de los meses de enero, abril, julio y octubre, referidas al último día del trimestre anterior.

Los estados de situación de Tesorería se enviarán por el Cajero Pagador a la Unidad Central de Caja, que una vez examinados, los remitirá con su visto bueno o con las observaciones que, en su caso, hubiera efectuado la Intervención Delegada.

7. Pagos a justificar

7.1. Los pagos a justificar en la Ley General Presupuestaria

Conforme el artículo 79 de la LGP:

Artículo 79

1. Cuando, excepcionalmente, no pueda aportarse la documentación justificativa de las obligaciones en el momento previsto en el apartado 4 del artículo 73, podrán tramitarse propuestas de pagos presupuestarios y librarse fondos con el carácter de a justificar.

Asimismo, podrá procederse a la expedición de libramientos a justificar cuando los servicios y prestaciones a que se refieran hayan tenido o vayan a tener lugar en el extranjero.

2. El mismo carácter tendrán las propuestas de pago efectuadas para satisfacer gastos a realizar en localidad donde no exista dependencia del ministerio, organismo, entidad gestora o servicio común de que se trate. En estos casos, la expedición de pagos a justificar será autorizada por los ministros, presidentes o directores de los organismos autónomos o de las entidades gestoras y servicios comunes de la Seguridad Social, que designarán el órgano competente para gestionar dichos pagos. La citada designación implicará la atribución de competencias para la realización de los gastos y pagos que de ellos se deriven y la formación, rendición y justificación de las correspondientes cuentas.

3. De acuerdo con lo previsto en el artículo 49 de esta Ley, con cargo a los libramientos a justificar únicamente podrán satisfacerse obligaciones del mismo ejercicio. No obstante, el Consejo de Ministros podrá acordar que, con los fondos librados a justificar para gastos en el extranjero imputados a un presupuesto, sean atendidos gastos realizados en el ejercicio siguiente, si ello fuese considerado relevante para el interés general.

4. Los perceptores de estas órdenes de pago a justificar quedan obligados a rendir cuenta justificativa de la aplicación de las cantidades recibidas. El plazo de rendición de las cuentas será de tres meses, excepto las correspondientes a pagos de expropiaciones y pagos en el extranjero que podrán ser rendidas en el plazo de seis meses. El Ministro, o en quien éste delegue, y, en su caso, los presidentes o directores de los organismos autónomos del Estado y de las entidades gestoras y servicios comunes de la Seguridad Social podrán, excepcionalmente, ampliar estos plazos a seis y doce meses respectivamente, a propuesta del órgano gestor del crédito y con informe de sus respectivas Intervenciones.

5. Los perceptores de las órdenes de pago a justificar son responsables, en los términos previstos en esta Ley, de la custodia y uso de los fondos y de la rendición de la cuenta.

6. En el curso de los dos meses siguientes a la fecha de aportación de los documentos justificativos a que se refieren los apartados anteriores de este artículo, se llevará a cabo la aprobación o reparo de la cuenta por la autoridad competente.

La aprobación del gasto precisa para la expedición del libramiento a favor del Cajero Pagador; es un acto sujeto a fiscalización previa en el que se comprobarán los extremos siguientes;

a) Que la orden de pago se basa en orden o resolución de autoridad competente para autorizar el gasto.

b) Que existe crédito y el propuesto es el adecuado.

c) Que se adapta a las normas aprobadas por el titular del Departamento para regular este tipo de pagos.

d) Que la Caja Pagadora a cuyo favor se libre la orden de pago no tenga otras órdenes pendientes de justificar una vez vencido el plazo de justificación.

El incumplimiento de cualquiera de estos requisitos dará lugar a reparo por la Intervención, no obstante, la tramitación en estos casos puede presentar las siguientes particularidades:

- Cuando se libren pagos a justificar para atender gastos de emergencia en aplicación de lo dispuesto en la Ley de Contratos de las Administraciones Públicas, la propuesta de pago podrá contabilizarse aunque no se cumplan los requisitos sobre existencia de crédito, adecuación a las normas aprobadas por el titular del Departamento o situación de la Caja Pagadora en relación con la justificación de órdenes de pago percibidas con anterioridad.
- No procederá el reparo por falta de justificación de libramientos anteriores cuando, para evitar daños en el funcionamiento de los servicios, el Ministro o el Presidente o Director de un Organismo Autónomo autorice la expedición de una orden de pago específica.

La contabilización de las propuestas se realizará mediante documento ADOK expedido a favor de la Caja Pagadora que deba efectuar el pago de los acreedores finales, el importe de las órdenes de pago se abonará por transferencia en la cuenta corriente de la Caja Pagadora en el Banco de España, agrupación "Tesoro Público –Provisiones de Fondos", no obstante, cuando existan causas justificadas, los Ministerios y Organismos Autónomos podrán situar los fondos a justificar en cuentas abiertas en Entidades de Crédito distintas del Banco de España, y que quedarán agrupadas bajo la rúbrica: "Tesoro Público –Provisiones de Fondos".

Los gastos cuyos pagos hayan de realizarse con fondos a justificar serán acordados por los gestores competentes en cada caso; estos órganos ordenarán al Cajero Pagador la materialización de los pagos, mediante orden que podrá figurar expresamente en los justificantes o en documento aparte. En la orden de pago material habrá de hacerse constar la conformidad con la factura presentada y la aplicación presupuestaria a que corresponda el gasto efectuado, con indicación de la cuenta justificativa a la que debe imputarse y el número del libramiento al que justifica; las disposiciones de fondos de la cuenta del Banco de España se efectuarán mediante cheques nominativos o transferencias bancarias, autorizados con las firmas mancomunadas del Cajero Pagador y del funcionario que designe el jefe de la Unidad administrativa a la que esté adscrita la Caja Pagadora, o de sus sustitutos.

7.2. Desarrollo de los pagos a justificar

El desarrollo de los pagos a justificar, se realizó inicialmente por Real Decreto de 8 de mayo de 1987, n.º 640/1987 ADMINISTRACIÓN Y CONTABILIDAD DEL ESTADO. Régimen de pagos librados "a justificar". Dicho Real Decreto, fue desarrollado por la Orden de 23 de diciembre de 1987, y hasta la fecha ha tenido numerosas modificaciones parciales, atendiendo a cuestiones puntuales como la entrada del euro, modificación de cuentas o subcuentas, etc. El desarrollo del mismo es el siguiente:

7.2.1. Ámbito de aplicación y limitación de los pagos a justificar

1. Los Ministros Jefes de los Departamentos ministeriales y los Presidentes o Directores de los Organismos autónomos establecerán, de acuerdo con lo preceptuado por la disposición adicional decimosexta de la Ley 46/1985, de 27 de diciembre, de Presupuestos Generales del Estado para 1986, previo informe del Interventor Delegado, las normas que regulen la expedición de órdenes de pago "a justificar" con cargo a sus respectivos presupuestos de gastos.

2. La expedición de órdenes de pago "a justificar" habrá de acomodarse, tanto en el Estado como en sus Organismos autónomos, al plan que sobre disposición de fondos del Tesoro Público se establezca por el Gobierno, a propuesta del Ministro de Economía y Hacienda, para cada ejercicio presupuestario.

3. No se podrán expedir órdenes de pago "a justificar" a favor de las Cajas pagadoras cuando transcurridos los plazos reglamentarios o los de prórroga, en su caso, no se haya justificado la inversión de los fondos percibidos con anterioridad, conforme a lo dispuesto por el número 3 del artículo 12 de este Real Decreto.

4. En los casos de Servicios no transferidos a las Comunidades Autónomas en los que por carecer la Administración Central de la estructura necesaria para su prestación se encomienda ésta a las referidas Comunidades, se podrán expedir órdenes de pago "a justificar" a favor de las mismas, de acuerdo con la normativa que regula el presente Real Decreto.

7.2.2. Ordenes de pago a justificar

1. Las órdenes de pago a que se refiere este Real Decreto se expedirán en base a la orden o resolución de la autoridad con competencia para autorizar los gastos a que se refieran y se aplicarán a los correspondientes créditos presupuestarios.

2. La fiscalización de las órdenes de pago " a justificar" se referirá a los extremos siguientes:

a) Si se basa en orden o resolución de autoridad competente para autorizar los gastos a que se refiera.
b) Si existe crédito y el propuesto es el adecuado.
c) Si se adapta a las normas a que se refiere el número 1 del artículo 1º. de este Real Decreto.
d) La situación de la Caja pagadora a cuyo favor se libre la orden de pago en relación con lo preceptuado en el número 3 del artículo 1º. de este Real Decreto.

Los requisitos establecidos en los apartados b) y d) se justificarán con certificado acreditativo expedido por la oficina de contabilidad correspondiente.

7.2.3. Cajas Pagadoras

1. Las órdenes de pago a que se refiere este Real Decreto se expedirán a favor de las Cajas pagadoras que a este efecto se crearán en los Ministerios y Organismos autónomos.

Al frente de cada Caja pagadora habrá un Cajero pagador con nombramiento expreso para el ejercicio de las funciones inherentes a dicho cargo.

2. Dentro de la estructura orgánica de cada Ministerio u Organismo autónomos, las Cajas pagadoras que se establezcan se adscribirán a Unidades administrativas que se determinen al efecto excepto en los Servicios periféricos en que dependerán directamente de los Delegados, Directores Territoriales o Jefes Provinciales, según los casos.

3. En los Ministerios u Organismos en que exista más de una Caja pagadora se adscribirá a una Unidad Central, dependiente de la Subsecretaría o Centro que realice funciones similares en los Organismos autónomos, la misión de coordinar a las distintas Cajas y de canalizar sus relaciones con la Dirección General del Tesoro y Política Financiera, la Intervención General de la Administración del Estado y el Tribunal de Cuentas.

4. La Unidad Central a que se refiere el número anterior vendrá obligada a llevar y mantener un censo de las Cajas pagadoras y de los Cajeros pagadores adscritos a las mismas, con indicación expresa de la fecha de toma de posesión y cese de funciones.

5. los Ministerios u Organismos que así lo deseen podrán organizar sus servicios de pagos " a justificar" a base de una Caja Pagadora Central única.

7.2.4. Situación de los fondos

1. El importe de las órdenes de pago que se expidan se abonará por transferencia a las cuentas corrientes que las respectivas Cajas pagadoras tendrán abiertas en el Banco de España dentro de la agrupación "Tesoro Público.- Anticipo de fondos a justificar".

Los saldos de las cuentas corrientes de las diversas Cajas pagadoras por "anticipos de fondos a justificar" se considerarán integrantes de los del Tesoro Público en el Banco de España por ingresos y pagos del Estado y operaciones ordinarias del Tesoro.

2. No obstante lo preceptuado en el número anterior, cuando haya causas que lo justifiquen, los Ministerios y Organismos autónomos podrán situar los "anticipos de fondos a justificar" en cuentas corrientes abiertas en Entidades de crédito, siempre que el convenio que deberán suscribir previamente con las mismas se adapte al pliego de bases fijas aprobado por el Ministro de Economía y Hacienda y que la apertura de las cuentas esté autorizada por dicho Ministerio.

Las cuentas abiertas en las Entidades de crédito a que se refieren los párrafos anteriores se agruparán bajo la rúbrica "Tesoro Público.- Anticipos de fondos a justificar".

Las Entidades de crédito en que se abran las citadas cuentas estarán obligadas a proporcionar a la Dirección General del Tesoro y Política Financiera y a la Intervención General de la Administración del Estado la información que estos Centros les soliciten.

3. Los fondos librados conforme a lo previsto en este Real Decreto tendrán, en todo caso, el carácter de fondos públicos.

4. Los intereses que, en su caso, produzcan los referidos fondos se ingresarán por los Cajeros pagadores en el Tesoro o en la Tesorería de los respectivos Organismos autónomos con aplicación a los conceptos correspondientes de sus presupuestos de ingresos.

7.2.5. Disposición de fondos

Las disposiciones de fondos de las cuentas a que se refiere el artículo 5.° de este Real Decreto se efectuará mediante cheques nominativos o transferencias bancarias, autorizados con las firmas mancomunadas del Cajero pagador y del funcionario que designe el Jefe de la Unidad administrativa a la que este adscrita la Caja pagadora o de los sustitutos de los mismos.

7.2.6. Pagos

1. Los gastos cuyos pagos hayan de realizarse con fondos a justificar serán acordados por los gestores competentes en cada caso, quienes ordenarán al Cajero pagador la procedencia de efectuar los pagos materiales, consecuencia de las indicadas operaciones, haciéndolo constar expresamente en los justificantes de las obligaciones de que se trate. El Cajero pagador extenderá cheques nominativos u órdenes de transferencia contra los fondos situados en las cuentas de " Anticipos de fondos a justificar".

2. No obstante lo preceptuado en el número anterior, los Ministros y los Presidentes o Directores de los Organismos autónomos podrán autorizar la existencia en las Cajas pagadoras de cantidades razonables de efectivo destinadas al pago de indemnizaciones por razón de servicio y otras atenciones de menor cuantía. De la custodia de estos fondos, que no podrán exceder de los pagos que se prevea realizar durante un mes, será directamente responsable el Cajero pagador.

7.2.7. Contabilidad

1. Las Cajas pagadoras llevarán contabilidad de todas las operaciones que realicen con separación de las relativas a anticipos de fondos a justificar percibidos y de todo tipo de cobros, pagos o custodia de fondos o valores que, en su caso, se les encomiende, ajustada a las normas que se establezcan por la Intervención General de la Administración del Estado.

2. Las Oficinas de Contabilidad de los Departamentos ministeriales y de los Organismos autónomos llevarán un Libro registro de órdenes de pago "a justificar", ajustado al modelo normalizado que se establezca por la Intervención General de la Administración del Estado.

En este Libro, cuya finalidad es la de controlar la situación que en cada momento presenten las órdenes de pago libradas "a justificar", se registrarán éstas debidamente clasificadas por ejercicios presupuestarios y Cajas pagadoras y en caso necesario dentro de cada Caja pagadora por conceptos del respectivo presupuesto.

7.2.8. Control

1. Con la periodicidad que establezcan los Ministros Jefes de los Departamentos ministeriales y los Presidentes o Directores de los Organismos autónomos y como mínimo en las primeras quincenas de los meses de enero, abril, julio y octubre y referidos al último día del trimestre inmediato anterior se formularán estados de situación de Tesorería conforme a las normas que al efecto establezca

el Ministro de Economía y Hacienda a propuesta de la Intervención General de la Administración del Estado.

Con independencia de lo preceptuado en el párrafo anterior, los Jefes de las unidades Administrativas a las que estén adscritas las Cajas pagadoras podrán acordar se formulen con carácter extraordinario estados de situación de tesorería referidos a fechas determinadas.

2. Los estados de situación de tesorería autorizados con las firmas del Jefe de la Unidad administrativa y del Cajero pagador serán enviados a la Unidad Central, a que se refiere el número 3 del artículo 4°. de este Real Decreto, que procederá a su examen y posterior remisión a la Intervención Delegada. Un ejemplar de los mismos será archivado en los Servicios de cada uno de los firmantes.

3. Los Interventores Delegados, por sí o por medio de funcionarios que al efecto designen, podrán realizar en cualquier momento las comprobaciones que estimen oportunas.

7.2.9. Plazos

1. Los Cajeros pagadores quedarán obligados a justificar la aplicación de las cantidades recibidas dentro del mes siguiente a la inversión de las mismas y en todo caso en el plazo de tres meses desde la percepción de los correspondientes fondos, sin perjuicio de lo que al efecto establece el artículo 11 de este Real Decreto.

El Director general del Tesoro y Política Financiera y, en su caso, los Organismos autónomos del Estado, podrán, excepcionalmente, ampliar este plazo hasta seis meses.

2. Nos obstante lo dispuesto en el número anterior los pagos "a justificar" correspondientes a créditos del Fondo Social Europeo y a expropiaciones tendrán un plazo de seis meses, prorrogable en un año más, cuando ello sea necesario, para rendir las cuentas justificativas de su inversión. En cada caso los Ministerios u Organismos respectivos determinarán la fecha límite de rendición de cuentas cuando ésta pueda ser conocida y, en caso necesario, el órgano gestor del crédito, con informe de la Intervención Delegada remitirá las solicitudes de ampliación de plazo a la Dirección General del Tesoro y Política Financiera para su aprobación.

7.2.10. Cuentas

1. En las cuentas justificativas de la inversión figurará en el debe el importe percibido y en el haber el de las obligaciones satisfechas con cargo a aquél. La cantidad no invertida será justificada con la carta de pago demostrativa de su reintegro.

A las indicadas cuentas se acompañarán debidamente relacionadas las facturas y demás documentos originales que justifiquen la aplicación definitiva de los fondos librados.

2. La Intervención General de la Administración del Estado establecerá el modelo normalizado a que habrán de ajustarse las cuentas justificativas de la inversión de los fondos.

3. Las cuentas se formarán y rendirán por los Cajeros pagadores a que se refiere el número 1 del artículo 4°. de este Real Decreto y se conformarán por los Jefes de las Unidades Administrativas a las que las Cajas estén adscritas, quienes para su comprobación y tramitación posterior las remitirán a la Unidad Central prevista en el número 3 del artículo 4° de este Real Decreto.

4. La Intervención Delegada realizará la intervención de la inversión examinando las cuentas y los documentos que las justifiquen mediante procedimientos de auditoría o de muestreo.

Examinadas las cuentas se devolverán a la Unidad Central a que se refiere el número anterior con el informe correspondiente.

5. Recibidas las cuentas por la Unidad Central, ésta procederá:

a) A recabar, si procede, la aprobación de las mismas por la autoridad que dispuso la expedición de las correspondientes órdenes de pago.
b) Aprobadas las mismas las enviará al Tribunal de Cuentas.

En los Organismos autónomos, las cuentas justificativas podrán, a elección del Tribunal de Cuentas, quedar en poder del Organismo a disposición del Tribunal o enviarlas al mismo.

6. Los Jefes de las Unidades previstas en los números 2 y 3 del artículo 4°, de este Real Decreto cuidarán que la justificación definitiva se realice dentro del plazo reglamentario, adoptando, en su caso, las medidas que ordena la Ley General Presupuestaria, comunicando tal situación a los ordenadores de pagos.

7.3. Contabilización de los pagos a justificar

Conforme la Resolución de 28 de diciembre de 1999, de la Intervención General de la Administración del Estado, por la que se modifica la adaptación a la Administración General del Estado del Plan General de Contabilidad Pública y por la que se modifica el documento contable "Control de Pagos a Justificar", se establece que:

Primero. En la adaptación del Plan General de Contabilidad Pública a la Administración General del Estado, aprobada por Resolución de la Intervención

General de la Administración del Estado de 17 de febrero de 1995, se realizan las siguientes modificaciones:

«1. Se crean las siguientes subcuentas:

5580 "Provisiones de fondos pendientes de justificar".

5585 "Libramientos para provisiones de fondos pendientes de pago"

669.8 "Gastos por diferencias derivadas del redondeo euro"

769.8 "Ingresos por diferencias derivadas del redondeo euro"

Estas subcuentas tendrán las definiciones y relaciones contables que se establecen en el anexo a la Orden del Ministerio de Economía y Hacienda de 18 de febrero de 1999, por la que se dictan instrucciones de contabilidad pública para el periodo transitorio de introducción del euro y se modifica el Plan General de Contabilidad Pública».

2. Se suprime la cuenta 441 "Deudores provisiones de fondos a justificar".

3. Se modifican las siguientes cuentas:

La cuenta 558 pasará a denominarse "Provisiones de fondos para pagos a justificar y anticipos de caja fija" y tendrá la definición prevista en el anexo de la Orden del Ministerio de Economía y Hacienda de 18 de febrero de 1999, antes referida.

La cuenta 575 "Bancos e instituciones de crédito. Cuentas restringidas de pagos" tendrá la definición y relaciones contables que se establecen en el anexo de la anterior Orden ministerial.»

Segundo. Para la aplicación de lo dispuesto en la disposición adicional tercera de la Orden del Ministerio de Economía y Hacienda de 18 de febrero de 1999, por la que se dictan instrucciones de contabilidad pública para el periodo transitorio de introducción del euro y se modifica el Plan General de Contabilidad Pública, la Administración General del Estado deberá realizar, antes del cierre del ejercicio 1999, los siguientes ajustes:

«1. Las Oficinas de Contabilidad de los Departamentos Ministeriales, una vez registradas todas las operaciones del ejercicio, procederán a cancelar las cuentas 441 "Deudores por provisiones de fondos a justificar", 575 "Bancos e instituciones de crédito. Cuentas restringidas de pagos", y 558 "Anticipos de caja fija pendientes de reposición", por los saldos que cada una de ellas presentan a fin de ejercicio, utilizando como contrapartida la subcuenta 5516 "Operaciones gestionadas por la DGTPF".

2. La Oficina de Contabilidad de la Dirección General del Tesoro y Política Financiera realizará los siguientes asientos:

Por el importe del saldo que presentaba en los Departamentos Ministeriales la cuenta 575 "Bancos e instituciones de crédito. Cuentas restringidas de pagos" en el momento de su cancelación, se adeudará a esta misma cuenta con abono a la subcuenta 5526 "Operaciones en otros centros gestores por nuestra cuenta".

Por el importe del saldo que presentaba en los Departamentos Ministeriales la cuenta 558 "Anticipos de caja fija pendientes de reposición" en el momento de su cancelación, se dará de alta la subcuenta 5580 "Provisiones de fondos pendientes de justificar", utilizando como contrapartida la subcuenta 5526 "Operaciones en otros centros gestores por nuestra cuenta".

Por el importe del saldo que presentaba la cuenta 441 "Deudores por provisiones de fondos a justificar" en los Departamentos Ministeriales en el momento de su cancelación, se abonará la subcuenta 5526 "Operaciones en otros centros gestores por nuestra cuenta", con cargo a la subcuenta 5585 "Libramientos para provisiones de fondos pendientes de pago", por importe de los libramientos expedidos para "pagos a justificar" que estén pendientes de pago, y con cargo a la subcuenta 5580 "Provisiones de fondos pendientes de justificar" por el resto del saldo.»

Tercero. La Oficina de Contabilidad de la Dirección General del Tesoro y Política Financiera, una vez registradas las operaciones del apartado anterior y antes del cierre del ejercicio 1999, procederá a ajustar el saldo que presente la cuenta 575 «Bancos e instituciones de crédito. Cuentas restringidas de pagos» al saldo real existente a 31 de diciembre en las cuentas abiertas dentro de la agrupación «Tesoro Público. Provisiones de fondos», de acuerdo con las relaciones contables que para dicha cuenta se establecen en el anexo de la Orden del Ministerio de Economía y Hacienda de 18 de febrero de 1999.

Para el registro de dicho ajuste se seguirá la operatoria contable establecida en la regla 37 de la Instrucción de Operatoria Contable a seguir en la Ejecución del Gasto del Estado, según la nueva redacción que ha dado a dicha regla la disposición adicional única de la Orden del Ministerio de Economía y Hacienda de 4 de noviembre de 1999, por la que se regulan las operaciones de cierre del ejercicio 1999 relativas a la contabilidad de gastos públicos y se modifica la Instrucción de Operatoria Contable a seguir en la Ejecución del Gasto del Estado.

Cuarto. Se modifica el formato del documento contable «Control de Pagos a Justificar». En el formato hasta ahora vigente se elimina la operación «Justificación» y se crean en su lugar las operaciones «Presentación» y «Aprobación».

8. Justificación de libramientos

Como hemos visto anteriormente, el perceptor de una orden de pago a justificar, está lógicamente obligado a justificar detalladamente los fondos que con tal carácter le fueron librados, en el plazo de tres meses desde su percepción.

La justificación de las cuentas debe formalizarse en el plazo de tres meses desde su percepción, excepto las correspondientes a pagos en el extranjero y pagos con cargo a créditos del Fondo Social Europeo y a expropiaciones que podrán ser rendidas en el plazo de seis meses. Los plazos podrán ampliarse a seis y doce meses, respectivamente, por el Director General del Tesoro y Política Financiera y, en su caso, por los Presidentes o Directores de Organismos Autónomos del Estado, a propuesta del organismo gestor del crédito, con informe de la Intervención Delegada; las cuentas se formarán y rendirán por los Cajeros Pagadores y se conformarán por los jefes de las Unidades Administrativas a las que estén adscritas las Cajas, que las remitirán para su comprobación y tramitación posterior a la Unidad Central de Caja. A las cuentas se acompañarán debidamente relacionadas las facturas y demás documentos originales que justifiquen la aplicación de los fondos.

Para ello, a los documentos OK, de reconocimiento de la obligación, se unirá la documentación en la que se acredite la realización de la prestación o el derecho del acreedor de conformidad con los acuerdos que autorizaron y comprometieron el gasto.

En el caso de operaciones mixtas, a las correspondientes a documentos ADOK, positivos o negativos, se acompañará la documentación justificativa de todas las fases que se acumulen en la operación.

El documento PR se justificará con el acuerdo de prescripción de obligaciones.

Tema 6

Gestión económica y financiera de los contratos del Sector Público. Gestión económica y financiera de subvenciones

Rodio ediciones

Índice esquemático

1. Gestión económica y financiera de los contratos del sector público

1.1. Compromisos de gasto derivados de los contratos

Al inicio de un expediente de contratación, el Servicio gestor expedirá un documento RC de ejercicio corriente y, en su caso, un documento RC de ejercicios posteriores. Dichos documentos se remitirán a la oficina de contabilidad, en donde, una vez registrados, se obtendrá certificado de existencia de crédito en el Presupuesto corriente y certificado de cumplimiento de los límites establecidos en el artículo 61 del TRLGP. Dichos certificados se remitirán al Servicio gestor para que los incorpore al citado expediente.

En el caso de expedientes de contratación de arrendamientos de bienes inmuebles a utilizar por organismos del Estado no será precisa la expedición del documento RC de ejercicios posteriores a que se refiere el párrafo anterior, si bien una vez formalizado el contrato, se deberá formular un documento AD de ejercicios posteriores, junto con el respectivo AD de ejercicio corriente.

Posteriormente, una vez que se apruebe el expediente de gasto, el Servicio gestor formulará un documento A por el importe que de dicho expediente corresponda al Presupuesto en curso y, en su caso, un documento A de ejercicios posteriores por la parte que deba ser aplicada a ejercicios posteriores.

Cuando se formalicen los contratos, el Servicio gestor competente expedirá el respectivo documento D por el importe que corresponda al Presupuesto corriente y, en su caso, un documento D de ejercicios posteriores por la parte que se aplique a ejercicios posteriores. Dichos documentos se remitirán, junto con el correspondiente contrato, a la oficina de contabilidad.

Sin perjuicio de lo indicado anteriormente, cuando por la normativa aplicable a cada contrato así estuviera establecido o con el fin de agilizar la tramitación contable, una vez aprobado el expediente de gasto, el Servicio gestor competente podrá dejar de expedir los citados documentos A. En este supuesto, se deberán formular los correspondientes documentos AD de ejercicio corriente y, en su caso, de ejercicios posteriores, después de que se haya adjudicado y formalizado el contrato. Estos documentos contables se remitirán a la oficina de contabilidad, junto con el acuerdo por el que se aprobó el expediente de gasto y el respectivo contrato.

A los documentos D o AD a que se refieren los párrafos anteriores, se podrá unir, para su envío a la oficina de contabilidad, el acuerdo de adjudicación definitiva en lugar del respectivo contrato cuando se vaya a demorar su formalización, con el fin de que no se retrase el registro contable de dichas operaciones, si bien dicho contrato se deberá adjuntar con el primer documento OK que se expida en la ejecución del mismo.

Cuando con respecto a los contratos en vigor, se originen modificaciones contractuales, reajustes de anualidades, revisiones de precios y liquidaciones, para la tramitación de estos expedientes se deberán expedir por los Servicios Gestores los oportunos documentos RC de ejercicios posteriores y corrientes. Cuando se registren dichos documentos por la oficina de contabilidad, se deberán obtener los oportunos certificados para unir a los respectivos expedientes.

En las variaciones previstas de los contratos de arrendamientos derivadas de las revisiones de renta, no será precisa la expedición del documento RC de ejercicios posteriores a que se refiere el párrafo anterior.

Una vez aprobados los expedientes a los que se refieren los párrafos anteriores de este punto, el Servicio gestor formulará documentos AD de ejercicios posteriores y corriente, que serán positivos o negativos según la modificación que afecten al contrato, expidiéndose además, en el segundo caso, los correspondientes documentos RC negativos. Dichos documentos se remitirán a la oficina de contabilidad, junto con el acuerdo de aprobación de dichos expedientes.

En los expedientes de cesiones de contratos, una vez otorgada la correspondiente escritura pública, el Servicio gestor expedirá documentos D negativos de ejercicio corriente y, en su caso, de ejercicios posteriores en los que figurará como interesado el adjudicatario-cedente, y, simultáneamente, documentos D positivos de ejercicio corriente y, en su caso, de ejercicios posteriores en los que figurará como interesado el cesionario. Dichos documentos contables se expedirán por el importe del contrato pendiente de ejecutar al formalizarse la cesión, debiéndose remitir a la oficina de contabilidad, junto con el respectivo expediente.

1.2. Procedimiento para el reconocimiento de la obligación en relación con los contratos

Antes de efectuar el reconocimiento de la obligación, se deberá justificar por el contratista el cumplimiento de la prestación contractual o, en su caso, la procedencia del abono a cuenta.

Una vez aprobado el expediente de reconocimiento de la obligación, el Servicio gestor expedirá un documento OK que se enviará a la oficina de contabilidad.

En el caso de certificaciones de obra que se aprueben excediendo el importe de la anualidad en curso, la expedición del documento OK quedará demorada hasta que se inicie el ejercicio con cargo a cuyo presupuesto se financie la certificación anticipada, por lo que la toma de razón de ésta se realizará con base en el documento CA de "Certificaciones anticipadas".

El documento CA se expedirá por el Servicio gestor, debiendo remitirse a la oficina de contabilidad, junto con la certificación anticipada debidamente aprobada.

Cuando se expida el documento OK a que se refiere el primer párrafo de este punto, en el mismo se hará constar el número de orden correspondiente a la certificación anticipada.

Para los contratos de arrendamientos u otros contratos patrimoniales en los que el pago se efectúe a justificar a través de Habilitados, Cajeros-Pagadores u otros agentes mediadores en los pagos, en el documento OK se figurarán como datos del interesado los correspondiente Habilitado, Cajero Pagador o agente mediador.

Especificidades del contrato de obras

Con el fin de evitar los elevados costes financieros que supondría para el contratista tener que esperar a la finalización de la obra y su recepción por la Administración para poder cobrar el precio estipulado, la Ley prevé el abono de la obra ejecutada, salvo que se establezca un plazo distinto en el pliego.

Los abonos se realizan previa expedición de las certificaciones de obra, en las que se integran, tanto una relación valorada de la misma, elaborada por la Dirección de la obra, como la factura del contratista.

Una vez fiscalizadas por la Intervención, se aprueban por el órgano de contratación las mencionadas certificaciones.

Estos pagos tienen la consideración de "abonos a cuenta" del precio del contrato, sin que supongan la recepción de conformidad de las correspondientes obras.

Si la Administración no abonase el importe correspondiente dentro de los dos meses siguientes a la fecha de expedición de las certificaciones, deberán abonar al contratista el interés legal del dinero incrementado en 1,5 puntos.

El contratista tendrá también derecho a percibir abonos a cuenta sobre su importe por las operaciones preparatorias realizadas como instalaciones y acopio de materiales o equipos de maquinaria pesada adscritos a la obra, en las condiciones que se señalen en los respectivos pliegos de cláusulas administrativas particulares y conforme al régimen y los límites que con carácter general, se determinen reglamentariamente, debiendo asegurar los referidos pagos mediante la prestación de garantía.

Podrá establecerse cláusula de revisión de precios cuando el plazo de ejecución del contrato sea superior a 6 meses, siempre que el contratista haya ejecutado al menos el 20%, del importe de la obra.

Tras el levantamiento del acta de recepción, comienza el plazo de garantía, transcurrido el cual el director de obra, en el plazo de un mes, formulará la propuesta de liquidación, que tiene por soporte la medición general, previa deducción de las certificaciones de obra abonadas en concepto de "a cuenta".

Especificidades en las compras de bienes y gastos derivados de prestación de servicios

Como justificantes de gasto, se admiten los que habitualmente se usan en el ámbito mercantil, debiendo tenerse asimismo en cuenta la normativa fiscal. Deberá expedirse factura y copia de ésta, con unos determinados requisitos contenidos en el Real Decreto 1496/2003, de 28 de noviembre, por el que se aprueba el reglamento que regula las obligaciones de facturación (art. 2.2. f), con orden a que se encuentre correcta desde el punto de vista fiscal.

Existen operaciones en las que no es fiscalmente obligatoria la emisión de facturas, si bien, de ser el destinatario la Administración, el interesado está obligado a emitir factura completa.

2. Gestión económico financiera de las subvenciones

2.1. De la justificación de las subvenciones publicas

1. La justificación del cumplimiento de las condiciones impuestas y de la consecución de los objetivos previstos en el acto de concesión de la subvención se documentará de la manera que se determine reglamentariamente, pudiendo revestir la forma de cuenta justificativa del gasto realizado o acreditarse dicho gasto por módulos o mediante la presentación de estados contables, según se disponga en la normativa reguladora.

2. La rendición de la cuenta justificativa constituye un acto obligatorio del beneficiario o de la entidad colaboradora, en la que se deben incluir, bajo responsabilidad del declarante, los justificantes de gasto o cualquier otro documento con validez jurídica que permitan acreditar el cumplimiento del objeto de la subvención pública. La forma de la cuenta justificativa y el plazo de rendición de la

misma vendrán determinados por las correspondientes bases reguladoras de las subvenciones públicas.

A falta de previsión de las bases reguladoras, la cuenta deberá incluir declaración de las actividades realizadas que han sido financiadas con la subvención y su coste, con el desglose de cada uno de los gastos incurridos, y su presentación se realizará, como máximo, en el plazo de tres meses desde la finalización del plazo para la realización de la actividad.

3. Los gastos se acreditarán mediante facturas y demás documentos de valor probatorio equivalente con validez en el tráfico jurídico mercantil o con eficacia administrativa, en los términos establecidos reglamentariamente.

La acreditación de los gastos también podrá efectuarse mediante facturas electrónicas, siempre que cumplan los requisitos exigidos para su aceptación en el ámbito tributario.

Reglamentariamente, se establecerá un sistema de validación y estampillado de justificantes de gasto que permita el control de la concurrencia de subvenciones.

4. Cuando las actividades hayan sido financiadas, además de con la subvención, con fondos propios u otras subvenciones o recursos, deberá acreditarse en la justificación el importe, procedencia y aplicación de tales fondos a las actividades subvencionadas.

5. En el supuesto de adquisición de bienes inmuebles, además de los justificantes establecidos en el apartado 3 de este artículo, debe aportarse certificado de tasador independiente debidamente acreditado e inscrito en el correspondiente registro oficial.

6. Los miembros de las entidades previstas en el apartado 2 y segundo párrafo del apartado 3 del artículo 11 de esta Ley vendrán obligados a cumplir los requisitos de justificación respecto de las actividades realizadas en nombre y por cuenta del beneficiario, del modo en que se determina en los apartados anteriores. Esta documentación formará parte de la justificación que viene obligado a rendir el beneficiario que solicitó la subvención.

7. Las subvenciones que se concedan en atención a la concurrencia de una determinada situación en el perceptor no requerirán otra justificación que la acreditación por cualquier medio admisible en derecho de dicha situación previamente a la concesión, sin perjuicio de los controles que pudieran establecerse para verificar su existencia.

8. El incumplimiento de la obligación de justificación de la subvención en los términos establecidos en este capítulo o la justificación insuficiente de la misma llevará aparejado el reintegro en las condiciones previstas en el artículo 37 de esta Ley.

2.2. Gastos subvencionables

1. Se consideran gastos subvencionables, a los efectos previstos en esta Ley, aquellos que de manera indubitada respondan a la naturaleza de la actividad subvencionada, y se realicen en el plazo establecido por las diferentes bases reguladoras de las subvenciones. En ningún caso el coste de adquisición de los gastos subvencionables podrá ser superior al valor de mercado.

2. Salvo disposición expresa en contrario en las bases reguladoras de las subvenciones, se considerará gasto realizado el que ha sido efectivamente pagado con anterioridad a la finalización del período de justificación determinado por la normativa reguladora de la subvención.

3. Cuando el importe del gasto subvencionable supere las cuantías establecidas en la Ley 30/2007, de 30 de octubre, de Contratos del Sector público para el contrato menor, el beneficiario deberá solicitar como mínimo tres ofertas de diferentes proveedores, con carácter previo a la contracción del compromiso para la obra, la prestación del servicio o la entrega del bien, salvo que por sus especiales características no exista en el mercado suficiente número de entidades que los realicen, presten o suministren, o salvo que el gasto se hubiere realizado con anterioridad a la subvención.

La elección entre las ofertas presentadas, que deberán aportarse en la justificación, o, en su caso, en la solicitud de la subvención, se realizará conforme a criterios de eficiencia y economía, debiendo justificarse expresamente en una memoria la elección cuando no recaiga en la propuesta económica más ventajosa.

4. En el supuesto de adquisición, construcción, rehabilitación y mejora de bienes inventariables, se seguirán las siguientes reglas:

a) Las bases reguladoras fijarán el período durante el cual el beneficiario deberá destinar los bienes al fin concreto para el que se concedió la subvención, que no podrá ser inferior a cinco años en caso de bienes inscribibles en un registro público, ni a dos años para el resto de bienes.

   En el caso de bienes inscribibles en un registro público, deberá hacerse constar en la escritura esta circunstancia, así como el importe de la subvención concedida, debiendo ser objeto estos extremos de inscripción en el registro público correspondiente.

b) El incumplimiento de la obligación de destino referida en el párrafo anterior, que se producirá en todo caso con la enajenación o el gravamen del bien, será causa de reintegro, en los términos establecidos en el capítulo II del título II de esta Ley, quedando el bien afecto al pago del reintegro cualquiera que sea su poseedor, salvo que resulte ser un tercero protegido por la fe pública registral o se justifique la adquisición de los bienes con buena fe y justo título o en establecimiento mercantil o industrial, en caso de bienes muebles no inscribibles.

5. No se considerará incumplida la obligación de destino referida en el anterior apartado 4 cuando:

a) Tratándose de bienes no inscribibles en un registro público, fueran sustituidos por otros que sirvan en condiciones análogas al fin para el que se concedió la subvención y este uso se mantenga hasta completar el período establecido, siempre que la sustitución haya sido autorizada por la Administración concedente.

b) Tratándose de bienes inscribibles en un registro público, el cambio de destino, enajenación o gravamen sea autorizado por la Administración concedente. En este supuesto, el adquirente asumirá la obligación de destino de los bienes por el período restante y, en caso de incumplimiento de la misma, del reintegro de la subvención.

6. Las bases reguladoras de las subvenciones establecerán, en su caso, las reglas especiales que se consideren oportunas en materia de amortización de los bienes inventariables. No obstante, el carácter subvencionable del gasto de amortización estará sujeto a las siguientes condiciones:

a) Que las subvenciones no hayan contribuido a la compra de los bienes.

b) Que la amortización se calcule de conformidad con las normas de contabilidad generalmente aceptadas.

c) Que el coste se refiera exclusivamente al período subvencionable.

7. Los gastos financieros, los gastos de asesoría jurídica o financiera, los gastos notariales y registrales y los gastos periciales para la realización del proyecto subvencionado y los de administración específicos son subvencionables si están directamente relacionados con la actividad subvencionada y son indispensables para la adecuada preparación o ejecución de la misma, y siempre que así se prevea en las bases reguladoras. Con carácter excepcional, los gastos de garantía bancaria podrán ser subvencionados cuando así lo prevea la norma reguladora de la subvención.

En ningún caso serán gastos subvencionables:

a) Los intereses deudores de las cuentas bancarias.

b) Intereses, recargos y sanciones administrativas y penales.

c) Los gastos de procedimientos judiciales.

8. Los tributos son gasto subvencionable cuando el beneficiario de la subvención los abona efectivamente. En ningún caso se consideran gastos subven-

cionables los impuestos indirectos cuando sean susceptibles de recuperación o compensación ni los impuestos personales sobre la renta.

9. Los costes indirectos habrán de imputarse por el beneficiario a la actividad subvencionada en la parte que razonablemente corresponda de acuerdo con principios y normas de contabilidad generalmente admitidas y, en todo caso, en la medida en que tales costes correspondan al período en que efectivamente se realiza la actividad.

2.3. Comprobación de subvenciones

1. El órgano concedente comprobará la adecuada justificación de la subvención, así como la realización de la actividad y el cumplimiento de la finalidad que determinen la concesión o disfrute de la subvención.

2. La entidad colaboradora, en su caso, realizará, en nombre y por cuenta del órgano concedente, las comprobaciones previstas en el párrafo b) del apartado 1 del artículo 15 de esta Ley.

2.4. Del procedimiento de gestión presupuestaria de las subvenciones

El procedimiento específico de gestión presupuestaria de las subvenciones viene regulado en los artículos 34 y 35 de la LGS que establecen:

Artículo 34 Procedimiento de aprobación del gasto y pago

1. Con carácter previo a la convocatoria de la subvención o a la concesión directa de la misma, deberá efectuarse la aprobación del gasto en los términos previstos en la Ley General Presupuestaria o en las normas presupuestarias de las restantes Administraciones públicas.

2. La resolución de concesión de la subvención conllevará el compromiso del gasto correspondiente.

3. El pago de la subvención se realizará previa justificación, por el beneficiario, de la realización de la actividad, proyecto, objetivo o adopción del comportamiento para el que se concedió en los términos establecidos en la normativa reguladora de la subvención.

Se producirá la pérdida del derecho al cobro total o parcial de la subvención en el supuesto de falta de justificación o de concurrencia de alguna de las causas previstas en el artículo 37 de esta Ley.

4. Cuando la naturaleza de la subvención así lo justifique, podrán realizarse pagos a cuenta. Dichos abonos a cuenta podrán suponer la realización de pagos fraccionados que responderán al ritmo de ejecución de las acciones subvencionadas, abonándose por cuantía equivalente a la justificación presentada.

También se podrán realizar pagos anticipados que supondrán entregas de fondos con carácter previo a la justificación, como financiación necesaria para poder llevar a cabo las actuaciones inherentes a la subvención. Dicha posibilidad y el régimen de garantías deberán preverse expresamente en la normativa reguladora de la subvención.

En ningún caso podrán realizarse pagos anticipados a beneficiarios cuando se haya solicitado la declaración de concurso voluntario, haber sido declarados insolventes en cualquier procedimiento, hallarse declarado en concurso, salvo que en éste haya adquirido la eficacia un convenio, estar sujetos a intervención judicial o haber sido inhabilitados conforme a la Ley 22/2003, de 9 de julio, Concursal, sin que haya concluido el período de inhabilitación fijado en la sentencia de calificación del concurso.

La realización de pagos a cuenta o pagos anticipados, así como el régimen de garantías, deberán preverse expresamente en la normativa reguladora de la subvención.

5. No podrá realizarse el pago de la subvención en tanto el beneficiario no se halle al corriente en el cumplimiento de sus obligaciones tributarias y frente a la Seguridad Social o sea deudor por resolución de procedencia de reintegro.

Artículo 35. Retención de pagos

1. Una vez acordado el inicio del procedimiento de reintegro, como medida cautelar, el órgano concedente puede acordar, a iniciativa propia o de una decisión de la Comisión Europea o a propuesta de la Intervención General de la Administración del Estado o de la autoridad pagadora, la suspensión de los libramientos de pago de las cantidades pendientes de abonar al beneficiario o entidad colaboradora, sin superar, en ningún caso, el importe que fijen la propuesta o resolución de inicio del expediente de reintegro, con los intereses de demora devengados hasta aquel momento.

2. La imposición de esta medida cautelar debe acordarse por resolución motivada, que debe notificarse al interesado, con indicación de los recursos pertinentes.

3. En todo caso, procederá la suspensión si existen indicios racionales que permitan prever la imposibilidad de obtener el resarcimiento, o si éste puede verse frustrado o gravemente dificultado, y, en especial, si el perceptor hace actos de ocultación, gravamen o disposición de sus bienes.

4. La retención de pagos estará sujeta, en cualquiera de los supuestos anteriores, al siguiente régimen jurídico:

a) Debe ser proporcional a la finalidad que se pretende conseguir, y, en ningún caso, debe adoptarse si puede producir efectos de difícil o imposible reparación.

b) Debe mantenerse hasta que se dicte la resolución que pone fin al expediente de reintegro, y no puede superar el período máximo que se fije para su tramitación, incluidas prórrogas.

c) No obstante lo dispuesto en el párrafo anterior, debe levantarse cuando desaparezcan las circunstancias que la originaron o cuando el interesado proponga la sustitución de esta medida cautelar por la constitución de una garantía que se considere suficiente.

2.5. Gestión de subvenciones

Viene recogida en la **Instrucción de 19 de febrero de 2004, de la Intervención General de la Administración del Estado, para la aplicación de las disposiciones de la ley general de subvenciones en materia de control financiero de subvenciones** a los controles iniciados antes de la entrada en vigor de la ley, que establece en su exposición de motivos:

La reciente aprobación de la Ley 38/2003, de 17 de noviembre, General de Subvenciones, ha supuesto un profundo cambio en la regulación de una de las figuras de mayor presencia en la actividad administrativa actual, ya sea como técnica de fomento de determinados comportamientos considerados de interés general o un procedimiento de colaboración entre la Administración Pública y los particulares para la gestión de actividades de interés público, ya sea como forma de intervención de ellos podres públicos en la actividad económica, sin olvidar que gran parte de las relaciones financieras entre España y la Unión Europea se instrumenta mediante subvenciones financiadas, total o parcialmente, con fondos comunitarios.

Uno de los objetivos fundamentales de esta reforma, tal y como se recogen en la exposición de motivos de la Ley, lo constituye el diseño de procesos de gestión y control, que permitan detectar y reaccionar de forma ágil ante las conductas fraudulentas en materia de subvenciones. El control así caracterizado, se revela como un instrumento esencial para conseguir asignaciones eficaces y eficientes desde esta modalidad de gasto y hacer compatible la creciente importancia de las políticas de subvenciones con la actual orientación de la política presupuestaria.

En consecuencia, el nuevo régimen jurídico no podía dejar de afectar al control financiero de subvenciones, que pasa a configurarse como una de los medios al servicio de la Administración para la detección de fraude en materia de subvenciones más efectivos. Para ello, se produce una adecuación de los mecanismos e instrumentos al servicio del control financiero a la realidad que va a ser objeto de control: los particulares, que como sujetos privados ajenos a la Administración, perciben subvenciones, ya sea como beneficiarios o como entidades colaboradoras.

La Disposición Transitoria Segunda de la Ley regula el régimen transitorio d ellos procedimientos, estableciendo que "a los procedimientos de concesión de subvenciones ya iniciados a la entrada en vigor de esta Ley, les será de aplicación la normativa vigente en el momento de su inicio", no obstante, en materia de control financiero, esta misma disposición establece, en su apartado 3, que "sin perjuicio de lo dispuesto en apartados anteriores, los procedimientos de control financiero, reintegro y revisión de actos previstos en esta Ley, resultarán de aplicación desde su entrada en vigor".

Por tanto, la Ley no establece de forma expresa un régimen transitorio que deba ser observado a la hora de desarrollar los controles financieros que se hubieran iniciado con anterioridad a su entrada en vigor y, en consecuencia, las prescripciones de la Ley deberán aplicarse desde la fecha de su entrada en vigor.

Por tanto, dado que no hay preceptos en la Ley General de Subvenciones que regulen la tramitación de informes provisionales, resulta necesario articular mediante esta Instrucción la forma en la que ha de aplicarse la Ley a los controles que se encuentren en esta situación.

Para ello se parte de los distintos momentos o gases en las que se puede encontrar el procedimiento de control financiero una vez emitidos los informes provisionales, determinando las actuaciones a llevar a cabo para aplicar la nueva normativa, de acuerdo con las siguientes instrucciones:

Instrucción primera

Los controles financieros de preceptores de subvenciones en los que, a la entrada en vigor de la Ley General de Subvenciones, no se hubiera emitido el informe provisional para los beneficiarios, seguirán las reglas contenidas en la Ley General de Subvenciones en cuanto a la emisión, efectos y tramitación de informes.

Instrucción segunda

Los controles financieros de perceptores de subvenciones en los que, a la entrada en vigor de la Ley General de Subvenciones, se hubiera emitido el informe provisional para los beneficiarios, seguirán las siguientes reglas:

1. De acuerdo con lo dispuesto en el apartado 6 del artículo 49 de la Ley General de Subvenciones, las actuaciones de control financiero se considerarán concluidas con la emisión de los citados informes.

2. Una vez recibidas las alegaciones realizadas por los beneficiarios o entidades colaboradoras y en cualquier caso, en el plazo de quince días desde la notificación de los informes, el Auditor Nacional Jefe de División o el Interventor Delegado actuante, remitirá al órgano gestor que concedió la subvención, copia de los informes provisionales emitidos en aplicación de lo dispuesto en el apartado 2 del artículo 50 de la Ley General de Subvenciones, señalando, en su caso:

a) La concurrencia de alguna de las causad de invalidez de la resolución de concesión, a efectos de que se adopten las medidas oportunas.
b) La concurrencia de alguna de las causas de reintegro, a efectos del necesario inicio, en el plazo de un mes desde la recepción de la comunicación, del correspondiente expediente de reintegro.
c) La concurrencia de alguna de las infracciones en materia de subvenciones, a efectos del inicio del correspondiente expediente sancionador.

3. En el mismo plazo señalado en la regla anterior, el Auditor Nacional Jefe de División o el Interventor Delegado actuante, remitirá a los beneficiarios o entidades colaboradoras una comunicación expresando la finalización del control financiero, sus efectos y la remisión de las alegaciones realizadas al órgano gestor de la subvención.

4. Los informes que se emitieron con carácter de provisionales, tendrán la consideración y efectos que los artículos 50 y 51 de la Ley General de Subvenciones atribuyen a los informes de control financiero, debiendo seguirse la tramitación prevista para éstos últimos.

5. No se emitirá informe provisional para el órgano gestor ni informes definitivos.

Instrucción tercera

Los controles financieros de perceptores de subvenciones en los que, a la entrada en vigor de la Ley General de Subvenciones, se hubiera emitido el informe provisional para el órgano gestor, seguirán las siguientes reglas:

1. Sin necesidad de esperar a la recepción de las alegaciones por parte del órgano gestor, se deberá remitir a dicho órgano una comunicación con expresión de:

a) La finalización del control financiero como consecuencia de la entrada en vigor de la Ley General de Subvenciones y, en su caso, la improcedencia de realizar alegaciones al informe recibido.
b) La naturaleza y efectos que los artículos 50 y 51 de la Ley General de Subvenciones atribuyen a los informes de control financiero de subven-

ciones, y en consecuencia, a los informes provisionales de los beneficiarios que se remitieron como anexo del informe del órgano gestor.

c) Necesidad del inicio de los expedientes de reintegro propuestos en el informe provisional remitido, en el plazo de un mes desde la recepción de la comunicación.

d) Necesidad del inicio de los expedientes sancionadores propuestos en el informe provisional remitido.

2. El Auditor Nacional jefe de División o el Interventor Delegado actuante, remitirá a los beneficiarios una comunicación expresando la finalización del control financiero y sus efectos.

3. No se emitirán informes definitivos.

Sobre la base de dichas instrucciones, el procedimiento de gestión presupuestaria de las subvenciones se atiene a los siguientes trámites:

De la resolución o acuerdo de concesión de la subvención surge un conjunto de derechos y deberes de los integrantes de la relación jurídica subvencional, concedente y destinatario. Evidentemente, el principal efecto en la disposición dineraria que la Administración efectúa a favor del beneficiario, esto es, el pago o cumplimiento de gestión del gasto público estipulado en la LGS y LGP.

En concreto, el art. 34 LGS establece las especificidades del procedimiento de aprobación del gasto y pago de las subvenciones públicas. Así, con carácter previo a la convocatoria de la subvención o a la concesión directa de la misma, deberá efectuarse la aprobación del gasto en los términos previstos en la Ley General Presupuestaria o en las normas presupuestarias de las restantes Administraciones Públicas.

Por otro lado, la regla 86.3 de la Instrucción de Operatoria Contable a seguir en la ejecución del gasto del Estado, aprobada por Orden de 1 de febrero de 1996, prevé que la aprobación del gasto subvencional ha de ser previa a la publicación de la convocatoria en el BOE.

Las actuaciones necesarias para llevar a cabo un gasto subvencional se contienen en el expediente de gasto: certificado de existencia, retención de crédito, informe fiscal. Posteriormente, se elevará el expediente de gasto al órgano competente para autorizar el gasto, según lo dispuesto en el art. 34 LGS, y se expedirá el documento contable A (autorización).

La resolución de concesión de la subvención conllevará el compromiso del gasto correspondiente (documento D, que podrá ser de ejercicio correspondiente o también de ejercicios posteriores, en caso de que la subvención tenga carácter plurianual).

En caso de que se trate de una subvención de concesión directa, el procedimiento es ligeramente diferente:

- Se expedirán al comienzo de la tramitación documentos RC de ejercicio corriente, y en su caso, de ejercicios posteriores.
- El certificado de existencia de crédito y fiscalización previa se añade a la propuesta de resolución, antes de que se dicte resolución. La propuesta debe expresar el solicitante o solicitantes propuestos y la cuantía de la subvención.
- Se pueden emitir documentos ADOK (o AD más OK), según las bases reguladoras prevean que el beneficiario justifique objeto de la subvención antes o después de la concesión de la misma.

Debe recordarse que para el reconocimiento de las obligaciones derivadas de subvenciones, cualquiera que sea la modalidad de concesión de las mismas, se requiere que el beneficiario cumpla una serie de requisitos:

a) Estar al corriente de obligaciones tributarias y de Seguridad Social (art. 34.5 LGS).
b) Justificación de la realización de la actividad (art. 34.3 LGS) por el beneficiario o la entidad colaboradora, esto es, acreditar ante la entidad concedente la aplicación de los fondos recibidos a la finalidad jpara la cual se concedieron.

La justificación debe acreditar que se han realizado las cargas impuestas al beneficiario: resultados obtenidos y consecución de la finalidad. El art. 30.1 LGS distingue tres modalidades de justificación: cuenta justificativa del gasto realizado (justificantes directos), módulos (estimaciones indirectas según figure en las bases reguladoras) y presentación de estados financieros (contables).

Se producirá la pérdida del derecho al cobro total o parcial de la subvención en el supuesto de falta de justificación o de concurrencia de alguna de las causas de reintegro de la subvención previstas en el artículo 37 de la LGS.

Sin perjuicio de que el pago, previa aportación de la justificación (mediante la presentación de la documentación exigible) constituye la regla general, la cual implica la realización efectiva de la actividad, proyecto u objetivo para el que se concedió, la LGS establece otras dos modalidades de pago:

- Pagos a cuenta: según el art. 34.4 LGS, cuando la naturaleza de la subvención así lo justifique, podrán realizarse pagos a cuenta, los cuales podrán suponer la realización de pagos fraccionados que responderán al ritmo de ejecución de las acciones subvencionadas, abonándose por cuantía equivalente a la justificación presentada.

- Pagos anticipados, que supondrán entregas de los fondos con carácter previo a la justificación, como financiación necesaria para poder llevar a cabo las actuaciones inherentes a la subvención. Esta modalidad de pago no puede realizarse si el beneficiario se encuentra en determinadas circunstancias (declarando insolvente o en concurso, sujeto a intervención judicial, etcétera).

La realización de pagos a cuenta o pagos anticipados, así como el régimen de garantías, deberán preverse expresamente en la normativa reguladora de la subvención.

En relación con los actos de pago propiamente dichos, deben regirse por el procedimiento ordinario de pago que rige para las obligaciones de la Administración del Estado. La expedición de las propuestas de pago debe hacerse a favor de los acreedores directos; entre otros, los beneficiarios de subvenciones o ayudas o, en general, a favor de quienes fuesen contraídas obligaciones (generalmente, las entidades colaboradoras, a quienes corresponde llevar a cabo la entrega de los fondos a los beneficiarios).

Tema 7

El Plan General de Contabilidad Pública: fines, objetivos, ámbito de aplicación y características. Contabilidad presupuestaria y de gestión. Breve análisis de los grupos de cuentas

eRodio ediciones

Índice esquemático

1. Contabilidad pública. Contabilidad presupuestaria y de gestión

1.1. Normas generales de la contabilidad del Sector Público Estatal

Vienen recogidas en el Título V de la **Ley General Presupuestaria**, denominado **"De la contabilidad del sector público estatal"**, **Ley 47/2003 de 26 de noviembre,** artículos 119 y siguientes que establecen:

Artículo 119. Principios generales

1. Las entidades integrantes del sector público estatal deberán aplicar los principios contables que correspondan según lo establecido en este capítulo, tanto para reflejar toda clase de operaciones, costes y resultados de su actividad, como para facilitar datos e información con trascendencia económica.

2. La contabilidad del sector público estatal se configura como un sistema de información económico-financiera y presupuestaria que tiene por objeto mostrar, a través de estados e informes, la imagen fiel del patrimonio, de la situación financiera, de los resultados y de la ejecución del presupuesto de cada una de las entidades integrantes del mismo.

3. Las entidades integrantes del sector público estatal quedan sometidas a la obligación de rendir cuentas de sus operaciones, cualquiera que sea su naturaleza, al Tribunal de Cuentas por conducto de la Intervención General de la Administración del Estado, de acuerdo con los criterios recogidos en el capítulo IV de este título.

Artículo 120. Fines de la contabilidad del sector público estatal

La contabilidad del sector público estatal debe permitir el cumplimiento de los siguientes fines de gestión, de control y de análisis e información:

1. Mostrar la ejecución de los presupuestos, poniendo de manifiesto los resultados presupuestarios, y proporcionar información para el seguimiento de los objetivos previstos en los Presupuestos Generales del Estado.

2. Poner de manifiesto la composición y situación del patrimonio así como sus variaciones, y determinar los resultados desde el punto de vista económico patrimonial.

3. Suministrar información para la determinación de los costes de los servicios públicos.

4. Proporcionar información para la elaboración de todo tipo de cuentas, estados y documentos que hayan de rendirse o remitirse al Tribunal de Cuentas y demás órganos de control.

5. Suministrar información para la elaboración de las cuentas económicas de las Administraciones públicas, sociedades no financieras públicas e instituciones financieras públicas, de acuerdo con el Sistema Europeo de Cuentas Nacionales y Regionales.

6. Proporcionar información para el ejercicio de los controles de legalidad, financiero, de economía, eficiencia y eficacia.

7. Suministrar información para posibilitar el análisis de los efectos económicos y financieros de la actividad de los entes públicos.

8. Suministrar información económica y financiera útil para la toma de decisiones.

9. Suministrar información útil para otros destinatarios.

Artículo 121. Aplicación de los principios contables

1. La contabilidad de las entidades integrantes del sector público estatal se desarrollará aplicando los principios contables que correspondan conforme a los criterios indicados en los siguientes apartados.

2. Deberán aplicar los principios contables públicos previstos en el artículo siguiente, así como el desarrollo de los principios y las normas establecidas en el Plan General de Contabilidad Pública y sus normas de desarrollo las entidades que integran el sector público administrativo.

3. Deberán aplicar los principios y normas de contabilidad recogidos en el Código de Comercio y el Plan General de Contabilidad de la empresa española, así como en sus adaptaciones y disposiciones que lo desarrollan, las entidades que integran el sector público empresarial.

4. Deberán aplicar los principios y normas de contabilidad recogidos en la adaptación del Plan General de Contabilidad a las entidades sin fines lucrativos y disposiciones que lo desarrollan, las fundaciones del sector público estatal que integran el sector público fundacional.

Artículo 122. Principios contables públicos

1. Las entidades previstas en el apartado 2 del artículo anterior deberán aplicar los siguientes **principios contables de carácter económico-patrimonial.**

a) Salvo prueba en contrario, se presumirá que continúa la actividad de la entidad por tiempo indefinido.

b) El reconocimiento de activos, pasivos, patrimonio neto, gastos e ingresos debe realizarse, desde el punto de vista económico- patrimonial, en función de la corriente real de bienes y servicios que los mismos representan, sin perjuicio de los criterios que se deban seguir para su imputación presupuestaria.

c) No se variarán los criterios contables de un ejercicio a otro.

d) Se deberá de mantener cierto grado de precaución en los juicios de los que se derivan estimaciones bajo condiciones de incertidumbre, de tal manera que los activos, obligaciones, ingresos y gastos no se sobrevaloren ni se minusvaloren.

e) No podrán compensarse las partidas del activo y del pasivo, ni las de gastos e ingresos que integran las cuentas anuales y se valorarán separadamente los elementos integrantes de las cuentas anuales, salvo aquellos casos en que de forma excepcional así se regule.

f) La aplicación de estos principios deberá estar presidida por la consideración de la importancia en términos relativos que los mismos y sus efectos pudieran presentar, siempre que no se vulnere una norma de obligado cumplimiento.

2. Los elementos de las cuentas anuales figurarán de acuerdo con los criterios y normas de valoración establecidos en el Plan General de Contabilidad Pública.

3. La imputación de las transacciones o hechos contables debe efectuarse, desde el punto de vista económico-patrimonial, a activos, pasivos, gastos o ingresos de acuerdo con las reglas establecidas en el Plan General de Contabilidad Pública. Además aquellas operaciones que deban aplicarse a los Presupuestos de gastos e ingresos, se registrarán, desde el punto de vista presupuestario, de acuerdo con las reglas previstas en el título II de esta Ley.

4. En los casos de conflicto entre los anteriores principios contables deberá prevalecer el que mejor conduzca a que las cuentas anuales reflejen la imagen fiel del patrimonio, de la situación financiera y del resultado económico-patrimonial de la entidad.

5. Cuando la aplicación de estos principios contables no sea suficiente para mostrar la imagen fiel, deberá suministrarse en la memoria de las cuentas anuales la información complementaria precisa para alcanzar dicho objetivo.

6. En aquellos casos excepcionales en los que la aplicación de un principio contable sea incompatible con la imagen fiel que deben mostrar las cuentas anuales, se considerará improcedente dicha aplicación, lo cual se mencionará en la memoria de las cuentas anuales, explicando su motivación e indicando su influencia sobre el patrimonio, la situación financiera y los resultados económico-patrimoniales de la entidad.

Artículo 123. Destinatarios de la información contable

La información que suministre la contabilidad de las entidades del sector público estatal estará dirigida a sus órganos de dirección y gestión, a los de representación política y a los de control externo e interno, a los organismos internacionales, en los términos y con los límites previstos reglamentariamente, sin perjuicio de lo establecido en el artículo 136.

1.2. Competencias en materia contable

Artículo 124. Competencias del Ministro de Hacienda

Corresponde al Ministro de Hacienda y Administraciones Públicas, a **propuesta de la Intervención General de la Administración del Estado:**

a) Aprobar el Plan General de Contabilidad Pública y las normas para la formulación de cuentas anuales consolidadas en el ámbito del sector público en los que se recogerán y desarrollarán los principios contables públicos.

b) Determinar los criterios generales de registro de datos, presentación de la información contable, contenido de las cuentas anuales que deben rendirse al Tribunal de Cuentas y los procedimientos de remisión de las mismas regulando, a tales efectos, la utilización de medios electrónicos, informáticos o telemáticos.

c) Determinar el contenido, la estructura, las normas de elaboración y los criterios de consolidación de la Cuenta General del Estado.

d) Establecer la rendición de cuentas anuales consolidadas, respecto de las entidades del sector público estatal.

e) Determinar el contenido del informe previsto en el apartado 3 del artículo 129 de esta Ley.

Artículo 125. Competencias de la Intervención General de la Administración del Estado

1. La Intervención General de la Administración del Estado es el centro directivo de la contabilidad pública, al que compete:

a) Promover el ejercicio de la potestad reglamentaria en materia contable atribuida al Ministro de Hacienda por esta Ley y proponer a éste la aprobación del Plan General de Contabilidad Pública.

b) Aprobar la normativa de desarrollo del Plan General de Contabilidad Pública y los planes parciales o especiales que se elaboren conforme al mismo, así como los de las entidades a que se hace referencia en el apartado 3 del artículo 121, que se elaboren conforme al Plan General de Contabilidad de la empresa española.

c) Determinar las cuentas anuales y demás documentación que las entidades que integran el Sistema de la Seguridad Social deben rendir al Tribunal de Cuentas.

d) Aprobar las instrucciones de contabilidad mediante las cuales se establezcan las reglas contables a las que habrán de someterse los entes que deban aplicar los principios contables públicos, así como los modelos y estructura de los documentos contables y cuentas, estados e informes contables en general que no deban rendirse al Tribunal de Cuentas.

e) Establecer los principios básicos de la contabilidad analítica de las entidades del sector público estatal que deban aplicar los principios contables públicos.

f) Establecer los principios y criterios generales a los que debe responder el seguimiento de objetivos establecidos en los Presupuestos Generales del Estado en las entidades del sector público estatal.

g) Inspeccionar la actividad de las oficinas de contabilidad de las entidades del sector público estatal sujetas a los principios contables públicos.

h) Establecer los requerimientos funcionales y, en su caso, los procedimientos informáticos, relativos al sistema de información contable, que deberán aplicar las entidades del sector público estatal sujetas a los principios contables públicos.

i) Determinar las especificaciones, procedimiento y periodicidad de la información contable a remitir a la Intervención General de la Administración del Estado, por las entidades del sector público estatal sujetas a los principios contables públicos.

j) Establecer los criterios, procedimientos y excepciones para la centralización en la Intervención General de la Administración del Estado de las bases de datos de su sistema de información contable de las entidades del sector público estatal sujetas a los principios contables públicos.

k) Aprobar las normas de contabilidad aplicables a los fondos regulados en el apartado 2 del artículo 2 de esta Ley.

2. La Intervención General de la Administración del Estado es el centro gestor de la contabilidad pública, al que compete:

a) Gestionar la contabilidad de la Administración General del Estado.

b) Centralizar la información contable de las distintas entidades integrantes del sector público estatal.

c) Recabar la presentación de las cuentas que hayan de rendirse al Tribunal de Cuentas.

d) Formar la Cuenta General del Estado.

e) Vigilar e impulsar la organización de las oficinas de contabilidad existentes en todos los departamentos ministeriales y organismos públicos en que el servicio así lo aconseje, y que estarán a cargo de los funcionarios que legalmente tienen atribuido este cometido.

f) Recabar todos los informes y dictámenes económico-contables que se realicen por las entidades que por su conducto deban rendir cuentas al Tribunal de Cuentas.

   Asimismo, se podrá tener acceso directo a las bases de los sistemas de información contable de dichas entidades.

g) Elaborar las cuentas nacionales de las unidades que componen el sector de las Administraciones públicas, de acuerdo a los criterios de delimitación institucional e imputación de operaciones establecidos en el Sistema Europeo de Cuentas Nacionales y Regionales.

h) Elaborar el informe sobre el grado de cumplimiento del objetivo de estabilidad presupuestaria en los términos previstos en el artículo 9 de la Ley General de Estabilidad Presupuestaria.

i) Elaborar las cuentas nacionales de las unidades que componen el subsector de las sociedades públicas no financieras y de las instituciones financieras públicas y de acuerdo a los criterios de delimitación institucional e imputación de operaciones establecidos en el Sistema Europeo de Cuentas Nacionales y Regionales.

j) Diseñar los mecanismos y realizar las actuaciones oportunas para garantizar y proteger la integridad, coherencia y confidencialidad de los datos contenidos en los sistemas de información contable.

3. Las funciones directivas y gestoras de la contabilidad pública en el ámbito de las entidades que integran el Sistema de la Seguridad Social serán ejercidas por la Intervención General de la Administración del Estado a través de la Intervención General de la Seguridad Social, a la que corresponderá:

a) Dirigir la contabilidad de las entidades que integran el sistema de la Seguridad Social y gestionar la contabilidad de las entidades gestoras y servicios comunes de la Seguridad Social.

b) Elaborar la adaptación del Plan General de la Contabilidad Pública a las entidades que integran el Sistema de la Seguridad Social y someterlo para su aprobación a la Intervención General de la Administración del Estado.

c) Aprobar la normativa de desarrollo de dicha adaptación al Plan Contable y los planes parciales o especiales que se elaboren conforme al mismo, así como los de las entidades a que se hace referencia en el apartado 3 del artículo 121, que se elaboren conforme al Plan General de Contabilidad de la empresa española, cuando las mismas tengan la consideración de Entidades que integran el sistema de la Seguridad Social.

d) Aprobar las instrucciones de contabilidad mediante las cuales se establezcan las reglas contables a las que habrán de someterse las entidades que integran el sistema de la Seguridad Social que deban aplicar los principios contables públicos, criterios de funcionamiento de sus oficinas contables, modelos y estructura de los documentos contables y cuentas, estados e informes contables en general que no deban rendirse al Tribunal de Cuentas.

e) Inspeccionar la actividad de las oficinas de contabilidad de las entidades gestoras y servicios comunes de la Seguridad Social.

f) Actuar como central contable del Sistema de la Seguridad Social, centralizando la información contable de las distintas entidades integrantes de dicho Sistema, a cuyos efectos le corresponde determinar la información que las entidades habrán de remitir a la misma, así como su periodicidad y procedimientos de comunicación.

g) Recabar la presentación de las cuentas y demás documentos que hayan de rendir las entidades integrantes del sistema de Seguridad Social al Tribunal de Cuentas.

h) Examinar las cuentas que hayan de rendirse para fiscalización por el Tribunal de Cuentas, formulando, en su caso, las observaciones que considere oportunas.

i) Formar la Cuenta General de la Seguridad Social, para su remisión al Tribunal de Cuentas en igual plazo que el establecido para la Cuenta General del Estado, a cuyos efectos podrá recabar de las entidades la información que considere necesaria para efectuar el proceso de agregación o consolidación contable. La falta de remisión de cuentas no constituirá obstáculo para que la Intervención General de la Seguridad Social pueda formar la Cuenta del Sistema de la Seguridad Social con las cuentas recibidas.

j) Elaborar la documentación estadístico-contable de carácter oficial del Sistema de la Seguridad Social.

k) La administración del Sistema de Información Contable de la Seguridad Social, determinando los criterios por los que el mismo ha de regirse.

l) Establecer los requerimientos funcionales y los procedimientos informáticos relativos al sistema de información contable que deberán aplicar las entidades que integran el sistema de la Seguridad Social distintas de las entidades gestoras y servicios comunes de la misma, que permita la integración de sus bases de datos contables en el sistema de información contable de la Seguridad Social.

m) Cualesquiera otras funciones relativas a la dirección de la contabilidad de las entidades que integran el Sistema de la Seguridad Social y a la gestión de la contabilidad de las entidades gestoras y servicios comunes de la Seguridad Social, así como las que específicamente pueda asignarle la Intervención General de la Administración del Estado.

Artículo 126. Sistemas adicionales de control de objetivos

1. El sistema de información contable de las entidades del sector público estatal que deban aplicar los principios contables públicos comprenderá el seguimiento de los objetivos propuestos por los centros gestores, aprobados en los Presupuestos Generales del Estado.

2. Los centros gestores podrán diseñar e implantar sistemas adicionales de seguimiento de los objetivos indicados en el apartado anterior.

2. El Plan General de Contabilidad Pública: fines, objetivos, ámbito de aplicación y características

2.1. Antecedentes

El Plan General de Contabilidad Pública, que se aprobó mediante Orden del Ministerio de Economía y Hacienda de 6 de mayo de 1994 (en adelante, PGCP´94), ha continuado la línea iniciada con el primer Plan General de Contabilidad Pública de 1981 para el logro de la normalización contable en el ámbito de las administraciones públicas y con la contabilidad empresarial. El PGCP´94 tomó como referencia el Plan General de Contabilidad para la empresa aprobado por el Real Decreto 1643/1990, de 20 de diciembre, con las adaptaciones propias a las características jurídicas y económicas de las administraciones públicas.

Como antecedentes del PGCP´94 y, entre las actividades que se desarrollaron dentro del proceso de reforma de la contabilidad pública, es preciso señalar la elaboración de Documentos de principios contables públicos por la Comisión de Principios y Normas Contables Públicas. Esta Comisión se creó en el año 1990, a iniciativa de la Intervención General de la Administración del Estado (en adelante IGAE), estando integrada por un amplio elenco de profesionales de la contabilidad y representantes del mundo académico y de la administración pública, en sus tres niveles: estatal, autonómico y local, con el cometido de elaborar Documentos de principios contables públicos, con el carácter de recomendaciones, que inspirasen la normativa contable. Fruto del trabajo de esta Comisión fue la elaboración de los Documentos que recogen los principios y criterios contables a aplicar, entre otros, a los derechos, obligaciones, endeudamiento, transferencias y subvenciones, así como los requisitos de la información económico-financiera, constituyendo un marco conceptual de la contabilidad pública.

Como consecuencia de los criterios contables recogidos en los citados Documentos de principios contables públicos, se consideró necesario elaborar un nuevo Plan General de Contabilidad Pública, aprobándose el PGCP´94 como Plan contable marco para todas las administraciones públicas, que se aplicó de forma obligatoria a partir del 1 de enero de 1995 por las administraciones públicas estatales. En la actualidad, este PGCP´94 es aplicado por todas las entidades de la Administración Estatal y Local que aplican principios de contabilidad pública. En la Administración Local, mediante tres Órdenes del Ministerio de Economía y Hacienda de 23 de noviembre de 2004, se aprobaron las Instrucciones del modelo normal, simplificado y básico de contabilidad local, que tuvieron como objetivo fundamental adaptar los criterios contables para las entidades locales a los principios recogidos en el PGCP´94, que por exigencia del Real Decreto Legislativo 2/2004, de 5 de marzo, que aprueba el Texto Refundido de la Ley Reguladora de las Haciendas Locales, deben ser conformes al citado PGCP´94. En las Comunidades Autónomas, aunque estas tienen competencias para determinar su régimen contable, se ha seguido también una tendencia general de normalización, aplicando directamente el PGCP´94 o un plan propio pero armonizado con dicho plan.

A partir del año 2003, la IGAE, a través de la Comisión de Contabilidad Pública, sucesora de la Comisión de Principios y Normas Contables Públicas, ha continuado los trabajos de elaboración de estudios de contabilidad pública, y hasta la fecha actual se han aprobado los siguientes Documentos:

- «Principios generales sobre contabilidad analítica de las administraciones públicas», en el año 2004. Recoge un marco conceptual y metodológico para la implantación de un sistema de contabilidad analítica en las entidades del sector público.
- «Consolidación de cuentas anuales del sector público», en el año 2006. Establece un conjunto de criterios generales que pueden servir como marco de referencia para la elaboración de cuentas consolidadas por las diferentes administraciones públicas españolas.
- «Los indicadores de gestión en el ámbito del sector público», en el año 2007. Recoge los conceptos teóricos, clases de indicadores y el procedimiento a seguir en el diseño e implantación de los indicadores de gestión, así como la utilidad de la información que proporcionan estos indicadores en el marco de la gestión pública.

En el ámbito empresarial, en los últimos años la principal novedad en el proceso normalizador se produce con la aprobación del Reglamento 1606/2002, del Parlamento Europeo y del Consejo, de 19 de julio de 2002, relativo a la aplicación de las Normas Internacionales de Contabilidad (en adelante NIC-NIIF) emitidas por el Consejo de Normas Internacionales de Contabilidad (IASB). Por aplicación del citado Reglamento, desde el 1 de enero de 2005 las sociedades cuyos valores hayan sido admitidos a cotización en un mercado regulado de cualquier Estado miembro, deben aplicar las citadas NIC-NIIF en las cuentas consolidadas. Por lo que afecta al resto de sociedades, los Estados miembros pueden permitir o requerir a dichas sociedades que elaboren sus cuentas anuales o consolidadas de conformidad con las NIC-NIIF.

La Ley 16/2007, de 4 de julio, de reforma y adaptación de la legislación mercantil en materia contable para su armonización internacional con base en la normativa de la Unión Europea, modificó el Código de Comercio, el Texto Refundido de la Ley de Sociedades Anónimas y la Ley de Sociedades de Responsabilidad Limitada para avanzar en este proceso de convergencia internacional, autorizando al Gobierno en su disposición final primera a aprobar el Plan General de Contabilidad para las empresas.

Esta reforma de la legislación básica contable, implicó la aprobación de un nuevo Plan General de Contabilidad, como desarrollo básico y fundamental. El Plan General de Contabilidad para las empresas (en adelante PGC), aprobado por Real Decreto 1514/2007, de 16 de noviembre, y el Plan General de Contabilidad para las pequeñas y medianas empresas, aprobado por Real Decreto 1515/2007, de 16 de noviembre, ambos en vigor desde el 1 de enero de 2008.

Paralelamente, por lo que afecta a la reforma contable en el sector público, una de las novedades más importantes de los últimos años ha sido la aparición de las Normas Internacionales aplicables a la Contabilidad del Sector Público (NIC-SP) elaboradas por la Federación Internacional de Contables (IFAC), a través del IPSASB «Junta de Normas Contables Internacionales para el Sector Público» (inicialmente Comité del Sector Público). Las NIC-SP están basadas en las NIC-NIIF, con el objetivo de establecer un marco de referencia para la elaboración de la información financiera por las administraciones públicas de los diferentes países. Las NIC-SP son normas generales de información financiera de alta calidad para su aplicación a entidades del sector público diferentes de las empresas públicas.

En relación con las NIC-SP, es preciso destacar que no existe una norma de la Unión Europea que obligue a los Estados miembros a su aplicación, como sí ocurre en el ámbito empresarial con las NIC-NIIF aprobadas por el Reglamento de la Comisión Europea; no obstante, la IFAC recomienda su adopción con el fin de lograr una información consistente y comparable entre las entidades del sector público de los distintos países.

Cabe señalar que la Asamblea General de las Naciones Unidas adoptó en junio de 2006 la decisión de introducir las NIC-SP en un plazo no superior al año 2010, lo que permitirá elevar la calidad de los informes financieros con los correspondientes beneficios en los ámbitos del buen gobierno, la rendición de cuentas y la transparencia.

En nuestro país, la reforma de la contabilidad pública que se inició a principios de los años 80 y todas las reformas posteriores de la misma han pretendido alcanzar el objetivo de normalización contable. Este proceso ha seguido distintas líneas: en primer lugar, se ha buscado la normalización de los criterios contables aplicados por las distintas administraciones públicas; en segundo lugar, se ha pretendido, en la medida de lo posible, la normalización con los principios contables aplicables a las empresas y, por último, se ha tomado como referente los pronunciamientos contables internacionales, en particular, las NIC-SP emitidas por la IFAC.

Por todo ello, y con el objetivo de continuar con el proceso de normalización contable señalado, la IGAE inició el proceso de modificación del PGCP´94, constituyendo un grupo de trabajo en el que han estado representadas las instituciones y colectivos relacionados con la contabilidad. En particular, el Grupo de Trabajo ha estado compuesto por representantes de la IGAE; de las Intervenciones Generales de las Comunidades Autónomas; de la Intervención General de la Seguridad Social; de órganos con competencias contables de las Entidades Locales; de la Dirección General de Presupuestos del Ministerio de Economía y Hacienda; del Instituto de Contabilidad y Auditoría de Cuentas así como representantes del ámbito académico.

El Plan General de Contabilidad Pública ha sido elaborado por la IGAE, presentándolo al citado grupo de trabajo en el que se han analizado y debatido las propuestas de modificación. Una vez consensuado su contenido fue presentado a la Comisión de Contabilidad Pública, para su discusión y aprobación en la reunión celebrada el día 17 de noviembre de 2008.

Este Plan General de Contabilidad Pública se concibe como un plan marco aplicable a todas las administraciones públicas que tiene como objetivos:

En primer lugar, aunque como ya se indicó anteriormente, las NIC-SP no tienen carácter obligatorio, se ha adaptado el Plan General de Contabilidad Pública a las NIC-SP emitidas por la IFAC, en aquellos aspectos que se han considerado necesarios para avanzar en el proceso de normalización contable. Con la adaptación a las NIC-SP se mejora la calidad de la información contable, incluyendo información para apoyar la toma de decisiones de gestión y de los usuarios externos y facilitar una adecuada rendición de cuentas. También se logra una mejora en la comparabilidad de la información, aplicando unos criterios contables normalizados para operaciones que son similares en los diferentes países, incrementando, por tanto, la transparencia de la información contable.

Por otro lado, para conseguir la normalización contable con el PGC, en la misma línea que la seguida con el PGCP´94, se ha tomado como modelo el PGC aprobado por Real Decreto 1514/2007, con las especialidades propias de las entidades del sector público al que va dirigido.

Otro objetivo que se ha pretendido con este Plan General de Contabilidad Pública es incrementar la información proporcionada por las cuentas del PGCP´94. Para las entidades que aplican el PGCP´94, el resultado de la cuenta económico patrimonial no constituye un indicador suficiente para evaluar la gestión, como sucede en el ámbito de las empresas; la información financiera y presupuestaria debe ser complementada con información adicional que permita apoyar la adopción de decisiones para la gestión. En esta línea, se ha incluido por primera vez en la memoria de las cuentas anuales información de costes por actividades y unos indicadores presupuestarios, financieros y de gestión, que contribuirán a mejorar la calidad de la información contable en el sector público.

Por último en relación con la interpretación del contenido de este Plan General de Contabilidad Pública, hay que señalar que no existe una aplicación directa de las NIC-SP, y ello sin perjuicio de que se configuren como un referente de toda futura disposición normativa que se incorpore a la contabilidad pública.

Por otro lado, cabe destacar que los Documentos de principios contables públicos aprobados por la Comisión de Principios y Normas Contables Públicas, que constituyeron el marco conceptual del PGCP´94, se podrán seguir aplicando en aquellos aspectos que no se opongan a lo establecido en el Plan General de Contabilidad Pública.

El Plan General de Contabilidad Pública presenta la siguiente estructura y se divide en las siguientes partes:

- Primera parte: Marco conceptual de la contabilidad pública.
- Segunda parte: Normas de reconocimiento y valoración.
- Tercera parte: Cuentas anuales.
- Cuarta parte: Cuadro de cuentas.
- Quinta parte: Definiciones y relaciones contables.

El Plan se aprobó mediante la Orden EHA/1037/2010, de 13 de abril, por la que se aprueba el Plan General de Contabilidad Pública.

2.2. Marco conceptual de la Contabilidad Pública

1.º Imagen fiel de las cuentas anuales

Las cuentas anuales deben suministrar información útil para la toma de decisiones económicas y constituir un medio para la rendición de cuentas de la entidad por los recursos que le han sido confiados. Para ello, deben redactarse con claridad y mostrar la imagen fiel del patrimonio, de la situación financiera, del resultado económico patrimonial, y de la ejecución del presupuesto de la entidad contable.

A tales efectos, constituye la entidad contable todo ente con personalidad jurídica y presupuesto propio, que deba formar y rendir cuentas.

Las cuentas anuales comprenden los siguientes documentos que forman una unidad: el balance, la cuenta del resultado económico patrimonial, el estado de cambios en el patrimonio neto, el estado de liquidación del presupuesto, el estado de flujos de efectivo y la memoria.

La aplicación sistemática y regular de los requisitos de la información y principios y criterios contables incluidos en los apartados siguientes deberá conducir a que las cuentas anuales muestren la anteriormente citada imagen fiel. A tal efecto, en la contabilización de las operaciones, se atenderá a su realidad económica y no solo a su forma jurídica.

Cuando se considere que el cumplimiento de los requisitos de la información y principios y criterios contables incluidos en este Plan General de Contabilidad Pública no sea suficiente para mostrar la mencionada imagen fiel, se suministrará en la memoria la información complementaria precisa para alcanzar este objetivo.

En aquellos casos excepcionales en los que dicho cumplimiento fuera incompatible con la imagen fiel que deben proporcionar las cuentas anuales, se considerará improcedente dicha aplicación. En tales casos, en la memoria se motivará suficientemente esta circunstancia, y se explicará su influencia sobre el patrimonio, la situación financiera y los resultados de la entidad.

2.º Requisitos de la información a incluir en las cuentas anuales

La información incluida en las cuentas anuales debe cumplir los requisitos o características siguientes:

a) **Claridad**. La información es clara cuando los destinatarios de la misma, partiendo de un conocimiento razonable de las actividades de la entidad y del entorno en el que opera, pueden comprender su significado.

b) **Relevancia.** La información es relevante cuando es de utilidad para la evaluación de sucesos (pasados, presentes o futuros), o para la confirmación o corrección de evaluaciones anteriores. Esto implica que la información ha de ser oportuna, y comprender toda aquella que posea importancia relativa, es decir, que su omisión o inexactitud pueda influir en la toma de decisiones económicas de cualquiera de los destinatarios de la información.

c) **Fiabilidad.** La información es fiable cuando está libre de errores materiales y sesgos y se puede considerar como imagen fiel de lo que pretende representar. El cumplimiento de este requisito implica que:

- La información sea completa y objetiva.
- El fondo económico de las operaciones prevalezca sobre su forma jurídica.
- Se deba ser prudente en las estimaciones y valoraciones a efectuar en condiciones de incertidumbre.

d) **Comparabilidad.** La información es comparable, cuando se pueda establecer su comparación con la de otras entidades, así como con la de la propia entidad correspondiente a diferentes periodos.

3.º Principios contables

1. La contabilidad de la entidad se desarrollará **aplicando los principios contables de carácter económico patrimonial que se indican a continuación:**

a) **Gestión continuada**. Se presumirá, salvo prueba en contrario, que continúa la actividad de la entidad por tiempo indefinido. Por tanto, la aplicación de los presentes principios no irá encaminada a determinar el valor liquidativo del patrimonio.

b) **Devengo**. Las transacciones y otros hechos económicos deberán reconocerse en función de la corriente real de bienes y servicios que los mismos representan, y no en el momento en que se produzca la corriente monetaria o financiera derivada de aquéllos. Los elementos reconocidos de acuerdo con este principio son activos, pasivos, patrimonio neto, ingresos y gastos.

Si no puede identificarse claramente la corriente real de bienes y servicios se reconocerán los gastos o los ingresos, o el elemento que corresponda, cuando se produzcan las variaciones de activos o pasivos que les afecten.

c) **Uniformidad**. Adoptado un criterio contable dentro de las alternativas permitidas, deberá mantenerse en el tiempo y aplicarse a todos los elementos patrimoniales que tengan las mismas características en tanto no se alteren los supuestos que motivaron su elección.

Si procede la alteración justificada de los criterios utilizados, dicha circunstancia se hará constar en la memoria, indicando la incidencia cuantitativa y cualitativa de la variación sobre las cuentas anuales.

d) **Prudencia**. Se deberá mantener cierto grado de precaución en los juicios de los que se derivan estimaciones bajo condiciones de incertidumbre, de tal manera que los activos o los ingresos no se sobrevaloren, y que las obligaciones o los gastos no se infravaloren. Pero, además, el ejercicio de la prudencia no debe suponer la minusvaloración de activos o ingresos ni la sobrevaloración de obligaciones o gastos, realizados de forma intencionada, ya que ello privaría de neutralidad a la información, suponiendo un menoscabo a su fiabilidad.

En relación con lo anterior, se ha de tener en cuenta que, de acuerdo con la normativa presupuestaria vigente, los gastos e ingresos contabilizados pero no efectivamente realizados no tendrán incidencia presupuestaria y sólo repercutirán en el cálculo del resultado económico patrimonial.

e) **No compensación**. No podrán compensarse las partidas del activo y del pasivo del balance, ni las de gastos e ingresos que integran la cuenta del resultado económico patrimonial o el estado de cambios en el patrimonio neto, y se valorarán separadamente los elementos integrantes de las cuentas anuales, salvo aquellos casos en que de forma excepcional así se regule.

f) **Importancia relativa.** La aplicación de los principios y criterios contables, deberá estar presidida por la consideración de la importancia en términos relativos que los mismos y sus efectos pudieran presentar. Por consiguiente, podrá ser admisible la no aplicación estricta de alguno de ellos, siempre y cuando la importancia relativa en términos cuantitativos o cualitativos de la variación constatada sea escasamente significativa y no altere, por tanto, la imagen fiel de la situación patrimonial y de los resultados del sujeto económico. Las partidas o importes cuya importancia relativa sea escasamente significativa podrán aparecer agrupados con otros de similar naturaleza o función. La aplicación de este principio no podrá implicar en caso alguno la transgresión de normas legales.

En los casos de conflicto entre los anteriores principios contables deberá prevalecer el que mejor conduzca a que las cuentas anuales expresen la imagen fiel del patrimonio, de la situación financiera y del resultado económico patrimonial de la entidad.

2. **También se aplicarán los principios contables de carácter presupuestario recogidos en la normativa presupuestaria aplicable, y en especial los siguientes:**

a) **Principio de imputación presupuestaria.** La imputación de las operaciones que deban aplicarse a los Presupuestos de gastos e ingresos deberá efectuarse de acuerdo con los siguientes criterios:

- ▷ Los gastos e ingresos presupuestarios se imputarán de acuerdo con su naturaleza económica y, en el caso de los gastos, además, de acuerdo con la finalidad que con ellos se pretende conseguir. Los gastos e ingresos presupuestarios se clasificarán, en su caso, atendiendo al órgano encargado de su gestión.
- ▷ Las obligaciones presupuestarias derivadas de adquisiciones, obras, servicios, prestaciones o gastos en general se imputarán al Presupuesto del ejercicio en que estos se realicen y con cargo a los respectivos créditos; los derechos se imputarán al Presupuesto del ejercicio en que se reconozcan o liquiden.

b) **Principio de desafectación.** Con carácter general, los ingresos de carácter presupuestario se destinarán a financiar la totalidad de los gastos de dicha naturaleza, sin que exista relación directa entre unos y otros. En el supuesto de que determinados gastos presupuestarios se financien con ingresos presupuestarios específicos a ellos afectados, el sistema contable deberá reflejar esta circunstancia y permitir su seguimiento.

4.º Elementos de las cuentas anuales

1. **Los elementos de las cuentas anuales relacionados con el patrimonio y la situación financiera de la entidad, que se registran en el balance son:**

a) **Activos:** bienes, derechos y otros recursos controlados económicamente por la entidad, resultantes de sucesos pasados, de los que es probable que la entidad obtenga en el futuro rendimientos económicos o un potencial de servicio. También serán calificados como activos aquellos que sean necesarios para obtener los rendimientos económicos o el potencial de servicio de otros activos.

Los activos portadores de «rendimientos económicos futuros» son aquellos que se poseen con el fin de generar un rendimiento comercial a través de la provisión de bienes o prestación de servicios con los mismos: un activo genera un rendimiento comercial cuando se utiliza de una forma consistente con la adoptada por las entidades orientadas a la obtención de beneficios. La posesión de un activo para generar un rendimiento comercial indica que la entidad pretende obtener flujos de efectivo a través de ese activo (o a través de la unidad a la que pertenece el activo) y obtener un rendimiento que refleje el riesgo que implica la posesión del mismo.

Los activos portadores de «potencial de servicio» son aquellos que se poseen con una finalidad distinta a la de generar un rendimiento comercial, como pueden ser los flujos económicos sociales que generan dichos activos y que benefician a la colectividad, esto es, su beneficio social o potencial de servicio.

b) **Pasivos:** obligaciones actuales surgidas como consecuencia de sucesos pasados, cuya extinción es probable que dé lugar a una disminución de recursos que incorporen rendimientos económicos o un potencial de servicio. A estos efectos, se entienden incluidas las provisiones.

c) **Patrimonio neto**: constituye la parte residual de los activos de la entidad, una vez deducidos todos sus pasivos. Incluye las aportaciones realizadas, ya sea en el momento de su constitución o en otros posteriores, por la entidad o entidades propietarias, que no tengan la consideración de pasivos, así como los resultados acumulados u otras variaciones que le afecten.

2. **Los elementos relacionados con la medida del resultado económico patrimonial y otros ajustes en el patrimonio neto, que se reflejan en la cuenta del resultado económico patrimonial o en el estado de cambios en el patrimonio neto son:**

a) **Ingresos:** incrementos en el patrimonio neto de la entidad, ya sea en forma de entradas o aumentos en el valor de los activos, o de disminución de los pasivos, siempre que no tengan su origen en aportaciones patrimoniales, monetarias o no, de la entidad o entidades propietarias cuando actúen como tales.

b) **Gastos:** decrementos en el patrimonio neto de la entidad, ya sea en forma de salidas o disminuciones en el valor de los activos, o de reconocimiento o aumento de los pasivos, siempre que no tengan su origen en devoluciones de aportaciones patrimoniales y en su caso distribuciones, monetarias o no, a la entidad o entidades propietarias cuando actúen como tales.

Los ingresos y gastos del ejercicio se imputarán al resultado del mismo, excepto cuando proceda su imputación directa al patrimonio neto de acuerdo con lo previsto en la segunda parte de este Plan General de Contabilidad Pública o en su normativa de desarrollo.

3. **Los elementos relacionados con la ejecución del presupuesto que se reflejan en el estado de liquidación del presupuesto son:**

a) **Gastos presupuestarios:** Son aquellos flujos que suponen el empleo de créditos consignados en el presupuesto de gastos de la entidad. Su realización conlleva obligaciones a pagar presupuestarias con origen en gastos, en adquisición de activos o en la cancelación de pasivos financieros.

Por tanto, este término se reserva para aquellos flujos que deben imputarse al estado de liquidación del presupuesto de la entidad. No debe confundirse con el término «gasto», ya que existen gastos presupuestarios que no constituyen un gasto y viceversa.

b) **Ingresos presupuestarios:** Son aquellos flujos que determinan recursos para financiar los gastos presupuestarios de la entidad. Generan derechos de cobro presupuestarios, que deben imputarse al correspondiente presupuesto, con origen en ingresos, en la enajenación, el vencimiento o la cancelación de activos o en la emisión de pasivos financieros.

Por tanto, este término se reserva para aquellos flujos que deben imputarse al estado de liquidación del presupuesto de la entidad. No debe confundirse con el término «ingreso», ya que existen ingresos presupuestarios que no constituyen ingreso y viceversa.

4. **Los elementos relacionados con movimientos de tesorería que tienen su reflejo en el estado de flujos de efectivo son:**

a) **Cobros:** son los flujos de entrada de efectivo y suponen un aumento de la tesorería de la entidad.

b) **Pagos:** son los flujos de salida de efectivo y suponen una disminución de la tesorería de la entidad.

5.º Criterios de registro o reconocimiento contable de los elementos de las cuentas anuales

1. Criterios de registro

El registro o reconocimiento contable es el proceso por el que se incorporan a la contabilidad los diferentes elementos de las cuentas anuales cuando cumplan las definiciones del apartado anterior y los criterios establecidos en este apartado. Todos los hechos económicos deben ser registrados en el oportuno orden cronológico.

2. Activos y pasivos

Los activos deben reconocerse en el balance cuando:

- Se considere probable que la entidad obtenga, a partir de los mismos, rendimientos económicos o un potencial de servicio en el futuro,
- Y siempre que puedan valorarse con fiabilidad.

La primera de las dos condiciones supone que los riesgos y ventajas asociados al activo han sido traspasados a la entidad.

El reconocimiento contable de un activo implica también el reconocimiento simultáneo de un pasivo, o de un ingreso, o bien la disminución de otro activo o de un gasto, o el incremento del patrimonio neto. Asimismo, habrá de reconocerse cualquier disminución en los rendimientos económicos o el potencial de servicio esperados de los activos, ya venga motivada por su deterioro físico, por su desgaste a través del uso, o por su obsolescencia.

Se reconocerá un pasivo en el balance cuando:

- Se considere probable que, a su vencimiento, y para liquidar la obligación, deban de entregarse o cederse recursos que incorporen rendimientos económicos o un potencial de servicio futuros.
- Y es necesario que su valor pueda determinarse con fiabilidad.

El reconocimiento contable de un pasivo implica el reconocimiento simultáneo de un activo o de un gasto, o la disminución de otro pasivo, o de ingresos o del patrimonio neto.

Cuando se trate de activos y pasivos que también tengan reflejo en la ejecución del presupuesto, el mencionado reconocimiento podrá realizarse cuando, de acuerdo con el procedimiento establecido en cada caso, se dicten los correspondientes actos que determinan el reconocimiento de gastos o ingresos presupuestarios. En este caso, al menos a la fecha de cierre del periodo, aunque no hayan sido dictados los mencionados actos, también deberán reconocerse en el balance los activos y pasivos devengados por la entidad hasta dicha fecha.

3. Ingresos y gastos

El reconocimiento de ingresos en la cuenta del resultado económico patrimonial o en el estado de cambios en el patrimonio neto, tiene lugar como consecuencia de un incremento de los recursos económicos o del potencial de servicio de la entidad, ya sea mediante un incremento de activos, o una disminución de los pasivos, y siempre que su cuantía pueda determinarse con fiabilidad. Por lo tanto, conlleva el reconocimiento simultáneo de un activo, o de un incremento en un activo, o la desaparición o disminución de un pasivo.

Debe reconocerse un gasto en la cuenta del resultado económico patrimonial o en el estado de cambios en el patrimonio neto, cuando se produzca una disminución de recursos económicos o del potencial de servicio de la entidad, ya sea mediante un decremento en los activos, o un aumento en los pasivos, y siempre que pueda valorarse o estimarse su cuantía con fiabilidad. El reconocimiento de un gasto implica, por tanto, el simultáneo reconocimiento de un pasivo, o de un incremento en este, o la desaparición o disminución de un activo. Sensu contrario, el reconocimiento de una obligación sin reconocer simultáneamente un activo relacionado con la misma, implica la existencia de un gasto, que debe ser reflejado contablemente.

Cuando se trate de gastos e ingresos que también tengan reflejo en la ejecución del presupuesto el mencionado reconocimiento se podrá realizar, cuando, de acuerdo con el procedimiento establecido en cada caso, se dicten los correspondientes actos que determinan el reconocimiento de gastos o ingresos presupuestarios. En este caso, al menos a la fecha de cierre del periodo, aunque no hayan sido dictados los mencionados actos, también deberán reconocerse en la cuenta del resultado económico patrimonial o en el estado de cambios en el patrimonio neto los gastos e ingresos devengados por la entidad hasta dicha fecha.

En cualquier caso, se registrarán en el mismo periodo de cuentas anuales, los gastos e ingresos que surjan directa y conjuntamente de las mismas transacciones u otros hechos económicos.

4. Gastos e ingresos presupuestarios

Se reconocerá un gasto presupuestario en el estado de liquidación del presupuesto cuando, de acuerdo con el procedimiento establecido, se dicte el correspondiente acto administrativo de reconocimiento y liquidación de la obligación presupuestaria. Supone el reconocimiento de la obligación presupuestaria a pagar, y simultáneamente el de un activo o de un gasto, o la disminución de otro pasivo o de ingresos.

Debe reconocerse un ingreso presupuestario en el estado de liquidación del presupuesto cuando, de acuerdo con el procedimiento establecido, se dicte el correspondiente acto administrativo de liquidación del derecho de cobro, o documento equivalente que lo cuantifique. Supone el reconocimiento del derecho presupuestario a cobrar, y simultáneamente el de un pasivo, o de un ingreso, o bien la disminución de otro activo, o de un gasto o el incremento del patrimonio neto.

El reconocimiento del ingreso presupuestario derivado de transferencias o subvenciones recibidas debe realizarse cuando se produzca el incremento del activo en el que se materialicen (tesorería). No obstante el ente beneficiario de las mismas podrá reconocer el ingreso presupuestario con anterioridad, si conoce de forma cierta que el ente concedente ha dictado el acto de reconocimiento de su correlativa obligación.

Asimismo, en aquellas subvenciones y transferencias nominativas que, de acuerdo con su regulación específica, se hacen efectivas mediante entregas a cuenta de una liquidación definitiva posterior, la entidad beneficiaria podrá reconocer como ingresos presupuestarios las entregas a cuenta al inicio del periodo al que se refieran (esto es con periodicidad mensual, trimestral, etc.). El reconocimiento, en su caso, del ingreso presupuestario derivado de la liquidación definitiva se efectuará de acuerdo con el criterio establecido en el párrafo anterior.

La concesión de aplazamientos o fraccionamientos en los derechos a cobrar presupuestarios reconocidos que implique el traslado del vencimiento del derecho a un ejercicio posterior supondrá la reclasificación de tales créditos en el balance y la anulación presupuestaria de los mismos, que deberán aplicarse al presupuesto en vigor en el ejercicio de su nuevo vencimiento.

6.º Criterios de valoración

La valoración es el proceso por el que se asigna un valor monetario a cada uno de los elementos integrantes de las cuentas anuales, de acuerdo con lo dispuesto en las normas de valoración relativas a cada uno de ellos, incluidas en la parte segunda de este Plan General de Contabilidad Pública.

Si existe un desarrollo de criterios de valoración en alguna norma de reconocimiento y valoración particular habrá que atender a ello.

A tal efecto, se tendrán en cuenta las siguientes definiciones:

1. Precio de adquisición

El precio de adquisición de un activo es el importe, en efectivo u otros activos, pagado o pendiente de pago, que corresponda al mismo, así como cualquier coste directamente relacionado con la compra o puesta en condiciones de servicio del activo para el uso al que está destinado.

2. Coste de producción

El coste de producción de un activo incluye el precio de adquisición de las materias primas y otros materiales consumidos, el de los factores de producción directamente imputables al mismo, y la fracción que razonablemente corresponda de los indirectamente relacionados con el activo, en la medida en que se refieran al periodo de producción, construcción o fabricación, y se basen en el nivel de utilización de la capacidad normal de trabajo de los medios de producción y sean necesarios para la puesta del activo en condiciones operativas.

3. Coste de un pasivo

El coste de un pasivo es el valor de la contrapartida recibida a cambio de incurrir en la deuda.

4. Valor razonable

Es el importe por el que puede ser adquirido un activo o liquidado un pasivo, entre partes interesadas y debidamente informadas, que realizan una transacción en condiciones de independencia mutua. El valor razonable se determinará sin deducir los costes de transacción en los que pudiera incurrirse en su enajenación. No tendrá en ningún caso el carácter de valor razonable el que sea resultado de una transacción forzada, urgente, o como consecuencia de una liquidación involuntaria.

Con carácter general, el valor razonable se calculará con referencia a un valor de mercado fiable. En este sentido, el precio cotizado en un mercado activo será la mejor referencia del valor razonable, entendiéndose por tal aquel en el que se den las siguientes condiciones:

- Los bienes o servicios intercambiados en el mercado son homogéneos.
- Pueden encontrarse en todo momento compradores o vendedores para un determinado bien o servicio, y
- Los precios son conocidos y fácilmente accesibles para el público. Estos precios, además, reflejan transacciones de mercado reales y actuales y producidas con regularidad.

En aquellos elementos para los que no exista un mercado activo, el valor razonable se obtendrá mediante la aplicación de modelos y técnicas de valoración. Entre los modelos y técnicas de valoración se incluye el empleo de transacciones recientes en condiciones de independencia mutua entre partes interesadas y debidamente informadas, si estuviesen disponibles, referencias al valor razonable de otros activos que son sustancialmente iguales, descuentos de flujos de efectivo y modelos generalmente aceptados para valorar opciones. En cualquier caso, las técnicas de valoración empleadas deberán ser consistentes con las metodologías generalmente aceptadas por el mercado para la fijación de precios, debiéndose usar, si existe, la técnica de valoración empleada por el mercado que haya demostrado ser la que obtiene unas estimaciones más realistas de los precios.

Las técnicas de valoración empleadas deberán maximizar el uso de datos observables de mercado y otros factores que los participantes en el mercado considerarían al fijar el precio, y limitar en todo lo posible el empleo de datos no observables.

La entidad deberá evaluar la técnica de valoración de manera periódica, empleando los precios observables de transacciones recientes en ese mismo activo o utilizando los precios basados en datos observables de mercado que estén disponibles.

Se considerará que el valor razonable obtenido a través de los modelos y técnicas de valoración anteriores no es fiable cuando:

- La variabilidad en el rango de las estimaciones del valor razonable es significativa.
- Las probabilidades de las diferentes estimaciones dentro de este rango no se pueden medir razonablemente para ser utilizadas en la estimación del valor razonable.

Cuando proceda la valoración por el valor razonable, los elementos que no puedan valorarse de manera fiable, con referencia a un valor de mercado o mediante los modelos y técnicas de valoración antes señalados, se valorarán, según proceda, por su precio de adquisición, coste de producción o coste amortizado, haciendo mención en la memoria de este hecho y de las circunstancias que lo motivan.

5. Valor realizable neto

El valor realizable neto de un activo es el importe que se puede obtener por su enajenación en el mercado, de manera natural o no forzada, deduciendo los costes estimados necesarios para llevarla a cabo, así como, en el caso de los productos en curso, los costes estimados necesarios para terminar su producción, construcción o fabricación.

6. Valor en uso

El valor en uso de aquellos activos que incorporan rendimientos económicos futuros para la entidad, es el valor actual de los flujos de efectivo esperados a través de su utilización en el curso normal de la actividad de la entidad, y, en su caso, de su enajenación u otra forma de disposición, actualizados a un tipo de interés de mercado sin riesgos. Cuando la distribución de los flujos de efectivo esté sometida a incertidumbre, se considerará esta asignando probabilidades a las distintas estimaciones de flujos de efectivo. En cualquier caso, esas estimaciones deberán tener en cuenta cualquier otra asunción que los participantes en el mercado considerarían, tal como el grado de liquidez inherente al activo valorado.

El valor en uso de aquellos activos portadores de potencial de servicio para la entidad, es el valor actual del activo manteniendo su potencial del servicio. Se determina por el coste de reposición del activo menos la amortización acumulada calculada sobre la base de ese coste, para reflejar el uso ya efectuado del activo.

7. Costes de venta

Son los gastos directamente atribuibles a la venta de un activo en los que la entidad no habría incurrido de no haber tomado la decisión de vender, excluidos los gastos financieros. Se incluyen los gastos legales necesarios para transferir la propiedad del activo y las comisiones de venta.

8. Importe recuperable

El importe recuperable de un activo es el mayor entre su valor razonable menos los costes de venta y su valor en uso.

9. Valor actual de un activo o de un pasivo

El valor actual es el importe de los flujos de efectivo a recibir o pagar en el curso normal de la actividad de la entidad, según se trate de un activo o de un pasivo, respectivamente, actualizados a un tipo de descuento adecuado.

10. Coste amortizado de un activo o pasivo financiero

Es el importe al que inicialmente fue valorado un activo financiero, o un pasivo financiero, menos los reembolsos de principal, más o menos, según proceda, la parte imputada en la cuenta del resultado económico patrimonial, mediante la utilización del método del tipo de interés efectivo, de la diferencia entre el importe inicial y el valor de reembolso en el vencimiento y, para el caso de los activos financieros, menos cualquier reducción de valor por deterioro reconocida mediante una cuenta correctora de su valor.

El tipo de interés efectivo es el tipo de actualización que iguala exactamente el valor contable de un activo o un pasivo financiero con los flujos de efectivo estimados a lo largo de la vida del mismo, a partir de sus condiciones contractuales y sin considerar las pérdidas por riesgo de crédito futuras; en su cálculo se incluirán las comisiones financieras que se carguen por adelantado en la concesión de financiación. Cuando no se disponga de una estimación fiable de los flujos de efectivo a partir de un determinado periodo, se considerará que los flujos restantes son iguales a los del último periodo para el que se dispone de una estimación fiable.

11. Costes de transacción atribuibles a un activo o pasivo financiero

Son los gastos directamente atribuibles a la compra o enajenación de un activo financiero, o a la emisión o asunción de un pasivo financiero, en los que no se habría incurrido si la entidad no hubiera realizado la transacción. Entre ellos se incluyen las comisiones pagadas a intermediarios, tales como las de corretaje, los gastos de intervención de fedatario público y otros, y se excluyen las primas o descuentos obtenidos en la compra o emisión, los gastos financieros, los administrativos internos y los incurridos por estudios y análisis previos.

12. Valor contable

El valor contable es el importe por el que un activo o un pasivo se encuentra registrado en balance, una vez deducida, en el caso de los activos, su amortización acumulada y cualquier corrección valorativa acumulada por deterioro que se haya registrado.

13. Valor residual de un activo

El valor residual de un activo es el importe que la entidad podría obtener en el momento actual por su venta u otra forma de disposición, una vez deducidos los costes estimados para realizar esta, tomando en consideración que el activo hubiese alcanzado la antigüedad y demás condiciones que se espera que tenga al final de su vida útil.

La vida útil de un activo es el periodo durante el que se espera utilizar el activo por parte de la entidad o el número de unidades de producción o similares que se espera obtener del mismo por parte de la entidad.

La vida económica de un activo es el periodo durante el cual el activo se espera que sea utilizable económicamente por parte de uno o más usuarios o el número de unidades de producción que se espera obtener del activo por parte de uno o más usuarios.

2.3. Cuadro de cuentas. Breve análisis de los grupos de cuentas

Grupo 1. Financiación básica

10. PATRIMONIO.		
	100. Patrimonio.	
		1000. Aportación patrimonial dineraria.
		1001. Aportación de bienes y derechos.
		1002. Asunción y condonación de pasivos financieros.
		1003. Otras aportaciones de la entidad o entidades propietarias.
		1004. Devolución de bienes y derechos.
		1005. Otras devoluciones.
11. RESERVAS.		
12. RESULTADOS.		
	120. Resultados de ejercicios anteriores.	
	129. Resultado del ejercicio.	
13. SUBVENCIONES Y AJUSTES POR CAMBIO DE VALOR.		
	130. Subvenciones para la financiación del inmovilizado no financiero y de activos en estado de venta.	
	131. Subvenciones para la financiación de activos corrientes y gastos.	
	132. Subvenciones para la financiación de operaciones financieras.	
	133. Ajustes por valoración en activos financieros disponibles para la venta.	
	134. Ajustes por valoración de instrumentos de cobertura.	
	136. Ajustes por valoración del inmovilizado no financiero.	
14. PROVISIONES A LARGO PLAZO.		
	142. Provisión a largo plazo para responsabilidades.	
	143. Provisión a largo plazo por desmantelamiento, retiro o rehabilitación del inmovilizado no financiero.	
	148. Provisión a largo plazo para transferencias y subvenciones.	
	149. Otras provisiones a largo plazo.	
15. EMPRÉSTITOS Y OTRAS EMISIONES ANÁLOGAS A LARGO PLAZO.		
	150. Obligaciones y bonos a largo plazo.	
	155. Deudas representadas en otros valores negociables a largo plazo.	
	156. Intereses a largo plazo de empréstitos y otras emisiones análogas.	
		1560. Intereses a largo plazo de obligaciones y bonos.
		1565. Intereses a largo plazo de otros valores negociables.
16. DEUDAS A LARGO PLAZO CON ENTIDADES DEL GRUPO, MULTIGRUPO Y ASOCIADAS.		
	160. Deudas a largo plazo con entidades de crédito del grupo, multigrupo y asociadas.	
	161. Proveedores de inmovilizado a largo plazo, entidades del grupo, multigrupo y asociadas.	
	162. Acreedores por arrendamiento financiero a largo plazo, entidades del grupo, multigrupo y asociadas.	
	163. Otras deudas a largo plazo con entidades del grupo, multigrupo y asociadas.	

→

→

	164. Intereses a largo plazo de deudas con entidades del grupo, multigrupo y asociadas.	
	165. Deudas a largo plazo transformables en subvenciones con entidades del grupo, multigrupo y asociadas.	
	166. Deudas a largo plazo con entidades del grupo, multigrupo y asociadas representadas en valores negociables.	
	167. Fianzas recibidas a largo plazo de entidades del grupo, multigrupo y asociadas.	
	168. Depósitos recibidos a largo plazo de entidades del grupo, multigrupo y asociadas.	
17. DEUDAS A LARGO PLAZO POR PRÉSTAMOS RECIBIDOS Y OTROS CONCEPTOS.		
	170. Deudas a largo plazo con entidades de crédito.	
	171. Deudas a largo plazo.	
	172. Deudas a largo plazo transformables en subvenciones.	
	173. Proveedores de inmovilizado a largo plazo.	
	174. Acreedores por arrendamiento financiero a largo plazo.	
	176. Pasivos por derivados financieros a largo plazo.	
		1760. Pasivos por derivados financieros a largo plazo designados instrumentos de cobertura.
		1761. Pasivos por otros derivados financieros a largo plazo.
	177. Intereses a largo plazo de deudas con entidades de crédito.	
	178. Intereses a largo plazo de otras deudas.	
18. FIANZAS Y DEPÓSITOS RECIBIDOS A LARGO PLAZO.		
	180. Fianzas recibidas a largo plazo.	
	185. Depósitos recibidos a largo plazo.	
19. SITUACIONES TRANSITORIAS DE FINANCIACIÓN.		

Grupo 2. Activo no corriente

20. INMOVILIZACIONES INTANGIBLES.	
	200. Inversión en investigación.
	201. Inversión en desarrollo.
	203. Propiedad industrial e intelectual.
	206. Aplicaciones informáticas.
	207. Inversiones sobre activos utilizados en régimen de arrendamiento o cedidos.
	208. Anticipos para inmovilizaciones intangibles.
	209. Otro inmovilizado intangible.
21. INMOVILIZACIONES MATERIALES.	
	210. Terrenos y bienes naturales.
	211. Construcciones.
	212. Infraestructuras.
	213. Bienes del patrimonio histórico.
	214. Maquinaria y utillaje.
	215. Instalaciones técnicas y otras instalaciones.

→

→

	216. Mobiliario.		
	217. Equipos para procesos de información.		
	218. Elementos de transporte.		
	219. Otro inmovilizado material.		
22. INVERSIONES INMOBILIARIAS.			
	220. Inversiones en terrenos.		
	221. Inversiones en construcciones.		
23. INMOVILIZACIONES MATERIALES E INVERSIONES INMOBILIARIAS EN CURSO.			
	230. Adaptación de terrenos y bienes naturales.		
		2300. Adaptación de terrenos y bienes naturales. Inmovilizado material.	
		2301. Adaptación de terrenos y bienes naturales. Inversiones inmobiliarias.	
	231. Construcciones en curso.		
		2310. Construcciones en curso. Inmovilizado material.	
		2311. Construcciones en curso. Inversiones inmobiliarias.	
	232. Infraestructuras en curso.		
	233. Bienes del patrimonio histórico en curso.		
	234. Maquinaria y utillaje en montaje.		
	235. Instalaciones técnicas y otras instalaciones en montaje.		
	237. Equipos para procesos de información en montaje.		
	239. Anticipos para inmovilizaciones materiales e inversiones inmobiliarias.		
		2390. Anticipos para inmovilizaciones materiales.	
		2391. Anticipos para inversiones inmobiliarias.	
24. INVERSIONES FINANCIERAS A LARGO PLAZO EN ENTIDADES DEL GRUPO, MULTIGRUPO Y ASOCIADAS.			
	240. Participaciones a largo plazo en entidades del grupo, multigrupo y asociadas.		
		2400. Participaciones a largo plazo en entidades de Derecho Público.	
		2401. Participaciones a largo plazo en sociedades del grupo.	
		2402. Participaciones a largo plazo en sociedades controladas conjuntamente.	
		2403. Participaciones a largo plazo en otras sociedades del grupo, multigrupo y asociadas.	
	241. Valores representativos de deuda a largo plazo de entidades del grupo, multigrupo y asociadas.		
		2410. Valores representativos de deuda a largo plazo de entidades del grupo, multigrupo y asociadas mantenidos a vencimiento.	
		2411. Valores representativos de deuda a largo plazo de entidades del grupo, multigrupo y asociadas disponibles para la venta.	
	242. Créditos a largo plazo a entidades del grupo, multigrupo y asociadas.		
	245. Intereses a largo plazo de inversiones financieras en entidades del grupo, multigrupo y asociadas.		
	246. Fianzas constituidas a largo plazo en entidades del grupo, multigrupo y asociadas.		
	247. Depósitos constituidos a largo plazo en entidades del grupo, multigrupo y asociadas.		
	248. Desembolsos pendientes sobre participaciones a largo plazo en entidades del grupo, multigrupo y asociadas.		

→

25. OTRAS INVERSIONES FINANCIERAS A LARGO PLAZO.		
	250. Inversiones financieras a largo plazo en instrumentos de patrimonio.	
	251. Valores representativos de deuda a largo plazo.	
		2510. Valores representativos de deuda a largo plazo mantenidos a vencimiento.
		2511. Valores representativos de deuda a largo plazo disponibles para la venta.
	252. Créditos a largo plazo.	
		2520. Créditos a largo plazo por enajenación de inmovilizado.
		2521. Deudores a largo plazo por aplazamiento y fraccionamiento.
		2529. Otros créditos a largo plazo.
	253. Activos por derivados financieros a largo plazo.	
		2530. Activos por derivados financieros a largo plazo designados instrumentos de cobertura.
		2531. Activos por otros derivados financieros a largo plazo.
	254. Créditos a largo plazo al personal.	
	256. Intereses a largo plazo de valores representativos de deuda.	
	257. Intereses a largo plazo de créditos.	
	258. Imposiciones a largo plazo.	
	259. Desembolsos pendientes sobre participaciones en el patrimonio neto a largo plazo.	
26. FIANZAS Y DEPÓSITOS CONSTITUIDOS A LARGO PLAZO.		
	260. Fianzas constituidas a largo plazo.	
	265. Depósitos constituidos a largo plazo.	
28. AMORTIZACIÓN ACUMULADA DEL INMOVILIZADO.		
	280. Amortización acumulada del inmovilizado intangible.	
		2800. Amortización acumulada de inversión en investigación.
		2801. Amortización acumulada de inversión en desarrollo.
		2803. Amortización acumulada de propiedad industrial e intelectual.
		2806. Amortización acumulada de aplicaciones informáticas.
		2807. Amortización acumulada de inversiones sobre activos utilizados en régimen de arrendamiento o cedidos.
		2809. Amortización acumulada de otro inmovilizado intangible.
	281. Amortización acumulada del inmovilizado material.	
		2810. Amortización acumulada de terrenos y bienes naturales.
		2811. Amortización acumulada de construcciones.
		2812. Amortización acumulada de infraestructuras.
		2813. Amortización acumulada de bienes del patrimonio histórico.
		2814. Amortización acumulada de maquinaria y utillaje.
		2815. Amortización acumulada de instalaciones técnicas y otras instalaciones.
		2816. Amortización acumulada de mobiliario.
		2817. Amortización acumulada de equipos para procesos de información.
		2818. Amortización acumulada de elementos de transporte.
		2819. Amortización acumulada de otro inmovilizado material.

	282. Amortización acumulada de inversiones inmobiliarias.	
		2820. Amortización acumulada de inversiones en terrenos.
		2821. Amortización acumulada de inversiones en construcciones.
29. DETERIORO DE VALOR DE ACTIVOS NO CORRIENTES.		
	290. Deterioro de valor del inmovilizado intangible.	
		2903. Deterioro de valor de propiedad industrial e intelectual.
		2906. Deterioro de valor de aplicaciones informáticas.
		2907. Deterioro de valor de inversiones sobre activos utilizados en régimen de arrendamiento o cedidos.
		2909. Deterioro de otro inmovilizado intangible.
	291. Deterioro de valor del inmovilizado material.	
		2910. Deterioro de valor de terrenos y bienes naturales.
		2911. Deterioro de valor de construcciones.
		2912. Deterioro de valor de infraestructuras.
		2913. Deterioro de valor de bienes del patrimonio histórico.
		2914. Deterioro de valor de maquinaria y utillaje.
		2915. Deterioro de valor de instalaciones técnicas y otras instalaciones.
		2916. Deterioro de valor de mobiliario.
		2917. Deterioro de valor de equipos para procesos de información.
		2918. Deterioro de valor de elementos de transporte.
		2919. Deterioro de valor de otro inmovilizado material.
	292. Deterioro de valor de las inversiones inmobiliarias.	
		2920. Deterioro de valor de inversiones en terrenos.
		2921. Deterioro de valor de inversiones en construcciones.
	293. Deterioro de valor de participaciones a largo plazo en entidades del grupo, multigrupo y asociadas.	
		2930. Deterioro de valor de participaciones a largo plazo en entidades públicas del grupo, multigrupo y asociadas.
		2931. Deterioro de valor de participaciones a largo plazo en sociedades del grupo, multigrupo y asociadas.
	294. Deterioro de valor de valores representativos de deuda a largo plazo de entidades del grupo, multigrupo y asociadas.	
		2940. Deterioro de valor de valores mantenidos al vencimiento.
		2941. Deterioro de valor de valores disponibles para la venta.
	295. Deterioro de valor de créditos a largo plazo a entidades del grupo, multigrupo y asociadas.	
	296. Deterioro de valor de participaciones en el patrimonio neto a largo plazo.	
	297. Deterioro de valor de valores representativos de deuda a largo plazo.	
		2970. Deterioro de valor de valores mantenidos al vencimiento.
		2971. Deterioro de valor de valores disponibles para la venta.
	298. Deterioro de valor de créditos a largo plazo.	

→

	299. Deterioro de valor por usufructo cedido del inmovilizado material.	
		2990. Deterioro de valor por usufructo cedido de terrenos y bienes naturales.
		2991. Deterioro de valor por usufructo cedido de construcciones.
		2992. Deterioro de valor por usufructo cedido de infraestructuras.
		2993. Deterioro de valor por usufructo cedido de bienes del patrimonio histórico.
		2999. Deterioro de valor por usufructo cedido de otro inmovilizado material.

Grupo 3. Existencias y otros activos en estado de venta

30. COMERCIALES.	
	300. Mercaderías A.
	301. Mercaderías B.
31. MATERIAS PRIMAS.	
	310. Materias primas A.
	311. Materias primas B.
32. OTROS APROVISIONAMIENTOS.	
	320. Elementos y conjuntos incorporables.
	321. Combustibles.
	322. Repuestos.
	325. Materiales diversos.
	326. Embalajes.
	327. Envases.
	328. Material de oficina.
33. PRODUCCIÓN EN CURSO.	
	330. Productos en curso A.
	331. Productos en curso B.
34. PRODUCTOS SEMITERMINADOS.	
	340. Productos semiterminados A.
	341. Productos semiterminados B.
35. PRODUCTOS TERMINADOS.	
	350. Productos terminados A.
	351. Productos terminados B.
36. SUBPRODUCTOS, RESIDUOS Y MATERIALES RECUPERADOS.	
	360. Subproductos A.
	361. Subproductos B.
	365. Residuos A.
	366. Residuos B.
	368. Materiales recuperados A.
	369. Materiales recuperados B.

→

→

37. ACTIVOS CONSTRUIDOS O ADQUIRIDOS PARA OTRAS ENTIDADES.		
	370. Activos construidos o adquiridos para otras entidades.	
38. ACTIVOS EN ESTADO DE VENTA.		
	380. Activos en estado de venta.	
	385. Otros activos en estado de venta.	
39. DETERIORO DE VALOR DE EXISTENCIAS Y OTROS ACTIVOS EN ESTADO DE VENTA.		
	390. Deterioro de valor de mercaderías.	
	391. Deterioro de valor de materias primas.	
	392. Deterioro de valor de otros aprovisionamientos.	
	393. Deterioro de valor de producción en curso.	
	394. Deterioro de valor de productos semiterminados.	
	395. Deterioro de valor de productos terminados.	
	396. Deterioro de valor de subproductos, residuos y materiales recuperados.	
	397. Deterioro de valor de activos construidos o adquiridos para otras entidades.	
	398. Deterioro de activos en estado de venta.	

Grupo 4. Acreedores y deudores

40. ACREEDORES PRESUPUESTARIOS.		
	400. Acreedores por obligaciones reconocidas. Presupuesto de gastos corriente.	
		4000. Operaciones de gestión.
		4001. Otras cuentas a pagar.
		4002. Deudas con entidades del grupo, multigrupo y asociadas.
		4003. Otras deudas.
	401. Acreedores por obligaciones reconocidas. Presupuestos de gastos cerrados.	
	405. Acreedores por operaciones comerciales. Presupuesto corriente.	
	406. Acreedores por operaciones comerciales. Presupuestos cerrados.	
41. ACREEDORES NO PRESUPUESTARIOS.		
	410. Acreedores por IVA soportado.	
	411. Acreedores por periodificación de gastos presupuestarios.	
	412. Acreedores por obligaciones reconocidas. Anticipos de Tesorería.	
	413. Acreedores por operaciones pendientes de aplicar a presupuesto.	
	416. Anticipos para activos construidos o adquiridos para otras entidades.	
	418. Acreedores por devolución de ingresos y otras minoraciones.	
	419. Otros acreedores no presupuestarios.	
		4190. Acreedores por pagos en firme pendientes de realizar.
		4199. Otros acreedores no presupuestarios.

→

→

43. DEUDORES PRESUPUESTARIOS.		
	430. Deudores por derechos reconocidos. Presupuesto de ingresos corriente.	
		4300. Operaciones de gestión.
		4301. Otras cuentas a cobrar.
		4302. Inversiones financieras en entidades del grupo, multigrupo o asociadas.
		4303. Otras inversiones financieras.
	431. Deudores por derechos reconocidos. Presupuestos de ingresos cerrados.	
	433. Derechos anulados de presupuesto corriente.	
		4330. Por anulación de liquidaciones.
		4332. Por aplazamiento y fraccionamiento.
		4339. Por devolución de ingresos.
	434. Derechos anulados de presupuestos cerrados.	
		4340. Por anulación de liquidaciones.
		4342. Por aplazamiento y fraccionamiento.
	435. Deudores por operaciones comerciales. Presupuesto corriente.	
	436. Deudores por operaciones comerciales. Presupuestos cerrados.	
	437. Devolución de ingresos.	
	438. Derechos cancelados de presupuesto corriente.	
		4380. Por cobros en especie.
		4381. Por insolvencias y otras causas.
	439. Derechos cancelados de presupuestos cerrados.	
		4390. Por cobros en especie.
		4391. Por insolvencias y otras causas.
		4392. Por prescripción.
44. DEUDORES NO PRESUPUESTARIOS.		
	440. Deudores por IVA repercutido.	
	441. Deudores por ingresos devengados.	
	442. Deudores por servicio de recaudación.	
	443. Deudores a corto plazo por aplazamiento y fraccionamiento.	
		4430. Operaciones de gestión.
		4431. Otras cuentas a cobrar.
		4432. Inversiones financieras en entidades del grupo, multigrupo y asociadas.
		4433. Otras inversiones financieras.
	445. Impuestos devengados pendientes de liquidar.	
	446. Deudores por activos construidos para otras entidades pendientes de certificar.	
	447. Deudores por provisiones de fondos a justificar	
	449. Otros deudores no presupuestarios.	

→

→

45. DEUDORES Y ACREEDORES POR ADMINISTRACIÓN DE RECURSOS POR CUENTA DE OTROS ENTES PÚBLICOS.		
	450. Deudores por derechos reconocidos de recursos de otros entes públicos.	
	451. Derechos anulados por recursos de otros entes públicos.	
		4510. Por anulación de liquidaciones.
		4519. Por devolución de ingresos.
	452. Entes públicos, por derechos a cobrar.	
	453. Entes públicos, por ingresos pendientes de liquidar.	
	454. Devolución de ingresos por recursos de otros entes públicos.	
	455. Entes públicos, por devolución de ingresos pendientes de pago.	
	456. Entes públicos, c/c. efectivo.	
	457. Acreedores por devolución de ingresos por recursos de otros entes.	
	458. Derechos cancelados por recursos de otros entes públicos.	
		4580. Por cobros en especie.
		4581. Por insolvencias y otras causas.
		4582. Por prescripción.
47. ADMINISTRACIONES PÚBLICAS.		
	470. Hacienda Pública, deudor por diversos conceptos.	
		4700. Hacienda Pública, deudor por IVA.
		4707. Hacienda Pública, deudor por IGIC.
		4709. Hacienda Pública, deudor por otros conceptos.
	471. Organismos de Previsión Social, deudores.	
		4710. Seguridad Social.
		4711. MUFACE.
		4712. MUGEJU.
		4713. ISFAS.
		4719. Otros organismos de Previsión Social, deudores.
	472. Hacienda Pública, IVA soportado.	
		4720. IVA soportado.
		4727. IGIC soportado.
	475. Hacienda Pública, acreedor por diversos conceptos.	
		4750. Hacienda Pública, acreedor por IVA.
		4751. Hacienda Pública, acreedor por retenciones practicadas.
		4757. Hacienda Pública, acreedor por IGIC.
		4759. Hacienda Pública, acreedor por otros conceptos.
	476. Organismos de Previsión Social, acreedores.	
		4760. Seguridad Social.
		4761. MUFACE.
		4762. MUGEJU.

→

→

		4763. ISFAS.
		4769. Otros organismos de Previsión Social, acreedores.
	477. Hacienda Pública, IVA repercutido.	
		4770. IVA repercutido.
		4777. IGIC repercutido.
48. AJUSTES POR PERIODIFICACIÓN.		
	480. Gastos anticipados.	
	485. Ingresos anticipados.	
49. DETERIORO DE VALOR DE CRÉDITOS.		
	490. Deterioro de valor de créditos.	
		4900. Operaciones de gestión.
		4901. Otras cuentas a cobrar.
		4902. Inversiones financieras en entidades del grupo, multigrupo y asociadas.
		4903. Otras inversiones financieras.

Grupo 5. Cuentas financieras

50. EMPRÉSTITOS Y OTRAS EMISIONES ANÁLOGAS A CORTO PLAZO.		
	500. Obligaciones y bonos a corto plazo.	
		5000. Obligaciones y bonos al coste amortizado.
		5001. Obligaciones y bonos a valor razonable con cambios en resultados.
	505. Deudas representadas en otros valores negociables a corto plazo.	
		5050. Otros valores negociables al coste amortizado.
		5051. Otros valores negociables a valor razonable con cambios en resultados.
	506. Intereses a corto plazo de empréstitos y otras emisiones análogas.	
		5060. Intereses a corto plazo de obligaciones y bonos al coste amortizado.
		5061. Intereses a corto plazo de obligaciones y bonos a valor razonable con cambios en resultados.
		5065. Intereses a corto plazo de otros valores negociables al coste amortizado.
		5066. Intereses a corto plazo de otros valores negociables a valor razonable con cambios en resultados.
51. DEUDAS A CORTO PLAZO CON ENTIDADES DEL GRUPO, MULTIGRUPO Y ASOCIADAS.		
	510. Deudas a corto plazo con entidades de crédito del grupo, multigrupo y asociadas.	
	511. Proveedores de inmovilizado a corto plazo, entidades del grupo, multigrupo y asociadas.	
	512. Acreedores por arrendamiento financiero a corto plazo, entidades del grupo, multigrupo y asociadas.	
	513. Otras deudas a corto plazo con entidades del grupo, multigrupo y asociadas.	
	514. Intereses a corto plazo de deudas con entidades del grupo, multigrupo y asociadas.	
	515. Deudas a corto plazo transformables en subvenciones con entidades del grupo, multigrupo y asociadas.	

→

	516. Deudas a corto plazo con entidades del grupo, multigrupo y asociadas representadas en valores negociables.	
		5160. Deudas representadas en valores negociables al coste amortizado, entidades del grupo, multigrupo y asociadas.
		5161. Deudas representadas en valores negociables a valor razonable con cambios en resultados, entidades del grupo, multigrupo y asociadas.
	517. Fianzas recibidas a corto plazo de entidades del grupo, multigrupo y asociadas.	
	518. Depósitos recibidos a corto plazo de entidades del grupo, multigrupo y asociadas.	
52. DEUDAS A CORTO PLAZO POR PRÉSTAMOS RECIBIDOS Y OTROS CONCEPTOS.		
	520. Deudas a corto plazo con entidades de crédito.	
	521. Deudas a corto plazo.	
	522. Deudas a corto plazo transformables en subvenciones.	
	523. Proveedores de inmovilizado a corto plazo.	
	524. Acreedores por arrendamiento financiero a corto plazo.	
	526. Pasivos por derivados financieros a corto plazo.	
		5260. Pasivos por derivados financieros a corto plazo designados instrumentos de cobertura.
		5261. Pasivos por otros derivados financieros a corto plazo.
		5266. Intereses a corto plazo de permutas financieras designadas instrumentos de cobertura.
		5267. Intereses a corto plazo de otras permutas financieras.
	527. Intereses a corto plazo de deudas con entidades de crédito.	
	528. Intereses a corto plazo de otras deudas.	
53. INVERSIONES FINANCIERAS A CORTO PLAZO EN ENTIDADES DEL GRUPO, MULTIGRUPO Y ASOCIADAS.		
	530. Aportaciones y participaciones a corto plazo en entidades del grupo, multigrupo y asociadas.	
		5301. Aportaciones y participaciones a corto plazo en entidades del grupo.
		5302. Participaciones a corto plazo en sociedades controladas conjuntamente.
		5303. Participaciones a corto plazo en otras sociedades del grupo, multigrupo y asociadas.
	531. Valores representativos de deuda a corto plazo de entidades del grupo, multigrupo y asociadas.	
		5310. Valores representativos de deuda a corto plazo de entidades del grupo, multigrupo y asociadas mantenidos a vencimiento.
		5311. Valores representativos de deuda a corto plazo de entidades del grupo, multigrupo y asociadas disponibles para la venta.
		5312. Valores representativos de deuda de entidades del grupo, multigrupo y asociadas a valor razonable con cambios en resultados.
	532. Créditos a corto plazo a entidades del grupo, multigrupo y asociadas.	
	535. Intereses a corto plazo de inversiones financieras en entidades del grupo, multigrupo y asociadas.	
	536. Dividendo a cobrar de inversiones financieras en entidades del grupo, multigrupo y asociadas.	
	537. Fianzas constituidas a corto plazo en entidades del grupo, multigrupo y asociadas.	
	538. Depósitos constituidos a corto plazo en entidades del grupo, multigrupo y asociadas.	
	539. Desembolsos pendientes sobre participaciones a corto plazo en entidades del grupo, multigrupo y asociadas.	

→

54. INVERSIONES FINANCIERAS A CORTO PLAZO.		
	540. Inversiones financieras a corto plazo en instrumentos de patrimonio.	
		5400. Inversiones a corto plazo en instrumentos de patrimonio disponibles para la venta.
		5401. Inversiones en instrumentos de patrimonio a valor razonable con cambios en resultados.
	541. Valores representativos de deuda a corto plazo.	
		5410. Valores representativos de deuda a corto plazo mantenidos a vencimiento.
		5411. Valores representativos de deuda a corto plazo disponibles para la venta.
		5412. Valores representativos de deuda a valor razonable con cambios en resultados.
	542. Créditos a corto plazo.	
		5420. Créditos a corto plazo por enajenación de inmovilizado.
		5429. Otros créditos a corto plazo.
	543. Activos por derivados financieros a corto plazo.	
		5430. Activos por derivados financieros a corto plazo designados instrumentos de cobertura.
		5431. Activos por otros derivados financieros a corto plazo.
		5436. Intereses a corto plazo de permutas financieras designadas instrumentos de cobertura.
		5437. Intereses a corto plazo de otras permutas financieras.
	544. Créditos a corto plazo al personal.	
	545. Dividendo a cobrar.	
	546. Intereses a corto plazo de valores representativos de deuda.	
	547. Intereses a corto plazo de créditos.	
	548. Imposiciones a corto plazo.	
	549. Desembolsos pendientes sobre participaciones en el patrimonio neto a corto plazo.	
		5490. De activos financieros a valor razonable con cambios en resultados.
		5491. De activos financieros disponibles para la venta.
55. OTRAS CUENTAS FINANCIERAS.		
	550. Cuentas corrientes no bancarias.	
	554. Cobros pendientes de aplicación.	
	555. Pagos pendientes de aplicación.	
	556. Movimientos internos de tesorería.	
	557. Formalización.	
	558. Provisiones de fondos para pagos a justificar y anticipos de caja fija.	
		5580. Provisiones de fondos para pagos a justificar pendientes de aprobación.
		5581. Provisiones de fondos para anticipos de caja fija pendientes de justificación.
		5584. Libramientos para pagos a justificar pendientes de pago.
		5585. Libramientos para la reposición de anticipos de caja fija pendientes de pago.
		5586. Gastos realizados con provisiones de fondos para pagos a justificar pendientes de aprobación.
	559. Otras partidas pendientes de aplicación.	

→

→

56. FIANZAS Y DEPÓSITOS RECIBIDOS Y CONSTITUIDOS A CORTO PLAZO Y AJUSTES POR PERIODIFICACIÓN.		
	560. Fianzas recibidas a corto plazo.	
	561. Depósitos recibidos a corto plazo.	
	565. Fianzas constituidas a corto plazo.	
	566. Depósitos constituidos a corto plazo.	
	567. Gastos financieros pagados por anticipado.	
	568. Ingresos financieros cobrados por anticipado.	
57. EFECTIVO Y ACTIVOS LÍQUIDOS EQUIVALENTES.		
	570. Caja.	
		5700. Caja.
		5708. Caja. Pagos a justificar.
		5709. Caja. Anticipos de caja fija.
	571. Bancos e instituciones de crédito. Cuentas operativas.	
	573. Bancos e instituciones de crédito. Cuentas restringidas de recaudación.	
	575. Bancos e instituciones de crédito. Cuentas restringidas de pagos.	
		5750. Bancos e instituciones de crédito. Pagos a justificar.
		5751. Bancos e instituciones de crédito. Anticipos de caja fija.
	576. Bancos e instituciones de crédito. Otras cuentas restringidas de pagos.	
		5760. Bancos e instituciones de crédito. Pago de nóminas.
		5761. Bancos e instituciones de crédito. Otros pagos en firme.
	577. Activos líquidos equivalentes al efectivo.	
58. PROVISIONES A CORTO PLAZO.		
	582. Provisión a corto plazo para responsabilidades.	
	583. Provisión a corto plazo por desmantelamiento, retiro o rehabilitación del inmovilizado no financiero.	
	585. Provisión a corto plazo para devolución de ingresos.	
	588. Provisión a corto plazo para transferencias y subvenciones.	
	589. Otras provisiones a corto plazo.	
59. DETERIORO DE VALOR DE INVERSIONES FINANCIERAS A CORTO PLAZO.		
	593. Deterioro de valor de participaciones a corto plazo en entidades del grupo, multigrupo y asociadas.	
	594. Deterioro de valor de valores representativos de deuda a corto plazo de entidades del grupo, multigrupo y asociadas.	
		5940. Deterioro de valor de valores mantenidos a vencimiento.
		5941. Deterioro de valor de valores disponibles para la venta.
	595. Deterioro de valor de créditos a corto plazo a entidades del grupo, multigrupo y asociadas.	
	596. Deterioro de valor de participaciones en el patrimonio neto a corto plazo.	
	597. Deterioro de valor de valores representativos de deuda a corto plazo.	
		5970. Deterioro de valor de valores mantenidos a vencimiento.
		5971. Deterioro de valor de valores disponibles para la venta.
	598. Deterioro de valor de créditos a corto plazo.	

Grupo 6. Compras y gastos por naturaleza

60. COMPRAS.		
	600. Compras de mercaderías.	
	601. Compras de materias primas.	
	602. Compras de otros aprovisionamientos.	
	605. Compras de activos adquiridos para otras entidades.	
	606. Descuentos sobre compras por pronto pago.	
		6060. Descuentos sobre compras por pronto pago de mercaderías.
		6061. Descuentos sobre compras por pronto pago de materias primas.
		6062. Descuentos sobre compras por pronto pago de otros aprovisionamientos.
	607. Trabajos realizados por otras entidades.	
	608. Devoluciones de compras y operaciones similares.	
		6080. Devoluciones de compras de mercaderías.
		6081. Devoluciones de compras de materias primas.
		6082. Devoluciones de compras de otros aprovisionamientos.
	609. «Rappels» por compras.	
		6090. «Rappels» por compras de mercaderías.
		6091. «Rappels» por compras de materias primas.
		6092. «Rappels» por compras de otros aprovisionamientos.
61. VARIACIÓN DE EXISTENCIAS.		
	610. Variación de existencias de mercaderías.	
	611. Variación de existencias de materias primas.	
	612. Variación de existencias de otros aprovisionamientos.	
62. SERVICIOS EXTERIORES.		
	620. Gastos en investigación y desarrollo.	
	621. Arrendamientos y cánones.	
		6210. Terrenos y bienes naturales.
		6211. Construcciones.
		6212. Infraestructuras.
		6213. Bienes del patrimonio histórico.
		6214. Maquinaria, utillaje, instalaciones técnicas y otras instalaciones.
		6215. Mobiliario.
		6216. Equipos para procesos de información.
		6217. Otro inmovilizado material.
		6218. Cánones.
		6219. Propiedad intelectual.
	622. Reparaciones y conservación.	
		6220. Terrenos y bienes naturales.
		6221. Construcciones.
		6222. Infraestructuras.

→

→

		6223. Bienes del patrimonio histórico.
		6224. Maquinaria y utillaje.
		6225. Instalaciones técnicas y otras instalaciones.
		6226. Mobiliario.
		6227. Equipos para procesos de información.
		6228. Otro inmovilizado material.
		6229. Inversiones inmobiliarias.
	623. Servicios de profesionales independientes.	
	624. Transportes.	
	625. Primas de seguros.	
	626. Servicios bancarios y similares.	
	627. Publicidad, propaganda y relaciones públicas.	
	628. Suministros.	
		6280. Energía eléctrica.
		6281. Agua.
		6282. Gas.
		6283. Combustibles.
		6289. Otros suministros.
	629. Comunicaciones y otros servicios.	
		6290. Material de oficina ordinario no inventariable.
		6291. Prensa, revistas, libros y otras publicaciones.
		6292. Limpieza y aseo.
		6293. Seguridad.
		6294. Dietas.
		6295. Locomoción.
		6296. Traslados.
		6297. Comunicaciones telefónicas.
		6298. Otras comunicaciones.
		6299. Otros servicios.
63. TRIBUTOS.		
	630. Tributos de carácter local.	
	631. Tributos de carácter autonómico.	
	632. Tributos de carácter estatal.	
	634. Ajustes negativos en la imposición indirecta.	
	639. Ajustes positivos en la imposición indirecta.	
64. GASTOS DE PERSONAL Y PRESTACIONES SOCIALES.		
	640. Sueldos y salarios.	
	641. Indemnizaciones.	
	642. Cotizaciones sociales a cargo del empleador.	
	643. Aportaciones a sistemas complementarios de pensiones.	

→

→

	644. Otros gastos sociales.		
		6440. Formación y perfeccionamiento del personal.	
		6441. Acción Social.	
		6442. Seguros.	
		6449. Otros.	
	645. Prestaciones sociales.		
65. TRANSFERENCIAS Y SUBVENCIONES.			
	650. Transferencias.		
		6500. De la entidad o entidades propietarias.	
		6501. Del resto de entidades.	
	651. Subvenciones.		
		6510. De la entidad o entidades propietarias.	
		6511. Del resto de entidades.	
66. GASTOS FINANCIEROS.			
	660. Gastos financieros por actualización de provisiones.		
	661. Intereses de empréstitos y otras emisiones análogas.		
	662. Intereses de deudas.		
		6625. Intereses de deudas con entidades de crédito.	
		6626. Intereses de otras deudas.	
		6628. Intereses de permutas financieras designadas instrumentos de cobertura.	
	663. Intereses de deudas con entidades del grupo, multigrupo y asociadas.		
		6630. Intereses de empréstitos y otras emisiones análogas, entidades del grupo, multigrupo y asociadas.	
		6631. Intereses de deudas con entidades de crédito del grupo, multigrupo y asociadas.	
		6632. Intereses de otras deudas con entidades del grupo, multigrupo y asociadas.	
	664. Pérdidas en instrumentos financieros a valor razonable.		
		6640. Pérdidas en activos financieros a valor razonable con cambios en resultados.	
		6641. Pérdidas en activos financieros disponibles para la venta.	
		6642. Pérdidas en pasivos financieros a valor razonable con cambios en resultados.	
		6645. Pérdidas en derivados financieros designados instrumentos de cobertura.	
			66451. De coberturas de los flujos de efectivo de pasivos financieros.
			66452. De coberturas de participaciones en el patrimonio neto.
			66453. De coberturas del valor razonable de valores representativos de deuda.
			66454. De coberturas de los flujos de efectivo de valores representativos de deuda.
			66459. De transacciones previstas que no se produzcan.
		6646. Pérdidas en otros derivados financieros.	
	665. Pérdidas en instrumentos financieros al coste amortizado o al coste.		
		6650. Pérdidas en inversiones financieras al coste amortizado.	
		6651. Pérdidas en inversiones en instrumentos de patrimonio valorados al coste.	
		6655. Pérdidas en pasivos financieros al coste amortizado.	

→

→

	666. Pérdidas en instrumentos financieros con entidades del grupo, multigrupo y asociadas.	
		6660. Pérdidas en participaciones en entidades del grupo, multigrupo y asociadas.
		6661. Pérdidas en valores representativos de deuda de entidades del grupo, multigrupo y asociadas al coste amortizado.
		6662. Pérdidas de créditos a entidades del grupo, multigrupo y asociadas.
		6663. Pérdidas en pasivos financieros con entidades del grupo, multigrupo y asociadas al coste amortizado.
	667. Pérdidas de créditos incobrables.	
		6670. Con entidades del grupo, multigrupo y asociadas.
		6671. Con otras entidades.
	668. Diferencias negativas de cambio.	
	669. Otros gastos financieros.	
67. PÉRDIDAS PROCEDENTES DE ACTIVOS NO CORRIENTES, OTROS GASTOS DE GESTIÓN ORDINARIA Y GASTOS EXCEPCIONALES.		
	670. Pérdidas procedentes del inmovilizado intangible.	
	671. Pérdidas procedentes del inmovilizado material.	
	672. Pérdidas procedentes de las inversiones inmobiliarias.	
	674. Pérdidas procedentes de activos en estado de venta.	
	676. Otras pérdidas de gestión ordinaria.	
	678. Gastos excepcionales.	
68. DOTACIONES PARA AMORTIZACIONES.		
	680. Amortización del inmovilizado intangible.	
		6800. Amortización de inversión en investigación.
		6801. Amortización de inversión en desarrollo.
		6803. Amortización de propiedad industrial e intelectual.
		6806. Amortización de aplicaciones informáticas.
		6807. Amortización de inversiones sobre activos utilizados en régimen de arrendamiento o cedidos.
		6809. Amortización de otro inmovilizado intangible.
	681. Amortización del inmovilizado material.	
		6810. Amortización de terrenos y bienes naturales.
		6811. Amortización de construcciones.
		6812. Amortización de infraestructuras.
		6813. Amortización de bienes del patrimonio histórico.
		6814. Amortización de maquinaria y utillaje.
		6815. Amortización de instalaciones técnicas y otras instalaciones.
		6816. Amortización de mobiliario.
		6817. Amortización de equipos para procesos de información.
		6818. Amortización de elementos de transporte.
		6819. Amortización de otro inmovilizado material.
	682. Amortización de las inversiones inmobiliarias.	
		6820. Amortización de inversiones en terrenos.

→

→

		6821. Amortización de inversiones en construcciones.
69. PÉRDIDAS POR DETERIORO.		
	690. Pérdidas por deterioro del inmovilizado intangible.	
		6903. Pérdidas por deterioro de propiedad industrial e intelectual.
		6906. Pérdidas por deterioro de aplicaciones informáticas.
		6907. Pérdidas por deterioro de inversiones sobre activos utilizados en régimen de arrendamiento o cedidos.
		6909. Pérdidas por deterioro de otro inmovilizado intangible.
	691. Pérdidas por deterioro del inmovilizado material.	
		6910. Pérdidas por deterioro de terrenos y bienes naturales.
		6911. Pérdidas por deterioro de construcciones.
		6912. Pérdidas por deterioro de infraestructuras.
		6913. Pérdidas por deterioro de bienes del patrimonio histórico.
		6914. Pérdidas por deterioro de maquinaria y utillaje.
		6915. Pérdidas por deterioro de instalaciones técnicas y otras instalaciones.
		6916. Pérdidas por deterioro de mobiliario.
		6917. Pérdidas por deterioro de equipos para procesos de información.
		6918. Pérdidas por deterioro de elementos de transporte.
		6919. Pérdidas por deterioro de otro inmovilizado material.
	692. Pérdidas por deterioro de las inversiones inmobiliarias.	
		6920. Pérdidas por deterioro de inversiones en terrenos.
		6921. Pérdidas por deterioro de inversiones en construcciones.
	693. Pérdidas por deterioro de existencias y otros activos en estado de venta.	
		6930. Pérdidas por deterioro de productos terminados y en curso de fabricación.
		6931. Pérdidas por deterioro de mercaderías.
		6932. Pérdidas por deterioro de materias primas.
		6933. Pérdidas por deterioro de otros aprovisionamientos.
		6937. Pérdidas por deterioro de activos construidos o adquiridos para otras entidades.
		6938. Pérdidas por deterioro de activos en estado de venta.
	696. Pérdidas por deterioro de participaciones y valores representativos de deuda.	
		6960. Pérdidas por deterioro de participaciones en entidades públicas del grupo, multigrupo y asociadas.
		6961. Pérdidas por deterioro de participaciones en sociedades del grupo, multigrupo y asociadas.
		6962. Pérdidas por deterioro de participaciones en instrumentos de patrimonio neto de otras entidades.
		6965. Pérdidas por deterioro de valores representativos de deuda de entidades del grupo, multigrupo y asociadas.
		6966. Pérdidas por deterioro de valores representativos de deuda de otras entidades.
	697. Pérdidas por deterioro de créditos.	
		6970. Pérdidas por deterioro de créditos a entidades del grupo, multigrupo y asociadas.
		6971. Pérdidas por deterioro de créditos a otras entidades.

Grupo 7. Ventas e ingresos por naturaleza

70. VENTAS E INGRESOS POR ACTIVOS CONSTRUIDOS O ADQUIRIDOS PARA OTRAS ENTIDADES.		
	700. Ventas de mercaderías.	
	701. Ventas de productos terminados.	
	702. Ventas de productos semiterminados.	
	703. Ventas de subproductos y residuos.	
	704. Ventas de envases y embalajes.	
	705. Prestaciones de servicios.	
	706. Descuentos sobre ventas por pronto pago.	
		7060. Descuentos sobre ventas por pronto pago de mercaderías.
		7061. Descuentos sobre ventas por pronto pago de productos terminados.
		7062. Descuentos sobre ventas por pronto pago de productos semiterminados.
		7063. Descuentos sobre ventas por pronto pago de subproductos y residuos.
		7064. Descuentos sobre ventas por pronto pago de envases y embalajes.
	707. Ingresos por activos construidos o adquiridos para otras entidades.	
		7070. Ingresos imputados por grado de avance de activos construidos para otras entidades.
		7071. Ingresos imputados por entregas de activos construidos o adquiridos para otras entidades.
	708. Devoluciones de ventas y operaciones similares.	
		7080. Devoluciones de ventas de mercaderías.
		7081. Devoluciones de ventas de productos terminados.
		7082. Devoluciones de ventas de productos semiterminados.
		7083. Devoluciones de ventas de subproductos y residuos.
		7084. Devoluciones de ventas de envases y embalajes.
	709. «Rappels» sobre ventas.	
		7090. «Rappels» sobre ventas de mercaderías.
		7091. «Rappels» sobre productos terminados.
		7092. «Rappels» sobre ventas de productos semiterminados.
		7093. «Rappels» sobre ventas de subproductos y residuos.
		7094. «Rappels» sobre ventas de envases y embalajes.
71. VARIACIÓN DE EXISTENCIAS.		
	710. Variación de existencias de producción en curso.	
	711. Variación de existencias de productos semiterminados.	
	712. Variación de existencias de productos terminados.	
	713. Variación de existencias de subproductos, residuos y materiales recuperados.	
	717. Variación de existencias de activos construidos o adquiridos para otras entidades.	
72. IMPUESTOS DIRECTOS Y COTIZACIONES SOCIALES.		
	720. Impuesto sobre la renta de las personas físicas.	
	721. Impuesto sobre sociedades.	
	722. Impuesto sobre sucesiones y donaciones.	

→

→

	723. Impuesto sobre el patrimonio.			
	724. Impuesto sobre bienes inmuebles.			
	725. Impuesto sobre vehículos de tracción mecánica.			
	726. Impuesto sobre el incremento del valor de los terrenos de naturaleza urbana.			
	727. Impuesto sobre actividades económicas.			
	728. Otros impuestos.			
	729. Cotizaciones sociales.			
73. IMPUESTOS INDIRECTOS.				
	730. Impuesto sobre transmisiones patrimoniales y actos jurídicos documentados.			
	731. Impuestos sobre el valor añadido.			
		7310. Impuesto sobre el valor añadido.		
		7311. Impuesto general indirecto canario.		
	732. Impuestos especiales.			
	733. Impuesto sobre construcciones, instalaciones y obras.			
	734. Impuestos sobre tráfico exterior.			
	739. Otros impuestos.			
74. TASAS, PRECIOS PÚBLICOS Y CONTRIBUCIONES ESPECIALES.				
	740. Tasas por prestación de servicios o realización de actividades.			
	741. Precios públicos por prestación de servicios o realización de actividades.			
	742. Tasas por utilización privativa o aprovechamiento especial del dominio público.			
	744. Contribuciones especiales.			
75. TRANSFERENCIAS Y SUBVENCIONES.				
	750. Transferencias.			
		7500. De la entidad o entidades propietarias.		
		7501. Del resto de entidades.		
	751. Subvenciones para gastos no financieros del ejercicio.			
		7510. De la entidad o entidades propietarias.		
		7511. Del resto de entidades.		
	752. Subvenciones para la cancelación de deudas genéricas.			
		7520. De la entidad o entidades propietarias.		
		7521. Del resto de entidades.		
	753. Subvenciones para la financiación del inmovilizado no financiero y de activos en estado de venta imputadas al resultado del ejercicio.			
		7530. Subvenciones para la financiación del inmovilizado no financiero imputadas al resultado del ejercicio por amortización.		
			75300. De la entidad o entidades propietarias.	
			75301. Del resto de entidades.	
		7531 Subvenciones para la financiación del inmovilizado no financiero y de activos en estado de venta imputadas al resultado del ejercicio por enajenación o baja.		
			75310. De la entidad o entidades propietarias.	
			75311. Del resto de entidades.	

→

→

	754. Subvenciones para activos corrientes y gastos imputadas al ejercicio.		
		7540. De la entidad o entidades propietarias.	
		7541. Del resto de entidades.	
	755. Subvenciones para gastos financieros del ejercicio.		
		7550. De la entidad o entidades propietarias.	
		7551. Del resto de entidades.	
	756. Subvenciones para la financiación de operaciones financieras imputadas al ejercicio.		
		7560. De la entidad o entidades propietarias.	
		7561. Del resto de entidades.	
76. INGRESOS FINANCIEROS.			
	760. Ingresos de participaciones en el patrimonio neto.		
	761. Ingresos de valores representativos de deuda.		
	762. Ingresos de créditos.		
		7620. Ingresos de créditos.	
		7628. Ingresos de permutas financieras designadas instrumentos de cobertura.	
	763. Ingresos de inversiones en entidades del grupo, multigrupo y asociadas.		
		7630. Ingresos de participaciones en el patrimonio neto de entidades del grupo, multigrupo y asociadas.	
		7631. Ingresos de valores representativos de deudas de entidades del grupo, multigrupo y asociadas.	
		7632. Ingresos de créditos a entidades del grupo, multigrupo y asociadas.	
	764. Beneficios en instrumentos financieros a valor razonable.		
		7640. Beneficios en activos financieros a valor razonable con cambios en resultados.	
		7641. Beneficios en activos financieros disponibles para la venta.	
		7642. Beneficios en pasivos financieros a valor razonable con cambios en resultados.	
		7645. Beneficios en derivados financieros designados instrumentos de cobertura.	
			76451. De coberturas de los flujos de efectivo de pasivos financieros.
			76452. De coberturas de participaciones en el patrimonio neto.
			76453. De coberturas del valor razonable de valores representativos de deuda.
			76454. De coberturas de los flujos de efectivo de valores representativos de deuda.
			76459. De transacciones previstas que no se produzcan.
		7646. Beneficios en otros derivados financieros.	
	765. Beneficios en instrumentos financieros al coste amortizado o al coste.		
		7650. Beneficios en inversiones financieras al coste amortizado.	
		7651. Beneficios en inversiones en instrumentos de patrimonio valorados al coste.	
		7655. Beneficios en pasivos financieros al coste amortizado.	
	766. Beneficios en instrumentos financieros con entidades del grupo, multigrupo y asociadas.		
		7660. Beneficios en participaciones en entidades del grupo, multigrupo y asociadas.	
		7661. Beneficios en valores representativos de deuda de entidades del grupo, multigrupo y asociadas al coste amortizado.	
		7663. Beneficios en pasivos financieros con entidades del grupo, multigrupo y asociadas al coste amortizado.	

→

→

	768. Diferencias positivas de cambio.	
	769. Otros ingresos financieros.	
77. BENEFICIOS PROCEDENTES DE ACTIVOS NO CORRIENTES, OTROS INGRESOS DE GESTIÓN ORDINARIA E INGRESOS EXCEPCIONALES.		
	770. Beneficios procedentes del inmovilizado intangible.	
	771. Beneficios procedentes del inmovilizado material.	
	772. Beneficios procedentes de las inversiones inmobiliarias.	
	773. Reintegros.	
	774. Beneficios procedentes de activos en estado de venta.	
	776. Ingresos por arrendamientos.	
	777. Otros ingresos.	
	778. Ingresos excepcionales.	
78. TRABAJOS REALIZADOS PARA LA ENTIDAD.		
	780. Trabajos realizados para el inmovilizado intangible.	
	781. Trabajos realizados para el inmovilizado material.	
	782. Trabajos realizados para inversiones inmobiliarias.	
	783. Trabajos realizados para el inmovilizado e inversiones inmobiliarias en curso.	
	784. Gastos financieros imputados al inmovilizado intangible.	
	785. Gastos financieros imputados al inmovilizado material.	
	786. Gastos financieros imputados a inversiones inmobiliarias.	
	787. Gastos financieros imputados al inmovilizado e inversiones inmobiliarias en curso.	
79. EXCESOS Y APLICACIONES DE PROVISIONES Y DE PÉRDIDAS POR DETERIORO.		
	790. Reversión del deterioro del inmovilizado intangible.	
		7903. Reversión del deterioro de propiedad industrial e intelectual.
		7906. Reversión del deterioro de aplicaciones informáticas.
		7907. Reversión del deterioro de inversiones sobre activos utilizados en régimen de arrendamiento o cedidos.
		7909. Reversión del deterioro de otro inmovilizado intangible.
	791. Reversión del deterioro del inmovilizado material.	
		7910. Reversión del deterioro de terrenos y bienes naturales.
		7911. Reversión del deterioro de construcciones.
		7912. Reversión del deterioro de infraestructuras.
		7913. Reversión del deterioro de bienes del patrimonio histórico.
		7914. Reversión del deterioro de maquinaria y utillaje.
		7915. Reversión del deterioro de instalaciones técnicas y otras instalaciones.
		7916. Reversión del deterioro de mobiliario.
		7917. Reversión del deterioro de equipos para procesos de información.
		7918. Reversión del deterioro de elementos de transporte.
		7919. Reversión del deterioro de otro inmovilizado material.
	792. Reversión del deterioro de las inversiones inmobiliarias.	
		7920. Reversión del deterioro de terrenos.

→

→

		7921. Reversión del deterioro de construcciones.
	793. Reversión del deterioro de existencias y otros activos en estado de venta.	
		7930. Reversión del deterioro de productos terminados y en curso de fabricación.
		7931. Reversión del deterioro de mercaderías.
		7932. Reversión del deterioro de materias primas.
		7933. Reversión del deterioro de otros aprovisionamientos.
		7937. Reversión del deterioro de activos construidos o adquiridos para otras entidades.
		7938. Reversión del deterioro de activos en estado de venta.
	795. Exceso de provisiones.	
		7952. Exceso de provisión para responsabilidades.
		7953. Exceso de provisión por desmantelamiento, retiro o rehabilitación del inmovilizado no financiero.
		7955. Exceso de provisión para devolución de ingresos.
		7958. Exceso de provisión para transferencias y subvenciones.
		7959. Exceso de otras provisiones.
	796. Reversión del deterioro de participaciones y valores representativos de deuda.	
		7960. Reversión del deterioro de participaciones en entidades públicas del grupo, multigrupo y asociadas.
		7961. Reversión del deterioro de participaciones en sociedades del grupo, multigrupo y asociadas.
		7965. Reversión del deterioro de valores representativos de deuda de entidades del grupo, multigrupo y asociadas.
		7966. Reversión del deterioro de valores representativos de deudas de otras entidades.
	797. Reversión del deterioro de créditos.	
		7970. Reversión del deterioro de créditos a entidades del grupo, multigrupo y asociadas.
		7971. Reversión del deterioro de créditos a otras entidades.
	799. Reversión del deterioro por el usufructo cedido del inmovilizado material.	

Grupo 8. Gastos imputados al patrimonio neto

80. PÉRDIDAS POR VALORACIÓN DE ACTIVOS FINANCIEROS.		
	800. Pérdidas en activos financieros disponibles para la venta.	
	802. Imputación de beneficios en activos financieros disponibles para la venta.	
81. GASTOS EN OPERACIONES DE COBERTURA.		
	810. Pérdidas por coberturas.	
	811. Imputación de beneficios por coberturas.	
		8110. Imputación de beneficios por coberturas a la cuenta del resultado económico-patrimonial.
		8111. Imputación de beneficios por coberturas al valor inicial de la partida cubierta.
82. GASTOS POR VALORACIÓN DEL INMOVILIZADO NO FINANCIERO.		
	820. Ajustes negativos en la valoración del inmovilizado no financiero por disminución de su valor razonable.	

→

→

	821. Ajustes negativos en la valoración del inmovilizado no financiero por amortizaciones.	
	822. Ajustes negativos en la valoración del inmovilizado no financiero por pérdidas de valor en bajas.	
	823. Imputación de beneficios en la valoración del inmovilizado no financiero.	
84. IMPUTACIÓN DE SUBVENCIONES.		
	840. Imputación de subvenciones para la financiación del inmovilizado no financiero y de activos en estado de venta.	
		8400. De la entidad o entidades propietarias.
		8401. Del resto de entidades.
	841. Imputación de subvenciones para la financiación de activos corrientes y gastos.	
		8410. De la entidad o entidades propietarias
		8411. Del resto de entidades.
	842. Imputación de subvenciones para la financiación de operaciones financieras.	
		8420. De la entidad o entidades propietarias.
		8421. Del resto de entidades.
89. GASTOS DE PARTICIPACIONES EN ENTIDADES DEL GRUPO, MULTIGRUPO Y ASOCIADAS CON AJUSTES VALORATIVOS POSITIVOS PREVIOS.		
	891. Deterioro de participaciones en entidades del grupo, multigrupo y asociadas.	

Grupo 9. Ingresos imputados al patrimonio neto

90. INGRESOS POR VALORACIÓN DE ACTIVOS FINANCIEROS.		
	900. Beneficios en activos financieros disponibles para la venta.	
	902. Imputación de pérdidas en activos financieros disponibles para la venta.	
91. INGRESOS EN OPERACIONES DE COBERTURA.		
	910. Beneficios por coberturas.	
	911. Imputación de pérdidas por coberturas.	
		9110. Imputación de pérdidas por coberturas a la cuenta del resultado económico patrimonial.
		9111. Imputación de pérdidas por coberturas al valor inicial de la partida cubierta.
92. INGRESOS POR VALORACIÓN DEL INMOVILIZADO NO FINANCIERO.		
	920. Ajustes positivos en la valoración del inmovilizado no financiero por aumento de su valor razonable.	
94. INGRESOS POR SUBVENCIONES.		
	940. Ingresos de subvenciones para la financiación del inmovilizado no financiero y de activos en estado de venta.	
		9400. De la entidad o entidades propietarias.
		9401. Del resto de entidades.
	941. Ingresos de subvenciones para la financiación de activos corrientes y gastos.	
		9410. De la entidad o entidades propietarias.
		9411. Del resto de entidades.

→

→

	942. Ingresos de subvenciones para la financiación de operaciones financieras.	
		9420. De la entidad o entidades propietarias.
		9421. Del resto de entidades.
99. INGRESOS DE PARTICIPACIONES EN EL PATRIMONIO DE ENTIDADES DEL GRUPO, MULTIGRUPO Y ASOCIADAS CON AJUSTES VALORATIVOS NEGATIVOS PREVIOS.		
	991. Recuperación de ajustes valorativos negativos previos, entidades del grupo, multigrupo y asociadas.	
	993. Imputación por deterioro de ajustes valorativos negativos previos, entidades del grupo, multigrupo y asociadas.	

Grupo 0. Cuentas de control presupuestario

00. DE CONTROL PRESUPUESTARIO. EJERCICIO CORRIENTE.		
	000. Presupuesto ejercicio corriente.	
	001. Presupuesto de gastos: créditos iniciales.	
	002. Presupuesto de gastos: modificaciones de crédito.	
		0020. Créditos extraordinarios.
		0021. Suplementos de crédito.
		0022. Ampliaciones de crédito.
		0023. Transferencias de crédito.
		0024. Incorporaciones de remanentes de crédito.
		0025. Créditos generados por ingresos.
		0027. Ajustes por prórroga presupuestaria.
		0028. Bajas por anulación y rectificación.
	003. Presupuesto de gastos: créditos definitivos.	
		0030. Créditos disponibles.
		0031. Créditos retenidos para gastar.
		0032. Créditos retenidos para transferencias.
		0033. Créditos no disponibles.
	004. Presupuesto de gastos: gastos autorizados.	
	005. Presupuesto de gastos: gastos comprometidos.	
	006. Presupuesto de ingresos: previsiones iniciales.	
	007. Presupuesto de ingresos: modificación de previsiones.	
	008. Presupuesto de ingresos: previsiones definitivas.	
03. ANTICIPOS DE TESORERÍA.		
	030. Anticipos de Tesorería concedidos.	
	031. Créditos anticipados.	
	034. Gastos autorizados.	
	035. Gastos comprometidos.	

3. La Cuenta General del Presupuesto

3.1. Prescripciones de la Ley General Presupuestaria sobre la cuenta general

3.1.1. Cuentas anuales

Se incluyen en la Ley General Presupuestaria artículos 127 y siguientes que establecen:

Artículo 127. Formulación de las cuentas anuales

Todas las entidades del sector público estatal deberán formular sus cuentas anuales, de acuerdo con los principios contables que les sean de aplicación, en el plazo máximo de tres meses desde el cierre del ejercicio económico, poniéndolas a disposición de los auditores que corresponda según lo previsto en los artículos 163 y 168 de esta Ley.

Artículo 128. Contenido de las cuentas anuales de las entidades que deben aplicar los principios contables públicos

1. Las cuentas anuales de las entidades que deben aplicar los principios contables públicos comprenderán: el balance, la cuenta del resultado económico-patrimonial, el estado de cambios en el patrimonio neto, el estado de flujos de efectivo, el estado de liquidación del presupuesto y la memoria. Estos documentos forman una unidad.

2. El balance comprenderá, con la debida separación, el activo, el pasivo y el patrimonio neto de la entidad.

3. La cuenta del resultado económico-patrimonial recogerá el resultado del ejercicio (ahorro o desahorro), separando debidamente los ingresos y los gastos imputables al mismo.

4. El estado de cambios en el patrimonio neto informará de todas las variaciones habidas en el patrimonio neto, de los ingresos y gastos totales reconocidos y de las operaciones realizadas con la entidad o entidades propietarias.

5. El estado de flujos de efectivo informará sobre el origen y destino de los movimientos habidos en las partidas monetarias de activo representativas de efectivo y otros activos líquidos equivalentes e indicará la variación neta de las mismas en el ejercicio.

6. El estado de liquidación del presupuesto comprenderá, con la debida separación, la liquidación del Presupuesto de gastos y del Presupuesto de ingresos de la entidad, así como el resultado presupuestario.

7. La memoria completará, ampliará y comentará la información contenida en los otros documentos que integran las cuentas anuales.

En particular, la memoria informará del remanente de tesorería de la entidad obtenido a partir de las obligaciones reconocidas no satisfechas el último día del ejercicio, los derechos pendientes de cobro y los fondos líquidos existentes a 31 de diciembre, debiendo tener en cuenta en su cálculo los posibles recursos afectados a la financiación de gastos concretos y los derechos pendientes de cobro que se consideren de difícil o imposible recaudación.

Asimismo, en la memoria se incluirá el balance de resultados y el informe de gestión a los que se refiere el artículo 71 de esta ley, en los que se informará del grado de realización de los objetivos, los costes en los que se ha incurrido y las desviaciones físicas y financieras que, en su caso, se hubieran producido.

8. El Ministro de Economía y Hacienda determinará el contenido y estructura de los documentos anteriores.

Artículo 129. Contenido de las cuentas anuales del resto de entidades del sector público estatal

1. Las cuentas anuales de las entidades que deben aplicar los principios y normas de contabilidad recogidos en el Plan General de Contabilidad de la empresa española, así como en sus adaptaciones y disposiciones que lo desarrollan, serán las previstas en dicho plan.

Estas entidades deberán incluir en sus cuentas anuales la propuesta de distribución del resultado del ejercicio, cuya aprobación se efectuará posteriormente por el órgano competente.

2. Las cuentas anuales de las entidades que deben aplicar los principios y normas de contabilidad recogidos en la adaptación al Plan General de contabilidad a las entidades sin fines lucrativos serán las previstas en dicha norma.

3. Las sociedades mercantiles estatales, las entidades públicas empresariales, el resto de entes del sector público estatal sometidos a los principios y normas de contabilidad recogidos en el Plan General de Contabilidad de la empresa española y las fundaciones del sector público estatal presentarán, junto con las cuentas anuales, un informe relativo al cumplimiento de las obligaciones de carácter económico-financiero que asumen dichas entidades como consecuencia de su pertenencia al sector público.

3.1.2. La Cuenta General del Estado

Artículo 130. Contenido de la Cuenta General del Estado

1. La Cuenta General del Estado se formará mediante la consolidación de las cuentas anuales de las entidades que integran el sector público estatal y comprenderá el balance consolidado, la cuenta del resultado económico patrimonial consolidada, el estado de cambios en el patrimonio neto consolidado, el estado de flujos de efectivo consolidado, el estado de liquidación del presupuesto consolidado y la memoria consolidada.

La Cuenta General del Estado deberá suministrar información sobre la situación patrimonial y financiera, el resultado económico patrimonial y la ejecución del presupuesto del sector público estatal.

A la Cuenta General del Estado se acompañará la cuenta de gestión de tributos cedidos a las comunidades autónomas conforme a lo preceptuado en el artículo 60 de la Ley 22/2009, de 18 de diciembre, por la que se regula el sistema de financiación de las Comunidades Autónomas de régimen común y Ciudades con Estatuto de Autonomía y se modifican determinadas normas tributarias.

2. A los efectos de obtener las cuentas consolidadas, el Ministro de Hacienda y Administraciones Públicas podrá determinar la integración de las cuentas anuales de las entidades controladas, directa o indirectamente, por la Administración General del Estado que no forman parte del sector público estatal, las de las entidades multigrupo y las de las entidades asociadas.

En este caso, dichas entidades deberán remitir a la Intervención General de la Administración del Estado sus cuentas anuales aprobadas acompañadas, en su caso, del informe de auditoría dentro de los siete meses siguientes a la terminación del ejercicio económico.

3. A los efectos de lo establecido en el apartado anterior se entiende por control el poder de dirigir las políticas financieras y la actividad de otra entidad con la finalidad de obtener rendimientos económicos o potencial de servicio.

Las entidades multigrupo son entidades no controladas por la Administración General del Estado, gestionadas por dicha Administración General u otra entidad controlada por ella, que participan en su capital social o patrimonio, conjuntamente con otra u otras entidades.

Las entidades asociadas son entidades no controladas por la Administración General del Estado, en las que dicha Administración General u otra entidad controlada por ella ejercen una influencia significativa por tener una participación en su capital social o patrimonio que, creando con ésta una vinculación duradera, esté destinada a contribuir a su actividad.

Artículo 131. Formación y remisión de la Cuenta General del Estado al Tribunal de Cuentas

1. La Cuenta General del Estado de cada año se formará por la Intervención General de la Administración del Estado y se elevará al Gobierno para su remisión al Tribunal de Cuentas antes del día 31 de octubre del año siguiente al que se refiera.

2. La Intervención General de la Administración del Estado podrá recabar de las distintas entidades la información que considere necesaria para efectuar los procesos de consolidación contable.

3. La falta de remisión de cuentas no constituirá obstáculo para que la Intervención General de la Administración del Estado pueda formar la Cuenta General del Estado con las cuentas recibidas.

4. Se podrán consolidar las cuentas de una entidad aunque en el preceptivo informe de auditoría de cuentas se hubiera denegado opinión, emitido informe desfavorable o con salvedades, si bien estas circunstancias se harán constar en la memoria explicativa de dicha Cuenta General.

Artículo 132. Examen y comprobación de la Cuenta General del Estado

El Tribunal de Cuentas, por delegación de las Cortes Generales, procederá al examen y comprobación de la Cuenta General del Estado dentro del plazo de seis meses a partir de la fecha en que las haya recibido. El Pleno, oído el Fiscal, dictará la declaración definitiva que le merezca para elevarla a las Cámaras con la oportuna propuesta, dando traslado al Gobierno.

3.1.3. Información sobre el Objetivo de Estabilidad y Equilibrio Financiero

Artículo 133. Las cuentas económicas del sector público

A efectos de lo dispuesto en los párrafos g), h) e i) del apartado 2 del artículo 125, las unidades públicas estarán obligadas a proporcionar la colaboración e información necesaria para la elaboración de las cuentas Económicas del sector público y cuanta información, en el ámbito de la contabilidad nacional de las unidades públicas, sea fijada por la normativa interna y comunitaria.

Las Comunidades Autónomas suministrarán la información necesaria para la medición del grado de realización del objetivo de estabilidad presupuestaria con arreglo al procedimiento previsto en la Ley Orgánica 5/2001, de 13 de diciembre, complementaria de la Ley General de Estabilidad Presupuestaria.

Las corporaciones locales suministrarán la información necesaria para la medición del grado de realización del objetivo de estabilidad presupuestaria con arreglo al procedimiento previsto en la Ley General de Estabilidad Presupuestaria.

Artículo 134. Seguimiento de la situación de desequilibrio financiero

La Intervención General de la Administración del Estado, en el ejercicio de las competencias de centralización de la información contable previstas en esta Ley, realizará el seguimiento del cumplimiento del equilibrio financiero de las entidades integrantes del sector público estatal a las que resulte de aplicación, así como de los planes de saneamiento derivados de su incumplimiento.

3.1.4. Información periódica

Artículo 135. Información a remitir a las Cortes Generales

Sin perjuicio de la facultad de las Cortes Generales de solicitar del Gobierno la información que estimen oportuna, la Intervención General de la Administración del Estado, con periodicidad mensual, pondrá a disposición de las Cortes Generales, a través de su Oficina presupuestaria, información sobre la ejecución de los presupuestos. Con la misma periodicidad, procedimiento y destinatario, la Intervención General de la Seguridad Social remitirá información sobre la ejecución de los presupuestos de las entidades que integran el sistema de la Seguridad Social. La oficina pondrá dicha documentación a disposición de los Diputados, Senadores y las Comisiones parlamentarias.

Asimismo, la Intervención General de la Administración del Estado, con periodicidad semestral, pondrá a disposición de las Cortes Generales, a través de su Oficina Presupuestaria, información regionalizada sobre el grado de ejecución de la inversión real del Sector Público Estatal.

Artículo 136. Información a publicar en el «Boletín Oficial del Estado»

1. La Intervención General de la Administración del Estado publicará, con periodicidad mensual, en el Boletín Oficial del Estado información relativa a las operaciones de ejecución del presupuesto del Estado y de sus modificaciones, y operaciones de tesorería, y de las demás que se consideren de interés general.

2. La Intervención General de la Administración del Estado publicará anualmente en el portal de la Administración presupuestaria, dentro del canal "Registro de cuentas anuales del sector público", la siguiente información contable:

a) La Cuenta General del Estado.

b) La Cuenta de la Administración General del Estado.

c) Las cuentas anuales de las restantes entidades del sector público estatal y el informe de auditoría de cuentas emitido en cumplimiento de las normas que resulten de aplicación o en ejecución del plan anual de auditorías regulado en el artículo 165 de esta Ley.

Cuando las entidades anteriores formulen cuentas anuales consolidadas, se publicarán también las cuentas anuales consolidadas y el informe de auditoría de cuentas emitido de acuerdo con lo indicado en el párrafo anterior.

3. Adicionalmente, se publicarán en el Boletín Oficial del Estado resúmenes de la Cuenta General del Estado, de la Cuenta de la Administración General del Estado y de las cuentas anuales de las entidades del sector público estatal que deban aplicar principios contables públicos, así como de las restantes que no tengan obligación de publicar sus cuentas en el Registro Mercantil, cuyo contenido se determinará por la Intervención General de la Administración del Estado, y, en su caso, el informe de auditoría de cuentas, así como la referencia a las correspondientes sedes electrónicas o páginas web en las que estén publicadas las cuentas completas y su correspondiente informe de auditoría de cuentas.

La publicación anterior en el Boletín Oficial del Estado se efectuará por la Intervención General de la Administración del Estado en el caso de las cuentas reguladas en las letras a) y b) del apartado 2 anterior, y por las propias entidades en el caso de las cuentas reguladas en la letra c) anterior.

3.1.5. Rendición de cuentas

Artículo 137. Obligación de rendir cuentas

Las entidades integrantes del sector público estatal rendirán al Tribunal de Cuentas, por conducto de la Intervención General de la Administración del Estado, la información contable regulada en la sección 1ª del capítulo III de este título.

Artículo 138. Cuentadantes

1. **Serán cuentadantes los titulares de las entidades y órganos sujetos a la obligación de rendir cuentas y, en todo caso:**

a) Las autoridades y los funcionarios que tengan a su cargo la gestión de los ingresos y la realización de gastos, así como las demás operaciones de la Administración General del Estado.

b) Los titulares de las Entidades Gestoras y Servicios Comunes de la Seguridad Social, así como los Presidentes de las Juntas Directivas de las Mutuas de Accidentes de Trabajo y Enfermedades Profesionales de la

Seguridad Social, y de los órganos equivalentes de sus Entidades y Centros Mancomunados.

c) Los presidentes o directores de los organismos autónomos y de las entidades públicas empresariales y demás entidades del sector público estatal.

d) Los presidentes del consejo de administración de las sociedades mercantiles estatales.

e) Los liquidadores de las sociedades mercantiles estatales en proceso de liquidación o los órganos equivalentes que tengan atribuidas las funciones de liquidación en el caso de otras entidades.

f) Los presidentes del patronato, o quienes tengan atribuidas funciones ejecutivas en las fundaciones del sector público estatal.

2. Los cuentadantes mencionados en el apartado anterior son responsables de la información contable y les corresponde rendir, en los plazos fijados al efecto y debidamente autorizadas, las cuentas que hayan de enviarse al Tribunal de Cuentas.

La responsabilidad de suministrar información veraz en que se concreta la rendición de cuentas es independiente de la responsabilidad contable regulada en el título VII de esta Ley, en la que incurren quienes adoptaron las resoluciones o realizaron los actos reflejados en dichas cuentas.

3. También deberán rendir cuentas, en la forma que reglamentariamente se establezca, los particulares que, excepcionalmente, administren, recauden o custodien fondos o valores del Estado, sin perjuicio de que sean intervenidas las respectivas operaciones.

4. Si una entidad deja de formar parte del sector público estatal, tendrá obligación de rendir cuentas por el periodo comprendido desde el inicio del ejercicio hasta dicho momento. A tal efecto, deberá elaborar unos estados financieros específicos correspondientes al citado periodo, aplicando los mismos criterios contables que los que debe seguir para la elaboración de sus cuentas anuales y con el mismo contenido que estas.

La obligación de rendición de dichos estados financieros específicos corresponderá al que ostente el cargo de presidente del consejo de administración de la sociedad mercantil ,presidente del patronato de la fundación o presidente o director del consorcio o entidad, a la fecha en la que se produzca la citada rendición.

En cuanto al procedimiento a seguir para la formulación y rendición de dichos estados financieros específicos, será aplicable lo establecido en los artículos 127 y 139 de esta ley.

De la obligación anterior quedarán exceptuadas las sociedades mercantiles y los consorcios que, una vez que dejan de formar parte del sector público estatal, pasan a ser sociedades mercantiles o consorcios de los previstos en el último párrafo de la disposición adicional novena de esta ley.

5. Si una entidad del sector público estatal se disuelve iniciándose un proceso de liquidación, la entidad tendrá la obligación de rendir las correspondientes cuentas anuales hasta el final del año natural en el que se ha producido su disolución o hasta que finalice el proceso de liquidación, si este momento fuese anterior. Posteriormente, durante el proceso de liquidación la entidad deberá rendir las correspondientes cuentas anuales.

Cuando la normativa reguladora de estas entidades establezca la obligación de elaborar estados financieros específicos, se efectuará la rendición de dichos estados.

6. El Ministro de Hacienda y Administraciones Públicas, a propuesta de la Intervención General de la Administración del Estado, regulará el procedimiento de rendición de cuentas anuales en los casos de modificaciones estructurales entre entidades del sector público que supongan la extinción de entidades públicas sin que exista un proceso de liquidación, teniendo en cuenta si dichas modificaciones estructurales afectan a entidades dentro del mismo sector público administrativo, empresarial o fundacional o no, así como la normativa aplicable a cada sector.

Con carácter general, la obligación de rendición de las cuentas anuales de la entidad extinguida corresponderá al presidente o director de la entidad absorbente en la fecha de la citada rendición.

Si la entidad absorbente fuera la Administración General del Estado, el cuentadante será el titular del órgano que asuma la gestión de la mayor parte de bienes, derechos y obligaciones de la entidad extinguida en la fecha de la citada rendición.

Si los bienes, derechos y obligaciones de la entidad extinguida se integran en varias entidades, el cuentadante será el de la entidad absorbente que reciba la mayor parte de los bienes, derechos y obligaciones de la entidad extinguida, en la fecha de la citada rendición. Si dicha entidad absorbente fuera la Administración General del Estado, el cuentadante será el titular del órgano que asuma la gestión de la mayor parte de los bienes, derechos y obligaciones de la entidad extinguida en la fecha de la citada rendición.

7. En cuanto al procedimiento a seguir para la formulación y rendición de cuentas en los casos establecidos en los apartados 4, 5 y 6 anteriores, será aplicable lo establecido en los artículos 127 y 139 de esta ley.

Artículo 139. Procedimiento de rendición de cuentas

1. En cumplimiento de su obligación de rendir cuentas, los cuentadantes deberán remitir sus cuentas anuales aprobadas a la Intervención General de la Administración del Estado, acompañadas del informe de auditoría que corresponda, en aplicación de los artículos 163 y 168 de esta Ley o del, en su caso, impuesto por la normativa mercantil, en el caso de sociedades mercantiles estatales, dentro de los siete meses siguientes a la terminación del ejercicio económico. Tratándose de dichas sociedades deberá acompañarse, además, el informe de gestión y el informe previsto en el artículo 129 de esta Ley. En el caso de fundaciones del sector público estatal deberá acompañarse este último informe.

2. La Intervención General de la Administración del Estado remitirá al Tribunal de Cuentas la documentación indicada en el apartado anterior en el plazo de un mes desde que la hubiera recibido.

Artículo 139 bis. Rendición de cuentas por los fondos carentes de personalidad jurídica

A los fondos carentes de personalidad jurídica a que se refiere el artículo 2.2 de la esta ley les serán de aplicación las normas contenidas en este Capítulo IV, teniendo la condición de cuentadantes los titulares de los órganos de decisión en relación con su administración o gestión.

El encargado de formular y aprobar las cuentas anuales de dichos fondos será el cuentadante, salvo que en su normativa reguladora se establezca otro criterio.

3.2. Las cuentas anuales en la normativa contable

El contenido de las Cuentas, que hemos visto anteriormente en los artículos 128 al 139 de la LGP, tiene un desarrollo exhaustivo en la **Instrucción de Contabilidad, aprobada por Orden EHA/3067/2011 de 8 de noviembre,** cuyas reglas más importantes establecen: que establece:

Regla 27. Delimitación

La Cuenta de la Administración General del Estado mostrará la imagen fiel del patrimonio, de la situación financiera, del resultado económico patrimonial y de la ejecución del Presupuesto de la Administración General del Estado, y estará a disposición de los distintos destinatarios de la información contable.

Contenido de la cuenta de la Administración General del Estado.

Regla 28. La Cuenta de la Administración General del Estado

1. La Cuenta de la Administración General del Estado comprenderá todas las operaciones presupuestarias, patrimoniales y financieras llevadas a cabo durante el ejercicio por la Administración General del Estado, estructurándose en:

a) Balance.

b) Cuenta del resultado económico patrimonial.

c) Estado de cambios en el patrimonio neto.

d) Estado de flujos de efectivo.

e) Estado de liquidación del Presupuesto.

f) Memoria.

2. El contenido de la Cuenta de la Administración General del Estado y las normas para su elaboración se habrán de ajustar a lo previsto en la tercera parte del PGCP con las especialidades que se regulan en las Reglas siguientes de la presente Sección y con las adecuaciones a las que se refiere la regla 2 de esta Instrucción.

3. La Intervención General de la Administración del Estado podrá ampliar, aclarar o comentar el contenido de la Memoria incorporando la información adicional que sea precisa para la adecuada comprensión de la actividad desarrollada, de forma que, de acuerdo con lo establecido en el PGCP, las cuentas anuales expresen la imagen fiel del patrimonio, de la situación financiera, del resultado económico patrimonial y de la ejecución del Presupuesto de la Administración General del Estado.

Regla 29. Especialidades en el Estado de cambios en el patrimonio neto

1. La columna «I. Patrimonio aportado» de la primera parte, «1. Estado total de cambios en el patrimonio neto», pasará a denominarse «I. Patrimonio».

2. La Administración General del Estado no cumplimentará el epígrafe 2, «Operaciones con la entidad o entidades propietarias», de la primera parte, «1. Estado total de cambios en el patrimonio neto».

Asimismo, no cumplimentará la tercera parte, «3. Estado de operaciones con la entidad o entidades propietarias».

Regla 30. Especialidades en el Estado de flujos de efectivo

La Administración General del Estado no cumplimentará los epígrafes E), «Aumentos en el patrimonio», y F), «Pagos a la entidad o entidades propietarias».

Regla 31. Especialidades en el Estado de liquidación del Presupuesto

La Administración General del Estado no cumplimentará el modelo III, «Resultado de operaciones comerciales».

Asimismo, no cumplimentará los epígrafes c), «Operaciones comerciales», y 3, «Créditos gastados financiados con remanente de tesorería no afectado», del modelo IV, «Resultado presupuestario».

Regla 32. Especialidades en la Memoria

1. **El contenido de la Memoria de la Cuenta de la Administración General del Estado estará integrado por las siguientes notas:**

1. Organización y Actividad.
2. Bases de presentación de las cuentas.
3. Normas de reconocimiento y valoración.
4. Inmovilizado material.
5. Inversiones inmobiliarias.
6. Inmovilizado intangible.
7. Arrendamientos financieros y otras operaciones de naturaleza similar.
8. Activos financieros.
9. Pasivos financieros.
10. Coberturas contables.
11. Activos construidos o adquiridos para otras entidades y otras existencias.
12. Moneda extranjera.
13. Transferencias y subvenciones.
14. Provisiones.
15. Información sobre medio ambiente.
16. Activos en estado de venta.
17. Presentación por actividades de la cuenta del resultado económico patrimonial.
18. Operaciones por administración de recursos por cuenta de otros entes públicos.
19. Operaciones no presupuestarias de tesorería.
20. Contratación administrativa. Procedimientos de adjudicación.
21. Valores recibidos en depósito y por operaciones de compraventas dobles.

22. Información presupuestaria.
23. Indicadores financieros, patrimoniales y presupuestarios.
24. Hechos posteriores al cierre.

El contenido de dichas notas será el previsto en sus equivalentes del PGCP, con las especialidades que se regulan en los puntos siguientes de esta regla.

2. Se elimina, en las notas afectadas, la información relativa al tratamiento especial, modelo de revalorización, para la valoración posterior del inmovilizado material e intangible y las inversiones inmobiliarias.

3. La nota 1, «Organización y actividad», tendrá el siguiente contenido:

«Se informará sobre:

1. Norma de regulación de la entidad.
2. Actividad principal de la entidad.
3. Descripción de los ingresos de la entidad.
4. Descripción de los Departamentos Ministeriales y explicación de las reestructuraciones ministeriales que, en su caso, se hayan producido.
5. Número medio de empleados durante el ejercicio y a 31 de diciembre.
6. Estructura del sector público estatal.»

4. El punto 1 de la nota 2, «Bases de presentación de las cuentas», tendrá la siguiente redacción:

«1. Imagen fiel:

a) Requisitos de la información, principios contables públicos y criterios contables no aplicados por interferir el objetivo de la imagen fiel y, en su caso, incidencia en las cuentas anuales.

b) Principios, criterios contables aplicados e información complementaria necesaria para alcanzar el objetivo de imagen fiel y ubicación de ésta en la memoria.»

5. El apartado 2 de la nota 4, «Inmovilizado material», tendrá la siguiente redacción:

«2. Información sobre:

a) Vidas útiles o coeficientes de amortización utilizados en los diferentes tipos de elementos, así como información, en su caso, sobre los coeficientes aplicados a distintas partes de un mismo elemento.

b) Importe de los gastos financieros capitalizados, en su caso, en el ejercicio.

c) Bienes recibidos afectados a los servicios públicos, a nivel partida de balance, con indicación, de su valor activado, amortización y correcciones valorativas por deterioro acumuladas.

d) Identificación de los entes a los que se haya entregado bienes en adscripción durante el ejercicio.

e) Identificación de los bienes recibidos en cesión durante el ejercicio.

f) Identificación de los entes a los que se haya entregado bienes en cesión durante el ejercicio.

g) Arrendamientos financieros y otras operaciones de naturaleza similar de importe significativo sobre bienes del inmovilizado material, sin perjuicio de la información requerida en otras partes de la memoria.

h) Se informará sobre las infraestructuras y los bienes del patrimonio histórico, desglosando la información por tipos en el primer caso, y distinguiendo al menos entre construcciones y el resto, para el caso de los bienes del patrimonio histórico.»

6. El apartado 2 de la nota 6, «Inmovilizado intangible», tendrá la siguiente redacción:

«2. Información sobre:

a) Vidas útiles o coeficientes de amortización utilizados en los diferentes tipos de elementos.

b) Importe de los gastos financieros capitalizados, en su caso, en el ejercicio.»

7. La nota 7, «Arrendamientos financieros y otras operaciones de naturaleza similar», tendrá la siguiente redacción:

«Los arrendatarios suministrarán la siguiente información:

- Para cada clase de activos, el importe por el que se ha reconocido inicialmente el activo.
- A los activos que surjan de estos contratos, les será de aplicación la información a incluir en memoria correspondiente a la naturaleza de los mismos, establecidas en las notas anteriores, relativas a inmovilizado material, inversiones inmobiliarias e inmovilizado intangible.»

8. En la nota 8, «Activos financieros», se realizan las siguientes modificaciones:

a) Se elimina en el apartado 1.b), «Reclasificación», la información relativa al motivo de la reclasificación.

b) Se elimina el apartado 2.b), relativo a los ingresos y gastos financieros calculados por aplicación del método del tipo de interés efectivo.

c) Se elimina el apartado 4, «Otra información».

9. En la nota 9, «Pasivos financieros», se realizan las siguientes modificaciones:

a) Se añaden dos columnas al final de los estados 1.a) y 1.b) con los siguientes encabezados: «Fecha de vencimiento» y «Valor de reembolso».

b) A la información requerida en el punto 1, «Situación y movimiento de las deudas», se añade la siguiente:

«En el estado 1.a) las deudas se clasificarán en las siguientes agrupaciones:

- Letras del Tesoro.
- Bonos y Obligaciones en euros.
- Bonos y Obligaciones en moneda distinta del euro.
- Préstamos recibidos en euros.
- Préstamos recibidos en moneda distinta del euro.
- Deudas con derivados financieros vinculados.
- Otras deudas.

En la agrupación «Deudas con derivados financieros vinculados» figurará, para cada operación, la información correspondiente a la deuda emitida, la del derivado financiero vinculado a la misma, y la suma de ambas.

Para las deudas en moneda distinta del euro los importes vendrán expresados en euros/moneda distinta del euro, salvo para aquellos datos que por su naturaleza deban expresarse solamente en euros.

Se presentará, además, un «Resumen general por agrupaciones» con la misma estructura del estado.»

c) El apartado 4, «Avales y otras garantías concedidas», tendrá la siguiente redacción:

«Para cada garantía concedida, distinguiendo las concedidas a entidades del grupo, multigrupo y asociadas del resto, se informará sobre la entidad garantizada, descripción de la deuda garantizada, fecha de vencimiento de la misma, importe máximo garantizado, detallando su evolución durante el ejercicio, las provisiones netas (dotaciones menos reversiones) que se hayan dotado, las garantías ejecutadas y los reintegros de garantías ejecutadas, según el estado que se detalla a continuación.

Al final de dicho estado se consignará un resumen por años de vencimiento de las garantías en el que figure para cada ejercicio el importe total máximo garantizado.»

d) En el estado que figura en el apartado 4, «Avales y otras garantías concedidas», se añade la siguiente información:

   1. Se añade una nueva columna, a continuación de la primera, con la siguiente denominación: «Deuda garantizada».
   2. Se añaden al final dos columnas con las siguientes denominaciones: «Ejecuciones» y «Reintegro de ejecuciones». Cada una de dichas columnas se subdividirá en dos con las siguientes denominaciones: «Ejercicio» y «Acumulado».

e) Se eliminan los puntos a) y e) del apartado 5, «Otra información».

10. La nota 11, «Activos construidos o adquiridos para otras entidades y otras existencias», tendrá la siguiente redacción:

«Se informará del movimiento durante el ejercicio de la cuenta incluida en este epígrafe y de la corrección valorativa acumulada, indicando lo siguiente:

- Saldo inicial.
- Entradas.
- Salidas.
- Correcciones valorativas netas por deterioro del ejercicio (dotaciones menos reversiones de dotaciones).
- Saldo final.»

11. La nota 12, «Moneda extranjera», tendrá la siguiente redacción:

«Se informará sobre:

1. Importe global, a nivel partida del balance, de la tesorería en moneda extranjera.
2. Importe de las diferencias de cambio reconocidas en el resultado del ejercicio correspondientes a los pasivos financieros denominados en moneda extranjera, presentando por separado las que provienen de transacciones que se han liquidado a lo largo del periodo de las que están vivas o pendientes de vencimiento a la fecha de cierre del ejercicio, con excepción de las procedentes de pasivos financieros que se valoren al valor razonable con cambios en resultado.»

12. La nota 13, «Transferencias y subvenciones», queda con la siguiente redacción:

«Se informará sobre el importe de las transferencias y subvenciones concedidas, cuando sea significativo.

A estos efectos, no se considerará significativa la información relativa a las subvenciones concedidas mediante el procedimiento de pagos masivos regulado en el apartado Primero.1 de la Resolución de 30 de abril de 2010, conjunta de la Intervención General de la Administración del Estado y de la Dirección General del Tesoro y Política Financiera, sobre el procedimiento para la realización de ciertos pagos a través de agentes mediadores.

Además se facilitará la siguiente información:

a) Normativa con base en la cual se han efectuado o concedido.

b) Importe de las obligaciones reconocidas durante el ejercicio.

c) NIF y denominación de los perceptores.

d) Reintegros que se hubiesen producido durante el ejercicio por incumplimiento de condiciones o requisitos.

La Intervención General de la Administración del Estado determinará el momento en el que se incluirá la información relativa a los reintegros de subvenciones que se hubiesen producido durante el ejercicio.»

13. La nota 14, «Provisiones», tendrá la siguiente redacción:

«Para cada provisión reconocida en el balance, salvo las relativas a avales y otras garantías concedidas, deberá indicarse:

a) Análisis del movimiento de cada partida del balance durante el ejercicio, indicando:

- ▷ Saldo inicial.
- ▷ Aumentos.
- ▷ Disminuciones.
- ▷ Saldo final.

b) Naturaleza de la obligación asumida.

14. La nota 15, «Información sobre medio ambiente», tendrá la siguiente redacción:

«Se informará sobre las obligaciones reconocidas en el ejercicio con cargo a cada uno de los programas de gasto de la subfunción 456, «Actuaciones medioambientales».»

15. La nota 16, «Activos en estado de venta», tendrá la siguiente redacción:

«Se facilitará una descripción detallada de los activos en estado de venta cuando su importe sea significativo, indicando su importe.»

16. En el apartado 1.b), «De los derechos cancelados», de la nota 18, «Operaciones por administración de recursos por cuenta de otros entes públicos», se realizan las siguientes modificaciones:

a) La redacción de dicho apartado será la siguiente:

«b) De los derechos cancelados, con expresión del importe total de las cancelaciones que se hubiesen producido durante el ejercicio, desglosando las mismas según los siguientes motivos de cancelación:

- ▹ Cancelaciones por cobros en especie.
- ▹ Cancelaciones por insolvencias y otras causas.
- ▹ Cancelaciones por prescripción.»

b) En el estado que figura en dicho apartado se elimina la columna «Otras causas» y se modifica la columna «Insolvencias» que pasará a denominarse «Insolvencias y otras causas».

17. En el punto 2, «Estado de acreedores no presupuestarios», de la nota 19, «Operaciones no presupuestarias de tesorería», se añade al final la siguiente información:

«Por lo que se refiere a la información relativa a garantías y depósitos constituidos en efectivo en la Caja General de Depósitos, se presentará como complemento a lo anterior y con el detalle que permitan los registros de información específica de la Caja General de Depósitos, la siguiente información:

- Saldo pendiente de cancelar a 1 de enero.
- Modificaciones al saldo inicial.
- Constituciones del ejercicio.
- Total garantías y depósitos constituidos.
- Cancelaciones del ejercicio, indicando las producidas por devolución, incautación y prescripción.
- Saldo pendiente de cancelar a 31 de diciembre.»

18. La nota 21, «Valores recibidos en depósito y por operaciones de compraventas dobles», tendrá el siguiente contenido:

1. Valores recibidos en depósito.

Se informará para cada uno de los conceptos mediante los que se registren contablemente los valores depositados, dentro de los cuales se incluyen los avales y los seguros de caución recibidos, de lo siguiente:

- ▹ Valores recibidos pendientes de devolver a 1 de enero.
- ▹ Modificaciones del saldo inicial.

- Valores recibidos durante el ejercicio.
- Total valores recibidos en depósito.
- Valores recibidos en depósito cancelados.
- Valores recibidos en depósito pendientes de devolver a 31 de diciembre.

Por lo que se refiere a la información relativa a garantías constituidas en la Caja General de Depósitos, se presentará como complemento a lo anterior y con el detalle que permitan los registros de información específica de la Caja General de Depósitos, la siguiente información:

- Saldo pendiente de cancelar a 1 de enero.
- Modificaciones al saldo inicial.
- Constituciones del ejercicio.
- Total garantías constituidas.
- Cancelaciones del ejercicio, indicando las producidas por devoluciones, incautación y cancelaciones de oficio.
- Saldo pendiente de cancelar a 31 de diciembre.

2. Valores recibidos por operaciones de compraventas dobles.

   Se informará del importe a 31 de diciembre de los valores recibidos en garantía de la colocación de excedentes de tesorería en las distintas entidades financieras mediante operaciones de compraventas dobles de valores.»

19. En la nota 22, «Información presupuestaria», se realizan las siguientes modificaciones:

a) En el punto 22.1.1.d), «Acreedores por operaciones pendientes de aplicar a presupuesto», se elimina el último guión, relativo a las observaciones, así como la última columna, «Observaciones», del cuadro que figura a continuación.

b) El primer párrafo del punto 22.2.2, «Presupuesto de ingresos. Derechos a cobrar de presupuestos cerrados», tendrá la siguiente redacción:

   «Se informará de:»

c) En el punto 22.2.3, «Variación de resultados presupuestarios de ejercicios anteriores», se elimina el último párrafo, que hace referencia a las operaciones comerciales.

d) El primer párrafo del apartado 22.4, «Gastos con financiación afectada», tendrá la siguiente redacción:

   «Se informará para cada gasto con financiación afectada que se haya comunicado por el Servicio gestor mediante el correspondiente documento contable o procedimiento definido al efecto, sobre:»

e) En el apartado 22.5, «Remanente de tesorería», se realizan las siguientes modificaciones:

1. El punto 2 del segundo párrafo tendrá la siguiente redacción:

   «2. Los fondos líquidos, incluyen los saldos disponibles en cuentas bancarias, salvo aquéllos que se hayan dotado con imputación al presupuesto, así como los excedentes temporales de tesorería que se hayan materializado en inversiones financieras de carácter no presupuestario, que reúnan el suficiente grado de liquidez. A estos efectos, no se tendrá en cuenta la parte del saldo de la cuenta 575, «Bancos e instituciones de crédito. Cuentas restringidas de pagos», que corresponda a pagos a justificar.»

2. Se elimina el último párrafo de los puntos 3 y 4, relativos a los derechos y obligaciones derivados de operaciones comerciales, así como los dos epígrafes relativos a las operaciones comerciales que figuran en el Estado del Remanente de Tesorería.

f) El apartado 22.6 pasará denominarse «Derechos presupuestarios pendientes de cobro según su grado de exigibilidad y deterioro de valor de los deudores presupuestarios» y tendrá el siguiente contenido:

«22.6 Derechos presupuestarios pendientes de cobro según su grado de exigibilidad y deterioro de valor de los deudores presupuestarios.

1. Derechos presupuestarios pendientes de cobro según su grado de exigibilidad.

   Esta información pondrá de manifiesto la situación de exigibilidad que presenten los saldos pendientes de cobro a fin de ejercicio en los conceptos del presupuesto de ingresos corriente y de presupuestos de ingresos cerrados cuya gestión corresponda a la Administración General del Estado.

   Para los saldos relativos a los conceptos cuya gestión corresponda a la Agencia Estatal de Administración Tributaria, la información sobre la situación de exigibilidad de los mismos formará parte de la cuenta de los tributos estatales y recursos de otras Administraciones y Entes Públicos que se ha de elaborar por dicho Ente.

   Para cada uno de los conceptos, el detalle de los saldos pendientes de cobro según su grado de exigibilidad expresará el número de liquidaciones e importe de las mismas, según el contenido que a continuación se indica:

   A) Saldos pendientes de cobro del presupuesto corriente según su grado de exigibilidad (extracto general), que indicará:

      * Liquidaciones en periodo voluntario.

* Liquidaciones en periodo ejecutivo, diferenciando aquéllas que hayan sido certificadas de descubierto de las que estén pendientes de certificar.
* Total liquidaciones.

B) Saldos pendientes de cobro del presupuesto corriente según su grado de exigibilidad (periodo voluntario), detallando las siguientes situaciones:

* Pendientes de notificar.
* Suspendidas.
* Solicitado aplazamiento o fraccionamiento.
* En plazo.
* Total periodo voluntario.

C) Saldos pendientes de cobro de presupuestos cerrados según su grado de exigibilidad (extracto general), que presentará idéntico desarrollo que el previsto para el estado indicado en el apartado A) anterior.

D) Saldos pendientes de cobro de presupuestos cerrados según su grado de exigibilidad (periodo voluntario), con idéntico desarrollo que el previsto para el estado indicado en el apartado B) anterior.

A la anterior información se acompañarán «resúmenes por capítulos» que, con la misma estructura y contenido, detallen la información a nivel de los distintos capítulos del presupuesto de ingresos.

2. Deterioro de valor de los deudores presupuestarios.

Se informará sobre el deterioro de valor registrado en los deudores tributarios, cuya gestión de cobro corresponde a la Agencia Estatal de Administración Tributaria, así como en los deudores no tributarios cuya recaudación en vía ejecutiva está encomendada a dicha Agencia, indicando para cada una de las circunstancias que motivan el registro contable del deterioro, la siguiente información:

- Número de deudas.
- Importe en periodo voluntario.
- Importe en periodo ejecutivo.
- Total importe pendiente.
- Deterioro antes minoración por deudas garantizadas.
- Minoración por deudas garantizadas.
- Deterioro total a fin de ejercicio.

- Deterioro total a fin ejercicio anterior.
- Variación del deterioro en el ejercicio.»

g) Se añade el apartado 22.7, «Balance de resultados e informe de gestión», con el siguiente contenido:

«22.7 Balance de resultados e informe de gestión.

Se incluirán los balances de resultados e informes de gestión que los centros gestores del gasto responsables de los distintos programas presupuestarios deben formular, en los que se informará, dentro de cada programa, del grado de realización de los objetivos, los costes en términos de gasto presupuestario (previsto y realizado) en los que se ha incurrido para su realización y las desviaciones físicas y financieras, tanto absolutas como en porcentaje de lo realizado sobre lo previsto, que, en su caso, se hubieran producido.

20. En el apartado 2.a), «Indicadores presupuestarios. Del presupuesto de gastos corriente», de la nota 23, «Indicadores financieros, patrimoniales y presupuestarios», se sustituye la referencia a «la entidad» por la referencia al «ámbito territorial» en los indicadores 3) GASTO POR HABITANTE y 4) INVERSIÓN POR HABITANTE.

21. La nota 24, «Hechos posteriores al cierre», tendrá el siguiente contenido:

«La entidad informará de los siguientes hechos y situaciones que se hayan producido con posterioridad a la fecha de cierre del ejercicio y sobre los que no se haya informado en las notas anteriores:

a) Las reorganizaciones ministeriales.

b) La creación, modificación o extinción de entidades dependientes de la Administración General del Estado.»

Otra información contable

Regla 33. Delimitación

1. La información que se habrá de obtener a lo largo del ejercicio contable será la que a continuación se indica:

a) Toda aquella información de carácter puntual o periódico que, para el adecuado ejercicio de sus funciones, sea demandada por los distintos órganos de gestión de la Administración General del Estado.

b) La información para publicar en el «Boletín Oficial del Estado» prevista en el apartado 1 del artículo 136 de la Ley General Presupuestaria.

c) La información para remitir al Congreso de los Diputados y al Senado a que se refiere el artículo 135 de la Ley General Presupuestaria.

d) La información estadística que se establece en la Regla 38 de este capítulo.

e) Cualquier otra información que viniese impuesta por la normativa legalmente establecida.

2. Al margen de la información a que se refiere el apartado anterior, la Intervención General de la Administración del Estado, estará obligada a suministrar toda aquella otra información que fuese requerida por parte de los distintos usuarios debidamente autorizados.

Regla 34. Nivel de la información

La obtención de información se podrá efectuar tanto de forma centralizada como descentralizada, de acuerdo con los niveles de acceso a los datos del sistema que correspondan a cada una de las oficinas contables que lo integran.

Regla 35. Soporte de la información

1. El SIC facilitará el tratamiento flexible de la información contable a través de estados contables que podrán estar soportados en consultas interactivas a través de los puestos informáticos de trabajo e informes en papel, o mediante cualquier tipo de soporte informático.

Sin perjuicio del soporte en que queden plasmados los estados contables, su contenido y obtención se habrá de ajustar a las normas que se contienen en el presente capítulo.

2. Por la Intervención General de la Administración del Estado se establecerán los soportes a utilizar en cada caso, en función del tipo de información que se deba obtener del sistema.

Regla 36. Información para publicar en el «Boletín Oficial del Estado»

1. De acuerdo con lo establecido en el artículo 136 de la Ley General Presupuestaria, el Ministerio de Economía y Hacienda habrá de publicar en el «Boletín Oficial del Estado» los siguientes datos mensuales:

a) Del movimiento del Tesoro por operaciones presupuestarias y no presupuestarias, y de su situación.

b) De las operaciones de ejecución del Presupuesto del Estado y de sus modificaciones.

c) De las demás que se consideren de interés general.

2. La información a que se refiere el apartado anterior se elaborará por la Central Contable debiendo ajustarse en su contenido a lo que se establece en los apartados siguientes de la presente Regla.

Dicha información se presentará con la estructura que al respecto se fije por la Intervención General de la Administración del Estado.

3. Información del movimiento del Tesoro por operaciones presupuestarias y no presupuestarias.

Esta información pondrá de manifiesto los pagos y cobros realizados hasta el fin del periodo a que se refiera, detallando los mismos según su naturaleza económica y su carácter presupuestario o no presupuestario, indicando, así mismo, el déficit o superávit de Tesorería derivado de dichos pagos y cobros.

4. Información de la situación del Tesoro por operaciones presupuestarias y no presupuestarias.

Esta información pondrá de manifiesto los saldos de Tesorería al inicio del ejercicio y a fin del periodo a que se refiera, así como el flujo neto de Tesorería de dicho periodo, expresando este último como diferencia entre los cobros y pagos realizados, detallando los mismos según correspondan al presupuesto corriente, presupuestos cerrados y operaciones no presupuestarias.

5. Información de las operaciones de ejecución del Presupuesto del Estado y de sus modificaciones.

La información a publicar será la siguiente:

a) Operaciones de ejecución del Presupuesto de Gastos del ejercicio corriente, y sus modificaciones: Para cada una de las clasificaciones presupuestarias: orgánica, por programas y económica, detallando las mismas al nivel de sección, política de gasto y artículo, respectivamente, se facilitará la información que se establece en el PGCP para el «Estado de liquidación del presupuesto de gastos», es decir:

    1. Los créditos presupuestarios definitivos, diferenciando los mismos según se correspondan con los aprobados en el presupuesto inicial o los procedentes de posteriores modificaciones al mismo.
    2. Los gastos comprometidos.
    3. Las obligaciones reconocidas netas.
    4. Los pagos realizados.
    5. Las obligaciones pendientes de pago.
    6. Los remanentes de crédito.

La información anterior se referirá a la totalidad de las operaciones que se hubieran realizado desde el inicio del ejercicio hasta el fin del periodo a que la misma se refiera, completándose la misma con un desarrollo de las modificaciones presupuestarias mediante el que se desglosen éstas según el detalle de tipos de modificación que se contienen en el «Estado de modificaciones de crédito» que se incluye en el PGCP.

b) Operaciones de ejecución del Presupuesto de Ingresos: Para cada uno de los artículos que configuran la clasificación económica del presupuesto de ingresos, se facilitará la información que se establece en el PGCP para el «Estado de liquidación del presupuesto de ingresos», es decir:

1. Las previsiones presupuestarias definitivas, diferenciando las mismas según se correspondan con las inicialmente aprobadas en el presupuesto o con posteriores modificaciones al mismo.
2. Los derechos reconocidos netos.
3. La recaudación neta.
4. Los derechos pendientes de cobro.
5. El exceso/defecto de previsión. Esta información sólo se elaborará a 31 de diciembre.
6. La información anterior se referirá a la totalidad de las operaciones que se hubieran realizado desde el inicio del ejercicio hasta el fin del periodo a que la misma se refiera.

c) Resultado presupuestario del ejercicio.–Se detallará el resultado presupuestario del periodo a que la información se refiera, mediante la comparación entre el total de los derechos y obligaciones que se hubiesen reconocido con imputación al presupuesto del ejercicio en curso, tomándose los importes correspondientes por sus valores netos.

La información que se suministrará figurará clasificada según las rúbricas que, para el resultado presupuestario del ejercicio, se establecen en el estado IV, «Resultado presupuestario», que se incluye en el PGCP, con las especialidades que se regulan en la regla 31 de esta Instrucción.

d) Como información complementaria a la señalada en las letras anteriores, se acompañará la que a continuación se indica:

1. Pagos presupuestarios realizados.
2. Recaudación neta del Presupuesto de Ingresos, detallando importes íntegros y devoluciones de ingresos, clasificada por Oficinas Contables donde se hubiese producido su aplicación presupuestaria.

6. Otros datos a incluir en la información a publicar en el «Boletín Oficial del Estado».

Junto con los datos indicados en los apartados anteriores de la presente Regla, como otra información contable a publicar en el «Boletín Oficial del Estado» se acompañará la siguiente:

a) Operaciones de Presupuestos de Gastos cerrados: Para cada una de las secciones del Presupuesto de Gastos se indicarán los pagos que se hubiesen realizado, hasta el fin del periodo a que la información se refiera, correspondientes a obligaciones a pagar de presupuestos de gastos ya cerrados.

b) Operaciones de presupuestos de ingresos cerrados: Para cada uno de los capítulos del Presupuesto de Ingresos se detallará la recaudación que se hubiese obtenido, hasta el fin del periodo a que la información se refiera, correspondiente a derechos a cobrar de presupuestos de ingresos ya cerrados.

   Esta información figurará con un desarrollo por Oficinas Contables de la recaudación aplicada.

c) Operaciones no presupuestarias de Tesorería: Detallará, por conceptos, los ingresos y pagos realizados como consecuencia de operaciones no presupuestarias de Tesorería, así como los saldos existentes, en cada concepto, al comienzo del ejercicio y al final del periodo a que la información se refiera.

7. En función de las necesidades que se puedan presentar en cada momento, la Intervención General de la Administración del Estado podrá ampliar el contenido previsto, en los apartados 3 a 6 anteriores, para la información a publicar en el «Boletín Oficial del Estado».

Regla 37. Información para el Congreso de los Diputados y el Senado

1. De acuerdo con lo establecido en el artículo 135 de la Ley General Presupuestaria, con periodicidad mensual la Intervención General de la Administración del Estado remitirá al Congreso de los Diputados y al Senado información sobre la ejecución de los presupuestos.

2. El contenido de la información que la Intervención General de la Administración del Estado ha de remitir al Congreso de los Diputados y al Senado será el siguiente:

a) Ejecución del Presupuesto de Gastos: Para el presupuesto de gastos del ejercicio en curso, y para cada una de las clasificaciones presupuestarias: orgánica, por programas y económica, detallando las mismas al nivel de sección, política de gasto y artículo, presentará la información que se establece en el PGCP para el estado «Liquidación del presupuesto de gastos», es decir:

   1. Los créditos presupuestarios definitivos, diferenciando los mismos según se correspondan con los aprobados en el presupuesto inicial o los procedentes de posteriores modificaciones al mismo.

2. Los gastos comprometidos.
3. Las obligaciones reconocidas netas.
4. Los pagos realizados.
5. Las obligaciones pendientes de pago.
6. Los remanentes de crédito.

La información anterior se referirá a la totalidad de las operaciones que se hubieran realizado desde el inicio del ejercicio hasta el fin del periodo a que la misma se refiera.

b) Modificaciones a los créditos del Presupuesto de Gastos: Con el mismo nivel de desagregación que en el caso anterior, se mostrarán las modificaciones autorizadas a los créditos iniciales del presupuesto de gastos que se hayan producido durante el periodo a que la información se refiera, detallándose:

1. Créditos extraordinarios.
2. Suplementos de crédito.
3. Ampliaciones de crédito.
4. Transferencias de crédito, distinguiendo entre positivas y negativas.
5. Incorporaciones de remanentes de crédito.
6. Créditos generados por ingresos.
7. Bajas por anulación y rectificación.
8. Redistribución de créditos.
9. Total modificaciones.

c) Ejecución del Presupuesto de Ingresos: Para el presupuesto de ingresos del ejercicio que se cierra, y para cada uno de los artículos que configuran la clasificación económica del mismo, presentará la información que se establece en el PGCP para el estado «Liquidación del presupuesto de ingresos», es decir:

1. Las previsiones presupuestarias definitivas, diferenciando las mismas según se correspondan con las inicialmente aprobadas en el presupuesto o con posteriores modificaciones al mismo.
2. Los derechos reconocidos netos.
3. La recaudación neta.
4. Los derechos pendientes de cobro.
5. El exceso/defecto de previsión. Esta información sólo se elaborará a 31 de diciembre.

La información anterior se referirá a la totalidad de las operaciones que se hubieran realizado desde el inicio del ejercicio hasta el fin del periodo a que la misma se refiera.

d) Resultado presupuestario del ejercicio: Esta información será idéntica a la que se establece para su publicación en el «Boletín Oficial del Estado», siendo su contenido el que para la misma se establece en apartado 5, letra C), de la Regla anterior.

e) Movimiento de Tesorería: Esta información pondrá de manifiesto los pagos y cobros realizados hasta el fin del periodo a que se refiera, detallando los mismos según su naturaleza económica y su carácter presupuestario o no presupuestario, y en los presupuestarios diferenciando los mismos según correspondan a presupuesto corriente o a presupuestos cerrados.

3. La información a que se refiere el apartado anterior se elaborará por la Central Contable presentándose con la estructura que al respecto se fije por la Intervención General de la Administración del Estado.

4. En función de las necesidades que se puedan presentar en cada momento, la Intervención General de la Administración del Estado podrá ampliar el contenido previsto en el apartado 2 anterior, para la información a remitir al Congreso de los Diputados y al Senado.

Regla 38. Información estadística

1. La Intervención General de la Administración del Estado elaborará periódicamente, y como mínimo con carácter mensual, información estadístico-contable con el grado de detalle que se indica en el apartado 2 siguiente.

2. La información estadístico-contable que se habrá de elaborar por la Intervención General de la Administración del Estado se referirá a los siguientes datos:

a) De situación y movimiento del Tesoro.

b) De las operaciones derivadas de la ejecución del Presupuesto de Ingresos del Estado.

c) De las operaciones derivadas de la ejecución del Presupuesto de Gastos del Estado y de sus modificaciones.

d) De cualesquiera otras operaciones que se consideren de interés general.

3. La información estadístico-contable se confeccionará por la Central Contable ajustándose a la estructura y contenido que, para cada tipo de datos, se fije por la Intervención General de la Administración del Estado.

De la formación y rendición de cuentas al Tribunal de Cuentas

Regla 39. Formación de la Cuenta de la Administración General del Estado

1. A los efectos de su remisión al Tribunal de Cuentas, la Cuenta de la Administración General del Estado se formará de acuerdo con las especificaciones que se contienen en los puntos siguientes de esta Regla.

2. A la finalización del ejercicio contable, y una vez que se hubiesen registrado todas las operaciones que deban ser imputadas al mismo, la Central Contable, con el fin de formar la Cuenta de la Administración General del Estado, obtendrá y verificará la información que permita crear los ficheros informáticos en los que se contendrá toda la información indicada en la sección 2.ª del capítulo II del título IV. El contenido y estructura de dichos ficheros deberá ajustarse a las especificaciones publicadas por la Intervención General de la Administración del Estado en el portal de la Administración Presupuestaria en Internet (www.igae.pap.meh.es).

A efectos de poder obtener los ficheros a los que se refiere el párrafo anterior, las oficinas de contabilidad deberán remitir a la Central Contable la información que ésta les solicite, en el plazo de 15 días desde dicha solicitud.

3. Formando parte de la Cuenta de la Administración General del Estado, además de los ficheros informáticos a que se refiere el punto 2 anterior, se obtendrá por duplicado, un Resumen de dicha Cuenta, que incluirá la siguiente documentación en papel:

I. Balance.

II. Cuenta del resultado económico patrimonial.

III. Estado de cambios en el patrimonio neto.

IV. Estado de flujos de efectivo.

V. Estado de liquidación del Presupuesto.

   1. Liquidación del Presupuesto de Gastos por Secciones.
   2. Liquidación del Presupuesto de Gastos por políticas de gasto.
   3. Liquidación del Presupuesto de Gastos por Capítulos.
   4. Liquidación del Presupuesto de Ingresos por Capítulos.
   5. Resultado presupuestario.

El contenido y formato de este «Resumen de la Cuenta de la Administración General del Estado» se habrá de ajustar a los modelos que se incluyen en el anexo I a la presente Instrucción.

Los datos del «Resumen de la Cuenta de la Administración General del Estado» podrán expresarse en una escala de cuenta distinta de la utilizada en los registros del SIC, la cual se fijará por la Intervención General de la Administración del Estado.

La Intervención General de la Administración del Estado podrá modificar el contenido del Resumen con el fin de adecuarlo a los posibles cambios que se pudiesen producir en los criterios de tratamiento de las operaciones o de presentación de la información contable, así como en la adaptación del PGCP a la Administración General del Estado.

4. El Subdirector General de Gestión Contable expedirá la siguiente diligencia con el visto bueno del Interventor General de la Administración del Estado, que se unirá al «Resumen de la Cuenta de la Administración General del Estado» regulado en el punto anterior:

«DILIGENCIA: Para hacer constar que las operaciones registradas en el Sistema de Información Contable de la Administración General del Estado, con imputación al ejercicio de..........., han sido reflejadas en la Cuenta de la Administración General del Estado correspondiente a dicho ejercicio. El Subdirector General de Gestión Contable.

V.º B.º El Interventor General de la Administración del Estado.»

Asimismo, el Subdirector General de Gestión Contable deberá firmar o rubricar todas y cada una de las páginas de los distintos informes y estados que formen parte del Resumen al que se refiere el punto anterior, debiendo estar dichas páginas numeradas correlativamente.

Mediante Resolución de la Intervención General de la Administración del Estado se podrá sustituir la diligencia anterior en soporte papel por una diligencia electrónica.

Regla 40. Rendición de cuentas

1. Los titulares de los Departamentos Ministeriales rendirán anualmente cuentas de acuerdo con lo que se establece en los puntos siguientes de esta Regla.

2. A la finalización del ejercicio contable, y una vez que se hubiesen registrado todas las operaciones que deban ser imputadas al mismo, se obtendrá por duplicado un Informe agregado de las operaciones realizadas en el ámbito de cada Departamento Ministerial, que incluirá la siguiente documentación:

I. Información sobre la ejecución de los gastos públicos.

1. Ejecución del Presupuesto de gastos corriente por políticas de gasto.
2. Ejecución del Presupuesto de gastos corriente por capítulos.
3. Ejecución de proyectos de inversión.
4. Otros acreedores.

5. Anticipos de tesorería art. 60 de la Ley General Presupuestaria.
6. Compromisos de gasto con cargo a presupuestos de ejercicios posteriores.
7. Obligaciones de presupuesto corriente.
   a) Obligaciones pendientes de proponer el pago.
   b) Propuestas pendientes de pago.
8. Obligaciones de presupuestos cerrados.
   a) Obligaciones pendientes de proponer el pago.
   b) Propuestas pendientes de pago.

II. Información sobre la ejecución de los ingresos públicos.
1. Ejecución del Presupuesto de ingresos corriente por capítulos.
2. Estado de las devoluciones de ingresos por capítulos.
3. Derechos a cobrar de presupuestos cerrados por capítulos.

III. Información sobre las inversiones financieras.
1. Inversiones financieras en capital, patrimonio y valores representativos de deuda.
2. Créditos.

IV. Información sobre la Deuda del Estado.

V. Información sobre los avales concedidos.

Asimismo, podrán obtenerse cuantos informes se consideren necesarios para suministrar información relevante no prevista en la relación anterior, que se hubiera producido en el ámbito de los Departamentos Ministeriales.

La información relativa a los apartados I.7., I.8.b, II, IV y V anteriores sólo se incluirá en el Informe agregado del Ministerio de Economía y Hacienda, sin perjuicio de lo previsto en el párrafo anterior.

El contenido y formato de los «Informes agregados» de los Departamentos Ministeriales se habrá de ajustar a los modelos que se incluyen en el anexo II a la presente Instrucción.

Los datos de los «Informes agregados» de los Departamentos Ministeriales podrán expresarse en una escala de cuenta distinta de la utilizada en los registros del SIC, la cual se fijará por la Intervención General de la Administración del Estado.

3. Una vez obtenidos los «Informes agregados» indicados en el punto anterior, se expedirán las diligencias que procedan, de acuerdo con la siguiente redacción, que se unirán al respectivo Informe agregado:

«DILIGENCIA: Para hacer constar que las operaciones de..............(indicar las operaciones a las que se refiere la diligencia de las incluidas en los apartados de los Informes agregados)...............registradas en el Sistema de Información Contable de la Administración General del Estado correspondientes al Ministerio de......................, con imputación al ejercicio de............, han sido reflejadas en el Informe agregado correspondiente a dicho ejercicio cuyas páginas están numeradas de la .... a la ....

En.........................., a........ de.................... de......... El...............................

V.º B.º El.....................................»

La diligencia anterior se expedirá por el Jefe de Contabilidad de cada Departamento Ministerial, con el visto bueno del correspondiente Interventor Delegado, cuando se trate de operaciones de inversiones financieras (III) y de operaciones de ejecución de los gastos públicos (I), excepto obligaciones de presupuesto corriente (I.7.) y propuestas pendientes de pago de presupuestos cerrados (I.8.b).

La diligencia anterior se expedirá por el Subdirector General de Gestión Contable, con el visto bueno del Interventor General de la Administración del Estado, cuando se trate de operaciones sobre la ejecución de ingresos públicos (II), y por el correspondiente Jefe de Contabilidad de la Dirección General del Tesoro y Política Financiera, con el visto bueno del Interventor Delegado en dicha Dirección General, cuando se trate de operaciones sobre obligaciones de presupuesto corriente (I.7.), operaciones sobre propuestas pendientes de pago de presupuestos cerrados (I.8.b), operaciones de la Deuda del Estado (IV) y avales concedidos (V).

El responsable que expida cada una de las diligencias anteriores deberá firmar o rubricar todas y cada una de las páginas de los informes que forman parte del correspondiente Informe agregado al que se refiera dicha diligencia.

4. Cada uno de los titulares de los Departamentos Ministeriales aprobará el Informe agregado correspondiente a las operaciones realizadas en su respectivo ámbito ministerial, recibido de la Intervención Delegada, acreditándose dicha aprobación mediante la siguiente diligencia que se acompañará al conjunto de información contenida en dicho Informe agregado:

«Don/Doña...(nombre y apellidos del titular del Departamento Ministerial)...................................(cargo del mismo), aprueba el Informe agregado de las operaciones realizadas en su ámbito ministerial, correspondiente al ejercicio de..........., de acuerdo con lo que se establece en la Instrucción de contabilidad para la Administración General del Estado aprobada mediante Orden del Ministerio de Economía y Hacienda de............(fecha de aprobación de esta Orden)................, el cual contiene....... páginas numeradas correlativamente. En........................., a........ de................... de..........Firma.»

5. A efectos de su rendición al Tribunal de Cuentas, una vez firmada la diligencia del punto anterior, se deberá remitir dicha diligencia junto con su respectivo Informe agregado a la Intervención General de la Administración del Estado dentro de los cinco meses siguientes a la finalización del ejercicio económico.

6. Mediante Resolución de la Intervención General de la Administración del Estado se podrán sustituir las diligencias en soporte papel de los puntos 3 y 4 de esta regla por las correspondientes diligencias electrónicas.

En este caso, no será necesario el trámite previsto en el último párrafo del punto 3 de esta regla, relativo a la firma y rúbrica de las páginas de los informes agregados.

Regla 41. Tramitación de la Cuenta de la Administración General del Estado al Tribunal de Cuentas

En el proceso de tramitación de la Cuenta de la Administración General del Estado, la Intervención General de la Administración del Estado remitirá al Tribunal de Cuentas, dentro de los siete meses siguientes a la finalización del ejercicio económico, la siguiente información:

a) Los ficheros a los que se refiere el punto 2 de la Regla 39, que se pondrán a disposición del Tribunal de Cuentas a través de los medios o el soporte que convengan entre ambas partes.

b) Además de los ficheros mencionados, se remitirá la documentación indicada en los puntos 3 y 4 de la Regla 39, y en los puntos 2, 3 y 4 de la Regla anterior.

Una copia o duplicado de los ficheros y documentos anteriores quedará en poder de la Intervención General de la Administración del Estado, tanto a efectos estadísticos como de la obtención de la Cuenta General del Sector Público Administrativo que ha de formar parte de la Cuenta General del Estado.

Regla 42. Conservación de la Cuenta de la Administración General del Estado

Transcurrido el plazo de seis años o, en su caso el de prescripción de la responsabilidad contable y una vez emitido el preceptivo informe del Tribunal de Cuentas, la Intervención General de la Administración del Estado procederá a remitir al Archivo Histórico de Documentos los ficheros y documentos en su poder de la Cuenta de la Administración General del Estado, sin perjuicio de que una copia pueda ser conservada por tiempo indefinido.

Regla 43. Publicación del Resumen de la Cuenta de la Administración General del Estado

Al objeto de que todos los posibles destinatarios de la información contable puedan disponer de datos sobre la actividad desarrollada por la Administración General del Estado, en el plazo de un mes contado desde la remisión de la Cuenta de la Administración General del Estado al Tribunal de Cuentas, la Intervención General de la Administración del Estado publicará en el «Boletín Oficial del Estado» la información contenida en el Resumen de dicha Cuenta al que se refiere el punto 3 de la Regla 39.

A efectos de la publicación indicada en el párrafo anterior, los datos del «Resumen de la Cuenta de la Administración General del Estado» podrán expresarse en una escala de cuenta distinta de la utilizada en los registros del SIC, la cual se fijará por la Intervención General de la Administración del Estado atendiendo fundamentalmente a una mayor claridad y comprensión de la misma.